SAMMLUNG TUSCULUM

PSEUDO-CAESAR

BELLUM ALEXANDRINUM
DER ALEXANDRINISCHE KRIEG

BELLUM AFRICUM
DER AFRIKANISCHE KRIEG

BELLUM HISPANIENSE
DER SPANISCHE KRIEG

Lateinisch-deutsch

Herausgegeben, übersetzt und
mit Anmerkungen versehen
von Gerd Flemmig

DE GRUYTER

ISBN 978-3-11-121584-6
e-ISBN (PDF) 978-3-11-121597-6

Library of Congress Control Number: 2025943931

Bibliografische Information der Deutschen Nationalbibliothek
Die Deutsche Nationalbibliothek verzeichnet diese Publikation in der Deutschen Nationalbibliografie; detaillierte bibliografische Daten sind im Internet über http://dnb.dnb.de abrufbar.

Für Einbandgestaltung verwendete Abbildungen:
Cologny (Genève), Fondation Martin Bodmer, Cod. Bodmer 52: 6v/7r
(www.e-codices.unifr.ch)

Satz im Verlag
Druck und Bindung: Beltz Grafische Betriebe GmbH, Bad Langensalza

♾ Gedruckt auf säurefreiem Papier
Printed in Germany

www.degruyterbrill.com

Fragen zur allgemeinen Produktsicherheit:
productsafety@degruyterbrill.com

Luise und Georg Jakob (†) zugeeignet

INHALT

EINLEITUNG

Der englische Historiker Ronald Syme (1903–1989) definierte in seinem Werk »The Roman Revolution« (1939) das Jahrhundert zwischen 133 v. Chr. (Ermordung des Tiberius Gracchus) und 31 v. Chr. (Schlacht bei Actium) als eine Abfolge einzelner Bürgerkriege. Einen ersten Höhepunkt bildete die Auseinandersetzung zwischen Marius und Sulla, als es zu blutigen Proskriptionen kam, gefolgt von der Auseinandersetzung zwischen Pompeius Magnus und dem Marius-Anhänger Sertorius in Spanien, von den Straßenkämpfen zwischen den Banden des Milo und des Clodius Pulcher, die schließlich in der Tötung des Letzteren gipfelten und maßgeblich dazu beitrugen, dass Pompeius Magnus 52 v. Chr. zunächst *consul sine collega* wurde – der Ruf nach dem »starken Mann«, der die Spannungen beenden sollte, wurde immer lauter. Aber es kam noch schlimmer. Als Caesar sich im Januar 49 v. Chr. weigerte, die ihm übertragene Provinzen bei gleichzeitiger Entlassung seiner ihm treu ergebenen Streitkräfte zu verlassen, stattdessen den Rubikon überschritt und in Italien einmarschierte, bedeutete auch die Schlacht bei Pharsalos am 9. August 48 v. Chr. noch nicht das Ende des Bürgerkriegs. Dieser währte noch bis zur Schlacht von Munda am 17. März 45 v. Chr., als Caesar nacheinander seine Gegner in Alexandria, in Nordafrika (Schlacht bei Thapsus am 6. April 46 v. Chr.) und in Spanien niederrang. Fast auf den Tag genau ein Jahr später fiel der Diktator an den Iden (= 15.) des März 44 v. Chr. einem Attentat aus senatorischen Kreisen zum Opfer, bevor er drei Tage später zu einem Feldzug gegen Daker und vor allem Parther aufbrechen wollte. Der Bürgerkrieg begann von Neuem, zunächst zwischen den Konsuln des Jahres 43 v. Chr., Hirtius und Pansa, einerseits und Marcus Antonius andererseits, der zwar in der Schlacht bei Mutina (heute Modena) unterlag, doch verloren beide Konsuln in der Schlacht ihr Leben, sodass es schließ-

lich zu einer Annäherung zwischen Marcus Antonius und dem Caesar-Erben Octavian (dem späteren Kaiser Augustus) kam, zu denen sich gegen Ende des Jahres noch der langjährige Caesar-Vertraute Lepidus gesellte. Die drei gingen alsbald – wie einst Sulla 82 v. Chr. – an die Erstellung von Proskriptionslisten, deren prominentestes Opfer Marcus Tullius Cicero am 7. Dezember 43 v. Chr. war. Das schwächste Glied in diesem zweiten Triumvirat war Lepidus, der von seinen beiden »Kollegen« nach ein paar Jahren wegen angeblicher Ineffektivität politisch kaltgestellt wurde. Doch auch der Friede zwischen Marcus Antonius und Octavian währte nicht ewig. Da Marcus Antonius eine Liaison mit der ägyptischen Königin Kleopatra einging, die glaubte, mit Hilfe des Antonius ihre Großmachtpläne realisieren zu können, residierte er zwangsläufig in Alexandria und entfremdete sich Rom immer mehr. Diesen Sachverhalt machte sich Octavian zunutze. Er verunsicherte die Römer immer mehr bezüglich einer aus Alexandria drohenden schleichenden Gefahr, an deren Ende letztlich die Verknechtung Roms durch den Orient stünde und die einstigen Leistungen des Pompeius Magnus, der die Verhältnisse im Vorderen Orient im römischen Sinne 64/63 v. Chr. neu geordnet hatte, ad absurdum geführt würden. Octavian gewann in Rom immer mehr Anhänger, sodass er eine offene Konfrontation mit Marcus Antonius wagen konnte, die 31 v. Chr. in der Seeschlacht bei Actium siegreich für ihn zu Ende ging, zumal nach dem Tod seiner beiden Kontrahenten in Alexandria. Jetzt konnte Octavian daran gehen, das Römische Reich durch die *pax Augusta* zu befrieden. Doch die Bewältigung eines Bürgerkriegs dauert oft länger als ein solcher Krieg selbst. So erstreckte sich z. B. die Aufarbeitung des amerikanischen Sezessionskrieges (1861–1865) bis ins 20. Jahrhundert hinein. Ähnlich verhielt es sich im Falle Roms. Noch drei Generationen später – ähnlich wie in Deutschland nach dem Dreißigjährigen Krieg (1618–1648) – war die Erinnerung an diese kriegerische Auseinandersetzung so stark, dass der Neffe des jüngeren Seneca, Marcus Annaeus Lucanus (kurz Lukan genannt) ein

(vermutlich bedingt durch seinen Selbstmord im Jahre 65 n. Chr. unvollendet gebliebenes) Epos über diesen Bürgerkrieg verfasste, welches in den Biographien und Handschriften *Bellum civile* lautet; Lukan selbst nennt es einmal (9,985) *Pharsalia* (zu deutsch etwa: »Pharsaliade«). Im 7. Buch erreicht die Handlung mit der Schlacht von Pharsalos ihren Höhepunkt. Die Bücher 1–4 enthalten »die Exposition, die italischen Ereignisse bis zum Aufenthalt Caesars in Rom, und schilder[n] außerdem das wechselnde Kriegsglück der Parteien auf einigen Nebenschauplätzen. Die Bücher 5–8 bringen sodann die Caesar-Pompeius-Handlung, von Caesars Landung in Epirus bis zum Tod des Pompeius. [...] Diese Struktur legt den Schluss nahe, dass die *Pharsalia* wie die *Aeneis* auf zwölf Bücher angelegt war. Offenbar sollte der Tod Catos das tragische Finale bilden. Die dritte Tetrade war somit für die in Afrika lokalisierte Caesar-Cato-Handlung bestimmt; hiervon wurden nur noch Catos Marsch durch die Wüste [Lucan. 9,217b–949][1] und der ägyptische Aufstand ausgeführt.«[2] Die Handlung bricht im 10. Buch bei der Belagerung Caesars, der über Troja nach Ägypten gezogen ist (Lucan. 9,950–1108) und dem Kleopatra nach dessen Ankunft ein Gastmahl bereitet, in dem sie über ihn triumphiert (Lucan. 10,53–171), durch die Ägypter in Alexandria ab. »Unter den Personen ragen Caesar, Pompeius und Cato hervor [...]; zumal die Porträts der Antipoden Caesar und Cato wollen zuallererst als die personifizierten Prinzipien der Tyrannei und der Freiheit verstanden werden. [...] Mit Caesar, dem skrupellosen Günstling alles Bösen, ist das Verbrechen Sieger über das Recht geworden.«[3] Das äußere Geschehen geht von Caesar aus, »während Cato als der Held, mit dem Lukan sich uneingeschränkt identifiziert, hierfür den Wertmaßstab abgibt. Für seine Überzeugung, der Bürgerkrieg habe die Weltordnung auf den Kopf

1 Anmerkung von Flemmig.
2 Fuhrmann (2019, 372).
3 Fuhrmann (2019, 373).

gestellt, hat der Dichter einen unübertrefflich prägnanten Ausdruck in dem vielzitierten Vers gefunden [1,128]:

> *Victrix causa deis placuit, sed victa Catoni.*
> »Den Göttern gefiel die siegreiche Sache, doch die besiegte dem Cato.«[4]

»Hier ist der Freiheitsheld moralisch größer gezeichnet als die Götterwelt. Er ist der heimliche Held des Epos, nach Pompeius [...], während Caesar, der Sieger, als eine eher unheimliche, finstere Figur erscheint, durch den in Lukans Sicht dazumal Unfriede und später dann Unfreiheit in die Welt gekommen sind.«[5] Lukan griff in seinem *Bellum civile* somit ein Thema auf, das »im Denken der Aristokratie lebendig geblieben war und in seinen Auswirkungen auch die Gegenwart bestimmte. Lukan hat das auf die Formel *libertas aut Caesar*, »Freiheit oder Caesar«, gebracht (7,696), im Kontext bezogen auf Gaius Iulius Caesar 48 v. Chr., in den Konnotationen unmissverständlich als Anklage auf die Herrschaft des jeweiligen »Caesar« zielend.«[6]

Lukan hat beim Verfassen seines Epos vermutlich die heute verlorenen Bücher 109–114 des Livius benutzt (erhalten sind nur die *periochae*). Ob er auch das *Bellum Alexandrinum* und das *Bellum Africum*, die beide in der vorliegenden Ausgabe behandelt werden, herangezogen hat, ist unbekannt; denkbar wäre es schon. Der dritte der in dieser Ausgabe abgedruckten Kriege, das *Bellum Hispaniense*, wird im Werk des Lukan nicht thematisiert. Das Gemeinsame der drei genannten Kriege ist, dass sie zum *Corpus Caesarianum* gehören. Sie schildern die Kampfhandlungen des Bürgerkriegs vom September 48 v. Chr. bis August 45 v. Chr. Alle drei Bücher sind von Kriegsteilnehmern und Augenzeugen der Geschehnisse verfasst,

4 Fuhrmann (2019, 374).
5 Kytzler (2007, 209).
6 Kytzler (2007, 208).

und alle drei Autoren verhehlen – im Gegensatz zu Lukan – ihre Bewunderung für Caesar nicht.

Die Taten des Feldherrn Caesar der Jahre 58 bis 45 v. Chr. sind durch das *Corpus Caesarianum* vollständig – vom Beginn des Gallischen Krieges bis zur Beendigung der Bürgerkriege – dokumentiert. In ihnen wird die Kriegsgeschichte aus der Sichtweise Caesars von fünf verschiedenen Autoren erzählt. Das vollständig erhaltene Werk umfasst folgende vierzehn Bücher:

- *Bellum Gallicum*, 8 Bücher;
- *Bellum civile*, 3 Bücher;
- *Bellum Alexandrinum*, 1 Buch;
- *Bellum Africum*, 1 Buch;
- *Bellum Hispaniense*, 1 Buch.

Von Caesar selbst stammen die Bücher I–VII *commentarii de bello Gallico*, die die Kriegsereignisse der Jahre 58 bis 52 v. Chr. beinhalten, sowie die Geschichte des Bürgerkriegs (*commentarii de bello civili*) in drei Büchern, die die Kriegsereignisse der Jahre 49 und 48 v. Chr. beinhalten, jedoch wohl in einer unfertigen Form. Das 8. Buch des *Bellum Gallicum*, die Beschreibung der Kriegsereignisse der Jahre 51 und 50 v. Chr., das Verbindungswerk zum *Bellum civile*, wurde, wie der Biograph Sueton (Iul. 56) und einige Handschriften versichern, von Aulus Hirtius, dem oben erwähnten Konsul des Jahres 43 v. Chr., einem General und Freund Caesars, verfasst. Unbekannt sind hingegen die Verfasser

- des *Bellum Alexandrinum* (Ereignisse der Jahre Ende 48/47 v. Chr.),
- des *Bellum Africum* (Ereignisse der Jahre Ende 47/46 v. Chr.) und
- des *Bellum Hispaniense* (Ereignisse des Jahres 45 v. Chr.).

Diese drei Werke stammen von drei verschiedenen Verfassern, deren Identität schon 150 Jahre später Sueton nicht mehr kannte.[7] Fest

7 Suet. Iul. 56,1: *⟨Caesar⟩ reliquit et rerum suarum commentarios Gallici civilisque belli Pompeiani. Nam Alexandrini Africique et Hispaniensis incertus auctor est:*

steht, dass keines der drei *bella* von Caesar verfasst ist. Die Wahrung der Anonymität ihrer Autoren war wohl von Anfang an beabsichtigt; es sollte kein anderer Autorenname als jener Caesars überliefert werden. Es ist zu vermuten, dass Aulus Hirtius auch in das Entstehen der drei genannten Schriften involviert war. Carl Nipperdey, der 1847 das *Corpus Caesarianum* edierte, wies das *Bellum Alexandrinum* dem Hirtius zu, doch erhob sich alsbald begründeter Widerspruch dagegen.[8] Noch lange nach Nipperdey, bis zum Beginn des 20. Jahrhunderts, hat man zu Unrecht vermutet, dass auch das *Bellum Alexandrinum* das Werk des Hirtius sei.

Sowohl der venezianische Buchdrucker und Verleger Aldus Manutius (1449–1515) als auch der Philologe Johann Glandorp (1501–1564) zählten das *Bellum Alexandrinum*, das *Bellum Africum* und das *Bellum Hispaniense* als Fortsetzung von Caesars *Bellum civile*. Manutius verzeichnet »vier Bücher vom Bürgerkrieg gegen Pompeius«.[9] Glandorp wies die drei *bella* in seinen 1574 postum erschienenen *annotationes*[10] immerhin getrennt aus, jedoch betrachtete er sie nicht nur als Fortsetzung, sondern als integrativen Bestandteil von Caesars *Bellum civile*:

S. 158–177 *in librum quartum* [i. e. *belli civilis*; sic!] *de bello Alexandrino annotationes*

S. 177–204 *in librum quintum* [i. e. *belli civilis*; sic!] *de bello Africo annotationes*

S. 205–225 *in librum sextum* [i. e. *belli civilis*; sic!] *de bello Hispaniensi annotationes.*

alii Oppium putant, alii Hirtium, qui etiam belli novissimum imperfectumque librum suppleverit. Gaius Oppius war ein Vertrauter Caesars und sein Geschäftsträger in privaten und politischen Unterhandlungen, sein Geheimsekretär. Die Aufzeichnungen von Oppius über Caesars Leben, die Sueton anscheinend reichlich benutzt, sind nicht erhalten.

8 Einzelheiten zu dieser Problemstellung siehe Seel (1933).

9 Einzelheiten s. Kapitel »Namhafte Caesarforscher« s. v. Manutius.

10 Einzelheiten s. Kapitel »Namhafte Caesarforscher« s. v. Glandorp.

Ausgangspunkt einer Betrachtung der drei *bella* bildet eine Äußerung des Hirtius in dem Brief an Balbus[11], der das 8. Buch des *Bellum Gallicum* einleitet[12]:

> *Caesaris nostri commentarios rerum gestarum Galliae, non † conparentibus † superioribus atque insequentibus eius scriptis, contexui novissimumque imperfectum ab rebus gestis Alexandriae confeci usque ad exitum non quidem civilis dissensionis, cuius finem nullum videmus, sed vitae Caesaris*[13] (Hirt. Gall. 8 praef. § 2).

Da *conparentibus* offenbar verderbt ist, schlägt Andreas Patzer als Konjektur *competentibus*[14] vor; daraus ergäbe sich folgende Übersetzung: »Die Aufzeichnungen unseres Caesar über seine Taten in Gallien habe ich, da seine früheren und späteren Schriften nicht zusammentreffen, miteinander zu einem Ganzen verknüpft und sein letztes, unvollendetes Buch von den Kämpfen in Alexandria fortgeführt bis zum Ende zwar nicht des Bürgerkrieges, das gar nicht abzusehen ist, sondern nur bis zu Caesars Tod.«

Zwei Tatsachen behauptet Hirtius:

- Er habe die *commentarii rerum gestarum Galliae* vollendet (d. h. Buch 8 des *Bellum Gallicum* geschrieben);
- er habe den letzten unvollendeten *commentarius* Caesars bis zu dessen Tod weitergeführt.

Die weitere Äußerung des Hirtius *Qui (sc. commentarii) sunt editi, ne scientia tantarum rerum scriptoribus deesset, adeoque probantur omnium iudicio, ut praerepta, non praebita facultas scriptoribus videatur*[15] (Hirt. Gall. 8 praef. § 5) (»Er hat sie [die *commentarii*] her-

11 Eingehend mit dem Balbus-Brief beschäftigt hat sich Patzer (1993).

12 Canfora (1970) hat dessen Echtheit allerdings mit beachtlichen Argumenten bezweifelt.

13 Nach den Ausgaben von Klotz und Schönberger.

14 *competere* »zusammentreffen«.

15 Nach den Ausgaben von Seel und Hering.

ausgegeben, damit alle Geschichtsschreiber Kenntnis von so großen Taten erhalten, und sie finden so allgemein Beifall, dass man sagen muss, sie haben den Geschichtsschreibern die Gelegenheit zu ihrer Darstellung vorweggenommen, aber nicht geboten«) mag sich auf das *Bellum Gallicum* beziehen, kann aber auch das *Bellum civile* einschließen. »Kein anderer als Hirtius selbst ist es gewesen, der den Plan gefasst hat, Cäsars bisher unpublizierte *commentarii de bello civili* zu publizieren und durch eigene *commentarii* sowohl fortzusetzen wie auch an die *commentarii de bello Gallico* anzuknüpfen.«[16]

Die drei genannten *bella* des *Corpus Caesarianum* unterscheiden sich in Sprache und Stil so fundamental voneinander, dass sie unmöglich von ein und demselben Autor herrühren können, sondern drei verschiedenen Verfassern zuzuordnen sind. Zudem versichert Hirtius in seiner *epistula* (§ 8 *mihi ne illud quidem accidit, ut Alexandrino atque Africano bello interessem*) ausdrücklich, am Alexandrinischen Krieg nicht teilgenommen zu haben. »Und noch weniger können das *bellum Africum* und das *bellum Hispaniense*, die sich sprachlich und erzähltechnisch nicht nur voneinander, sondern jeweils auch vom *bellum Alexandrinum* und vom achten Buche *de bello Gallico* grundlegend unterscheiden, als Werke des Hirtius angesehen werden.«[17] Zudem geben die drei postcaesarianischen *bella* den Grundsatz der Annuität, der dem *commentarius* eigentümlich ist, auf und berichten, ohne Rücksicht auf das Konsulatsjahr zu nehmen. »Die postcäsarianischen *bella* [...] sind [...] nichts anderes als ein *Ersatz* für das, was Hirtius zu leisten versprochen, aber zu leisten nicht mehr imstande gewesen ist.«[18] Da Hirtius am 21. April 43 v. Chr. in der Schlacht bei Mutina fiel, hatte er keine Zeit mehr gefunden, die genannten Teile zum *Corpus Caesarianum* zusammenzufügen. Dies ist vermutlich durch einen unbekannten

16 Patzer (1993, 120).

17 Patzer (1993, 122).

18 Patzer (1993, 123).

Redakteur – aber noch vor der oben genannten Notiz Suetons – geschehen. Es ist allerdings gut denkbar, dass Hirtius sich Berichte von den drei *bella* zuschicken ließ und Octavian als offizieller Erbe Caesars nach dem Tod des Hirtius alsbald für deren Veröffentlichung sorgte, ohne am Wortlaut der Dokumente etwas zu ändern. Wichtig für ihn war die allen drei *bella* zugrundeliegende caesarfreundliche Darstellung der Ereignisse. Alle Versuche, die drei *bella* bestimmten Autoren zuzuordnen – genannt wurden u. a. Oppius, für das *Bellum Africum* Sallust, Asinius Pollio oder Munatius Plancus – sind letztlich nur Spekulationen, da handfeste Beweise fehlen. Es ist hier nicht der Ort, solchen Vermutungen noch neue hinzuzufügen.

Zur Textüberlieferung des *Corpus Caesarianum* sei angemerkt, dass von den zwei Handschriften-Strängen α nur das *Bellum Gallicum* (mit Buch 8), β das gesamte *Corpus Caesarianum* enthält.

Das Bellum Alexandrinum

Das von der Überlieferung als *Bellum Alexandrinum* bezeichnete Werk, das nahtlos an Caesars Darstellung seines Ägyptenaufenthalts (civ. 3,102–112) anschließt, umfasst die Zeit von September 48 v. Chr. bis zur Schlacht bei Zela im August 47 v. Chr. Das Werk enthält, anders als der Titel es vermuten lässt, neben dem Alexandrinischen Krieg auch die Kämpfe gegen Pharnakes II. (48–47 v. Chr.) in Kleinasien sowie die Ereignisse in Illyrien (48 v. Chr.) und in Spanien nach Caesars Abzug (Ende 49 v. Chr.):

1–33 Krieg in Alexandria (48/47 v. Chr.; Beendigung des Thronstreites in Ägypten und [nach dem Tod Ptolemaios' XIII.] Einsetzung des jungen Ptolemaios XIV. und der Kleopatra in die Herrschaft über Ägypten)

34–41 Krieg in Pontos gegen Pharnakes II. (1. Teil)

42–47 Kriegshandlungen in Illyrien

48–64 Meuterei in Spanien

65–76 Krieg in Pontos gegen Pharnakes II. (2. Teil)
77–78 Schlusskapitel

Nipperdey hat als erster vermutet, dass Hirtius sowohl das unvollendete *Bellum civile* ediert als auch das *Bellum Alexandrinum* verfasst habe. Auch der englische Historiker Lord Macaulay (1800–1858) ging von Hirtius als Verfasser aus: »This[19] is not a bad history. Hirtius is a very respectable writer.«[20] Aber Hirtius bezeugt ausdrücklich, dass er bei den Kämpfen in Alexandria nicht zugegen gewesen sei (s. o.). Damit scheidet Hirtius als Verfasser aus. Im Jahr 46 v. Chr. war er als Prätor an Rom gebunden.

In der modernen Forschung lassen sich grundsätzlich drei Hypothesen zur Autorschaft unterscheiden:

- Nach Auffassung vornehmlich von Carl Nipperdey, Alfred Klotz, Otto Seel, Karl Barwick und Jörg Rüpke hat Caesars Gefolgsmann Aulus Hirtius die *ganze* Schrift verfasst.
- Jean Andrieu, Raphael Giomini und Will Richter schreiben die Schrift einem unbekannten Verfasser zu.
- Nach Ansicht einer dritten Gruppe von Philologen lässt sich kaum von »dem« Verfasser des *Bellum Alexandrinum* sprechen; das Werk sei wahrscheinlich aus mehreren Einzelberichten unterschiedlicher Verfasser zusammengefügt. Diese These wurde vor allem von Gustav Landgraf und Heinz Pötter entwickelt und neuerdings von Jan Felix Gaertner/Bianca C. Hausburg aufgegriffen.
- Rudolf Menge verweist auf griechische Wortwahl und Konstruktionen, die dem Werk möglicherweise zugrunde lagen.

Nach der Schlacht bei Pharsalos löste sich das pompejanische Heer auf; Pompeius floh nach Ägypten, wo er auf Veranlassung des Achillas bei Pelusium getötet wurde. Während sich Metellus Scipio, Cato d. J. und andere nach Afrika absetzen, folgte Caesar Pompeius nach

19 Gemeint ist *De Bello Alexandrino*.
20 Trevelyan (1893, 691).

Ägypten, platzte jedoch mitten in den Thronstreit zwischen Ptolemaios XIII. und dessen Schwestergemahlin Kleopatra VII. hinein. Die Einmischung Caesars, der sich selbst als Schiedsrichter in der Thronfolge verstand und zudem mehrere Milliarden Denare einforderte, die ihm Ptolemaios XII. 59 v. Chr. in Rom versprochen hatte, führte zu heftigem Widerstand der Alexandriner. Caesar geriet bei einem Aufstand des Volkes in höchste Gefahr. Der Kampf in Alexandria, den Caesar selbst leitet, nimmt in dem Werk breiten Raum ein und wird spannend erzählt. Er endet mit der Inthronisation der Kleopatra, deren Name nur ein einziges Mal (Bell. Alex. 33,2) begegnet, und ihrem jüngeren Bruder Ptolemaios XIV. Erst im Juni 47 v. Chr. verließ Caesar Ägypten, um den bosporanischen König Pharnakes zurückzuweisen; er besiegte ihn bei Zela. *Veni, vidi, vici* soll Caesar nach Rom gemeldet haben. Ende 47 v. Chr. ging er selbst nach Rom, wo ihm in seiner Abwesenheit die Diktatur, die tribunizische Gewalt und das Konsulat auf fünf Jahre übertragen worden waren.

Caesar war nicht der erste Römer, der in innerägyptische Angelegenheiten eingriff. Die Herrschaft (seit 180 v. Chr.) von Ptolemaios VI. Philometor (»Mutterliebender«) wurde nach der Invasion und Besetzung Ägyptens (170–168 v. Chr.) durch Antiochos IV. von Syrien – ursächlich war ein Thronstreit mit seinem jüngerem Bruder Ptolemaios VII. – nur durch das Eingreifen Roms gerettet, zu dem er dadurch in starke Abhängigkeit geriet. 164 v. Chr. wurde er durch seinen Bruder Ptolemaios VIII. Euergetes (»Wohltäter«) vorübergehend sogar aus Ägypten vertrieben; bei der Reichsteilung 163 v. Chr. musste er an diesen Kyrene abtreten. Die Abhängigkeit Ägyptens von Rom vertiefte sich in der Folgezeit. Ptolemaios XII. fristete ein Schattendasein. Obwohl seit 80 v. Chr. König in Ägypten, wurde er erst 59 v. Chr. als König und *socius atque amicus populi Romani* anerkannt, nachdem er Caesar und andere röm. Politiker (u. a. Pompeius) bestochen hatte. Da Ptolemaios die Annexion Zyperns durch die Römer 58 v. Chr. tatenlos hingenommen hatte, wurde er noch in

diesem Jahr von den Alexandrinern vertrieben und floh nach Rom, von wo aus er seine Rückführung betrieb, die erst 55 v. Chr. durch Aulus Gabinius erfolgte. Ptolemaios beseitigte die Tochter Berenike, die inzwischen regiert hatte, und trieb durch Gaius Rabirius Postumus rücksichtslos die hohen Bestechungsgelder ein, wodurch Ägypten fast ruiniert wurde. 51 v. Chr. starb Ptolemaios. Sein in Rom und Alexandria hinterlegtes Testament, in dem Ptolemaios die Römer beschwor, keine Änderung an den von ihm getroffenen Regelungen vorzunehmen (Bell. Alex. 33,1), forderte eine gemeinsame Thronfolge von Ptolemaios XIII. und der Kleopatra.

Ptolemaios XIII. (geb. 61 v. Chr.) regierte zunächst gemeinsam mit seiner älteren Schwester Kleopatra – sie war beim Regierungsantritt bereits 18 Jahre alt und damit mündig –, stand jedoch wegen seiner Minderjährigkeit – er war erst 10 Jahre alt – unter der Vormundschaft des Ministers Potheinos, des obersten Feldherrn Achillas sowie des Rhetors Theodotos von Chios. Da die ehrgeizige Kleopatra Ptolemaios XIII. und seine Vormünder gänzlich von der Regierung verdrängte – die Gegenseite beschuldigte sie ihrerseits, mit Hilfe der Römer ihren Bruder vom Thron stoßen zu wollen –, wurde sie von diesen nach einem internen Machtkampf 49 v. Chr. vertrieben und Ptolemaios XIII., der die Ermordung des geflüchteten Pompeius Magnus geduldet hatte, seither in offiziellen Dokumenten als Alleinherrscher genannt. Kleopatra hatte sich an die syrische Grenze begeben und dort Truppen zusammengezogen. Ein Zusammenstoß der Heere der beiden Geschwister wurde jedoch durch die innerrömischen Ereignisse verhindert. Kleopatra hatte sich an Caesar schon vor seiner Landung durch Sendboten um Hilfe gewandt. Dieser war nur mit einer kleinen Streitmacht von etwa 3200 Mann gelandet. Als er in Alexandria seinen Einzug nicht nur als Heerführer, sondern als römischer Beamter mit seinen Liktoren hielt, kam es zu heftigen Aufständen gegen die Römer. Nur mit Mühe konnte Caesar sich in das königliche Schloss zurückziehen, das er besetzen ließ. Er erreichte eine äußerliche Versöhnung der königlichen Geschwister

bzw. der streitenden Parteien und Kleopatras erneute Anerkennung als Mitregentin. Zur Beruhigung der Lage gab Caesar das im Jahr 58 v. Chr. von Rom annektierte Zypern dem ägyptischen Reich zurück und ernannte Ptolemaios XIV., den jüngeren Sohn von Ptolemaios XII., und dessen Schwester Arsinoë IV. vorübergehend zu gemeinsamen Regenten dieser Insel (48 v. Chr.). Potheinos berief die ägyptische Armee nach Alexandria. Mit Unterstützung der Bevölkerung schloss Achillas Caesar im Hafenviertel, wo der königliche Palast lag, in dem sich der römische Feldherr verschanzte und die Königsfamilie, darunter Ptolemaios XIII., sozusagen als Geisel im Palast internierte, ein und belagerte ihn mit einem starken Heer. Es kam zu monatelang andauernden, heftigen Straßenkämpfen, in denen die Römer hart bedrängt wurden. Um sich die Verbindung zur See offen zu halten, ließ Caesar die ägyptische Flotte in Brand stecken. Beim Versuch, vom Leuchtturm Pharos aus den die Insel Pharos mit dem Festland verbindenden Damm (Heptastadion genannt) zu erobern, wurde Caesar der Rückzug abgeschnitten, und er konnte sich nur schwimmend retten (Bell. Alex. 21). Schließlich ließ Caesar Ptolemaios XIII. aus nicht völlig klar ersichtlichen Gründen frei. Dieser schloss sich daraufhin der ägyptischen Belagerungsarmee an und nahm den Kampf gegen Caesar wieder auf. Erst Hilfe der Verbündeten aus Vorderasien – ein Entsatzheer unter dem Kommando des Mithridates von Pergamon, mit dem Caesar seine eigenen Truppen vereinigen konnte, sowie der Einsatz des im *Bellum Alexandrinum* nicht erwähnten Antipatros (vgl. Begleittext Nr. 9) – befreite Caesar vom Druck der aufständischen Ägypter und beendete Anfang 47 v. Chr. die sich ständig verschlechternde Lage der Römer. Südlich von Alexandria siegten sie nach anfänglichen Verlusten glänzend über das ägyptische Heer; Ptolemaios XIII. ertrank auf der Flucht im Nil. Die Bewohner Alexandrias streckten die Waffen. Caesar war nun unangefochtener Meister in Ägypten und regelte die Angelegenheiten des Landes. Er übergab Kleopatra die Herrschaft, stellte ihr aber unter Wahrung des Testaments des

Ptolemaios XII. ihren erst zwölfjährigen Bruder Ptolemaios XIV. formell als Mitregent (und wahrscheinlich auch Gemahl) an die Seite (Bell. Alex. 33,2). Die unbedeutende Rolle Ptolemaios' XIV. in der Regierung zeigt sich darin, dass Kleopatra auch weiterhin nur ihr Porträt auf Münzen prägen ließ und in Datierungen ihr Name vor dem ihres Bruders erschien. Als Kleopatra im Sommer 46 v. Chr. von Caesar – nach der Rückkehr aus Afrika – nach Rom eingeladen wurde, nahm sie Ptolemaios XIV. und ein großes Gefolge mit. Nach der Ermordung Caesars floh Kleopatra und kehrte mit ihrem Bruder nach Ägypten zurück. Bald darauf ließ sie ihn durch Gift beseitigen. Nach diesem politisch motivierten Mord – möglicherweise versuchte eine ägyptische Partei, die ihre romfreundliche Haltung nicht teilte, Kleopatra durch Arsinoë an der Seite des Ptolemaios XIV. zu ersetzen – hatte Kleopatra jetzt freie Hand und rief ihren dreijährigen Sohn von Caesar, »Kaisarion«, als Ptolemaios XV. zum neuen Mitregenten aus. Von der Liaison zwischen Kleopatra und Caesar berichtet das *Bellum Alexandrinum* mit keinem Wort.

Georg Friedrich Händel vertonte die Ereignisse in Ägypten in seiner am 20. Februar 1724 in London uraufgeführten Oper »Julius Cäsar in Ägypten« in drei Akten und neun Bildern.

Das Bellum Africum

Nach der Schlacht von Pharsalos (48 v. Chr.) waren die Gegner Caesars mit den Resten ihres geschlagenen Heeres nach Afrika geflüchtet und hatten dort ihre Truppen mit jenen Jubas I., des Königs von Numidien, und des Proprätors Publius Attius Varus vereint. Dieser war 49 v. Chr. in Afrika gelandet und hatte in Utica aus eigener Machtvollkommenheit die Regierung der Provinz übernommen (Cic. Lig. 1,3; Caes. civ. 1,31,2). Das Hauptquartier, die Armee und die Flotte der Pompejaner wurden in Utica stationiert (Bell. Afr. 24,1; 62,1). Gemeinsam brachten sie wieder eine ansehnliche Armee

zustande, die unter dem Oberbefehl des Quintus Caecilius Metellus Pius Scipio stand. Bei der Verteilung der Kommandos empfing Cato d. J. den Befehl über die Festung Utica (Bell. Afr. 22,1; 36,4; Plut. Cato min. 58; Liv. perioch. 113[21]). Er hatte sich dabei der Forderung Jubas widersetzt, der die Zivilbevölkerung niedermachen und die Stadt wegen der Sympathien ihrer Einwohner für Caesar zerstören lassen wollte. Caesar war nach seinem Sieg bei Pharsalos zunächst nach Italien zurückgekehrt und bereitete eine weitere Kampagne vor, um die Überreste der Pompejaner in Nordafrika zu zerschlagen. Während der Invasionsvorbereitungen meuterte eine seiner altgedienten Legionen. Den Soldaten waren im Tausch für ihre Unterstützung große Versprechen (Landzuteilungen etc.) gemacht worden, die Jahre nach ihrem ersten Sieg im Bürgerkrieg immer noch nicht erfüllt waren. Caesar konnte seine Männer letztlich durch außergewöhnliche Bescheidenheit und die demütige Bitte um Unterstützung für eine weitere Kampagne wieder unter Kontrolle bringen. Im Dezember 47 v. Chr. segelte Caesar von Lilybaeum auf Sizilien los und landete bei Hadrumetum an der heutigen tunesischen Küste. Wegen widriger Winde waren jedoch nur 3000 Infanteristen und 150 Reiter mit ihm in Afrika angekommen. Es gelang ihm nur, die beiden Küstenstädte Ruspina und Leptis Minor zu besetzen. Als er am 4. Januar 46 v. Chr. von Ruspina mit 30 Kohorten zur Nahrungsmittelbeschaffung auszog, stieß er auf eine von Titus Labienus geführte feindliche Armee, einen früheren Kampfgefährten aus dem gallischen Krieg und Vertrauten, der nun auf Seiten der Pompejaner kämpfte und mit dem Kommando der Kavallerie (8000 numidische sowie 1600 gallische und germanische Reiter) betraut worden war. Labienus, dessen Truppen zahlenmäßig stark überlegen waren, nutzte die höhere Beweglichkeit seiner Einheiten, um Caesars Truppen eine vernichtende Niederlage beizubringen. Nur durch einen verzweifelten Frontalangriff gelang es Caesar, das feind-

21 Begleittext Nr. 7

liche Zentrum zu durchbrechen und sich Zeit für einen Rückzug zu verschaffen. Die Überlebenden schafften es mit Mühe und Not zurück zur Küste. Nun ließ Caesar Verschanzungen bis zur Küste errichten, wurde dabei aber durch konstante Attacken des Labienus gestört, zu dem Metellus Scipio mit acht Legionen und 3000 Reitern stieß. Diese unterbanden jeglichen Versuch der Vorratsbeschaffung. Caesar führte daraufhin die Hälfte seiner Armee landeinwärts, um einige Wüstenstädte zu erobern und sich ihre Vorräte zu sichern. In den nächsten Monaten verschanzte sich Caesars Armee mit wenig Nahrung – sie musste sogar auf Algen als Viehfutter zurückgreifen – in ihrem Lager an der Küste. Das pompejanische Heer war vor dem Lager aufgezogen und derartig überlegen, dass Caesar gezwungen war, die Seeleute seiner Schiffe als Infanteristen einzubeziehen. Die Pompejaner stellten sich jeden Tag in Schlachtordnung auf, allerdings weigerte sich Caesar, die Schlacht anzunehmen. Die Lage besserte sich erst, als weitere Verstärkung aus Italien sowie eine Getreidelieferung von den Kerkenna-Inseln eintraf, woraufhin Caesar das Lager wieder verließ, um den Pompejanern durch Angriffe auf umliegende Städte eine Schlacht auf günstigem Gelände aufzuzwingen. Zudem hatte Juba zwischenzeitlich infolge eines Einfalls des mauretanischen Königs Bocchus und des Publius Sittius in sein Reich zurückkehren müssen und konnte Labienus nicht weiter unterstützen. In der Nacht vom 25. auf den 26 Januar 46 v. Chr. rückte Caesar in die Ebene von Uzitta vor, wehrte einen Angriff des Labienus ab und besetzte einen die Stadt Uzitta beherrschenden Hügel. Nach dem Erhalt von Verstärkungstruppen (vier Legionen, 800 gallische Reiter und 1000 Leichtbewaffnete) wollte Caesar eine Feldschlacht wagen, doch zogen seine Gegner den Kleinkrieg vor. Daraufhin rückte Caesar gegen Thapsus vor. Metellus Scipio folgte Caesar dorthin nach und stellte sich in Schlachtordnung auf. Caesar war auf einer Landenge eingeschlossen, da sich auf der einen Seite ein See, auf der anderen das Meer befand. Metellus Scipio schloss ihn am oberen Ende der Landzunge, Lucius Afranius zusammen

mit Juba am unteren Ende ein. Auf diesem schmalen Streifen war es den Pompejanern jedoch nicht möglich, ihre überlegene Kavallerie auszuspielen. Caesar wandte sich zuerst Metellus Scipio zu, zögerte aber anzugreifen. Gerüchte über den angeblichen Luxus im Lager der Pompejaner erzürnten die schwer gebeutelten und halb verhungerten Legionäre Caesars. Die Truppen waren ungeduldig und ein Trompeter blies ohne Befehl zum Angriff. Sofort marschierten die Soldaten auf den Feind zu. Metellus Scipios Truppen waren auf ganzer Linie unterlegen. Die Kriegselefanten flohen vor dem Beschuss von Caesars Bogenschützen und töteten die eigenen Soldaten. Laut dem *Bellum Africum* ritt Caesar selbst in erster Reihe und rief die Glücksgöttin Felicitas an. Nach Plutarch nahm Caesar allerdings nicht an der Schlacht teil, weil ihn ein Epilepsieanfall daran hinderte. Als Metellus Scipios Armee besiegt war (6. April 46 v. Chr.), wandte sich Caesar dem mit Scipio verbündeten Juba I. von Numidien und Lucius Afranius zu und vernichtete sie ebenfalls. Der Sieg war vollständig und Caesars Truppen töteten viele der fliehenden Soldaten. Caesar ließ drei Legionen vor Thapsus zurück, sandte zwei andere Legionen gegen das von Considius verteidigte Thysdrus (heute El Djem) und zog selbst mit dem restlichen Heer gegen Utica. Marcus Porcius Cato der Jüngere beging daraufhin dort Selbstmord (daher Cato Uticensis), da er lieber sterben wollte, als sein Leben der Gnade Caesars zu verdanken. Die in Utica verbliebenen Pompejaner begnadigte Caesar zwar, verhängte aber über die in der Stadt Handel treibenden römischen Bürger wegen ihrer Unterstützung seiner Gegner eine hohe Geldbuße. Juba wurde in Zama und anderen numidischen Städten die Aufnahme verweigert; er und sein Begleiter Marcus Petreius trugen einen Zweikampf aus, in dem beide getötet wurden. Jubas Reich wurde in eine römische Provinz umgewandelt und dem späteren Geschichtsschreiber Sallust unterstellt; Bocchus und Sittius erhielten West-Numidien. Metellus Scipio beging vor Hippo Regius Selbstmord; Labienus und andere Pompejaner suchten auf der Iberischen Halbinsel Zuflucht. Caesar feierte, nach Rom

zurückgekehrt, einen viertägigen Triumph über Gallien, Ägypten, Pharnakes und Juba. Seine Amtsgewalt wurde verstärkt, als ihm die Diktatur auf zehn Jahre und die zensorische Gewalt zuerkannt wurden.

Das *Bellum Africum* umfasst 98 Kapitel und wurde anonym herausgegeben. Der Bericht des unbekannten Verfassers – wohl ein römischer Offizier, Augenzeuge der von ihm berichteten Ereignisse und treuer Anhänger Caesars, der mit dessen Gedanken und Plänen vertraut war, ohne jedoch ein tieferes Verständnis für dessen militärische Unternehmungen zu besitzen – ist ein chronologisch geordneter Bericht und »enthält keine Einleitung oder Exkurse. (...) Während Caesar das zeitliche Nacheinander zu betonen pflegt, liebt der Autor des *Bellum Africum* Ausdrücke der Gleichzeitigkeit (*interim*). Dadurch entsteht der Eindruck einer engen Verzahnung der Ereignisse; die Perspektive wechselt oft von einer Seite zur andern.«[22] Sprachlich auffallend ist z. B., dass *grandis* häufiger verwendet wird als *magnus*. Der Verfasser zeichnet ein offensichtlich authentisches Bild des Feldherrn Caesar und der Stimmung in dessen Heer. Er verachtet die Pompejaner, die lieber einem Barbarenkönig – Juba I. – gehorchen wollen als einem römischen Vorgesetzten, und zollt nur Cato d. J. Respekt (z. B. Bell. Afr. 88,5).

Koestermann vermutete Munatius Plancus als Autor des *Bellum Africum*.

Theodor Mommsen sah in der Schlacht bei Thapsus die entscheidende Zäsur in der Geschichte Roms. Für ihn war der 6. April 46 v. Chr. der Todestag der Republik, sodass seine dreibändige »Römische Geschichte« damit auch ihren Abschluss findet.

22 von Albrecht (1994, 344).

Schlacht von Thapsus: Befehlshaber, Truppenstärke, Verluste[23]		
	Caesarianer	*Pompejaner*
Befehlshaber	Julius Caesar	Metellus Scipio
Truppenstärke	20.000 Legionäre 2000 Bogenschützen und Schleuderer 1200 Reiter	28.000 Legionäre 12.000 gallische, iberische und numidische Reiter 64 Kriegselefanten
Verluste	1000 Mann[24]	10.000 Tote[25] mehr als 10.000 Verwundete und Gefangene

Das Bellum Hispaniense

Die Erhebung der Söhne des Pompeius (Gnaeus und Sextus Pompeius) in Spanien zwang Caesar Anfang 45 v. Chr. noch einmal, die Waffen zu ergreifen. Bei Munda in Südspanien (Andalusien) schlug er die verzweifelt kämpfenden Pompejaner und unterwarf Spanien von Neuem (nach der Schlacht von Ilerda im Juni 49 v. Chr.). Nun war er Alleinherrscher in Rom. Er erhielt die lebenslängliche Diktatur (*dictator in perpetuum*) und mit der Würde eines Imperators die oberste Militär- und Zivilgewalt. Das *Bellum Hispaniense* ist der letzte Text im *Corpus Caesarianum* und mit 42 Kapiteln zugleich der kürzeste.

23 Quelle: Spencer C. Tucker: Wars That Changed History. 50 of the World's Greatest Conflicts. 2015, 118.

24 Nach Bell. Afr. 86,1 hatte Caesars Seite nur 50 Mann Verluste.

25 Plutarch zählte 50.000, Appian sogar 80.000 Tote.

Die Beschreibung des Krieges in Spanien durch einen unbekannten Autor ist unvollendet geblieben – der Text bricht »mitten in einer Rede Caesars ab, die bereits so stark resümierenden Charakter trägt, dass nur wenig, womöglich nur der Rest der Rede, ausgefallen sein dürfte«[26] – und gehört bezüglich der Textüberlieferung zu den schwierigsten Texten der lateinischen Literatur überhaupt. Rice Holmes nannte das *Bellum Hispaniense* sogar »the worst book in Latin literature; and its text is the most deplorable. The language is generally ungrammatical and often unintelligible. The copyists performed their tasks so ill that in the forty-two paragraphs there are twenty-one gaps and six hundred corrupt passages [...].«[27] Auf Augenhöhe mit dieser Aussage steht die Aussage Küblers im Vorwort seiner Ausgabe (1897) des *Bellum Hispaniense*, der Autor dieses Werks habe »Latein mehr gestammelt als gesprochen« (*latine magis balbutiebat quam loquebatur*). Das größte Problem bei der Überlieferung – nicht nur des *Bellum Hispaniense*, sondern des gesamten *Corpus Caesarianum* – stellen die Handschriften bzw. ihre Gruppierung dar:

codex Ashburnhamensis
  10./11. Jahrhundert (jetzt Laurentianus 33)
codex Lovaniensis[28]
  11. Jahrhundert (British Museum Ad. 10084)
codex Neapolitanus
  12./13. Jahrhundert (Nationalbibliothek Neapel IV, 11)
codex Thuaneus (Parisinus)
  11. Jahrhundert (Nationalbibliothek Paris lat. 5764)
codex Vindobonensis
  12. Jahrhundert (Nationalbibliothek Wien 95)

26 Marvin Müller (2021, 188).

27 Holmes (1923, 298).

28 Diese Handschrift bricht abrupt in Bell. Afr. 33 ab.

codex Ursinianus (Vaticanus)
11./12. Jahrhundert (= codex Vaticanus lat. 3324)
codex Riccardianus (Florentinus)
11./12. Jahrhundert (Florenz, Bibliotheca Laurentiana inter Riccardianos 541)
codex Laurentianus
11./12. Jahrhundert

Bezüglich der Ein- und Zuordnung der Handschriften wird auf Wolfgang Herings eingehende Darstellung verwiesen.[29]

Zwar hat du Pontet bereits 1901 das *Bellum Hispaniense* in seiner Oxoniensis-Ausgabe ediert, besonderes Verdienst kommt jedoch Alfred Klotz zu, mit seiner kritischen, in der Bibliotheca Teubneriana 1927 erschienenen Ausgabe, die durch einen separat publizierten Kommentar ergänzt wurde,[30] »einen lesbaren Text vorgelegt zu haben, was freilich nur durch zahlreiche Konjekturen, Ergänzungen und Tilgungen ermöglicht wurde. Priorität hatte für ihn die Rekonstruktion einer Sprachnorm, von der sich indes nicht wissen lässt, ob sie für den Autor des B⟨ellum⟩ H⟨ispaniense⟩ so überhaupt Gültigkeit besaß.«[31] Eine der markantesten Eigenarten in der Sprache des *Bellum Hispaniense* ist z. B. die Verbindung von *bene* mit einem Adjektiv, z. B. *bene magnus* »recht groß«, ein Phänomen, das als typisch umgangssprachlich gilt. Des Öfteren ist auch eine *constructio ad sensum* zu beobachten. »Andererseits wartet er (...) mit Ennius-Zitaten auf«[32], z. B. Bell. Hisp. 23,3 *hic tum, ut ait Ennius, nostri ›cessere parumper‹* und 31,7 *hic, ut ait Ennius, pes pede premitur, armis teruntur arma*; auch vergleicht er einen Zweikampf mit dem Duell Achilles vs. Memnon (Bell. Hisp. 25,4), um seine schulische erfolgte Bildung unter Beweis zu stellen; »auch lassen die bei-

29 Hering (1963).
30 Klotz (1927).
31 Tschiedel (2010, 600).
32 von Albrecht (1994, 344).

den Reden (17 und 42) Spuren rhetorischer Schulung erkennen«.[33] Bisweilen ist er um einen »gebildeten« Ausdruck bemüht, z. B. *nocturno tempore* statt *noctu* (Bell. Hisp. 2,1 und 22,6), *hoc praeterito tempore* (Bell. Hisp. 11,3; 19,4; 20,3; 22,1.7) statt *deinde*, vollends der griechische Genitivus absolutus *eius praeteriti temporis* (Bell. Hisp. 14,1). »Das *Bellum Hispaniense* ist (...) für die Sprachpsychologie eine – noch unausgeschöpfte – Quelle ersten Ranges; leider wird die Freude durch die schlechte Überlieferung getrübt.«[34] »Demgegenüber gibt die Ausgabe von A. G. Way aus dem Jahre 1955 (Sammlung Loeb[35]) nur einen Lesetext mit englischer Übersetzung.«[36] Giovanni Pascucci kommt das Verdienst zu, 1965 eine umfangreiche und detaillierte, 413 Seiten[37] umfassende Ausgabe zum *Bellum Hispaniense* verfasst zu haben. Trotz der neueren, von Nicole Diouron stammenden Ausgabe aus dem Jahr 1999, die im Verlag »Belles Lettres« in der Reihe »Collection des universités de France« erschien, bleibt die wissenschaftliche Forschung weiterhin vorrangig auf Pascuccis Werk angewiesen. Sowohl Pascucci als auch Diouron wählten ein gegenüber Klotz konservativeres Verfahren, sie blieben dem von den Handschriften gebotenen Wortlaut eher treu als Klotz. Darauf hat bereits Hans Drexler[38] wenige Jahre nach dem Erscheinen der Ausgabe von Klotz – u. a. anhand der Besprechung von Kapitel 1 des *Bellum Hispaniense* – hingewiesen.

Vor 100 Jahren und davor richtete man einen Großteil der wissenschaftlichen Fragestellung auf den unbekannten Autor dieser Schrift. »This book must have been written by some sturdy old

33 von Albrecht (1994, 345).

34 von Albrecht (1994, 345).

35 Loeb Classical Library 402 (Anmerkung von Flemmig)

36 Hering (1971, 688).

37 Diese lassen sich wie folgt gliedern: S. 9–10 Vorwort, S. 11–80 vierteiliger Abschnitt »Introduzione«, S. 81–109 kritische Ausgabe, 111–393 Kommentar, 395–409 Indices.

38 Drexler (1935, bes. 208–227 [Zum *bellum Hispaniense*]).

centurion, who fought better than he composed.«[39] Nach Ansicht von A. G. Way ist dieser Standpunkt Macaulays »possibly not far off the truth«.[40] Van Hooff (1974) hingegen vermutet in dem Autor eher einen Politiker wie Caesars Legaten Quintus Pedius oder Quintus Fabius Maximus als einen Berufsoffizier. Storch (1977) wiederum plädiert für einen Reiteroffizier als Autor, da dieser ein ungewöhnliches Interesse für die Kavallerie an den Tag lege; zudem bewiesen die topographischen Beschreibungen, die Informationen über das Wetter und die Angaben zu Verlusten, dass der Autor Augenzeuge der Kampfhandlungen gewesen sein müsse. Es wurden diesbezüglich mehrere Namen genannt: Arguetius[41], Quintus Pedius, Fabius Maximus, Vibius Paciaecus. Einen ersten Höhepunkt erreichten Spekulationen diesbezüglich in Pötters »Untersuchungen zum Bellum Alexandrinum und Bellum Africanum« aus dem Jahr 1932. Da die Beantwortung dieser Frage jedoch über Mutmaßungen nicht hinausgeht, hat man im Laufe der Zeit immer mehr von ihrer Lösung Abstand genommen. Der Wahrheit am nächsten kommt wohl Tschiedel mit seiner Feststellung: »Der Auftrag, einen Kriegsbericht zu verfassen, dürfte [...] an einen Veteranen gegangen sein, dessen Identität nicht zu lüften ist. Die vom Text gelieferten Indizien scheinen auf einen Reiteroffizier eher unteren Ranges zu weisen, dem ein gewisses Maß an rhetorischer Bildung nicht abzusprechen ist und der möglicherweise [...] der 10. Legion angehörte.«[42] Einzelheiten der Kriegstechnik erfasst der Autor des *Bellum Hispaniense* »besser als den Kampfverlauf im ganzen oder gar politische Zusammenhänge. Als historischer Zeuge ist er gerade wegen seiner Unfähigkeit, Wesentliches von Unwesentlichem zu unterscheiden, be-

39 So das Urteil das Urteil des britischen Historikers Lord Macaulay (1800–1859). Zitiert nach Trevelyan (1893, 691).

40 Caesar: Alexandrian War, African War, Spanish War. With an English translation by A. G. Way. Cambridge (Mass.)/London 1955, 305.

41 Vgl. die Anmerkung zu Bell. Hisp. 10,1.

42 Tschiedel (2010, 597).

sonders zuverlässig. Seine Voreingenommenheit gegen den jungen Cn. Pompeius trägt er offen zur Schau (...). Ebenso gradlinig betont er auf Schritt und Tritt die Vorzüge Caesars.«[43]

»Der Kürze der Schrift entspricht die Kürze des Feldzugs: Lediglich rund ein Vierteljahr benötigt Caesar von der Ankunft am Schauplatz des Krieges im ›jenseitigen‹ Hispanien bis zur Entscheidungsschlacht von Munda«[44] am 17. März 45 v. Chr. »Seine Gegner sind die beiden Pompeiussöhne Gnaeus und Sextus sowie deren Verbündete, der bekannteste unter ihnen T. Labienus. Cn. Pompeius hatte schon vor der Niederlage in Afrika den Kriegsschauplatz verlassen und die Balearen angesteuert (*Bell. Afr.* 23). Nach Thapsus vereinigt er sich mit den verbliebenen Gegnern Caesars, um im ›jenseitigen‹ Hispanien neuen Widerstand zu organisieren.«[45] Im November 46 v. Chr. brach Caesar nach *Hispania ulterior* auf. »Von dieser Vorgeschichte berichtet das *Bell. Hisp.* nicht.«[46]

Die Ausgangslage der Auseinandersetzung Caesar vs. Pompejaner kann wie folgt beschrieben werden: Nach den Niederlagen bei Pharsalos (9. August 48 v. Chr.) und bei Thapsus (6. April 46 v. Chr.) war die ursprünglich von Pompeius geführte Seite, die die Sache der Optimaten in Rom vertrat, auf die spanischen Provinzen beschränkt, was an sich noch keine verzweifelte Lage war. Geführt von Titus Labienus, einem begabten General, der Caesar im gallischen Krieg gedient hatte, und den Brüdern Sextus und Gnaeus Pompeius der Jüngere, hatten Caesars Gegner alle Ressourcen Spaniens und eine neu rekrutierte Armee von 13 Legionen zur Verfügung. Caesars Ziel war es, den letzten Brennpunkt der militärischen Opposition zu vernichten. Mit ihm zogen acht Legionen, viele seit dem Krieg in Gallien unter seinem Kommando, und 8000 Kaval-

43 von Albrecht (1994, 344).
44 Marvin Müller (2021, 188).
45 Marvin Müller (2021, 188).
46 Marvin Müller (2021, 188).

leristen, die für den Verlauf der Schlacht bei Munda entscheidend sein sollten. Insgesamt waren Caesars Truppen dem Gegner zwar zahlenmäßig unterlegen, aufgrund ihrer langjährigen Kampferfahrung waren seine Soldaten auf die Schlacht aber weitaus besser vorbereitet als ihre Gegner. Caesar »wollte keinen Bürgerkrieg führen, und deshalb sah er in den Anhängern des Pompeius keine *cives*, sondern *hostes*, die zu bekämpfen Recht und Pflicht war. Nur unter dieser Voraussetzung konnte er seinen Krieg gegen Pompeius als ein *bellum iustum* führen.«[47]

Sextus Pompeius hielt Corduba besetzt, während sein Bruder Gnaeus Pompeius die Stadt Ulia belagerte, die zu Caesar hielt. Nach seiner Ankunft in Spanien gelang es Caesar, durch einen Marsch gegen Corduba Gnaeus von der Belagerung des sehr gefährdeten Ulia abzubringen. Daraufhin marschierte er, weil sich die Gegner ihm nicht in einer offenen Feldschlacht auf ebenem Terrain stellen wollten, gegen die Nachbarstadt Ategua, eine der stärksten Festungen des Feindes. Gnaeus Pompeius sah sich zur Hilfeleistung gezwungen, folgte Caesar dorthin und bezog jenseits des Rio Guadajoz auf einer Anhöhe zwischen Ategua und Ucubis eine feste Stellung in einer gebirgigen, für ihn sehr vorteilhaften Gegend. »Cn. Pompeius entschloss sich zu spät, sie (d. h. die Stadt Ategua; Anm. von Flemmig) zu entsetzen. Sie fiel am 19. Februar. Militärstrategisch ohne allzu große Bedeutung, wurde der Fall Ateguas psychologisch zur Wende. Die Mehrzahl der spanischen Völker und Gemeinden verlor das Vertrauen in die Pompejaner und trat mit Caesar in Verhandlung.«[48] Nach der Kapitulation Ateguas besserte sich Caesars Versorgungslage.

Die beiden Armeen trafen letztlich in der Ebene von Munda im heutigen Andalusien aufeinander. Die Armee der Pompeius-Brüder lagerte auf einem sanften Hügel in einer ungünstigen Position für

47 Tschiedel (2012, 42).
48 Will (1992, 178).

Caesars Angriffspläne. Er blieb einige Tage in Sichtweite, bevor er am 17. März 45 v. Chr. den Befehl zum Angriff gab. Der Kampf dauerte einige Zeit ohne klare Vorteile für eine Seite, doch dann wendete sich das Blatt zugunsten Caesars.[49] »Auch in dieser erbitterten Schlacht kämpfte die zehnte Legion großartig [...]. Indem die zehnte Legion den feindlichen Umzingelungsversuchen widerstand, konnte Caesar seine Reiterei samt Boguds afrikanischen Soldaten ins Kampfgetümmel schicken. Labienus merkte, welche Gefahr drohte, und verlegte seine Truppen auf den gegenüberliegenden Flügel, doch diese Truppenverlegung löste ein Missverständnis aus: Der kämpfende Rest meinte, es sei das Zeichen zum Rückzug, und begann, fluchtartig die Stellungen zu räumen.«[50] Viele Männer der flüchtenden Truppen des Pompeius starben bei der Verfolgung durch Caesars Männer. Andere fielen bei der Verteidigung der Stadt Munda. Etwa 30.000 Männer starben in der Schlacht, die große Mehrheit auf Seiten der Unterlegenen. Titus Labienus war einer der Getöteten, den Brüdern Sextus und Gnaeus Pompeius gelang jedoch die Flucht nach Corduba. »Der Krieg wurde noch eine Weile mit aller Härte weitergeführt. [...] Unter großem Blutvergießen wurden Munda und Urso[51] genommen.«[52] Caesar griff Corduba, das seine Feinde und Truppenteile beherbergte, an. Die Stadt ergab sich, wurde aber nicht geschont. »In Corduba ließ der Diktator alle, die Waffen getragen hatten, niedermachen. Die Bilanz: 22000 Tote. Schließlich eroberte er Hispalis (Sevilla). Auch hier ließ er die Bewaffneten töten, die übrige Bevölkerung in die Sklaverei verkaufen.«[53] Sextus und Gnaeus Pompeius flohen erneut, diesmal ans Meer, in Richtung ihres Flottenstützpunktes Carteia (zwischen Algeciras und Gibraltar). Während Sextus Pompeius entkommen

49 Einzelheiten zum Schlachtverlauf s. Kap. 28–31.

50 Canfora (2004, 243).

51 Gemeint ist Ursao, heute Osuna (Anm. von Flemmig).

52 Will (1992, 178).

53 Will (1992, 178).

konnte und Caesars Nachfolgern mit seiner Flotte noch jahrelang Probleme bereiten sollte, gab Gnaeus Pompeius die Flucht schließlich auf und wurde von Caesarianern erschlagen. Sein Kopf wurde am Tag vor den Iden des April in Hispalis vor dem Volk zur Schau gestellt. »Caesar hielt sich inzwischen in Gades auf. Dort plünderte er den Herakles-Tempel[54]. Den Städten wurden große Entschädigungssummen abverlangt und Tribute auferlegt. Gemeinden, die auf seiner Seite gekämpft hatten, belohnte der Sieger zwar mit Gebietserweiterungen und Steuerbefreiung. Aber auch diese Gefälligkeiten waren nicht umsonst.«[55] Nach der Schlacht von Munda ging Caesar daran, weitere Teile Spaniens, die noch loyal zu den Anhängern des Gnaeus Pompeius Magnus standen, zu »befrieden« (*pacare*), wie Caesar sich gerne auszudrücken pflegte. Mit dem Sieg bei Munda und mit einem »befriedeten« Spanien hatte Caesar zunächst keine Opposition mehr und konnte nach Rom zurückkehren, wo er im Februar 44 Chr. den Titel »Diktator auf Lebenszeit« (*dictator perpetuus*) annahm. Fast auf den Tag ein Jahr nach der Schlacht von Munda, am 15. März, an den Iden des März 44 v. Chr., wurde er von *nobiles* ermordet, an ihrer Spitze Brutus und Cassius, eine Tat, die letztlich die Auflösung der Republik beschleunigte: Die verbliebenen Anhänger Caesars konnten Brutus und Cassius 42 v. Chr. bei Philippi schlagen; spätestens mit dem Sieg von Caesars Neffen und Erben Octavian, dem 27 v. Chr. der Titel »Augustus« verliehen wurde, über seinen Konkurrenten Marcus Antonius im Jahr 31 v. Chr. bei Actium fand die Republik definitiv ihr Ende, und der Prinzipat begann.

54 Vgl. hierzu Begleittext Nr. 1.
55 Will (1992, 178 f.).

Schlacht von Munda: Befehlshaber, Truppenstärke, Verluste[56]		
	Caesarianer	*Pompejaner*
Befehlshaber	Julius Caesar	Gnaeus Pompeius der Jüngere Titus Labienus; Attius Varus
Truppenstärke	ca. 40.000 Mann 8 Legionen (= 80 Kohorten) u. 8000 Mann Kavallerie[57]	ca. 70.000 Mann 13 Legionen[58] (= 130 Kohorten) sowie 6000 Mann Kavallerie und Hilfstruppen[59]
Verluste	ca. 1000 Tote (Infanteristen und Reiter); ca. 500 Verwundete[60]	ca. 30.000 Infanteristen und 3000 röm. Ritter[61]

Die Lokalisierung der Schlacht und des antiken Ortes Munda ist in der archäologischen Forschung umstritten. Nachdem in der älteren Forschung (bis hin zum »Neuen Pauly«) vor allem durch Adolf Schulten Montilla favorisiert worden war, werden in neueren Veröffentlichungen aufgrund von dort gefundenen beschrifteten Schleuderbleien und anderen Funden der Cerro de las Balas und die Llanos del Aguila bei La Lantejuela im Dreieck Écija – Marchena – Osuna in Andalusien, Provinz Sevilla, in Betracht gezogen.[62]

Trotz der beginnenden Inbesitznahme Spaniens durch die Römer mit dem Ende des Zweiten Punischen Krieges (201 v. Chr.) gab es auf der Iberischen Halbinsel noch lange keinen dauerhaften Frieden, vielmehr rebellierte die einheimische Bevölkerung immer wieder gegen die Herrschaft Roms. Die Folge waren langwierige und verlustreiche Auseinandersetzungen. Livius wies im Rahmen der

56 Quellen: Will (1992, 177–179) und Canfora (2004, 243).

57 Bell. Hisp. 30,1; Gelzer (Caesar, 1983, 274).

58 Gelzer (Caesar, 1983, 271).

59 Bell. Hisp. 30,1.

60 Bell Hisp. 31,10.

61 Bell. Hisp. 31,9; Gelzer (Caesar, 1983, 274).

62 Auch Gelzer verortet Munda »rund 10 Kilometer westlich von Urso« (Gelzer [1983, 274]).

Darstellung des Zweiten Punischen Krieges nebenbei darauf hin, dass vor Kurzem (*nuper*) die Befriedung Spaniens vollendet wurde (Liv. 28,12,12): *nostra demum aetate ductu auspicioque Augusti Caesaris perdomita (sc. Hispania) est* (»Spanien wurde erst zu unserer Zeit unter Führung und Kommando des Augustus vollständig unterworfen«). Ähnlich äußert sich der Historiker Florus (1,33,5): *In hac (sc. provincia) prope ducentos per annos dimicatum est a primis Scipionibus in primum Caesarem Augustum, non continuo et cohaerenter, sed prout causae lacessierant, nec cum Hispanis initio, sed cum Poenis in Hispania* (»In dieser Provinz wurde nahezu zweihundert Jahre lang gekämpft, von den ersten Scipionen bis zum ersten Caesar Augustus, allerdings nicht ununterbrochen und zusammenhängend, sondern wie es die Anlässe erforderlich gemacht hatten, und am Anfang gar nicht mit Spaniern, sondern mit den Karthagern in Spanien«).

Der Wert aller drei in diesem Band behandelten *bella* beruht auf der Tatsache, dass es sich um Augenzeugenberichte handelt, zu denen keine Parallelüberlieferung existiert. Auch wenn sie nicht von Caesar verfasst wurden, ihre Verfasser zwar höchstwahrscheinlich aus Caesars Umfeld stammen, aber ansonsten unbekannt sind und ihre Diktion von Caesars Stil abweicht, lohnt es sich, sie zu lesen, da man sie als Quelle ersten Grades zu Caesars Siegen im Bürgerkrieg nutzen kann. Dabei wird auch das Verhalten mancher Personen – z. B. das von Caesars Vertrauten Quintus Cassius Longinus in Spanien (Bell. Alex. 48–64) – kritisch hinterfragt, da es indirekt die positive Resonanz erklärt, auf die Gnaeus und Sextus Pompeius bei der spanischen Bevölkerung zunächst stoßen. Die drei *bella* enthalten geschichtliche Ereignisse von zentraler Bedeutung wie z. B. den Sieg Caesars über Pharnakes II. bei Zela (Bell. Alex. 76) und die Niederlage der Pompejaner bei Thapsus und den Selbstmord Catos d. J. in Utica (Bell. Afr. 82–88). Im Fall des *Bellum Africum* wird zudem deutlich, dass der einheitliche Oberbefehl Caesars, der für alle seine Truppen galt, ein entscheidendes Kriterium für seinen Sieg im Bür-

gerkrieg war, während auf der Gegenseite mehrere Personen (Cato d. J., Metellus Scipio und vor allem der Numiderkönig Juba I.) um den Oberbefehl rangen, wobei Juba I. gerne diesen an sich gerissen hätte. Doch vielen Pompejanern erschien es als ein zu hohes Wagnis, ja Prestigeverlust, das Kommando über alle in Afrika stationierten Pompejaner einem ausländischen König (Juba I.) zu übertragen. Es genügte schon, wenn dieser von einem ranghohen Römer bedingungslosen Gehorsam einforderte (Bell. Afr. 57,3 *dicto audiens fuit regi*). Metellus Scipio wagte es nicht, Juba I., der als König einen Purpurmantel trug, in dem einem römischen Imperator, zu dem er sich hatte ausrufen lassen, zustehenden purpurnen Feldherrnmantel gegenüberzutreten – für römische Vorstellungen die Perversion der Verhältnisse. Die Darstellung der Ereignisse kann insgesamt als spannend bezeichnet werden. Die Lektüre der drei *bella* lohnt in jedem Fall.

TEXT UND ÜBERSETZUNG

BELLUM ALEXANDRINUM

1 (1) Bello Alexandrino conflato Caesar Rhodo atque ex Syria Ciliciaque omnem classem arcessit; Creta sagittarios, equites ab rege Nabataeorum Malcho evocat; tormenta undique conquiri et frumentum mitti, auxilia adduci iubet. (2) Interim munitiones cotidie operibus augentur atque omnes oppidi partes, quae minus esse firmae videntur, testudinibus ac musculis aptantur; ex aedificiis autem per foramina in proxima aedificia arietes immittuntur, quantumque aut ruinis deicitur aut per vim recipitur loci, in tantum munitiones proferuntur. (3) Nam ⟨ab⟩ incendio fere tuta est Alexandria, quod sine contignatione ac materia sunt aedificia et structuris ac fornicibus continentur tectaque sunt rudere aut pavimentis. (4) Caesar maxime studebat, ut, quam angustissimam partem oppidi palus a meridie interiecta efficiebat, hanc operibus vineisque agendis ab reliqua parte urbis excluderet, (5) illud spectans primum, ut, cum in duas partes esset urbs divisa, acies uno consilio atque imperio administraretur, deinde, ut laborantibus succurri atque ex altera oppidi parte auxilium ferri posset, inprimis vero, ut aqua pabuloque abundaret, quarum alterius rei copiam exiguam, alterius

DER ALEXANDRINISCHE KRIEG (48–47 V. CHR.)

1–33 *Krieg in Alexandria (Ende 48 – Juni 47 v. Chr.)*

1 (1) Nach Ausbruch des Krieges in Alexandria ließ Caesar von Rhodos, Syrien und Kilikien seine gesamte Flotte kommen; aus Kreta forderte er Bogenschützen und von Malchus, dem König der Nabatäer, Reiter an; er ließ von überall her Wurfmaschinen beschaffen sowie Getreide schicken und Hilfstruppen herbeiführen. (2) Inzwischen wurden die Befestigungsanlagen täglich durch Schanzen verstärkt und alle Stadtteile, die nicht stark genug erschienen, wurden mit »Schildkröten«[1] (d. h. Schilddächern) und »Mäuschen«[2] (d. h. Schutzblenden) versehen; aus den Gebäuden aber wurden »Widder«[3] (d. h. Mauerbrecher) durch Öffnungen in die nächstgelegenen Gebäude eingelassen; über den ganzen Raum, den man entweder durch Einsturz oder gewaltsame Eroberung gewann, wurden die Befestigungsanlagen vorgeschoben. (3) Denn gegen einen Brand ist Alexandria im Großen und Ganzen gut geschützt, weil die Gebäude weder Dachgebälk noch sonstiges Holzwerk besitzen, durch Mauerwerk und Bögen zusammengehalten werden und mit Steinschutt oder einem Estrichüberzug gedeckt sind. (4) Caesar bemühte sich besonders, den Stadtteil, den ein im Süden dazwischenliegender Sumpf sehr einengte, durch das Anlegen von Schanzwerken und »Weinlauben«[4] (d. h. Sturmlauben) vom restlichen Teil der Stadt abzuschneiden, (5) wobei er zunächst darauf achtete, dass die Kampflinie, da die Stadt in zwei Teile getrennt war, durch einen einzigen Plan und durch ein einziges Kommando geleitet würde, sodann, dass man den Bedrängten zu Hilfe eilen und aus dem anderen Stadtteil Unterstützung geholt werden könnte, besonders aber, dass Wasser und Viehfutter zur Genüge vorhanden seien; vom ersteren besaß er nur eine geringe Menge, letzteres über-

nullam omnino facultatem habebat; quod utrumque large palus praebere poterat.

2 (1) Neque vero Alexandrinis in gerendis negotiis cunctatio ulla aut mora inferebatur. Nam in omnes partes, per quas fines Aegypti regnumque pertinet, legatos conquisitoresque dilectus habendi causa miserant magnumque numerum in oppidum telorum atque tormentorum convexerant et innumerabilem multitudinem adduxerant. (2) Nec minus in urbe maximae armorum erant institutae officinae. Servos praeterea puberes armaverant: quibus domini locupletiores victum cotidianum stipendiumque praebebant. (3) Hac multitudine disposita munitiones semotarum partium tuebantur; veteranas cohortes vacuas in celeberrimis urbis locis habebant, ut, quacumque regione pugnaretur, integris viribus ad auxilium ferendum opponi possent. (4) Omnibus viis atque angiportis triplicem vallum obduxerant – erat autem quadrato exstructus saxo neque minus XL pedes altitudinis habebat –, quaeque partes urbis inferiores erant, has altissimis turribus denorum tabulatorum munierant. (5) Praeterea alias ambulatorias totidem tabulatorum confixerant subiectisque eas rotis funibus iumentisque † obiectis derectis plateis in quamcumque erat visum partem movebant.

3 (1) Urbs fertilissima et copiosissima omnium rerum apparatus suggerebat. Ipsi homines ingeniosi atque acutissimi, quae a nobis fieri viderant, ea sollertia efficiebant, ut nostri illorum opera imitati

haupt nicht; beides konnte der Sumpf[5] reichlich zur Verfügung stellen.

2 (1) Aber auch die Einwohner von Alexandria ließen bei der Ausführung ihrer Vorhaben keinerlei Zögern und keinerlei Aufschub eintreten. Denn sie hatten nach allen Richtungen, soweit sich das Gebiet Ägyptens und das Königreich erstreckt, zwecks Aushebung von Truppen Bevollmächtigte und Soldatenwerber entsandt, und sie hatten in der Stadt eine große Anzahl von Geschossen sowie Schleuder- und Wurfmaschinen zusammengebracht und eine unglaubliche Heeresmasse herbeigeführt. (2) Ebenso waren in der Stadt riesige Waffenfabriken errichtet worden. Außerdem hatte man die erwachsenen und damit waffenfähigen Sklaven bewaffnet; ihre Herren, soweit sie reich genug waren, lieferten ihnen den täglichen Lebensunterhalt und den Sold. (3) Durch diese hier- und dahin verteilte Heeresmasse schützte man die Befestigungsanlagen auch entlegener Abschnitte; die aus Veteranen bestehenden unbeschäftigten Kohorten hatte man in den am stärksten bevölkerten Gegenden der Stadt, um mit frischen Kräften zur Unterstützung gegen den Feind entgegentreten zu können, an welchem Abschnitt auch immer der Kampf stattfinden mochte. (4) Alle Straßen und Gässchen hatte man mit einer dreifachen Wand aus Schanzpfählen[6] verrammelt – diese aber war aus Quadersteinen erbaut und hatte eine Höhe von nicht weniger als 40 Fuß[7] –; und die niedriger gelegenen Stadtteile hatte man mit sehr hohen Türmen von jeweils zehn Stockwerken befestigt. (5) Außerdem hatte man noch andere, bewegliche Türme mit ebenso vielen Stockwerken zusammengefügt und konnte diese mit untergeschobenen Rädern, mit Seilen und Lasttieren †[8], die man vorspannte, in den geraden Straßen zu dem Abschnitt bewegen, wo es angebracht schien.

3 (1) Die sehr reiche und mit Vorräten wohl versehene Stadt lieferte Kriegsmaterial aller Art. Die Einwohner selbst, erfinderische und sehr scharfsinnige Leute, stellten das, was sie uns anfertigen sahen, mit solcher Geschicklichkeit her, dass es den Anschein hatte,

viderentur, et sua sponte multa reperiebant unoque tempore et nostras munitiones infestabant et suas defendebant. (2) Atque haec principes in consiliis contionibusque agitabant: populum Romanum paulatim in consuetudinem eius regni occupandi venire. (3) Paucis annis ante A. Gabinium cum exercitu fuisse in Aegypto; Pompeium se ex fuga eodem recepisse; Caesarem venisse cum copiis; neque morte Pompei quicquam profectum, quominus apud se Caesar commoraretur. (4) Quem si non expulissent, futuram ex regno provinciam; idque agendum mature: namque eum interclusum tempestatibus propter anni tempus recipere transmarina auxilia non posse.

4 (1) Interim dissensione orta inter Achillan, qui veterano exercitui praeerat, et Arsinoen, regis Ptolemaei minorem filiam, ut supra demonstratum est, cum uterque utrique insidiaretur et summam imperii ipse obtinere vellet, praeoccupat Arsinoe per Ganymeden eunuchum, nutricium suum, atque Achillan interficit. (2) Hoc occiso sine ullo socio et custode ipsa omne imperium obtinebat. Exercitus Ganymedi traditur. Is suscepto officio largitionem in militem auget; reliqua pari diligentia administrat.

5 (1) Alexandria est fere tota subfossa specusque habet ad Nilum pertinentes, quibus aqua in privatas domos inducitur, quae paulatim spatio temporis liquescit ac subsidit. (2) Hac uti domini aedificiorum atque eorum familiae consuerunt: nam quae flumine Nilo fertur, adeo est limosa ac turbida, ut multos variosque morbos

unsere Leute ahmten deren Werke nach; vieles erfanden sie auch aus eigenem Antrieb; zu ein und demselben Zeitpunkt griffen sie unsere Befestigungsanlagen an und verteidigten gleichzeitig ihre eigenen. (2) Und ihre Anführer beratschlagten Folgendes bei ihren Treffen und Versammlungen: Das römische Volk gewöhne sich allmählich daran, dieses Königreich zu besetzen. (3) Wenige Jahre zuvor sei Aulus Gabinius mit seinem Heer in Ägypten gewesen;[9] Pompeius habe auf seiner Flucht ebenfalls dort Zuflucht gesucht; Caesar sei mit Truppen gekommen, aber man habe auch durch den Tod des Pompeius nichts dahingehend bewirkt, dass Caesar nicht noch länger bei ihnen verweile (statt abzuziehen). (4) Wenn sie ihn nicht vertrieben, werde aus dem Königreich eine (römische) Provinz; man müsse nun rasch etwas unternehmen, denn Caesar könne, wegen der Jahreszeit durch Stürme von jeglicher Verbindung nach außen abgeschnitten, keine überseeische Hilfe erhalten.

4 (1) Wie früher[10] erwähnt wurde, war zwischenzeitlich zwischen Achillas, der das aus Veteranen bestehende Heer befehligte, und Arsinoë, der jüngeren Tochter des Königs Ptolemaios (XII.), ein Streit ausgebrochen. Da beide einander nachstellten und jeder das Oberkommando erlangen wollte, kam Arsinoë mit Hilfe des Eunuchen Ganymedes, ihres Erziehers, zuvor und ließ Achillas töten. (2) Nach seiner Ermordung war sie[11], ohne jeglichen Mitregenten und ohne jeglichen Aufseher, im Besitz der ganzen Macht. Das Heer wurde Ganymedes anvertraut, der nach Übernahme dieser Aufgabe die Geldgeschenke an die Soldateska noch erhöhte; alles Übrige führte er mit gleicher Sorgfalt aus.

5 (1) Alexandria wird beinahe gänzlich von unterirdischen, bis zum Nil reichenden Wasserläufen durchzogen, über die das Wasser in die Privathäuser geleitet wird, welches mit der Zeit allmählich klar wird und sich absetzt. (2) Dieses Wasser sind die Besitzer der Häuser und die Angehörigen ihres Hausstandes zu benutzen gewohnt. Denn das Wasser, das im Fluss Nil fließt, ist so schlammig und trüb, dass es viele und verschiedene Krankheiten[12] verursacht. Die große

efficiat; sed ea plebes ac multitudo contenta est necessario, quod fons urbe tota nullus est. Hoc tamen flumen in ea parte erat urbis, quae ab Alexandrinis tenebatur. (3) Quo facto est admonitus Ganymedes posse nostros aqua intercludi; qui distributi munitionum tuendarum causa vicatim, ex privatis aedificiis specibus ac puteis extracta aqua utebantur.

6 (1) Hoc probato consilio magnum ac difficile opus adgreditur. Intersaeptis enim specibus atque omnibus urbis partibus exclusis, quae ab ipso tenebantur, aquae magnam vim ex mari rotis ac machinationibus exprimere contendit; hanc locis superioribus fundere in partem Caesaris non intermittebat. (2) Quam ob causam salsior paulo praeter consuetudinem aqua trahebatur ex proximis aedificiis magnamque hominibus admirationem praebebat, quam ob rem id accidisset; nec satis sibi ipsi credebant, cum se inferiores eiusdem generis ac saporis aqua dicerent uti atque ante consuessent, vulgoque inter se conferebant et degustando, quantum inter se differrent aquae, cognoscebant. (3) Parvo vero temporis spatio haec propior bibi omnino non poterat, illa inferior corruptior iam salsiorque reperiebatur.

7 (1) Quo facto dubitatione sublata tantus incessit timor, ut ad extremum casum periculi omnes deducti viderentur atque alii morari Caesarem dicerent, quin naves conscendere iuberet, alii multo gravius extimescerent [casum], quod neque celari Alexandrini possent in apparanda fuga, cum tam parvo spatio distarent ab ipsis,

Masse des Volkes ist mit ihm notwendigerweise zufrieden, weil es in der ganzen Stadt keine einzige Quelle gibt.[13] Dieser Kanal jedoch befand sich in dem Teil der Stadt, der von den Alexandrinern gehalten wurde. (3) Dadurch kam Ganymedes auf den Gedanken, unsere Leute könnten vom Wasser abgeschnitten werden; diese waren zum Schutz der Befestigungsanlagen über die verschiedenen Stadtteile verteilt und benutzten das aus den Privatgebäuden, den unterirdischen Stollen und den Zisternen entnommene Wasser.[14]

6 (1) Der Plan hatte Zustimmung gefunden und so machte man sich an die große und schwierige Aufgabe. Die Wasserläufe wurden verstopft und in allen Stadtteilen, die von Ganymedes besetzt waren, abgeschnitten. Dann strengte man sich an, eine große Wassermenge mit Hilfe von Rädern und Maschinen aus dem Meer empor zu drücken. Dieses Wasser ließ man von den höher gelegenen Orten aus ununterbrochen in den Stadtteil Caesars fließen. (2) Aus diesem Grund wurde etwas salzigeres Wasser als gewöhnlich aus den nächstgelegenen Häusern geschöpft und die Menschen waren sehr verwundert, aus welchem Grund dies geschehen sei. Und sie trauten sich selbst nicht recht, da die weiter unten Wohnenden behaupteten, sie würden dasselbe Wasser mit demselben Geschmack trinken wie früher. Nun verglich man das Wasser allenthalben untereinander und erkannte durch Geschmacksproben, wie das Wasser sich voneinander unterschied. (3) Nach kurzer Zeit aber konnte das Wasser in den näher gelegenen Teilen überhaupt nicht mehr getrunken werden, in den tiefer gelegenen Gebieten fand man es schon ziemlich verdorben und salzig.

7 (1) Als daraufhin jeder Zweifel ausgeräumt war, machte sich eine solche Angst breit, dass alle sich höchster Gefahr ausgesetzt sahen; die einen sagten, Caesar würde zu lange zögern, den Befehl zu geben, die Schiffe zu besteigen, andere wiederum gerieten noch viel heftiger in Angst. Denn die Alexandriner würden weder bei der Vorbereitung der Flucht getäuscht werden können, da sie von ihnen nur durch eine so geringe Entfernung getrennt seien, noch

neque illis imminentibus atque insequentibus ullus in naves receptus daretur. (2) Erat autem magna multitudo oppidanorum in parte Caesaris, quam domiciliis ipsorum non moverat, quod ea se fidelem palam nostris esse simulabat et descisse a suis videbatur: ut mihi ⟨si⟩ defendendi essent Alexandrini neque fallaces esse neque temerarii, multa oratio frustra absumeretur; (3) cum vero uno tempore et natio eorum et natura cognoscatur, aptissimum esse hoc genus ad proditionem dubitare nemo potest.

8 (1) Caesar suorum timorem consolatione et ratione minuebat. Nam puteis fossis aquam dulcem reperiri posse adfirmabat: omnia enim litora naturaliter aquae dulcis venas habere. (2) Quodsi alia esset litoris Aegypti natura atque omnium reliquorum, tamen, quoniam mare libere tenerent, neque hostes classem haberent, prohiberi sese non posse, quominus cotidie navibus aquam peterent vel a sinistra parte a Paratonio vel dextra ab insula, quae diversae navigationes numquam uno tempore adversis ventis praecluderentur. (3) Fugae vero nullum esse consilium non solum iis, qui primam dignitatem haberent, sed ne iis quidem, qui nihil praeterquam de vita cogitarent. (4) Magno negotio impetus hostium adversos ex munitionibus sustineri; quibus relictis nec loco nec numero pares esse posse. (5) Magnam autem moram et difficultatem ascensum in naves habere, praesertim ex scaphis; summam esse contra in Alexandrinis velocitatem locorumque et aedificiorum notitiam. (6) Hos

würde, wenn die Alexandriner ihnen im Nacken säßen und sie verfolgten, irgendeine Rückzugsmöglichkeit auf die Schiffe bestehen. (2) Andererseits gab es eine große Menge von Stadtbewohnern in dem von Caesar besetzten Stadtteil, die er nicht aus ihren Wohnungen vertrieben hatte, weil sie öffentlich vorgaben, unseren Leuten gegenüber loyal zu sein, und von ihren Landsleuten abgefallen zu sein schienen. Aber wenn ich die Alexandriner in Schutz nehmen müsste, dass sie weder trügerisch noch verwegen seien, dann würde ich viele Worte umsonst verschwenden. (3) Wenn man nämlich einmal diesen Menschenschlag und ihre Natur kennen gelernt hat, kann niemand daran zweifeln, dass dieses Volk zum Verrat wie geschaffen ist.

8 (1) Caesar minderte die Furcht seiner Leute mit Trost und Vernunft. Denn er versicherte, dass Süßwasser durch Brunnengrabungen gefunden werden könne; an allen Küsten gebe es von Natur aus Süßwasseradern. (2) Wenn nun die natürliche Beschaffenheit der Küste Ägyptens eine andere wäre als die aller übrigen Küsten, könnten sie dennoch nicht daran gehindert werden, täglich mit Schiffen Wasser zu holen, entweder zur Linken von Paratonion[15] oder zur Rechten von der Insel[16], da sie ja unbehindert das Meer besäßen und die Feinde keine Flotte hätten. Diese Fahrten könnten niemals gleichzeitig durch ungünstige Winde behindert werden, da sie in entgegengesetzter Richtung verliefen. (3) Eine Flucht sei jedoch undenkbar, nicht nur für diejenigen, die den angesehensten Rang einnähmen, sondern nicht einmal für diejenigen, die an nichts außer an ihr Leben dächten. (4) Mit großer Mühe würde man schon jetzt den frontalen Anstürmen der Feinde von den Befestigungen aus standhalten; würde man diese Befestigungen verlassen, könnten sie dem Feind weder an Stellung noch an Zahl gewachsen sein. (5) Ein Besteigen der Schiffe berge aber eine große Verzögerung und Schwierigkeit, zumal von den Kähnen aus; die Alexandriner hingegen seien äußerst wendig und schnell und besäßen genaueste Kenntnis der Örtlichkeiten und der Gebäude. (6) Diese Leute

praecipue in victoria insolentes praecursuros et loca excelsiora atque aedificia occupaturos: ita fuga navibusque nostros prohibituros. Proinde eius consilii obliviscerentur atque omni ratione esse vincendum cogitarent.

9 (1) Hac oratione apud suos habita atque omnium mentibus excitatis dat centurionibus negotium, ut reliquis operibus intermissis ad fodiendos puteos animum conferant neve quam partem nocturni temporis intermittant. (2) Quo suscepto negotio atque omnium animis ad laborem incitatis magna una nocte vis aquae dulcis inventa est. Ita operosis Alexandrinorum machinationibus maximisque conatibus non longi temporis labore occursum est. (3) Eo biduo legio XXXVII ex dediticiis Pompeianis militibus cum frumento, armis, telis, tormentis imposita in naves a Domitio Calvino ad litora Africae paulo supra Alexandriam delata est. (4) Hae naves Euro, qui multos dies continenter flabat, portum capere prohibebantur; sed loca sunt egregia omni illa regione ad tenendas ancoras. Hi cum diu retinerentur atque aquae inopia premerentur, navigio actuario Caesarem faciunt certiorem.

10 (1) Caesar, ut per se consilium caperet, quid faciendum videretur, navem conscendit atque omnem classem se sequi iussit nullis nostris militibus impositis, quod, cum longius paulo discederet, munitiones nudare nolebat. (2) Cumque ad eum locum accessisset, qui appellatur Chersonensus, aquandique causa remiges

würden, wenn sie im Fall eines Sieges besonders übermütig seien, vorstürmen sowie höher gelegenes Gelände und Gebäude besetzen: Auf diese Weise würden sie unsere Leute an der Flucht und am Zugang zu den Schiffen hindern. Deshalb sollten sie diesen Plan vergessen und vielmehr daran denken, dass man auf jede mögliche Weise siegen müsse.

9 (1) Nachdem Caesar diese Rede vor seinen Leuten gehalten hatte und alle angespornt hatte, übertrug er den Zenturionen die Aufgabe, dass sie sich bei Unterbrechung aller übrigen Tätigkeiten darauf konzentrieren sollten, Brunnen zu graben und diese Arbeit auch zu keinem nächtlichen Zeitpunkt zu unterbrechen. (2) Nachdem diese Aufgabe in Angriff genommen und alle zu dieser Arbeit motiviert worden waren, wurde binnen einer Nacht eine große Menge Süßwasser gefunden. So wurde den mühevollen mechanischen Vorrichtungen der Alexandriner und ihren größten Kraftaufwendungen mit einer Anstrengung von nur kurzer Dauer begegnet. (3) Zwei Tage darauf trieb die 37. Legion, die aus Soldaten des Pompeius, die sich auf Gnade und Ungnade ergeben hatten, bestand und samt Getreidevorrat, Waffen, Geschossen und Wurfmaschinen von Domitius Calvinus eingeschifft worden war, an die Gestade Afrikas ein wenig oberhalb[17] von Alexandria. (4) Diese Schiffe wurden durch den Südostwind, der viele Tage lang ohne Unterlass wehte, daran gehindert, in den Hafen einzulaufen; doch sind in jener ganzen Gegend die Örtlichkeiten hervorragend geeignet, um Anker zu werfen. Als sie aber ziemlich lange zurückgehalten wurden und Wassermangel ihnen hart zusetzte, setzte man Caesar mittels eines Schnellseglers[18] davon in Kenntnis.

10 (1) Um selbstständig einen Plan zu fassen, was seiner Ansicht nach zu tun sei, bestieg Caesar ein Schiff und befahl der ganzen Flotte, ihm zu folgen, ohne jedoch irgendwelche von unseren Soldaten mitzunehmen; denn da er sich etwas weiter entfernte, wollte er die Befestigungsanlagen nicht unbesetzt lassen. (2) Als er an den Ort gekommen war, der Chersonensus genannt wird, und die Ru-

in terram exposuisset, nonnulli ex eo numero, cum longius a navibus praedatum processissent, ab equitibus hostium sunt excepti. (3) Ex his cognoverunt Caesarem ipsum in classe venisse nec ullos milites in navibus habere. Qua re comperta magnam sibi facultatem Fortunam obtulisse bene gerendae rei crediderunt. (4) Itaque naves omnes, quas paratas habuerant ad navigandum, propugnatoribus instruxerunt Caesarique redeunti cum classe occurrerunt. (5) Qui duabus de causis eo die dimicare nolebat, quod et nullos milites in navibus habebat et post horam X diei res agebatur, nox autem adlatura videbatur maiorem fiduciam illis, qui locorum notitia confidebant; sibi etiam hortandi suos auxilium defuturum, quod nulla satis idonea esset hortatio, quae neque virtutem posset notare neque inertiam. (6) Quibus de causis naves, quas potuit, Caesar ad terram detrahit, quem in locum illos successuros non existimabat.

II (1) Erat una navis Rhodia in dextro Caesaris cornu longe ab reliquis collocata. Hanc conspicati hostes non tenuerunt sese, magnoque impetu IIII ad eam constratae naves et complures apertae contenderunt. (2) Cui coactus est Caesar ferre subsidium, ne turpem in conspectu ⟨hostium⟩ contumeliam acciperet, quamquam, si quid gravius illis accidisset, merito casurum iudicabat. (3) Proelium commissum est magna contentione Rhodiorum; qui cum in omnibus dimicationibus et scientia et virtute praestitissent, tum maxime illo tempore totum onus sustinere non recusabant, ne quod

derer an Land hatte setzen lassen, um Wasser zu holen, wurden einige von ihnen, die sich von den Schiffen zu weit entfernt hatten, um Beute zu machen, von feindlichen Reitern gefangen genommen. (3) Von diesen erfuhren die Feinde, Caesar selbst sei mit seiner Flotte gekommen, habe aber keine Soldaten auf den Schiffen. Als die Feinde dies genau erfuhren, glaubten sie, Fortuna habe ihnen eine große Gelegenheit für einen erfolgreichen Schlag geboten. (4) Daher rüsteten sie alle fahrbereiten Schiffe mit Seesoldaten aus und stellten sich Caesar bei der Rückkehr mit seiner Flotte in den Weg. (5) Dieser aber wollte aus zwei Gründen an diesem Tag nicht kämpfen: einerseits, weil er auf seinen Schiffen keine Soldaten hatte und das Zusammentreffen nach der zehnten Stunde[19] des Tages stattfand, die Nacht aber den Feinden, die auf ihre Ortskenntnis vertrauten, größeres Selbstvertrauen einzuflößen schien; andererseits, weil ihm auch die Hilfe fehlen würde, die eine Ermunterung seiner Leute bedeuten würde, weil seiner Meinung nach eine Ermunterung nicht hinreichend geeignet wäre, welche weder Tapferkeit noch Feigheit gebührend erwähnen konnte. (6) Aus diesen Gründen ließ Cäsar so viele Schiffe wie möglich an Land ziehen, wohin seiner Meinung nach die Feinde nicht folgen würden.

11 (1) Auf Caesars rechtem Flügel war ein rhodisches Schiff, das von den übrigen weit getrennt war. Als die Feinde dieses erblickt hatten, konnten sie sich nicht mehr zurückhalten; vielmehr steuerten vier Schiffe mit Verdeck und mehrere ohne Verdeck eilends mit großem Ungestüm auf dieses Schiff zu. (2) Caesar sah sich gezwungen, diesem Schiff Hilfe zu schicken, damit er nicht vor den Augen der Feinde eine schmähliche Niederlage erlitt. Gleichwohl glaubte er, dass es ihnen[20], wenn ihnen etwas Schlimmes zustieße, recht geschehe. (3) Die Schlacht wurde seitens der Rhodier mit großem Einsatz geführt. Weil sie in allen Kämpfen an Sachverstand und Tapferkeit herausragend gewesen waren, scheuten sie sich ganz besonders zu jenem Zeitpunkt nicht, die ganze Last (des Kampfes) auf sich zu nehmen, damit es nicht so aussähe, als hätte man ihret-

suorum culpa detrimentum acceptum videretur. (4) Ita proelium secundissimum est factum. Capta est una hostium quadriremis, depressa est altera, duae omnibus epibatis nudatae; magna praeterea multitudo in reliquis navibus propugnatorum est interfecta. (5) Quodnisi nox proelium diremisset, tota classe hostium Caesar potitus esset. (6) Hac calamitate perterritis hostibus adverso vento leniter flante naves onerarias Caesar remulco victricibus suis navibus Alexandriam deducit.

12 (1) Eo detrimento adeo sunt fracti Alexandrini, cum iam non virtute propugnatorum, sed scientia classiariorum se victos viderent, quibus ..... et superioribus locis sublevabantur, ut ex aedificiis defendi possent et materiam cunctam obicerent, quod nostrae classis oppugnationem etiam ad terram verebantur. (2) Idem, posteaquam Ganymedes in concilio confirmavit sese et eas, quae essent amissae, restiturum et numerum adaucturum, magna spe et fiducia veteres reficere naves accuratiusque huic rei studere atque inservire instituerunt. (3) Ac tametsi amplius CX navibus longis in portu navalibusque amiserant, non tamen reparandae classis cogitationem deposuerunt. (4) Videbant enim non auxilia Caesari, non commeatus subportari posse, si classe ipsi valerent; praeterea nautici homines urbis et regionis maritimae cotidianoque usu a pueris exercitati ad naturale ac domesticum bonum refugere cupie-

wegen einen Verlust erlitten. (4) Auf diese Weise verlief das Gefecht äußerst glücklich. Ein feindlicher Vierruderer wurde erbeutet, ein weiterer wurde versenkt, zwei wurden aller Schiffssoldaten beraubt; überdies wurde auf den übrigen Schiffen eine große Anzahl ihrer Verteidiger getötet. (5) Wenn nun nicht die Nacht das Gefecht beendet hätte, hätte sich Caesar der gesamten feindlichen Flotte bemächtigt. (6) Diese Niederlage hatte die Feinde völlig eingeschüchtert. Bei leichtem Gegenwind führte Cäsar die Lastschiffe im Schlepptau mit seinen siegreichen Schiffen nach Alexandria.

12 (1) Durch diesen Verlust waren die Alexandriner, weil sie sahen, dass sie nicht durch die Tapferkeit der Kämpfer, sondern durch den Sachverstand der Besatzung besiegt worden waren, wodurch sie …[21] auch an höher gelegenen Stellen unterstützt wurden, so sehr entmutigt …, sodass sie sich aus den Gebäuden heraus verteidigen konnten; sie stellten alles Bauholz (als Barrikaden) entgegen, weil sie einen Sturmangriff unserer Flotte auch auf das Festland befürchteten. (2) Nachdem Ganymedes in einer einberufenen Versammlung versichert hatte, er werde die verlustig gewordenen Schiffe wieder ersetzen und die Anzahl der Schiffe sogar erhöhen, begannen die Alexandriner mit großer Hoffnung und Zuversicht, die alten Schiffe instand zu setzen und sich dieser Aufgabe sorgfältiger anzunehmen und ihr dienstbar zu sein. (3) Auch wenn sie im Hafen und auf den Werften mehr als 110 Kriegsschiffe verloren hatten, gaben sie dennoch die Absicht der Wiederherstellung ihrer Flotte nicht auf. (4) Sie erkannten nämlich, dass Caesar keine Ersatztruppen zugeführt und keine Lebensmittel herbeigeschafft werden könnten, wenn sie selbst mit ihrer Flotte überlegen wären. Überdies wünschten sie als Seefahrervolk aus einer am Meer gelegenen Stadt und Landschaft, durch tägliche Übung von Kindheit an geübt, dort Zuflucht zu nehmen, wo sie einen natürlichen und heimischen Vorteil besaßen, besonders da sie sehr wohl wussten, wie viel sie schon mit ganz kleinen Fahrzeugen erreicht hatten. Da-

bant et quantum parvulis navigiis profecissent, sentiebant; itaque omni studio ad parandam classem incubuerunt.

13 (1) Erant omnibus ostiis Nili custodiae exigendi portorii causa dispositae; naves veteres erant in occultis regiae navalibus, quibus multis annis ad navigandum non erant usi: has reficiebant, illas Alexandriam revocabant. (2) Deerant remi: porticus, gymnasia, publica aedificia detegebant, asseres remorum usum obtinebant; aliud naturalis sollertia, aliud urbis copia subministrabat. (3) Postremo non longam navigationem parabant, sed praesentis temporis necessitati serviebant et in ipso portu confligendum videbant. (4) Itaque paucis diebus contra omnium opinionem quadriremes XXII, quinqueremes V confecerunt; ad has minores apertasque complures adiecerunt, et in portu periclitati remigio, quid quaeque earum efficere posset, idoneos milites imposuerunt seque ad confligendum omnibus rebus paraverunt. (5) Caesar Rhodias naves VIIII habebat – nam decem missis una in cursu litore Aegyptio defecerat –, Ponticas VIII, ⟨Syrias ..., Ci⟩licias V, ex Asia XII. Ex his erant quinqueremes † et quadriremes X, reliquae infra hanc magnitudinem et pleraeque apertae. (6) Tamen virtute militum confisus cognitis hostium copiis se ad dimicandum parabat.

14 (1) Postquam eo ventum est, ut sibi uterque eorum confideret, Caesar Pharon classe circumvehitur adversasque naves hostibus constituit: in dextro cornu Rhodias conlocat, in sinistro Ponticas. Inter has spatium CCCC passuum relinquit, quod satis esse ad

her strengten sie sich mit ganzem Eifer an, die Flotte einsatzbereit zu machen.

13 (1) An allen Nilmündungen[22] waren Wachtposten verteilt, um den Hafenzoll einzutreiben. Alte Schiffe, die man schon viele Jahre nicht mehr zur Schifffahrt benutzt hatte, lagen in einer geheimen Werft beim königlichen Palast; diese Schiffe setzte man instand und die Zollschiffe berief man nach Alexandria zurück. (2) Es mangelte an Rudern. Sie deckten Säulenhallen, Gymnasien und öffentliche Gebäude ab. Latten dienten als Ruder. Das eine steuerte ihr natürlicher Einfallsreichtum bei, das andere der Reichtum der Stadt. (3) Kurz, sie trafen keine Vorkehrungen für eine lange Seefahrt, sondern richteten sich nach dem Zwang des Augenblicks und sahen, dass man direkt im Hafen kämpfen müsse. (4) Daher fertigten sie wider aller Erwarten in wenigen Tagen 22 Vierruderer und fünf Fünfruderer an. Diesen fügten sie mehrere kleinere Schiffe ohne Verdeck hinzu, machten im Hafen einen Ruderversuch, um das Leistungsvermögen jedes einzelnen dieser Schiffe zu testen, schifften tüchtige Soldaten ein und rüsteten sich auf alle mögliche Weise zum Kampf. (5) Caesar hatte neun rhodische Schiffe – denn von den zehn, die man ihm schickte, war eines auf der Fahrt an der ägyptischen Küste zugrunde gegangen –, acht aus Pontos, ...[23] aus Syrien, fünf aus Kilikien, zwölf aus Asien[24]. Von diesen waren ...[25] Fünfruderer und zehn Vierruderer; die übrigen waren von geringerer Größe und meist ohne Verdeck. (6) Doch im Vertrauen auf die Tapferkeit seiner Soldaten und in Kenntnis der feindlichen Truppen machte Caesar sich kampfbereit.

14 (1) Nachdem es nun soweit gekommen war, dass jede der beiden Seiten auf ihre Kräfte vertraute, umfuhr Caesar mit seiner Flotte die Insel Pharos und ließ seine Schiffe den Feinden gegenüber Stellung beziehen. Auf dem rechten Flügel positionierte er die rhodischen Schiffe, auf dem linken die pontischen. Zwischen beiden Abteilungen ließ er einen Zwischenraum von 400 Schritten, der seiner Ansicht nach ausreichend war, um die Schiffe in der ge-

explicandas naves videbatur. (2) Post hunc ordinem reliquas naves subsidio distribuit; quae quamque earum sequatur et cui subveniat, constituit atque imperat. (3) Non dubitanter Alexandrini classem producunt atque instruunt: in fronte conlocant XXII, reliquas subsidiarias in secundo ordine constituunt. (4) Magnum praeterea numerum minorum navigiorum et scapharum producunt cum malleolis ignibusque, si quid ipsa multitudo et clamor et flamma nostris terroris adferre possent. (5) Erant inter duas classes vada transitu angusto, quae pertinent ad regionem Africae – sic enim praedicant partem esse Alexandriae dimidiam Africae – satisque diu inter ipsos est exspectatum, ab utris transeundi fieret initium, propterea quod ei, qui intrassent et ad explicandam classem et ad receptum, si durior accidisset casus, impeditiores fore videbantur.

15 (1) Rhodiis navibus praeerat Euphranor, animi magnitudine ac virtute magis cum nostris hominibus quam cum Graecis comparandus. (2) Hic ob notissimam scientiam atque animi magnitudinem delectus est ab Rhodiis, qui imperium classis obtineret. (3) Qui ubi Caesaris ⟨cunctationem⟩ animum advertit, "Videris mihi," inquit, "Caesar, vereri, si haec vada primis navibus intraris, ne prius dimicare cogaris quam reliquam classem potueris explicare. (4) Nobis rem committe: nos proelium sustinebimus – neque tuum iudicium fallemus –, dum reliqui subsequantur. Hos quidem diutius in nostro conspectu gloriari magno nobis et dedecori et dolori est." (5) Caesar illum adhortatus atque omnibus laudibus prosecutus dat

hörigen Breite aufzustellen. (2) Hinter dieser Reihe verteilte er die übrigen Schiffe zur Reserve; er bestimmte und befahl, an welches Schiff der vorderen Reihe sich jedes halten und wem es beistehen sollte. (3) Ohne zu zögern ließen die Alexandriner ihre Flotte vorrücken und stellten sie in Schlachtordnung auf: In der vorderen Linie stellten sie 22 Schiffe auf, die übrigen in der zweiten Reihe als Reserve. (4) Überdies ließen sie eine große Anzahl kleinerer Schiffe und Kähne mit Brandpfeilen und Feuerstoffen ausfahren für den Fall, dass allein schon ihre Masse, ihr Geschrei und ihr Brandmaterial unseren Leuten Schrecken einjagen konnten. (5) Zwischen den beiden Flotten befanden sich Untiefen, die nur eine schmale Fahrrinne ermöglichten; diese Untiefen gehören zum Gebiet Afrikas[26] – man erklärt es nämlich so, dass Alexandria zur Hälfte noch zu Afrika gehöre – und beide Seiten warteten ziemlich lange darauf, welche der beiden Parteien mit der Durchquerung beginne, denn es schien, dass diejenigen, die sich dort hineinbegäben, sowohl bei der Entfaltung der Flotte als auch bei einem Rückzug ziemlich behindert wären, falls ein ziemlich schlimmes Unglück einträte.[27]

15 (1) Die rhodischen Schiffe befehligte Euphranor, der im Hinblick auf die Größe seines Mutes und auf seine Tapferkeit mehr mit uns Römern als mit den Griechen zu vergleichen war. (2) Dieser wurde wegen seines sehr höchst angesehenen Sachverstands und wegen der Größe seines Mutes von den Rhodiern dazu auserwählt, das Kommando über die Flotte zu übernehmen. (3) Als dieser Caesars Zögern bemerkte, sagte er: »Es scheint mir, Caesar, du fürchtest, dass du, wenn du diese Untiefe mit den ersten Schiffen befährst, gezwungen bist, früher zu kämpfen, als du in der Lage bist, die übrige Flotte zu entfalten. (4) Überlass diese Aufgabe uns Rhodiern! Wir werden den Kampf aushalten – und wir werden dabei deine Erwartung nicht täuschen –, wenn nur die übrigen unmittelbar nachfolgen. Die Tatsache allerdings, dass die Feinde noch länger vor unseren Augen prahlen, bereitet uns sowohl große Schande als auch großen Schmerz.« (5) Caesar ermutigte ihn, belobigte ihn sehr

signum pugnae. Progressis ultra vadum IIII Rhodias naves circumsistunt Alexandrini atque in eas impetum faciunt. (6) Sustinent illi atque arte sollertiaque se explicant; ac tantum doctrina potuit, ut in dispari numero nulla transversa hosti obiceretur, nullius remi detergerentur, sed semper venientibus adversae occurrerent. (7) Interim sunt reliquae subsecutae. Tum necessario discessum ab arte est propter angustias loci, atque omne certamen in virtute constitit. (8) Neque vero Alexandriae fuit quisquam aut nostrorum aut oppidanorum, qui aut in opere aut in pugna occupatum animum haberent, quin altissima tecta peteret atque ex omni prospectu locum spectaculo caperet precibusque et votis victoriam suis ab dis immortalibus exposceret.

16 (1) Minime autem par erat proelii certamen. Nostris enim pulsis neque terra neque mari effugium dabatur [victis], omniaque victoribus erant futura in incerto, ⟨cum⟩ illi, si superassent navibus, omnia tenerent; si inferiores fuissent, reliquam tamen fortunam periclitarentur. (2) Simul illud grave ac miserum videbatur, perpaucos de summa ⟨rerum⟩ ac de salute omnium decertare; quorum si qui aut animo aut virtute cessisset, reliquis etiam esset cavendum, quibus pro se pugnandi facultas non fuisset. (3) Haec superioribus diebus saepenumero Caesar suis exposuerat, ut hoc maiore animo contenderent, quod omnium salutem sibi commendatam viderent.

und gab das Zeichen zum Kampf. Kaum waren sie über die Untiefe vorgerückt, da umstellten die Alexandriner die vier rhodischen Schiffe und griffen sie stürmisch an. (6) Die Angegriffenen hielten stand und manövrierten geschickt und wendig. Ja, ihre durch Schulung erreichten Kenntnisse richteten so viel aus, dass trotz der ungleichen Zahl der Feind bei keinem Schiff an die Seite herankam und bei keinem Schiff die Ruder beim Vorbeifahren abgebrochen wurden, sondern dass sie stets den Entgegenkommenden mit dem Bug in den Weg traten. (7) Zwischenzeitlich folgten die übrigen Schiffe. Jetzt gab man wegen der Beengtheit des Raumes notwendigerweise das kunstmäßige Manövrieren auf und der ganze Kampf hing von der Tapferkeit ab. (8) In der Tat aber war in Alexandria niemand, weder unter unseren Leuten noch unter den Städtern, obwohl sie mit der Schanzarbeit oder mit dem Kampf beschäftigt waren, der nicht die höchsten Dächer aufsuchte und rings, soweit man (vom Kampfplatz aus) sehen konnte, einen Platz zum Zuschauen suchte und der nicht mit Gebeten und Gelübden von den unsterblichen Göttern den Sieg für die Seinen inständig erflehte.

16 (1) Die Voraussetzungen für das Gefecht waren aber durchaus nicht gleich. Im Falle einer Niederlage gab es für uns Römer nämlich keine Möglichkeit des Entkommens, weder zu Lande noch zu Wasser; im Falle eines Sieges lag für uns jegliche Zukunft im Ungewissen, während die Alexandriner, falls sie zu Schiff siegten, alles behaupten würden; sollten sie unterliegen, würden sie dennoch ihr Glück weiterhin versuchen. (2) Zugleich erschien es drückend und beklagenswert, dass nur überaus wenige Römer die Entscheidungsschlacht über die Gesamtlage und das Wohlergehen aller lieferten. Wenn etwa einer von ihnen an Entschlossenheit oder Tapferkeit den Alexandrinern nachstünde, müssten sich auch die übrigen in Acht nehmen, die keine Möglichkeit hatten, für ihre Person zu kämpfen. (3) Dies hatte Caesar an den vorhergehenden Tagen seinen Leuten immer wieder dargelegt, damit sie mit umso größerem Mut kämpften, wenn sie sähen, dass ihnen das Wohlergehen aller

(4) Eadem suum quisque contubernalem, amicum, notum prosequens erat obtestatus, ne suam atque omnium falleret opinionem, quorum iudicio delectus ad pugnam proficisceretur. (5) Itaque hoc animo est decertatum, ut neque maritimis nauticisque sollertia atque ars praesidium ferret, neque numero navium praestantibus multitudo prodesset, neque electi ad virtutem e tanta multitudine viri virtuti nostrorum possent adaequare. (6) Capitur hoc proelio quinqueremis una et biremis cum defensoribus remigibusque, et depriumuntur tres nostris incolumibus omnibus. (7) Reliquae propinquam fugam ad oppidum capiunt; quas protexerunt ex molibus atque aedificiis imminentibus et nostros adire propius prohibuerunt.

17 (1) Hoc ne sibi saepius accidere posset, omni ratione Caesar contendendum existimavit, ut insulam molemque ad insulam pertinentem in suam redigeret potestatem. (2) Perfectis enim magna ex parte munitionibus in oppido et illa et urbem uno tempore temptari posse confidebat. (3) Quo capto consilio cohortes x et levis armaturae electos quos⟨que⟩ idoneos ex equitibus Gallis arbitrabatur, in navigia minora scaphasque imponit et alteram insulae partem distinendae manus causa constratis navibus adgreditur praemiis[que] magnis propositis, qui primus insulam cepisset. (4) Ac primo impetum nostrorum pariter sustinuerunt; uno enim tempore et ex tectis aedificiorum propugnabant et litora armati defen-

anvertraut war. (4) Um dasselbe hatte auch jeder einzelne seinen Zeltgenossen, Freund oder Bekannten beim Geleit inständig gebeten, weder seine eigene noch die Erwartung aller zu enttäuschen, durch deren Urteil er ausgewählt war und nun in den Kampf zog. (5) Deshalb wurde mit so großem Mut gekämpft, dass weder Gewandtheit und Kunstfertigkeit den Anwohnern des Meeres und Schiffsleuten Hilfe brachten noch die Menge an Schiffen denen, die an Zahl der Schiffe überlegen waren, nutzte; auch die aus einer so großen Menge im Hinblick auf ihre Tapferkeit ausgewählten Männer konnten der Tapferkeit unserer Leute nicht gleichkommen. (6) In diesem Gefecht wurden ein Fünfruderer und ein Zweiruderer samt Verteidigern und Ruderern erbeutet; drei Schiffe wurden versenkt; unsere hingegen blieben alle unversehrt. (7) Die übrigen Schiffe ergriffen die nächstmögliche Flucht zu der Stadt; die Stadtbewohner nahmen diese Schiffe von den Dämmen und den angrenzenden Gebäuden aus in Schutz und hinderten uns Römer daran, näher heranzurücken.

17 (1) Damit dies den Römern nicht öfters zustoßen könne, glaubte Caesar, auf jede mögliche Weise erreichen zu müssen, die Insel Pharos und den zu dieser Insel führenden Damm[28] in seine Gewalt zu bringen. (2) Da nämlich die Befestigungsanlagen in der Stadt großenteils fertig gestellt waren, vertraute Cäsar darauf, die Insel, den Damm[29] und die Stadt zu ein und derselben Zeit in seine Gewalt bringen zu können. (3) Kaum hatte er diesen Entschluss gefasst, ließ er zehn Kohorten, ausgewählte Leichtbewaffnete und von den gallischen Reitern solche, die er für tüchtig hielt, auf kleinere Schiffe und Kähne einschiffen. Um die feindliche Mannschaft zu spalten, griff er die andere Seite der Insel Pharos mit Schiffen, die mit einem Verdeck versehen waren, an und stellte hohe Belohnungen für denjenigen in Aussicht, der als erster die Insel erreichen würde. (4) Zuerst hielten die Feinde dem Ansturm unserer Leute gleichmäßig[30] stand; zu ein und derselben Zeit leisteten Bewaffnete von den Dächern der Gebäude herab Gegenwehr und verteidigten

debant, quo propter asperitatem loci non facilis nostris aditus dabatur, et scaphis navibusque longis quinque mobiliter et scienter angustias loci tuebantur. (5) Sed ubi primum locis cognitis vadisque pertemptatis pauci nostri in litore constiterunt atque hos sunt alii subsecuti constanterque in eos, qui in litore aequo institerant, impetum fecerunt, omnes Pharitae terga verterunt. (6) His pulsis ... custodia portus relicta naves ad litora et vicum adplicarunt seque ex navibus ad tuenda aedificia eiecerunt.

18 (1) Neque vero diutius ea munitione se continere potuerunt, etsi erat non dissimile atque Alexandriae genus aedificiorum, ut minora maioribus conferantur, turresque editae et coniunctae muri locum obtinebant, neque nostri aut scalis aut cratibus aut reliquis rebus parati venerant ad oppugnandum. (2) Sed terror hominibus mentem consiliumque eripit et membra debilitat; ut tum accidit. (3) Qui se in aequo loco ac plano pares esse confidebant, idem perterriti fuga suorum et caede paucorum XXX pedum altitudine in aedificiis consistere ausi non sunt seque per molem in mare praecipitaverunt et DCCCC passuum intervallum ad oppidum enataverunt. (4) Multi tamen ex his capti interfectique sunt; sed numerus captivorum omnino fuit sex milium.

19 (1) Caesar praeda militibus concessa aedificia diripi iussit castellumque ad pontem, qui propior erat Pharo, communivit atque ibi praesidium posuit. (2) Hunc fuga Pharitae reliquerant;

das Ufer, das für die Unsrigen wegen der Rauheit des Geländes nicht leicht zugänglich war, und hielten mit Kähnen und fünf Kriegsschiffen die Engstelle[31] wendig und geschickt besetzt. (5) Bald aber waren das Gelände ausgekundschaftet und die Untiefen genau geprüft. Sobald einige wenige der Unsrigen am Ufer festen Fuß gefasst hatten, ihnen die übrigen gefolgt waren und diejenigen nachdrücklich angegriffen hatten, die sich am ebenen Ufer hingestellt hatten, wandten sich alle Einwohner der Insel Pharos zur Flucht. (6) Die Feinde wurden zum Weichen gebracht, …[32] gaben die Bewachung des Hafens auf, steuerten die Schiffe auf die Küste und den Stadtteil zu und stürzten aus den Schiffen an Land, um ihre Gebäude zu verteidigen.

18 (1) In der Tat aber konnten sich die Feinde auch in dieser Befestigungsanlage nicht länger halten, auch wenn die Beschaffenheit der Gebäude, um Kleineres mit Größerem zu vergleichen, derjenigen in Alexandria nicht unähnlich war und hochragende, miteinander verbundene Türme als Mauer fungierten. Auch waren die Unsrigen weder mit Sturmleitern noch mit Flechtwerk (Faschinen) noch mit anderem Gerät zu einer Bestürmung gekommen. (2) Aber der Schrecken raubt den Menschen Sinn und Verstand und schwächt die Körperglieder, wie es jetzt geschah. (3) Dieselben Leute, die darauf vertrauten, auf ebenem und offenem Gelände den Feinden gewachsen zu sein, wagten es, bestürzt über die Flucht ihrer Leute und den Tod einiger weniger, nicht, auf 30 Fuß hohen Gebäuden standzuhalten, sondern stürzten sich über den Damm hinab ins Meer und legten eine Entfernung von 900 Schritten[33] bis zur Stadt schwimmend zurück. (4) Dennoch wurden viele von ihnen gefangen genommen und getötet; die Zahl der Gefangenen betrug aber im Ganzen 6000.

19 (1) Caesar ließ die Gebäude plündern und überließ die Beute den Soldaten; er verschanzte den näher zu Pharos gelegenen Brückenkopf und stellte dort eine Besatzung auf. (2) Diesen Brückenkopf hatten die Einwohner der Insel Pharos auf der Flucht im Stich

fortiorem illum propioremque oppido Alexandrini tuebantur. Sed eum postero die simili ratione adgreditur, quod his optentis duobus omnem navigiorum excursum et repentina latrocinia sublatum iri videbat. (3) Iamque eos, qui praesidio eum locum tenebant, tormentis ex navibus sagittisque depulerat atque in oppidum redegerat et cohortium trium instar in terram exposuerat – non enim plures consistere angustiae loci patiebantur –; reliquae copiae in navibus stationem obtinebant. (4) Quo facto imperat pontem adversus hostem praevallari, et, qua exitus navibus erat fornice exstructo, quo pons sustinebatur, lapidibus oppleri atque obstrui. (5) Quorum altero opere effecto, ut nulla omnino scapha egredi posset, altero instituto, omnes Alexandrinorum copiae ex oppido se eiecerunt et contra munitiones pontis latiore loco constiterunt, eodemque tempore quae consueverant navigia per pontes ad incendia onerariarum emittere, ad molem constituerunt. (6) Pugnabatur a nobis ex ponte, ex mole; ab illis ex area, quae erat adversus pontem, et ex navibus contra molem.

20 (1) In his rebus occupato Caesare militesque hortante remigum magnus numerus et classiariorum ex longis navibus nostris in molem se eiecit. (2) Pars eorum studio spectandi ferebatur, pars etiam cupiditate pugnandi. Hi primum navigia hostium lapidibus ac fundis a mole repellebant ac multum proficere multitudine telorum videbantur. (3) Sed postquam ultra eum locum ab latere

gelassen und die Alexandriner hielten nur noch den stärkeren, näher zur Stadt hin gelegenen Brückenkopf besetzt.[34] Aber Caesar griff am folgenden Tag diese Brücke auf ähnliche Weise an, weil er erkannte, dass man im Fall der Inbesitznahme dieser beiden Brücken jegliches Auslaufen von Schiffen und plötzliche Raubzüge vereiteln könne. (3) Schon hatte er diejenigen, die diesen Platz mit einer Besatzung hielten, von seinen Schiffen aus mit Geschützen und Pfeilen vertrieben, in die Stadt zurückgedrängt und ungefähr drei Kohorten an Land gesetzt – das enge Gelände[35] ließ nämlich nicht zu, dass noch mehr Kohorten Stellung nahmen; die übrigen Truppen nahmen auf den Schiffen Stellung. (4) Daraufhin befahl Caesar, die Brücke gegen den Feind hin zu verschanzen sowie an der Stelle, wo durch Errichtung einer überwölbten Ausfallpforte, auf welcher die Brücke ruhte, eine Ausfahrt für die Schiffe möglich war, mit Steinen anzufüllen und zu verrammeln. (5) Als die eine Befestigung bereits vollendet war, sodass gänzlich kein Kahn auslaufen konnte, die andere hingegen erst begonnen wurde[36], stürzten alle Truppen der Alexandriner aus der Stadt und bezogen auf einem ziemlich weit ausgedehnten Gelände[37] gegenüber den Befestigungen der Brücke Stellung. Zur gleichen Zeit stellten sie die Schiffe, welche man gewöhnlich durch die Brückenöffnungen hindurch auslaufen ließ, um die römischen Lastschiffe in Brand zu stecken, beim Damm auf. (6) Unsere Soldaten kämpften von der Brücke und vom Damm aus, die Alexandriner von dem freien Platz aus, der der Brücke gegenüber lag, und von den Schiffen gegen den Damm.

20 (1) Während Caesar mit diesen Angelegenheiten beschäftigt war und die Soldaten ermunterte, stürzte eine große Anzahl Ruderknechte und Schiffssoldaten von unseren Kriegsschiffen auf den Damm.[38] (2) Die einen ließen sich von der Schaulust fortreißen, die anderen auch von der Kampfbegierde. Zunächst drängten diese Leute die feindlichen Schiffe mit Steinen und Schleudern vom Damm weg und es hatte den Anschein, dass sie mit der Vielzahl ihrer Geschosse viel ausrichten konnten. (3) Aber nachdem es einige

eorum aperto ausi sunt egredi ex navibus Alexandrini pauci, ut sine signis certisque ordinibus, sine ratione prodierant, sic temere in naves refugere coeperunt. (4) Quorum fuga incitati Alexandrini plures ex navibus egrediebantur nostrosque acrius perturbantes insequebantur. Simul, qui in navibus longis remanserant, scalas rapere navesque a terra repellere properabant, ne hostes navibus potirentur. (5) Quibus omnibus rebus perturbati milites nostri cohortium trium, quae in ponte ac prima mole constiterant, cum post se clamorem exaudirent, fugam suorum viderent, magnam vim telorum adversi sustinerent, veriti, ne ab tergo circumvenirentur et discessu navium omnino reditu intercluderentur, munitionem in ponte institutam reliquerunt et magno cursu incitati ad naves contenderunt. (6) Quorum pars proximas nacta naves multitudine hominum atque onere depressa est, pars resistens et dubitans, quid esset capiendum consilii, ab Alexandrinis interfecta est; nonnulli feliciore exitu expeditas ad ancoram naves consecuti incolumes discesserunt, pauci adlevatis scutis et animo ad conandum nisi ad proxima navigia adnatarunt.

21 (1) Caesar quoad potuit cohortando suos ad pontem ac munitiones continere, eodem in periculo versatus est; postquam universos cedere animadvertit, in suum navigium se recepit. (2) Quo multitudo hominum insecuta cum inrumperet, neque adminis-

wenige Alexandriner jenseits dieser Stelle gewagt hatten, in deren ungedeckter Flanke die Schiffe zu verlassen,[39] begannen unsere Leute ebenso ohne Ordnung auf ihre Schiffe zurückzuweichen, wie sie ohne Feldzeichen, ohne feste Reihen und ohne Plan vorgedrungen waren. (4) Durch ihre Flucht ermutigt verließen noch mehr Alexandriner ihre Schiffe, brachten dabei die Unsrigen immer heftiger aus der Fassung und verfolgten sie. Zugleich beeilten sich diejenigen, die auf den Kriegsschiffen zurückgeblieben waren, die Leitern wegzureißen und die Schiffe vom Land zurückzustoßen, damit die Feinde sich nicht der Schiffe bemächtigen konnten. (5) Durch all diese Vorgänge verloren auch unsere Soldaten der drei Kohorten, die auf der Brücke und am Anfang des Dammes festen Fuß gefasst hatten, die Fassung. Als sie in ihrem Rücken Geschrei vernahmen, die Flucht ihrer Leute sahen und von vorn die große Gewalt der Wurfgeschosse auszuhalten hatten, befürchteten sie, von hinten umzingelt zu werden und durch die Flucht der Schiffe von der Möglichkeit der Rückkehr gänzlich abgeschnitten zu werden. Sie ließen die auf der Brücke angelegte Befestigung im Stich und eilten so schnell wie möglich zu den Schiffen. (6) Die einen erreichten zwar die nächstgelegenen Schiffe, diese sanken aber bedingt durch die Vielzahl und die Last der Menschen; die anderen wurden, während sie stehenblieben und unschlüssig waren, welchen Plan sie fassen sollten, von den Alexandrinern getötet. Einige erreichten bei glücklicherem Ausgang die abfahrbereit vor Anker liegenden Schiffe und kamen unversehrt davon; einige wenige schwammen, mit über dem Kopf gehaltenen Schilden[40] und den Mut zum Wagnis aufbietend, zu den nächstgelegenen Schiffen.

21 (1) Solange Caesar seine Soldaten durch eindringliche Ermunterung bei der Brücke und den Befestigungsanlagen halten konnte, befand er sich in derselben Gefahr; als er alle seine Leute weichen sah, zog er sich auf sein Schiff zurück. (2) Als eine Menge Menschen ihm dorthin folgte, hineinstürmte und sich keine Möglichkeit bot, die Schiffe zu manövrieren bzw. vom Land abzustoßen,

trandi neque repellendi a terra facultas daretur, fore, quod accidit, suspicatus sese ex navigio eiecit atque ad eas, quae longius constiterant, naves adnatavit. (3) Hinc suis laborantibus subsidio scaphas mittens nonnullos conservavit. Navigium quidem eius multitudine depressum militum una cum hominibus interiit. (4) Hoc proelio desiderati sunt ex numero legionariorum militum circiter CCCC et paulo ⟨ultra⟩ eum numerum classiarii et remiges. (5) Alexandrini eo loco castellum magnis munitionibus multisque tormentis confirmarunt atque egestis ex mari lapidibus libere sunt usi postea ad mittenda navigia.

22 (1) Hoc detrimento milites nostri tantum afuerunt, ut perturbarentur, ut incensi atque incitati magnas accessiones fecerint in operibus hostium expugnandis. (2) In proeliis cotidianis, quandocumque fors obtulerat, procurrentibus et erumpentibus Alexandrinis, manum .... comprehendi multum operibus .... et ardentibus studiis militum; nec divulgata Caesaris hortatio subsequi legionum aut laborem aut pugnandi poterat cupiditatem, ut magis deterrendi et continendi a periculosissimis essent dimicationibus quam incitandi ad pugnandum.

23 (1) Alexandrini cum Romanos et secundis rebus confirmari et adversis incitari viderent neque ullum belli tertium casum nossent, quo possent esse firmiores, ut coniectura consequi possumus, aut admoniti a regis amicis, qui in Caesaris erant praesidiis, aut suo priore consilio per occultos nuntios regi probato legatos ad Caesarem miserunt, ut dimitteret regem transireque ad suos pateretur: (2) paratam enim omnem multitudinem esse, confectam taedio

stürzte sich Caesar, da er geahnt hatte, was tatsächlich geschah, von seinem Schiff und schwamm[41] zu den Schiffen, die sich weiter entfernt positioniert hatten. (3) Von dort schickte er seinen bedrängten Soldaten Kähne zu Hilfe und rettete auf diese Weise einige. Sein Schiff jedoch wurde von der Masse der Soldaten unter Wasser gedrückt und versank zusammen mit den darauf sich befindenden Leuten. (4) In diesem Gefecht gingen ungefähr 400 Legionssoldaten und etwas mehr Schiffssoldaten und Ruderknechte verloren. (5) Die Alexandriner befestigten an dieser Stelle die Bastion mit großen Schanzen und vielen Geschützen; nachdem sie die Steinblöcke aus dem Meer herausgeschafft hatten, benutzten sie die Durchfahrt wieder ungehindert für ihre Schiffe.

22 (1) Unsere Soldaten waren weit davon entfernt, wegen dieser Niederlage außer Fassung zu geraten; vielmehr machten sie, aufgebracht und erhitzt, große Fortschritte bei der Eroberung feindlicher Schanzwerke. (2) Dies geschah in täglichen Gefechten, sooft nur das Schicksal eine Gelegenheit geboten hatte, während die Alexandriner vorstürmten und hervorstürzten, dass eine Schar ... viel bei Schanzarbeiten ergriffen wurde ... und dies bei glühendem Eifer der Soldaten[42]; Caesars bekannt gemachte Ermunterung konnte mit der Anstrengung und der Kampfeslust der Legionen nicht gleichen Schritt halten, sodass sie von den gefährlichsten Kämpfen eher abgeschreckt und zurückgehalten werden als zum Kampf angefeuert werden mussten.

23 (1) Als die Alexandriner sahen, dass die Römer im Glück ermutigt und im Unglück noch mehr angespornt wurden und sie keinen dritten Kriegsfall kannten, in dem sie die Stärkeren sein konnten, schickten sie, wie wir vermuten können, entweder aufgefordert von den Höflingen des Königs, die sich in Caesars Verschanzung befanden, oder aufgrund eines eigenen früheren Plans, den man dem König durch geheime Boten als akzeptabel erscheinen ließ, Gesandte zu Caesar mit der Bitte, den König freizulassen und ihm die Rückkehr zu seinen Landsleuten zu gestatten: (2) Die ganze

puellae, fiduciario regno, dominatione crudelissima Ganymedis, facere id, quod rex imperasset; quo si auctore in Caesaris fidem amicitiamque venturi essent, nullius periculi timorem multitudini fore impedimento, quominus se dederent.

24 (1) Caesar etsi fallacem gentem semperque alia cogitantem, alia simulantem bene cognitam habebat, tamen petentibus dare veniam utile esse statuit, quod, si quo pacto sentirent ea, quae postularent, mansurum in fide dimissum regem credebat, sin, id quod magis illorum naturae conveniebat, ducem ad bellum gerendum regem habere vellent, splendidius atque honestius se contra regem quam contra convenarum ac fugitivorum manum bellum esse gesturum. (2) Itaque regem cohortatus, ut consuleret regno paterno, parceret praeclarissimae patriae, quae turpibus incendiis et ruinis esset deformata, cives suos primum ad sanitatem revocaret, deinde conservaret, fidem populo Romano sibique praestaret, cum ipse tantum ei crederet, ut ad hostes armatos eum mitteret, dextra dextram tenens dimittere coepit adulta iam aetate puerum. (3) At regius animus disciplinis fallacissimis eruditus, ne a gentis suae moribus degeneraret, flens orare contra Caesarem coepit, ne se dimitteret: non enim sibi regnum ipsum conspectu Caesaris esse iucundius. (4) Compressis pueri lacrimis Caesar ipse commotus celeriter, si illa sentiret, fore eum secum adfirmans ad suos dimisit. (5) Ille, ut ex carceribus in liberum cursum emissus, adeo contra

Bevölkerung sei nämlich eines Mädchens[43], der ihr auf Treu und Glauben anvertrauten Königsherrschaft und der äußerst grausamen Tyrannei des Ganymedes völlig überdrüssig und sei bereit, Befehle des Königs auszuführen; wenn sie auf Vermittlung des Königs sich unter Caesars Schutz und Freundschaft stellen würden, werde die Bevölkerung durch keinerlei Furcht vor Gefahr mehr daran gehindert, sich Caesar zu unterwerfen.

24 (1) Auch wenn Caesar diese trügerische Völkerschaft, die stets das eine denkt und etwas anderes zu tun vorgibt, recht gut kannte, war er dennoch der Meinung, dass es nützlich sei, ihren Bitten Nachsicht zu gewähren. Denn er glaubte, dass, falls es ihnen mit ihrer Forderung ernst war, ihm der König auch nach seiner Freilassung die Treue halten würde; wenn sie aber, was ihrem Charakter mehr entsprach, den König als Anführer zum Kriegführen haben wollten, so werde er einen ruhmvolleren und ehrenvolleren Krieg gegen einen König als gegen eine Mannschaft von zusammengelaufenem Volk und entlaufenen Sklaven führen.[44] (2) Deshalb ermunterte er den König[45], für das von seinem Vater ererbte Königreich zu sorgen, sein überaus herrliches Vaterland zu schonen, das durch hässliche Brände und Trümmer entstellt sei, seine Mitbürger zuerst zur Vernunft zu bringen und dann zu retten, ferner dem römischen Volk und ihm, Caesar, sein Wort zu halten, da er, Caesar, ihm solch großes Vertrauen schenke, dass er ihn zu bewaffneten Feinden schicke; er hielt mit der rechten Hand dessen Rechte und schickte sich an, den Jungen, der schon erwachsen war, zu entlassen. (3) Doch der König, der in den äußerst betrügerischen Künsten wohl unterrichtet war, begann – um nicht vom Charakter seiner Völkerschaft aus der Art zu schlagen – weinend zu Caesar hingewendet ihn zu bitten, ihn nicht zu entlassen: Denn sogar sein Königreich sei ihm nicht angenehmer als der Anblick Caesars. (4) Ergriffen von den Tränen des Jungen brachte Caesar diese zum Stillstand und entließ den König zu seinen Landsleuten, wobei er versicherte, wenn er wirklich so denke, könne er schnell wieder bei ihm sein. (5) Doch

Caesarem acriter bellum gerere coepit, ut lacrimas, quas in conloquio proiecerat, gaudio videretur profudisse. (6) Accidisse hoc complures Caesaris legati, amici, centuriones militesque laetabantur, quod nimia bonitas eius fallaciis pueri elusa esset. Quasi vero id Caesar bonitate tantum adductus ac non prudentissimo consilio fecisset.

25 (1) Cum duce adsumpto Alexandrini nihilo se firmiores factos aut languidiores Romanos animadverterent eludentibusque militibus regis aetatem atque infirmitatem magnum dolorem acciperent neque se quicquam proficere viderent, rumoresque existerent magna Caesari praesidia terrestri itinere ⟨ex⟩ Syria Ciliciaque adduci, quod nondum auditum Caesari erat, commeatum, qui mari nostris subportabatur, intercipere statuerunt. (2) Itaque expeditis navigiis locis idoneis ad Canopum in statione dispositis navibus insidiabantur nostris † commeatu. (3) Quod ubi Caesari nuntiatum est, un⟨ivers⟩am classem iubet expediri atque instrui. Praeficit huic Tiberium Neronem. Proficiscuntur in ea classe Rhodiae naves atque in his Euphranor, sine quo nulla umquam dimicatio marituma, nulla etiam parum feliciter confecta erat. (4) At Fortuna, quae plerumque eos, quos plurimis beneficiis ornavit, ad duriorem casum reservat, superiorum temporum dissimilis Euphranorem prosequebatur. (5) Nam cum ad Canopum ventum esset instructaque utrimque classis conflixisset et sua consuetudine

wie aus den Schranken in den freien Lauf losgelassen[46] begann der König so heftig Krieg gegen Caesar zu führen, dass es den Anschein hatte, die Tränen, die er in der Unterredung vergossen hatte, habe er mit Freude vergossen. (6) Darüber, dass dies geschehen war, freuten sich mehrere von Caesars Legaten, Freunden, Zenturionen und Soldaten, weil seine übermäßige Güte durch die Verstellungskünste des Jungen gefoppt worden sei. Als ob Caesar wirklich nur durch Güte dazu bewegt worden war und nicht damit einem besonders klugen Plan verfolgt hätte.

25 (1) Obwohl die Alexandriner nun einen Führer erhalten hatten, erkannten sie, dass sie nicht stärker bzw. die Römer schlaffer geworden waren. Großen Kummer empfanden sie darüber, dass die römischen Soldaten das jugendliche Alter und die Schwäche des Königs verhöhnten. Als sie sahen, dass sie nichts ausrichten konnten, und Gerüchte in Umlauf kamen, dass Caesar große Verstärkung auf dem Landweg aus Syrien und Kilikien herangeführt werde – was Caesar selbst noch gar nicht zu Ohren gekommen war –, beschlossen sie, den Transport, der für unsere Soldaten auf dem Seeweg herbeigeschafft wurde, abzufangen. (2) Deshalb machten sie ihre Schiffe segelfertig, stellten an geeigneten Stellen in der Gegend von Kanopos an verschiedenen Punkten Schiffe auf Wacht und lauerten unseren Soldaten † mit dem Nachschub †[47] auf. (3) Als Caesar dies gemeldet wurde, befahl er die gesamte Flotte in Bereitschaft zu setzen und in Schlachtordnung aufzufahren. Zu ihrem Befehlshaber ernannte er Tiberius Claudius Nero[48]. Mit dieser Flotte stachen auch die rhodischen Schiffe und unter ihnen Euphranor in See, ohne den niemals ein Seegefecht stattfand und auch keines nicht erfolgreich genug beendet worden war. (4) Aber Fortuna, die meistens diejenigen, die sie mit den meisten Gunsterweisungen auszeichnete, für einen härteren Schlag aufbewahrt, zeigte sich Euphranor diesmal von einer ganz anderen Seite als in früheren Zeiten. (5) Denn als bei Kanopos die beiden in Schlachtordnung aufgestellten Flotten zusammengetroffen waren und Euphranor

Euphranor primus proelium commisisset et quadriremem hostium perforasset ac demersisset, proximam longius insecutus parum celeriter insequentibus reliquis circumventus ab Alexandrinis. (6) Cui subsidium nemo tulit, sive quod in ipso satis praesidii pro virtute ac felicitate eius putarent esse, sive quod ipsi sibi timebant. Ita, qui unus ex omnibus eo proelio bene rem gessit, solus cum sua quadriremi victrice periit.

26 (1) Sub idem tempus Mithridates Pergamenus, magnae nobilitatis domi scientiaeque in bello et virtutis, fidei dignitatisque in amicitia Caesaris, missus in Syriam Ciliciamque initio belli Alexandrini ad auxilia arcessenda, cum copiis, quas celeriter et propensissima civitatium voluntate et sua diligentia confecerat, itinere pedestri, quo coniungitur Aegyptus Syriae, (2) Pelusium advenit idque oppidum firmo praesidio occupatum Achillae propter opportunitatem loci – namque tota Aegyptus maritumo accessu Pharo, pedestri Pelusio velut claustris munita existimatur –, repente magnis circumdatum copiis [multiplici praesidio] pertinaciter propugnantibus et copiarum magnitudine, quas integras vulneratis defessisque subiciebat, et perseverantia constantiaque oppugnandi, quo die est adgressus, in suam redegit potestatem praesidiumque ibi suum collocavit. (3) Inde re bene gesta Alexandriam ad Caesarem contendit omnesque eas regiones, per quas iter faciebat, auctoritate

nach seiner Gewohnheit als erster das Gefecht begonnen, einen feindlichen Vierruderer gerammt und versenkt hatte, verfolgte er das nächste Schiff etwas zu weit, wobei die übrigen Schiffe nicht schnell genug nachfolgten, und wurde von den Alexandrinern umstellt. (6) Niemand leistete ihm Beistand, sei es, weil man glaubte, in ihm stecke im Verhältnis zu seiner Tapferkeit und seinem Glück genug Schutz, sei es, weil sie selbst um sich besorgt waren. Und so ging derjenige, der in diesem Gefecht als einziger von allen seine Sache gut ausführte, alleine mit seinem siegreichen Vierruderer unter.[49]

26 (1) Um die gleiche Zeit kam Mithridates aus Pergamon, in seiner Heimat ein Mann von hohem Ansehen, von hohem Sachverstand im Krieg und von großer Tapferkeit, der in seiner Freundschaft mit Caesar Vertrauen und einen hohen Rang genoss, mit Truppen, die er dank überaus großer Bereitwilligkeit der Gemeinden und dank eigener Umsicht schnell zusammengebracht hatte, auf dem Landweg, der Ägypten mit Syrien verbindet, in Pelusium an. Er war zu Beginn des Alexandrinischen Krieges nach Syrien und Kilikien geschickt worden, um von dort Hilfstruppen herbeizuholen. (2) Diese Stadt war wegen der günstigen Lagen des Ortes – denn man glaubte, dass ganz Ägypten gegen eine Annäherung von der Seeseite durch Pharos, gegen eine Annäherung von der Landseite durch Pelusium wie durch einen Riegel geschützt sei – mit starken Besatzungstruppen des Achillas belegt worden. Mithridates schloss die Stadt plötzlich mit seinen zahlreichen Truppen, ungeachtet der hartnäckigen Gegenwehr der Besatzung, ein und brachte sie durch die Größe seiner frischen Truppen, die er an die Stelle der Verwundeten und Erschöpften rücken ließ, sowie infolge ihrer Ausdauer und beharrlichen Bestürmung noch am Tag des Angriffs in seine Gewalt und quartierte dort seine Besatzungstruppen ein. (3) Nach erfolgreich ausgeführtem Unternehmen eilte Mithridates von dort zu Caesar nach Alexandria; dabei hatte er alle Gebiete, durch die er marschierte, aufgrund des Ansehens, das meistens den

ea, quae plerumque adest victori, pacarat atque in amicitiam Caesaris redegerat.

27 (1) Locus est fere regionum illarum nobilissimus non ita longe ab Alexandria, qui nominatur Delta; quod nomen a similitudine litterae cepit: nam pars quaedam fluminis Nili derivata [inter se] duobus itineribus paulatim medium inter se spatium relinquens diversissimo ad litus intervallo [a] mari coniungitur. (2) Cui loco cum adpropinquare Mithridaten rex cognovisset et transeundum ei flumen sciret, magnas adversus eum copias misit, quibus vel superari delerique Mithridaten vel sine dubio retineri posse credebat. (3) Quemadmodum autem optabat eum vinci, sic satis habebat interclusum a Caesare a se retineri. (4) Quae primae copiae flumen a Delta transire et Mithridati occurrere potuerunt, proelium commiserunt festinantes praeripere subsequentibus victoriae societatem. (5) Quorum impetum Mithridates magna cum prudentia consuetudine nostra castris vallatis sustinuit. Cum vero incaute atque insolenter succedere eos munitionibus videret, eruptione undique facta magnum numerum eorum interfecit. (6) Quodnisi locorum notitia reliqui se texissent partimque in naves, quibus flumen transierant, recepissent, funditus deleti essent. (7) Qui ut paulum ab illo timore se recrearunt, adiunctis his, qui subsequebantur, rursus oppugnare Mithridaten coeperunt.

28 (1) Mittitur a Mithridate nuntius Caesari, qui rem gestam perferret. Cognoscit ex suis eadem haec accidisse rex. Ita paene sub

Sieger begleitet, gewaltsam befriedet und zum Anschluss an Caesar bewegen können.[50]

27 (1) Nicht sonderlich weit entfernt von Alexandria befindet sich ein Ort, der Delta genannt wird und so ziemlich der berühmteste jener Landschaft ist. Seinen Namen hat er von der Ähnlichkeit mit dem griechischen Buchstaben Delta (Δ) erhalten.[51] Denn ein abgeleiteter Teil des Nilstromes lässt durch zwei Arme allmählich einen Zwischenraum zwischen sich frei und mündet dort ins Meer, wo sie an der Küste den größten Abstand voneinander haben.[52] (2) Als König Ptolemaios erfahren hatte, dass sich Mithridates diesem Landstrich näherte, und wusste, dass dieser den Fluss überqueren müsse, schickte er ihm starke Truppenverbände entgegen, durch die – wie er glaubte – Mithridates entweder besiegt und vernichtet oder zweifellos festgehalten werden könne. (3) Sosehr er aber wünschte, dass Mithridates besiegt werde, war er dennoch damit zufrieden, wenn es ihm gelänge, Mithridates von Caesar abzuschneiden und zurückzuhalten. (4) Die Truppen, die als erste aus dem Delta über den Fluss setzen und Mithridates sich in den Weg stellen konnten, begannen sogleich den Kampf und beeilten sich dabei, den Nachfolgenden die Teilhabe am Sieg zu entreißen. (5) Ihrem Angriff hielt Mithridates, der nach unserer römischen Gewohnheit ein verschanztes Lager angelegt hatte, mit großer Klugheit stand. Als er vollends bemerkte, dass die Feinde unvorsichtig und übermütig gegen die Befestigungsanlagen anrückten, unternahm er nach allen Seiten einen Ausfall und tötete dabei eine große Anzahl von ihnen. (6) Wenn nun nicht die Übrigen sich aufgrund ihrer Ortskenntnis gerettet und zum Teil auf die Schiffe, auf denen sie den Fluss überquert hatten, zurückgezogen hätten, wären sie völlig aufgerieben worden. (7) Nachdem sich die Feinde ein wenig von dieser Furcht erholt hatten, schickten sie sich, vereint mit den Nachfolgenden, an, Mithridates erneut anzugreifen.

28 (1) Mithridates schickte einen Boten zu Caesar, der ihm den Vorfall melden sollte. Ebenso erfuhr der König von seinen Leuten,

idem tempus et rex ad opprimendum Mithridaten proficiscitur et Caesar ad recipiendum. (2) Celeriore fluminis Nili navigatione rex est usus, in quo magnam et paratam classem habebat. Caesar eodem itinere uti noluit, ne navibus in flumine dimicaret, sed circumvectus eo mari, quod Africae partis esse dicitur, sicuti supra demonstravimus. Prius tamen regis copiis occurrit quam is Mithridaten adgredi posset, eumque ad se victorem incolumi exercitu recepit. (3) Considerat cum copiis rex loco natura munito, quod erat ipse excelsior planitie ex omnibus partibus subiecta; tribus autem rex lateribus variis generum munitionibus tegebatur: unum latus erat adiectum flumini Nilo, alterum editissimo loco ductum, ut partem castrorum obtineret, tertium palude cingebatur.

29 (1) Inter castra et Caesaris iter flumen intercedebat angustum altissimis ripis, quod in Nilum influebat, aberat autem ab regis castris milia passuum circiter VII. (2) Rex cum hoc itinere venire Caesarem comperisset, equitatum omnem expeditosque delectos pedites ad id flumen misit, qui transitu Caesarem prohiberent et eminus ex ripis proelium inpar inirent: nullum enim processum virtus habebat aut periculum ignavia subibat. (3) Quae res incendit dolore milites equitesque nostros, quod tam diu pari proelio cum Alexandrinis certaretur. (4) Itaque eodem tempore equites Germani dispersi vada fluminis quaerentes partim demissioribus ripis flumen tranarunt, et legionarii magnis arboribus excisis, quae longitudine

was sich zugetragen hatte. Somit brachen fast zur selben Zeit der König auf, um Mithridates zu vernichten, und Caesar, um Mithridates an sich zu ziehen. (2) Dabei benutzte der König den schnelleren Wasserweg auf dem Nil[53], auf dem er eine große und schlagfertige Flotte stehen hatte. Caesar wollte nicht den gleichen Weg nehmen, um auf dem Fluss einen Kampf mit Schiffen zu vermeiden, vielmehr nahm er den Umweg durch jenes Meer, das – wie oben dargelegt[54] – zu Afrika gehören soll. Er trat jedoch den Truppen des Königs in den Weg, bevor dieser Mithridates angreifen konnte. Caesar nahm den siegreichen Mithridates mit seinem unversehrten Heer bei sich auf. (3) Der König hatte mit seinen Truppen auf einem von Natur aus geschützten Ort Stellung bezogen; der Ort ragte aus einer Ebene heraus, die ihn an allen Seiten umgab; der König aber wurde an drei Seiten durch Befestigungsanlagen unterschiedlicher Beschaffenheit geschützt: Eine Seite lehnte sich an den Nil an, die andere zog sich entlang des sehr hoch emporragenden Geländes hin, um einen Teil des Lagers zu bilden, die dritte Seite war von Sumpf umgeben.

29 (1) Zwischen dem Lager des Königs und Caesars Route lag ein schmaler Fluss[55] mit sehr hohen Ufern, der in den Nil mündete und vom Lager des Königs etwa sieben Meilen entfernt war. (2) Als der König in Erfahrung gebracht hatte, dass Caesar diesen Weg einschlug, schickte er seine ganze Reiterei sowie gefechtsbereite und auserlesene Infanterie zu diesem Fluss, die Caesar am Übergang hindern und aus der Ferne von den Ufern aus ein ungleiches Gefecht liefern sollten: Denn die Tapferkeit unserer Soldaten zeitigte keinen Erfolg, die Feigheit der königlichen Truppen begab sich nicht in Gefahr. (3) Dieser Umstand, dass so lange mit den Alexandrinern ohne Entscheidung gestritten wurde, reizte unsere Soldaten und Reiter mit Schmerz. (4) Deshalb suchten zur gleichen Zeit die germanischen Reiter[56], die sich verteilt hatten, seichte Stellen im Fluss auf und schwammen, wo die Ufer etwas niedriger waren, zum Teil über den Fluss; die Legionssoldaten fällten große Bäume, die infolge

utramque ripam contingerent, proiectis repentinoque aggere iniecto flumen transierunt. (5) Quorum impetum adeo pertimuerunt hostes, ut in fuga spem salutis conlocarent; sed id frustra: namque ex ea fuga pauci ad regem refugerunt paene omni reliqua multitudine interfecta.

30 (1) Caesar re praeclarissime gesta, cum subitum adventum suum iudicaret magnum terrorem Alexandrinis iniecturum, protinus victor ad castra regis pertendit. (2) Haec cum et opere magno vallata et loci natura munita animadverteret confertamque armatorum multitudinem conlocatam in vallo videret, lassos itinere ac proeliando milites ad oppugnanda castra succedere noluit. Itaque non magno intervallo relicto ab hoste castra posuit. (3) Postero die castellum, quod rex in proximo vico non longe a suis castris munierat brachiisque cum opere castrorum coniunxerat vici obtinendi causa, Caesar adgressus omnibus copiis expugnat, non quo id minore numero militum consequi difficile factu putaret, sed ut ab ea victoria perterritis Alexandrinis protinus castra regis oppugnaret. (4) Itaque eo cursu, quo refugientes Alexandrinos ex castello in castra sunt milites insecuti, munitionibus successerunt acerrimeque eminus proeliari coeperunt. (5) Duabus ex partibus aditus oppugnationis nostris dabatur: una, quam liberum accessum habere demonstravi, altera, quae mediocre intervallum inter castra et flumen Nilum habebat. (6) Maxima et electissima multitudo Alexandrino-

ihrer Länge beide Ufer berührten, warfen solche nieder in den Fluss, legten schnell aufgerafften Schutt darüber und überquerten den Fluss. (5) Ihr Angriff versetzte die Feinde so sehr in Furcht, dass sie ihr Heil in der Flucht suchten, aber vergeblich: Denn auf dieser Flucht fanden nur wenige Zuflucht beim König, fast die gesamte übrige Heeresmasse wurde niedergemetzelt.

30 (1) Nach dieser glänzenden Waffentat marschierte Caesar, da er meinte, sein plötzliches Erscheinen werde den Alexandrinern großen Schrecken einjagen, unverzüglich siegreich zum Lager des Königs. (2) Als er aber erkannte, dass dieses stark verschanzt und durch die natürliche Lage geschützt war, und als er die zusammengedrängte Masse der Bewaffneten auf dem Wall aufgestellt sah, wollte er nicht, dass seine vom Marsch und vom Kampf erschöpften Soldaten zum Sturmangriff auf das Lager anrückten. Deshalb schlug er sein Lager in nicht allzu großer Entfernung vom Feind auf. (3) Am folgenden Tag griff Caesar mit seiner gesamten Streitmacht an und eroberte das Kastell, welches der König bei einer sehr nahe gelegenen Ortschaft, um diese behaupten, unweit seines Lagers verschanzt und durch seitliche Wälle mit der Befestigungsanlage des Lagers verbunden hatte. Caesar griff mit der gesamten Streitmacht an, nicht als ob er es für schwierig hielt, dieses Ziel mit einer geringeren Anzahl Soldaten erreichen zu können, sondern um vielmehr unmittelbar nach diesem Sieg nach erfolgter Einschüchterung der Alexandriner unverzüglich das Lager des Königs direkt anzugreifen. (4) Deshalb rückten unsere Leute in demselben Sturmlauf, in welchem die Soldaten den aus dem Kastell ins Lager zurückweichenden Alexandrinern nachsetzten, gegen die Befestigungsanlagen an und begannen ein überaus hitziges Gefecht aus der Ferne. (5) Für unsere Leute bot sich von zwei Seiten eine Möglichkeit zum Sturmangriff: erstens dort, wo – wie ich oben bemerkte[57] – ein ungehinderter Zugang war, zweitens an der Stelle, wo ein mittelgroßer Abstand zwischen dem Lager und dem Nil war. (6) Die größte und erlesenste Heeresmasse der Alexandriner verteidigte den Abschnitt,

rum defendebat eam partem, quae facillimum aditum habebat; plurimum proficiebant in repellendis vulnerandisque nostris, qui regione fluminis Nili propugnabant: diversis enim telis nostri figebantur, adversi ex vallo castrorum, aversi ex flumine, in quo multae naves instructae funditoribus et sagittariis nostros impugnabant.

31 (1) Caesar cum videret milites acrius proeliari non posse nec tamen multum profici propter locorum difficultatem, cumque animum adverteret excelsissimum locum castrorum relictum esse ab Alexandrinis, quod et per se munitus esset et studio partim pugnandi partim spectandi decucurrissent in eum locum, in quo pugnabatur, cohortes III circumire castra et summum locum adgredi iussit iisque Carfulenum praefecit, et animi magnitudine et rei militaris scientia virum praestantem. (2) Quo ut ventum est, paucis defendentibus munitionem, nostris contra militibus acerrime pugnantibus, diverso clamore et proelio perterriti Alexandrini trepidantes in omnes partes castrorum discurrere coeperunt. (3) Quorum perturbatione nostrorum animi adeo sunt incitati, ut paene eodem tempore ex omnibus partibus ⟨impetus fieret⟩, primi tamen editissimum castrorum locum caperent. Ex quo decurrentes magnam multitudinem hostium in castris interfecerunt. (4) Quod periculum plerique Alexandrini fugientes acervatim se de vallo praecipitarunt in eam partem, quae flumini erat adiuncta. (5) Horum primis in ipsa fossa munitionis magna ruina oppressis ceteri faciliorem fugam habuerunt. (6) Constat fugisse ex castris regem ipsum receptumque

wo der Zugang am bequemsten war; beim Zurückschlagen und Verwunden unserer Leute richteten jene am meisten etwas aus, die auf der Seite zum Nil zur Verteidigung kämpften. Unsere Leute wurden nämlich von Geschossen aus entgegengesetzten Richtungen getroffen, erstens von vorne vom Lagerwall her, zweitens im Rücken vom Fluss aus, auf dem viele Schiffe, die mit Schleuderern und Bogenschützen bemannt waren, unsere Leute angriffen.

31 (1) Caesar sah, dass die Soldaten nicht energischer kämpfen konnten und dass dennoch wegen der Terrainschwierigkeiten nicht viel ausgerichtet werden konnte. Da er zugleich erkannte, dass der höchste Punkt im feindlichen Lager von den Alexandrinern unbesetzt gelassen worden war, weil dieser von Natur aus befestigt war und die Alexandriner teils aus Kampfeseifer, teils aus Schaulust auf den Kampfplatz heruntergelaufen waren, ließ er drei Kohorten das Lager umgehen und den höchsten Punkt angreifen; das Kommando übertrug er Carfulenus, einen an großen Mut und Kriegserfahrung vortrefflichen Mann. (2) Als diese dort eintrafen – nur wenige der Feinde verteidigten die Befestigungsanlage, unsere Soldaten hingegen kämpften überaus heftig –, begannen die Alexandriner, die durch das Geschrei und den Kampf aus verschiedenen Richtungen in Schrecken gerieten, ängstlich sich nach allen Seiten des Lagers hin zu zerstreuen. (3) Durch diese Bestürzung der Feinde wurden unsere Leute derart ermutigt, dass sie fast zur gleichen Zeit von allen Seiten einen Angriff unternahmen, zuerst jedoch den höchsten Punkt des Lagers einnahmen. Von dort stürmten die Kohorten hinunter und machten dabei eine große Menge Feinde noch im Lager nieder. (4) Um dieser Gefahr zu entrinnen, stürzten sich die meisten Alexandriner scharenweise vom Wall jählings zu der an den Fluss angrenzenden Stelle. (5) Die ersten von ihnen wurden noch im Graben der Befestigung vom gewaltigen Sturz der Nachspringenden erdrückt; die übrigen hatten dann eine leichtere Flucht. (6) Es steht fest, dass der König selbst aus dem Lager floh, von einem Schiff an Bord genommen wurde, dort aber den Tod fand, als

in navem multitudine eorum, qui ad proximas naves adnatabant, demerso navigio perisse.

32 (1) Re felicissime celerrimeque gesta Caesar magna victoriae fiducia proximo terrestri itinere Alexandriam cum equitibus contendit atque ea parte oppidi victor introiit, quae praesidio hostium tenebatur. (2) Neque eum consilium suum fefellit, quin hostes eo proelio audito nihil iam de bello essent cogitaturi. (3) Dignum adveniens fructum virtutis et animi magnitudinis tulit. Omnis enim multitudo oppidanorum armis proiectis munitionibusque suis relictis, veste ea sumpta, qua supplices dominantes deprecari consuerunt, sacrisque omnibus prolatis, quorum religione precari offensos iratosque animos regum erant soliti, advenienti Caesari occurrerunt seque ei dediderunt. (4) Caesar in fidem receptos consolatus per hostium munitiones in suam partem oppidi magna gratulatione venit suorum. Qui non tantum bellum ipsum ac dimicationem, sed etiam talem adventum eius felicem fuisse laetabantur.

33 (1) Caesar Aegypto et Alexandria potitus reges constituit, quos Ptolomaeus testamento scripserat atque obtestatus erat populum Romanum, ne mutarentur. (2) Nam maiore ex duobus pueris, rege, amisso, minori tradidit regnum maiorique ex duabus filiis Cleopatrae, quae manserat in fide praesidiisque eius; minorem, Arsinoen, cuius nomine diu regnasse impotenter Ganymeden docuimus, deducere ex regno statuit, ne qua rursus nova dissensio,

dieses unter der Masse derjenigen, die an die nächstgelegenen Schiffe heranschwammen, versank.[58]

32 (1) Nach diesem überaus glänzenden und sehr schnellen Erfolg eilte Caesar, von großer Siegeszuversicht erfüllt, auf dem nächstgelegenen Landweg mit seinen Reitern nach Alexandria und zog durch den Stadtteil ein, der von einer feindlichen Besatzung gehalten wurde. (2) Er täuschte sich auch nicht in seiner Überlegung, dass die Feinde, die von diesem Kampf gehört hatten, nicht weiter an Krieg denken würden. (3) Bei seiner Ankunft erhielt er einen würdigen Lohn für seine Tapferkeit und seinen großen Mut. Denn die gesamte Bevölkerung der Stadt legte die Waffen nieder, verließ ihre Befestigungen, legte die Kleidung an, in der man gewöhnlich demütig bittend die Gebieter anfleht, holte alle Heiligtümer hervor, durch deren Ehrwürdigkeit man gewöhnlich beleidigte und erzürnte Könige um Gnade bat, zog Caesar bei seiner Ankunft entgegen und unterwarf sich ihm.[59] (4) Caesar nahm sie in seinen Schutz auf, sprach ihnen Mut zu und kam unter großer Freudenbezeugung seiner Leute durch die feindlichen Befestigungsanlagen hindurch in den Stadtteil, den er im Besitz hatte. Seine Leute freuten sich darüber, dass nicht nur der Krieg an sich und der Kampf, sondern auch seine Ankunft ein solch glückliches Ende genommen hatten.

33 (1) Als Caesar Ägypten und Alexandria in seine Gewalt gebracht hatte, setzte er jene als Könige ein, die Ptolemaios XII. in seinem Testament[60] schriftlich festgelegt hatte; er hatte auch das römische Volk beschworen, die Namen seiner Erben nicht zu ändern. (2) Denn nachdem der ältere der beiden Knaben, der König, umgekommen war, übergab Caesar die Königsherrschaft dem jüngeren Sohn (Ptolemaios XIV.) und der älteren der beiden Töchter, Kleopatra[61], die ihm die Treue gehalten hatte und in seiner Obhut geblieben war; die jüngere Tochter, Arsinoë[62], in deren Namen – wie gezeigt – Ganymedes lange Zeit despotisch herrschte, beschloss er aus dem Königreich zu entfernen, damit nicht wieder durch auf-

priusquam diuturnitate confirmarentur regum imperia, per homines seditiosos nasceretur. (3) Legiones ibi veterana sexta secum reducta ceteras reliquit, quo firmius esset eorum regum imperium, qui neque amorem suorum habere poterant, quod fideliter permanserant in Caesaris amicitia, neque vetustatis auctoritatem, paucis diebus reges constituti. (4) Simul ad imperii nostri dignitatem utilitatemque publicam pertinere existimabat, si permanerent in fide reges, praesidiis eos nostris esse tutos; si essent ingrati, posse isdem praesidiis coerceri. (5) Sic rebus omnibus confectis et conlocatis ipse [itinere terrestri] profectus est in Syriam.

34 (1) Dum haec in Aegypto geruntur, rex Deiotarus ad Domitium Calvinum, cui Caesar Asiam finitimasque provincias administrandas tradiderat, venit oratum, ne Armeniam minorem, regnum suum, neve Cappadociam, regnum Ariobarzanis, possideri vastarique pateretur a Pharnace; quo malo nisi liberarentur, imperata se facere pecuniamque promissam Caesari non posse persolvere. (2) Domitius non tantum ad explicandos sumptus rei militaris cum pecuniam necessariam esse iudicaret, sed etiam turpe populo Romano et C. Caesari victori sibique infame esse statueret regna sociorum atque amicorum ab externo rege occupari, nuntios

rührerische Personen neue Zwietracht entstünde, bevor sich die Hoheitsrechte des Königs und der Königin durch längere Dauer gefestigt hätten. (3) Caesar ließ deshalb auch die übrigen Legionen[63] – nur die sechste Veteranenlegion wurde nach Rom zurückgeführt – dort zurück, damit sich die Herrschaft des Königs und der Königin verfestige, die, weil sie Caesars Freundschaft treu ergeben geblieben waren, weder die Liebe ihrer Untertanen noch ein durch Alter gestütztes Ansehen genießen konnten, da sie erst wenige Tage zuvor als Monarchen eingesetzt worden waren. (4) Zugleich glaubte er, dass es die Würde unserer römischen Oberhoheit und den Nutzen des Staates angehe, dass Könige, wenn sie uns Römern die Treue hielten, durch unsere Streitmacht geschützt würden; sollten sie jedoch undankbar sein, könnten sie durch eben dieselbe Schutzmacht zur Ordnung gerufen werden. (5) Nachdem er so alles abgeschlossen und geordnet hatte, brach Caesar nach Syrien auf.

34–41 Krieg in Pontos (1. Teil) (August – Ende 48 v. Chr.)

34 (1) Während dieser Geschehnisse in Ägypten kam König Deiotarus[64] zu Domitius Calvinus, dem Caesar die Verwaltung der Provinzen Asia und der Nachbarprovinzen[65] anvertraut hatte, mit der Bitte, nicht zuzulassen, dass Pharnakes (II.)[66] Klein-Armenien, sein, des Deiotarus', Königreich, und Kappadokien[67], das Königreich des Ariobarzanes, in Besitz nehme und verwüste; wenn sie von diesem Unheil nicht befreit würden, sehe er sich nicht imstande, die ihm auferlegten Befehle auszuführen und Caesar das versprochene Geld zu bezahlen. (2) Domitius hielt nicht nur dieses Geld für notwendig, um die Ausgaben, die der Krieg verursachte, zu bestreiten; er hielt es auch für das römische Volk und für den siegreichen Gaius Caesar schändlich und für sich selbst schmachvoll, wenn Königreiche der Verbündeten und Staatsfreunde von einem ausländischen König besetzt würden; daher schickte Domitius unverzüg-

confestim ad Pharnacen misit, Armenia Cappadociaque decederet neve occupatione belli civilis populi Romani ius maiestatemque temptaret. (3) Hanc denuntiationem cum maiorem vim habituram existimaret, si propius eas regiones cum exercitu accessisset, ad legiones profectus unam ex tribus, XXXVI, secum ducit, duas in Aegyptum ad Caesarem mittit litteris eius evocatas; quarum altera in bello Alexandrino non occurrit, quod itinere terrestri per Syriam erat missa. (4) Adiungit Cn. Domitius legioni XXXVI duas ab Deiotaro, quas ille disciplina atque armatura nostra complures annos constitutas habebat, equitesque C, totidemque ab Ariobarzane sumit. (5) Mittit P. Sestium ad C. Plaetorium quaestorem, ut legionem adduceret, quae ex tumultuariis militibus in Ponto confecta erat, Quintumque Patisium in Ciliciam ad auxilia arcessenda. Quae copiae celeriter omnes iussu Domitii Comana convenerunt.

35 (1) Interim legati a Pharnace responsa referunt: Cappadocia se decessisse, Armeniam minorem recepisse, quam paterno nomine iure obtinere deberet. Denique eius regni causa integra Caesari servaretur: paratum enim se facere, quod is statuisset. (2) [P.] Domitius cum animadverteret eum Cappadocia decessisse non voluntate adductum, sed necessitate, quod facilius Armeniam defendere posset subiectam suo regno quam Cappadociam longius remotam,

lich Boten zu Pharnakes mit der Aufforderung, aus Armenien und Kappadokien abzuziehen und sich nicht unter Ausnutzung des römischen Bürgerkriegs am Recht und an der Hoheit des römischen Volkes zu vergreifen. (3) Da er die Ansicht vertrat, diese Androhung werde größere Wirksamkeit zeigen, wenn er mit einem Heer näher an diese Gebiete heranrücke, brach er zu den Legionen auf[68] und führte eine von den dreien, nämlich die 36., mit sich; die beiden anderen schickte er nach Ägypten zu Caesar, der diese schriftlich beordert hatte.[69] Von diesen traf eine zum Alexandrinischen Krieg nicht mehr ein,[70] weil sie auf dem Landweg durch Syrien losgeschickt worden war. (4) Gnaeus Domitius fügte der 36. Legion noch zwei Legionen von Deiotarus[71] hinzu, die jener schon mehrere Jahre lang nach unserer römischen Kriegszucht und Bewaffnung formiert hatte; ferner nahm Domitius noch 100 Reiter und ebenso viele von Ariobarzanes. (5) Ferner schickte Domitius Publius Sestius zu dem Quästor Gaius Plaetorius[72] mit der Aufforderung, die Legion herbeizuführen, die aus in aller Eile zusammengerafften Soldaten in Pontos aufgestellt worden war. Quintus Petisius schickte er nach Kilikien, um von dort Hilfstruppen zu holen. Alle diese Streitkräfte kamen auf Befehl des Domitius schnell in Komana[73] zusammen.

35 (1) Zwischenzeitlich überbrachten die Gesandten des Pharnakes den Römern folgende Antworten: Pharnakes sei aus Kappadokien abgezogen, Klein-Armenien hingegen, das er vom Vater her mit Recht besitzen solle, habe er wieder in seine Gewalt gebracht. So solle denn die Streitfrage betreffs des Königreiches bis zu Caesars Entscheidung als unerledigt gelten: Er, Pharnakes, sei bereit, sich Caesars Entscheidung zu fügen. (2) Domitius merkte wohl, dass Pharnakes nicht aus freiem Willen, sondern notgedrungen aus Kappadokien abgezogen war, weil er seiner Ansicht nach Armenien, welches an sein Königreich grenzte, leichter verteidigen könnte als das weiter entfernte Kappadokien und weil er wohl geglaubt hatte, Domitius werde alle drei Legionen mitführen. Als Pharnakes ge-

quodque omnes tres legiones adducturum Domitium putasset, ex quibus cum duas ad Caesarem missas audisset, audacius in Armenia substitisse, perseverare coepit, ut eo quoque regno decederet. Neque enim aliud ius esse Cappadociae atque Armeniae, nec iuste eum postulare, ut in Caesaris adventum res integra differretur; id enim esse integrum, quod ita esset, ut fuisset. (3) His responsis datis cum iis copiis, quas supra scripsi, profectus est in Armeniam locisque superioribus iter facere instituit: nam ex Ponto a Comanis iugum editum silvestre est pertinens in Armeniam minorem, quo Cappadocia finitur ab Armenia. Cuius itineris has esse certas opportunitates ⟨cognoverat⟩, quod in locis superioribus nullus impetus repentinus accidere hostium poterat, et quod Cappadocia his iugis subiecta magnam commeatus copiam erat subministratura.

36 (1) Complures interim legationes Pharnaces ad Domitium mittit, quae de pace agerent regiaque munera Domitio ferrent. (2) Ea constanter omnia aspernabatur nec sibi quicquam fore antiquius quam dignitatem populi Romani et regna sociorum reciperare legatis respondebat. (3) Magnis et continuis itineribus confectis cum adventaret ad Nicopolim, quod oppidum positum in Armenia minore est plano ipsum loco, montibus tamen altis ab duobus lateribus obiectis satis magno intervallo ab oppido remotis, castra posuit longe a Nicopoli circiter milia passuum VII. (4) Quibus ex castris cum locus angustus atque impeditus esset transeundus, Pharnaces in insidiis delectos pedites omnesque paene disposuit equites, magnam autem multitudinem pecoris intra eas fauces

hört habe, dass von diesen zwei zu Caesar geschickt worden waren, habe er sich umso kühner in Armenien festgesetzt. Domitius begann auf der Forderung zu bestehen, er solle auch aus diesem Königreich (Armenien) abziehen. Denn die Rechtslage sei in Bezug auf Kappadokien nicht anders als in Bezug auf Armenien; Pharnakes fordere zu Unrecht, dass diese Streitfrage bis zu Caesars Eintreffen als unerledigt und unverändert verschoben werden solle, denn unverändert sei nur das, was so sei, wie es früher gewesen sei. (3) Nach diesen Antworten brach Domitius mit den oben genannten Streitkräften nach Armenien auf und begann, seinen Marsch auf einer Hochebene zu unternehmen. Denn aus Pontos bei Komana läuft ein hochgelegener waldiger Bergrücken, der sich bis nach Klein-Armenien erstreckt und die Grenze zwischen Kappadokien und Armenien bildet[74]. Domitius hatte erkannt, dass diese Route gewisse Vorteile hatte, weil auf diesen Höhen ein plötzlicher feindlicher Angriff unmöglich war und weil das an diese Bergrücken unmittelbar angrenzende Kappadokien eine große Menge Proviant liefern würde.

36 (1) Unterdessen schickte Pharnakes mehrere Gesandtschaften zu Domitius, um über einen Frieden zu verhandeln und königliche Geschenke zu überbringen. (2) Domitius wies standhaft all dies zurück und antwortete den Gesandten, für ihn gebe es nichts Wichtigeres, als die Würde des römischen Volkes und die Königreiche der mit Rom Verbündeten wiederherzustellen. (3) Nach ununterbrochenen Eilmärschen näherte er sich Nikopolis, einer in Klein-Armenien gelegenen Stadt, die zwar selbst in einer Ebene liegt, der aber dennoch auf zwei Seiten hohe Berge vorgelagert sind, die in einem ziemlich großen Abstand zu ihr liegen. Domitius schlug etwa sieben Meilen von Nikopolis entfernt sein Lager auf. (4) Da vor diesem Lager ein enger und schwer zugänglicher Raum war, der erst durchquert werden musste, verteilte Pharnakes dort auserlesene Infanteristen und fast alle Reiter in einem Hinterhalt und ließ innerhalb dieser Engpässe eine große Menge Vieh verteilen. Er befahl

dissipari iussit paganosque et oppidanos in his locis obversari, (5) ut, sive amicus [sive inimicus] Domitius eas angustias transiret, nihil de insidiis suspicaretur, cum in agris et pecora et homines animum adverteret versari tamquam amicorum adventu, ⟨sive inimicus⟩ ut in hostium fines veniret, praeda diripienda milites dissiparentur dispersique caederentur.

37 (1) Haec cum administraret, numquam tamen intermittebat legatos de pace atque amicitia mittere ad Domitium, cum hoc ipso crederet facilius eum decipi posse. (2) At contra spes pacis Domitio in eisdem castris morandi attulit causam. Ita Pharnaces amissa proximi temporis occasione, cum vereretur, ne cognoscerentur insidiae, suos in castra revocavit. (3) Domitius postero die propius Nicopolin accessit castraque oppido contulit. Quae dum muniunt nostri, Pharnaces aciem instruxit suo more atque instituto. (4) In fronte enim simplici derecta acie cornua trinis firmabantur subsidiis; eadem ratione haec media conlocabantur acie duobus dextra sinistraque intervallis simplicibus ordinibus instructis. (5) Perfecit inceptum castrorum opus Domitius parte copiarum pro vallo constituta.

38 (1) Proxima nocte Pharnaces interceptis tabellariis, qui de Alexandrinis rebus litteras ad Domitium ferebant, cognoscit Caesarem magno in periculo versari flagitarique ab Domitio, ut quam primum Caesari subsidia mitteret propiusque ipse Alexandriam per Syriam accederet. (2) Qua cognita re Pharnaces victoriae loco

ferner, dass sich Land- und Stadtbewohner in diesem Gelände zeigten, (5) damit Domitius, wenn er als Staatsfreund diesen Engpass durchquere, nichts von einem Hinterhalt argwöhne, wenn er auf dem flachen Land Vieh und Menschen wie bei der Ankunft von Freunden herumlaufen sehe[75]; wenn er aber als Feind gleich wie in Feindesland käme, so würden sich die Soldaten auf der Jagd nach Beute zerstreuen und zersprengt niedergemetzelt werden.[76]

37 (1) Obwohl er dies ausführte, unterließ es Pharnakes dennoch niemals, Gesandte zu Domitius zu schicken, die über Frieden und Freundschaft verhandeln sollten, weil er glaubte, eben dadurch könne Domitius leichter hintergangen werden. (2) Doch gerade die Hoffnung auf Frieden gab Domitius einen Grund, in dem gleichen Lager zu bleiben. So hatte Pharnakes sich die Gelegenheit des nächstmöglichen Zeitpunkts entgehen lassen. Da er fürchtete, dass seine Hinterlist aufgedeckt würde, rief er seine Soldaten ins Lager zurück. (3) Domitius rückte am folgenden Tag näher an Nikopolis heran und schlug sein Lager dicht bei der Stadt auf. Während unsere Soldaten dieses verschanzten, stellte Pharnakes das Heer nach seiner bisherigen Gewohnheit zur Schlacht auf. (4) Nachdem nämlich vorn eine einfache gerade Linie gebildet worden war, wurden die Heeresflügel mit dreifacher Reserve verstärkt; auf dieselbe Weise wurden diese Reserven in der mittleren Schlachtreihe aufgestellt, während auf der rechten und auf der linken Seite bei zwei Zwischenräumen nur einfache Reihen in Schlachtordnung aufgestellt wurden. (5) Domitius ließ die begonnene Verschanzung des Lagers vollenden, nachdem er einen Teil seiner Truppen vor dem Lagerwall in Reih und Glied hatte aufstellen lassen.

38 (1) In der folgenden Nacht fing Pharnakes Briefboten ab, die ein Schreiben über die Ereignisse in Alexandria an Domitius brachten. Er erfuhr, dass sich Caesar in großer Gefahr befand und dass er von Domitius dringend verlangte, ihm, Caesar, möglichst bald Hilfe zu schicken und selbst auf dem Weg durch Syrien persönlich näher an Alexandria heranzurücken. (2) Auf diese Nachricht hin

ducebat, si trahere tempus posset, cum discedendum Domitio celeriter putaret. (3) Itaque ab oppido, qua facillimum accessum et aequissimum ad dimicandum ⟨locum⟩ nostris videbat, fossas duas derectas non ita magno medio intervallo relicto IIII pedum altitudinis in eum locum deduxit, quo longius constituerat suam non producere aciem. (4) Inter has fossas aciem semper instruebat, equitatum autem omnem ab lateribus extra fossam conlocabat. Qui neque aliter utilis esse poterat et multum numero anteibat nostrum equitatum.

39 (1) Domitius autem cum Caesaris magis periculo quam suo commoveretur neque se tuto discessurum arbitraretur, si condiciones, quas reiecerat, rursus adpeteret aut sine causa discederet, ex propinquis castris in aciem exercitum eduxit; (2) XXXVI legionem in dextro cornu conlocavit, Ponticam in sinistro, Deiotari legiones in mediam aciem contulit, quibus tamen angustissimum intervallum frontis reliquit reliquis cohortibus in subsidiis conlocatis. Sic utrimque acie instructa processum est ad dimicandum.

40 (1) Signo sub idem tempus ab utroque dato concurritur. Acriter varieque pugnatur. Nam XXXVI legio cum extra fossam in equites regis impetum fecisset, adeo secundum proelium fecit, ut moenibus oppidi succederet fossamque transiret aversosque hostes adgrederetur. (2) At Pontica ex altera parte legio cum paulum adversa hostibus cessisset, fossam autem circumire † acies secunda conata esset, ut ⟨ab⟩ aperto latere adgrederetur hostem, in ipso

erachtete es Pharnakes als Sieg, wenn es ihm gelänge, die Zeit in die Länge zu ziehen, da er glaubte, Domitius müsse schnell abziehen. (3) Deshalb zog Pharnakes von der Stadt aus, dort, wo, wie er sah, wir Römer den bequemsten Zugang und den günstigsten Ort zum Kämpfen hätten, zwei vier Fuß tiefe Gräben in gerader Richtung[77] in nicht sonderlich großem Abstand bis zu dem Punkt, über den hinaus er seine Schlachtordnung nicht weiter vorzuschieben gedachte. (4) Zwischen diesen beiden Gräben stellte er immer wieder die Schlachtreihe auf, die gesamte Reiterei aber platzierte er an den Flanken außerhalb des Grabens. Sie konnte anderweitig nicht nützlich sein und übertraf zahlenmäßig unsere römische Reiterei.

39 (1) Da Domitius aber Caesars gefährliche Lage mehr beunruhigte als seine eigene und da er nicht glaubte, sicher abziehen zu können, wenn er die früher zurückgewiesenen Friedensbedingungen nun selber erstrebte oder ohne ersichtlichen Grund abzöge, ließ er sein Heer aus dem nahe gelegenen Lager ausrücken und stellte es in Schlachtordnung auf; (2) die 36. Legion platzierte er auf dem rechten Flügel, die pontische auf dem linken, die Legionen des Deiotarus schob er in die Mitte, denen er jedoch nur einen ganz schmalen Frontabschnitt überließ, während er die übrigen Kohorten in der Reserve aufstellte[78]. Nachdem so auf beiden Seiten die Schlachtreihen aufgestellt waren, schritt man zum Kampf gegeneinander vor.

40 (1) Auf ein zur gleichen Zeit von beiden Seiten gegebenes Zeichen hin erfolgte der Angriff. Es wurde heftig und mit unterschiedlichem Erfolg gekämpft. Denn als die 36. Legion außerhalb des Grabens die Reiterei des Königs Pharnakes angriff, kämpfte sie derart erfolgreich, dass sie bis zu den Mauern der Stadt vordrang, den Graben überquerte und die Feinde von hinten angriff. (2) Die pontische Legion hingegen, die auf der anderen Seite den Feinden zugewandt vor diesen ein wenig gewichen war, dann aber versucht hatte, † als zweite Kampflinie †[79] den Graben in einem Bogen zu umgehen, um den Feind auf der ungedeckten Flanke anzugreifen,

transitu fossae confixa et oppressa est. Deiotari vero legiones vix impetum sustinuerunt. (3) Ita victrices regiae copiae cornu suo dextro mediaque acie converterunt se ad XXXVI legionem. Quae tamen fortiter vincentium impetum sustinuit, magnis copiis hostium circumdata praesentissimo animo pugnans in orbem se recepit ad radices montium. Quo Pharnaces insequi propter iniquitatem loci noluit. (4) Ita Pontica legione paene tota amissa, magna parte Deiotari militum interfecta XXXVI ⟨legio⟩ in loca se superiora contulit non amplius CCL desideratis. (5) Ceciderunt eo proelio splendidi atque inlustres viri nonnulli, equites Romani. Quo tamen incommodo Domitius accepto reliquias exercitus dissipati collegit itineribusque tutis per Cappadociam se in Asiam recepit.

41 (1) Pharnaces rebus secundis elatus cum de Caesare ea, quae optabat, speraret, Pontum omnibus copiis occupavit ibique et victor et crudelissimus rex, cum sibi fortunam paternam feliciore eventu destinaret, multa oppida expugnavit, bona civium Romanorum Ponticorumque diripuit, (2) supplicia constituit in eos, qui aliquam formae atque aetatis commendationem habebant, ea, quae morte essent miseriora, Pontumque nullo defendente paternum regnum glorians se recepisse obtinebat.

wurde mitten beim Überqueren des Grabens festgehalten und aufgerieben.[80] Die Legionen des Deiotarus vollends hielten dem Angriff kaum stand. (3) So wandten sich die auf dem rechten Flügel und in der Mitte der Kampflinie siegreichen königlichen Streitkräfte gegen die 36. Legion. Diese hielt jedoch dem Angriff der Sieger stand und zog sich, obwohl von zahlreichen feindlichen Truppen umzingelt, mit äußerster Entschlossenheit kämpfend und dabei einen Kreis formierend, bis zum Fuß der Berge zurück. Dorthin aber wollte Pharnakes sie wegen des ungünstigen Terrains nicht verfolgen. (4) Unter dem Verlust fast der gesamten pontischen Legion und nach dem Tod eines Großteils der Soldaten des Deiotarus begab sich die 36. Legion, ohne mehr als 250 Mann verloren zu haben, auf die Anhöhen. (5) In diesem Kampf fielen zudem einige angesehene und vornehme römische Ritter. Trotz dieser Niederlage scharte Domitius die Überreste des zerstreuten Heeres zusammen und zog sich auf sicheren Routen durch Kappadokien in die Provinz Asia zurück.[81]

41 (1) Pharnakes war durch seinen Erfolg übermütig geworden, und da er hoffte, dass in Bezug auf Caesar das geschehe, was er sich wünschte, besetzte er Pontos mit allen seinen Streitkräften. Dort eroberte er als Sieger und äußerst grausamer König viele Städte, weil er sich das Glück seines Vaters (Mithridates VI.) unter günstigerem Ausgang zum Ziel gesetzt hatte[82]; Pharnakes plünderte Hab und Gut römischer und pontischer Bürger (2) und setzte gegen diejenigen, die sich durch Schönheit oder jugendliches Alter auszeichneten, schwere Strafen fest, die schlimmer waren als der Tod.[83] Er nahm Pontos in Besitz, ohne dass jemand Gegenwehr leistete, wobei er sich rühmte, das väterliche Reich wieder in Besitz gebracht zu haben.

42 (1) Sub idem tempus in Illyrico est incommodum acceptum; quae provincia superioribus mensibus retenta non tantum sine ignominia, sed etiam cum laude erat. (2) Namque eo missus aestate cum duabus legionibus Q. Cornificius, Caesaris quaestor, pro praetore, quamquam erat provincia minime copiosa ad exercitum alendum et finitimo bello ac dissensionibus confecta et vastata, tamen prudentia ac diligentia sua, quod magnam curam suscipiebat, ne quo temere progrederetur, et recepit et defendit. (3) Namque et castella complura locis editis posita, quorum opportunitas castellanos impellebat ad decursiones faciendas et bellum inferendum, expugnavit eaque praeda milites donavit. Quae etsi erat tenuis, tamen in tanta provinciae desperatione erat grata, praesertim virtute parta, et cum Octavius ex fuga Pharsalici proelii magna classe in illum se sinum contulisset, paucis navibus Iadestinorum, quorum semper in rem publicam singulare constiterat officium, dispersis Octavianis navibus erat potitus, ut vel classe dimicare posset adiunctis captivis navibus sociorum. (4) Cum diversissima parte orbis terrarum Cn. Pompeium Caesar victor sequeretur compluresque adversarios in Illyricum propter Macedoniae propinquitatem se reliquiis ex fuga collectis contulisse audiret, litteras ad Gabinium mittit, uti cum legionibus tironum, quae nuper erant conscriptae, proficisceretur in Illyricum coniunctisque copiis cum Q. Cornificio, si quod periculum provinciae inferretur, depelleret;

42–47 *Vorkommnisse in Illyrien (Sommer 48 – März 47 v. Chr.)*

42 (1) Ungefähr zur gleichen Zeit kam es zu einer Niederlage in Illyrien[84]. In den vorangegangenen Monaten war diese Provinz nicht nur ohne Beanstandung, sondern auch rühmlich behauptet worden. (2) Denn im Sommer war Caesars Quästor Quintus Cornificius an Stelle eines Prätors mit zwei Legionen dorthin geschickt worden,[85] obwohl die Provinz, durch einen Krieg in der Nachbarschaft und durch innere Unruhen erschöpft und verwüstet, durchaus nicht reich an Vorräten war, um ein Heer zu ernähren. Doch Cornificius nahm mit seiner Klugheit und Achtsamkeit, weil er große Sorgfalt daran setzte, nicht unvorsichtig vorzurücken, die Provinz in Besitz und verteidigte sie. (3) Denn er erstürmte mehrere auf Höhen gelegene Kastelle, deren günstige Lage die Kastellbewohner zu Überfällen und Angriffskrieg verleitete, und beschenkte die Soldaten mit dieser Beute. Auch wenn diese gering war, war sie dennoch angesichts der hoffnungslosen Lage der Provinz willkommen, zumal sie durch Tapferkeit zustande gekommen war. Als ferner Octavius[86] sich nach der Schlacht von Pharsalos mit einer großen Flotte in jene Bucht[87] begeben hatte, bemächtigte Cornificius sich mit Hilfe weniger Schiffe der Einwohner von Jader, deren Dienstbeflissenheit gegenüber dem römischen Staat stets einzigartig festgeblieben war, und versprengter Schiffe des Octavius, sodass er sogar mit den Schiffen der Verbündeten und unter Einbeziehung der erbeuteten ein Seegefecht liefern konnte. (4) Der siegreiche Caesar verfolgte derweil in einem ganz entgegengesetzten Teil der Welt Gnaeus Pompeius. Als Caesar hörte, dass sich mehrere seiner Gegner wegen der Nähe zu Makedonien[88] nach Illyrien abgesetzt hatten, nachdem sie auf der Flucht die Überreste (des Heeres des Pompeius) gesammelt hatten, schickte er Gabinius[89] ein Schreiben mit der Aufforderung, mit den unlängst ausgehobenen Rekrutenlegionen nach Illyrien zu marschieren, sich mit den Truppen des Quintus Cornificius zu vereinen und, wenn die Provinz irgendwie gefährdet sei, diese Gefahr

sin ea non magnis copiis tuta esse posset, in Macedoniam legiones adduceret. (5) Omnem enim illam partem regionemque vivo Cn. Pompeio bellum instauraturam esse credebat.

43 (1) Gabinius ut in Illyricum venit hiberno tempore anni ac difficili sive copiosiorem provinciam existimans sive multum fortunae victoris Caesaris tribuens sive virtute et scientia sua confisus, qua saepe in bellis periclitatus magnas res et secundas ductu auspicioque suo gesserat, neque provinciae facultatibus sublevabatur, quae partim erat exinanita partim infidelis, neque navibus intercluso mari tempestatibus commeatus supportare poterat magnisque difficultatibus coactus, non ut volebat, sed ut necesse erat, bellum gerebat. (2) Ita cum durissimis tempestatibus propter inopiam castella aut oppida expugnare cogeretur, crebro incommoda accipiebat adeoque est a barbaris contemptus, ut Salonam se recipiens, in oppidum maritumum, quod cives Romani fortissimi fidelissimique incolebant, in agmine dimicare sit coactus. (3) Quo proelio duobus milibus militum amplius amissis, centurionibus XXXVIII, tribunis IIII, cum reliquis copiis Salonam se recepit summaque ibi difficultate rerum omnium pressus paucis mensibus morbo periit. (4) Cuius et infelicitas vivi et subita mors in magnam spem Octavium adduxit provinciae potiundae. Quem tamen diutius in rebus secundis et fortuna, quae plurimum in bellis potest, diligentiaque Cornificii et virtus Vatinii versari passa non est.

abzuwenden; falls diese Provinz aber auch mit weniger Truppen zu schützen sei, solle er seine Legionen nach Makedonien führen. (5) Caesar glaubte nämlich, dass jene ganze Gegend und Landschaft, solange Gnaeus Pompeius noch am Leben wäre, den Krieg wiederaufleben lassen werde.

43 (1) Gabinius kam zu winterlicher und daher schwieriger Jahreszeit nach Illyrien.[90] Es mag sein, dass er diese Provinz für reicher hielt, zu viel auf das Glück des siegreichen Caesar gesetzt oder auch auf seine eigene Tüchtigkeit und Kenntnis vertraut hatte, aufgrund derer er, in Kriegen oft erprobt, unter seiner Führung und seinem Oberbefehl große und erfolgreiche Taten ausgeführt hatte. Jetzt aber wurde er weder durch die Mittel der teils ausgeplünderten, teils unzuverlässigen Provinz unterstützt noch konnten ihn zu Schiff Versorgungsgüter erreichen, da das Meer infolge von Stürmen versperrt war. Von diesen großen Schwierigkeiten gezwungen, führte er den Krieg nicht, wie er wollte, sondern wie es die Notlage erforderlich machte. (2) Als sich Gabinius trotz härtester Unwetter gezwungen sah, aus Not Kastelle und Festungen zu erobern, erlitt er häufig Verluste und wurde von der ansässigen nicht-römischen Bevölkerung derart verachtet, dass er beim Rückzug mit dem Heer in die unweit der Küste gelegene Stadt Salona, die von sehr tapferen und sehr treuen römischen Bürgern bewohnt wurde, während des Marsches zu einem Kampf gezwungen wurde.[91] (3) Bei diesem Kampf verlor er mehr als 2000 Soldaten, 38 Zenturionen und vier Tribunen. Mit den restlichen Truppen zog er sich nach Salona zurück und starb dort, von Mangel an allem bedrängt, nach wenigen Monaten an einer Krankheit. (4) Sein Unglück im Leben und sein plötzlicher Tod verleiteten Octavius zu großer Hoffnung, sich der Provinz zu bemächtigen. Dennoch ließen das Glück, das in Kriegen sehr viel vermag, die Umsicht des Cornificius und die Tüchtigkeit des Vatinius nicht zu, dass Octavius sich noch länger in glücklichen Umständen sonnte.

44 (1) Vatinius Brundisi cum esset, cognitis rebus, quae gestae erant in Illyrico, cum crebris litteris Cornificii ad auxilium provinciae ferendum evocaretur et M. Octavium audiret cum barbaris foedera percussisse compluribusque locis nostrorum militum oppugnare praesidia partim classe per se, partim pedestribus copiis per barbaros, etsi gravi valitudine adfectus vix corporis viribus animum sequebatur, tamen virtute vicit incommodum naturae difficultatesque et hiemis et subitae praeparationis. (2) Nam cum ipse paucas in portu naves longas haberet, litteras in Achaiam ad Q. Calenum misit, uti sibi classem mitteret. (3) Quod cum tardius fieret quam periculum nostrorum flagitabat, qui sustinere impetum Octavii non poterant, navibus actuariis, quarum numerus erat satis magnus, magnitudo nequaquam satis iusta ad proeliandum, rostra imposuit. (4) His adiunctis navibus longis et numero classis aucto militibus veteranis impositis, quorum magnam copiam habebat ex omnibus legionibus, qui numero aegrorum relicti erant Brundisi, cum exercitus in Graeciam transportaretur, profectus est in Illyricum maritumasque nonnullas civitates, quae defecerant Octavioque se tradiderant, partim recipiebat, partim remanentes in suo consilio praetervehebatur, nec sibi ullius rei moram necessitatemque iniungebat, quin quam celerrime posset ipsum Octavium persequeretur. (5) Hunc oppugnantem Epidaurum terra marique,

44 (1) Vatinius, der damals in Brundisium (Brindisi) war,[92] erfuhr von den Ereignissen in Illyrien und wurde durch wiederholte Schreiben des Cornificius zu ihm gerufen, um der Provinz Hilfe zu bringen. Er hörte auch, dass Marcus Octavius mit den nicht-römischen Einwohnern der Provinz Illyrien Bündnisse geschlossen hatte[93] und die Besatzungen unserer Soldaten an mehreren Stellen teils von sich aus mit der Flotte, teils mit der Landmacht mit Hilfe der nicht-römischen Bewohner angreife. Auch wenn Vatinius von einer schweren Krankheit befallen worden war und seine Körperkräfte kaum noch mit seinem Geist Schritt halten konnten, überwand er dennoch, gestützt auf seine Tüchtigkeit, diese Schwäche seiner physischen Beschaffenheit und die Schwierigkeiten, die der Winter und die plötzliche Marschvorbereitung verursachten. (2) Da er nämlich selbst nur einige wenige Kriegsschiffe im Hafen liegen hatte, schickte er einen Brief an Quintus Calenus[94] in Achaia mit der Bitte, ihm eine Flotte zu schicken. (3) Als dies aber langsamer, als die Gefährdung unserer Leute, die dem Angriff des Octavius nicht standhalten konnten, es erforderte, vonstatten ging, ließ Vatinius an die Schnellsegler[95], deren Anzahl zwar ziemlich groß war, deren Größe jedoch keineswegs für einen Kampf genügte, Schiffsschnäbel[96] als Rammsporne anbringen. (4) Diese Schiffe vereinigte er dann mit seinen Kriegsschiffen, erhöhte so die Schiffszahl der Flotte, schiffte altgediente Soldaten ein, von denen er eine große Menge aus allen Legionen hatte – sie waren nämlich beim Transport des Heeres nach Griechenland als Kranke in Brundisium zurückgelassen worden – und segelte nach Illyrien los, wo er einige Küstenstädte, die abtrünnig geworden waren und sich Octavius ergeben hatten, teils wieder in Besitz nahm, teils, wenn sie bei ihrem Beschluss verharrten, an ihnen vorbeisegelte. Er ließ sich durch nichts, selbst wenn es die Notwendigkeit einer Sache verlangte, aufhalten, um möglichst schnell Octavius selbst zu verfolgen. (5) Vatinius zwang diesen, der gerade zu Wasser und zu Lande Epidauros bestürmte, wo eine Be-

ubi nostrum erat praesidium, adventu suo discedere ab oppugnatione coegit praesidiumque nostrum recepit.

45 (1) Octavius cum Vatinium classem magna ex parte confectam ex naviculis actuariis habere cognosset, confisus sua classe substitit ad insulam Tauridem. Qua regione Vatinius insequens navigabat, non quo Octavium ibi restitisse sciret, sed quod eum longius progressum insequi decreverat. (2) Cum propius Tauridem accessisset distensis suis navibus, quod et tempestas erat turbulenta et nulla suspicio hostis, repente adversam ad se venientem navem antemnis ad medium malum demissis instructam propugnatoribus animum advertit. (3) Quod ubi conspexit, celeriter vela subduci demittique antemnas iussit et milites armari et vexillo sublato, quo pugnandi dabat signum, quae primae naves subsequebantur, idem ut facerent, significabat. (4) Parabant se Vatiniani repente oppressi; parati deinceps Octaviani ex portu procedebant. Instruitur utrimque acies, ordine disposita magis Octaviana, paratior militum animis Vatiniana.

46 (1) Vatinius cum animum adverteret neque navium se magnitudine neque numero parem esse, fortuitae dimicationi [fortunae] rem committere maluit. Itaque primus sua quinqueremi in quadriremem ipsius Octavii impetum fecit. (2) Celerrime fortissimeque contra illo remigante naves adversae rostris concurrerunt adeo vehementer, ut navis Octaviana rostro discusso ligno contineretur. (3) Committitur acriter reliquis locis proelium concurriturque ad

satzungstruppe unserer Leute lag, bei seiner Ankunft, von der Belagerung abzulassen, und nahm die Besatzungstruppe an sich.

45 (1) Als Octavius erkannt hatte, dass Vatinius eine Flotte besaß, die großenteils aus Schnellseglern[97] bestand, machte er im Vertrauen auf seine eigene Flotte bei der Insel Tauris Halt. In dieser Gegend segelte sein Verfolger Vatinius, nicht als ob er wüsste, dass Octavius dort Halt gemacht hatte, sondern weil er beschlossen hatte, Octavius, der weiter vorgerückt war, nachzusetzen. (2) Als er näher an Tauris herangerückt war, waren seine Schiffe weit auseinandergezogen, denn das Wetter war stürmisch und es wurde kein Feind vermutet. Da plötzlich bemerkte Vatinius ein feindliches Schiff mit halb herabgelassenen Rahen[98] und bemannt mit Schiffssoldaten auf sich zukommen. (3) Kaum wurde Vatinius dieses Schiffes gewahr, erteilte er den Befehl, schnell die Segel einzuziehen und die Rahen herabzulassen und, an die Soldaten gewandt, sich zu bewaffnen; dann wurde die Standarte aufgesteckt, mit der er das Zeichen zum Kampf gab, und Vatinius signalisierte, dass die ihm zuerst nachfolgenden Schiffe das Gleiche tun sollten. (4) Die unvermutet überraschten Truppen des Vatinius bereiteten sich zum Kampf vor. Die Soldaten des Octavius waren schon zum Kampf gerüstet und liefen der Reihe nach aus dem Hafen aus. Auf beiden Seiten wurde eine Schlachtordnung gebildet. Dabei war die des Octavius geordneter, die des Vatinius stand mit entschlossenerem Mut bereit.

46 (1) Als Vatinius erkannte, dass er weder hinsichtlich der Größe seiner Schiffe noch hinsichtlich ihrer Anzahl ebenbürtig war, wollte er die Angelegenheit lieber einem vom Zufall abhängigen Kampf überlassen. Daher griff er als erster mit seinem Fünfruderer an, und zwar unmittelbar den Vierruderer des Octavius. (2) Als nun dieser sehr schnell und sehr tapfer dagegen ruderte, stießen die Schiffe frontal mit ihren Schnäbeln mit solcher Wucht zusammen, dass der Schnabel am Schiff des Octavius zersplitterte und sich im Holz verhakte.[99] (3) Auch auf den übrigen Kampfschauplätzen

duces maxime: nam cum suo quisque auxilium ferret, magnum comminus in angusto mari proelium factum est. (4) Quantoque coniunctis magis navibus confligendi potestas dabatur, tanto superiores erant Vatiniani. Qui admiranda virtute ex suis navibus in hostium naves transilire non dubitabant et dimicatione aequata longe superiores virtute rem feliciter gerebant. (5) Deprimitur ipsius Octavii quadriremis, multae praeterea capiuntur aut rostris perforatae merguntur; propugnatores Octaviani partim in navibus iugulantur, partim in mare praecipitantur. (6) Ipse Octavius se in scapham confert; in quam plures cum confugerent, depressa scapha vulneratus tamen adnatat ad suum myoparonem. (7) Eo receptus, cum proelium nox dirimeret, tempestate magna velis profugit. Secuntur hunc suae naves nonnullae, quas casus ab illo periculo vindicarat.

47 (1) At Vatinius re bene gesta receptui cecinit suisque omnibus incolumibus in eum se portum victor recepit, quo ex portu classis Octavii ad dimicandum processerat. (2) Capit ex eo proelio penterem unam, triremes duas, dicrotas VIII compluresque remiges Octavianos, posteroque ibi die, dum suas captivasque naves reficeret, ⟨consumpto⟩, post diem tertium contendit in insulam Issam, quod eo se recepisse ex fuga credebat Octavium. (3) Erat in ea nobilissimum regionum earum oppidum coniunctissimumque Octavio. (4) Quo ut venit, oppidani supplices se Vatinio dediderunt, compe-

lieferte man sich eine erbitterte Schlacht und drängte sich besonders bei den Anführern zusammen: Denn da jeder seinem Anführer Hilfe brachte, kam es in der Meerenge zu einem gewaltigen Nahkampf. (4) Je mehr durch das Aneinandergeraten der Schiffe sich die Gelegenheit zum Kampf bot, desto mehr gewannen die Truppen des Vatinius die Oberhand. Diese zögerten nicht, mit bewundernswerter Tapferkeit von ihren Schiffen auf die feindlichen Schiffe hinüber zu springen, und führten das Gefecht erfolgreich zu Ende, da sie bei gleichen Kampfverhältnissen an Tapferkeit weit überlegen waren. (5) Der Vierruderer des Octavius wurde versenkt, außerdem wurden noch viele Schiffe entweder erbeutet oder versanken, von Schiffsschnäbeln durchbohrt; die Schiffssoldaten des Octavius wurden teils auf den Schiffen getötet, teils kopfüber ins Meer gestürzt. (6) Octavius selbst suchte ein Boot auf; als sich jedoch noch mehr Menschen dorthin flüchteten, kenterte das Boot, und Octavius schwamm, obwohl verwundet, dennoch zu seinem Kaperschiff. (7) Dort wurde er an Bord genommen. Als die Nacht dem Kampf ein Ende setzte, entfloh er bei einem großen Unwetter mit vollen Segeln. Octavius folgten[100] einige seiner Schiffe, die der Zufall vor jener Gefahr beschützt hatte.

47 (1) Aber Vatinius ließ nach erfolgreichem Kampf zum Rückzug blasen und zog sich mit all seinen Truppen ohne Verluste als Sieger in den Hafen zurück, aus dem die Flotte des Octavius zum Kampf ausgelaufen war. (2) Er erbeutete aus diesem Kampf einen Fünfruderer, zwei Dreiruderer, acht Zweiruderer und einige Ruderer des Octavius. Den folgenden Tag brachte man dort noch zu, bis Vatinius die eigenen und die erbeuteten Schiffe hatte in Stand setzen lassen; nach dem dritten Tag eilte er zu der Insel Issa, weil er glaubte, Octavius habe sich dorthin auf der Flucht zurückgezogen. (3) Auf dieser Insel lag die ansehnlichste Stadt dieser Landstriche, die zudem Octavius äußerst ergeben war. (4) Kaum war er dort angekommen, ergaben sich die Stadtbewohner Vatinius demütig bittend; dabei erfuhr er, Octavius selbst habe mit kleinen und weni-

ritque ipsum Octavium parvis paucisque navigiis vento secundo regionem Graeciae petisse, inde ut Siciliam, deinde Africam caperet. (5) Ita brevi spatio re praeclarissime gesta provincia recepta et Cornificio reddita, classe adversariorum ex illo toto sinu expulsa victor se Brundisium incolumi exercitu et classe recepit.

48 (1) Iis autem temporibus, quibus Caesar ad Dyrrachium Pompeium obsidebat et Palaepharsali rem feliciter gerebat Alexandriaeque cum periculo magno, tum etiam maiore periculi fama dimicabat, Q. Cassius Longinus in Hispania pro praetore provinciae ulterioris optinendae causa relictus, sive consuetudine naturae suae sive odio, quod in illam provinciam susceperat quaestor ex insidiis ibi vulneratus, magnas odii sui fecerat accessiones, quod vel ex conscientia sua, cum de se mutuo sentire provinciam crederet, vel multis signis et testimoniis eorum, qui difficulter odia dissimulabant, animum advertere poterat, et compensare offensionem provinciae exercitus amore cupiebat. (2) Itaque cum primum in unum locum exercitum conduxit, sestertios centenos militibus est pollicitus, nec multo post cum in Lusitania Medobrigam oppidum montemque Herminium expugnasset, quo Medobrigenses confugerant, ibique imperator esset appellatus, sestertiis centenis milites donavit. (3) Multa praeterea et magna praemia singulis concedebat. Quae

gen Schiffen bei günstigem Wind die Richtung auf Griechenland eingeschlagen, um von dort Sizilien, danach Afrika zu erreichen.[101] (5) So hatte Vatinius in kurzer Zeit eine glänzende Waffentat ausgeführt, die Provinz Illyrien wieder in Besitz genommen und sie Cornificius[102] zurückgegeben, die gegnerische Flotte aus jener ganzen Bucht[103] vertrieben und zog sich nun als Sieger mit unversehrtem Heer und unversehrter Flotte nach Brundisium zurück.[104]

48–64 Meuterei in Spanien (Ende 49 v. Chr. – Februar 47 v. Chr.)

48 (1) Zu der Zeit aber, als Caesar bei Dyrrachium Pompeius belagerte,[105] in Palaipharsalos[106] seine Sache zu einem glücklichen Ende brachte und in Alexandria unter großer Gefahr, besonders unter einer vom Gerücht vergrößerten Gefahr kämpfte, war Quintus Cassius Longinus in Spanien als Proprätor zur Verwaltung der jenseitigen Provinz zurückgelassen worden.[107] Er hatte den Hass gegen sich vermehrt, sei es aufgrund der Gewohnheit seines Wesens, sei es aus Hass, den er gegen Provinz gefasst hatte, in der er als Quästor[108] aus dem Hinterhalt verwundet worden war. Das konnte er entweder aus seiner eigenen Überzeugung ersehen – denn er glaubte, dass die Provinz die gleiche Gesinnung gegen ihn hegte – oder aus vielen Anzeichen und Zeugnissen derjenigen, die die Regungen ihres Hasses nur schwer verhehlen konnten. Deshalb strebte er danach, diesen Unmut in der Provinz durch die Zuneigung seines Heeres ausgleichen. (2) Er versprach deshalb den Soldaten, sobald er das Heer an einem Ort zusammengeführt hätte, jeweils 100 Sesterzen und beschenkte sie nicht lange darauf, nachdem er in Lusitanien die Stadt Medobriga und das Herminische Gebirge eingenommen hatte, wohin sich die Einwohner von Medobriga geflüchtet hatten, tatsächlich mit jeweils 100 Sesterzen. Dort wurde er auch zum Imperator ausgerufen. (3) Überdies bewilligte er auch Einzelpersonen hohe Belohnungen, die für den Augenblick die

speciosum reddebant praesentem exercitus amorem, paulatim tamen et occulte militarem disciplinam severitatemque minuebant.

49 (1) Cassius legionibus in hiberna dispositis ad ius dicendum Cordubam se recepit contractumque antea aes alienum gravissimis oneribus provinciae constituit exsolvere; et ut largitionis postulat consuetudo, per causam liberalitatis speciosam plura largitori quaerebantur. (2) Pecuniae locupletibus imperabantur, quas Longinus sibi expensas ferri non tantum patiebatur, sed etiam cogebat, in gregem locupletium simulationis causa tenues coiciebantur, neque ullum genus quaestuis aut magni et evidentis aut minimi et sordidi praetermittebatur, quo domus et tribunal imperatoris vacaret. (3) Nemo erat, qui modo aliquam iacturam facere posset, quin aut vadimonio teneretur aut in reos referretur. Ita magna etiam sollicitudo periculorum ad iacturas et detrimenta rei familiaris adiungebatur.

50 (1) Quibus de causis accidit, ut, cum Longinus imperator eadem faceret, quae fecerat quaestor, similia rursus de morte eius provinciales consilia inirent. (2) Horum odium confirmabant nonnulli familiares eius; qui, cum in illa societate versarentur rapinarum, nihilominus oderant eum, cuius nomine peccabant, sibique quod rapuerant acceptum referebant, quod interciderat aut erat interpellatum, Cassio adsignabant. (3) Quintam legionem novam conscribit. Augetur odium et ipso dilectu et sumptu additae legionis. Complentur equitum III milia maximisque ornantur impensis: nec provinciae datur ulla requies.

Liebe des Heeres großartig machten, jedoch nach und nach und unbemerkt die militärische Zucht und die Strenge beeinträchtigten.

49 (1) Nachdem die Legionen auf das Winterquartier[109] verteilt worden waren, zog sich Cassius nach Corduba zurück, um dort Recht zu sprechen. Er beschloss, seine zuvor gemachten Schulden unter drückendsten Abgaben der Provinz abzutragen; und wie es denn die Gewohnheit freigebigen Schenkens erfordert, wurden unter dem schönklingenden Vorwand der Freigebigkeit von dem Spender noch mehr aufgetrieben. (2) Den Begüterten wurde die Zahlung von Geldern auferlegt, die Longinus nicht nur sich auszahlen ließ[110], sondern auch geradezu eintrieb. In die Schar der Begüterten wurden des Scheines wegen auch Bedürftige aufgenommen, und keine Art von Gewinn, ob groß und auffallend oder sehr gering und schäbig, wurde übergangen, von der das Haus und die Gerichtsstätte des Imperators frei blieben. (3) Es gab niemanden, wenn er nur etwas zu verlieren hatte, der nicht entweder durch eine Bürgschaftsleistung[111] verpflichtet wurde oder in die Liste der Angeklagten eingetragen wurde. So kam zu diesen Verlusten und Einbußen des Vermögens auch noch große Besorgnis wegen bevorstehender Gefahren (für die eigene Person).

50 (1) Aus diesen Gründen geschah es, dass die Provinzbewohner, weil Longinus als Imperator ebenso handelte, wie er schon als Quästor gehandelt hatte, wiederum ähnliche Pläne zu seinem gewaltsamen Tod schmiedeten. (2) Ihren Hass bekräftigten dann noch einige seiner Vertrauten; obwohl sie in jene Plünderungen verwickelt waren, hassten sie dessen ungeachtet denjenigen, in dessen Namen sie sträflich handelten; das, was sie für sich persönlich geraubt hatten, eigneten sie sich an[112], das hingegen, was hinfällig oder strittig war, schrieben sie Cassius zu. (3) Er hob eine neue Legion aus, die Fünfte[113]. Der Hass wuchs allein schon infolge der Aushebung als auch aufgrund der Kosten für die zusätzliche Legion. Die Reiterei wurde auf 3000 Mann aufgestockt und unter sehr hohen Kosten ausgerüstet: Der Provinz wurde keine Atempause gegönnt.

51 (1) Interim litteras accepit a Caesare, ut in Africam exercitum traiceret perque Mauretaniam ad fines Numidiae perveniret, quod magna Cn. Pompeio Iuba miserat auxilia maioraque missurus existimabatur. (2) Quibus litteris acceptis insolenti voluptate efferebatur, quod sibi novarum provinciarum et fertilissimi regni tanta oblata esset facultas. (3) Itaque ipse in Lusitaniam proficiscitur ad legiones arcessendas auxiliaque adducenda; certis hominibus dat negotium, ut frumentum navesque C praepararentur pecuniaeque discriberentur atque imperarentur, ne qua res, cum redisset, moraretur. Reditus eius fuit celerior omnium opinione. (4) Non enim labor aut vigilantia cupienti praesertim aliquid Cassio deerat.

52 (1) Exercitu coacto in unum locum castris ad Cordubam positis pro contione militibus exponit, quas res Caesaris iussu gerere deberet, polliceturque iis, cum in Mauretaniam traiecisset, sestertios ⟨centenos⟩ se daturum; quintam fore in Hispania legionem. (2) Ex contione se Cordubam recepit, eoque ipso die tempore postmeridiano cum in basilicam iret, quidam Minucius Silo, cliens L. Racili, libellum, quasi aliquid ab eo postularet ut miles, ei tradit, deinde post Racilium – nam is latus Cassii tegebat – quasi responsum peteret, celeriter dato loco cum se insinuasset, sinistra corripit aversum dextraque bis ferit pugione. (3) Clamore sublato fit a coniuratis impetus universis. Munatius Flaccus proximum gladio

51 (1) Zwischenzeitlich erhielt Cassius von Caesar den schriftlichen Befehl, das Heer nach Afrika überzusetzen und durch Mauretanien bis an die Grenzen Numidiens vorzudringen, weil der numidische König Juba dem Gnaeus Pompeius beträchtliche Hilfskontingente geschickt hatte[114] und man annahm, er werde noch umfangreichere schicken. (2) Nach Erhalt dieses schriftlichen Befehls ließ sich Cassius von übermäßigem Vergnügen hinreißen, weil sich ihm eine so große Gelegenheit, neue Provinzen und ein überaus fruchtbares Königreich in Besitz zu nehmen, biete. (3) Daher marschierte er in eigener Person nach Lusitanien los, um die dort stationierten Legionen herbeizuholen und Hilfstruppen herbeizuführen; zuverlässigen Personen erteilte er den Auftrag, Getreide und 100 Schiffe[115] zu besorgen sowie die Zahlung von Geldsummen aufzuerlegen und anzuordnen, damit ihm, Cassius, bei seiner Rückkehr nichts Zeit raube. Seine Rückkehr verlief wider Erwarten aller schnell. (4) Denn Cassius mangelte es weder an Arbeitsamkeit noch an Wachsamkeit, zumal wenn er etwas begehrte.

52 (1) Nachdem Cassius das Heer an einem Ort zusammengezogen und sein Lager bei Corduba aufgeschlagen hatte, legte er seinen Soldaten vor dem versammelten Heer dar, welche Aufgaben er in Caesars Auftrag auszuführen habe; er versprach, jedem von ihnen 100 Sesterzen nach seiner Überfahrt nach Mauretanien zu geben; die fünfte Legion werde in Spanien bleiben. (2) Gleich nach der Heeresversammlung zog er sich nach Corduba zurück. Als er am Nachmittag desselben Tages in die Gerichtshalle ging, übergab ihm ein gewisser Minucius Silo, ein Klient des Lucius Racilius, eine Bittschrift, als ob er als Soldat eine Bitte an ihn hätte; dann drängte er sich, als ob er auf eine Antwort warte, in eine Lücke hinter Racilius, der Cassius zur Seite ging und schnell Platz machte, hinein, ergriff Cassius mit der Linken von hinten und stach mit der Rechten zweimal mit einem Dolch[116] auf ihn ein.[117] (3) Da erhob sich ein Geschrei, und sämtliche Verschwörer griffen nun an. Munatius Flaccus durchstieß den Liktor, der ihm am nächsten stand, mit dem

traicit lictorem; hoc interfecto Q. Cassium legatum vulnerat. (4) Ibi T. Vasius et L. Mercello simili confidentia Flaccum, municipem suum, adiuvant; erant enim omnes Italicenses. At ipsum Longinum L. Licinius Squillus involat iacentemque levibus sauciat plagis.

53 (1) Concurritur ad Cassium defendendum; semper enim Berones compluresque evocatos cum telis secum habere consuerat. (2) A quibus ceteri intercluduntur, qui ad caedem faciendam subsequebantur. Quo in numero fuit Calpurnius Salvianus et Manilius Tusculus. (3) Minucius inter saxa, quae iacebant in itinere, fugiens opprimitur et relato domum Cassio ad eum deducitur. Racilius in proximam se domum familiaris sui confert, dum certum cognosceret, confectusne Cassius esset. (4) L. Laterensis cum id non dubitaret, adcurrit laetus in castra militibusque vernaculis et secundae legionis, quibus odio sciebat praecipue Cassium esse, gratulatur; tollitur a multitudine in tribunal, praetor appellatur. (5) Nemo enim aut in provincia natus, ut vernaculae legionis milites, aut diuturnitate iam factus provincialis, quo in numero erat secunda legio, non cum omni provincia consenserat in odio Cassii: nam legionem XXX et XXI paucis mensibus in Italia scriptas Caesar attribuerat Longino; quinta legio nuper erat ibi confecta.

54 (1) Interim nuntiatur Laterensi vivere Cassium. Quo nuntio dolore magis permotus quam animo perturbatus reficit se celeriter et ad Cassium visendum proficiscitur. (2) Re cognita XXX legio

Schwert; als dieser tot war, verwundete er den Legaten Quintus Cassius. (4) Dann unterstützten auch schon Titus Vasius und Lucius Mercello mit ähnlicher Dreistigkeit ihren Mitbürger Flaccus; sie waren nämlich allesamt Einwohner von Italica. Auf Longinus selbst aber stürmte Lucius Licinius Squillus los und verletzte ihn, als er schon am Boden lag, mit einigen leichten Hieben.

53 (1) Es kam zu einem Auflauf, um Cassius zu schützen; er hatte nämlich gewöhnlich stets Beroner und mehrere Evokaten[118] mit Angriffswaffen um sich. (2) Diese drängten nun die übrigen, die zur Ermordung des Cassius unmittelbar nachfolgten, ab. Unter ihnen befanden sich Calpurnius Salvianus und Manilius Tusculus. (3) Minucius wurde zwischen Felsen, die auf dem Weg lagen, auf der Flucht überwältigt und Cassius vorgeführt, den man zwischenzeitlich nach Hause zurückgebracht hatte. Racilius begab sich in das nächstgelegene Haus eines Vertrauten, bis er mit Gewissheit erführe, ob Cassius ums Leben gekommen sei. (4) Da Lucius Laterensis nicht an diesem Ausgang zweifelte, lief er jubelnd ins Lager und beglückwünschte die einheimischen Soldaten[119] und die der zweiten Legion, denen – wie er wusste – Cassius besonders verhasst war. Die große Masse hob ihn auf den Richterstuhl und ernannte ihn zum Prätor. (5) Denn jeder, sei es dass er in der Provinz geboren war, wie die Soldaten der aus Einheimischen formierten Legion, sei es dass er durch langen Aufenthalt schon Provinzbewohner geworden war, wozu auch die zweite Legion gehörte, hatte mit der gesamten Provinz im Hass auf Cassius übereingestimmt. Denn die 30. und die 21. Legion, die wenige Monate vorher in Italien ausgehoben worden waren, hatte Caesar unter (Cassius) Longinus' Kommando gestellt, die fünfte Legion war erst jüngst in Spanien zusammengestellt worden.[120]

54 (1) Mittlerweile erhielt Laterensis die Nachricht, dass Cassius noch am Leben sei, worüber er mehr betrübt war, als dass er aus der Fassung gebracht worden wäre. Er fasste sich schnell und machte sich auf den Weg, um nach Cassius zu sehen. (2) Nach Bekanntwer-

signa Cordubam infert ad auxilium ferendum imperatori suo. Facit hoc idem XXI. Subsequitur has V. (3) Cum duae legiones reliquae essent in castris, secundani veriti, ne soli relinquerentur, atque ex eo, quid sensissent, iudicaretur, secuti sunt factum superiorum. Permansit in sententia legio vernacula nec ullo timore de gradu deiecta est.

55 (1) Cassius eos, qui nominati erant conscii caedis, iubet comprehendi; legiones in castra remittit, V cohortibus XXX retentis. (2) Indicio Minucii cognoscit L. Racilium et L. Laterensem et Annium Scapulam, maximae dignitatis et gratiae provincialem hominem sibique tam familiarem quam Laterensem et Racilium, in eadem fuisse coniuratione, nec diu moratur dolorem suum, quin eos interfici iubeat. (3) Minucium libertis tradit excruciandum, item Calpurnium Salvianum, qui profitetur indicium coniuratorumque numerum auget, vere, ut quidam existimant, ut nonnulli queruntur, coactus. (4) Isdem cruciatibus adfectus L. Mercello. Squillus nominat plures. Quos Cassius interfici iubet exceptis iis, qui se pecunia redemerunt. (5) Nam palam HS LX cum Calpurnio paciscitur et cum Squillo L. Qui si maxime nocentes sunt multati, tamen periculum vitae dolorque vulnerum pecuniae remissus crudelitatem cum avaritia certasse significabat.

den des geschilderten Vorfalls rückte die 30. Legion in Corduba ein, um ihrem Imperator Hilfe zu leisten. Gleiches tat die 21. Legion. Die fünfte Legion schloss sich ihnen an. (3) Als nun nur noch zwei Legionen im Lager übrig waren, befürchteten die Soldaten der zweiten Legion, dass sie allein zurückblieben und dass man aus dieser Tatsache auf ihre Gesinnung schließen könnte, und folgten daher dem Vorgehen der anderen Legionen. Die aus Einheimischen formierte Legion[121] hingegen blieb bei ihrem Standpunkt und wurde auch durch keine Furcht zum Wanken gebracht.[122]

55 (1) Cassius ließ diejenigen, die als Mitwisser des Mordanschlags genannt worden waren, festnehmen; er schickte die Legionen ins Lager zurück und behielt nur fünf Kohorten der 30. Legion bei sich. (2) Durch die Aussage des Minucius erfuhr Cassius, dass Lucius Racilius, Lucius Laterensis und Annius Scapula, ein aus der Provinz stammender Mann von höchstem Ansehen und größter Beliebtheit, der ihm so vertraut war wie Laterensis und Racilius, zu derselben Verschwörung gehörten. Cassius ließ seinen zur Rache drängenden Schmerz nicht lange warten, sondern gab den Befehl, sie hinzurichten. (3) Minucius übergab er seinen Freigelassenen zur Folterung, ebenso Calpurnius Salvianus, der mit der Sprache herausrückte und die Anzahl der Verschwörer noch vermehrte, nach Meinung der einen wahrheitsgemäß, nach der Klage anderer hingegen gezwungenermaßen. (4) Den gleichen Martern wurde Lucius Mercellus unterworfen. Squillus gab noch mehr Teilnehmer des Komplotts an. Cassius ließ sie hinrichten mit Ausnahme derjenigen, die sich mit Geld loskauften. (5) Denn er vereinbarte öffentlich mit Calpurnius 60.000 Sesterzen[123] und mit Squillus 50.000 Sesterzen. Wenn aber die Hauptschuldigen[124] lediglich mit einer Geldstrafe belegt wurden, so gab die Tatsache, dass die Gefahr für sein Leben und der durch die Verwundungen erlittene Schmerz für Geld erlassen wurden, doch zu erkennen, dass bei Cassius die Grausamkeit im Wettstreit mit seiner Habgier lag.

56 (1) Aliquot post diebus litteras a Caesare missas accipit, quibus cognoscit Pompeium in acie victum amissis copiis fugisse. (2) Qua re cognita mixtam dolore voluptatem capiebat: victoriae nuntius laetitiam exprimebat, confectum bellum licentiam ⟨superiorum⟩ temporum intercludebat. Sic erat dubius animi, utrum nihil timere an omnia licere mallet. (3) Sanatis vulneribus arcessit omnes, qui sibi pecunias expensas tulerant, acceptasque eas iubet referri; quibus parum videbatur imposuisse oneris, ampliorem pecuniam imperat. (4) Equitum autem Romanorum dilectum instituit; quos ex omnibus conventibus colonisque conscriptos transmarina militia perterritos ad sacramenti redemptionem vocabat. Magnum hoc fuit vectigal, maius tamen creabat odium. (5) His rebus confectis totum exercitum lustrat; legiones, quas in Africam ducturus erat, et auxilia mittit ad traiectum. (6) Ipse classem, quam parabat, ut inspiceret, Hispalim accedit ibique moratur, propterea quod edictum tota provincia proposuerat, ut, quibus pecunias imperasset neque contulissent, se adirent. Quae evocatio vehementer omnes turbavit.

57 (1) Interim L. Titius, qui eo tempore tribunus militum in legione vernacula fuerat, nuntiat eam a legione XXX, quam Q. Cassius legatus simul ducebat, cum ad oppidum Ilipam castra haberet,

56 (1) Einige Tage später erhielt Cassius ein Schreiben Caesars, aus dem er erfuhr, dass Pompeius in der Schlacht besiegt worden und nach dem Verlust seiner Truppen geflohen sei.[125] (2) Auf diese Nachricht hin empfand Cassius eine Mischung aus Schmerz und Vergnügen: Die Siegesbotschaft entlockte ihm Jubel, das Kriegsende bereitete der Zügellosigkeit, welche die früheren Zeitumstände gestatteten, ein Ende. Unter solchen Verhältnissen war er unschlüssig, was er lieber wollte: nichts zu fürchten oder alles tun zu dürfen. (3) Nach Ausheilung der Wunden ließ er alle zu sich kommen, die ihm Geldsummen als Darlehen gegeben hatten, und befahl ihnen, die von ihm erhaltenen Geldsummen als zurückerstattet zu verbuchen[126]; meinte er, er habe jemandem zu wenig Abgaben auferlegt, forderte er eine noch höhere Geldsumme ab. (4) Er nahm eine Truppenaushebung unter den römischen Rittern vor; diejenigen, die aus allen angesiedelten Bürgergemeinden und Kolonien[127] ausgehoben worden waren und sich vor dem Kriegsdienst in Übersee (in Afrika) fürchteten, forderte er auf, sich vom Soldateneid und damit vom Kriegsdienst loszukaufen. Groß waren diese Einkünfte, doch noch größer war der Hass, den er versuchte. (5) Danach hielt er eine Musterung des ganzen Heeres ab[128] und schickte die Legionen, die er nach Afrika zu führen gedachte, und die Hilfstruppen zum Ort der Überfahrt. (6) Er selbst begab sich nach Hispalis,[129] um die Flotte, die er fertigstellen ließ, zu inspizieren, und verweilte dort, weil er in der ganzen Provinz die Verfügung öffentlich hatte bekanntmachen lassen, dass diejenigen, denen er die Zahlung von Geld auferlegt hatte und die es ihm noch nicht hatten zukommen lassen, ihn aufsuchen sollten. Diese Vorladung versetzte alle in heftige Bestürzung.

57 (1) Inzwischen meldete Lucius Titius, der damals Militärtribun in der aus Einheimischen formierten Legion[130] war, dass eben diese Legion von der ebenfalls vom Legaten Quintus Cassius befehligten 30. Legion abgefallen sei, als sie bei der Stadt Ilipa das Lager aufgeschlagen hatten. Sie habe einen Aufstand gemacht; dabei seien

seditione facta centurionibus aliquot occisis, qui signa tolli non patiebantur, discessisse et ad secundam legionem contendisse, quae ad fretum alio itinere ducebatur. (2) Cognita re noctu cum V cohortibus unetvicensimanorum egreditur, mane pervenit Naevam. Ibi eum diem, ut, quid ageretur, perspiceret, moratus Carmonem contendit. (3) Hic cum legio XXX et XXI et cohortes IIII ex V legione totusque convenisset equitatus, audit IIII cohortes a vernaculis oppressas ad Obuculam cum iis ad secundam pervenisse legionem omnesque ibi se coniunxisse et T. Torium Italicensem ducem delegisse. (4) Celeriter habito consilio ⟨M.⟩ Marcellum quaestorem Cordubam, ut eam in potestate retineret, Q. Cassium legatum Hispalim mittit. (5) Paucis ei diebus affertur conventum Cordubensem ab eo defecisse Marcellumque aut voluntate aut necessitate adductum – namque id varie nuntiabatur – consentire cum Cordubensibus; duas cohortes legionis V, quae fuerant Cordubae in praesidio, idem facere. (6) Cassius his rebus incensus movet castra et postero die Segoviam ad flumen Singiliense venit. Ibi habita contione militum temptat animos; quos cognoscit non sua, sed Caesaris absentis causa sibi fidissmos esse nullumque periculum deprecaturos, dum per eos Caesari provincia restitueretur.

58 (1) Interim Torius ad Cordubam veteres legiones adducit ac, ne dissensionis initium natum seditiosa militum suaque natura

einige Zenturionen, die einen Abmarsch nicht zuließen, umgebracht worden; die Legion sei dann zur zweiten Legion geeilt, die auf einem anderen Weg[131] zu der Meerenge von Gibraltar geführt wurde. (2) Auf die Nachricht hiervon rückte Cassius in der Nacht mit fünf Kohorten der 21. Legion aus und gelangte in den frühen Morgenstunden nach Naeva[132]. Dort blieb er diesen einen Tag, um sich über den Stand der Dinge unterrichten zu lassen, und eilte hierauf nach Carmo. (3) Als hier die 30. und die 21. Legion, vier Kohorten aus der fünften Legion und die gesamte Reiterei zusammengekommen waren, vernahm Cassius, dass die einheimischen Soldaten vier Kohorten bei Obucula überfallen hätten und zusammen mit ihnen zur zweiten Legion gestoßen seien, dass diese alle sich zusammengeschlossen und Titus Torius aus Italica zu ihrem Anführer gewählt hätten. (4) Cassius hielt schnell einen Kriegsrat ab und schickte dann den Quästor Marcus Marcellus nach Corduba, um diese Stadt zu behaupten, den Legaten Quintus Cassius aber nach Hispalis. (5) Nach wenigen Tagen wurde ihm hinterbracht, der Verband römischer Bürger in Corduba sei von ihm abgefallen und Marcellus[133] konspiriere entweder aus freiem Willen oder notgedrungen – dies wurde nämlich verschieden berichtet – mit den Bewohnern von Corduba; zwei Kohorten der fünften Legion, die in Corduba als Besatzung lagen, würden das Gleiche machen. (6) Darüber aufgebracht brach Cassius sein Lager (von Carmo) ab und kam tags darauf nach Segovia[134] am Fluss Singilis. Dort hielt er eine Heeresversammlung ab und erforschte die Stimmung unter den Soldaten; er fand dabei heraus, dass sie nicht seinetwegen, sondern um des abwesenden Caesars willen ihm äußerst treu ergeben waren und dass sie keine Gefahr scheuen würden, wenn nur mit ihrer Hilfe die Provinz (Hispania ulterior) für Caesar wiederhergestellt würde.

58 (1) Zwischenzeitlich führte Torius die altgedienten[135] Legionen an Corduba heran und verkündete öffentlich, die Provinz Spanien für Gnaeus Pompeius wiedergewinnen zu wollen, damit es

videretur, simul ut contra Q. Cassium, qui Caesaris nomine maioribus viribus uti videbatur, aeque potentem opponeret dignitatem, Cn. Pompeio se provinciam reciperare velle palam dictitabat. (2) Et forsitan etiam hoc fecerit odio Caesaris et amore Pompei, cuius nomen multum poterat apud eas legiones, quas M. Varro optinuerat. Sed id qua mente, communis erat coniectura: certe hoc prae se Torius ferebat. (3) Milites adeo fatebantur, ut Cn. Pompei nomen in scutis inscriptum haberent. (4) Frequens legionibus conventus obviam prodit, neque tantum virorum, sed etiam matrum familias ac praetextatorum, deprecaturque, ne hostili adventu Cordubam diriperent: nam se contra Cassium consentire cum omnibus, contra Caesarem ne facere cogerentur, orare.

59 (1) Tantae multitudinis precibus et lacrimis exercitus commotus cum videret ad Cassium persequendum nihil opus esse Cn. Pompei nomine et memoria tamque omnibus Caesarianis quam Pompeianis Longinum esse in odio neque se conventum neque M. Marcellum contra Caesaris causam posse perducere, nomen Pompei ex scutis deterserunt, Marcellum, qui se Caesaris causam defensurum profitebatur, ducem adsciverunt praetoremque appellarunt et conventum sibi adiunxerunt castraque ad Cordubam posuerunt. (2) Cassius eo biduo circiter IIII milia passuum a Corduba citra flumen Baetim in oppidi conspectu loco excelso facit castra; litteras

nicht den Anschein hätte, als ob der Anfang der Meuterei in seinem und der Soldaten aufwieglerischen Wesen läge, und um zugleich Quintus Cassius, der in Caesars Namen über die größeren Streitkräfte zu verfügen schien, eine ebenso gewichtige Autorität entgegensetzen zu können. (2) Und vielleicht tat er dies sogar tatsächlich aus Hass gegen Caesar und aus Liebe zu Pompeius, dessen Namen bei den Legionen, die Marcus (Terentius) Varro[136] befehligt hatte, großes Gewicht hatte. Doch wie er es wirklich meinte, darüber stand jedem die Vermutung frei. Torius wenigstens gab dies zu erkennen. (3) Die Soldaten hingegen bekannten[137] sich so offen zu Pompeius, dass sie seinen Namen auf ihre Schilde schrieben. (4) Den Legionen kam eine zahlreiche Bürgergemeinde entgegen, die nicht nur aus Männern, sondern auch aus Herrinnen von Hausständen und Knaben von freier Geburt[138] bestand. Diese Bürgergemeinde flehte das Militär inständig an, Corduba nicht in feindlichem Anmarsch zu plündern. Denn sie, die Bürger, würden gemeinsam mit allen gegen Cassius übereinstimmen, aber darum bitten, nicht dazu gezwungen zu werden, gegen Caesar feindlich aufzutreten.

59 (1) Von den Bitten und Tränen einer solch großen Menschenmenge ergriffen, sah das Heer, dass zur Verfolgung des Cassius keineswegs der Name des und die Erinnerung an Pompeius vonnöten war, da (Cassius) Longinus sowohl von allen Caesarianern als auch von allen Pompejanern gehasst wurde. Auch sah man, dass man weder den Bürgerverband von Corduba noch Marcus Marcellus gegen die Sache Caesars einstimmen könnte. Die Soldaten wischten also den Namen »Pompeius« wieder von ihren Schilden weg,[139] nahmen Marcellus, der öffentlich erklärte, er werde Caesars Sache verteidigen, als ihren Anführer, ernannten ihn zum Prätor, vereinigten sich mit dem Bürgerverband und schlugen ihr Lager bei Corduba auf. (2) Zwei Tage darauf schlug auch Cassius ungefähr vier Meilen von Corduba entfernt diesseits[140] des Flusses Baetis in Sichtweite der Stadt auf einer Anhöhe sein Lager auf. Er schickte

ad regem Bogudem in Mauretaniam et M. Lepidum proconsulem in Hispaniam citeriorem mittit, subsidio sibi provinciaeque Caesaris causa quam primum veniret. Ipse hostili modo Cordubensium agros vastat, aedificia incendit.

60 (1) Cuius rei deformitate atque indignitate legiones, quae Marcellum sibi ducem ceperant, ad eum concurrerunt; ut in aciem educerentur orant, priusque confligendi sibi potestas fieret quam cum tanta contumelia nobilissimae carissimaeque possessiones Cordubensium in conspectu suo rapinis, ferro flammaque consumerentur. (2) Marcellus cum confligere miserrimum putaret, quod et victoris et victi detrimentum ad eundem Caesarem esset redundaturum, neque suae potestatis esse * * * * * legiones Baetim traducit aciemque instruit. (3) Cum Cassium contra pro suis castris aciem instruxisse loco superiore videret, causa interposita, quod is in aequum non descenderet, Marcellus militibus persuadet, ut se recipiant in castra. Itaque copias reducere coepit. (4) Cassius, quo bono valebat Marcellumque infirmem esse sciebat, adgressus equitatu legionarios se recipientes conplures novissimos in fluminis ripis interfecit. (5) Cum hoc detrimento, quid transitus fluminis vitii difficultatisque haberet, cognitum esset, Marcellus castra Baetim transfert, crebroque uterque legiones in aciem educunt. Neque tamen confligitur propter locorum difficultates.

ein Schreiben an König Bogud in Mauretanien und an Marcus (Aemilius) Lepidus, den Prokonsul im diesseitigen Spanien, mit der Aufforderung, ihm und der Provinz (Hispania ulterior) um Caesars willen sobald wie möglich zu Hilfe zu kommen. Er selbst ließ indessen wie ein Feind das Umland von Corduba verwüsten und Gebäude in Brand stecken.

60 (1) Wegen der Abscheulichkeit und Niedertracht dieses erwähnten Vorgangs liefen die Legionen[141], die sich Marcellus zum Anführer genommen hatten, bei ihm zusammen. Sie baten darum, in die Schlacht geführt zu werden und die Möglichkeit zum Kampf zu erhalten, bevor die äußerst vorzüglichen und wertvollen Besitzungen der Einwohner von Corduba vor ihren Augen mit solch großer Schmach durch Räubereien, Schwert und Feuer vernichtet würden. (2) Obwohl Marcellus einen Kampf für äußerst unglücklich hielt, weil die Verluste sowohl des Siegers als auch des Besiegten in vollem Maß Caesar treffen mussten, dies aber nicht in seiner Macht läge * * * * *[142] setzte er die Legionen über den Baetis und ordnete das Heer zur Schlacht. (3) Als er sah, dass Cassius gegenüber vor seinem Lager das Heer auf einer Anhöhe zur Schlacht geordnet hatte, überredete Marcellus unter dem Vorwand, dass Cassius Longinus nicht in die Ebene herabmarschiere, seine Soldaten, sich ins Lager zurückzuziehen. Deshalb begann er mit der Rückführung seiner Truppen ins Lager. (4) Cassius, der durch diese günstige Lage im Vorteil war und wusste, dass Marcellus in diesem Punkt schwach war, griff mit seiner Reiterei die sich in das Lager zurückziehenden Legionssoldaten an und tötete mehrere Soldaten der hinteren Reihen an den Flussufern. (5) Da man durch diese Niederlage erkannt hatte, welchen Nachteil und welche Schwierigkeit eine Flussüberquerung haben würde, verlegte Marcellus sein Lager über den Baetis und beide Seiten[143] führten wiederholt ihre Legionen in Schlachtordnung heraus. Dennoch kam es wegen Terrainschwierigkeiten nicht zu einem Kampf.

61 (1) Erat copiis pedestribus multo firmior Marcellus; habebat enim veteranas multisque proeliis expertas legiones. Cassius fidei magis quam virtuti legionum confidebat. (2) Itaque, cum castra castris conlata essent et Marcellus locum idoneum castello cepisset, quo prohibere aqua Cassianos posset, Longinus veritus, ne genere quodam obsidionis clauderetur in regionibus alienis sibique infestis, noctu silentio ex castris proficiscitur celerique itinere Uliam contendit, quod sibi fidele esse oppidum credebat. (3) Ibi adeo coniuncta ponit moenibus castra, ut et loci natura – namque Ulia in edito monte posita est – et ipsa munitione urbis undique ab oppugnatione tutus esset. (4) Hunc Marcellus insequitur et quam proxime potest Uliam castra castris confert locorumque cognita natura, quo maxime rem deducere volebat, necessitate est deductus, ut neque confligeret – cuius si rei facultas esset, resistere incitatis militibus non poterat – neque vagari Cassium latius pateretur, ne plures civitates ea paterentur, quae passi erant Cordubenses. (5) Castellis idoneis locis conlocatis operibusque in circuitu oppidi continuatis Uliam Cassiumque munitionibus clausit. (6) Quae priusquam perficerentur, Longinus omnem suum equitatum emisit; quem magno sibi usu fore credebat, si pabulari frumentarique Marcellum non pateretur, magno autem fore impedimento, si clausus obsidione et inutilis necessarium consumeret frumentum.

61 (1) Marcellus war an Infanterie viel stärker als Cassius; er hatte nämlich altgediente Legionen, die zudem in vielen Schlachten erprobt waren. Cassius verließ sich mehr auf die Zuverlässigkeit als auf die Tüchtigkeit seiner Legionen. (2) Als daher das eine Lager nahe am anderen aufgeschlagen worden war und Marcellus einen für ein Kastell geeigneten Platz eingenommen hatte, um dadurch die Soldaten des Cassius vom Wasser abzuschneiden zu können, befürchtete Cassius Longinus, durch eine Art Belagerung in einer fremden und ihm feindlichen Gegend eingeschlossen zu werden; er brach daher in der Nacht in aller Stille aus dem Lager auf und begab sich im Eiltempo nach Ulia, eine Stadt, von der er glaubte, dass sie ihm treu sei. (3) Dort schlug er sein Lager so dicht an der Stadtmauer auf, dass er sowohl durch die natürliche Lage – Ulia liegt nämlich auf einem hohen Berg – als auch durch das bloße Befestigungswerk der Stadt von allen Seiten vor einer Bestürmung sicher war. (4) Marcellus setzte Cassius nach und schlug sein Lager in der Nähe des feindlichen Lagers möglichst nahe bei Ulia auf. Kaum hatte er die Beschaffenheit des Geländes ausgekundschaftet, als er sich zu Maßnahmen genötigt sah, die er selbst am meisten wünschte: Ein Gefecht war nämlich nicht möglich – hätte die Möglichkeit dazu bestanden, hätte er seinen aufgebrachten Soldaten nicht widerstehen können – und dennoch duldete er nicht, dass Cassius weiter umherstreifte, damit nicht noch mehr Bürgerschaften das erleiden mussten, was die Einwohner von Corduba erlitten hatten. (5) Er ließ an geeigneten Stellen Kastelle anlegen, die Verschanzungen im Umkreis der Stadt ausdehnen und schloss Ulia und Cassius mit Befestigungswerken ein. (6) Bevor diese Maßnahmen abgeschlossen waren, schickte Cassius Longinus seine ganze Reiterei aus; er glaubte, dass sie ihm von großem Nutzen sein werde, wenn sie Marcellus am Futter- und Getreideholen hindere, dass sie aber sehr hinderlich sein würde, wenn sie durch eine Belagerung eingeschlossen und unbrauchbar das notwendige Getreide aufzehre.

62 (1) Paucis diebus Q. Cassi litteris acceptis rex Bogus cum copiis venit adiungitque ei legioni, quam secum adduxerat, conplures cohortes auxiliarias Hispanorum. (2) Namque ut in civilibus dissensionibus accidere consuevit, ita temporibus illis in Hispania nonnullae civitates rebus Cassii studebant, plures Marcellum fovebant. (3) Accedit cum copiis Bogus ad exteriores Marcelli munitiones. Pugnatur utrimque acriter, crebroque id accidit Fortuna saepe ad utrumque victoriam transferente; nec tamen umquam ab operibus depellitur Marcellus.

63 (1) Interim Lepidus ex citeriore provincia cum cohortibus legionariis XXXV magnoque numero equitum et reliquorum auxiliorum venit ea mente Uliam, ut sine ullo studio contentiones Cassii Marcellique componeret. (2) Huic venienti sine dubitatione Marcellus se credit atque offert; Cassius contra suis se tenet praesidiis, sive eo, quod plus sibi iuris deberi quam Marcello existimabat, sive eo, quod, ne praeoccupatus animus Lepidi esset obsequio adversarii, verebatur. (3) Ponit ad Uliam castra Lepidus neque habet a Marcello quicquam divisi. Ne pugnetur, interdicit; ad exeundum Cassium invitat fidemque suam in re omni interponit. (4) Cum diu dubitasset Cassius, quid sibi faciendum quidve Lepido esset credendum, neque ullum exitum consilii sui reperiret, si permaneret in sententia, postulat, uti munitiones dissicerentur sibique liber exitus daretur. (5) Non tantum indutiis factis, sed prope iam constituta ⟨pace cum⟩ opera conplanarentur custodiaeque munitionum essent deductae, auxilia regis in id castellum Marcelli, quod proximum erat regis castris, neque opinantibus omnibus

62 (1) Nach wenigen Tagen kam König Bogus, der das Schreiben des Quintus Cassius erhalten hatte, mit seinen Truppen an und gliederte mehrere Kohorten der spanischen Hilfstruppen jener Legion an, die er mit sich geführt hatte. (2) Denn wie es in Zeiten von Bürgerkrieg gewöhnlich geschieht, so nahmen auch in jener Zeit in Spanien einige Bürgergemeinden Partei für Cassius, noch mehr aber favorisierten Marcellus. (3) Bogus rückte mit seinen Truppen an die äußeren Schanzen des Marcellus heran. Auf beiden Seiten kämpfte man heftig, und dies geschah häufig, wobei das Schicksal oft den Sieg nach beiden Seiten[144] wendete, und dennoch wurde Marcellus niemals aus seinen Verschanzungen vertrieben.

63 (1) Mittlerweile kam Lepidus aus der diesseitigen Provinz Spanien mit 35 Legionskohorten und einer großen Anzahl von Reitern und übrigen Hilfstruppen mit dem Vorsatz nach Ulia, unparteiisch die Misshelligkeiten zwischen Cassius und Marcellus zu schlichten. (2) Ohne zu zögern vertraute sich Marcellus ihm bei seiner Ankunft an und bot ihm seine Dienste an; Cassius hingegen hielt sich in seiner Verschanzung, sei es deshalb, weil er glaubte, dass ihm mehr Recht gebühre als Marcellus, sei es deshalb, weil er befürchtete, Lepidus sei aufgrund der Fügsamkeit seines Gegners Marcellus voreingenommen. (3) Lepidus schlug sein Lager bei Ulia auf und handelte im Einverständnis mit Marcellus. Er untersagte jeglichen Kampf; er lud Cassius ein, zu ihm zu kommen, und gab ihm für das ganze Unternehmen sein Ehrenwort. (4) Cassius war lange unschlüssig, was er tun solle oder inwieweit er Lepidus vertrauen dürfe. Als er keinen vernünftigen Ausweg fand, wenn er bei seinem Standpunkt verharre, forderte er die Zerstörung der Befestigungsanlagen und dass ihm freier Abzug gewährt werde. (5) Es war nicht nur ein Waffenstillstand, sondern fast schon Friede geschlossen worden, als die Schanzwerke eingeebnet und die Wachtposten der Befestigungsanlagen abgezogen worden waren, da unternahmen die Hilfstruppen des Königs Bogus[145] einen Angriff auf das Kastell des Marcellus, das dem Lager des Königs am nächsten war,

– si tamen in omnibus fuit Cassius: nam de huius conscientia dubitabatur – impetum fecerunt compluresque ibi milites oppresserunt. (6) Quod nisi celeriter indignatione et auxilio Lepidi proelium esset diremptum, maior calamitas esset accepta.

64 (1) Cum iter Cassio patefactum esset, castra Marcellus cum Lepido coniungit. Lepidus eodem tempore Marcellusque Cordubam cum suis, Cassius proficiscitur Carmonem. (2) Sub idem tempus Trebonius proconsul ad provinciam obtinendam venit. De cuius adventu ut cognovit Cassius, legiones, quas secum habuerat, equitatumque in hibernba distribuit, ipse omnibus suis rebus celeriter correptis Malacam contendit ibique adverso tempore navigandi navem conscendit, ut ipse praedicabat, ne se Lepido et Trebonio et Marcello committeret, ut amici eius dictitabant, ne per eam provinciam minore cum dignitate iter faceret, cuius magna pars ab eo defecerat, ut ceteri existimabant, ne pecunia illa ex infinitis rapinis confecta in potestatem cuiusquam veniret. (3) Progressus secunda ut hiberna tempestate cum in Hiberum flumen noctis vitandae causa se contulisset, inde paulo vehementiore tempestate, nihilo periculosius se navigaturum credens, profectus adversis fluctibus occurrentibus ostio fluminis, in ipsis faucibus cum neque flectere navem propter vim fluminis neque in derectum tantis fluctibus tenere posset, demersa nave periit.

und zwar wider aller Vermuten – sofern nämlich Cassius sich überhaupt unter diesen »allen« befand; denn es bestanden Zweifel, ob er nicht davon Bescheid wusste – und streckten dort mehrere Soldaten nieder. (6) Wenn nun dieser Kampf nicht durch die Missbilligung und die Hilfeleistung des Lepidus schnell abgebrochen worden wäre, wäre es zu einem noch größeren Unheil gekommen.

64 (1) Sobald man Cassius den Weg geöffnet hatte, vereinigte Marcellus sein Lager mit dem des Lepidus. Lepidus und Marcellus marschierten zur selben Zeit mit ihren Truppen nach Corduba, Cassius hingegen nach Carmo. (2) Um die gleiche Zeit traf der Prokonsul Trebonius zur Übernahme der Provinz ein. Sobald Cassius von dessen Ankunft erfuhr, verteilte er die Legionen, die er bei sich führte, und die Reiterei auf die Winterlager. Er selbst raffte all seine Habe schnell zusammen, eilte nach Malaca und bestieg dort trotz der für die Schifffahrt ungünstigen Zeit ein Schiff, wie er selbst erklärte, um sich nicht Lepidus, Trebonius und Marcellus anvertrauen zu müssen; seine Freunde hingegen behaupteten, um nicht mit einem geringeren Ansehen durch die Provinz Spanien zu reisen, deren Großteil von ihm abgefallen war; die übrigen glaubten, damit nicht sein aus zahllosen Räubereien zusammengebrachtes Geld in irgendjemandes Hände geriet. (3) Er stach in See bei günstigem Wetter, sofern es im Winter wettermäßig günstig ist, und lief dann, um die mit einer nächtlichen Seefahrt verbundenen Gefahren zu meiden, in den Fluss Hiberus ein. Obwohl das Wetter etwas ungestümer wurde, glaubte er dennoch, ohne größere Gefahr weitersegeln zu können. Da bei seiner Abfahrt die Meeresfluten in der Mündung des Flusses gerade entgegenströmten und da er das Schiff wegen der Strömungsgewalt weder wenden noch angesichts solch großer Fluten in gerader Richtung halten konnte,[146] versank mitten in der Flussmündung sein Schiff und er kam dabei ums Leben.[147]

65 (1) Cum in Syriam Caesar ex Aegypto venisset atque ab iis, qui Roma venerant ad eum, cognosceret litterisque urbanis animadverteret multa Romae male et inutiliter administrari neque ullam partem rei publicae satis commode geri, quod et contentionibus tribuniciis perniciosae seditiones orirentur et ambitione atque indiligentia tribunorum militum et qui legionibus praeerant multa contra morem consuetudinemque militarem fierent, quae dissolvendae disciplinae severitatisque essent, eaque omnia flagitare adventum suum videret, tamen praeferendum existimavit, quas in provincias regionesque venisset, eas ita relinquere constitutas, ut domesticis dissensionibus liberarentur, iura legesque acciperent, externorum hostium metum deponerent. (2) Haec in Syria, Cilicia, Asia celeriter se confecturum sperabat, quod hae provinciae nullo bello premebantur; in Bithynia ac Ponto plus oneris videbat sibi impendere. (3) Non excessisse enim Ponto Pharnacen audiebat neque excessurum putabat, cum secundo proelio vehementer esset inflatus, quod contra Domitium Calvinum fecerat. (4) Commoratus fere in omnibus civitatibus, quae maiore sunt dignitate, praemia bene meritis et viritim et publice tribuit, de controversiis veteribus cognoscit ac statuit; reges, tyrannos, dynastas provinciae finitimos, qui omnes ad eum concurrerant, receptos in fidem condicionibus

65–76 Krieg in Pontos (2. Teil) (Juni – September 47 v. Chr.)

65 (1) Als Caesar aus Ägypten nach Syrien gekommen war, erfuhr er dort von Leuten, die aus Rom zu ihm gekommen waren, und durch Briefe aus der Stadt Rom, dass in Rom vieles schlecht und unsachgemäß ausgeführt werde und dass kein Bereich der Staatsführung hinreichend zweckmäßig verwaltet werde.[148] Durch die Streitigkeiten der Volkstribunen entstünden gefährliche Unruhen und durch den Ehrgeiz und die Saumseligkeit der Militärtribunen und der Anführer der Legionen würde vieles gegen militärische Sitte und Gewohnheit geschehen, was zur Auflösung der strengen Disziplin beitrüge. Obwohl Caesar sah, dass dies alles seine Anwesenheit in Italien dringend erforderte, hielt er es dennoch für wichtiger, die Provinzen und Gebiete, in die er käme, so geordnet zu verlassen, dass diese von inneren Verfeindungen befreit würden, Recht und Gesetze[149] annähmen und die Furcht vor auswärtigen Feinden ablegten. (2) Er hoffte, dies in Syrien, Kilikien und in der Provinz Asia schnell erledigen zu können, weil diese Provinzen von keinem Krieg bedrängt wurden; er sah allerdings auch, dass ihm in Bithynien und Pontos[150] eine beschwerlichere Aufgabe bevorstünde. (3) Er hörte nämlich, dass Pharnakes nicht aus Pontos abgezogen war, und er glaubte auch nicht, dass er dies tun werde, da er durch eine erfolgreich verlaufene Schlacht, die er gegen Domitius Calvinus gefochten hatte, sehr übermütig geworden war.[151] (4) Caesar hielt sich daher fast in allen Städten auf, die ein etwas höheres Ansehen besaßen, gewährte einzelnen verdienten Männern und Gemeinden Belohnungen, stellte Untersuchungen über alte Streitigkeiten an und fällte darüber Entscheidungen, nahm Könige, Alleinherrscher und die ihnen unterstehenden Machthaber, die als Nachbarn der Provinz[152] sich allesamt bei ihm eingefunden hatten, in sein Schutzverhältnis auf und entließ sie, nachdem er ihnen die Bedingungen des Schutzes und der Verteidigung der Provinz auf-

impositis provinciae tuendae ac defendendae dimittit et sibi et populo Romano amicissimos.

66 (1) Paucis diebus in ea pronvincia consumptis Sextum Caesarem, amicum et necessarium suum, legioni Syriaeque praeficit; ipse eadem classe, qua venerat, proficiscitur in Ciliciam. (2) Cuius provinciae civitates omnes evocat Tarsum, quod oppidum fere totius Ciliciae nobilissimum fortissimumque est. (3) Ibi rebus omnibus provinciae et finitimarum civitatium constitutis cupiditate proficiscendi ad bellum gerendum non diutius moratur magnisque itineribus per Cappadociam confectis biduum Mazacae commoratus Comana * * * * * vetustissimum et sanctissimum in Cappadocia Bellonae templum, quod tanta religione colitur, ut sacerdos eius deae maiestate, imperio, potentia secundus a rege consensu gentis illius habeatur. (4) Id homini nobilissimo Lycomedi Bithyno adiudicavit, qui regio Cappadocum genere ortus, propter adversam fortunam maiorum suorum mutationemque generis iure minime dubio, vetustate tamen intermisso, sacerdotium id repetebat. (5) Fratri autem Ariobarzanis Ariarathi, cum bene meritus uterque eorum de re publica esset, ne aut regni hereditas Ariarathen sollicitaret aut heres regni terreret ⟨Ariobarzanen, partem Armeniae minoris concessit eumque⟩ Ariobarzani attribuit, qui sub eius imperio ac dicione esset. Ipse iter coeptum simili velocitate conficere coepit.

erlegt hatte, als Personen, die ihm und dem römischen Volk höchst freundschaftlich gesinnt waren.

66 (1) Nachdem Caesar wenige Tage in dieser Provinz zugebracht hatte, übertrug er seinem Freund und Verwandten Sextus Caesar die Leitung der Legion und Syriens; er selbst lief mit derselben Flotte, mit der er gekommen war, nach Kilikien aus.[153] (2) Er lud die führenden Bürger aller Städte dieser Provinz nach Tarsos vor, die berühmteste und mächtigste Stadt von fast ganz Kilikien. (3) Nachdem er dort alle Angelegenheiten der Provinz und der benachbarten Städte geregelt hatte, verweilte er nicht länger, da ihn der Wunsch, Krieg zu führen, zum Aufbruch drängte. Nachdem er Eilmärsche durch Kappadokien zurückgelegt hatte, verweilte er zwei Tage in Mazaca und kam schließlich nach Komana[154] * * * * *[155], wo sich der älteste und heiligste Tempel der Bellona in Kappadokien befindet; dieser Tempel wird mit solcher Religiosität verehrt, dass nach der übereinstimmenden Meinung jenes Volkes der Priester dieser Göttin an Hoheit, Befehlsgewalt und Macht für den zweiten Mann unmittelbar nach dem König gehalten wird. (4) Die Betreuung dieses Tempels sprach Caesar einem hochadeligen Mann, Lykomedes aus Bithynien, zu. Er stammte aus der königlichen Familie der Kappadokier und forderte nun dieses Priesteramt zurück, ein keineswegs zweifelhafter Rechtsanspruch, der wegen widriger Geschicke seiner Vorfahren und des Wechsels der herrschenden Familie aber durch den langen Zeitraum unterbrochen war. (5) Dem Bruder des Ariobarzanes aber, Ariarathes[156], gestand er einen Teil Klein-Armeniens zu, da beide sich große Verdienste um den (römischen) Staat erworben hatten und Caesar verhindern wollte, dass der Erbfall der Königsherrschaft Ariarathes Anlass zu einer Aufwiegelung gebe oder er gar als Erbe der Königsherrschaft Ariobarzanes in Schrecken versetze; deshalb ordnete Caesar Ariarathes dem Ariobarzanes unter[157], damit er unter dessen Herrschaft und Botmäßigkeit stehe. Caesar setzte die von ihm begonnene Reise mit ähnlicher Schnelligkeit fort.

67 (1) Cum propius Pontum finesque Gallograeciae accessisset, Deiotarus, tetrarches Gallograeciae tum quidem paene totius, quod ei neque legibus neque moribus concessum esse ceteri tetrarchae contendebant, sine dubio autem rex Armeniae minoris ab senatu appellatus, depositis regiis insignibus, neque tantum privato vestitu, sed etiam reorum habitu supplex ad Caesarem venit oratum, ut sibi ignosceret, quod in ea parte positus terrarum, quae nulla praesidia ⟨in⟩ Caesaris habuisset exercitibus, imperiisque ⟨adversariorum coactus⟩ in Cn. Pompei castris fuisset: (2) neque enim se debuisse iudicem esse controversiarum populi Romani, sed parere praesentibus imperiis.

68 (1) Contra quem Caesar cum plurima sua commemorasset officia, quae consul ei decretis publicis tribuisset, cumque defectionem eius nullam posse excusationem [eius] imprudentiae recipere coarguisset, quod homo tantae prudentiae ac diligentiae scire potuisset, quis urbem Italiamque teneret, ubi senatus populusque Romanus, ubi res publica esset, quis deinde post L. Lentulum, C. Marcellum consul esset, tamen se concedere id factum superioribus suis beneficiis, veteri hospitio atque amicitiae, dignitati aetatique hominis, precibus eorum, qui frequentes concurrissent hospites atque amici Deiotari ad deprecandum; de controversiis tetrarcharum postea se cogniturum esse dixit, regium vestitum ei restituit. (2) Legionem autem eam, quam ex genere civium suorum Deiota-

67 (1) Als Caesar näher an Pontos und die Grenzen Galatiens herangerückt war, kam Deiotarus zu ihm, damals jedenfalls Tetrarch von fast ganz Galatien, eine Stellung, die ihm nach Ansicht der übrigen Tetrarchen weder nach Gesetz noch nach Herkommen zustand[158]; zweifelsohne aber war er vom Senat als König von Klein-Armenien[159] anerkannt worden; jetzt aber hatte er die Abzeichen seiner königlichen Würde abgelegt und erschien nicht nur im Gewand eines Privatmannes, sondern sogar in der Kleidung eines Angeklagten, demütig vor Caesar mit der Bitte, ihm zu vergeben, dass er in dem Teil der Welt wohne, der keine auf Caesars Heeren beruhende Besatzungstruppen gehabt habe, und er durch gegnerische Befehle gezwungen im Lager des Pompeius gestanden habe:[160] (2) Er habe nämlich nicht Richter über innerrömische Streitigkeiten sein dürfen, sondern er gehorche Befehlshabern, die im Augenblick das Kommando hätten.

68 (1) Caesar hingegen erwähnte seine zahlreichen Gefälligkeiten, die er ihm als Konsul[161] aufgrund staatlicher Verordnungen erwiesen habe; er wies ihm nach, dass seine Abtrünnigkeit (von Rom) keine Entschuldigung für seine (angebliche) Unwissenheit gestatten könne, weil er als Mann von solch großer Klugheit und Umsicht hätte wissen können, wer die Stadt Rom und Italien in seiner Hand hatte, auf wessen Seite der Senat und das römische Volk, auf wessen Seite der Staat standen, wer sodann nach Lucius Lentulus und Gaius Marcellus Konsul war[162]; dennoch halte er ihm diese Tat aufgrund seiner früheren Gunst,[163] der früheren Gastfreundschaft und Freundschaft, seiner Würde und seines hohen Alters und aufgrund der Bitten derjenigen, die als Gastfreunde und Freunde des Deiotarus zahlreich zusammengekommen seien, um für ihn Fürbitte einzulegen, zugute; er erwiderte, er werde später über die Streitigkeiten der Tetrarchen entscheiden; er gestattete Deiotarus wieder den königlichen Ornat. (2) Die Legion[164] aber, die Deiotarus aus den Reihen seiner Bürger mit unserer römischen Bewaffnung und unserer römischen Disziplin aufgestellt hatte, und

rus armatura disciplinaque nostra constitutam habebat, equitatumque omnem ad bellum gerendum adducere iussit.

69 (1) Cum in Pontum venisset copiasque omnes in unum locum coegisset, quae numero atque exercitatione bellorum mediocres erant – excepta enim legione sexta, quam secum abduxerat Alexandria veteranam multis laboribus periculisque functam multisque militibus partim difficultate itinerum ac navigationum partim crebritate bellorum adeo deminutam, ut minus mille hominibus in ea esset, reliquae erant tres legiones, una Deiotari, duae, quae in eo proelio, quod Cn. Domitium fecisse cum Pharnace scripsimus, fuerant –, (2) legati a Pharnace missi Caesarem adeunt atque inprimis deprecantur, ne eius adventus hostilis esset: facturum enim omnia Pharnacen, quae imperata essent. (3) Maximeque commemorabant nulla Pharnacen auxilia contra Caesarem Pompeio dare voluisse, cum Deiotarus, qui dedisset, tamen ei satisfecisset.

70 (1) Caesar respondit se fore aequissimum Pharnaci, si, quae polliceretur, repraesentaturus esset. (2) Monuit autem, ut solebat, mitibus verbis legatos, ne aut Deiotarum sibi obicerent aut nimis eo gloriarentur beneficio, quod auxilia Pompeio non misissent. (3) Nam se neque libentius facere quicquam quam supplicibus ignoscere neque provinciarum publicas iniurias condonare iis posse, qui [non] fuissent in se officiosi. (4) Quin id ipsum, quod commemorarent, officium fuisse utilius Pharnaci, qui providisset, ne vinceretur, quam sibi, cui di immortales victoriam tribuissent. (5) Itaque se magnas et graves iniurias civium Romanorum, qui in Ponto

die gesamte Reiterei ließ Caesar zur Teilnahme am Kriegszug herbeiführen.

69 (1) Caesar kam nun nach Pontos und zog alle seine Truppen an einem Ort zusammen.[165] Diese waren an Zahl und Kriegsgeübtheit nur mittelmäßig – mit Ausnahme der sechsten Legion, die er aus Alexandria mitgeführt hatte und aus Veteranen bestand, viele Strapazen und Gefahren bestanden hatte und teils aufgrund der schwierigen Landreisen und Seefahrten, teils aufgrund der zahlreichen Kriege um viele Soldaten so sehr reduziert war, dass sie weniger als 1000 Mann hatte – hatte Caesar noch drei weitere Legionen: eine von Deiotarus[166] und die beiden Legionen[167], die – wie beschrieben – an dem Kampf des Gnaeus Domitius gegen Pharnakes teilgenommen hatten.[168] (2) Nun suchten Gesandte des Pharnakes Caesar auf und flehten ihn inständig an, nicht als Feind anzurücken: Pharnakes werde nämlich alle ihm obliegenden Befehle ausführen. (3) Ganz besonders erwähnten sie, dass Pharnakes dem Pompeius keine Hilfstruppen gegen Caesar habe stellen wollen, während Deiotarus, der solche gestellt habe, ihm dennoch durch Entschuldigung Genüge geleistet habe.

70 (1) Caesar erwiderte, er werde gegen Pharnakes sehr gerecht verfahren, wenn dieser seine Versprechung ohne Verzug erfüllen werde. (2) Er warnte die Gesandten aber mit sanften Worten davor, wie es seine Art war, ihm (das Beispiel des) Deiotarus vorzuhalten oder sich allzu sehr der guten Tat zu rühmen, dass sie Pompeius keine Hilfstruppen geschickt hätten. (3) Denn er, Caesar, tue nichts lieber, als demütig Bittenden zu verzeihen, könne aber die offen zu Tage liegenden Rechtsverletzungen gegen die Provinzen auch denen nicht ungestraft durchgehen lassen, die ihm gegenüber dienstfertig gewesen seien. (4) Fürwahr sei die von ihnen erwähnte Dienstleistung für Pharnakes nützlicher gewesen, da er dadurch verhütet habe, besiegt zu werden, als für ihn, Caesar, dem die unsterblichen Götter den Sieg zugesprochen hätten. (5) Deshalb verzeihe er Pharnakes die großen und schweren Rechtsverletzungen gegen die römi-

negotiati essent, quoniam in integrum restituere non posset, concedere Pharnaci. (6) Nam neque interfectis amissam vitam neque exsectis virilitatem restituere posse; quod quidem supplicium gravius morte cives Romani subissent. (7) Ponto vero decederet confestim familiasque publicanorum remitteret ceteraque restitueret sociis civibusque Romanis, quae penes eum essent. (8) ⟨Id⟩ si fecisset iam, tunc sibi mitteret munera ac dona, quae bene rebus gestis imperatores ab amicis accipere consuessent. Miserat enim ei Pharnaces coronam auream. His responsis datis legatos remisit.

71 (1) At Pharnaces liberaliter omnia pollicitus, cum festinantem ac praecurrentem Caesarem speraret libentius etiam crediturum suis promissis quam res pateretur, quo celerius honestiusque ad res magis necessarias proficisceretur – nemini enim erat ignotum plurimis de causis ad urbem Caesarem revocari – lentius agere, decedendi diem postulare longiorem, pactiones interponere, in summa frustrari coepit. (2) Caesar cognita calliditate hominis, quod aliis temporibus natura facere consueverat, tunc necessitate fecit adductus, ut celerius omnium opinione manum consereret.

72 (1) Zela est oppidum in Ponto positum, ipsum ut in plano loco satis munitum: tumulus enim naturalis velut manu factus excelsiore undique fastigio sustinet murum. (2) Circumpositi sunt huic oppido magni multique intercisi vallibus colles; quorum editissimus unus, qui propter victoriam Mithridatis et infelicitatem

schen Bürger, die in Pontos Handelsgeschäfte getrieben hätten, da er sie nicht in den vorigen Stand wiedereinsetzen könne.[169] (6) Denn weder könne er Getöteten ihr verlorenes Leben noch den Kastrierten die Männlichkeit zurückgeben – eine schwere Strafe, schlimmer als der Tod, die die römischen Bürger über sich hätten ergehen lassen müssen.[170] (7) Pharnakes solle in der Tat aber unverzüglich aus Pontos abziehen, die Dienerschaft[171] der Steuerpächter zurückschicken und den Verbündeten und römischen Bürgern das Übrige zurückerstatten, was sich in seinem Besitz befinde. (8) Erst wenn er dies getan habe, solle Pharnakes ihm, Caesar, die Gaben und Geschenke schicken, welche Feldherren nach erfolgreichen Taten von ihren Freunden gewöhnlich erhielten. Pharnakes hatte ihm nämlich einen goldenen Kranz geschickt.[172] Nach Erteilung dieser Antworten schickte er die Gesandten zurück.

71 (1) Pharnakes jedoch hatte nur deshalb so freundliche Versprechungen gemacht, weil er hoffte, Caesar, der in Eilmärschen unterwegs war, werde seinen Versprechungen bereitwilliger Glauben schenken, als die Lage es zuließ, damit er desto schneller und ehrenvoller zu dringlicheren Dingen aufbrechen könne – niemandem blieb verborgen, dass Caesar aus sehr vielen Gründen nach Rom zurückgerufen wurde –; er begann, saumseliger zu Werke zu gehen, für seinen Abzug aus Pontos[173] einen späteren Termin zu verlangen, Vergleiche vorzuschlagen, mit einem Wort: Er versuchte Caesar zu hintergehen. (2) Caesar hatte die Verschlagenheit dieses Menschen durchschaut und tat, was er zu anderer Zeit aus natürlicher Neigung machte, jetzt notgedrungen, nämlich schneller, als alle erwartet hatten, den Nahkampf zu beginnen.

72 (1) Zela ist eine in Pontos gelegene Stadt, die, obgleich in einer Ebene gelegen, hinreichend befestigt ist: Denn ein natürlicher Hügel trägt, wie von Menschenhand gemacht, auf allen Seiten an seinem oberen Rand die Stadtmauer.[174] (2) Die Stadt umgeben große und zahlreiche Anhöhen, die durch Täler voneinander getrennt sind; die höchstgelegene von ihnen ist eine, die wegen des Sieges des

Triari detrimentumque exercitus nostri superioribus † locis atque itineribus paene coniunctus oppido magnam in illis partibus habet nobilitatem, nec multo longius milibus passuum III abest ab Zela. (3) Hunc locum Pharnaces veteribus paternorum felicium castrorum refectis operibus copiis suis omnibus occupavit.

73 (1) Caesar cum ab hoste milia passuum V castra posuisset videretque eas valles, quibus regia castra munirentur, eodem intervallo sua castra munituras, si modo ea loca hostes priores non cepissent, quae multo erant propiora regis castris, aggerem comportari iubet intra munitiones. (2) Quo celeriter conlato proxima nocte vigilia quarta legionibus omnibus expeditis impedimentisque in castris relictis prima luce neque opinantibus hostibus eum ipsum locum cepit, in quo Mithridates secundum proelium adversus Triarium fecerat. (3) Huc omnem comportatum aggerem ex castris servitia aggerere iussit, ne quis ab opere miles discederet, cum spatio non amplius passum ⟨mille⟩ intercisa vallis castra hostium divideret ab opere incepto Caesaris castrorum.

74 (1) Pharnaces cum id repente prima luce animadvertisset, copias suas omnes pro castris instruxit. Quas interposita tanta locorum iniquitate consuetudine magis pervulgata militari credebat instrui Caesar vel ad opus suum tardandum, quo plures in armis tenerentur, vel ad ostentationem regiae fiduciae, ne munitione

Mithridates, des Unglücks des Triarius und der Niederlage unseres römischen Heeres in dieser Gegend große Berühmtheit erlangt hat,[175] nicht viel weiter als drei Meilen von Zela entfernt liegt und mit der Stadt über Höhen und Wege beinahe verbunden ist. (3) Diesen Ort besetzte Pharnakes mit allen seinen Truppen, nachdem er die alten Schanzen des für seinen Vater so Glück bringenden, da vorteilhaften Lagers wiederhergestellt hatte.

73 (1) Caesar schlug sein Lager[176] fünf Meilen vom Feind entfernt auf. Als er sah, dass die Täler, durch welche das königliche Lager geschützt wurde, bei gleicher Entfernung auch sein Lager schützen würden, wenn nur die Feinde dieses Gelände, das viel näher zum königlichen Lager lag, nicht früher eingenommen hätten, ließ er Material für einen Schutzdamm in seine Befestigungsanlagen zusammentragen. (2) Nachdem dies schnell geschehen war, brach er in der folgenden Nacht um die vierte Nachtwache mit allen kampfbereiten Legionen unter Zurücklassung des Trosses im Lager auf und besetzte bei Tagesanbruch, ohne dass die Feinde es vermuteten, eben diesen Ort, wo Mithridates die glückliche Schlacht gegen Triarius[177] geschlagen hatte. (3) Dann befahl er den Sklaven, die ganze zusammengetragene Dammerde aus dem Lager hierher herbeizuschaffen, damit kein Soldat von den Schanzarbeiten abgezogen werde, da das dazwischen liegende Tal das feindliche Lager nur durch eine Strecke von nicht mehr als 1 Meile von der begonnenen Verschanzung von Caesars Lager trennte.

74 (1) Als Pharnakes plötzlich bei Tagesanbruch die begonnene Verschanzung von Caesars Lager wahrgenommen hatte, ordnete er alle seine Truppen vor dem Lager zur Schlacht. Caesar glaubte, dass diese bei einer solch ungünstigen Beschaffenheit des Zwischenraums eher nach wohl bekannter militärischer Gewohnheit[178] aufgestellt wurden, sei es um seine Schanzarbeit aufzuhalten, damit umso mehr Leute unter Waffen gehalten werden würden, sei es zur Bekundung königlichen Selbstvertrauens, um nicht den Anschein zu erwecken, Pharnakes verteidige den Ort eher durch eine Befesti-

magis quam manu defendere locum Pharnaces videretur. (2) Itaque deterritus non est, quominus prima acie pro vallo instructa reliqua pars exercitus opus faceret. (3) At Pharnaces impulsus sive loci felicitate sive auspiciis et religionibus inductus, quibus obtemperasse eum postea audiebamus, sive paucitate nostrorum, qui in armis erant, comperta, cum more operis cotidiani magnam illam servorum multitudinem, quae aggerem portabat, militum esse credidisset, sive etiam fiducia veterani exercitus sui, quem bis et vicies in acie conflixisse et vicisse legati eius gloriabantur, simul contemptu exercitus nostri, quem pulsum a se Domitio duce sciebat, inito consilio dimicandi descendere praerupta valle coepit. (4) Cuius aliquamdiu Caesar inridebat inanem ostentationem et eo loco militum coartationem, quem in locum nemo sanus hostis subiturus esset: cum interim Pharnaces eodem gradu, quo in praeruptam descenderat vallem, ascendere adversus arduum collem instructis copiis coepit.

75 (1) Caesar incredibili eius vel temeritate vel fiducia commotus neque opinans imparatusque oppressus eodem tempore milites ab opere revocat, arma capere iubet, legiones opponit aciemque in-

gung als mit Waffen in der Hand. (2) Deshalb ließ sich Caesar nicht davon abschrecken; während die erste Schlachtreihe vor dem Lagerwall zur Schlacht antrat, setzte der übrige Teil des Heeres die Schanzarbeit fort. (3) Aber Pharnakes hatte den Entschluss gefasst, es zum Kampf kommen zu lassen. Entweder wurde er dazu durch die verheißungsvolle Glückhaftigkeit des Ortes getrieben oder durch Wahrsagungen und göttliche Zeichen verleitet, denen er, wie wir später hörten, Folge geleistet habe. Möglich ist auch, dass er die geringe Anzahl unserer Leute, die bewaffnet waren, in Erfahrung gebracht hatte, weil er der Sitte der täglichen Schanzarbeit gemäß zunächst jene große Menge an Sklaven, die das Material für den Damm herbei trug, für Soldaten gehalten hatte, oder dass er sogar im Vertrauen auf sein altgedientes Heer so handelte, das, wie die Gesandten von Pharnakes' Heer sich rühmten, zweiundzwanzig Mal in einer Schlacht gekämpft und jedes Mal gesiegt habe, verbunden mit einer gleichzeitigen Geringschätzung unseres römischen Heeres, welches, wie er wusste, unter der Führung von Domitius von ihm, Pharnakes, geschlagen worden war. Er hatte nun einmal den Entschluss gefasst, den Kampf zu beginnen, und schickte sich nun an, über die schroffe Talwand hinab zu steigen. (4) Eine Zeit lang spottete Caesar über dessen leere Prahlerei und die an diesem Ort dicht gedrängt stehenden Soldaten, an den kein vernünftiger Feind herangerückt wäre, als Pharnakes zwischenzeitlich in demselben Schritttempo, mit dem er ins schroff abfallende Tal hinab gestiegen war, sich anschickte, mit seinen in Schlachtordnung aufgestellten Truppen die gegenüberliegende steile Anhöhe zu erklimmen.

75 (1) Caesar geriet über Pharnakes' unglaubliche Verwegenheit oder sein unglaubliches Selbstvertrauen in Erstaunen und, nichts ahnend, unvorbereitet und überrascht, wie er war, rief er in ein und demselben Augenblick die Soldaten von der Schanzarbeit zurück, ließ sie zu den Waffen greifen, stellte dem Feind die Legionen entgegen und das Heer in Schlachtordnung auf. Die daraus resultie-

struit. Cuius rei subita trepidatio magnum terrorem attulit nostris. (2) Nondum ordinibus instructis falcatae regiae quadrigae permixtos milites perturbant. Quae tamen celeriter multitudine telorum opprimuntur. (3) Insequitur has acies hostium, et clamore sublato confligitur multum adiuvante natura loci, plurimum deorum immortalium benignitate. Qui cum omnibus casibus belli intersunt, tum praecipue eis, quibus nihil ratione potuit administrari.

76 (1) Magno atque acri proelio comminus facto dextro cornu, quo veterana legio sexta erat conlocata, initium victoriae natum est. Ab ea parte cum in proclivi detruderentur hostes, multo tardius, sed tamen eisdem dis adiuvantibus sinistro cornu mediaque acie totae profligantur copiae regis. (2) Quae quam facile subierant iniquum locum, tam celeriter gradu pulsae premebantur loci iniquitate. Itaque multis militibus partim interfectis partim suorum ruina oppressis, qui velocitate effugere poterant, armis tamen proiectis vallem transgressi nihil ex loco superiore inermi proficere poterant. At nostri victoria elati subire iniquum locum munitionesque adgredi non dubitarunt. (3) Defendentibus autem iis cohortibus castra, quas Pharnaces praesidio reliquerat, celeriter castris hostium sunt potiti. Interfecta multitudine omni suorum aut capta Pharna-

rende, plötzliche Panik jagte unseren römischen Soldaten großen Schrecken ein. (2) Die römischen Reihen waren noch nicht fest geordnet, als die königlichen Sichelwagen[179] die römischen, noch nicht formierten Soldaten in Unordnung brachten.[180] Diese Sichelwagen wurden allerdings schnell durch eine Vielzahl von Geschossen ausgeschaltet. (3) Diesen Sichelwagen folgte die feindliche Schlachtlinie auf dem Fuß; es erhob sich ein Geschrei und der Kampf begann; dabei kam die Beschaffenheit des Ortes unseren römischen Truppen sehr zustatten, am meisten aber die Gnade der unsterblichen Götter. Diese wirken bei allen Wechselfällen im Krieg mit, besonders aber bei solchen, in denen nichts durch planvolle Überlegung hätte ausgerichtet werden können.

76 (1) Gegen Ende dieses großen und hitzigen Nahkampfes begann sich auf dem rechten Flügel, wo die sechste Veteranenlegion stand, der Sieg abzuzeichnen. Während auf dieser Seite die Feinde den Hügel hinabgetrieben wurden, wurden die königlichen Truppen zwar viel langsamer, aber dennoch mit der Hilfe derselben Götter auf dem linken Flügel und im mittleren Abschnitt der Kampflinie allesamt zurückgeschlagen. (2) So leicht diese das ungünstige Terrain betreten hatten, so schnell wurden sie jetzt aus der Stellung zum Weichen gebracht und durch die ungünstige Örtlichkeit in Bedrängnis gebracht. Viele von ihnen wurden teils getötet, teils durch den Sturz der Nachspringenden erdrückt. Diejenigen, die aufgrund ihrer Schnelligkeit entkommen konnten, warfen dennoch die Waffen weg, durchquerten das Tal, konnten aber, da sie waffenlos waren, auch von der Anhöhe aus nichts ausrichten. Unsere römischen Soldaten hingegen, die durch den Sieg in Hochstimmung waren, zögerten nicht, das ungünstige Terrain zu betreten und die Befestigungsanlagen anzugreifen. (3) Obwohl die Kohorten, die Pharnakes dort zum Schutz zurückgelassen hatte, das Lager zu verteidigen suchten, bemächtigten sich unsere römischen Soldaten schnell des feindlichen Lagers. Nachdem Pharnakes' gesamte Heeresmasse getötet oder gefangengenommen worden war, entfloh

ces cum paucis equitibus profugit. (4) Cui nisi castrorum oppugnatio facultatem attulisset liberius profugiendi, vivus in Caesaris potestatem adductus esset.

77 (1) Tali victoria totiens victor Caesar incredibili est laetitia affectus, quod maximum bellum tanta celeritate confecerat, eoque subiti periculi recordatione laetior, quod victoria facilis ex difficillimis rebus acciderat. (2) Ponto recepto praeda omni regia militibus condonata postero die cum expeditis equitibus ipse proficiscitur, legionem sextam decedere ad praemia atque honores accipiendos in Italiam iubet, auxilia Deiotari domum remittit, duas legiones cum Coelio Viniciano in Ponto relinquit.

78 (1) Ita per Gallograeciam Bithyniamque in Asiam iter facit omniumque earum provinciarum de controversiis cognoscit et statuit; iura in tetrarchas, reges, civitates distribuit. (2) Mithridaten Pergamenum, ⟨a⟩ quo rem feliciter celeriterque gestam in Aegypto supra scripsimus, regio genere ortum, disciplinis etiam regiis educatum – nam eum Mithridates, rex Asiae totius, propter nobilitatem Pergamo parvulum secum asportaverat in castra multosque retinuerat annos – regem Bosphori constituit, quod ⟨regnum⟩ sub

dieser mit einigen wenigen Reitern.[181] (4) Wenn die Bestürmung des Lagers Pharnakes nicht die Möglichkeit gewährt hätte, unbehinderter zu entfliehen, wäre er lebend in Caesars Hände geraten.

77–78 Schlusskapitel

77 (1) Caesar, der schon so oft Sieger war, wurde durch einen solchen Sieg mit unglaublicher Freude erfüllt, weil er einen Krieg von außerordentlicher Bedeutung mit solch großer Schnelligkeit beendet hatte.[182] In Erinnerung an die plötzliche Gefahr war er umso fröhlicher, weil ein leichter Sieg trotz äußerst schwieriger Umstände zustande gekommen war. (2) Pontos war wieder in Besitz genommen, die gesamte königliche Beute wurde den Soldaten geschenkt, und Caesar selbst brach am folgenden Tag mit leicht bewaffneten Reitern auf. Der sechsten Legion befahl er, nach Italien fortzuziehen, um dort Belohnungen und Ehrungen entgegenzunehmen. Die Hilfstruppen des Deiotarus schickte er in ihre Heimat zurück, und zwei Legionen unter dem Kommando des Coelius Vinicianus[183] beließ er in Pontos.

78 (1) So zog Caesar durch Galatien und Bithynien in die Provinz Asia, stellte Untersuchungen über die Streitfälle aller dieser Provinzen an und fällte Entscheidungen; er bestimmte die verschiedenen Rechte der Tetrarchen, Könige und Städte. (2) Mithridates aus Pergamon, der – wie oben erwähnt[184] – in Ägypten das Geschehen zu einem glücklichen und schnellen Ende gebracht hatte, war von königlicher Abstammung und hatte auch eine königliche Erziehung erhalten – Mithridates nämlich, der König von ganz Asien, hatte ihn wegen seiner vornehmen Geburt schon als kleinen Jungen aus Pergamon in sein Lager mit sich genommen und ihn viele Jahre lang bei sich behalten –; ihn setzte Caesar als König des Bosporanischen Reiches ein, das unter der Herrschaft des Pharnakes gestanden hatte, und schützte somit die Provinzen des römischen Volkes

imperio Pharnacis fuerat, provinciasque populi Romani a barbaris atque inimicis regibus interposito amicissimo rege munivit. (3) Eidem tetrarchian [legibus] Gallograecorum iure gentis et cognationis adiudicavit occupatam et possessam paucis ante annis a Deiotaro. (4) Neque tamen usquam diutius moratus est quam necessitas urbanarum seditionum pati videbatur. (5) Rebus felicissime celerrimeque confectis in Italiam celerius omnium opinione venit.

vor barbarischen und feindlichen Königen, indem er zwischen ihnen einen überaus freundschaftlich gesinnten König einsetzte.[185] (3) Ebenso erkannte ihm Caesar kraft des Rechtes seiner Abstammung und seiner Verwandtschaft eine Tetrarchie[186] der Galater zu, die wenige Jahre vorher Deiotarus besetzt und in Besitz genommen hatte.[187] (4) Dennoch hielt sich Caesar nirgends länger auf, als es die Notlage der Unruhen in der Stadt Rom zuzulassen schien. (5) Nachdem er die Angelegenheiten überaus erfolgreich und überaus schnell zu Ende gebracht hatte, kam er schneller, als alle erwartet hatten, nach Italien.[188]

BELLUM AFRICUM

1 (1) Caesar itineribus iustis confectis nullo die intermisso a. d. XIIII Kal. Ian. Lilybaeum pervenit statimque ostendit sese naves velle conscendere, cum non amplius legionem tironum haberet unam, equites vix DC. Tabernaculum secundum litus ipsum constituit, ut prope fluctus verberaret. (2) Hoc eo consilio fecit, ne quis sibi morae quicquam fore speraret et ut omnes in dies horasque parati essent. (3) Incidit per id tempus, ut tempestates ad navigandum idoneas non haberet. Nihilo tamen minus in navibus remiges militesque continere et nullam praetermittere occasionem profectionis, (4) cum praesertim ab incolis eius provinciae nuntiarentur adversariorum copiae: equitatus infinitus, legiones regiae IIII, levis armaturae magna vis, Scipionis legiones X, elephanti CXX classesque esse complures. Tamen non deterrebatur animoque et spe confidebat. (5) Interim in dies et naves longae adaugeri et onerariae complures eodem concurrere et legiones tironum convenire ⟨IIII⟩, veterana legio quinta, equitum ad II milia.

2 (1) Legionibus collectis VI et equitum II milibus, ut quaeque prima legio venerat, in naves longas imponebatur, equites autem in onerarias. (2) Ita maiorem partem navium antecedere iussit et insulam petere Aponianam, quae est a Lilybaeo milia ⟨passuum X; (3) ipse paucos dies ibi⟩ commoratus bona paucorum publice

DER AFRIKANISCHE KRIEG
(47–46 V. CHR.)

1–2 Vorbereitungen in Lilybaeum (Dezember 47 v. Chr.)

1 (1) Caesar gelangte in normalen Tagesmärschen[1], ohne jedoch einen Tag zu rasten, am 14. Tag vor den Kalenden des Januar[2] nach Lilybaeum und machte sofort deutlich, dass er die Schiffe besteigen wolle, obwohl er über nicht mehr als eine einzige Rekrutenlegion und kaum 600 Reiter verfügte. Er schlug sein Zelt dicht am Strand auf, so dass beinahe die Brandung das Zelt peitschte. (2) Dies tat er in der Absicht, damit sich niemand Hoffnung auf längeres Verbleiben machte, sondern damit alle täglich und stündlich zur Abfahrt bereit seien. (3) Zu dieser Zeit ereignete es sich, dass er kein günstiges Wetter zum Segeln bekam. Gleichwohl hielt er die Ruderer und die Soldaten auf den Schiffen und ließ ja keine Gelegenheit zur Abfahrt vorübergehen, (4) zumal die Einwohner der Provinz Sizilien als gegnerische Streitkräfte eine sehr zahlreiche Reiterei, vier königliche Legionen, eine große Menge Leichtbewaffneter, zehn Legionen Scipios, 120 Elefanten und mehrere Flottenverbände nannten.[3] Dennoch ließ sich Caesar nicht einschüchtern, sondern vertraute auf seinen Mut und seine Hoffnung. (5) Zwischenzeitlich erhöhte sich bei Caesar von Tag zu Tag die Zahl der Kriegsschiffe, mehrere Frachtschiffe kamen ebendort zusammen, außerdem vier Rekrutenlegionen, die fünfte Veteranenlegion[4] sowie an die 2000 Reiter.

2 (1) Schließlich waren sechs Legionen[5] und 2000 Reiter zusammengebracht. In der Reihenfolge, wie eine Legion ankam, wurde sie auf die Kriegsschiffe eingeschifft, die Reiter wurden auf die Frachtschiffe eingeschifft. (2) Caesar befahl dem größeren Teil der Schiffe vorauszusegeln und auf die Insel Aponiana zuzusteuern, die zehn Meilen von Lilybaeum entfernt liegt; (3) er selbst verweilte noch einige Tage dort und verkaufte von Staats wegen die Güter

vendit, deinde Allieno praetori, qui Siciliam obtinebat, de omnibus rebus praecipit et de reliquo exercitu celeriter imponendo. (4) Datis mandatis ipse navem conscendit a. d. VI Kal. Ian. et reliquas naves statim est consecutus. (5) Ita vento certo celerique navigio vectus post diem quartum cum longis paucis navibus in conspectum Africae venit. Namque onerariae reliquae praeter paucas vento dispersae atque errabundae diversa loca petierunt. (6) Clupeam classe praetervehitur, dein Neapolim; complura praeterea castella et oppida non longe a mari relinquit.

3 (1) Postquam Hadrumetum accessit, ubi praesidium erat adversariorum, cui praeerat C. Considius, et a Clupeis secundum oram maritimam cum equitatu Hadrumetum ⟨progressus⟩ Cn. Piso cum Mauris circiter tribus milibus apparuit, ibi paulisper Caesar ante portum commoratus, dum reliquae naves convenirent, exponit exercitum, cuius numerus in praesentia fuit peditum III milia, equites CL, castrisque ante oppidum positis sine iniuria cuiusquam considit cohibetque omnes a praeda. (2) Oppidani interim muros armatis complent, ante portam frequentes considunt ad se defendendum; quorum numerus duarum legionum instar erat. (3) Caesar circum oppidum vectus natura loci perspecta rediit in castra.

einiger weniger Einwohner, dann erteilte er dem Prätor Allienus, der Sizilien verwaltete, für alle Fälle die nötigen Anweisungen, besonders bezüglich der raschen Einschiffung des restlichen Heeres. (4) Nachdem Caesar seine Weisungen erteilt hatte, bestieg er selbst am sechsten Tag vor den Kalenden des Januar[6] sein Schiff und holte sofort die übrigen Schiffe ein. (5) So segelte er bei stetigem Wind mit einem schnellen Schiff und kam nach dem vierten Tag mit einigen wenigen Kriegsschiffen in Sichtweite Afrikas. Denn die übrigen Frachtschiffe wurden bis auf wenige durch den Wind zerstreut und kamen umherirrend an verschiedenen Punkten an. (6) Caesar segelte mit seiner Flotte an Clupea, dann an Neapolis vorbei; außerdem ließ er auch mehrere nicht weit vom Meer entfernte Kastelle und Städte zurück.[7]

3–6 Ankunft in Hadrumetum; Rückzug nach Ruspina (Ende 47 – Januar 46 v. Chr.)

3 (1) Nachdem Caesar an Hadrumetum herangerückt war, wo eine von Gaius Considius befehligte gegnerische Besatzung lag,[8] und nachdem Gnaeus (Calpurnius) Piso, der von Clupea mit seiner Reiterei entlang der Meeresküste nach Hadrumetum vorrückte, mit ungefähr 3000 maurischen Soldaten dort erschien, verweilte Caesar dort eine Zeitlang vor dem Hafen, bis die übrigen Schiffe eingetroffen waren; dann setzte er sein Heer, dessen zahlenmäßige Stärke zu diesem Zeitpunkt sich auf 3000 Infanteristen und 150 Reiter belief, an Land. Danach schlug er vor der Stadt ein Lager auf und bezog dort Stellung, ohne irgendjemand Unrecht zuzufügen, und hielt alle seine Leute vom Beutemachen zurück. (2) In der Zwischenzeit besetzten die Stadtbewohner die Mauern mit Bewaffneten und gingen vor dem Tor zahlreich zur Verteidigung in Stellung; ihre zahlenmäßige Stärke betrug ungefähr zwei Legionen. (3) Caesar ritt um die Stadt herum, nahm die natürliche Gegebenheit des Ortes in

(4) Nonnemo culpae eius imprudentiaeque adsignabat, quod neque circum loca gubernatoribus praefectisque, quid peterent, praeceperat neque, ut more ipsius consuetudo superioribus temporibus fuerat, tabellas signatas dederat, ut in tempore his perlectis locum certum peterent universi. (5) Quod minime Caesarem fefellerat; namque nullum portum terrae Africae, quo classes decurrerent, pro certo tutum ab hostium praesidio fore suspicabatur, sed fortuitu oblatam occasionem egressus aucupabatur.

4 (1) L. Plancus interim legatus petit a Caesare, uti sibi daret potestatem cum Considio agendi, si posset aliqua ratione perduci ad sanitatem. (2) Itaque data facultate litteras conscribit et eas captivo dat perferendas in oppidum ad Considium. (3) Quo simulatque captivus cum pervenisset litterasque, ut erat mandatum, Considio porrigere coepisset, priusquam acciperet ille: "Unde," inquit, "istas?" Tum captivus: * * * * * "Immo a Caesare." (4) Tum Considius, "unus est" inquit "Scipio imperator hoc tempore populi Romani." Deinde in conspectu suo statim captivum interfici iubet litterasque nondum perlectas, sicut erant signatae, dat homini certo ad Scipionem perferendas.

5 Postquam una nocte et ⟨parta⟩ die ad oppidum consumpta neque responsum ullum a Considio dabatur neque ei reliquae copiae succurrebant neque equitatu abundabat et ad oppidum

Augenschein und kehrte ins Lager zurück. (4) Der eine oder andere schrieb es Caesars Schuld und Unvorsichtigkeit zu, dass er weder den Steuermännern und Schiffskapitänen Anweisungen gegeben hatte, welchen Ort sie ansteuern sollten, noch, wie es nach seiner eigenen Gewohnheit in vergangenen Zeiten üblich gewesen war, ihnen versiegelte Schreiben[9] gegeben hatte, damit sie, wenn sie diese Schreiben zur rechten Zeit gelesen hätten, alle gemeinsam einen bestimmten Ort ansteuerten. (5) Doch dies war Caesar keineswegs unbemerkt geblieben; denn er vermutete, dass kein Hafen des Landes Afrika, in den Flottenverbände einlaufen könnten, frei von feindlicher Besatzung als zuverlässiger Stützpunkt werden dienen können; stattdessen lauerte er auf eine zufällig sich bietende Gelegenheit zur Landung.

4 (1) Unterdessen bat der Legat Lucius Plancus Caesar, ihn zu ermächtigen, mit Considius in Verhandlungen treten zu dürfen, ob dieser etwa auf irgendeine Weise wieder zur Vernunft gebracht werden könne. (2) Nach erteilter Erlaubnis fasste Plancus daher einen Brief ab und gab ihn einem Gefangenen, damit er ihn zu Considius in die Stadt bringe. (3) Sobald der Gefangene angekommen war und sich anschickte, das Schreiben, wie es ihm aufgetragen worden war, Considius zu überreichen, fragte dieser, bevor er es auch nur in Empfang nahm: »Woher hast du diesen Brief?« Darauf erwiderte der Gefangene: ****** »Im Gegenteil, von Caesar.«[10] (4) Darauf rief Considius: »Es gibt jetzt nur einen Imperator des römischen Volkes, und das ist Scipio!« Sodann ließ er den Gefangenen vor seinen Augen töten und übergab den ungelesenen Brief, versiegelt wie er war, einem zuverlässigen Menschen, um ihn Scipio zu überbringen.

5 Nachdem man eine Nacht und einen angebrochenen Tag vor der Stadt Hadrumetum zugebracht hatte, wurde weder eine Antwort von Considius erteilt noch trafen die restlichen Truppen bei Caesar zur Verstärkung ein noch besaß er Reiterei im Übermaß noch verfügte er über genügend Truppen – sie bestanden zudem

oppugnandum non satis copiarum habebat et eas tironum neque primo adventu convulnerari exercitum volebat et oppidi egregia munitio et difficilis ad oppugnandum erat accessus et nuntiabatur auxilia magna equitatus oppidanis suppetias venire, non est visa ratio ad oppugnandum oppidum commorandi, ne, dum in ea re Caesar esset occupatus, circumventus a tergo ab equitatu hostium laboraret.

6 (1) Itaque castra cum movere vellet, subito ex oppido erupit multitudo atque equitatus subsidio uno tempore eis casu succurrit, qui erat missus a Iuba ad stipendium accipiendum, castraque, unde Caesar egressus et iter facere coeperat, occupant et eius agmen extremum insequi coeperunt. (2) Quae res cum animadversa esset, subito legionarii consistunt, et equites, quamquam erant pauci, tamen contra tantam multitudinem audacissime concurrunt. (3) Accidit res incredibilis, ut equites minus XXX Galli Maurorum equitum II milia loco pellerent fugarentque in oppidum. (4) Postquam repulsi et coniecti erant intra munitiones, Caesar iter constitutum ire contendit. (5) Quod cum saepius facerent et modo insequerentur, modo rursus ab equitibus in oppidum repellerentur, cohortibus paucis, ex veteranis quas secum habebat, in extremo agmine conlocatis et parte equitatus iter leniter cum reliquis facere coepit. (6) Ita quanto longius ab oppido discedebatur, tanto tardiores ad insequendum erant Numidae. (7) Interim in itinere ex oppidis et castellis legationes venire et polliceri frumentum paratos-

aus Rekruten[11] –, um die Stadt zu erstürmen, noch wollte er, dass sein Heer gleich nach der Ankunft schwere Verluste erlitt; das Befestigungswerk der Stadt war hervorragend und der Zugang zur Erstürmung der Stadt war schwierig; außerdem wurde gemeldet, dass große Hilfstruppen der Reiterei den Stadtbewohnern zu Hilfe kämen. Caesar sah daher keinen vernünftigen Grund, länger zwecks Erstürmung der Stadt zu bleiben, um nicht, während er mit der Bestürmung beschäftigt sei, im Rücken von der feindlichen Reiterei umzingelt in Gefahr zu geraten.[12]

6 (1) Als Caesar daher sein Lager abbrechen wollte, machte die Bevölkerung plötzlich einen Ausfall aus der Stadt, und gleichzeitig kam ihnen zufällig die Reiterei zu Hilfe, die König Juba geschickt hatte, um den Sold[13] in Empfang zu nehmen. Sie überfielen das Lager, von dem Caesar gerade aufgebrochen war und seinen Marsch angetreten hatte, und begannen, Caesars Nachhut zu verfolgen. (2) Als dieses Geschehen bemerkt worden war, machten die Legionssoldaten plötzlich Halt und die Reiter, auch wenn sie nur wenige waren, stürmten mit größter Kühnheit gegen eine solche Menge an. (3) Nun geschah das Unglaubliche, dass weniger als 30 gallische Reiter 2000 maurische Reiter aus der Stellung drängten und in die Stadt in die Flucht jagten. (4) Nachdem die feindlichen Reiter zurückgedrängt und in die Befestigungen getrieben worden waren, beeilte sich Caesar, seinen Marsch fortzusetzen. (5) Als die Gegner dies öfters taten und bald unsere Leute verfolgten, bald wieder von unseren Reitern in die Stadt zurückgetrieben wurden, wurden einige wenige Veteranenkohorten, die Caesar mit sich führte, und ein Teil der Reiterei in die Nachhut eingereiht; mit den übrigen setzte Caesar den Marsch langsam fort. (6) Je weiter man sich dann von der Stadt entfernte, desto langsamer wurden die Numider bei der Verfolgung. (7) Inzwischen kamen unterwegs Gesandtschaften aus den befestigten Siedlungen und Kastellen zu Caesar, versprachen ihm die Lieferung von Getreide und erklärten

que esse, quae imperasset, facere. Itaque eo die castra posuit ad oppidum Ruspinam.

7 (1) Kal. Ianuariis inde movit et pervenit ad oppidum Leptim, liberam civitatem et immunem. Legati ex oppido obviam veniunt, libenter se omnia facturos, quae vellet, pollicentur. (2) Itaque centurionibus ad portas oppidi et custodiis impositis, ne quis miles in oppidum introiret aut iniuriam faceret cuipiam incolae, non longe ab oppido secundum litus facit castra. (3) Eodemque naves onerariae et longae nonnullae casu advenerunt; reliquae, ut est ei nuntiatum, incertae locorum Uticam versus petere visae sunt. (4) Interim Caesar a mari non digredi neque mediterranea petere propter navium errorem equitatumque in navibus omnem continere, ut arbitror, ne agri vastarentur; aquam in naves iubet comportari. (5) Remiges interim, qui aquatum e navibus exierant, subito equites Mauri neque opinantibus Caesarianis adorti multos iaculis convulnerarunt, nonnullos interfecerunt. (6) Latent enim in insidiis cum equis inter convalles et subito existunt, non ut in campo comminus depugnent, ⟨sed * * * * *.

8 (1) Caesar interim in Sardiniam nuntios cum litteris et in reliquas provincias finitimas dimisit, ut sibi auxilia, commeatus, frumentum, simulatque litteras legissent, mittenda curarent, exonera-

ihre Bereitschaft, seine Befehle auszuführen. Deshalb schlug er an diesem Tag[14] sein Lager bei der Stadt Ruspina auf.

7–36 Kampfhandlungen nahe Ruspina (Januar 46 v. Chr.)

7 (1) Von dort brach Caesar am 1. Januar (46 v. Chr.) auf und gelangte nach Leptis (minor), einer freien und abgabefreien Stadt. Es kamen ihm Gesandte aus der Stadt entgegen und versprachen bereitwillig, alles zu tun, was er wolle. (2) Deshalb schlug Caesar sein Lager nicht weit entfernt von der Stadt dicht an der Küste auf, nachdem an den Toren der Stadt Zenturionen und Wachtposten aufgestellt worden waren, damit kein Soldat die Stadt betrete und irgendeinem Bewohner Unrecht zufüge. (3) Zufällig langten eben dort (bei Leptis) einige Fracht- und Kriegsschiffe an[15]; die übrigen wurden, wie Caesar berichtet wurde, gesehen, wie sie in Unkenntnis der Gegend in die Richtung von Utica steuerten. (4) Caesar entfernte sich unterdessen nicht vom Meer und suchte wegen des Umherirrens seiner Schiffe nicht das Landesinnere auf; er hielt seine gesamte Reiterei auf den Schiffen zurück, damit, wie ich glaube, von ihnen nicht die Felder verwüstet würden. Er ließ sogar Trinkwasser auf die Schiffe bringen. (5) Inzwischen wurden Ruderer, die die Schiffe zwecks Wasserholens verlassen hatten, plötzlich von maurischen Reitern angegriffen, ohne dass Caesars Soldaten dies vermutet hätten; viele von ihnen wurden von Wurfspießen schwer verwundet, einige sogar getötet. (6) Diese maurischen Reiter halten sich gerne zu Pferd in einem Hinterhalt zwischen Talkesseln versteckt und brechen urplötzlich hervor, um nicht auf dem offenen Feld im Nahkampf kämpfen zu müssen, ⟨sondern ...[16]

8 (1) Unterdessen schickte Caesar nach Sardinien und in die übrigen benachbarten Provinzen Boten mit Schreiben aus mit der Aufforderung, dafür zu sorgen – sobald man das jeweilige Schreiben gelesen habe –, ihm Verstärkungen, Proviant und Getreide zu

tisque partim navibus longis Rabirium Postumum in Siciliam ad secundum commeatum arcessendum mittit. (2) Interim * * * * cum X navibus longis ad reliquas naves onerarias conquirendas, quae deerrassent, et simul mare tuendum ab hostibus iubet proficisci. (3) Item C. Sallustium Crispum praetorem ad Cercinam insulam versus, quam adversarii tenebant, cum parte navium ire iubet, quod ibi magnum numerum frumenti esse audiebat. (4) Haec ita imperabat unicuique, ita praecipiebat, ut, si fieri posset necne, locum excusatio nullum haberet nec moram tergiversatio. (5) Ipse interea ex perfugis et incolis cognitis condicionibus Scipionis et qui cum eo bellum contra se gerebant, mirari – regium enim equitatum Scipio ex provincia Africa alebat – tanta homines esse dementia, ut malint regis esse vectigales quam cum civibus in patria in suis fortunis esse incolumes.

9 (1) Caesar a. d. IIII Non. Ian. castra movet; Lepti sex cohortium praesidio cum Saserna relicto ipse rursus, unde pridie venerat, Ruspinam cum reliquis copiis convertit ibique sarcinis exercitus relictis ipse cum expedita manu proficiscitur circum villas frumentatum oppidanisque imperat, ut plostra iumentaque omnia sequantur. (2) Itaque magno numero frumenti invento Ruspinam redit. Huc eum idcirco existimo recepisse, ut maritima oppida post se ne vacua relinqueret praesidioque firmata ad classis receptacula muniret.

schicken. Nachdem die Kriegsschiffe zum Teil entladen worden waren, schickte Caesar Rabirius Postumus nach Sizilien, um den zweiten Nachschub herüberzuholen. (2) Inzwischen ****[17] befahl er, mit zehn Kriegsschiffen auszulaufen, um die übrigen Frachtschiffe aufzusammeln, die vom Kurs abgekommen waren, und um gleichzeitig das Meer vor den Feinden zu schützen. (3) Ebenso befahl er dem Prätor Gaius Sallustius Crispus, mit einem Teil der Schiffe in Richtung auf die von den Gegnern gehaltene Insel Cercina aufzubrechen, weil er hörte, dass sich dort eine große Menge Getreide befände. (4) Diese Befehle und Anweisungen erteilte er jedem einzelnen so, dass, wenn es möglich wäre, es keinen Entschuldigungsgrund geben und kein Aufschub einen Verzug herbeiführen sollte. (5) Caesar selbst erfuhr in der Zwischenzeit von Überläufern und Einwohnern die Bedingungen Scipios und derjenigen, die zusammen mit ihm Krieg gegen Caesar führten; er wundere sich – Scipio gewährte nämlich der königlichen Reiterei Unterhalt auf Kosten der Provinz Afrika –, dass Menschen solchen Unverstand besäßen, dass sie es vorzögen, einem König steuerpflichtig zu sein, als wohlbehalten zusammen mit ihren Mitbürgern im Vaterland im Besitz ihres Vermögens zu sein.

9 (1) Am vierten Tag vor den Nonen des Januar[18] brach Caesar sein Lager ab. Er ließ in Leptis eine Besatzung von sechs Kohorten unter dem Kommando von Saserna zurück und begab sich selbst mit den übrigen Truppen wieder nach Ruspina, von wo er tags zuvor gekommen war. Dort ließ er das Marschgepäck des Heeres zurück, brach persönlich mit einer einsatzbereiten Mannschaft zwecks Getreidebeschaffung zu den Gutshöfen der Umgebung auf und befahl den Stadtbewohnern, dass alle Lastwägen und Lasttiere ihm folgen sollten. (2) Er fand eine große Menge Getreide und kehrte so nach Ruspina zurück. Ich glaube, dass er deswegen hierher seinen Rückzug nahm, um die Küstenstädte in seinem Rücken nicht unbesetzt zu lassen, sondern sie durch eine Besatzung zu sichern und als Schlupfwinkel für die Flottenverbände zu befestigen.

10 (1) Itaque ibi relicto P. Saserna, fratre eius, quem Lepti proximo oppido reliquerat, cum legione iubet comportari ligna in oppidum quam plurima. Ipse cum cohortibus VII, quae ex veteranis legionibus in classe cum Sulpicio et Vatinio rem gesserant, ex oppido Ruspina egressus proficiscitur ad portum, qui abest ab oppido milia passuum duo, ibique classem sub vesperum cum ea copia conscendit. (2) Omnibus in exercitu insciis et requirentibus imperatoris consilium, magno metu ac tristimonia sollicitabantur. (3) Parva enim cum copia et ea tironum, neque omni exposita, in Africa contra magnas copias et insidiosae nationis equitatumque innumerabilem se expositos videbant neque quicquam solacium in praesentia neque auxilium in suorum consilio animum advertebant, nisi in ipsius imperatoris vultu, vigore mirabilique hilaritate; animum enim altum et erectum prae se gerebat. (4) Huic adquiescebant homines et in eius scientia et consilio omnia sibi proclivia omnes fore sperabant.

11 (1) Caesar una nocte in navibus consumpta iam caelo albente cum proficisci conaretur, subito navium pars, de qua timebat, ex errore eodem conferebatur. (2) Hac re cognita Caesar celeriter de navibus imperat omnes egredi atque in litore armatos reliquos advenientes milites expectare. (3) Itaque sine mora navibus eis in portum receptis et advectis militum equitumque copiis rursus ad oppidum Ruspinam redit atque ibi castris constitutis ipse cum cohortibus expeditis XXX frumentatum est profectus. (4) Ex eo est cognitum Caesaris consilium, illum cum classe navibus onerariis,

10 (1) Caesar ließ also Publius Saserna, dessen Bruder er in der Nachbarstadt Leptis zurückgelassen hatte,[19] mit einer Legion (in Ruspina) und dem Befehl zurück, möglichst viel Holz zu Faschinen in die Stadt bringen zu lassen. Caesar selbst verließ die Stadt Ruspina mit sieben Kohorten, die zu den Veteranenlegionen auf der Flotte gehörten und unter Sulpicius und Vatinius[20] gekämpft hatten, marschierte zu dem zwei Meilen von der Stadt entfernten Hafen und bestieg dort gegen Abend mit dieser Mannschaft die Flotte. (2) Da alle im Heer im Unklaren waren und sich nach dem Plan des Feldherrn erkundigten, wurden sie von großer Furcht und Traurigkeit in Unruhe versetzt. (3) Denn sie sahen sich mit einer kleinen Schar, die zudem aus Rekruten bestand und nicht gänzlich an Land gesetzt worden war, in Afrika großen Streitkräften, zumal eines heimtückischen Volkes, und zahllosen Reitern ausgesetzt und sie fanden in ihrer augenblicklichen Lage keinen Trost und keine Hilfe im Rat ihrer Leute, außer einzig im Gesichtsausdruck ihres Feldherrn, in seiner Energie und in seinem bewundernswerten Frohsinn; er trug nämlich einen hohen und erhabenen Charakter zur Schau. (4) Hierin fanden die Menschen Trost und Beruhigung und hofften, alles werde für sie dank seiner Kenntnis und Planung leicht auszuführen sein.

11 (1) Gerade als Caesar nach einer auf den Schiffen verbrachten Nacht im Morgengrauen aufzubrechen versuchte, traf plötzlich der Teil der Schiffe, um den er besorgt war, von seiner Irrfahrt ebendaselbst ein. (2) Auf diese Nachricht hin befahl Caesar allen, die Schiffe rasch zu verlassen und am Strand bewaffnet die Ankunft der übrigen Soldaten abzuwarten. (3) Als daher diese Schiffe unverzüglich in den Hafen aufgenommen worden waren und (neue) Truppen an Soldaten und Reitern hinbrachten, kehrte Caesar wieder zur Stadt Ruspina zurück, errichtete dort ein Lager und brach persönlich mit 30 kampfbereiten Kohorten zur Getreidebeschaffung auf. (4) Daraus konnte man Caesars Absicht ersehen: Er wollte den Frachtschiffen, die vom Kurs abgekommen waren, mit seiner Flotte

quae deerrassent, subsidio ire clam hostibus voluisse, ne casu imprudentes suae naves in classem adversariorum inciderent, neque eam rem eos voluisse scire, qui in praesidiis relicti sui milites fuissent, uti nihil propter suorum paucitatem et hostium multitudinem metu deficerent.

12 (1) Interim cum iam Caesar progressus esset a castris circiter milia passuum III, per speculatores et antecessores equites nuntiatur ei copias hostium haud longe ab sese visas. Et hercule cum eo nuntio pulvis ingens conspici coeptus est. (2) Hac re cognita Caesar celeriter iubet equitatum universum, cuius copiam habuit in praesentia non magnam, et sagittarios, quorum parvus numerus, ex castris arcessi, atque ordinatim signa se leniter consequi; ipse antecedere cum paucis armatis. (3) Iamque cum procul hostis conspici posset, milites in campo iubet galeari et ad pugnam parari; quorum omnino numerus fuit XXX cohortium cum equitibus MM, sagittariis † et.

13 (1) Hostes interim, quorum dux erat Labienus et duo Pacidei, aciem derigunt mirabili longitudine non peditum, sed equitum confertam, et inter eos levis armaturae Numidas et sagittarios pedites interposuerant et ita condensaverant, ut procul Caesariani pedestres copias arbitrarentur; dextrum ac sinistrum cornu magnis equitum copiis firmaverant. (2) Interim Caesar aciem derigit simplicem, ut poterat propter paucitatem; sagittarios ante aciem constituit, equites dextro sinistroque cornu opponit et ita praecipit, ut

hinter dem Rücken der Feinde zu Hilfe kommen, damit seine Schiffe nicht zufällig nichts ahnend auf die gegnerische Flotte stießen; zugleich wollte er auch nicht, dass diejenigen seiner Soldaten von diesem Vorhaben Kenntnis erhielten, die er als Besatzungen zurückgelassen hatte, damit diese in Anbetracht ihrer eigenen geringen Anzahl und der Masse der Feinde ganz und gar nicht aus Furcht den Mut sinken ließen.

12 (1) Als Caesar mittlerweile schon etwa drei Meilen von seinem Lager vorgerückt war, wurde ihm durch Kundschafter und die Reiter des Vortrupps gemeldet, dass nicht weit von ihm feindliche Truppen gesichtet worden seien. Und wirklich erblickte man zugleich mit dieser Nachricht eine ungeheuere Staubwolke. (2) Auf diese Nachricht hin befahl Caesar, die gesamte Reiterei, deren Menge zu diesem Zeitpunkt nicht groß war, und die Bogenschützen, deren Anzahl klein war, schnell aus dem Lager herbeizuholen; den einzelnen Abteilungen befahl er, ihm reihenweise langsam zu folgen. Er selbst zog mit wenigen Bewaffneten voraus. (3) Als man den Feind schon aus der Ferne erblicken konnte, ließ Caesar seine Soldaten auf dem freien Feld den Lederhelm aufsetzen und sich zum Kampf rüsten; ihre Zahl belief sich insgesamt auf 30 Kohorten mit 2000 Reitern und ... Bogenschützen.[21]

13 (1) Die Feinde, deren Anführer Labienus und die beiden Pacideius waren, formierten mittlerweile eine dicht gedrängte Schlachtreihe von erstaunlicher Länge, die nicht aus Infanteristen, sondern aus Reitern bestand; zwischen diese hatten sie leichtbewaffnete Numider und Bogenschützen zu Fuß gestellt und diese so dicht zusammengedrängt, dass Caesars Soldaten aus der Ferne meinten, es handle sich nur um Infanterie; sie hatten einen starken rechten und linken Heeresflügel mit großen Reitertruppen gebildet. (2) Unterdessen formierte Caesar eine einfache Schlachtreihe, so gut er es bei seiner geringen Truppenzahl konnte; vor dieser Schlachtreihe stellte er seine Bogenschützen auf, seine Reiter hingegen stellte er auf den rechten und den linken Heeresflügel, und dann befahl er ihnen zu

providerent, ne multitudine equitatus hostium circumvenirentur: existimabat enim se acie instructa cum pedestribus copiis dimicaturum.

14 (1) Cum utrimque exspectatio fieret neque Caesar sese moveret et cum suorum paucitate contra magnam vim hostium artificio magis quam viribus decernendum videret, subito adversariorum equitatus sese extendere et in latitudinem promovere collesque complecti et Caesaris equitatum extenuare simulque ad circumeundum comparare se coeperunt. (2) Caesariani equites eorum multitudinem aegre sustinebant. Acies interim mediae cum concurrere conarentur, subito ex condensis turmis pedites Numidae levis armaturae cum equitibus procurrunt et inter legionarios pedites iacula coniciunt. (3) Hic cum Caesariani in eos impetum fecissent, illorum equites refugiebant. Pedites interim resistebant, dum equites rursus cursu renovato peditibus suis succurrerent.

15 (1) Caesar novo genere pugnae oblato cum animum adverteret ordines suorum in procurrendo turbari – pedites enim, dum equites longius ab signis persequuntur, latere nudato a proximis Numidis iaculis vulnerabantur, equites autem hostium pilum militis cursu facile vitabant – edicit per ordines, ne quis miles ab signis IIII pedes longius procederet. (2) Equitatus interim Labieni suorum multitudine confisus Caesaris paucitatem circuire conatur: qui

verhüten, dass sie von einer Übermacht feindlicher Reiterei umzingelt würden; er glaubte nämlich, er werde in mit Infanterie geordneter Schlachtreihe kämpfen.

14 (1) Während man auf beiden Seiten voll Spannung war und Caesar sich nicht von der Stelle rührte, weil er sah, dass er mit seiner geringen Mannschaft gegen einen großen feindlichen Ansturm mehr durch geschicktes Manöver als mit bloßen Kräften bis zur Entscheidung kämpfen müsse, begannen plötzlich die gegnerischen Reiterhaufen sich auszudehnen, sich in die Breite vorzuschieben, die Hügel räumlich zu umschließen, Caesars Reiterei auseinander zu ziehen und gleichzeitig sich zu deren Einschließung anzuschicken. (2) Es kostete Caesars Reiter Mühe, dieser Heeresmasse standzuhalten. Als inzwischen die mittleren Schlachtreihen den Versuch unternahmen, aufeinander loszustürmen, stürmten plötzlich aus den dicht zusammengedrängten Schwadronen die leichtbewaffneten numidischen Infanteristen zusammen mit den Reitern vor und schleuderten ihre Wurfspieße mitten zwischen die zu Fuß kämpfenden Legionssoldaten hinein. (3) Als Caesars Soldaten hierauf einen Angriff gegen sie unternahmen, wichen die gegnerischen Reiter zurück. Unterdessen hielten die Infanteristen solange stand, bis die Reiter wieder Anlauf nahmen und ihren Infanteristen zu Hilfe kamen.

15 (1) Als Caesar bei dieser ungewöhnlichen Kampfesart bemerkte, dass die Reihen seiner Soldaten beim Vorstürmen in Unordnung gerieten – jedes Mal nämlich, während die Infanteristen die Reiter zu weit weg von ihren Fahnen verfolgten, entblößten sie ihre Flanke und wurden durch die Wurfspieße der am nächsten stehenden Numider verwundet, während die feindlichen Reiter dem Wurfspeer eines Soldaten leicht durch eine schnelle Bewegung auswichen –, verfügte er durch die Reihen, dass kein Soldat sich weiter als vier Fuß von seinen Feldzeichen entfernen dürfe. (2) In der Zwischenzeit versuchte die Reiterei des Labienus im Vertrauen auf ihre Überzahl, Caesars geringe Truppenzahl einzuschließen;

equites Iuliani pauci multitudine hostium defessi equis convulneratis paulatim cedere, hostis magis magisque instare. (3) Ita puncto temporis omnibus legionariis ab hostium equitatu circumventis Caesarisque copiis in orbem compulsis intra cancellos omnes coniecti pugnare cogebantur.

16 (1) Labienus in equo capite nudo versari in prima acie, simul suos cohortari, nonnumquam legionarios Caesaris ita appellare: "Quid tu," inquit, "miles tiro, tam feroculus es? Vos quoque iste verbis infatuavit? In magnum mehercule vos periculum impulit. (2) Misereor vestri." Tum miles: "Non sum," inquit, "tiro, Labiene, sed de legione x veteranus." Tum Labienus: "Non agnosco," inquit, "signa decumanorum." (3) Tum ait miles: "Iam me, quis sim, intelleges", simul cassidem de capite deiecit, ut cognosci ab eo posset, atque ita pilum viribus contortum, dum in Labienum mittere contendit, equi graviter adverso pectori adfixit et ait: "Labiene, decumanum militem, qui te petit, scito esse." (4) Omnium tamen animi in terrorem coniecti, et maxime tironum: circumspicere enim Caesarem neque amplius facere nisi hostium iacula vitare.

17 (1) Caesar interim consilio hostium cognito iubet aciem in longitudinem quam maximam porrigi et alternis conversis cohortibus, ut una post, altera ante signa tenderet, ita coronam hostium dextro sinistroque cornu mediam dividit et unam partem ab altera exclusam equitibus intrinsecus adortus cum peditatu telis coniectis

Caesars wenige Reiter, erschöpft durch die Vielzahl der Feinde, die Pferde verwundet, wichen allmählich von der Stelle, die Feinde bedrängten sie immer mehr. (3) So wurden im Nu, als alle Legionssoldaten von der feindlichen Reiterei umzingelt und Caesars Truppen zu einem Karree zusammengetrieben worden waren, alle, die gleichsam eingepfercht waren, zum Kämpfen gezwungen.

16 (1) Labienus befand sich barhäuptig auf einem Pferd in vorderster Linie; er spornte zugleich seine Leute an, bisweilen rief er auch Caesars Legionssoldaten an: »Was denn, du kleiner Rekrut, bist so ein kleiner Wildgewordener? Hat dieser Mensch da, Caesar, mit seinem Gerede auch euch so betört?[22] Er hat euch wahrlich in große Gefahr gebracht. (2) Ich habe Mitleid mit euch.« Darauf der Soldat: »Ich bin kein kleiner Rekrut, Labienus, sondern Veteran der zehnten Legion.«[23] Darauf wieder Labienus: »Ich erkenne aber keine Feldzeichen von Soldaten der zehnten Legion.« (3) Darauf erwiderte der Soldat: »Gleich wirst du erkennen, wer ich bin!«, riss den Metallhelm[24] von seinem Kopf, damit Labienus ihn erkennen konnte, drehte sodann schwingend seinen Wurfspeer herum und stieß ihn, während er den Labienus zu treffen gedachte, mit voller Wucht in die ihm zugewandte Brust von Labienus' schwer verwundetem Pferd, dann rief er: »Labienus, nimm zur Kenntnis, es ist ein Soldat der zehnten Legion, der auf dich zielt.«[25] (4) Dennoch waren alle in Schrecken versetzt, und zwar am meisten die Rekruten: Sie sahen sich nämlich nach Caesar um und taten nichts weiter als den feindlichen Wurfspießen auszuweichen.

17 (1) Inzwischen hatte Caesar die Absicht der Feinde durchschaut und befahl, die Schlachtreihe möglichst weit in die Breite auszudehnen; indem die Kohorten abwechselnd schwenkten,[26] sodass jeweils die eine Kohorte hinter den Feldzeichen kämpfte und die andere ihre Manipeln in breiter Front aufstellte, schnitt Caesar mit dem rechten und linken Heeresflügel die feindliche Truppenkette mitten entzwei und griff den einen feindlichen Teil, den er durch seine Reiter vom anderen abgeschnitten hatte, von innen her

in fugam vertit neque longius progressus veritus insidias se ad suos recipit. Idem altera pars equitum peditumque Caesaris fecit. (2) His rebus gestis ac procul hostibus repulsis convulneratisque ad sua praesidia sese, sicut erat instructus, recipere coepit.

18 (1) Interim M. Petreius et Cn. Piso cum equitibus Numidis MDC electis peditatuque eiusdem generis satis grandi ex itinere recta subsidio suis occurrunt. (2) Atque hostes suis ex terrore firmatis rursusque renovatis animis legionarios conversis equitibus recipientes novissimos adoriri et impedire coeperunt, quominus se in castra reciperent. (3) Hac re animadversa Caesar iubet signa converti et medio campo redintegrari proelium. (4) Cum ab hostibus eodem modo pugnaretur nec comminus ad manus rediretur Caesarisque equites iumenta ex nausea recenti, siti, languore, paucitate, vulneribus defatigata ad insequendum hostem perseverandumque cursum tardiora haberent dieique pars exigua esset iam reliqua, cohortibus equitibusque circumitis cohortatus, ut uno ictu contenderent neque remitterent, donec ultra ultimos colles hostes reppulissent atque eorum essent potiti. (5) Itaque signo dato hoste iam languide tela neglegenterque mittente subito immittit cohortes turmasque suorum; atque puncto temporis hostibus nullo negotio campo pulsis, post colle deiectis nacti locum atque ibi paulisper commo-

mit seiner Infanterie an und trieb ihn mit einem Hagel von Geschossen in die Flucht. Da er einen Hinterhalt fürchtete, rückte er nicht weiter vor, sondern zog sich zu seinen Leuten zurück. Das Gleiche tat der andere Teil von Caesars Reitern und Infanteristen. (2) Danach, als die Feinde in weite Ferne zurückgeschlagen und schwer verwundetet worden waren, begann Caesar, sich in voller Schlachtordnung in seine Verschanzung zurückzuziehen.

18 (1) Inzwischen eilten Marcus Petreius[27] und Gnaeus (Calpurnius) Piso mit 1600 ausgewählten numidischen Reitern und ziemlich zahlreicher Infanterie vom selben (numidischen) Stamm schnurstracks von ihrem Marsch aus zu Hilfe. (2) Dadurch begannen die Feinde, die sich von ihrem Schrecken erholt hatten, wieder mit neuem Mut, nachdem die Reiter auf der Flucht kehrtgemacht hatten, die Nachhut der sich zurückziehenden Legionssoldaten anzugreifen und sie an ihrem Rückzug ins Lager zu hindern. (3) Als Caesar dies bemerkt hatte, ließ er die einzelnen Abteilungen kehrtmachen und mitten in der Ebene[28] den Kampf wiederaufnehmen. (4) Die Feinde kämpften wieder auf die gleiche Weise und ließen es auf keinen Nahkampf ankommen. Caesars Reiter hatten leider Saumtiere, die infolge einer frisch ausgestandenen Seekrankheit, infolge Durst, Ermattung, zahlenmäßiger Unterlegenheit und Wunden erschöpft und daher zu langsam waren, um den Feind verfolgen und ihren Lauf beharrlich fortzusetzen zu können. Da der verbliebene Teil des Tages schon recht klein war, ritt Caesar bei seinen Kohorten und Reitern herum, spornte sie an, mit einem einzigen Angriff gegen die Feinde vorzustürmen und dabei nicht nachzulassen, bis sie sie über die entlegensten Hügel hinaus zurückgetrieben und sich dieser Anhöhen bemächtigt hätten. (5) Daraufhin gab er das Zeichen zum Kampf und schickte plötzlich seine Kohorten und Schwadronen los, als der Feind seine Geschosse schon mit geringem Eifer und unachtsam schleuderte; im Nu waren die Feinde ohne viel Mühe vom Schlachtfeld vertrieben und vom letzten Hügel verjagt. Caesars Soldaten erreichten diesen Ort, verweilten dort eine kurze Zeit lang

rati, ita, uti erant instructi, leniter se ad suas recipiunt munitiones. Itemque adversarii male accepti tum demum se ad sua praesidia contulerunt.

19 (1) Interim ea re gesta et proelio dirempto ex adversariis perfugae plures ex omni genere hominum * * * *, et praeterea intercepti hostium complures equites peditesque. (2) Ex quibus cognitum est consilium hostium eos hac mente et conatu venisse, ut novo atque inusitato genere proelii tirones legionarii paucique perturbati Curionis exemplo ab equitatu circumventi opprimerentur, (3) et ita Iubam dixisse pro contione tantam se multitudinem auxiliorum adversariis Caesaris subministraturum, ut etiam caedendo in ipsa victoria defatigati vincerentur atque a suis superarentur, quippe qui † in illorum sibi confideret, primum quod audierat Romae legiones veteranas dissentire neque in Africam velle transire; deinde, quod triennio in Africa suos milites consuetudine retentos fideles sibi iam effecisset, maxima autem auxilia haberet Numidarum equitum levisque armaturae, praeterea ex fuga proelioque Pompeiano Labienus quos secum a † Brundisio transportaverat equites Germanos Gallosque ibique postea ex hibridis, libertinis servisque conscripserat, armaverat equoque uti frenato condocefecerat, praeterea regia auxilia; elephantes CXX equitatusque innumerabilis, deinde legiones conscriptae ⟨IIII⟩ et cuiusquemodi generis amplius XII milibus. (4) Hac spe atque ea audacia inflammatus Labienus cum equitibus Gallis Germanisque MDC, Numidarum sine frenis VIII milibus, praeterea Petreiano auxilio adhibito equitibus MDC, peditum ac

und zogen sich dann so, wie sie aufgestellt waren, langsam zu ihren Befestigungen zurück. Ebenso begaben sich die Gegner, die übel empfangen worden waren, dann endlich zu ihrer Verschanzung.

19 (1) Unterdessen kamen nach diesem Geschehen und nach Beendigung des Kampfes mehrere Überläufer jeglicher Art zu Caesars Lager[29]; außerdem wurden mehrere Reiter und Infanteristen gefangen genommen. (2) Von diesen erfuhr man die Planung der Feinde: Sie seien mit der festen Absicht gekommen, dass mit der neuen und ungewohnten Kampfesweise die jungen, unerfahrenen Rekruten und wenige altgediente Legionssoldaten in Verwirrung gerieten, wie im Falle Curios[30] von der Reiterei umzingelt und überwältigt würden. (3) So habe König Juba[31] vor dem versammelten Heer gesagt, er werde den Gegnern Caesars eine solche große Menge von Hilfstruppen zukommen lassen, dass sie sogar vom Töten in ihrem Sieg erschöpft besiegt würden und von seinen Soldaten überwunden würden, da er ja ...[32] auf seine Kräfte vertraue. Erstens habe er gehört, dass in Rom die Veteranenlegionen meuterten und nicht nach Afrika übersetzen wollten; zweitens habe er in den drei Jahren ihres Aufenthaltes in Afrika seine Soldaten durch Gewöhnung an ihn gefesselt und ihm ergeben gemacht; die größte Hilfe aber habe er in den numidischen Reitern und Leichtbewaffneten und außerdem in den germanischen und gallischen Reitern, die Labienus auf der Flucht aus der Schlacht des Pompeius von Brundisium[33] mit sich herübergebracht hatte; dazu diejenigen, die er später dort in Afrika aus den Reihen der Halbbürger[34], Freigelassenen und Sklaven ausgehoben, bewaffnet und gedrillt[35] hatte, mit einem gezäumten Pferd umzugehen; außerdem noch die königlichen Hilfstruppen, 120 Elefanten und die zahllose Reiterei, sodann vier und aus allen möglichen Völkern ausgehobene Legionen mit mehr als 12.000 Soldaten. (4) Durch diese Hoffnung und diesen Wagemut angefeuert kämpfte Labienus mit 1600 gallischen und germanischen Reitern, mit 8000 numidischen Reitern ohne Zaumzeug, außerdem unter Hinzuziehung der Hilfsschar des Petreius, 1600 Reitern und viermal so

levis armaturae quater tanto, sagittariis ac funditoribus hippotoxotisque compluribus; his copiis pridie Non. Ian., post diem VI quam Africam ⟨Caesar⟩ attigit, in campis planissimis purissimisque ab hora diei quinta usque ad solis occasum est decertatum. In eo proelio Petreius graviter ictus ex acie recessit.

20 (1) Caesar interim castra munire diligentius, praesidia firmare copiis maioribus vallumque ab oppido Ruspina usque ad mare ducere et a castris alterum eodem, quo tutius ultro citroque commeare auxiliaque sine periculo sibi succurrere possent, tela tormentaque ex navibus in castra comportare, remigum partem ex classe, Gallorum, Rhodiorum epibatarumque armare et in castra evocare, uti, si posset, eadem ratione, qua adversarii, levis armatura interiecta inter equites suos interponeretur, sagittariisque ex omnibus navibus Ityraeis, Syris et cuiusque generis ductis in castra compluribus frequentabat suas copias – (2) audiebat enim Scipionem post diem tertium eius diei, quo proelium factum erat, adpropinquare, copias suas cum Labieno et Petreio coniungere; cuius copiae legionum VIII et equitum III milium esse nuntiabantur – (3) officinas ferrarias instruere, sagittas telaque uti fierent complura curare, glandes fundere, sudes comparare, litteras in Siciliam nuntiosque mittere, ut sibi crates materiemque congererent ad arietes, cuius inopia in Africa esset, praeterea ferrum, plumbum mitteretur. (4) Etiam animum advertebat frumento se in Africa nisi importaticio uti non posse:

viel Infanteristen und Leichtbewaffneten, wie Caesar hatte, mit Bogenschützen und Schleuderern sowie mit mehreren berittenen Bogenschützen am Tag vor den Nonen des Januar[36], am sechsten Tag, nachdem ⟨Caesar⟩ afrikanischen Boden betreten hatte; es wurde auf völlig ebenem und freiem Feld von der fünften Stunde des Tages bis zum Sonnenuntergang gekämpft. In diesem Kampf wurde Petreius schwer verwundet und zog sich aus dem Schlachtfeld zurück.

20 (1) Inzwischen ließ Caesar sein Lager stärker befestigen, verstärkte seine Stellungen durch größere Truppen, zog einen Wall von der Stadt Ruspina bis ans Meer und einen zweiten vom Lager eben dorthin[37], damit man umso sicherer hinüber und herüber gehen könne und Hilfstruppen ihm gefahrlos zu Hilfe kommen könnten. Angriffswaffen und Geschütze ließ Caesar von den Schiffen ins Lager bringen, einen Teil der Ruderer von der gallischen und rhodischen Flotte, sowie einen Teil der Schiffssoldaten bewaffnen und ins Lager rufen, um sie, wenn möglich, auf dieselbe Weise, wie die Gegner es taten, als Leichtbewaffnete zwischen seine Reiter zu stellen. Ferner verstärkte er seine Truppen durch Bogenschützen, die er in großer Zahl von allen Schiffen, den ituräischen, syrischen und solchen aller möglichen Völker ins Lager geführt hatte. (2) Caesar vernahm nämlich, dass Scipio am dritten Tag[38] nach der Schlacht herannahe und seine Truppen mit denen des Labienus und Petreius vereinige; es wurde gemeldet, dass Scipios Truppen sich auf acht Legionen und 3000 Reiter beliefen. (3) Caesar ließ daher Waffenschmieden einrichten, Pfeile und Wurfgeschosse in größerer Zahl herstellen, Schleuderkugeln gießen und kurze Pfähle herrichten. Er schickte Boten mit Schreiben nach Sizilien, die die Aufforderung enthielten, ihm Flechtwerk und Bauholz zur Herstellung von »Widdern«[39] (d. h. Mauerbrecher), woran es in Afrika mangelte, zusammenzutragen, außerdem ihm Eisen und Blei zu schicken. (4) Auch erkannte er, dass er sich in Afrika nur von importiertem[40] Getreide würde ernähren können: Im Jahr zuvor nämlich war we-

priore anno enim propter adversariorum dilectus, quod stipendiarii aratores milites essent facti, messem non esse factam; praeterea ex omni Africa frumentum adversarios in pauca oppida et bene munita comportasse omnemque regionem Africae exinanisse frumento, oppida praeter ea pauca, quae ipsi suis praesidiis tueri poterant, reliqua dirui ac deseri, et eorum incolas intra sua praesidia coegisse commigrare, agros desertos ac vastatos esse.

21 (1) Hac necessitate Caesar coactus privatos ambiendo et blande appellando aliquantum numerum frumenti in sua praesidia congesserat. Eo parce utebantur. Opera interim ipse cotidie circuire et alteras cohortes in statione habere propter hostium multitudinem. (2) Labienus saucios suos, quorum maximus numerus fuit, iubet in plostris delegatos Hadrumetum deportari. (3) Naves interim Caesaris onerariae errabundae male vagabantur incertae locorum atque castrorum suorum. Quas singulas scaphae adversariorum complures adortae incendebant atque expugnabant. (4) Hac re nuntiata Caesari classes circum insulas portusque disposuit, quo tutius commeatus subportari posset.

22 (1) M. Cato interim, qui Uticae praeerat, Cn. Pompeium filium multis verbis assidueque obiurgare non desistebat. (2) "Tuus," inquit "pater istuc aetatis cum esset et animadvertisset rem publicam ab nefariis sceleratisque civibus oppressam bonosque aut interfectos aut exilio multatos patria civitateque carere, gloria et animi

gen der gegnerischen Truppenaushebungen und weil die steuerpflichtigen Pachtbauern zu Soldaten gemacht worden waren, keine Ernte eingebracht worden. Außerdem hatten die Gegner aus ganz Afrika das Getreide in wenige und gut befestigte Städte schaffen lassen und somit den ganzen Grund und Boden Afrikas von Getreide leergefegt. Alle Städte außer denjenigen wenigen, die sich mit ihren Besatzungen selbst schützen konnten, wurden zerstört und verlassen und die Gegner hatten deren Bewohner gezwungen, hinter die von ihnen besetzte Linie zu übersiedeln; die Felder lagen verlassen und verwüstet da.

21 (1) Durch diese Notlage gezwungen hatte Caesar, indem er Privatpersonen bittend anging und sie mit schmeichelnden Worten ansprach, eine erhebliche Menge Getreide in seine Verschanzungen zusammengetragen. Von diesem machte man sparsam Gebrauch. In der Zwischenzeit besichtigte er selbst täglich die Schanzarbeiten und ließ wegen der Menge der Feinde weitere Kohorten auf Posten stehen. (2) Labienus ließ seine Verwundeten, von denen er eine sehr große Anzahl hatte, auf Lastwagen nach Hadrumetum in Sicherheit bringen. (3) Die verirrten Frachtschiffe Caesars streiften inzwischen in Unkenntnis der Gegend und des Ortes des Lagers ihrer Leute zu ihrem Unheil umher. Mehrere gegnerische Boote griffen sie jeweils einzeln an, steckten sie in Brand und kaperten sie. (4) Auf diese Nachricht hin verteilte Caesar seine Flottenverbände rings um die Inseln und Häfen, damit der Nachschub sicherer herangeschafft werden konnte.

22 (1) Unterdessen hörte Marcus Cato, der damals Befehlshaber in Utica war, nicht auf, dem jungen Gnaeus Pompeius eindringlich und unablässig Vorwürfe zu machen. (2) »Als dein Vater,« sagte er, »in deinem Alter war[41] und erkannt hatte, dass der Staat von ruchlosen und verbrecherischen Bürgern unterdrückt wurde und die Guten entweder getötet oder mit der Verbannung aus dem Vaterland bestraft wurden und kein Bürgerrecht mehr besaßen, ließ er sich bereits von Ruhmbegierde und charakterliche Größe hinreißen

magnitudine elatus privatus atque adulescentulus paterni exercitus reliquiis collectis paene oppressam funditus⟨que⟩ deletam Italiam urbemque Romanam in libertatem vindicavit, idemque Siciliam, Africam, Numidiam, Mauretaniam mirabili celeritate armis recepit. (3) Quibus ex rebus sibi eam dignitatem, quae est per gentes clarissima notissimaque, conciliavit adulescentulusque atque eques Romanus triumphavit. (4) Atque ille non ita amplis rebus patris gestis neque tam excellenti dignitate maiorum parta neque tantis clientelis nominisque claritate praeditus in rem publicam est ingressus. (5) Tu contra et patris nobilitate et dignitate et per te ipse satis animi magnitudine diligentiaque praeditus nonne eniteris et proficisceris ad paternas clientelas auxilium tibi reique publicae atque optimo cuique efflagitatum?"

23 (1) His verbis hominis gravissimi incitatus adulescentulus cum naviculis cuiusquemodi generis XXX, inibi paucis rostratis, profectus ab Utica in Mauretaniam regnumque Bogudis est ingressus expeditoque exercitu numero servorum, liberorum II milium, cuius partem inermem, partem habuerat armatam, ad oppidum Ascurum accedere coepit. In quo oppido praesidium fuit regium. (2) Pompeio adveniente oppidani usque eo passi propius accedere, donec ad ipsas portas ac murum adpropinquaret, subito eruptione facta prostratos perterritosque Pompeianos in mare navesque passim compulerunt. (3) Ita re male gesta Cn. Pompeius

und hat als Privatmann und ganz junger Mann mit den versammelten Resten des väterlichen Heeres das fast schon niedergedrückte und völlig zerstörte Italien und die Stadt Rom in die Freiheit entlassen. Ebenso hat er Sizilien, Afrika, Numidien und Mauretanien mit bewundernswerter Schnelligkeit mit Waffengewalt wieder in römischen Besitz gebracht. (3) Durch diese Taten erwarb er sich jenes Ansehen, das bei allen Völkern das glänzendste und bekannteste ist, und hielt schon als ganz junger Mann und römischer Ritter einen Triumph. (4) Er konnte nicht gerade prächtige Kriegstaten seines Vaters und kein solch herausragendes, von den Vorfahren erworbenes Ansehen vorweisen und war noch nicht mit solch großen Gefolgschaften und der Berühmtheit eines Namens ausgestattet, als er sich der Politik widmete. (5) Du hingegen, der du den Ruhm und das hohe Ansehen deines Vaters für dich hast, dabei auch noch selbst mit charakterlicher Größe und Umsicht ausgestattet bist, wirst du dich etwa nicht anstrengen und zu den Gefolgschaften deines Vaters aufbrechen, um sie als Hilfe aufzubieten für dich, für den Staat und für alle guten Bürger?«

23 (1) Durch diese Worte eines überaus bedeutenden Mannes angespornt, brach der ganz junge Mann mit dreißig Schiffen jeglicher Bauart, darunter auch mit einigen (mit Schiffsschnäbeln versehenen) Rammschiffen, von Utica nach Mauretanien auf, fiel in das Königreich des Bogus[42] ein und begann mit einem leichtbewaffneten Heer bei einer Anzahl von 2000 Sklaven und Freien, von denen ein Teil unbewaffnet, der andere bewaffnet war, an die Stadt Ascurum heranzurücken. In dieser Stadt lag eine königliche Garnison. (2) Bei der Ankunft des Pompeius ließen ihn die Stadtbewohner so weit näher heranrücken, bis er sich unmittelbar den Toren und der Stadtmauer näherte; plötzlich unternahmen sie einen Ausfall und trieben die geschlagenen und völlig erschreckten Pompejaner allenthalben ins Meer und auf ihre Schiffe. (3) Nach dieser gescheiterten Unternehmung lenkte der junge Gnaeus Pompeius seine Schiffe von dort weg und lief die (afrikanische) Küste danach

filius naves inde avertit neque postea litus adtigit classemque ad insulas Baleares versus convertit.

24 (1) Scipio interim cum his copiis, quas paulo ante demonstravimus, Uticae grandi praesidio relicto profectus primum Hadrumeti castra ponit, deinde ibi paucos dies commoratus noctu itinere facto cum Labieni et Petrei copiis ⟨se⟩ coniungit, atque unis castris factis III milia passuum longe considunt. (2) Equitatus interim eorum circum Caesaris munitiones vagari atque eos, qui pabulandi atque aquandi gratia extra vallum progressi essent, excipere. Ita omnes adversarios intra munitiones continere. (3) Quare Caesariani gravi annona sunt conflictati, ideo quod nondum neque ab Sicilia neque ab Sardinia commeatus subportatus erat, neque per anni tempus in mari classes sine periculo vagari poterant. Neque amplius milia passuum VI terrae Africae quoquo versus tenebant pabulique inopia premebantur. (4) Qua necessitate coacti veterani milites equitesque, qui multa terra marique bella confecissent et periculis inopiaque tali saepe essent conflictati, alga e litore collecta et aqua dulci elota et ita iumentis esurientibus data vitam eorum producebant.

25 (1) Dum haec ita fierent, rex Iuba cognitis Caesaris difficultatibus copiarumque paucitate non est visum dari spatium convalescendi augendarumque eius opum. Itaque comparatis equitum magnis peditumque copiis subsidio sociis egressus e regno ire contendit. (2) P. Sittius interim et rex Bocchus coniunctis suis copiis cognito

nicht mehr an; stattdessen nahm er mit seiner Flotte Kurs auf die Balearischen Inseln.

24 (1) Unterdessen brach Scipio mit den kurz zuvor erwähnten Streitkräften auf, nachdem er in Utica eine zahlreiche Besatzung zurückgelassen hatte, und schlug zuerst in Hadrumetum sein Lager auf. Nach einem Aufenthalt von wenigen Tagen schloss er sich sodann nach einem Nachtmarsch mit den Truppen des Labienus und Petreius zusammen. Sie ließen sich vereint in einem einzigen Lager in einer Entfernung von drei Meilen (von Caesars Lager) nieder. (2) Inzwischen streifte ihre Reiterei um Caesars Verschanzungen herum und nahm diejenigen gefangen, die zum Futter- und Wasserholen über den Lagerwall hinaus vorgerückt waren. So hielten sie alle Gegner[43] in ihren Verschanzungen. (3) Deshalb hatten Caesars Soldaten unter schwerem Getreidemangel zu leiden, weil bislang weder aus Sizilien noch aus Sardinien Nachschub herangeschafft worden war und die Flottenverbände infolge der Jahreszeit noch nicht gefahrlos auf dem Meer kreuzen konnten. Von afrikanischem Grund und Boden hielten sie nicht mehr als sechs Meilen nach allen Seiten hin besetzt und gerieten wegen Mangel an Futter in Bedrängnis. (4) In dieser Notlage sammelten seine altgedienten Soldaten und Reiter, da sie schon viele Kriege zu Land und zu Wasser bestanden hatten und oft solche Gefahren und solchen Mangel durchlitten hatten, Algen am Strand, wuschen sie mit Süßwasser rein, gaben sie den hungernden Saumtieren zum Fressen und verlängerten so deren Leben.

25 (1) Als König Juba während dieser Geschehnisse von Caesars Schwierigkeiten und seiner geringen Truppenstärke Kenntnis erhielt, schien es ihm nicht angebracht, ihm die Gelegenheit wieder zu erstarken und seine Streitkräfte zu vermehren zu geben. Deshalb bot er große Truppen an Reitern und Infanteristen auf, verließ sein Königreich und beeilte sich, seinen Verbündeten[44] zu Hilfe zu kommen. (2) Inzwischen hatten Publius Sittius und König Bocchus ihre Truppen vereinigt; nachdem sie von König Jubas Abmarsch erfah-

regis Iubae egressu propius eius regnum copias suas admovere, Cirtamque, oppidum opulentissimum eius regni, adortus paucis diebus pugnando capit et praeterea duo oppida Gaetulorum. (3) Quibus cum condicionem ferret, ut oppido excederent idque sibi vacuum traderent, condicionemque repudiassent, postea ab eo capti interfectique sunt omnes. Inde progressus agros oppidaque vexare non destitit. (4) Quibus rebus cognitis Iuba cum iam non longe ab Scipione atque eius ducibus abesset, capit consilium satius esse sibi suoque regno subsidio ire, quam, dum alios adiuturus proficisceretur, ipse suo regno expulsus forsitan utraque re expelleretur. (5) Itaque rursus recipere atque auxilia etiam ab Scipione abduxit sibi suisque rebus timens elephantisque XXX relictis suis finibus oppidisque suppetias profectus est.

26 (1) Caesar interim, cum de suo adventu dubitatio in provincia esset neque quisquam crederet ipsum, sed aliquem legatum in Africam cum copiis venisse, conscriptis litteris circum provinciam omnes civitates facit de suo adventu certiores. (2) Interim nobiles homines ex suis oppidis profugere et in castra Caesaris devenire et de adversariorum eius crudelitate acerbitateque commemorare coeperunt. (3) Quorum lacrimis querelisque Caesar commotus, cum antea constituisset stativis castris aestate inita cunctis copiis auxiliisque accitis bellum cum suis adversariis gerere, * * * * instituit litterisque celeriter in Siciliam ad Allienum et Rabirium Postumum conscriptis et per catascopum missis ⟨imperavit⟩, ut sine mora ac

ren hatten, rückten sie ihre Truppen näher an dessen Königreich heran. Sittius griff Cirta, die reichste Stadt dieses Königreichs, an und eroberte sie nach wenigen Tagen im Sturm, außerdem zwei Städte der Gaetuler. (3) Als er deren Bewohnern die Bedingung stellte, die Stadt zu verlassen und sie ihm menschenleer zu übergeben, und diese die Bedingung zurückgewiesen hatten, wurden sie später allesamt von ihm gefangen genommen und getötet. Von da rückte Sittius weiter vor und hörte nicht auf, Felder und Städte zu verheeren. (4) Als Juba von diesen Vorfällen erfuhr und nicht mehr weit von Scipio und dessen Offizieren entfernt war, kam er zu dem Schluss, dass es vorteilhafter sei, sich und seinem Königreich zu Hilfe zu kommen als selbst, während er zur Unterstützung anderer aufbräche, aus seinem Königreich vertrieben zu werden und möglicherweise in beiden Unternehmungen Misserfolg zu haben. (5) Daher nahm er seinen Rückzug und zog sogar seine Hilfstruppen von Scipio ab, weil er um sich und sein eigenes Interesse besorgt war; er ließ 30 Elefanten zurück und brach auf, um seinem Land und seinen Städten zu Hilfe zu kommen.

26 (1) Weil nun in der Provinz Afrika immer noch Zweifel an Caesars wirklicher Ankunft bestand und niemand glaubte, Caesar selbst sei gekommen, sondern nur irgendein Legat sei mit Truppen nach Afrika gekommen, fasste Caesar in der Zwischenzeit Schreiben ab und benachrichtigte in der Provinz alle Gemeinden von seiner Ankunft. (2) Mittlerweile begannen vornehme Leute, aus ihren Städten zu fliehen, in Caesars Lager zu kommen und über die Grausamkeit und Drangsal seiner Gegner zu berichten. (3) Durch ihre Tränen und Klagen ergriffen, beschloss Caesar, obwohl er zuvor entschlossen gewesen war, erst zu Beginn des Sommers all seine Streitkräfte und Hilfstruppen aus den Standlagern herbeizuholen und dann erst den Krieg mit seinen Gegnern zu führen, * * * *[45] Schnell fasste er Schreiben nach Sizilien zu Allienus und Rabirius Postumus ab und schickte sie mittels eines Spähschiffs[46] mit dem Befehl, ihm unverzüglich und ohne jegliche Ausrede wegen des

nulla excusatione hiemis ventorumque quam celerrime exercitus sibi transportaretur: Africam provinciam perire funditusque everti ab suis inimicis; quod nisi celeriter sociis foret subventum, praeter ipsam Africam terram nihil, ne tectum quidem, quo se reciperent, ab illorum scelere insidiisque reliquum futurum. (4) Atque ipse erat in tanta festinatione et exspectatione, ut postero die, quam misisset litteras nuntiumque in Siciliam, classem exercitumque morari diceret, dies noctesque oculos mentemque ad mare depositos derectosque haberet. (5) Nec mirum: animum advertebat enim villas exuri, agros vastari, pecus diripi, ⟨homines⟩ trucidari, oppida castellaque dirui deserique, principesque civitatum aut interfici aut in catenis teneri, liberos eorum obsidum nomine in servitutem abripi; his se miseris suamque fidem implorantibus auxilio propter copiarum paucitatem esse non posse. (6) Milites interim in opere exercere atque castra munire, turres, castella facere molesque iacere in mare non intermittere.

27 (1) Scipio interim elephantos hoc modo condocefacere instituit. Duas instruxit acies, unam funditorum contra elephantos, quae quasi adversariorum locum obtineret et contra eorum frontem adversam lapillos minutos mitteret; deinde in ordine elephantos constituit, post illos autem suam aciem instruxit, ut, cum ab adversariis lapides mitti coepissent et elephanti perterriti se ad suos convertissent, rursus ab sua acie lapidibus missis eos converterent adversus hostem. (2) Quod aegre tardeque fiebat; rudes enim ele-

Winters und der Winde möglichst schnell das Heer herüberzuschaffen: Die Provinz Afrika gehe zugrunde und werde von seinen Feinden gänzlich zugrunde richtet; wenn man also den Verbündeten nicht schnell zu Hilfe komme, werde vom Verbrechen und von der Hinterlist der Feinde nichts übrig gelassen außer Grund und Boden Afrikas, nicht einmal ein Dach, unter das sie sich zurückziehen könnten. (4) Caesar selbst war in solch großer ungeduldiger Erwartung, dass er schon am darauffolgenden Tag, nachdem er den Boten mit den Schreiben nach Sizilien geschickt hatte, klagte, die Flotte und das Heer würden ausbleiben, und Tag und Nacht seine Augen und Gedanken nur auf das Meer gerichtet und geheftet hielt. (5) Kein Wunder: Bemerkte er doch, dass die Landhäuser eingeäschert, die Felder verwüstet, das Vieh geplündert, die Menschen niedergemetzelt, Städte und Kastelle zerstört und verlassen, die Häupter der Gemeinden entweder ermordet oder gefesselt gehalten und ihre Kinder als Geiseln in die Sklaverei fortgeschleppt wurden, er aber wegen der geringen zahlenmäßigen Stärke seiner Truppen diesen armen Menschen, die zudem seinen Schutz innigst erbaten, keine Hilfe leisten konnte. (6) Caesars Soldaten hörten in der Zwischenzeit nicht auf, sich eifrig mit Schanzarbeit zu beschäftigen, das Lager zu befestigen, Belagerungstürme und Kastelle zu bauen und Dämme ins Meer aufzuwerfen.

27 (1) Scipio begann in der Zwischenzeit seine Elefanten auf folgende Weise abzurichten. Er stellte zwei Schlachtreihen auf; die eine, die aus Schleuderern bestand, gegenüber den Elefanten; diese Schlachtreihe vertrat sozusagen die Stelle der Gegner und schleuderte kleine Steinchen von vorn gegen die Stirn der Elefanten; dann stellte er die Elefanten in einer Reihe auf, hinter ihnen aber stellte er seine eigentliche Schlachtreihe auf, damit sie die Elefanten, sobald von den Gegnern Steine geworfen wurden und die Elefanten in ihrem Schrecken sich zur Flucht zu ihren Leuten umwendeten, von der Kampflinie aus ebenfalls mit Steinen beschössen und gegen den Feind wendeten. (2) Dieses ›Training‹ ging jedoch nur mit Mühe

phanti multorum annorum doctrina usuque vetusto vix edocti tamen communi periculo in aciem producuntur.

28 (1) Dum haec ad Ruspinam ab utrisque ducibus administrantur, C. Vergilius praetorius, qui Thapsi, oppido maritimo, praeerat, cum animum advertisset naves singulas cum exercitu Caesaris incertas locorum atque castrorum suorum vagari, occasionem nactus navem, quam ibi habuit, actuariam complet militibus et sagittariis et eidem scaphas de navibus adiungit ac singulas naves Caesarianas consectari coepit. (2) Et cum plures adortus esset, pulsus fugatusque inde discessisset nec tamen desisteret periclitari, forte incidit in navem, in qua erant duo Titi, Hispani adulescentes, tribuni legionis V, quorum patrem Caesar in senatum legerat, et cum his T. Salienus, centurio legionis eiusdem, qui M. Messalam legatum obsederat Messanae [et] seditiosissima oratione apud eum usus idemque pecuniam et ornamenta triumphi Caesaris retinenda et custodienda curarat et ob has causas sibi timebat. (3) Hic propter conscientiam peccatorum suorum persuasit adulescentibus, ne repugnarent seseque Vergilio traderent. Itaque deducti a Vergilio ad Scipionem custodibus traditi et post diem tertium sunt interfecti. (4) Qui cum ducerentur ad necem, petisse dicitur maior Titius a centurionibus, uti se priorem quam fratrem interficerent, idque ab eis facile impetrasse, atque ita esse interfectos.

29 (1) Turmae interim equitum, quae pro vallo in stationibus esse solebant [ab utrisque ducibus], cotidie minutis proeliis inter se

und langsam voran; denn wilde Elefanten sind trotz langjähriger Dressur und Praxis kaum dazu abzurichten, dass man sie unter Gefahr für beide Seiten – Freund und Feind – in die förmliche Schlacht ausrücken lässt.

28 (1) Während dies in der Gegend von Ruspina von beiden Anführern veranlasst wurde, bemerkte der ehemalige Prätor Gaius Vergilius, Befehlshaber der Küstenstadt Thapsus, dass einzelne Schiffe mit Caesars Heer an Bord in Unkenntnis der Gegend und des Lagers ihrer Leute auf dem Meer kreuzten. Er nutzte diese Gelegenheit, bemannte einen Schnellsegler[47], den er dort zur Verfügung hatte, mit Soldaten und Bogenschützen, gab diesem Schnellsegler Boote von Schiffen bei und begann, einzelne von Caesars Schiffen zu verfolgen. (2) Er griff mehrere an, wurde jedoch vertrieben, in die Flucht geschlagen und kam von dort davon. Trotzdem hörte er nicht auf, einen Versuch zu unternehmen, und stieß zufällig auf ein Schiff, auf dem sich zwei junge Spanier, die Brüder Titius[48], befanden, Tribunen der fünften Legion[49], deren Vater Caesar für den Senat ausgewählt hatte. Bei ihnen war auch Titus Salienus, Zenturio derselben Legion, der den Legaten Marcus Messala in Messana belagert und nicht nur eine äußerst aufrührerische Sprache bei ihm geführt,[50] sondern auch das für Caesars Triumphzug bestimmte Geld und die zu diesem Zweck bestimmten Kostbarkeiten hatte zurückbehalten und verwahren lassen und der deswegen um sich besorgt war. (3) Im Bewusstsein seiner Vergehen überredete er die beiden jungen Männer, keinen Widerstand zu leisten, sondern sich Vergilius zu ergeben. Und so wurden sie von Vergilius zu Scipio geführt, den Wachen übergeben und nach dem dritten Tag hingerichtet. (4) Als sie zu ihrer Tötung geführt wurden, soll der ältere Titius die Zenturionen gebeten haben, ihn vor seinem Bruder zu töten, und dies auch bei ihnen durchgesetzt haben; so seien sie dann beide hingerichtet worden.

29 (1) Die Reiterschwadronen, die gewöhnlich vor dem Lagerwall stationiert waren, hörten in der Zwischenzeit nicht auf, täglich

depugnare non intermittunt. Nonnumquam etiam Germani Gallique Labieniani cum Caesaris equitibus fide data inter se colloquebantur. (2) Labienus interim cum parte equitatus Leptim oppidum, cui praeerat Saserna cum cohortibus VI, oppugnare ac vi inrumpere conabatur. Quod ab defensoribus propter egregiam munitionem oppidi et multitudinem tormentorum facile et sine periculo defendebatur. (3) Quod ubi saepius eius equitatus facere non intermittebat, [et] cum forte ante portam turma densa adstitisset, scorpione accuratius misso atque eorum decurione percusso et ad ecum adfixo, reliqui perterriti fuga se in castra recipiunt. Quo facto postea sunt deterriti oppidum temptare.

30 (1) Scipio interim fere cotidie non longe a suis castris passus CCC instruere aciem ac maiore parte diei consumpta rursus in castra se recipere. (2) Quod cum saepius fieret, neque ex Caesaris castris quisquam prodiret neque propius eius copias accederet, despecta patientia Caesaris exercitusque eius, [Iuba] universis copiis productis elephantisque turritis XXX ante aciem instructis, quam latissime potuit porrecta equitum peditumque multitudine uno tempore progressus haud ita longe a Caesaris castris constitit in campo.

31 (1) Quibus rebus cognitis Caesar iubet milites, qui extra munitiones processerant [quique] pabulandi lignandique aut etiam muniendi gratia quique vallum petierant quaeque ad eam rem opus erant, omnes intra munitiones minutatim modesteque sine tumultu aut terrore se recipere atque in opere consistere. (2) Equitibus

kleine Gefechte untereinander auszutragen. Manchmal führten auch die germanischen und gallischen Reiter des Labienus mit Caesars Reitern Gespräche, nachdem sie sich gegenseitig ihr Wort gegeben hatten. (2) Labienus versuchte inzwischen mit einem Teil der Reiterei die Stadt Leptis (minor), die von Saserna mit sechs Kohorten befehligt wurde, zu bestürmen und gewaltsam dort einzudringen. Diese Stadt wurde allerdings von den Verteidigern wegen der hervorragenden Befestigungsanlage und der Vielzahl der Geschütze leicht und gefahrlos verteidigt. (3) Als die Reiterei des Labienus nicht aufhörte, öfters solche Versuche zu unternehmen, und als sich zufällig vor einem Tor eine dichtgedrängte Schwadron hingestellt hatte, durchbohrte ein ziemlich sorgfältig von einem Skorpion[51] abgefeuerter Spitzpfeil den Anführer ihrer Zehntschaft und nagelte ihn an seinem Pferd[52] fest; voller Schrecken zogen sich die Übrigen durch Flucht in ihr Lager zurück. Daraufhin wurden sie davon abgeschreckt, die Stadt anzugreifen.

30 (1) Scipio stellte unterdessen fast täglich sein Heer nicht weg von seinem Lager, etwa 300 Schritt entfernt, in Schlachtordnung auf und zog sich, wenn der größere Teil des Tages vorüber war, wieder in sein Lager zurück. (2) Als dies öfters geschah und niemand aus Caesars Lager herauskam und näher an Scipios Truppen heranrückte, verachtete er Caesars und seines Heeres geduldiges Verhalten, ließ alle Truppen ausrücken, stellte seine 30 mit Türmen versehenen Elefanten vor die Schlachtlinie, ließ die Menge der Reiter und Infanteristen sich möglichst weit ausbreiten, rückte in ein und demselben Augenblick weit vor und ging nicht sonderlich weit weg von Caesars Lager auf freiem Feld in Stellung.

31 (1) Als Caesar davon erfuhr, erteilte er den Befehl, dass alle Soldaten, die die Befestigungsanlagen zum Futter- und Holzholen verlassen oder auch Pfahlwerk[53] und was sonst noch zwecks weiterer Befestigung nötig war, geholt hatten, sich nach und nach und gelassen ohne Aufruhr oder Panik hinter die Befestigungen zurückziehen und in der Verschanzung Stellung beziehen sollten. (2) Die

autem, qui in statione fuerant, praecipit, ut usque eo locum optinerent, in quo paulo ante constitissent, donec ab hoste telum missum ad se perveniret. Quodsi propius accederetur, quam honestissime se intra munitiones reciperent. (3) Alii quoque equitatui edicit, uti suo quisque loco paratus armatusque praesto esset. (4) Atque haec non ipse per se coram, cum de vallo prospecularetur, sed mirabili peritus scientia bellandi in praetorio sedens per speculatores et nuntios imperabat, quae fieri volebat. (5) Animadvertebat enim, quamquam magnis essent copiis adversarii freti, tamen saepe a se fugatis, pulsis perterritisque et concessam vitam et ignota peccata; quibus rebus numquam tanta suppeteret ex ipsorum inertia conscientiaque animi victoriae fiducia, ut castra sua adoriri auderent. (6) Praeterea ipsius nomen auctoritasque magna ex parte eorum exercitus minuebat audaciam. (7) Tum egregiae munitiones castrorum atque valli fossarumque altitudo et extra vallum stili caeci mirabilem in modum consiti vel sine defensoribus aditum adversariis prohibebant: scorpionum, catapultarum ceterorumque telorum, quae ad defendendum solent parari, magnam copiam habebat. (8) Atque haec propter exercitus sui praesentis paucitatem et tirocinium praeparaverat, non hostium vi et metu commotus patientem se timidumque hostium opinioni praebebat. (9) Neque idcirco copias, quamquam erant paucae tironumque, non educebat in aciem, quod

Reiter aber, die auf ihrem Posten standen, wies er an, ihren Standort, den sie kurz zuvor bezogen hatten, solange zu behaupten, bis ein vom Feind geschleudertes Wurfgeschoss bei ihnen einschlage. Wenn nun der Feind noch näher heranrücken sollte, sollten sie sich möglichst ehrenvoll hinter die Befestigungen zurückziehen. (3) Auch der übrigen Reiterei trug er auf, dass jeder sich auf seinem Platz kampfgerüstet befinde und bewaffnet zur Verfügung stehe. (4) Diese Anweisungen erteilte er nicht etwa persönlich, indem er vom Lagerwall herab Ausschau hielt, sondern dank seiner bewundernswerten Kriegserfahrung und Kenntnis befahl er, in seinem Feldherrnzelt sitzend, durch Späher und Boten, was nach seinem Willen zu geschehen habe. (5) Er bemerkte nämlich sehr wohl, dass er seine Gegner, obwohl sie auf ihre gewaltigen Truppenmassen vertrauten, dennoch oft in die Flucht getrieben, geschlagen, in Panik versetzt, ihnen das Leben geschenkt und ihnen ihre Verfehlungen nachgesehen hatte; deswegen und aufgrund ihrer Untüchtigkeit und ihres Schuldbewusstseins würden sie niemals eine solch große Siegeszuversicht besitzen, dass sie einen Angriff auf sein Lager wagen würden. (6) Außerdem minderten schon sein berühmter Name und sein Ansehen großenteils die Kühnheit des gegnerischen Heeres. (7) Ferner verhinderten die hervorragenden Befestigungen des Lagers, die Höhe des Lagerwalles und die Tiefe der Gräben, außerhalb des Walles die auf bewundernswerte Weise eingerammten verdeckten spitzen Pfähle[54] auch ohne Verteidiger die Annäherung der Feinde: Caesar besaß eine große Menge an Skorpionpfeilen, Katapulten[55] und Wurfwaffen, die man gewöhnlich für eine Verteidigung bereithält. (8) Diese vorbereitenden Maßnahmen hatte Caesar wegen der augenblicklich geringen Truppenzahl und der Zusammensetzung des Heeres aus Rekruten und ihrer damit verbundenen Unerfahrenheit getroffen; unbeeindruckt von der Macht der Feinde, ohne Angst vor ihnen zeigte er sich geduldig und, wie die Feinde meinten, furchtsam. (9) Nicht deshalb führte er seine Truppen in die Schlacht, obwohl sie zahlenmäßig gering und mit

victoriae suorum diffideret, sed referre arbitrabatur, cuiusmodi victoria esset futura; turpe enim sibi existimabat tot rebus gestis tantisque exercitibus devictis, tot tam claris victoriis partis, ab reliquis copiis adversariorum suorum ex fuga collectis se cruentam adeptum existimari victoriam. (10) Itaque constituerat gloriam exsultationemque eorum pati, donec sibi veteranarum legionum pars aliqua in secundo commeatu occurrisset.

32 (1) Scipio interim paulisper, ut antea dixi, in eo loco commoratus, ut quasi despexisse Caesarem videretur, paulatim reducit suas copias in castra et contione advocata de terrore suo desperationeque exercitus Caesaris facit verba et cohortatus suos victoriam propriam se eis brevi daturum pollicetur. (2) Caesar iubet milites rursus ad opus redire et per causam munitionum tirones in labore defatigare non intermittit. (3) Interim Numidae Gaetuli⟨que⟩ diffugere cotidie ex castris Scipionis et partim in regnum se conferre, partim, quod ipsi maioresque eorum beneficio C. Mari usi fuissent Caesaremque eius adfinem esse audiebant, in eius castra perfugere catervatim non intermittunt. (4) Quorum ex numero electis hominibus inlustrioribus [Gaetulos] et litteris ad suos cives datis cohortatus, uti manu facta se suosque defenderent, ne suis inimicis adversariisque dicto audientes essent, mittit.

33 (1) Dum haec ad Ruspinam fiunt, legati ex Acylla, civitate libera et immunique, ad Caesarem veniunt seque paratos quaecum-

Rekruten besetzt waren, weil er kein Vertrauen zum Sieg seiner Soldaten hatte, sondern weil er glaubte, dass es darauf ankomme, wie der Sieg ausfallen würde; er hielt es nämlich für entehrend, nach so vielen Taten, nach dem Sieg über solch große Heere, nach so vielen und solch glänzend errungenen Siegen in den Ruf zu geraten, über die restlichen, auf der Flucht zusammengerafften Truppen seiner Gegner einen blutigen Sieg errungen zu haben. (10) Deshalb hatte er beschlossen, ihre Ruhmredigkeit und ihr Frohlocken zu ertragen, bis irgendein Teil der Veteranenlegionen beim zweiten Transport zu ihm stoßen werde.

32 (1) Nachdem Scipio eine Zeitlang an dem erwähnten Ort verweilt hatte, gleichsam um den Anschein zu erwecken, er habe Caesar verachtet, führte er seine Streitkräfte allmählich in das Lager zurück, berief eine Heeresversammlung ein, sprach über den Schrecken, den er verursacht hatte, und über die hoffnungslose Lage von Caesars Heer, spornte seine Leute an und versprach, ihnen bald den sicheren Sieg zu geben. (2) Caesar befahl seinen Soldaten, wieder zu ihrer Schanzarbeit zurückzukehren, und unter dem Vorwand von Befestigungsarbeiten hörte er nicht auf, die Rekruten mit Arbeit zu ermatten. (3) Unterdessen ließen Numider und Gaetuler nicht davon ab, sich täglich flüchtend aus Scipios Lager zu zerstreuen und sich teils in Jubas Königreich zu begeben, teils scharenweise in Caesars Lager überzulaufen, weil ihre Vorfahren in den Genuss der Vergünstigung des Gaius Marius[56] gekommen waren und hörten, dass Caesar ein Anverwandter des Marius sei. (4) Caesar wählte daher aus diesen die vornehmeren aus, gab ihnen ein Schreiben an ihre Mitbürger mit und entließ sie mit der Aufforderung, eine Mannschaft zu bilden und sich und ihre Leute zu verteidigen, um nicht ihren persönlichen Feinden und Widersachern aufs Wort gehorchen zu müssen.

33 (1) Während dieser Geschehnisse bei Ruspina kamen aus Acylla, einer freien und nicht abgabepflichtigen Stadt, Gesandte zu Caesar und versprachen, bereitwillig und mit willigem Herzen alle

que imperasset, et libenti animo facturos pollicentur; tantum orare et petere ab eo, uti sibi praesidium daret, quo tutius id et sine periculo facere possent; se et frumentum et quaecumque res eis suppeteret, communis salutis gratia subministraturos. (2) Quibus rebus facile a Caesare impetratis praesidioque dato, C. Messium aedilicia functum potestate Acyllam iubet proficisci. (3) Quibus rebus cognitis Considius Longus, qui Hadrumeti cum duabus legionibus et equitibus DCC praeerat, celeriter ibi parte praesidii relicta cum VIII cohortibus ad Acyllam ire contendit. (4) Messius celerius itinere confecto prior Acyllam cum cohortibus pervenit. (5) Considius interim cum ad urbem cum copiis accessisset et animadvertisset praesidium Caesaris ibi esse, non ausus periculum suorum facere nulla re gesta pro multitudine hominum rursus se Hadrumetum recepit; deinde paucis post diebus equestribus copiis a Labieno adductis rursus Acyllitanos castris positis obsidere coepit.

34 (1) Per id tempus C. Sallustius Crispus, quem paucis ante diebus missum a Caesare cum classe demonstravimus, Cercinam pervenit. (2) Cuius adventu C. Decimius quaestorius, qui ibi cum grandi familiae suae praesidio praeerat commeatui, parvulum navigium nactus conscendit ac se fugae commendat. (3) Sallustius interim praetor a Cercinitanis receptus magno numero frumenti invento naves onerarias, quarum ibi satis magna copia fuit, complet atque in castra ad Caesarem mittit. (4) Allienus interim pro consule Lilybaeo in navis onerarias imponit legionem XIII et XIV et equites Gallos DCCC, funditorum sagittariorumque mille ac secundum

seine Befehle auszuführen; sie bäten nur flehentlich darum, dass er ihnen eine Besatzung gebe, um seine Befehle sicherer und gefahrlos ausführen zu können; sie wollten ihm Getreide und was ihnen sonst noch zu Gebote stand um des gemeinsamen Wohles willen zuführen. (2) Nachdem sie dies leicht von Caesar erreicht hatten, stellte dieser ihnen eine Besatzung zur Verfügung und ließ Gaius Messius, der das Amt eines Ädils verwaltet hatte, nach Acylla aufbrechen. (3) Kaum hatte Considius Longus, der mit zwei Legionen und 700 Reitern Hadrumetum befehligte, davon erfahren, ließ er einen Teil der Besatzung dort zurück und beeilte sich, schnell mit acht Kohorten nach Acylla zu gelangen. (4) Messius legte den Weg jedoch schneller zurück und kam früher mit seinen Kohorten in Acylla an. (5) Als Considius sich mit seinen Truppen der Stadt genähert und bemerkt hatte, dass Caesars Besatzung bereits an Ort und Stelle war, wagte er es nicht, das Wohl seiner Leute einer Gefahr auszusetzen, sondern zog sich trotz der Menge seiner Leute unverrichteter Dinge nach Hadrumetum zurück. Als danach wenige Tage später Kavallerie von Labienus zu ihm stieß, schlug er wieder ein Lager bei Acylla auf und begann mit der Belagerung der Stadt.

34 (1) Während dieser Zeit gelangte Gaius Sallustius Crispus, der – wie erwähnt[57] – wenige Tage zuvor von Caesar mit der Flotte losgeschickt worden war, zur Insel Cercina. (2) Bei dessen Ankunft bestieg der ehemalige Quästor Gaius Decimius, der dort mit einer zahlreichen Besatzung seines eigenen Hausstandes den Nachschub leitete, ein kleines Schiffchen, das er gerade erwischen konnte, und ergriff die Flucht. (3) Der Prätor Sallustius wurde unterdessen von den Bewohnern Cercinas aufgenommen; er fand eine große Menge Getreide, belud die Frachtschiffe, von denen es dort eine recht große Menge gab, und schickte sie ins Lager zu Caesar. (4) Inzwischen ließ der Prokonsul Allienus in Lilybaeum die 13. und die 14. Legion sowie 800 gallische Reiter, 1000 Schleuderer und Bogenschützen auf Frachtschiffe einschiffen und schickte den zweiten

commeatum in Africam mittit ad Caesarem. (5) Quae naves ventum secundum nactae quarto die in portum ad Ruspinam, ubi Caesar castra habuerat, incolumes pervenerunt. (6) Ita Caesar duplici laetitia ac voluptate uno tempore auctus, frumento auxiliisque, tandem suis hilaratis annonaque levata sollicitudinem deponit, legiones equitesque ex navibus egressos iubet ex languore nauseaque reficere, dimissos in castella munitionesque disponit.

35 (1) Quibus rebus Scipio quique cum eo essent comites mirari et requirere: C. Caesarem, qui ultro consuesset bellum inferre ac lacessere proelio, subito commutatum non sine magno consilio suspicabantur. (2) Itaque ex eius patientia in magnum timorem coniecti ex Gaetulis duos, quos arbitrabantur suis rebus amicissimos, magnis praemiis pollicitationibusque propositis pro perfugis speculandi gratia in castra Caesaris mittunt. (3) Qui simul ad eum sunt deducti, petierunt, ut sibi liceret vera sine periculo proloqui. (4) Potestate facta "saepenumero," inquiunt "imperator, complures Gaetuli, qui sumus clientes C. Marii, et propemodum omnes cives Romani, qui sunt in legione IV et VI, ad te voluimus in tuaque praesidia confugere. Sed custodiis equitum Numidarum, quo id sine periculo minus faceremus, impediebamur. Nunc data facultate pro speculatoribus missi ab Scipione ad te cupidissime venimus, ut perspiceremus, num quae fossae aut insidiae elephantis ante castra portasque valli factae essent, simulque consilia vestra contra easdem bestias comparationemque pugnae cognosceremus atque eis renun-

Nachschub nach Afrika zu Caesar. (5) Da diese Schiffe günstigen Wind bekamen, gelangten sie am vierten Tag unversehrt in den Hafen bei Ruspina, wo Caesar ein Lager errichtet hatte. (6) So wurde Caesar gleichzeitig mit doppelter Freude und Vergnügen beglückt: Er wurde mit Getreide und mit Hilfstruppen bereichert, endlich wurden seine Leute aufgeheitert, dem Getreidemangel wurde abgeholfen und Caesar legte seinen Kummer ab; er ließ die ausgeschifften Legionen und Reiter sich von der Entkräftung und der Seekrankheit erholen, dann schickte er sie los und verteilte sie auf die Kastelle und Befestigungen.

35 (1) Scipio und seine Begleiter wunderten sich über diese Vorgänge und zogen Erkundigungen ein; sie vermuteten, dass Gaius Caesar, der gewöhnlich von selbst einen Angriffskrieg führte und zum Kampf herausforderte, plötzlich nicht ohne einen wichtigen Plan entgegengesetzt verfahre. (2) Sie gerieten aufgrund seines geduldigen Verhaltens in große Angst und schickten daher zwei der Gaetuler, die – wie sie glaubten – ihren Belangen sehr freundlich gegenüberstünden und denen sie hohe Belohnungen und Versprechungen in Aussicht stellten, als scheinbare Überläufer zum Auskundschaften in Caesars Lager. (3) Kaum waren diese Caesar vorgeführt worden, baten sie darum, gefahrlos die Wahrheit sagen zu dürfen. (4) Dazu gab man ihnen die Gelegenheit und sie sprachen: »Oft schon, Imperator, haben wir, die Mehrzahl der Gaetuler, die wir Schutzbefohlene des Gaius Marius sind, und beinahe alle römischen Bürger in der vierten und sechsten Legion zu dir und in dein Lager fliehen wollen. Doch wir wurden von den Wachtposten der numidischen Reiter daran gehindert, dies gefahrlos zu tun. Jetzt, da sich uns diese Gelegenheit bot, sind wir, als Kundschafter von Scipio geschickt, mit größtem Vergnügen zu dir gekommen, um herauszufinden, ob etwa Gräben oder Fallen gegen die Elefanten vor dem Lager und den Toren des Lagerwalls angelegt worden seien; zugleich sollen wir eure Pläne gegen eben diese Tiere und die Vorbereitung zur Schlacht in Erfahrung bringen und Scipios Leuten

tiaremus." (5) Qui conlaudati a Caesare stipendioque donati ad reliquos perfugas deducuntur. (6) Quorum orationem celeriter veritas comprobavit; namque postero die ex legionibus his, quas Gaetuli nominarunt, milites legionarii complures ab Scipione in castra Caesaris perfugerunt.

36 (1) Dum haec ad Ruspinam geruntur, M. Cato, qui Uticae praeerat, dilectus cotidie libertinorum, Afrorum, servorum denique et cuiusquemodi generis hominum, qui modo per aetatem arma ferre poterant, habere atque sub manum Scipioni in castra submittere non intermittit. (2) Legati interim ex oppido Thysdrae, in quod tritici modium milia CCC comportata fuerant a negotiatoribus Italicis aratoribusque, ad Caesarem venire, quantaque copia frumenti apud se sit, docent simulque orant, ut sibi praesidium mittat, quo facilius et frumentum et copiae suae conserventur. (3) Quibus Caesar in praesentia gratias egit praesidiumque brevi tempore se missurum dixit cohortatusque ad suos cives iubet proficisci. (4) P. Sittius interim cum copiis Numidiae fines ingressus castellum in montis loco munito locatum, in quod Iuba belli gerendi gratia et frumentum et res ceteras, quae ad bellum usui solent esse, comportaverat, vi expugnando est potitus.

37 (1) Caesar postquam legionibus veteranis duabus, equitatu levique armatura copias suas ex secundo commeatu auxerat, naves exoneratas statim iubet Lilybaeum ad reliquum exercitum transpor-

melden.« (5) Caesar bedachte beide mit Lob und beschenkte sie mit einer Löhnung; danach wurden sie zu den übrigen Überläufern geführt. (6) Ihre Rede wurde schnell durch die Realität bestätigt; denn tags darauf flüchteten aus den Legionen, die die Gaetuler genannt hatten, mehrere Legionssoldaten Scipios in Caesars Lager.

36 (1) Während dieser Vorkommnisse bei Ruspina unterließ es Marcus Cato, der Befehlshaber von Utica, nicht, täglich Aushebungen unter den Freigelassenen, den Afrikanern, den Sklaven und Leuten jeder Art[58], vorausgesetzt dass sie nur aus Altersgründen waffenfähig waren, vorzunehmen und sie sofort Scipio ins Lager zur Unterstützung zu schicken. (2) Unterdessen kamen Gesandte aus der Stadt Thysdra, wohin italische Großhändler und Domänenpächter 300.000 Scheffel Weizen zusammengetragen hatten, zu Caesar und setzten ihn davon in Kenntnis, welch große Menge Getreide sie hätten, und baten ihn gleichzeitig, ihnen eine Schutztruppe zu schicken, damit sowohl das Getreide als auch ihre Vorräte leichter erhalten werden könnten. (3) Caesar dankte ihnen für den Augenblick, erklärte, in Kürze eine Schutztruppe schicken zu wollen, machte ihnen Mut und befahl ihnen, zu ihren Mitbürgern aufzubrechen. (4) Währenddessen war Publius Sittius mit seinen Truppen[59] in das Territorium Numidiens eingefallen und bemächtigte sich gewaltsam eines Kastells, das auf dem befestigten Ort eines Berges lag und in das Juba zum Zweck der Kriegsführung sowohl Getreide als auch andere Dinge, die für einen Krieg gewöhnlich von Nutzen sind, hatte zusammentragen lassen.

37–66 Kampfhandlungen nahe Uzitta (Januar – April 46 v. Chr.)

37 (1) Nachdem Caesar aufgrund des zweiten Transports seine Truppen um zwei Veteranenlegionen, Reiterei und Leichtbewaffnete verstärkt hatte, ließ er sofort die entladenen Schiffe nach Lilybaeum auslaufen, um das restliche Heer zu transportieren. Er selbst befahl

tandum proficisci; ipse VI Kal. Febr. circiter vigilia prima imperat, speculatores apparitoresque omnes ut sibi praesto essent. (2) Itaque omnibus insciis neque suspicantibus vigilia tertia iubet omnes legiones extra castra educi atque se consequi ad oppidum Ruspinam versus, in quo ipse praesidium habuit et quod primum ad amicitiam eius accessit. (3) Inde parvulam proclivitatem degressus sinistra parte campi propter mare legiones ducit. (4) Hic campus mirabili planitie patet milia passuum XV; quem iugum cingens a mari ortum neque ita praealtum velut theatri efficit speciem. (5) In hoc iugo colles sunt excelsi pauci, in quibus singulae turres speculaeque singulae perveteres erant conlocatae, quarum apud ultimam praesidium et statio fuit Scipionis.

38 (1) Postquam Caesar ad iugum, de quo docui, ascendit atque in unumquemque collem turrem castellaque facere coepit atque ea minus semihora effecit, (2) et postquam non ita longe ab ultimo colle turrique fuit, quae proxima fuit castris adversariorum, in qua docui esse praesidium stationemque Numidarum, paulisper commoratus perspectaque natura loci equitatu in statione disposito legionibus opus adtribuit brachiumque medio iugo ab eo loco, ad quem pervenerat, usque ad eum, unde egressus erat, iubet derigi ac muniri. (3) Quod postquam Scipio Labienusque animadverterant, equitatu omni ex castris educto acieque equestri instructa a suis

am sechsten Tag vor den Kalenden des Februar[60] ungefähr um die erste Nachtwache, dass alle Kundschafter und seine gesamte persönliche Ordonnanz zur Verfügung stehen sollten. (2) Und so befahl er um die dritte Nachtwache, ohne dass jemand etwas wusste oder Verdacht schöpfte, alle Legionen[61] aus dem Lager herauszuführen und ihm in Richtung auf die Stadt Ruspina zu folgen, in der er selbst eine Besatzung hatte, und weil diese Stadt als erste in ein Freundschaftsbündnis mit ihm getreten war. (3) Von dort stieg er einen kleinen Abhang hinunter und führte die Legionen auf der linken Seite[62] einer Ebene in die Nähe des Meeres. (4) Diese Ebene erstreckt sich in erstaunlicher Fläche über 15 Meilen hinweg; vom Meer her umschließt sie ein dort seinen Anfang nehmender Bergrücken, der nicht sonderlich hoch ist[63] und den Anschein eines Theaters erweckt. (5) Auf diesem Bergrücken erheben sich einige wenige bedeutende Anhöhen, auf denen einzelne Türme und einzelne sehr alte Beobachtungsposten errichtet worden waren, bei deren letztem ein Sicherheitsposten Scipios war.

38 (1) Nachdem Caesar den besagten[64] Bergrücken bestiegen hatte, begann er Hügel für Hügel mit einem Turm und einem Kastell zu bebauen,[65] und bewerkstelligte diese Arbeiten in weniger als einer halben Stunde. (2) Als er nicht sonderlich weit vom letzten Hügel und Turm entfernt war, der dem gegnerischen Lager am nächsten lag und auf dem, wie dargelegt,[66] ein Sicherheitsposten der Numider war, machte er eine Weile Halt und besah sich die natürliche Gegebenheit des Geländes. Dann verteilte er die Reiterei auf verschiedene Posten und teilte den Legionen ihre Schanzarbeit zu: Er befahl, in der Mitte des Bergrückens von dem Ort aus, zu dem er gelangt war, einen Verbindungswall[67] bis zu dem Ort zu ziehen, von dem er aufgebrochen war, und diesen zu befestigen. (3) Nachdem Scipio und Labienus dies wahrgenommen hatten, führten sie ihre gesamte Reiterei aus dem Lager, stellten sie in Schlachtordnung auf, rückten etwa 1000 Schritte von ihren Befestigungsanla-

munitionibus circiter passus mille progrediuntur pedestremque copiam in secunda acie minus passus CCCC a suis castris constituunt.

39 (1) Caesar in opere milites adhortari neque adversariorum copiis moveri. (2) Iam cum non amplius passus MD inter hostium aciem suasque munitiones esse animadvertisset intellexissetque ad impediendos milites suos et ab opere depellendos hostem propius accedere et necesse haberet legiones a munitionibus deducere, imperat, turmae Hispanorum ut ad proximum collem propere accurrerent praesidiumque inde deturbarent locumque caperent, eodemque iubet levis armaturae paucos consequi subsidio. (3) Qui missi celeriter Numidas adorti partim vivos capiunt, nonnullos equites fugientes convulneraverunt locumque sunt potiti. (4) Postquam id Labienus animadvertit, quo celerius iis auxilium ferret, ex acie instructa equitatus sui prope totum dextrum cornu avertit atque suis fugientibus suppetias ire contendit. (5) Quod ubi Caesar conspexit Labienum ab suis copiis longius iam abscessisse, equitatus sui alam sinistram ad intercludendos hostes immisit.

40 (1) Erat in eo campo, ubi ea res gerebatur, villa permagna turribus IIII exstructa. Quae Labieni prospectum impediebat, ne posset animum advertere ab equitatu Caesaris se intercludi. (2) Itaque non prius vidit turmas Iulianas, quam suos caedi a tergo sentit. Ex qua re subito in terrorem converso equitatu Numidarum recta in castra fugere contendit. (3) Galli Germanique, qui restiterant, ex

gen vor und stellten die Infanterie in einer zweiten Schlachtlinie weniger als 400 Schritt von ihrem Lager entfernt auf.

39 (1) Caesar trieb seine Soldaten bei der Schanzarbeit an und ließ sich von den gegnerischen Truppen nicht beeindrucken. (2) Als er wahrgenommen hatte, dass zwischen der feindlichen Kampflinie und seinen Befestigungen ein Abstand von nicht mehr als 1500 Schritten war, er ferner bemerkt hatte, dass der Feind immer näher heranrückte, um seine Soldaten zu behindern und sie von der Schanzarbeit zu vertreiben, und er es für nötig erachtete, die Legionen von den Befestigungen abzuziehen, befahl er seiner spanischen Reiterabteilung[68], eilends an den nächstgelegenen Hügel heranzurücken, die dortige Besatzung zu vertreiben und den Ort zu besetzen; ferner befahl er einigen wenigen Leichtbewaffneten, ebendorthin zur Unterstützung nachzufolgen. (3) Schnell griffen sie die Numider an, nahmen sie teils lebend gefangen bzw. verwundeten einige Reiter auf ihrer Flucht schwer; so bemächtigten sie sich des Ortes. (4) Nachdem Labienus dies bemerkt hatte, ließ er, um seinen Leuten umso schneller Hilfe bringen zu können, beinahe den gesamten rechten Flügel seiner Reiterei aus der aufgestellten Schlachtreihe abschwenken und beeilte sich, seinen fliehenden Soldaten zu Hilfe zu kommen. (5) Sobald Caesar sah, dass Labienus sich von seinen Truppen schon ziemlich weit entfernt hatte, schickte er den linken Flügel seiner Reiterei los, um den Feinden den Weg zu versperren.

40 (1) Auf der Ebene, wo dieses Geschehen stattfand, befand sich ein sehr großes, mit vier Türmen überbautes Landhaus, welches Labienus die Fernsicht behinderte, sodass er nicht wahrnehmen konnte, wie er von Caesars Reiterei abgeschnitten wurde. (2) Daher sah er Caesars Schwadronen nicht eher, als bis er bemerkte, wie seine Leute von hinten niedergemetzelt wurden. Infolgedessen wurde die numidische Reiterei plötzlich in Schrecken versetzt und Labienus beeilte sich, geradewegs ins Lager zu fliehen. (3) Seine Gallier und Germanen, die standgehalten hatten, wurden von der

superiore loco et post tergum circumventi fortiterque resistentes conciduntur universi. (4) Quod ubi legiones Scipionis, quae pro castris erant instructae, animum adverterunt, metu ac terrore obcaecatae omnibus portis in sua castra fugere coeperunt. (5) Postquam Scipione eiusque copiis campo collibusque exturbatis atque in castra compulsis cum receptui Caesar cani iussisset equitatumque omnem intra suas munitiones recepisset, campo purgato animadvertit mirifica corpora Gallorum Germanorumque; qui partim eius auctoritatem erant ex Gallia secuti, partim pretio pollicitationibusque adducti ad eum se contulerant, nonnulli, qui ex Curionis proelio capti conservatique parem gratiam in fide praebenda praestare voluerant. (6) Horum corpora mirifica specie amplitudineque caesa toto campo ac prostrata diverse iacebant.

41 (1) His rebus gestis Caesar postero die ex omnibus praesidiis cohortes eduxit atque omnes suas copias in campo instruxit. Scipio suis male acceptis, occisis convulneratisque intra suas continere se munitiones coepit. (2) Caesar instructa acie secundum infimas iugi radices propius munitiones leniter accessit. Iamque minus mille passus ab oppido Uzitta, quod Scipio tenebat, aberant legiones Iulianae, cum Scipio veritus, ne oppidum amitteret, unde aquari reliquisque rebus sublevari eius exercitus consuerat, eductis omnibus copiis quadruplici acie instructa, ex instituto suo prima equestri

Anhöhe herab und in ihrem Rücken umzingelt und wurden, während sie tapfer Widerstand leisteten, allesamt niedergemacht. (4) Sobald Scipios Legionen, die vor dem Lager in Stellung gegangen waren, dies wahrgenommen hatten, waren sie durch Furcht und Schrecken wie betäubt und begannen, durch alle Tore in ihr Lager zu fliehen. (5) Nachdem Scipio und seine Streitkräfte aus der Ebene und von den Hügeln verjagt und in ihr Lager getrieben worden waren, ließ Caesar zum Rückzug blasen und zog die ganze Reiterei in seine Befestigungen zurück. Als das Schlachtfeld aufgeräumt war, bemerkte Caesar die erstaunlichen Körper jener Gallier und Germanen, die Labienus teils wegen seines Ansehens aus Gallien gefolgt waren, teils durch Belohnung und Versprechungen dazu verleitet worden waren und sich zu ihm begeben hatten; einige, die nach dem Kampf gegen Curio gefangen genommen und begnadigt worden waren, hatten ihm gleichen Dank durch Erweisen der Treue erweisen wollen. (6) Ihre Körper von erstaunlicher Schönheit und Größe lagen nun auf dem ganzen Schlachtfeld erschlagen und hingestreckt zerstreut umher.

41 (1) Nach diesen Geschehnissen führte Caesar am darauffolgenden Tag die Kohorten aus allen Verschanzungen heraus und stellte alle seine Streitkräfte in der Ebene auf. Scipio hingegen begann innerhalb seiner Befestigungen zu bleiben, nachdem seinen Leuten übel mitgespielt worden war, sie getötet und schwer verwundet worden waren. (2) Caesar ordnete sein Heer zur Schlacht und rückte entlang dem Fuß des Bergrückens langsam näher an die gegnerischen Befestigungen heran. Schon waren Caesars Legionen von der Stadt Uzitta, die von Scipio gehalten wurde, weniger als 1 Meile entfernt, als Scipio aufgrund der Befürchtung, die Stadt verlieren zu können, von wo sein Heer gewöhnlich Wasser holte und mit den übrigen Dingen versorgt wurde, alle seine Truppen herausführte und in vierfacher Schlachtordnung aufstellte; dabei ließ er nach seiner bisherigen Gewohnheit[69] die schwadronenweise in gerader Linie ausgerichteten Reiter zusammen mit den dazwi-

turmatim derecta elephantisque turritis interpositis armatisque, suppetias ire contendit. (3) Quod ubi Caesar animadvertit, arbitratus Scipionem ad dimicandum paratum ad se certo animo venire, in eo loco, quo paulo ante commemoravi, ante oppidum constitit suamque aciem mediam eo oppido texit; dextrum sinistrumque cornu, ubi elephanti erant, in conspectu patenti adversariorum constituit.

42 (1) Cum iam prope solis occasum Caesar exspectavisset neque ex eo loco, quo constiterat, Scipionem progredi propius se animadvertisset locoque se magis defendere, si res coegisset, quam in campo comminus consistere audere, non est visa ratio propius accedendi eo die ad oppidum, quoniam ibi praesidium grande Numidarum esse cognoverat, hostesque mediam aciem suam oppido texisse et sibi difficile factu esse intellexit simul et oppidum uno tempore oppugnare et in acie in cornu dextro ac sinistro ex iniquiore loco pugnare, praesertim cum milites a mane diei ieiuni sub armis stetissent defatigati. (2) Itaque reductis suis copiis in castra postero die propius eorum aciem instituit exporrigere munitiones.

43 (1) Interim Considius, qui Acyllam ..... et VIII cohortibus stipendiariis⟨que⟩ Numidis Gaetulisque obsidebat, ubi C. Messius III cohortibus praeerat, diu multumque expertus magnisque operibus saepe admotis et his ab oppidanis incensis cum proficeret nihil, subito nuntio de equestri proelio adlato commotus frumento, cuius in castris copiam habuerat, incenso, vino, oleo ceterisque rebus,

schen gestellten mit Türmen versehenen und bewehrten Elefanten die erste Reihe bilden; so beeilte er sich, der Stadt Uzitta zu Hilfe zu kommen. (3) Als Caesar dies bemerkte, glaubte er, Scipio sei bereit zu kämpfen und rücke entschlossen auf ihn zu. Scipio aber machte an dem kurz zuvor erwähnten[70] Punkt vor der Stadt Halt und stellte sich so, dass seine mittlere Schlachtreihe von der Stadt gedeckt war; den rechten und den linken Heeresflügel, wo die Elefanten standen, stellte er im offenen Angesicht der Gegner auf.

42 (1) Als Caesar (in seiner Stellung) fast bis zum Sonnenuntergang gewartet hatte, stellte er fest, dass Scipio von dem Platz, wo er Stellung bezogen hatte, nicht näher an ihn heranrückte und sich eher an dem Platz verteidigte, wenn die Lage es erfordere, als es zu wagen, auf offenem Feld für einen Nahkampf in Stellung zu gehen. Caesar sah keinen vernünftigen Grund, an diesem Tag näher an die Stadt Uzitta heranzurücken, weil er wusste, dass dort eine zahlreiche numidische Besatzung lag und die Feinde ihre mittlere Schlachtreihe durch die Stadt gedeckt hatten; er erkannte auch, dass es schwierig für ihn sein würde, gleichzeitig im Sturm die Stadt anzugreifen und in der Schlacht mit dem rechten und linken Heeresflügel von einem ziemlich ungünstigen Ort aus zu kämpfen, zumal seine Soldaten bereits seit dem frühen Morgen mit leerem Magen unter Waffen gestanden hatten (und immer noch standen) und nunmehr ermüdet waren. (2) Daher zog er seine Truppen ins Lager zurück und begann am folgenden Tag, seine Befestigungslinie näher zur gegnerischen Kampflinie hin auszudehnen.

43 (1) Unterdessen belagerte Considius⟨, der nach⟩ Acylla ⟨aufgebrochen war, die Stadt⟩[71] mit acht numidischen und gaetulischen Söldnerkohorten, wo Gaius Messius mit drei Kohorten das Kommando hatte. Er hatte lange Zeit viele Versuche unternommen und oft große Belagerungsmaschinen herbeigeführt, richtete jedoch nichts aus, da sie von den Stadtbewohnern in Brand gesteckt wurden. Als plötzlich auch noch die Nachricht von dem Reitergefecht eintraf, war er so beeindruckt, dass er das Getreide, von dem er im

quae ad victum parari solent, corruptis Acyllam, quam obsidebat, deseruit atque itinere per regnum Iubae facto copias cum Scipione partitus Hadrumetum se recepit.

44 (1) Interea ex secundo commeatu, quem a Sicilia miserat Allienus, navis una, in qua fuerat Q. Cominius et L. Ticida, equites Romani, ab residua classe cum erravisset delataque esset vento ad Thapson, a Vergilio scaphis naviculisque actuariis excepta est et ad Scipionem adducta. (2) Item altera navis trieris ex eadem classe errabunda ac tempestate delata ad Aegimurum a classe Vari et M. Octavi est capta, in qua milites veterani cum uno centurione et nonnulli tirones fuerunt; quos Varus adservatos sine contumelia deducendos curavit ad Scipionem. (3) Qui postquam ad eum pervenerunt et ante suggestum eius constiterunt, "non vestra," inquit, "sponte vos certo scio, sed illius scelerati vestri imperatoris impulsu et imperio coactos cives et optimum quemque nefarie consectari. (4) Quos quoniam fortuna in nostram detulit potestatem, si, id quod facere debetis, rem publicam cum optimo quoque defendetis, certum est vobis vitam et pecuniam donare. Quapropter, quid sentiatis, proloquimini."

45 (1) Hac habita oratione Scipio cum existimasset pro suo beneficio sine dubio ab his gratias sibi actum iri, potestatem iis dicundi fecit. (2) Ex eis centurio legionis XIV "pro tuo," inquit, "summo beneficio, Scipio, tibi gratias ago – non enim imperatorem te appello –, quod mihi vitam incolumitatemque belli iure capto

Lager eine Menge hatte, anzündete, machte Wein, Öl und andere Lebensmittel ungenießbar, gab die Belagerung von Acylla auf, marschierte durch Jubas Königreich, teilte mit Scipio seine Truppen und zog sich nach Hadrumetum zurück.

44 (1) Als unterdessen von dem zweiten Transport[72], den Allienus von Sizilien losgeschickt hatte, ein Schiff, auf dem sich die römischen Ritter Quintus Cominius und Lucius Ticida befanden, von der übrigen Flotte abgekommen und durch den Wind nach Thapsus verschlagen worden war, wurde es von Vergilius mit Kähnen und kleinen Schnellseglern[73] aufgegriffen und zu Scipio hingebracht. (2) Desgleichen wurde noch ein anderes Schiff, ein Dreiruderer, aus demselben Flottenverband, das umherirrte und vom Unwetter nach Aegimurus abgetrieben worden war, von der Flotte des Varus und des Marcus Octavius abgefangen. Auf diesem Schiff befanden sich Veteranen zusammen mit einem Zenturio und einige Rekruten. Varus ließ sie ohne kränkende Behandlung in Gewahrsam nehmen und an Scipio überstellen. (3) Nachdem sie bei diesem angekommen und vor sein Tribunal hingetreten waren, sprach Scipio: »Ich weiß mit Bestimmtheit, dass ihr nicht aus eigenem Antrieb, sondern unter dem Druck und gezwungen durch Befehl jenes eures verbrecherischen Imperators[74] in frevelhafter Weise euere Mitbürger und gerade die Besten verfolgt. (4) Da ja das Schicksal euch in meine Gewalt geraten ließ, so ist es, für den Fall, dass ihr – wozu ihr verpflichtet seid – den Staat mit allen guten Bürgern verteidigen werdet, mein fester Wille, euch Leben und Geld zu schenken. Sprecht daher aus, was ihr davon haltet!«[75]

45 (1) Da Scipio nach dieser Rede geglaubt hatte, dass man ihm für seine Gnade zweifellos Dank sagen werde, gab er ihnen die Gelegenheit zum Sprechen. (2) Von ihnen sprach der Zenturio aus der vierzehnten Legion: »Für deine höchste Gnade, Scipio – Imperator nenne ich dich freilich nicht[76] –, danke ich dir, dass du mir, einem nach Kriegsrecht[77] Gefangenen, Leben und körperliche Unversehrtheit versprichst. Ich würde vielleicht von dieser Gnade Ge-

polliceris, et forsan isto uterer beneficio, si non ei summum scelus adiungeretur. (3) Egone contra Caesarem imperatorem meum, apud quem ordinem duxi, eiusque exercitum, pro cuius dignitate victoriaque amplius † XXXVI annos depugnavi, adversus armatusque consistam? (4) Neque ego istud facturus sum et te magnopere, ut de negotio desistas, adhortor. Contra cuius enim copias contendas, si minus antea expertus es, licet nunc cognoscas. (5) Elige ex tuis cohortem unam, quam putas esse firmissimam, et constitue contra me; ego autem ex meis commilitonibus, quos nunc in tua tenes potestate, non amplius X sumam. Tunc ex virtute nostra intelleges, quid ex tuis copiis sperare debeas."

46 (1) Postquam haec centurio praesenti animo adversus opinionem eius est locutus, ira percitus Scipio atque animi dolore incensus annuit centurionibus, quid fieri vellet, atque ante pedes centurionem interficit reliquosque veteranos a tironibus iubet secerni. (2) "Abducite istos," inquit, "nefario scelere contaminatos et caede civium saginatos." Sic extra vallum deducti sunt et cruciabiliter interfecti. (3) Tirones autem iubet inter legiones dispertiri et Cominium cum Ticida in conspectum suum prohibet adduci. (4) Qua ex re Caesar commotus eos, quos in stationibus cum longis navibus apud Thapsum custodiae causa in salo esse iusserat, ut suis onerariis longisque navibus praesidio essent, ob neglegentiam ignominiae causa dimittendos ab exercitu gravissimumque in eos edictum proponendum curavit.

47 (1) Per id tempus fere Caesaris exercitui res accidit incredibilis auditu. Namque vergiliarum signo confecto circiter vigilia secunda

brauch machen, wenn damit nicht das größte Verbrechen verbunden wäre. (3) Soll ich etwa Caesar, meinem Imperator, bei dem ich eine Zenturie geführt habe, und dem Heer desjenigen, für dessen Ehre und Siegesruhm ich mehr als 36 Jahre[78] auf Leben und Tod gekämpft habe, mit Waffen feindlich entgegentreten? (4) Dies werde ich nicht tun und dich rufe ich nachdrücklich dazu auf, von deinem Vorhaben (gegen Caesars Truppen zu kämpfen) Abstand zu nehmen. Denn gegen wessen Truppen du kämpfst, sollst du, wenn du es bisher nicht erfahren hast, jetzt erfahren. (5) Wähle von deinen Kohorten eine aus, die du für die stärkste hältst, und lasse sie gegen mich antreten. Ich werde im Gegenzug aus meinen Kriegskameraden, die du jetzt in deiner Gewalt hast, nicht mehr als zehn aussuchen. Dann wirst du aus unserer Tapferkeit ermessen können, was du von deinen Truppen zu erwarten hast.«

46 (1) Nachdem dies der Zenturio unerschrocken und gegen Scipios Erwartung gesprochen hatte, gab dieser, zornentbrannt und von Erbitterung aufgebracht, seinen Zenturionen durch Kopfnicken zu verstehen, was seinem Willen gemäß geschehen sollte, tötete den Zenturio vor seinen Füßen und befahl, die übrigen Veteranen von den Rekruten abzusondern. (2) »Führt diese Kerle ab«, sagte er, »sie sind befleckt von frevelhaftem Verbrechen und gemästet mit dem Blut ihrer Mitbürger.«[79] So wurden sie außerhalb des Lagerwalls geführt und qualvoll hingerichtet. (3) Die Rekruten hingegen ließ er auf seine Legionen verteilen; zudem verhinderte er, dass Cominius und Ticida ihm vor sein Angesicht vorgeführt würden. (4) Caesar war über diesen Vorfall aufgebracht; er ließ öffentlich einen äußerst strengen Erlass gegen folgenden Personenkreis anschlagen: Diejenigen, die er auf den Kriegsschiffen vor Thapsus mit dem Befehl stationiert hatte, das offene Meer zu bewachen, um seinen Fracht- und Kriegsschiffen als Schutz zu dienen, sollten wegen ihrer Nachlässigkeit zu ihrer Schande[80] aus dem Heer entlassen werden.

47 (1) Etwa um diese Zeit stieß Caesars Heer etwas Unglaubliches zu. Denn obwohl das Siebengestirn bereits untergegangen

noctis nimbus cum saxea grandine subito est exortus ingens. (2) Ad hoc autem incommodum accesserat, quod Caesar non more superiorum temporum in hibernis exercitum continebat, sed in tertio quartoque die procedendo propiusque hostem accedendo castra communibat, opereque faciendo milites se circumspiciendi non habebant facultatem. (3) Praeterea ita ex Sicilia exercitum transportabat, ut praeter ipsum militem et arma nec vas nec mancipium neque ullam rem, quae usu militi esse consuevit, in naves imponi pateretur. (4) In Africa autem non modo sibi quicquam non adquisierant aut paraverant, sed etiam propter annonae caritatem ante parta consumpserant. (5) Quibus rebus attenuati oppido perquam pauci sub pellibus adquiescebant; reliqui ex vestimentis tentoriolis factis atque harundinibus storiisque contextis permanebant. (6) Itaque subito imbre grandineque consecuta gravatis pondere tentoriis aquarumque vi subrutis disiectisque, nocte intempesta ignibus exstinctis, rebus, quae ad victum pertinent, omnibus corruptis per castra passim vagabantur scutisque capita contegebant. Eadem nocte V legionis pilorum acumina sua sponte arserunt.

48 (1) Rex interim Iuba de equestri proelio Scipionis certior factus evocatusque ab eodem litteris praefecto Saburra cum parte exercitus contra Sittium relicto, ut secum ipse aliquid auctoritatis adderet exercitui Scipionis ac terrorem Caesaris, cum tribus legionibus equitibusque frenatis DCCC, Numidis sine frenis peditibusque levis armaturae grandi numero, elephantis XXX egressus e regno ad

war,[81] zog ungefähr um die zweite Nachtwache ein ungeheuerer Platzregen mit steinhartem Hagel herauf. (2) Zu diesem Ungemach war noch hinzugekommen, dass Caesar nicht nach seiner Gewohnheit früherer Zeiten das Heer im Winterlager zurückhielt, sondern vor Ablauf jedes dritten oder vierten Tages vorrückte und sich dem Feind näherte und dabei jedes Mal ein festes Lager errichtete. Infolge der Schanzarbeit hatten die Soldaten keine Möglichkeit, auf sich zu schauen. (3) Außerdem ließ Caesar das Heer so aus Sizilien transportieren, dass er nicht zuließ, dass außer den Soldaten selbst und den Waffen auch noch Gepäck oder Sklaven oder sonst irgendetwas, das den Soldaten gewöhnlich nützlich ist, auf die Schiffe verladen würde. (4) In Afrika aber hatten sie sich nicht nur nichts erworben oder angeschafft, sondern auch das zuvor Erworbene wegen der Teuerung des Getreides bereits aufgebraucht. (5) Dadurch heruntergekommen schliefen nur äußerst[82] wenige in ledernen Winterzelten; die anderen kampierten in kleinen, aus Kleidungsstücken gefertigten und mit Schilfrohr und mit Strohmatten bedeckten Zelten. (6) Durch den plötzlich einsetzenden Regen und Hagel wurden diese Zelte von dem Gewicht und der Gewalt der Wassermassen niedergedrückt, zum Einsturz gebracht und weggerissen, die Lagerfeuer in tiefer Nacht ausgelöscht, alle Lebensmittel verdorben; die Soldaten liefen nach allen Seiten hin im Lager umher und bedeckten mit den Schilden ihren Kopf. In der gleichen Nacht sprühten die Spitzen der Wurfspieße der fünften Legion von selbst Funken.[83]

48 (1) Unterdessen hatte König Juba von Scipios Reitergefecht Nachricht und von diesem eine schriftliche Vorladung erhalten. Der König ließ also seinen General Saburra mit einem Teil des Heeres gegen Sittius zurück, verließ sein Königreich und brach mit drei Legionen, 800 Reitern auf gezäumten Rossen, Numidern ohne Zaumzeug und leichtbewaffneten Infanteristen in großer Zahl sowie mit 30 Elefanten zu Scipio auf, um Scipios Heer durch seine persönliche Anwesenheit ein gewichtigeres Ansehen zu verleihen

Scipionem est profectus. (2) Postquam ad eum pervenit, castris regiis seorsum positis cum eis copiis, quas commemoravi, haud ita longe ab Scipione consedit. – (3) Erat in castris Caesaris superiore tempore magnus terror, et exspectatione copiarum regiarum exercitus eius magis suspensiore animo ante adventum Iubae commovebatur. Postquam vero castra castris contulit, despectis eius copiis omnem timorem deponit. Ita quam antea absens habuerat auctoritatem, eam omnem praesens dimiserat. – (4) Quo facto cuivis facile fuit intellectu Scipioni additum animum fiduciamque regis adventu. (5) Nam postero die universas suas regisque copias cum elephantis LX productas in aciem, quam speciosissime potuit, instruxit ac paulo longius progressus ab suis munitionibus haud ita diu commoratus se recepit in castra.

49 (1) Caesar postquam animadvertit Scipioni auxilia fere, quae exspectasset, omnia convenisse neque moram pugnandi ullam fore, per iugum summum cum copiis progredi coepit et brachia protinus ducere et castella munire propiusque Scipionem capiendo loca excelsa occupare contendit. Adversarii magnitudine copiarum confisi proximum collem occupaverant atque ita longius ibi progrediendi eripuerunt facultatem. (2) Eiusdem collis occupandi [gratia] Labienus consilium ceperat et, quo propiore loco fuerat, eo celerius occurrerat.

50 (1) Erat convallis satis magna latitudine, altitudine praerupta, crebris locis speluncae in modum subrutis, quae erat transgredienda

und Caesars Heer Schrecken einzujagen. (2) Sogleich nach seiner Ankunft wurde ein königliches Lager abgesondert mit den eben erwähnten Truppen errichtet und Juba ließ sich nicht sonderlich weit weg von Scipio nieder. – (3) In Caesars Lager hatte vorher großer Schrecken geherrscht und durch die Erwartung der königlichen Truppen wurde sein Heer vor der Ankunft Jubas in immer größere ungeduldige Spannung versetzt. Nachdem aber Juba in Caesars Nähe lagerte, legte sich die ganze Furcht, da man für Jubas Truppen nur Geringschätzung übrig hatte.[84] Juba hatte durch seine persönliche Gegenwart das ganze Ansehen fahren lassen müssen, das er vorher in der Abwesenheit genossen hatte. – (4) Dadurch konnte jedermann leicht erkennen, dass Scipio durch die Ankunft des Königs Mut und Zuversicht eingeflößt worden war. (5) Denn am folgenden Tag stellte Scipio seine und des Königs sämtliche Truppen nebst sechzig Elefanten möglichst eindrucksvoll in Schlachtordnung auf, rückte von seinen Befestigungen etwas vorwärts, hielt sich in dieser Stellung nicht sonderlich lange auf und zog sich dann in sein Lager zurück.

49 (1) Nachdem Caesar bemerkt hatte, dass bei Scipio so ziemlich alle erwarteten Verstärkungen eingetroffen waren und dass es keinen Aufschub einer Schlacht geben werde, begann er mit seinen Streitkräften auf dem Kamm des Bergrückens vorzurücken, die Querdämme weiter vorwärts zu ziehen und Kastelle zu befestigen. Dabei bemühte er sich, Anhöhen, die näher bei Scipio lagen, einzunehmen und zu besetzen. Im Vertrauen auf die große Menge ihrer Streitkräfte hatten die Gegner jedoch den nächstgelegenen Hügel besetzt und raubten Caesar daher die Möglichkeit, dort weiter vorzurücken. (2) Labienus hatte den Plan gefasst, eben diesen Hügel zu besetzen, und da er näher zu diesem Ort hin gestanden hatte, war er umso schneller vorgerückt.

50 (1) Es gab einen Talkessel von ziemlich großer Breite, der stark abschüssig und an zahlreichen Stellen höhlenartig zerklüftet war und den Caesar durchqueren musste, bevor man zu dem Hügel

Caesari, antequam ad eum collem, quem capere volebat, perveniretur. Ultraque eam convallem olivetum vetus crebris arboribus condensum. (2) Hic cum Labienus animadvertisset Caesarem, si vellet eum locum occupare, prius necesse ⟨habere⟩ convallem olivetumque transgredi, eorum locorum peritus in insidiis cum parte equitatus levique armatura consedit et praeterea post montem [collesque Caesari se subito ostenderet] equites in occulto conlocaverat, ut, cum ipse ex improviso legionarios adortus esset, ex colle se ⟨subito⟩ equitatus ostenderet, ut re duplici perturbatus Caesar eiusque exercitus neque retro regrediundi neque ultra procedendi oblata facultate circumventus concideretur. (3) Caesar postquam equitatu ante praemisso inscius insidiarum cum ad eum locum venisset, adversarii sive obliti praeceptorum Labieni sive veriti, ne in fossa ab equitibus opprimerentur, rari ac singuli de rupe prodire et summa petere collis. (4) Quos Caesaris equites consecuti partim interfecerunt, partim vivorum sunt potiti. Deinde protinus collem petere contenderunt atque eum decusso Labieni praesidio celeriter occupaverunt. Labienus cum parte equitum vix fuga sibi peperit salutem.

51 (1) Hac re per equites gesta Caesar legionibus opera distribuit atque in eo colle, quo erat potitus, castra munivit. (2) Deinde ab suis maximis castris per medium campum e regione oppidi Uzittae, quod inter sua castra et Scipionis in planitie positum erat tenebaturque a Scipione, duo brachia instituit ducere et ita derigere, ut ad angulum dextrum sinistrumque eius oppidi convenirent. (3) Id hac ratione opus instruebat, ut, cum propius oppidum copias admovis-

gelangte, den er einnehmen wollte. Jenseits dieses Talkessels erstreckte sich ein alter, dichter und zahlreich bewaldeter Olivenhain. (2) Als nun Labienus erkannt hatte, dass Caesar zunächst notgedrungen den Talkessel und den Olivenhain durchqueren musste, wenn er den genannten Ort besetzen wollte, postierte er sich, da er mit den Örtlichkeiten vertraut war, mit einem Teil der Reiterei und den Leichtbewaffneten in einem Hinterhalt. Außerdem hatte er noch hinter dem Berg Reiter im Verborgenen postiert, damit sich die Reiterei plötzlich von der Anhöhe her zeige, wenn er selbst unversehens die Legionssoldaten angreifen würde. Caesar und sein Heer, durch zweifachen Angriff in Verwirrung gebracht, hätten dann keine Möglichkeit mehr, rückwärts oder vorwärts kommen zu können, sondern würden eingekesselt und niedergemacht werden. (3) Als Caesar, der seine Reiterei vorausgeschickt hatte, ohne Ahnung von dem Hinterhalt zu diesem Ort gekommen war, kamen die Gegner, entweder weil sie die Anweisungen des Labienus vergessen hatten oder aus Furcht, in dem Talgraben von Caesars Reitern überrascht zu werden, in kleinen Gruppen oder vereinzelt hinter dem Felsen hervor und suchten die Spitze des Hügels zu erreichen. (4) Caesars Reiterei, die sie einholten, töteten sie teilweise, teilweise bemächtigten sie sich ihrer lebend. Sodann stürmten sie schnurstracks den Hügel hinauf, trieben die Besatzung des Labienus hinunter und besetzten den Hügel rasch. Labienus rettete sich mit einem Teil seiner Reiterei mit Mühe durch Flucht.

51 (1) Nach dieser Tat seiner Reiter wies Caesar den Legionen Schanzarbeiten zu und errichtete auf dem Hügel, dessen er sich bemächtigt hatte, ein befestigtes Lager. (2) Sodann ließ er von seinem Hauptlager mitten durch die Ebene, gerade gegenüber der Stadt Uzitta, die zwischen seinem und Scipios Lager in der Ebene lag und von Scipio gehalten wurde, zwei Querdämme ziehen und so ausrichten, dass sie bei der rechten und linken Ecke dieser Stadt zusammenliefen. (3) Dieses Werk nahm er in der Absicht in Angriff, beim Anrücken gegen die Stadt und bei deren Bestürmung durch

set oppugnareque coepisset, tecta latera suis munitionibus haberet, ne ab equitatus multitudine circumventus ab oppugnatione deterreretur, praeterea quo facilius conloquia fieri possent et, si qui perfugere vellent, id quod antea saepe accidebat magno cum eorum periculo, tum facile et sine periculo fieret. (4) Voluit etiam experiri, cum propius hostem accessisset, haberetne in animo dimicare. (5) Accedebat etiam ad reliquas causas, quod is locus depressus erat puteique ibi [nonnulli] fieri complures poterant: aquatione enim longa et angusta utebantur. (6) Dum haec opera, quae ante dixi, fiebant a legionibus, interim pars acie ante opus instructa sub hoste stabat; equites barbari levisque armaturae proeliis minutis comminus dimicabant.

52 (1) Caesar ab eo opere cum iam sub vesperum copias in castra reduceret, magno incursu cum omni equitatu levique armatura Iuba, Scipio, Labienus in legionarios impetum fecerunt. (2) Equites Caesariani vi universae subitaeque hostium multitudinis pulsi parumper cesserunt. (3) Quae res aliter adversariis cecidit: namque Caesar ex medio itinere copiis reductis equitibus suis auxilium tulit; equites autem adventu legionum animo addito conversis equis in Numidas cupide insequentes dispersosque impetum fecerunt atque eos convulneratos usque in castra regia reppulerunt multosque ex his interfecerunt. (4) Quodni in noctem proelium esset coniectum pulvisque vento elatus omnium prospectu offecisset, Iuba cum Labieno capti in potestatem Caesaris venissent, equitatusque cum

seine Befestigungen gedeckte Flanken zu haben, um nicht von der Masse der (feindlichen) Reiterei umzingelt und an der Bestürmung der Stadt gehindert zu werden; außerdem sollten dadurch Gesprächskontakte erleichtert und etwaigen Überläufern ermöglicht werden, das, was vorher oft nur unter großer Gefahr für ihre eigene Person geschehen konnte, nun leicht und gefahrlos zu tun. (4) Caesar wollte auch in Erfahrung bringen, ob der Feind beabsichtige zu kämpfen, wenn er näher an den Feind herangerückt wäre. (5) Zu den übrigen Gründen kam noch hinzu, dass dieses Gelände niedrig lag und dort Brunnen angelegt werden konnten; Caesars Leute holten nämlich das Wasser, welches knapp war, von weither. (6) Während die eben erwähnten Arbeiten durch die Legionen ausgeführt wurden, stand unterdessen ein Teil seiner Truppen in vor der Befestigung aufgestellter Schlachtordnung vor dem Feind; die Reiter der einheimischen Barbaren und die Leichtbewaffneten kämpften wiederholt in kleineren Gefechten im Nahkampf.

52 (1) Als Caesar gegen Abend seine Truppen von der Schanzarbeit ins Lager zurückführte, unternahmen Juba, Scipio und Labienus[85] mit der gesamten Reiterei und leichtbewaffneten Truppe in einem großen Ansturm einen Angriff auf die Legionssoldaten. (2) Caesars Reiter wurden von der Gewalt der gesamten, plötzlich vorstürmenden feindlichen Heeresmacht geschlagen und mussten für kurze Zeit weichen. (3) Doch die Sache ging für die gegnerische Seite anders aus als gedacht: Denn Caesar führte mitten auf dem Weg seine Truppen zurück und brachte dadurch seinen Reitern Hilfe. Durch die Ankunft der Legionen aber wuchs den Reitern der Mut, sie ließen ihre Pferde kehrtmachen, griffen die hartnäckig verfolgenden, aber zersprengten Numider an, verwundeten sie schwer, trieben sie bis ins königliche Lager zurück und töteten viele von ihnen. (4) Wenn nun das Gefecht nicht in die Nacht hineingezogen worden wäre und der durch den Wind aufgewirbelte Staub die Sicht[86] aller behindert hätte, wären Juba und Labienus gefangen in Caesars Hände geraten und ihre Reiterei mitsamt der leichtbe-

levi armatura funditus ad internecionem deletus esset. (5) Interim incredibiliter ex legione IV et VI Scipionis milites diffugere partim in castra Caesaris, partim, in quas quisque poterat regiones pervenire. Itemque equites Curioniani diffisi Scipioni eiusque copiis complures se eodem conferebant.

53 (1) Dum haec circum Uzittam ab utrisque ducibus administrantur, legiones duae, X et VIIII, ex Sicilia navibus onerariis profectae, cum iam non longe a portu Ruspinae abessent, conspicati naves Caesarianas, quae in statione apud Thapsum stabant, veriti, ne in adversariorum ut insidiandi gratia ibi commorantium classem inciderent imprudentes, vela in altum dederunt ac diu multumque iactati tandem multis post diebus siti inopiaque confecti ad Caesarem perveniunt.

54 (1) Quibus legionibus expositis memor in Italia pristinae licentiae militaris ac rapinarum certorum hominum parvulam modo causulam nactus, quod C. Avienus, tribunus militum X legionis, navem ⟨ex⟩ commeatu familia sua atque iumentis occupavisset neque militem unum ab Sicilia sustulisset, postero die de suggestu convocatis omnium legionum tribunis centurionibusque (2) "maxime vellem," inquit, "homines suae petulantiae nimiaeque libertatis aliquando finem fecissent meaeque lenitatis, modestiae patientiaeque rationem habuissent. (3) Sed quoniam ipsi sibi neque modum neque terminum constituunt, quo ceteri dissimiliter se gerant, egomet ipse documentum more militari constituam. (4) C. Aviene, quod in Italia milites populi Romani contra rem publicam instigasti rapinasque per municipia fecisti quodque mihi reique

waffneten Truppe vollständig aufgerieben worden. (5) Mittlerweile zerstreuten sich in unglaublicher Weise Soldaten aus Scipios vierter und sechster Legion sich flüchtend teils in Caesars Lager, teils wohin jeder gelangen konnte. Desgleichen begaben sich mehrere Reiter des Curio, die zu Scipio und seinen Streitkräften kein Vertrauen mehr hatten, ebenso in Caesars Lager.

53 (1) Während die beiderseitigen Feldherren bei Uzitta die genannten Maßnahmen ergriffen, segelten zwei Legionen, die zehnte und die neunte, auf Frachtschiffen von Sizilien los. Als sie nicht mehr weit vom Hafen Ruspinas entfernt waren, erblickten sie die Schiffe Caesars, die bei Thapsus vor Anker lagen. Da sie befürchteten, dort auf eine Flotte der auf Lauer liegenden Gegner nichtsahnend zu stoßen, stachen sie in die hohe See und trafen, von Sturm und Wellen lange und stark hin und her geworfen, erst viele Tage danach, von Durst und Hunger erschöpft, bei Caesar ein.

54 (1) Als diese Legionen an Land gesetzt worden waren, griff Caesar in Erinnerung an die frühere, in Italien[87] gezeigte soldatische Disziplinlosigkeit und an die Räubereien gewisser Personen eine nur sehr geringe Veranlassung auf, dass nämlich der Militärtribun der zehnten Legion, Gaius Avienus, ein Schiff aus dem genannten Transport mit seinem Gesinde und seinen Saumtieren beladen hatte und keinen einzigen Soldaten von Sizilien an Bord mitgenommen hatte. Am folgenden Tag berief Caesar die Tribunen und Zenturionen aller Legionen ein und sprach zu ihnen von der Tribüne herab: (2) »Ich hätte mir sehr gewünscht, manche Leute hätten einmal ihrer Frechheit und übermäßigen Zügellosigkeit ein Ende gesetzt und auf meine Sanftmut, meine Selbstbeherrschung und meine Nachgiebigkeit Rücksicht genommen. (3) Weil sie jedoch selbst für sich kein Maß und keine Grenze setzen, will ich selbst nach Kriegsbrauch ein warnendes Beispiel geben, damit die übrigen sich anders verhalten. (4) Gaius Avienus, du hast in Italien die Soldaten des römischen Volkes gegen den Staat aufgewiegelt und Raubzüge in den Munizipien[88] unternommen; du warst mir und dem Staat

publicae inutilis fuisti et pro militibus tuam familiam iumentaque in naves imposuisti tuaque opera militibus tempore necessario res publica caret, ob eas res ignominiae causa ab exercitu meo te removeo hodieque ex Africa abesse et, quantum pote, proficisci iubeo. Itemque te, Aule Fontei, quod tribunus militum seditiosus malusque civis fuisti, te ab exercitu dimitto. (5) Tite Saliene, M. Tiro, C. Clusinas, cum ordines in meo exercitu beneficio, non virtute [sitis] consecuti ita vos gesseritis, ut neque bello fortes neque pace boni aut utiles fueritis et magis in seditione concitandisque militibus adversum vestrum imperatorem quam pudoris modestiaeque fueritis studiosiores, indignos vos esse arbitror, qui in meo exercitu ordines ducatis, missosque facio et, quantum pote, abesse ex Africa iubeo." Itaque traditos centurionibus et singulis non amplius singulos additos servos in navem imponendos separatim curavit.

55 (1) Gaetuli interim perfugae, quos cum litteris mandatisque a Caesare missos supra docuimus, ad suos cives perveniunt. Quorum auctoritate facile adducti Caesarisque nomine persuasi a rege Iuba desciscunt celeriterque cuncti arma capiunt contraque regem facere non dubitant. (2) Quibus rebus cognitis Iuba distentus triplici bello necessitateque coactus de suis copiis, quas contra Caesarem adduxerat, sex cohortes in fines regni sui mittit, quae essent praesidio contra Gaetulos.

56 (1) Caesar brachiis perfectis promotisque usque eo, ut telum ex oppido adigi non posset, castra munit, ballistis scorpionibusque crebris ante frontem castrorum contra oppidum conlocatis defenso-

unnütz und hast statt Soldaten nur dein Gesinde und deine Saumtiere eingeschifft; durch deine Schuld stehen dem Staat in einer Zeit, da es nötig ist, Soldaten nicht zur Verfügung; aus diesen Gründen entferne ich dich unehrenhaft[89] aus meinem Heer und befehle dir, noch heute Afrika zu verlassen und sobald als möglich aufzubrechen. Ebenso entlasse ich dich[90], Aulus Fonteius, aus dem Heer, weil du ein aufrührerischer Militärtribun und schlechter Bürger warst. (5) Da auch ihr, Titus Salienus, Marcus Tiro und Gaius Clusinas, durch meine Gefälligkeit, nicht durch euere Tapferkeit Zenturionenstellen in meinem Heer erlangt und euch so betragen habt, dass ihr weder tapfer im Krieg noch rechtschaffen oder nützlich im Frieden gewesen seid und ihr mehr auf einen Aufstand und darauf bedacht wart, die Soldaten gegen eueren Imperator aufzuwiegeln, als auf Respekt und Mäßigung[91] zu achten, halte ich euch für unwürdig, Zenturien in meinem Heer zu führen, entlasse euch und befehle euch, sobald als möglich Afrika zu verlassen.« Und so übergab er sie den Zenturionen, gab jedem nicht mehr als jeweils einen Sklaven mit und sorgte dafür, dass sie getrennt eingeschifft wurden.

55 (1) Unterdessen kamen die zu Caesar übergelaufenen Gaetuler, die Caesar, wie oben dargelegt,[92] mit Schreiben und Aufträgen losgeschickt hatte, bei ihren Landsleuten an. Diese fielen aufgrund des Ansehens der Überbringer der Nachricht und veranlasst durch Caesars Namen leicht von König Juba ab, griffen allesamt rasch zu den Waffen und zögerten nicht, feindlich gegen den König aufzutreten. (2) Nachdem Juba davon erfahren hatte, schickte er, da er durch einen dreifachen Krieg[93] in Atem gehalten wurde, notgedrungen von seinen Truppen, die er gegen Caesar aufgeboten hatte, sechs Kohorten[94] zum Schutz gegen die Gaetuler in das Territorium seines Königreiches.

56 (1) Caesar hatte seine Querdämme vollendet und sie fast bis auf Reichweite der Geschosse aus der Stadt Uzitta vorgeschoben. Er schlug eben dort ein befestigtes Lager auf, ließ vor der Lagerfront gegen die Stadt zahlreiche Steinschleudern[95] und Skorpione[96] auf-

res muri deterrere non intermittit eoque quinque legiones ex superioribus castris deducit. (2) Qua facultate oblata inlustriores notissimique conspectum amicorum propinquorumque efflagitabant atque inter se conloquebantur. (3) Quae res quid utilitatis haberet, Caesarem non fallebat. Namque Gaetuli ex equitatu regio nobiliores equitumque praefecti, quorum patres cum Mario ante meruerant eiusque beneficio agris finibusque donati post Sullae victoriam sub Hiempsalis regis erant dati potestatem, occasione capta nocte iam luminibus accensis cum equis calonibusque suis circiter mille perfugiunt in Caesaris castra, quae erant in campo proxime locum Uzittae locata.

57 (1) Quod postquam Scipio quique cum eo erant cognoverunt, cum commoti ex tali incommodo essent, fere per id tempus M. Aquinium cum C. Saserna conloquentem viderunt. (2) Scipio mittit ad Aquinium, nihil adtinere eum cum adversariis conloqui. Cum nihilo minus eius sermonem nuntius ad Scipionem referret, sed † restare, ut reliqua, quae sibi vellet, perageret, viator praeterea ab Iuba ad eum est missus, qui diceret audiente Saserna: "Vetat te rex conloqui". (3) Quo nuntio perterritus discessit et dicto audiens fuit regi. Usu venisse hoc civi Romano et ei, qui ab populo Romano honores accepisset, incolumi patria fortunisque omnibus Iubae barbaro potius oboedientem fuisse quam aut Scipionis obtemperasse nuntio aut caesis eiusdem partis civibus incolumem reverti malle! (4) Atque etiam et superbius Iubae factum non in M. Aquinium, hominem novum parvumque senatorem, sed in Scipio-

stellen und ließ nicht davon ab, die Verteidiger der Mauer zu verscheuchen. In dieses neue Lager führte er fünf Legionen aus dem früheren[97] Lager herab. (2) Da sich diese Gelegenheit bot, forderten Vornehmere und gute Bekannte Blickkontakt zu ihren Freunden und Verwandten und unterhielten sich mit ihnen. (3) Caesar blieb nicht verborgen, welchen Nutzen[98] er davon haben werde. Denn bei einbrechender Nacht ergriffen etwa 1000 angesehenere Gaetuler aus der königlichen Reiterei und die Reiterpräfekten, deren Vorfahren zuvor unter dem Kommando des Marius gedient hatten,[99] von ihm als Freundschaftsdienst mit Ackergütern und größeren Ländereien beschenkt worden, nach Sullas Sieg[100] aber unter die Botmäßigkeit des Königs Hiempsal gekommen waren, die Gelegenheit und liefen mitsamt ihren Pferden und Trossknechten in Caesars Lager über, das in der Ebene, ganz nahe bei Uzitta, errichtet worden war.

57 (1) Nachdem Scipio und sein Gefolge dies bemerkt hatten, waren sie über dieses Ungemach betroffen. Etwa zu dieser Zeit sahen sie zufällig Marcus Aquinius[101] mit Gaius Saserna in einer Unterredung. (2) Scipio ließ Aquinius melden, es gehöre sich nicht, sich mit den Gegnern zu unterhalten. Als der Bote trotzdem dessen Antwort Scipio überbrachte, dass aber noch etwas übrig bleibe, um das Übrige nach seinem Willen zu verhandeln[102], schickte außerdem Juba einen Amtsboten[103], der in Gegenwart von Saserna sagen sollte: »Der König verbiet dir diese Unterredung!« (3) Auf diese Botschaft hin entfernte sich Aquinius erschrocken und leistete dem Befehl des Königs Folge. So etwas war nun einem römischen Bürger zugestoßen! Er, der vom römischen Volk Ehrenämter erhalten hatte, war, obwohl Heimat und alles Vermögen unversehrt waren, lieber dem Barbaren Juba gehorsam, als dass er dem Boten Scipios gehorcht hätte oder unversehrt umgekehrt wäre, nachdem schon Bürger derselben Partei gestorben waren. (4) Ja, Juba benahm sich sogar noch hochmütiger, nicht gegenüber Marcus Aquinius, einem Emporkömmling und Senator von geringem Ansehen[104], sondern

nem, hominem illa familia, dignitate, honoribus praestantem. (5) Namque cum Scipio sagulo purpureo ante regis adventum uti solitus esset, dicitur Iuba cum eo egisse non oportere illum eodem vestitu atque ipse uteretur. (6) Itaque factum est, ut Scipio ad album sese vestitum transferret et Iubae, homini superbissimo ineptissimoque, obtemperaret.

58 (1) Postero die universas omnium copias de castris omnibus educunt et supercilium quoddam excelsum nacti non longe a Caesaris castris aciem constituunt atque ibi consistunt. (2) Caesar item producit copias celeriterque iis instructis ante suas munitiones, quae erant in campo, consistit, sine dubio existimans ultro adversarios, cum tam magnis copiis auxiliisque regis essent praediti promptiusque prosiluissent, acie secum concursuros propiusque se accessuros. (3) Equo circumvectus legionesque cohortatus signo dato accessum hostium aucupabatur. (4) Ipse enim a suis munitionibus longius non sine ratione ⟨non⟩ procedebat, quod in oppido Uzittae, quod Scipio tenebat, hostium erant cohortes armatae; eidem autem oppido ad dextrum latus eius cornu erat oppositum, verebaturque, ne, si praetergressus esset, ex oppido eruptione facta ab latere eum adorti conciderent. (5) Praeterea haec quoque eum causa tardavit, quod erat locus quidam perimpeditus ante aciem Scipionis, quem suis impedimento ad ultro occurrendum fore existimabat.

59 (1) Non arbitror esse praetermittendum, quemadmodum exercitus utriusque fuerint in aciem instructi. Scipio hoc modo aciem derexit: (2) conlocarat in fronte suas et Iubae legiones, post

gegenüber Scipio, einem Mann, der sich durch seine Familie, sein Ansehen und seine Ehrenämter auszeichnete. (5) Denn weil Scipio vor der Ankunft des Königs gewöhnlich einen purpurnen Feldherrnmantel[105] getragen hatte, soll Juba ihm zu verstehen gegeben haben, es gehöre sich nicht, dass jener, Scipio, dieselbe Kleidung trage wie er selbst. (6) So geschah es, dass Scipio sein Gewand mit einem weißen tauschte und Juba, diesem überaus hochmütigen und höchst törichten Menschen, Folge leistete.[106]

58 (1) Am darauffolgenden Tag führten Caesars Gegner sämtliche Truppen aller Offiziere aus allen Lagern heraus, erreichten eine Anhöhe nicht weit von Caesars Lager, stellten die Schlachtordnung auf und machten dort Halt. (2) Auch Caesar ließ seine Streitkräfte ausrücken, stellte sie schnell auf und machte vor seinen in der Ebene gelegenen Befestigungsanlagen Halt. Zweifelsohne glaubte er, dass die Gegner, da sie über so zahlreiche Truppen und dazu noch über Hilfstruppen des Königs verfügten und ziemlich rasch vorgedrungen waren, von sich aus den Kampf mit ihm, Caesar, beginnen und näher an ihn heranrücken würden. (3) Er ritt um seine Truppen herum, ermutigte seine Legionen, gab das Losungswort aus und lauerte auf den feindlichen Anmarsch. (4) Denn er selbst rückte nicht ohne einen triftigen Grund nicht weiter von seinen Befestigungsanlagen vor, weil in der von Scipio gehaltenen Stadt Uzitta bewaffnete feindliche Kohorten lagen; an eben diese Stadt stieß sein Heeresflügel zur Rechten, und Caesar befürchtete, die Feinde könnten, wenn er an der Stadt vorbeigezogen wäre, einen Ausfall aus der Stadt unternehmen, ihn an seiner Flanke angreifen und niedermachen. (5) Überdies hielt ihn auch noch der Grund zurück, dass vor Scipios Kampflinie ein sehr unwegsames Gelände lag, das seiner Meinung nach für einen Angriff von seiner Seite ein Hindernis darstellen würde.

59 (1) Ich glaube, nicht übergehen zu dürfen, auf welche Weise die Heere beider Seiten zur Schlacht aufgestellt waren. Scipio richtete seine Kampflinie folgendermaßen aus: (2) In der ersten Reihe

eas autem Numidas in subsidiaria acie ita extenuatos et in longitudinem derectos, ut procul simplex esse acies media ab legionariis militibus videretur [in cornibus autem duplex esse existimabatur]. (3) Elephantos dextro sinistroque cornu conlocaverat aequalibus inter eos intervallis interiectis, post autem elephantos armaturas leves Numidasque auxiliares substituerat. (4) Equitatum frenatum universum in suo dextro cornu disposuerat: sinistrum enim cornu oppido Uzitta claudebatur, neque erat spatium equitatus explicandi. (5) Praeterea Numidas levisque armaturae infinitam multitudinem ad dextram partem suae aciei opposuerat fere interiecto non minus mille passum spatio et ad collis radices magis adpulerat longiusque ab adversariorum suisque copiis promovebat, id hoc consilio, ut, cum acies duae inter se concurrissent, initio certaminis paulo longius eius equitatus circumvectus ex improviso clauderet multitudine sua exercitum Caesaris atque perturbatum iaculis configeret. Haec fuit ratio Scipionis eo die proeliandi.

60 (1) Caesaris autem acies hoc modo fuit conlocata: ut ab sinistro eius cornu ordiar et ad dextrum perveniam, habuit legionem x et viiii in sinistro cornu, xxv, xxviii, xiii, xiv, xxviiii, xxvi in media acie. (2) Ipso autem dextro cornu [secundam autem aciem] veteranarum legionum partem cohortium conlocaverat, praeterea ex tironum adiecerat paucas. (3) Tertiam autem aciem in sinistrum suum cornu contulerat et usque ad aciei suae mediam legionem porrexerat et ita conlocaverat, uti sinistrum suum cornu ⟨esset⟩ triplex. (4) Id eo consilio fecerat, quod suum dextrum latus munitio-

hatte er seine und König Jubas Legionen aufgestellt, hinter ihnen aber die Numider[107] in der Reserve, und zwar in so dünner Linie und in die Länge zogen,[108] dass die mittlere Schlachtreihe aus der Ferne von den Legionssoldaten nur für eine einfache angesehen wurde.[109] (3) Die Elefanten hatte er am rechten und linken Heeresflügel aufgestellt und dabei zwischen ihnen gleichmäßige Abstände eingehalten, hinter die Elefanten aber die Leichtbewaffneten und die numidischen Hilfstruppen. (4) Die gesamte gezäumte Reiterei hatte er auf seinem rechten Flügel verteilt; denn der linke Flügel lehnte sich an die Stadt Uzitta. Und es gab dort keinen Raum, um die Reiterei sich entfalten zu lassen. (5) Außerdem hatte er noch Numider und eine unermessliche Menge Leichtbewaffneter auf der rechten Seite seiner Schlachtordnung entgegengestellt, und zwar in einem Abstand von nicht weniger als einer Meile, hatte sie mehr an den Fuß des Hügels heran geschoben und weiter weg von den gegnerischen und seinen eigenen Truppen vorrücken lassen. Er verfolgte dabei die Absicht, beim Zusammenstoß der beiden Kampflinien zu Beginn des Kampfes seine Reiterei etwas weiter ausholen zu lassen, Caesars Heer unversehens mit seiner Heeresmasse zu umstellen, es in Panik zu versetzen und mit Wurfspießen niederzumachen. Dies war Scipios Strategie an diesem Tag.

60 (1) Caesars Kampflinie aber wurde auf folgende Weise aufgestellt: Um auf seinem linken Flügel anzufangen und bis zum rechten weiterzugehen: Die 10. und 9. Legion hatte er auf dem linken Flügel stehen, die 25., 28., 13., 14., 29. und 26. in der Mitte. (2) Auf dem rechten Flügel aber hatte er einen Teil der Kohorten der Veteranenlegionen aufgestellt, überdies hatte er einige wenige Kohorten der Rekrutenlegionen hinzugefügt. (3) Die dritte Schlachtreihe aber hatte er auf seinem linken Flügel in Stellung gebracht, hatte sie bis zu der die Mitte bildenden Legion seiner Schlachtordnung ausgedehnt und hatte sie so aufgestellt, dass sein linker Heeresflügel dreifach gestaffelt war. (4) Dies hatte er in der Absicht getan, dass seine rechte Flanke durch die Befestigungen unterstützt wurde, bei

nibus adiuvabatur, sinistrum autem, equitatus hostium multitudini uti resistere posset, laborabat, eodemque suum omnem equitatum contulerat, et quod ei parum confidebat, praesidio his equitibus legionem V praemiserat levemque armaturam inter equites interposuerat. (5) Sagittarios varie passimque locis certis maximeque in cornibus conlocaverat.

61 (1) Sic utrorumque exercitus instructi non plus passum CCC interiecto spatio, quod forsitan ante id tempus acciderit numquam, quin dimicaretur, a mane usque ad horam X die perstiterunt. (2) Iamque Caesar dum exercitum intra munitiones suas reducere coepisset, subito universus equitatus ulterior Numidarum Gaetulorumque sine frenis ad dextram partem se movere propiusque Caesaris castra, quae erant in colle, se conferre coepit, frenatus autem Labieni eques in loco permanere legionesque distinere: (3) cum subito pars equitatus Caesaris cum levi armatura contra Gaetulos iniussu ac temere longius progressi paludemque transgressi multitudinem hostium pauci sustinere non potuerunt levique armatura deserta pulsi convulneratique uno equite amisso, multis equis sauciis, levis armaturae XXVII occisis ad suos refugerunt. (4) Quo secundo equestri proelio facto Scipio laetus in castra nocte copias reduxit. (5) Quod proprium gaudium bellantibus Fortuna tribuere non decrevit. Namque postero die Caesar cum partem equitatus sui frumentandi gratia Leptim misisset, in itinere praedatores equites Numidas Gaetulosque ex improviso adorti circiter centum partim

der linken Flanke aber war er in Sorge, ob sie der Masse der feindlichen Reiterei Widerstand leisten könne; eben dorthin hatte er seine ganze Reiterei verlegt. Und weil er ihr nicht sonderlich vertraute, hatte er diesen Reitern zum Schutz die 5. Legion vorausgeschickt und Leichtbewaffnete zwischen den Reitern aufgestellt. (5) Die Bogenschützen hatte er verschiedenartig und weit und breit herum zerstreut an bestimmten Punkten, besonders aber auf den Flügeln, postiert.

61 (1) In dieser Aufstellung blieben die Heere beider Feldherren[110] von frühmorgens bis zur zehnten Tagesstunde in einem Abstand von nicht mehr als 300 Schritten stehen, ohne dass es zum Kampf kam, ein Fall, der zuvor nie eingetreten sein dürfte. (2) Schon hatte Caesar begonnen, sein Heer hinter seine Verschanzungen zurückzuziehen, als plötzlich zur Rechten[111] die gesamte, weiter entfernt postierte Reiterei der Numider und Gaetuler, die ohne Zaumzeug ritten, begann, sich zu rühren und sich Caesars Lager, das auf dem Hügel lag, zu nähern; die Reiter des Labienus aber mit gezäumten Pferden verharrten an der Stelle und hielten Caesars Legionen auseinander. (3) Da rückte plötzlich ein Teil von Caesars Reiterei zusammen mit den Leichtbewaffneten ohne Befehl und blindlings gegen die Gaetuler zu weit vor und überquerte dabei einen Sumpf. Da sie zu wenige waren, konnten sie der feindlichen Übermacht nicht standhalten, ließen die Leichtbewaffneten im Stich und flohen geschlagen und schwer verwundet zu ihren Leuten zurück; sie hatten einen Reiter verloren, viele Pferde wurden verwundet, 27 Leichtbewaffnete wurden getötet. (4) Über dieses günstig verlaufene Reitergefecht erfreut, führte Scipio in der Nacht seine Streitkräfte ins Lager zurück. (5) Fortuna aber beschloss, den Kämpfenden keine dauernde Freude zu gewähren. Denn als Caesar am folgenden Tag einen Teil seiner Reiterei nach Leptis (minor) geschickt hatte, um dort Proviant zu holen, griff diese Abteilung auf dem Marsch unversehens plündernde numidische und gaetulische Reiter an; dabei töteten sie etwa hundert von ihnen oder

occiderunt, partim vivorum potiti sunt. (6) Caesar interim cotidie legiones in campum deducere atque opus facere vallumque et fossam per medium campum ducere adversariorumque excursionibus [iter] officere non intermittit. (7) Scipio item munitiones contra facere et, ne iugo a Caesare excluderetur, adproperare, ita ut duces utrique et in operibus occupati essent, et nihilo minus equestribus proeliis inter se cotidie dimicabant.

62 (1) Interim Varus classem, quam antea Uticae hiemis gratia subduxerat, cognito legionis X et VIIII ex Sicilia adventu celeriter deducit ibique Gaetulis remigibus epibatisque complet insidiandique gratia ab Utica progressus Hadrumetum cum LV navibus pervenit. (2) Cuius adventus inscius Caesar Lucium Cispium cum classe XXVII navium ad Thapsum versus in stationem praesidii gratia commeatus sui mittit itemque Quintum Aquilam cum XIII navibus longis Hadrumetum eadem de causa praemittit. (3) Cispius, quo erat missus, celeriter pervenit, Aquila tempestate iactatus promunturium superare non potuit atque angulum quendam tutum a tempestate nactus cum classe se longius a prospectu removit. (4) Reliqua classis in salo ad Leptim egressis remigibus passimque in litore vagantibus, partim in oppidum victus sui mercandi gratia progressis vacua a defensoribus stabat. (5) Quibus rebus Varus ex perfugis cognitis occasionem nactus vigilia secunda Hadrumeto ex cothone egressus primo mane Leptim cum universa classe vectus

brachten sie lebend in ihre Gewalt. (6) Inzwischen fuhr Caesar täglich fort, seine Legionen in die Ebene herauszuführen und mit Schanzarbeit zu beschäftigen, mitten durch die Ebene einen Wall und einen Graben ziehen zu lassen und gegnerischen Streifzügen den Weg zu versperren. (7) Ebenso legte Scipio gegenüber Befestigungen an und beeilte sich damit, um nicht durch Caesar von dem Bergrücken abgeschnitten zu werden, so dass beide Feldherren mit Schanzarbeiten beschäftigt waren, während nichtsdestoweniger täglich Reitergefechte ausgetragen wurden.

62 (1) Nachdem Varus inzwischen vom Herannahen der 10. und 9. Legion aus Sizilien erfahren hatte, ließ er rasch seine Flotte, die er zuvor in Utica wegen des Winters hatte an Land ziehen lassen, ins Meer bringen, bemannte sie dort mit gaetulischen Ruderern und Schiffssoldaten, brach von Utica auf, um ihnen nachzustellen, und gelangte mit 55 Schiffen nach Hadrumetum. (2) Caesar, der von ihrem Herannahen nichts wusste, schickte gerade Lucius Cispius mit einer Flotte von 27 Schiffen in Richtung Thapsus[112], um Stellung zu beziehen, als Schutz für seinen Nachschub; ebenso schickte er Quintus Aquila mit 13 Kriegsschiffen aus demselben Grund nach Hadrumetum voraus. (3) Cispius gelangte schnell an seinen Bestimmungsort. Aquila hingegen wurde von Sturm und Wellen hin und her geworfen und konnte deshalb nicht über das Vorgebirge[113] hinauskommen, erreichte aber eine gegen den Sturm geschützte Bucht und entzog sich so mit seiner Flotte etwas weiter weg den Blicken. (4) Die übrige Flotte Caesars stand im offenen Meer bei Leptis (minor) ohne Verteidiger, denn die Ruderer liefen nach ihrer Ausschiffung überall am Strand umher; teils waren sie auch in die Stadt gegangen, um Nahrungsmittel zu kaufen. (5) Dies erfuhr Varus durch Überläufer. Er nutzte die Gelegenheit, segelte um die zweite Nachtwache aus dem inneren Hafen[114] von Hadrumetum, erschien bei Tagesanbruch mit seiner gesamten Flotte vor Leptis (minor), steckte die Frachtschiffe, die etwas weiter vom Hafen im offenen

naves onerarias, quae longius a portu in salo stabant, vacuas a defensoribus incendit et penteres duas nullo repugnante cepit.

63 (1) Caesar interim celeriter per nuntios in castris, cum opera circumiret, certior factus, quae aberant a portu milia passuum VI, equo admisso omissis omnibus rebus celeriter pervenit Leptim ibique hortatur omnes ut se naves consequerentur. Postquam ipse parvulum navigiolum conscendit, in cursu Aquilam multitudine navium perterritum atque trepidantem nactus hostium classem sequi coepit. (2) Interim Varus celeritate Caesaris audaciaque commotus cum universa classe conversis navibus Hadrumetum versus fugere contendit. (3) Quem Caesar in milibus passuum IIII consecutus recuperata quinqueremi cum suis omnibus epibatis atque etiam hostium custodibus CXXX in ea nave captis triremem hostium proximam, quae in repugnando erat commorata, onustam remigum epibatarumque cepit. (4) Reliquae naves hostium promunturium superarunt atque Hadrumetum in cothonem se universae contulerunt. (5) Caesar eodem vento promunturium superare non potuit atque in salo in ancoris ea nocte commoratus prima luce Hadrumetum accedit ibique navibus onerariis, quae erant extra cothonem, incensis omnibusque reliquis ab iis aut subductis aut in cothonem compulsis paulisper commoratus, si forte vellent classe dimicare, rursus se recepit in castra.

64 (1) In ea nave captus est P. Vestrius, eques Romanus, et P. Ligarius Afranianus, quem Caesar in Hispania cum reliquis dimise-

Meer vor Anker lagen und ohne Verteidiger waren, in Brand und erbeutete zwei Fünfruderer, ohne auf Widerstand zu stoßen.

63 (1) Caesar war inzwischen schnell in seinem Lager durch Boten benachrichtigt worden, gerade als er die Schanzarbeiten inspizierte, die sechs Meilen vom Hafen entfernt lagen; unter Hintansetzung aller anderer Aufgaben gelangte er im Galopp schnell nach Leptis (minor) und spornte dort alle Schiffe an, ihm nachzufolgen. Nachdem er selbst ein kleines Schiffchen bestiegen hatte, stieß er unterwegs auf Aquila, den die Menge der feindlichen Schiffe sehr erschreckt und in Angst versetzt hatte, und nahm die Verfolgung der feindlichen Flotte auf. (2) Unterdessen hatte Varus, auf den Caesars Schnelligkeit und Kühnheit einen großen Eindruck gemacht hatte, mit seiner gesamten Flotte kehrtgemacht und beeilte sich, in Richtung Hadrumetum zu fliehen. (3) In einer Entfernung von noch nicht einmal 4 Meilen[115] hatte Caesar ihn eingeholt; ein Fünfruderer mit all seinen Schiffssoldaten an Bord wurde zurückerobert und dabei noch auf diesem Schiff 130 Mann der feindlichen Wache gefangengenommen; auch den nächsten feindlichen Dreiruderer, der sich mit der Gegenwehr aufgehalten hatte, erbeutete Caesar mitsamt den Ruderern und Schiffssoldaten. (4) Die übrigen feindlichen Schiffe umfuhren das Vorgebirge und gelangten allesamt in den inneren Hafen von Hadrumetum. (5) Caesar konnte das Vorgebirge nicht mehr mit dem gleichen Wind umfahren und blieb die Nacht über auf hoher See vor Anker liegen; im Morgengrauen rückte er an Hadrumetum heran und setzte dort die Frachtschiffe, die sich außerhalb des inneren Hafens befanden, in Brand, nachdem alle übrigen Schiffe von den Feinden entweder an Land gezogen oder in den inneren Hafen getrieben worden waren; Caesar verweilte dort für eine kurze Zeit, um zu sehen, ob die Gegner vielleicht sich mit der Flotte einem Kampf stellen wollten, dann zog er sich wieder in sein Lager zurück.

64 (1) Auf dem eroberten Schiff gerieten der römische Ritter Publius Vestrius und Publius Ligarius, ein Anhänger des Afranius[116],

rat, et postea se ad Pompeium contulerat, inde ex proelio effugerat in Africamque ad Varum venerat; quem ob periurium perfidiamque Caesar iussit necari. (2) P. Vestrio autem, quod eius frater Romae pecuniam imperatam numeraverat, et quod ipse suam causam probaverat Caesari, se a Nasidi classe captum, cum ad necem duceretur, beneficio Vari esse servatum, postea sibi facultatem nullam datam transeundi, ignovit.

65 (1) Est in Africa consuetudo incolarum, ut in agris et in omnibus fere villis sub terra specus frumenti condendi gratia clam habeant, atque id propter bella maxime hostiumque subitum adventum praeparant. (2) Qua de re Caesar per indicem certior factus tertia vigilia legiones duas cum equitatu mittit a castris suis milia passuum X atque inde magno numero frumenti onustos recipit in castra. (3) Quibus rebus cognitis Labienus progressus a suis castris milia passuum VII per iugum et collem, per quem Caesar pridie iter fecerat, ibi castra duarum legionum facit atque ipse cotidie existimans Caesarem eadem saepe frumentandi gratia commeaturum cum magno equitatu levique armatura insidiaturus locis idoneis considit.

66 (1) Caesar interim de insidiis Labieni ex perfugis certior factus paucos dies ibi commoratus, dum hostes cotidiano instituto saepe idem faciendo in neglegentiam adducerentur, subito mane imperat porta decumana legiones se III veteranas cum parte equita-

in Gefangenschaft; den Letztgenannten hatte Caesar in Spanien mit allen anderen entlassen,[117] später hatte er sich zu Pompeius begeben, war von dort nach der Schlacht (von Ilerda) entflohen und nach Afrika zu Varus gekommen; ihn ließ Caesar wegen Meineids und Wortbrüchigkeit hinrichten. (2) Publius Vestrius aber begnadigte er, weil sein Bruder in Rom die auferlegte Geldsumme gezahlt hatte[118] und weil er selbst seine Entschuldigung Caesar hatte glaubhaft machen können; er sei von der Flotte des Nasidius[119] gefangengenommen und auf dem Weg zur Hinrichtung durch das Wohlwollen des Varus[120] gerettet worden; später aber habe sich ihm keine Möglichkeit mehr geboten, zu Caesar überzulaufen.

65 (1) In Afrika herrscht die Gepflogenheit, dass die Einwohner auf den Feldern und auf fast allen Landgütern unterirdische Getreideaufbewahrungshöhlen haben; für dieses Getreide sorgen sie ganz besonders für Kriegsfälle und einen unerwarteten feindlichen Angriff. (2) Caesar, der über diesen Sachverhalt durch einen Spitzel benachrichtigt wurde, schickte um die dritte Nachtwache zwei Legionen samt der Reiterei in eine zehn Meilen[121] von seinem Lager entfernt gelegene Gegend; von dort kehrten sie mit einer großen Menge Getreide beladen zurück und wurden von Caesar ins Lager eingelassen. (3) Als Labienus davon erfahren hatte, rückte er sieben Meilen von seinem Lager aus über den Bergrücken und die Anhöhe[122] vor, über die tags zuvor Caesar marschiert war. Dort schlug er ein Lager für zwei Legionen auf und bezog täglich mit zahlreicher Reiterei und den Leichtbewaffneten an günstigen Punkten Stellung, um Caesar aufzulauern, weil er annahm, Caesar werde oft auf eben diesem Weg ausziehen, um Proviant zu holen.

66 (1) Caesar war unterdessen von Überläufern von Labienus' Hinterhalt benachrichtigt worden. Er verweilte einige Tage dort, bis die Feinde durch die tägliche Gewohnheit, oft das Gleiche tun zu müssen, zur Nachlässigkeit verleitet würden. Plötzlich befahl er frühmorgens drei Veteranenlegionen und einem Teil der Reiterei, ihm durch das rückwärtige Lagertor[123] zu folgen, schickte die Reiter

tus sequi atque equitibus praemissis neque opinantes insidiatores subito ⟨adortus⟩ in convallibus latentes levi armatura concidit circiter D, reliquos in fugam turpissimam coniecit. (2) Interim Labienus cum universo equitatu fugientibus suis suppetias occurrit. (3) Cuius vim multitudinis cum equites pauci Caesariani iam sustinere non possent, Caesar instructas legiones hostium copiis ostendit. Quo facto perterrito Labieno ac retardato suos equites recepit incolumes. (4) Postero die Iuba Numidas eos, qui loco amisso fuga se receperant in castra, in cruce omnes suffixit.

67 (1) Caesar interim, quoniam inopia frumenti premebatur, copias omnes in castra conducit atque praesidio Lepti, Ruspinae, Acyllae relicto, Cispio Aquilaeque classe tradita, ut alter Hadrumetum, alter Thapsum mari obsiderent, ipse castris incensis quarta noctis vigilia acie instructa impedimentis in sinistra parte conlocatis ex eo loco proficiscitur et pervenit ad oppidum Aggar, quod a Gaetulis saepe antea oppugnatum summaque vi per ipsos oppidanos erat defensum. (2) Ibi in campo castris unis positis ipse frumentatum circum villas cum parte exercitus profectus magno invento hordei, olei, vini, fici numero, pauco tritici, atque recreato exercitu redit in castra. (3) Scipio interim cognito Caesaris discessu cum universis copiis per iugum Caesarem subsequi coepit atque ab eius

voraus, griff urplötzlich die in einem Talkessel in einem Hinterhalt liegenden und ahnungslosen gegnerischen Soldaten an und machte etwa 500 gegnerische Leichtbewaffnete nieder; die übrigen schlug er in schändlichste Flucht. (2) Labienus eilte unterdessen den Fliehenden mit seiner gesamten Reiterei zu Hilfe. (3) Als Caesars wenige Reiter dem Ansturm der feindlichen Masse nicht mehr standhalten konnten, zeigte Caesar den feindlichen Truppen seine schlagfertigen Legionen. Da Labienus dadurch in Panik geriet und an einem erneuten Vorstoß gehindert wurde, zog Caesar seine Reiter unversehrt zurück. (4) Am darauffolgenden Tag ließ König Juba diejenigen Numider, die ihren Posten aufgegeben und sich durch Flucht ins Lager zurückgezogen hatten, allesamt ans Kreuz schlagen.

67–78 Kampfhandlungen nahe Aggar (April 46 v. Chr.)

67 (1) Da Caesar aus Getreidemangel in Bedrängnis geriet, zog er inzwischen alle Truppen in seinem Lager[124] zusammen; in Leptis (minor), Ruspina und Acylla ließ er jeweils eine Besatzung zurück; die Flotte übergab er Cispius und Aquila, damit der eine über Hadrumetum, der andere[125] über Thapsus eine Seeblockade verhänge; er ließ sein Lager in Brand stecken,[126] brach während der vierten Nachtwache in Kampfformation von dort auf, wobei er den Tross auf der linken Seite konzentrierte,[127] und gelangte zu der Stadt Aggar, die von den Gaetulern vorher oft bestürmt, aber von den Stadtbewohnern mit aller Kraft verteidigt worden war. (2) Dort schlug er in der Ebene ein einziges Lager auf und brach mit einem Teil des Heeres auf, um von den Landgütern der Umgebung Getreide zu beschaffen; er fand eine große Menge Gerste, Öl, Wein und Feigen, aber nur wenig Weizen[128]; nachdem sich das Heer gestärkt hatte, kehrte er ins Lager zurück. (3) Scipio hatte inzwischen von Caesars Abmarsch erfahren und begann mit allen Streitkräften Caesar über den Höhenzug auf den Fersen zu folgen; sechs Meilen

castris milia passuum VI longe trinis castris dispertitis copiis consedit.

68 (1) Oppidum erat Zeta, quod aberat a Scipione milia passuum X, ad eius regionem et partem castrorum conlocatum, a Caesare autem diversum ac remotum, quod erat ab eo longe milia passuum XVIII. Huc Scipio legiones duas frumentandi gratia misit. (2) Quod postquam Caesar ex perfuga cognovit, castris ex campo in collem ac tutiora loca conlatis atque ibi praesidio relicto ipse quarta vigilia egressus praeter hostium castra proficiscitur cum copiis et oppidum potitur. (3) Legiones Scipionis comperit longius in agris frumentari et, cum eo contendere conaretur, animadvertit copias hostium his legionibus occurrere suppetias. Quae res eius impetum retardavit. (4) Itaque capto C. † biocio Regino, equite Romano, Scipionis familiarissimo, qui ei oppido praeerat, et P. Atrio, equite Romano de conventu Uticensi, et camelis XXII regis abductis, praesidio ibi cum Oppio legato relicto ipse se recipere coepit ad castra.

69 (1) Cum iam non longe a castris Scipionis abesset, quae eum necesse erat praetergredi, Labienus Afraniusque cum omni equitatu levique armatura ex insidiis adorti agmini eius extremo se offerunt atque ex collibus proximis exsistunt. (2) Quod postquam Caesar animum advertit, equitibus suis hostium vi oppositis sarcinas legionarios in acervum iubet comportare atque celeriter signa hostibus inferre. (3) Quod postquam coeptum est fieri, primo impetu legio-

von Caesars Lager entfernt bezog er Stellung, nachdem er die Truppen auf drei Lager[129] verteilt hatte.

68 (1) Zeta war eine Stadt, die von Scipio zehn Meilen entfernt war; sie lag aber nahe an dem Bezirk, den er mit seinem Lager eingenommen hatte; von Caesars Lager aber lag sie abgelegen, auf der entgegengesetzten Seite und 18 Meilen[130] entfernt. Hierher schickte Scipio zwei Legionen zwecks Getreidebeschaffung. (2) Als Caesar diesen Sachverhalt von einem Überläufer erfahren hatte, verlegte er sein Lager aus der Ebene auf eine Anhöhe und damit auf einen gesicherteren Platz; dann ließ er dort eine Besatzung zurück, brach selbst um die vierte Nachtwache auf, zog am feindlichen Lager vorbei und bemächtigte sich der Stadt. (3) Er erfuhr, dass Scipios Legionen etwas weiter entfernt auf den Feldern mit der Beschaffung von Getreide beschäftigt waren; als er versuchte, dorthin zu eilen, bemerkte er, dass feindliche Truppen diesen Legionen zu Hilfe eilten. Dieser Umstand hielt Caesar von einem von ihm geplanten Angriff ab. (4) Caesar hatte Minucius (?)[131] Reginus, einen römischen Ritter und engen Vertrauten Scipios, der das Kommando über diese Stadt (Zeta) hatte, und Publius Atrius, einen römischen Ritter aus der Bürgergemeinde von Utica, gefangen genommen. Daher ließ er dort (in der Stadt Zeta) eine Besatzung unter dem Kommando des Legaten Oppius zurück und begann selbst, sich unter Mitnahme von 22 Kamelen[132] des Königs (Juba) in Richtung auf sein Lager zurückziehen.

69 (1) Schon war Caesar nicht mehr weit von Scipios Lager, an dem er unvermeidlich vorbeiziehen musste, entfernt, da griffen Labienus und Afranius mit der ganzen Reiterei und den Leichtbewaffneten aus einem Hinterhalt an, traten Caesars Nachhut entgegen und brachen aus den nächstgelegenen Hügeln hervor. (2) Nachdem Caesar dies bemerkt hatte, stellte er seine Reiter dem feindlichen Ansturm schützend entgegen, befahl seinen Legionären, das Gepäck auf einem Haufen zusammenzutragen und schnell zum Angriff auf die Feinde anzurücken. (3) Kaum war damit begonnen

num equitatus et levis armatura hostium nullo negotio loco pulsa et deiecta est de colle. (4) Cum iam Caesar existimasset hostes pulsos deterritosque finem lacessendi facturos et iter coeptum pergere coepisset, iterum celeriter ex proximis collibus erumpunt atque eadem ratione, qua ante dixi, in Caesaris legionarios impetum faciunt Numidae levisque armaturae mirabili velocitate praediti, qui inter equites pugnabant et una pariterque cum equitibus accurrere et refugere consueverant. (5) Cum hoc saepius facerent et proficiscentes Iulianos insequerentur, refugerent instantes, propius non accederent et singulari genere pugnae uterentur eosque iaculis convulnerare satis esse existimarent, Caesar intellexit nihil aliud eos conari, nisi ut se cogerent castra eo loco ponere, ubi omnino aquae nihil esset, ut exercitus ieiunus, qui a quarta vigilia usque ad horam X diei nihil gustasset, ac iumenta siti perirent.

70 (1) Cum iam ad solis occasum esset, et non totos C passus in horis IIII esset progressus, equitatu suo propter equorum interitum extremo agmine remoto legiones in vicem ad extremum agmen evocabat. (2) Ita vim hostium placide leniterque procedens per legionarium militem commodius sustinebat. (3) Interim equitum Numidarum copiae dextra sinistraque per colles praecurrere coronaeque in modum cingere multitudine sua Caesaris copias, pars agmen extremum insequi. (4) Caesaris interim non amplius III aut IIII milites

worden, wurde die feindliche Reiterei mitsamt den Leichtbewaffneten schon beim ersten Angriff der Legionen ohne viel Umstände geschlagen und von der Anhöhe vertrieben. (4) Als Caesar schon glaubte, dass die geschlagenen und abgeschreckten Feinde keine weiteren Angriffsversuche mehr unternehmen würden, und seinen eingeschlagenen Weg fortsetzte, brachen die Numider und die Leichtbewaffneten wiederum schnell von den nächstgelegenen Hügeln hervor und griffen auf dieselbe, oben erwähnte Weise Caesars Legionäre an, da sie es verstanden, mit ihrer außerordentlichen Behändigkeit zwischen den Reitern zu kämpfen, und es gewohnt waren, gleichzeitig mit den Reitern herbeizusprengen und zurück zu fliehen. (5) Dies taten sie des Öfteren und verfolgten die Truppen Caesars auf ihrem Marsch, flohen aber, wenn diese ihrerseits sich zur Wehr setzten, wagten auch nicht, ihnen näher zu kommen, bedienten sich einer eigentümlichen Kampfweise und hielten es für hinreichend, die Gegner mit Wurfspießen zu verwunden. Daraus erkannte Caesar, dass sie keinen anderen Versuch unternahmen als ihn zu zwingen, sein Lager an diesem Ort aufzuschlagen, an dem es überhaupt kein Wasser gab, damit sein Heer, das seit der vierten Nachtwache bis zur zehnten Tagesstunde keinen Bissen gegessen hatte, mit leerem Magen und dazu die Saumtiere verdursteten.

70 (1) Als es schon gegen Abend war und Caesar im Verlauf von vier Stunden kaum ganze 100 Schritt vorwärtsgekommen war, nahm er seine Reiterei wegen des Verlustes von Pferden von der Nachhut weg und beorderte an die Stelle der zurückgezogenen Reiter die Legionen zur Nachhut. (2) So hielt er dem feindlichen Ansturm, indem er gemächlich und langsam vorrückte, mit Hilfe der Legionssoldaten bequemer stand. (3) Inzwischen eilten Abteilungen numidischer Reiter rechts und links über die Anhöhen voraus und schlossen aufgrund ihrer großen Anzahl Caesars Truppen kranzförmig ein, während ein Teil von ihnen Caesars Nachhut verfolgte. (4) Sooft sich inzwischen auch nur drei oder vier von Caesars Veteranen umwandten und die mit aller Kraft geschwungenen Wurf-

veterani si se convertissent et pila viribus contorta in Numidas infestos coniecissent, amplius duum milium numero ad unum terga vertebant ac rursus ad aciem passim conversis equis se colligebant atque in spatio consequebantur et iacula in legionarios coiciebant. (5) Ita Caesar modo procedendo modo resistendo tardius itinere confecto noctis hora prima omnes suos ad unum in castra incolumes sauciis X factis reduxit. (6) Labienus circiter CCC amissis, multis vulneratis ac defessis instando omnibus ad suos se recepit. (7) Scipio interim legiones productas cum elephantis, quos ante castra in acie terroris gratia in conspectu Caesaris conlocaverat, reducit in castra.

71 (1) Caesar contra eiusmodi hostium genera copias suas non ut imperator exercitum veteranum victoremque maximis rebus gestis, sed ut lanista tirones gladiatores condocefacere: quot pedes se reciperent ab hoste et quemadmodum obversi adversariis et in quantulo spatio resisterent, modo procurrerent modo recederent comminarenturque impetum, ac prope quo loco et quemadmodum tela mitterent, praecipere. (2) Mirifice enim hostium levis armatura anxium exercitum nostrum atque sollicitum habebat, quia et equites deterrebat proelium inire propter equorum interitum, quod eos iaculis interficiebat, et legionarium militem defatigabat propter velocitatem: gravis enim armaturae miles simulatque ab iis insectatus constiterat in eosque impetum fecerat, illi veloci cursu periculum facile vitabant.

speere gegen die angreifenden Numider schleuderten, wandten sich mehr als 2000[133] Feinde, alle ohne Ausnahme, zur Flucht; dann wandten sie ihre Pferde wieder gegen die Schlachtreihe, sammelten sich, setzten in gehöriger Entfernung nach und schleuderten ihre Wurfspieße gegen die Legionäre. (5) So legte Caesar, bald vorwärts marschierend, bald Halt machend, seinen Weg langsamer zurück und führte um die erste Nachtstunde alle seine Soldaten bis auf den letzten Mann lebend ins Lager zurück – nur zehn Soldaten waren verwundet worden. (6) Labienus, der etwa 300 Mann verloren und viele Verwundete hatte, zog sich zu seinen Leuten zurück; alle seine Leute waren vom unablässigen Verfolgen völlig erschöpft. (7) Scipio führte in der Zwischenzeit die Legionen, die er mit den Elefanten – diese hatte er vor dem Lager in Schlachtordnung im Blickfeld Caesars aufgestellt, um ihm Schrecken einzujagen – hatte ausrücken lassen, in sein Lager zurück.

71 (1) Gegen derartige Feinde trainierte Caesar seine Truppen nicht wie ein Feldherr ein altgedientes und in schwersten Kämpfen siegreiches Heer, sondern wie ein Gladiatoren-Fechtmeister seine jungen Gladiatoren: auf wie viele Schritte sie sich vom Feind zurückziehen, wie sie sich den Gegnern entgegenstellen und mit welch geringem Abstand sie Widerstand leisten sollten; bald sollten sie vorstürmen, bald zurückweichen und einen Angriff nur androhen; fast lehrte er sie, in welcher Stellung und auf welche Weise sie Geschosse schleudern sollten. (2) Caesar hatte nämlich ein Heer, das von der feindlichen leichtbewaffneten Truppe auf erstaunliche Weise verängstigt und in hohem Maße beunruhigt worden war; denn die Reiter wurden wegen des (möglichen) Verlustes ihrer Pferde, die von den Feinden mit Wurfspießen getötet wurden, davon abgeschreckt, einen Kampf zu beginnen, und der Legionssoldat wurde von der Behändigkeit der Feinde erschöpft. Sobald nämlich ein schwerbewaffneter Soldat, der von den Feinden verfolgt wurde, Halt gemacht und diese angegriffen hatte, wichen die Gegner der Gefahr leicht in schnellem Lauf aus.

72 (1) Quibus ex rebus Caesar vehementer commovebatur, quod, quotienscumque proelium erat commissum, equitatu suo sine legionario milite hostium equitatui levique armaturae eorum nullo modo par esse poterat. (2) Sollicitabatur autem his rebus, quod nondum legiones hostium cognoverat, et quonam modo sustinere se posset ab eorum equitatu levique armatura, quae erant mirifica, si legiones quoque accessissent. (3) Accedebat etiam haec causa, quod elephantorum magnitudo multitudoque militum animos detinebat in terrore. (4) Cui uni rei tamen invenerat remedium. Namque elephantos ex Italia transportari iusserat, quos et miles nosset speciemque et virtutem bestiae cognosceret, et cui parti corporis eius telum facile adigi posset, ornatusque ac loricatus cum esset elephans, quae pars corporis eius sine tegmine nuda relinqueretur, ut eo tela conicerentur; praeterea ut iumenta bestiarum odorem, stridorem, speciem consuetudine capta earum non reformidarent. (5) Quibus ex rebus largiter erat consecutus. Nam et milites bestias manibus pertractabant earumque tarditatem cognoscebant, equitesque in eos pila praepilata coiciebant, atque in consuetudinem equos patientia bestiarum adduxerat.

73 (1) Ob has causas, quas supra commemoravi, sollicitabatur Caesar tardiorque et consideratior erat factus et ex pristina bellandi consuetudine celeritateque excesserat. (2) Neque mirum: copias enim habebat in Gallia bellare consuetas locis campestribus et contra Gallos, homines apertos minimeque insidiosos, qui per virtutem, non per dolum dimicare consuerunt; tum autem erat ei labo-

72 (1) Durch diese Vorgänge wurde Caesar sehr beunruhigt, da er, sooft es zum Kampf kam, mit seiner Reiterei ohne Unterstützung durch die Legionssoldaten der Reiterei der Feinde und ihren Leichtbewaffneten in keiner Weise gewachsen sein konnte. (2) Dazu bekümmerte ihn auch noch die Tatsache, dass er bislang noch keine Erfahrung mit den feindlichen Legionen hatte, und die Überlegung, wie er sich denn gegen ihre Reiterei und Leichtbewaffnete – sie waren überaus zahlreich – halten konnte, wenn auch noch die Legionen hinzukämen. (3) Ein weiterer Grund zur Sorge war, dass die Größe und Vielzahl der Elefanten seine Soldaten in Schrecken hielten. (4) Doch hatte er wenigstens dagegen ein Mittel gefunden. Er hatte nämlich Elefanten aus Italien herüberschaffen lassen, damit der Soldat mit diesen vertraut werde und das Äußere und die Eigenschaften des Tieres kennenlerne, ferner, gegen welchen Körperteil man leicht ein Wurfgeschoss schleudern könne[134] und welcher Körperteil ohne Bedeckung schutzlos bleibe, da ein Elefant gut ausgerüstet und gepanzert sei, damit man dorthin Wurfgeschosse schleudern könne; überdies sollten auch die Saumtiere sich an den Geruch, das trompetenhafte Getöse und Aussehen der Elefanten gewöhnen und dann keine Angst mehr vor ihnen haben. (5) Aus diesen Maßnahmen erzielte Caesar reichlich große Vorteile. Denn die Soldaten betasteten die Tiere mit den Händen und lernten ihre langsame Bewegung kennen, die Reiter schleuderten mit einem Knauf versehene[135] Wurfspeere gegen sie, und auch die Pferde hatten sich an die Ausdauer der Tiere gewöhnt.

73 (1) Aus diesen oben dargelegten Gründen beunruhigte sich Caesar, war langsamer geworden, handelte überlegter und war von seiner früheren Kampfesweise und Schnelligkeit abgewichen. (2) Kein Wunder: hatte er doch Truppen, die gewohnt waren, in Gallien[136] auf ebenem Terrain und gegen Gallier, offene und keineswegs arglistige Menschen, zu kämpfen, die mit Tapferkeit, nicht mit List zu kämpfen gewohnt sind[137]; jetzt aber musste Caesar darauf bedacht sein, seine Soldaten daran zu gewöhnen, Täuschungsmanö-

randum, ut consuefaceret milites hostium dolos, insidias, artificia cognoscere, et quid sequi, quid vitare conveniret. (3) Itaque, quo haec celerius conciperent, dabat operam, ut legiones non in uno loco contineret, sed per causam frumentandi huc atque illuc rapsaret, ideo quod hostium copias ab se suisque vestigium non discessuras existimabat. (4) Atque post diem tertium productis accuratius suis copiis sicut instruxerat, propter hostium castra praetergressus aequo loco invitat ad dimicandum. Postquam eos abhorrere videt, reducit sub vesperum legiones in castra.

74 (1) Legati interim ex oppido Vaga, quod finitimum fuit Zetae, cuius Caesarem potitum esse demonstravimus, veniunt. Petunt, obsecrant, ut sibi praesidium mittat: se res complures, quae utiles bello sint, administraturos. (2) Per id tempus deorum voluntate studioque erga Caesarem transfuga suos cives facit certiores Iubam regem celeriter cum copiis suis, antequam Caesaris praesidium eo perveniret, ad oppidum adcucurrisse atque advenientem multitudine circumdata eo potitum omnibusque eius oppidi incolis ad unum interfectis dedisse oppidum diripiendum delendumque militibus.

75 (1) Caesar interim lustrato exercitu a. d. XII Kal. April. postero die productis universis copiis processus ab suis castris milia passuum V, a Scipionis circiter duum milium interiecto spatio, in acie constitit. (2) Postquam satis diu adversarios ab se ad dimicandum invitatos supersedere pugnae animadvertit, reducit copias

ver, Hinterhalt und Tricks[138] der Feinde zu erkennen und zu lernen, worauf es sein Augenmerk zu richten und was es zu meiden galt. (3) Damit sie dies umso schneller begriffen, arbeitete Caesar darauf hin, die Legionen nicht an einem einzigen Ort zu belassen, sondern sie unter dem Vorwand der Getreidebeschaffung bald hierhin, bald dorthin zu zerren, weil er glaubte, dass die feindlichen Truppen sich keinen Fuß breit von ihm und seinen Soldaten entfernen würden. (4) Am dritten Tag ließ Caesar seine Truppen in sorgfältigerer Aufstellung ausrücken, zog am Lager der Feinde vorbei und lud sie auf einem ebenen Terrain zum Kampf ein. Als er sah, dass sie einem Kampf abgeneigt waren, führte er gegen Abend seine Legionen ins Lager zurück.

74 (1) Inzwischen kamen aus der Stadt Vaga, einer Nachbarstadt von Zeta, deren sich Caesar – wie dargelegt[139] – bemächtigt hatte, Gesandte. Sie baten und beschworen Caesar, ihnen eine Besatzung zu schicken; sie würden mehrere Dinge, die für einen Krieg nützlich seien, beschaffen. (2) Um diese Zeit benachrichtigte ein Überläufer gemäß dem Willen der Götter und ihrem Wohlwollen gegenüber Caesar seine Landsleute davon, dass König Juba mit seinen Streitkräften schnell an die Stadt herangeeilt sei, bevor noch eine Besatzung Caesars dort habe eintreffen können, sofort bei seiner Ankunft schnell seine Heeresmasse rings um die Stadt aufgestellt und sich ihrer bemächtigt habe; alle Einwohner dieser Stadt seien ohne Ausnahme getötet worden und Juba habe die Stadt seinen Soldaten zur Plünderung und Zerstörung überlassen.

75 (1) Caesar hatte inzwischen am zwölften Tag vor den Kalenden des April[140] eine Musterung des Heeres abgehalten.[141] Tags darauf ließ er die gesamten Streitkräfte ausrücken, rückte von seinem Lager fünf Meilen vor und stellte sich in einer Entfernung von ungefähr zwei Meilen[142] von Scipios Lager in Schlachtordnung auf. (2) Nachdem er bemerkt hatte, dass die von ihm lange genug zum Kampf eingeladenen Gegner nicht kämpfen wollten, führte er seine Streitkräfte ins Lager zurück. Tags darauf ließ Caesar das Lager

posteroque die castra movet atque iter ad oppidum Sassuram, ubi Scipio Numidarum habuerat praesidium frumentumque comportaverat, ire contendit. (3) Quod ubi Labienus animadvertit, cum equitatu levique armatura agmen eius extremum carpere coepit atque ita lixarum mercatorumque, qui plostris merces portabant, sarcinis interceptis addito animo propius audaciusque accedit ad legiones, quod existimabat milites sub onere ac sub sarcinis defatigatos pugnare non posse. (4) Quae res Caesarem non fefellerat: namque expeditos ex singulis legionibus trecenos milites esse iusserat. Itaque eos in equitatum Labieni immissos turmis suorum suppetias mittit. (5) Tum Labienus conversis equis signorum conspectu perterritus turpissime fugere contendit. (6) Multis eius occisis, compluribus vulneratis milites legionarii ad sua se recipiunt signa atque iter inceptum ire coeperunt. Labienus per iugum summum collis dextrorsus procul subsequi non destitit.

76 (1) Postquam Caesar ad oppidum Sassuram venit, inspectantibus adversariis interfecto praesidio Scipionis, cum suis auxilium ferre non auderent, fortiter repugnante P. Cornelio, evocato Scipionis, qui ibi praeerat, atque a multitudine circumvento interfectoque oppido potitur atque ibi frumento exercitui dato postero die ad oppidum Thysdram pervenit. In quo Considius per id tempus fuerat cum grandi praesidio cohorteque sua gladiatorum. (2) Caesar oppidi natura perspecta aquae inopia ab oppugnatione eius deterritus protinus profectus circiter milia passuum IIII ad aquam facit castra atque inde quarta vigilia egressus redit rursus ad ea castra,

abbrechen und marschierte eilends zu der Stadt Sassura, wo Scipio eine numidische Besatzung hatte und wohin er Getreide hatte zusammentragen lassen. (3) Als Labienus dies wahrgenommen hatte, begann er mit seiner Reiterei und den Leichtbewaffneten Caesars Nachhut durch wiederholte Angriffe zu stören. Hierauf nahm er das Gepäck der Marketender und Händler weg, die ihre Esswaren auf Lastwagen führten, und rückte, da ihm der Mut gewachsen war, näher und kühner an die Legionen heran, weil er glaubte, dass die unter der Last des Gepäcks ermüdeten Soldaten nicht kämpfen konnten. (4) Dieser Umstand war Caesar nicht entgangen: Denn er hatte von jeder Legion 300 Soldaten ohne Gepäck marschieren lassen. Daher ließ er diese gegen die Reiterei des Labienus vorgehen und schickte sie seinen eigenen Reiterschwadronen zu Hilfe. (5) Da ließ Labienus, den der Anblick der Feldzeichen in Panik versetzte, seine Pferde kehrtmachen und beeilte sich, in schmählichster Weise zu fliehen. (6) Viele seiner Leute wurden getötet, ziemlich viele verwundet; Caesars Legionssoldaten zogen sich wieder zu ihren Abteilungen zurück und begannen, den Marsch fortzusetzen. Labienus hörte nicht auf, ihnen aus der Ferne über den Kamm der Anhöhen auf der rechten Seite des Heeres unmittelbar nachzufolgen.

76 (1) Nachdem Caesar vor die Stadt Sassura gekommen war, wurde Scipios Besatzung vor den Augen der Gegner[143], die nicht wagten, ihren Leuten Hilfe zu bringen, umgebracht; tapferen Widerstand leistete Publius Cornelius, ein Evokat[144] Scipios, der dort das Kommando hatte; er wurde von der Übermacht umzingelt und getötet. Caesar bemächtigte sich der Stadt und verteilte das Getreide an sein Heer. Tags darauf gelangte er vor die Stadt Thysdra, in der zu dieser Zeit Considius mit einer zahlreichen Besatzung und einer Schar eigener Gladiatoren lag. (2) Caesar nahm die natürliche Beschaffenheit der Stadt in Augenschein, wurde jedoch infolge des Wassermangels von deren Bestürmung abgeschreckt. Er zog sofort ungefähr vier Meilen weiter und schlug an einer Wasserstelle sein Lager auf. Von dort brach er um die vierte Nachtwache auf und

quae ad Aggar habuerat. Idem facit Scipio atque in antiqua castra copias reducit.

77 (1) Thabenenses interim, qui sub dicione et potestate Iubae esse consuessent, in extrema eius regni regione maritima locati, interfecto regio praesidio legatos ad Caesarem mittunt, rem a se gestam docent, petunt orantque, ut suis fortunis, ⟨de⟩ populo Romano quod bene meriti essent, auxilium ferret. (2) Caesar eorum consilio probato Marcium Crispum tribus cum cohortibus et sagittariis tormentisque compluribus praesidio Thabenam mittit. (3) Eodem tempore ex legionibus omnibus milites, qui aut morbo impediti aut commeatu dato cum signis non potuerant ante transire in Africam, ad milia IIII, equites CCCC, funditores sagittariique mille uno commeatu Caesari occurrerunt. (4) Itaque cum his copiis et omnibus legionibus eductis, sicut erat instructus, V[III] milibus passuum ab suis castris, ab Scipionis vero II milibus passuum longe constitit in campo.

78 (1) Erat oppidum infra castra Scipionis nomine Tegea, ubi praesidium equestre circiter II milium numero habere consuerat. (2) Eo equitatu dextra sinistra derecto ab oppidi lateribus ipse legiones ex castris eductas atque in iugo inferiore instructas non longius fere mille passus ab suis munitionibus progressus in acie constituit. (3) Postquam diutius in uno loco Scipio commorabatur et tempus diei in otio consumebatur, Caesar equitum turmas suorum iubet in hostium equitatum, qui ad oppidum in statione erant,

kehrte wieder zu dem Lager zurück, das er bei Aggar innegehabt hatte. Scipio tat das Gleiche und führte seine Truppen in das alte Lager zurück.

77 (1) In der Zwischenzeit hatten die Einwohner der Stadt Thabena, die schon lange unter der Botmäßigkeit und Herrschaft König Jubas waren und im äußersten Küstengebiet seines Reiches ansässig waren, die königliche Besatzung getötet und schickten Gesandte zu Caesar. Sie berichteten Caesar von ihrer Tat und baten ihn inständig, er solle ihrem Hab und Gut Schutz gewähren, da sie sich um das römische Volk verdient gemacht hätten. (2) Caesar billigte ihren Plan und schickte Marcius Crispus mit drei Kohorten, Bogenschützen und mehreren Geschützen zum Schutz nach Thabena. (3) Zur gleichen Zeit trafen bei Caesar Soldaten aus allen Legionen ein. Diese hatten, infolge Krankheit oder wegen eines gewährten Urlaubs gehindert, nicht früher mit ihren Abteilungen nach Afrika übersetzen können. Mit einem einzigen Transport[145] trafen an die 4000 Soldaten, 400 Reiter, 1000 Schleuderer und Bogenschützen bei Caesar ein. (4) Dieser führte daher diese Truppen und alle Legionen aus seinem Lager heraus und ging in der Ebene in einer Entfernung von fünf Meilen vom eigenen Lager, aber nur zwei Meilen von Scipios Lager mit ihnen in voller Schlachtordnung in Stellung.

78 (1) Unterhalb von Scipios Lager befand sich eine Stadt namens Tegea, wo er gewöhnlich eine Besatzung von ungefähr 2000 Reitern liegen hatte. (2) Diese Reiterei formierte er rechts und links von den Seiten der Stadt, er selbst führte die Legionen aus dem Lager heraus und stellte sie auf dem unteren Teil einer Anhöhe in Schlachtordnung auf; dabei rückte er nicht weiter als etwa eine Meile von seinen Befestigungsanlagen vor. (3) Als Scipio jedoch allzu lange an einem einzigen Ort verweilte und so die Zeit des Tages in Untätigkeit verbracht wurde, befahl Caesar seinen Reiterschwadronen, einen Angriff auf Scipios Reiterei zu unternehmen, die bei der Stadt auf Posten stand. Zur Unterstützung schickte er

facere impressionem levemque armaturam, sagittarios funditoresque eodem submittit. (4) Quod ubi coeptum est fieri et equis concitatis Iuliani impetum fecissent, Pacideius suos equites exporrigere coepit in longitudinem, ut haberent facultatem turmas Iulianas circeumeundi, et nihilo minus fortissime acerrimeque pugnare. (5) Quod ubi Caesar animadvertit, CCC, quos ex legionibus habere expeditos consuerat, ex legione, quae proxima ei proelio in acie constiterat, iubet equitatui succurrere. (6) Labienus interim suis equitibus auxilia equestria submittere sauciisque ac defatigatis integros recentioribusque viribus equites subministrare. (7) Postquam equites Iuliani CCCC vim hostium ad IIII milia numero sustinere non poterant et ab levi armatura Numidarum vulnerabantur minutatimque cedebant, Caesar alteram alam mittit, qui satagentibus celeriter occurrerent. (8) Quo facto sui sublati universi in hostes impressione facta in fugam adversarios dederunt; multis occisis, compluribus vulneratis insecuti per III milia passuum usque ad collem hostibus adactis se ad suos recipiunt. (9) Caesar in horam X commoratus, sicut erat instructus, se ad sua castra recepit omnibus incolumibus. (10) In quo proelio Pacideius graviter pilo per cassidem caput ictus compluresque duces ac fortissimus quisque interfecti vulneratique sunt.

noch Leichtbewaffnete, Bogenschützen und Schleuderer eben dorthin. (4) Sobald man damit begonnen hatte und Caesars Reiter in vollem Galopp den Angriff unternommen hatten, begann Pacideius seine Reiter in die Länge auseinanderzuziehen, damit sie die Möglichkeit hätten, Caesars Schwadronen zu umzingeln; dessen ungeachtet begann Pacideius, äußerst tapfer und äußerst heftig zu kämpfen. (5) Als Caesar dies bemerkte, ließ er die 300 Soldaten, die er gewöhnlich einsatzbereit aus den Legionen hatte,[146] aus der Legion, die in der Kampflinie diesem Gefecht am nächsten Stellung bezogen hatte, seiner Reiterei zu Hilfe eilen. (6) Labienus schickte unterdessen seinen Reitern berittene Hilfstruppen zur Unterstützung und führte den Verwundeten und Erschöpften unverbrauchte Reiter mit frischeren Kräften zu. (7) Als Caesars 400 Reiter dem Ansturm der etwa 4000 feindlichen Reiter nicht standhalten konnten, von den leichtbewaffneten Numidern verwundet wurden und nach und nach zurückwichen, schickte Caesar den Bedrängten schnell die Reiter des anderen Heeresflügels zu Hilfe. (8) Dadurch ermutigt, unternahmen alle zusammen einen Angriff auf die Feinde und schlugen die Gegner in Flucht; dabei wurden viele getötet und ziemlich viele verwundet. Sie verfolgten die Feinde über drei Meilen bis zu der Anhöhe; erst als die Feinde dorthin getrieben worden waren, zogen sich Caesars Soldaten zu den eigenen Leuten zurück. (9) Caesar verweilte bis zur zehnten Stunde des Tages in voller Schlachtordnung und zog sich dann ohne jeglichen Verlust in sein Lager zurück. (10) In diesem Gefecht wurde Pacideius von einem Wurfspeer, der seinen Metallhelm[147] durchdrang, schwer am Kopf getroffen; mehrere feindliche Offiziere und gerade die tapfersten Soldaten des Gegners wurden getötet oder verwundet.

79 (1) Postquam nulla condicione cogere adversarios poterat, ut in aequum locum descenderent legionumque periculum facerent, neque ipse propius hostem castra ponere propter aquae penuriam se posse animadvertebat, adversarios non virtute eorum confidere, sed aquarum inopia fretos despicere se intellexit, II Non. Apr. tertia vigilia egressus, ab Aggar XVI milia nocte progressus, ad Thapsum, ubi Vergilius cum grandi praesidio praeerat, castra ponit oppidumque eo die circummunire coepit locaque idonea opportunaque complura praesidiis occupare, hostes ne intrare ad se ac loca interiora capere possent. (2) Scipio interim cognitis Caesaris consiliis ad necessitatem adductus dimicandi, ne per summum dedecus fidissimos suis rebus Thapsitanos et Vergilium amitteret, confestim Caesarem per superiora loca consecutus milia passuum VIII a Thapso binis castris consedit.

80 (1) Erat stagnum salinarum, inter quod et mare angustiae quaedam non amplius mille et D passus intererant. Quas Scipio intrare et Thapsitanis auxilium ferre conabatur. Quod futurum Caesarem non fefellerat. (2) Namque pridie in eo loco castello munito ibique III ⟨cohortium⟩ praesidio relicto ipse cum reliquis copiis lunatis castris Thapsum operibus circummunivit. (3) Scipio interim exclusus ab incepto itinere supra stagnum postero die [et] nocte

79–86 Kampfhandlungen bei Thapsus (April 46 v. Chr.)

79 (1) Nachdem Caesar die Gegner schlechterdings nicht dazu bringen konnte, auf ebenes Gelände herabzumarschieren und ihre Legionen einer Gefahr auszusetzen, er selbst aber bemerkte, dass er das Lager wegen des Wassermangels nicht näher am Feind aufschlagen konnte, und begriff, dass seine Gegner sich nicht nur auf die Tapferkeit ihrer Leute verließen, sondern im Vertrauen auf den Wassermangel (der Truppen Caesars) auf ihn mit Verachtung herabsahen, brach er am Tag vor den Nonen des April[148] um die dritte Nachtwache auf. Von Aggar aus rückte er in der Nacht 16 Meilen vor und schlug in der Gegend von Thapsus, wo Vergilius mit einer zahlreichen Besatzung den Oberbefehl hatte, ein Lager auf.[149] Noch an diesem Tag begann Caesar, die Stadt rings einzuschließen und mehrere geeignete und günstige Punkte mit Garnisonen zu besetzen, damit die Feinde nicht in seine Nähe vordrängen und die mehr im Inneren gelegenen Stellungen in Besitz nähmen. (2) Nachdem Scipio in der Zwischenzeit Caesars Pläne erfahren hatte, fühlte er sich zum Kampf genötigt, um nicht zu seiner größten Schande die Einwohner von Thapsus, die seinen Interessen am treuesten ergeben waren, und Vergilius aufzuopfern. Er folgte Caesar eilends über die Anhöhen hinweg und ließ sich acht Meilen von Thapsus entfernt in zwei Lagern[150] nieder.

80 (1) Dort befand sich ein Salzsee[151] und zwischen diesem und dem Meer eine Engstelle[152] von nicht mehr als 1,5 Meilen. Diese Engstelle versuchte Scipio zu betreten und den Einwohnern von Thapsus Hilfe zu bringen. Dieses Unternehmen war Caesar nicht entgangen. (2) Denn tags zuvor hatte er an dieser Stelle ein befestigtes Kastell angelegt und dort eine Besatzung von drei Kohorten zurückgelassen. Er selbst schlug mit den übrigen Truppen ein halbmondförmiges[153] Lager auf und schloss Thapsus mit Verschanzungen ringsum ein. (3) Scipio, der mittlerweile in seinem Vorhaben behindert war, marschierte an diesem Tag und in der ganzen folgen-

confecta caelo albente non longe a castris praesidioque, quod supra commemoravi, MD passibus ad mare versus consedit et castra munire coepit. (4) Quod postquam Caesari nuntiatum est, milite ab opere deducto, castris praesidio Asprenate pro consule cum legionibus duabus relicto ipse cum expedita copia in eum locum citatim contendit, (5) classisque parte ad Thapsum relicta reliquas naves iubet post hostium tergum quam maxime ad litus adpelli signumque suum observare, quo signo dato subito clamore facto ex improviso hostibus aversis incuterent terrorem, ut perturbati ac perterriti respicere post terga cogerentur.

81 (1) Quo postquam Caesar pervenit et animadvertit aciem pro vallo Scipionis constitutam elephantis dextro sinistroque cornu conlocatis, et nihilo minus partem militum castra non ignaviter munire, ipse acie triplici conlocata, legione X VIIIIque dextro cornu, XIII et XIIII sinistro oppositis, quintae legionis in quarta acie ad ipsa cornua quinis cohortibus contra bestias conlocatis, sagittariis, funditoribus in utrisque cornibus dispositis levique armatura inter equites interiecta, ipse pedibus circum milites concursans virtutesque veteranorum proeliaque superiora commemorans blandeque appellans animos eorum excitabat. (2) Tirones autem, qui numquam in acie dimicassent, hortabatur, ut veteranorum virtutem aemularentur eorumque famam, locum, nomen victoria parta cuperent possidere.

den Nacht nördlich um den Salzsee herum und bezog im Morgengrauen nicht weit von dem Lager und dem oben genannten Stützpunkt, etwa 1,5 Meilen entfernt Stellung in Richtung des Meeres und begann, ein befestigtes Lager anzulegen. (4) Auf diese Nachricht hin zog Caesar seine Soldaten von der Schanzarbeit ab; er ließ den Prokonsul Asprenas mit zwei Legionen zum Schutz des Lagers zurück und eilte selbst mit einer kampfbereiten Truppe schleunigst zu dem genannten Ort; (5) einen Teil der Flotte ließ er vor Thapsus zurück, den übrigen Schiffen befahl er, möglichst dicht hinter dem Rücken der Feinde zu landen und auf sein Signal zu achten; auf dieses Zeichen hin sollten sie urplötzlich ein Geschrei erheben und unversehens den Feinden von hinten Schrecken einjagen, sodass sie, aus der Fassung gebracht und in Panik geraten, gezwungen würden, auf die Vorgänge hinter ihrem Rücken achtzugeben.

81 (1) Nachdem Caesar dorthin gekommen war, bemerkte er, dass Scipios Heer vor dem Lagerwall zur Schlacht aufgestellt worden war, wobei die Elefanten auf dem rechten und linken Heeresflügel aufgestellt worden waren, dass aber trotzdem ein Teil der Soldaten emsig mit der Befestigung des Lagers beschäftigt war. Caesar selbst bildete nun eine dreifache Schlachtordnung: Die 10. und 9. Legion postierte er auf dem rechten Heeresflügel, die 13. und die 14. auf dem linken, von der 5. Legion stellte er in einer vierten Schlachtreihe je fünf[154] Kohorten gerade auf den Heeresflügeln den Tieren gegenüber auf; Bogenschützen und Schleuderer verteilte er auf beide Flügel, die Leichtbewaffneten schob er zwischen den Reitern ein. Er selbst durchlief zu Fuß die Reihen der Soldaten, erinnerte die Veteranen an ihre Heldentaten und an die früheren Kämpfe, redete sie mit schmeichelnden Worten an und entfachte so ihren Mut. (2) Die Rekruten aber rief er dazu auf, da sie noch niemals in offener Feldschlacht gekämpft hätten, der Tapferkeit der Veteranen nachzueifern und danach zu streben, sich deren Ruhm, Rang und berühmten Namen durch den errungenen Sieg zu eigen zu machen.

82 (1) Itaque in circumeundo exercitu animadvertit hostes circa vallum trepidare atque ultro citroque pavidos concursare et modo se intra portas recipere, modo inconstanter immoderateque prodire. (2) Cum idem a pluribus animadverti coeptum esset, subito legati evocatique obsecrare Caesarem, ne dubitaret signum dare: victoriam sibi propriam a dis immortalibus portendi. (3) Dubitante Caesare atque eorum studio cupiditatique resistente sibique eruptione pugnari non placere clamitante, etiam atque etiam aciem sustentante, subito dextro cornu iniussu Caesaris tubicen a militibus coactus canere coepit. (4) Quo facto ab universis cohortibus signa in hostem coepere inferri, cum centuriones pectore adverso resisterent vique continerent milites, ne iniussu imperatoris concurrerent, nec quicquam proficerent.

83 (1) Quod postquam Caesar intellexit incitatis militum animis resisti nullo modo posse, signo Felicitatis dato equo admisso in hostem inter principes ire contendit. (2) A dextro interim cornu funditores sagittariique concita tela in elephantos frequenter iniciunt. Quo facto bestiae stridore fundarum, lapidum plumbique iactatu perterritae sese convertere et suos post se frequentes stipatosque proterere et in portas valli semifactas ruere contendunt. (3) Item Mauri equites, qui in eodem cornu elephantis erant prae-

82 (1) Und während Caesar seine Runde durch das Heer machte, bemerkte er, wie die Feinde in der Nähe des Lagerwalls in Aufregung waren, ängstlich hierhin und dorthin liefen,[155] bald sich hinter die Tore zurückzogen, bald planlos und ohne Ordnung wieder hervorkamen. (2) Nachdem ebendies allmählich auch von mehreren anderen bemerkt worden war, beschworen plötzlich Legaten und Evokaten Caesar, nicht länger zu zögern, das Zeichen zum Angriff zu geben: Ihnen werde von den unsterblichen Göttern der sichere Sieg prophezeit. (3) Während Caesar noch zögerte und sich ihrem Eifer und ihrer Kampflust widersetzte und dabei laut ausrief, ihm gefalle nicht zu kämpfen, indem man einen Ausfall unternehme[156] (mit dem Ziel, die feindlichen Linien zu durchbrechen), und immer wieder die Kampflinie zurückhielt, begann plötzlich auf dem rechten Heeresflügel ein Trompeter ohne Caesars Befehl, doch von den Soldaten gezwungen, die Trompete zu blasen und damit das Signal zum Angriff zu geben. (4) Daraufhin begannen alle Kohorten, gegen die Feinde vorzurücken, obwohl die Zenturionen mit der Brust sich entgegenstemmend Widerstand leisteten und die Soldaten mit Gewalt zurückhielten, damit sie nicht ohne den Befehl ihres Feldherrn[157] losstürmten; aber sie richteten nichts aus.

83 (1) Nachdem Caesar begriffen hatte, dass jeglicher Widerstand gegen die erhitzten Gemüter seiner Soldaten zwecklos war, gab er die Losung »Glück« aus und beeilte sich, in gestrecktem Galopp und in vorderster Reihe gegen den Feind zu reiten. (2) Inzwischen schleuderten auf dem rechten Heeresflügel die Schleuderer und Bogenschützen sausende Wurfgeschosse in wahrer Menge gegen die Elefanten. Daraufhin gerieten diese Tiere durch das Zischen der Schleuderriemen sowie durch das wiederholte Werfen von Steinen und Blei in Panik, machten kehrt und beeilten sich, die zahlreichen und dicht gedrängten Soldaten hinter ihnen zu zertreten und durch die kaum halbfertigen Tore des Lagerwalls zu stürzen. (3) Die maurischen Reiter, die auf demselben Heeresflügel zum Schutz der Elefanten aufgestellt waren, ergriffen ebenso, im Stich gelassen, kopf-

sidio, deserti praecipites fugiunt. (4) Ita celeriter bestiis circumitis legiones vallo hostium sunt potitae, et paucis acriter repugnantibus interfectisque reliqui concitati in castra, unde pridie erant egressi, confugiunt.

84 (1) Non videtur esse praetermittendum de virtute militis veterani V legionis. Nam cum in sinistro cornu elephans vulnere ictus et dolore concitatus in lixam inermem impetum fecisset eumque sub pede subditum dein genu innixus pondere suo proboscide erecta vibrantique stridore maximo premeret atque enecaret, miles hic non potuit pati, quin se armatus bestiae offerret. (2) Quem postquam elephans ad se telo infesto venire animadvertit, relicto cadavere militem proboscide circumdat atque in sublime extollit. (3) Armatus, qui in eiusmodi periculo constanter agendum sibi videret, gladio proboscidem, qua erat circumdatus, caedere, quantum viribus poterat, non destitit. (4) Quo dolore adductus elephans milite abiecto maximo cum stridore cursuque conversus ad reliquas bestias se recepit.

85 (1) Interim Thapso qui erant praesidio, ex oppido eruptionem porta maritima faciunt et sive ut suis subsidio occurrerent, sive ut oppido deserto fuga salutem sibi parerent, egrediuntur, atque ita per mare umbilici fine ingressi terram petebant. (2) Qui a servitiis puerisque, qui in castris erant, lapidibus pilisque prohibiti terram attingere rursus se in oppidum receperunt. (3) Interim Scipionis copiis prostratis passimque toto campo fugientibus confestim Caesaris legiones consequi spatiumque se non dare colligendi. (4) Qui

über die Flucht. (4) Schnell machten Caesars Legionen einen Bogen um diese Tiere und bemächtigten sich des feindlichen Lagerwalls, während die übrigen Feinde hastig in das Lager flohen, aus dem sie tags zuvor aufgebrochen waren; nur ganz wenige leisteten heftigen Widerstand und wurden dabei getötet.[158]

84 (1) Ich glaube, die Tapferkeit eines Veteranen der fünften Legion nicht übergehen zu dürfen. Auf dem linken Flügel hatte ein verwundeter und vor Schmerz rasender Elefant einen unbewaffneten Trossknecht angegriffen, nahm ihn unter seinen Fuß, kniete sich dann noch dazu auf ihn, erdrückte ihn mit seinem Gewicht und brachte ihn langsam um, wobei er den Rüssel unter gewaltigem Trompeten in die Höhe hob und heftig hin und her schwenkte. Der eingangs genannte Soldat konnte sich nicht zurückhalten, dem Tier bewaffnet entgegenzutreten. (2) Als der Elefant ihn mit erhobener Waffe kommen sah, ließ er von dem Leichnam ab, umschlang den Soldaten mit seinem Rüssel und hob ihn in die Höhe empor. (3) Da der Bewaffnete sah, dass er in einer derartigen Gefahr resolut handeln müsse, hörte er nicht auf, mit dem Schwert auf den Rüssel, der ihn umschlang, aus Leibeskräften einzuschlagen. (4) Vor Schmerz ließ der Elefant den Soldaten fallen, machte unter gewaltigstem Trompeten mitten im Lauf kehrt und zog sich zu den übrigen Tieren zurück.

85 (1) Die Garnison von Thapsus unternahm in der Zwischenzeit einen Ausfall aus der Stadt durch das Tor, das zum Meer hin lag, und verließ diese, entweder um ihren Leuten Hilfe zu bringen oder um sich selbst durch Preisgabe der Stadt zu retten. Bis zum Nabel durch das Meer watend, versuchten sie das Land zu erreichen, (2) wurden jedoch von den Sklaven und jungen Trossknechten, die in Caesars Lager waren, mit Steinen und Wurfspeeren daran gehindert, Land zu betreten, und zogen sich wieder in die Stadt zurück. (3) Da Scipios geschlagene Truppen inzwischen nach allen Seiten über die ganze Ebene hin flohen, nahmen Caesars Legionen eilends die Verfolgung auf und gaben ihnen keinen Augen-

postquam ad ea castra, quae petebant, perfugerunt, ut refecti castris rursus sese defenderent ducemque aliquem requirerent, quem respicerent, cuius auctoritate imperioque rem gererent: qui postquam animadverterunt neminem ibi esse praesidio, protinus armis abiectis in regia castra fugere contendunt. (5) Quo postquam pervenerunt, ea quoque ab Iulianis teneri vident. Desperata salute in quodam colle consistunt atque armis demissis salutationem more militari faciunt. Quibus miseris ea res parvo praesidio fuit. (6) Namque milites veterani ira et dolore incensi non modo, ut parcerent hosti, non poterant adduci, sed etiam ex suo exercitu inlustres urbanos, quos auctores * * * * appellabant, complures aut vulnerarunt aut interfecerunt. (7) In quo numero fuit Tullius Rufus quaestorius, qui pilo traiectus consulto a milite interiit. Item Pompeius Rufus brachium gladio percussus, nisi celeriter ad Caesarem adcucurrisset, interfectus esset. (8) Quo facto complures equites Romani senatoresque perterriti ex proelio se receperunt, ne ⟨a⟩ militibus, qui ex tanta victoria licentiam sibi adsumpsissent immoderate peccandi impunitatis ⟨spe⟩ propter maximas res gestas, ipsi quoque interficerentur. (9) Itaque ii omnes Scipionis milites cum fidem Caesaris implorarent, inspectante ipso Caesare et a militibus deprecante, uti eis parcerent, ad unum sunt interfecti.

86 (1) Caesar trinis castris potitus occisisque hostium X milibus fugatisque compluribus se recepit L militibus amissis, paucis sauciis

blick Zeit, sich zu sammeln. (4) Als diese auf ihrer Flucht zu dem Lager gelangt waren, das sie hatten erreichen wollen, um dort neue Kraft zu schöpfen und sich dann wieder zu verteidigen und einen Anführer zu suchen, auf den sie ihren Blick wenden und unter dessen Autorität und Befehl sie kämpfen könnten. Als sie jedoch erkannten, dass niemand zum Schutz des Lagers da war, warfen sie sogleich die Waffen[159] weg und flohen eilends in das Lager von König Juba. (5) Nachdem sie dorthin gelangt waren, sahen sie, dass auch dieses Lager von Caesars Truppen besetzt gehalten wurde. In dieser verzweifelten Lage machten sie auf einer Anhöhe Halt, streckten die Waffen und salutierten nach Soldatenart[160]. Doch dieses Verhalten bot den Unglücklichen nur einen geringen Schutz. (6) Denn die Veteranen konnten, weil sie derart von Zorn und Wut entbrannt waren, nicht nur nicht dazu bewegt werden, den Feind zu verschonen, sondern sie verwundeten oder töteten sogar mehrere einflussreiche Männer aus der Stadt Rom aus ihrem eigenen Heer, die sie als Urheber des Krieges[161] bezeichneten. (7) Unter ihnen befanden sich der ehemalige Quästor Tullius Rufus, der von einem Soldaten absichtlich mit einem Wurfspeer durchbohrt wurde und starb, und ebenso wurde Pompeius Rufus durch einen Schwerthieb am Arm verletzt und wäre, wenn er nicht schnell zu Caesar gelaufen wäre, getötet worden. (8) Daraufhin zogen sich mehrere römische Ritter und Senatoren zutiefst erschreckt aus dem Kampf zurück, um nicht auch selbst von Soldaten getötet zu werden, die sich angesichts eines solch großen Sieges die Freiheit herausgenommen hatten, in der Hoffnung auf Straflosigkeit für ihre großartigen Taten maßlos wüten zu können. (9) Deshalb wurden auch alle Soldaten Scipios, obwohl sie Caesars Schutz anflehten, vor Caesars Augen, der seine Soldaten um Schonung der Gegner und Gnade bat, bis auf den letzten Mann umgebracht.

86 (1) Nachdem Caesar drei Lager eingenommen hatte und nachdem 10.000 Feinde getötet und noch mehr in die Flucht geschlagen worden waren, zog er sich nach einem Verlust von 50

in castra, ac statim ex itinere ante oppidum Thapsum constitit elephantosque LXIIII ornatos armatosque cum turribus ornamentisque capit, captos ante oppidum instructos constituit. Id hoc consilio, si posset Vergilius quique cum eo obsidebantur, rei male gestae suorum indicio a pertinacia deduci. (2) Deinde ipse Vergilium appellavit invitavitque ad deditionem suamque lenitatem et clementiam commemoravit. (3) Quem postquam animadvertit responsum sibi non dare, ab oppido discessit. Postero die divina re facta contione advocata in conspectu oppidanorum milites conlaudat totumque exercitum veteranum donavit, praemia fortissimo cuique ac bene merenti pro suggestu tribuit, ac statim inde digressus Rebilo proconsule cum III ad Thapsum legionibus et Cn. Domitio cum duabus Thysdrae, ubi Considius praeerat, ad obsidendum relictis, M. Messala Uticam ante praemisso cum equitatu, ipse eodem iter facere contendit.

87 (1) Equites interim Scipionis, qui ex proelio fugerant, cum Uticam versus iter facerent, perveniunt ad oppidum Paradae. (2) Ubi cum ab incolis non reciperentur, ideo quod fama de victoria Caesaris praecucurrisset, vi oppido potiti in medio foro lignis coacervatis omnibusque rebus eorum congestis ignem subiciunt atque eius oppidi incolas cuiusque generis aetatisque vivos constrictosque

Soldaten und bei wenigen Verwundeten in sein Lager zurück; sofort vom Marsch aus ging er vor der Stadt Thapsus in Stellung. Er erbeutete 64 Elefanten,[162] die ausgerüstet und bewaffnet sowie mit Türmen und Zaumzeug versehen waren; diese ließ er vor der Stadt in Schlachtordnung aufstellen. Dies tat er in der Absicht für den Fall, dass Vergilius samt allen Belagerten durch dieses offenbare Zeichen der Niederlage von seiner Halsstarrigkeit abgebracht werden könne. (2) Daraufhin sprach er persönlich Vergilius an, lud ihn zur Kapitulation ein und erinnerte dabei an seine Nachsicht und Milde. (3) Nachdem Caesar bemerkt hatte, dass Vergilius ihm keine Antwort gab, zog er von der Stadt ab. Tags darauf verrichtete er ein Opfer, berief eine Heeresversammlung ein, überhäufte vor den Augen der Stadtbewohner seine Soldaten mit Lob, beschenkte[163] das ganze Veteranenheer und gewährte gerade den Tapfersten und denen, die sich Verdienste erworben hatten, von der Rednerbühne aus Belohnungen[164]. Dann ließ er den Prokonsul Rebilus mit drei Legionen bei Thapsus und Gnaeus Domitius (Calvinus) mit zwei Legionen in Thysdra zurück, wo Considius das Kommando hatte, um die Belagerung fortzusetzen. Er selbst zog eilends nach Utica, wohin er Marcus Messala mit der Reiterei vorausgeschickt hatte.

87–98 Endphase der Kampfhandlungen (April – Juni 46 v. Chr.)

87 (1) Unterdessen kamen Scipios Reiter[165], die aus der Schlacht geflohen waren, auf ihrem Weg nach Utica bei der Stadt Parada an. (2) Als sie dort von den Bewohnern nicht eingelassen wurden, weil die Kunde von Caesars Sieg bereits vorausgeeilt war, bemächtigten sich die genannten Reiter der Stadt mit Gewalt und steckten dann mitten auf dem Forum ein Feuer an, nachdem sie Holzscheite aufgehäuft und alle möglichen Habseligkeiten der Bewohner zusammengetragen hatten. Sogar die Einwohner dieser Stadt warfen sie lebend und gefesselt, ohne Unterschied von Rang und Alter, in die

in flammam coiciunt atque ita acerbissimo adficiunt supplicio. Deinde protinus Uticam perveniunt. (3) Superiore tempore M. Cato, quod ⟨in⟩ Uticensibus propter beneficium legis Iuliae parum [in] suis partibus praesidii esse existimaverat, plebem inermem oppido eiecerat et ante portam Belicam castris fossaque parvula dumtaxat muniverat ibique custodiis circumdatis habitare coegerat; senatum autem oppidi custodia tenebat. (4) Eorum castra ii equites adorti expugnare coeperunt, ideo quod eos Caesaris partibus favisse sciebant, ut eis interfectis eorum pernicie dolorem suum ulciscerentur. (5) Uticenses animo addito ex Caesaris victoria lapidibus fustibusque equites reppulerunt. (6) Itaque posteaquam castra non potuerant potiri, Uticam se in oppidum coniecerunt atque ibi multos Uticenses interfecerunt domosque eorum expugnaverunt ac diripuerunt. (7) Quibus cum Cato persuadere nulla ratione quiret, ut secum oppidum defenderent et caede rapinisque desisterent, et, quid sibi vellent, sciret, sedandae eorum importunitatis gratia singulis C divisit. (8) Idem Sulla Faustus fecit ac de sua pecunia largitus est unaque cum his ab Utica proficiscitur atque in regnum ire intendit.

88 (1) Complures interim ex fuga Uticam perveniunt. Quos omnes Cato convocatos una cum CCC, qui pecuniam Scipioni ad bellum faciendum contulerant, hortatus, ut servitia manu mitterent oppidumque defenderent. (2) Quorum cum partem adsentire, partem animum mentemque perterritam atque in fugam destinatam habere intellexisset, amplius de ea re agere destitit navesque his

Flammen und richteten sie so auf die grausamste Weise hin. Danach gelangten sie schnurstracks nach Utica. (3) Schon vorher hatte Marcus Cato, weil er geglaubt hatte, dass bei den Einwohnern von Utica wegen der Vergünstigung, die das Julische Gesetz[166] gewährte, seine Partei nur wenig Unterstützung finden würde, das einfache Volk, nachdem ihm die Waffen abgenommen worden waren,[167] aus der Stadt gewaltsam entfernt, es vor dem Baalstor[168] mit einem Lager und einem lediglich kleinen Graben geschützt und es gezwungen, dort von Wachen umstellt zu hausen. Den Senat der Stadt hingegen hielt er in Gewahrsam. (4) Scipios Reiter begannen nun, das Lager dieser Leute anzugreifen und zu erobern, weil sie wussten, dass die Bewohner dieses Lagers es mit Caesars Partei hielten, um durch deren Tod und Verderben ihren eigenen Schmerz zu rächen. (5) Die Einwohner von Utica jedoch, denen Caesars Sieg[169] Mut gemacht hatte, trieben diese Reiter mit Steinen und Knüppeln zurück. (6) Nachdem die genannten Reiter daher sich des Lagers nicht hatten bemächtigen können, stürzten sie sich in die Stadt Utica, töteten dort viele Einwohner, erstürmten ihre Häuser und plünderten diese. (7) Da Cato die Reiter auf keine Weise dazu bringen konnte, zusammen mit ihm die Stadt zu verteidigen[170] und von Mord und Raubzügen abzulassen, und da er wusste, was sie beabsichtigten, gab er jedem einzelnen von ihnen 100 Sesterzen,[171] um ihrer Rücksichtslosigkeit Einhalt zu gebieten. (8) Dasselbe tat (Cornelius) Sulla Faustus, beschenkte sie aus seinem eigenen Geld, brach zusammen mit ihnen von Utica[172] auf und beabsichtigte, in das Reich König Jubas zu ziehen.

88 (1) Unterdessen kamen zahlreiche Flüchtlinge in Utica an. Sie alle rief Cato zusammen,[173] zusammen mit den 300, die Scipio Geld für seine Kriegsführung hatten zukommen lassen, und forderte sie auf, ihre Sklaven freizulassen[174] und die Stadt zu verteidigen. (2) Als Cato jedoch eingesehen hatte, dass nur ein Teil der Anwesenden ihm beipflichtete, der andere Teil Herz und Sinn voller Furcht auf die Flucht gerichtet hatte, ließ er davon ab, weiter über dieses

attribuit, ut in quas quisque partes vellet proficisceretur. (3) Ipse omnibus rebus diligentissime constitutis, liberis suis L. Caesari, qui tum ei pro quaestore fuerat, commendatis, et sine suspicione, vultu atque sermone, quo superiore tempore usus fuerat, dum dormitum isset, ferrum intro clam in cubiculum tulit atque ita se traiecit. (4) Qui cum anima nondum exspirata concidisset, ⟨et⟩ impetu facto in cubiculum ex suspicione medicus familiaresque continere atque volnus obligare coepissent, ipse suis manibus vulnus crudelissime divellit atque animo praesenti se interemit. (5) Quem Uticenses quamquam oderant partium gratia, tamen propter eius singularem integritatem et quod dissimillimus reliquorum ducum fuerat quodque Uticam mirificis operibus munierat turribusque auxerat, sepultura adficiunt. (6) Quo interfecto L. Caesar ut aliquid sibi ex ea re auxilii pararet convocato populo contione habita cohortatus omnes, ut portae aperirentur: se in C. Caesaris clementia magnam spem habere. (7) Itaque portis patefactis Utica egressus Caesari imperatori obviam proficiscitur. Messala, ut erat imperatum, Uticam pervenit omnibusque portis custodias ponit.

89 (1) Caesar interim ab Thapso progressus Ussetam pervenit, ubi Scipio magnum frumenti numerum, armorum, telorum ceterarumque rerum cum parvo praesidio habuerat. (2) Id adveniens potitur, deinde Hadrumetum pervenit. Quo cum sine mora introisset, armis, frumento pecuniaque considerata Q. Ligario, C. Consi-

Thema zu verhandeln, und wies ihnen Schiffe zu, damit ein jeder dorthin abreisen konnte, wohin er wollte. (3) Er selbst ordnete seine eigenen Angelegenheiten mit der höchsten Sorgfalt[175]; seine Kinder vertraute er Lucius Caesar an, der damals bei ihm Proquästor[176] war. Als er daraufhin, ohne Argwohn zu erregen und mit einem Gesichtsausdruck und einem Gesprächston, deren er sich auch zuvor bedient hatte, schlafen ging, nahm er heimlich eine eiserne Waffe mit in sein Schlafgemach hinein und stieß sich hierauf diese in den Leib.[177] (4) Er kollabierte zwar, atmete aber noch.[178] Doch während ein Arzt[179] und Mitglieder seines Haushalts, die argwöhnisch geworden waren, ins Schlafgemach eindrangen und damit begannen, die Wunde zu schließen und zu verbinden, riss Cato sich mit seinen eigenen Händen die Wunde auf grausamste Weise wieder auf und setzte seinem Leben entschlossen ein Ende.[180]. (5) Obwohl die Bewohner von Utica ihn aus Parteigründen hassten, ließen sie ihm dennoch wegen seiner einzigartigen Uneigennützigkeit, weil er ganz anders als die übrigen Heerführer gewesen war und weil er Utica mit erstaunlichen Schanzwerken befestigt und mit Türmen verstärkt hatte, ein Begräbnis zuteil werden.[181] (6) Nach seinem Tod versuchte Lucius Caesar einen Vorteil aus diesem Vorfall zu schlagen, rief das Volk zusammen, hielt eine Rede vor der Versammlung und ermunterte sie alle, Caesar die Tore zu öffnen: Er setze große Hoffnung auf Caesars Milde. (7) Daher wurden die Tore geöffnet, Lucius Caesar verließ Utica und zog dem Imperator Caesar entgegen. Messala erreichte befehlsgemäß Utica und stellte an allen Toren Wachtposten auf.

89 (1) Caesar gelangte unterdessen auf seinem Marsch von Thapsus nach Usseta[182], wo Scipio einen großen Vorrat an Getreide, Abwehr- und Angriffswaffen und anderes Material nebst einer kleinen Besatzung gehabt hatte. (2) Caesar bemächtigte sich des Ortes sofort bei seiner Ankunft und gelangte sodann nach Hadrumetum. Als er diesen Ort unverzüglich betreten hatte, nahm er die Waffen, das Getreide und das vorhandene Geld in Augenschein

dio filio, qui tum ibi fuerant, vitam concessit. (3) Deinde eodem die Hadrumeto egressus Livineio Regulo cum legione ibi relicto Uticam ire contendit. (4) Cui in itinere fit obvius L. Caesar subitoque se ad genua proiecit vitamque sibi neque amplius quicquam deprecatur. (5) Cui Caesar facile et pro natura sua et instituto concessit, item Caecinae, C. Ateio, P. Atrio, L. ⟨O⟩cellae patri et filio, M. Eppio, M. Aquinio, Catonis filio Damasippique liberis ex sua consuetudine tribuit circiterque luminibus accensis Uticam pervenit atque extra oppidum ea nocte mansit.

90 (1) Postero die mane in oppidum introit contioneque advocata Uticenses incolas cohortatus gratias pro eorum erga se studio agit, cives autem Romanos negotiatores et eos, qui inter CCC pecunias contulerant Varo et Scipioni, multis verbis accusat et de eorum sceleribus longiore habita oratione ad extremum, ut sine metu prodirent, edicit: se eis dumtaxat vitam concessurum; bona quidem eorum se venditurum, ita tamen, qui eorum ipse sua bona redemisset, se bonorum venditionem inducturum et pecuniam multae nomine relaturum, ut incolumitatem retinere posset. (2) Quibus metu exsanguibus de vitaque ex suo promerito desperantibus subito oblata salute libentes cupidique condicionem acceperunt petieruntque a Caesare, ut universis CCC uno nomine pecuniam imperaret. (3) Itaque bis miliens sestertio his imposito, ut per triennium sex pensionibus populo Romano solverent, nullo

und schenkte Quintus Ligarius und dem jungen Gaius Considius, die dort anwesend waren, das Leben. (3) Sodann verließ er noch am selben Tag Hadrumetum, wo er Livineius Regulus mit einer Legion zurückließ, und zog eilends nach Utica. (4) Lucius Caesar kam ihm unterwegs entgegen, warf sich ihm zu Füßen[183] und bat um nichts anderes als um sein Leben. (5) Caesar schenkte ihm dieses ohne Bedenken und gemäß seinem Charakter und seiner Gewohnheit. Ebenso schenkte er Caecina, Gaius Ateius, Publius Atrius, Lucius Ocella[184], Vater und Sohn, Marcus Eppius, Marcus Aquinius, Catos Sohn[185] und den Kindern des (Licinius) Damasippus das Leben. Ungefähr bei einbrechender Nacht gelangte Caesar nach Utica und übernachtete außerhalb der Stadt.

90 (1) Am Morgen des folgenden Tages zog Caesar in die Stadt ein, berief eine Volksversammlung ein, ermunterte die Einwohner von Utica und dankte ihnen für ihre Ergebenheit ihm gegenüber. Den römischen Bürgern und Großkaufleuten aber sowie jenen unter den 300, die Varus und Scipio Gelder[186] hatten zukommen lassen, machte er in vielen Worten Vorwürfe, hielt eine längere Rede über deren Verbrechen und befahl ihnen schließlich, ohne Furcht vorzutreten: Er werde ihnen lediglich das Leben schenken; ihre Güter werde er versteigern lassen, aber doch so, dass, wenn jemand seine eigenen Güter selbst zurückkaufe, er, Caesar, die Versteigerung der eingezogenen Güter rückgängig machen[187] und das Geld dafür als Geldstrafe in Anrechnung bringen[188] werde, sodass der Betreffende den Besitz ungeschmälert behalten könne. (2) Als ihnen, die vor Furcht leichenblass waren und nach ihrem Verschulden die Hoffnung auf ihr Leben aufgegeben hatten, plötzlich sich eine Möglichkeit zur Rettung bot, nahmen sie willig und begierig die Bedingung an und baten Caesar, er solle allen 300 zusammen die Zahlung einer Geldsumme als Gesamtschuld auferlegen. (3) Somit legte er ihnen die Zahlung von 2.000.000 Sesterzen auf, die sie innerhalb von drei Jahren in sechs Raten an das römische Volk zahlen

eorum recusante ac se eo demum die natos praedicantes laeti gratias agunt Caesari.

91 (1) Rex interim Iuba, ut ex proelio fugerat, una cum Petreio interdiu in villis latitando tandem nocturnis itineribus confectis in regnum pervenit atque ad oppidum Zamam, ubi ipse domicilium, coniuges liberosque habebat, quo ex cuncto regno omnem pecuniam carissimasque res comportaverat quodque inito bello operibus maximis muniverat, accedit. (2) Quem antea oppidani rumore exoptato de Caesaris victoria audito ob has causas oppido prohibuerunt, quod bello contra populum Romanum suscepto in oppido Zamae lignis congestis maximam in medio foro pyram construxerat, ut, si forte bello foret superatus, omnibus rebus eo coacervatis, dein civibus cunctis interfectis eodemque proiectis igne subiecto tum demum se ipse insuper interficeret atque una cum liberis, coniugibus, civibus cunctaque gaza regia cremaretur. (3) Postquam Iuba ante portas diu multumque primo minis pro imperio egisset cum Zamensibus, dein cum se parum proficere intellexisset, precibus orasset, uti se ad suos deos penates admitterent, ubi eos perstare in sententia animadvertit nec minis nec precibus suis moveri, quo magis se reciperent, tertio petit ab eis, ut sibi coniuges liberosque redderent, ut secum eos asportaret. (4) Postquam sibi nihil omnino oppidanos responsum reddere animadvertit, nulla re ab his impetrata ab Zama discedit atque ad villam suam cum M. Petreio paucisque equitibus confert se.

sollten. Niemand erhob Einspruch. Sie dankten Caesar voller Freude und erklärten, erst an diesem Tag seien sie geboren worden.[189]

91 (1) In der Zwischenzeit gelangte König Juba, so wie er aus der Schlacht geflohen war,[190] zusammen mit Petreius in sein Reich. Untertags hielt er sich in den Gehöften der Gutsbesitzer versteckt und legte den Weg nur bei Nacht zurück. Der König näherte sich Zama, wo er selbst ein Königsschloss, seine Frauen und Kinder hatte; dorthin hatte er aus dem ganzen Reich sein gesamtes Geld und seine größten Kostbarkeiten schaffen lassen. Die Stadt selbst hatte er nach Kriegsbeginn durch sehr große Verschanzungen befestigen lassen. (2) Die Stadtbewohner, die die ersehnte Kunde von Caesars Sieg bereits vernommen hatten, verwehrten ihm aus folgenden Gründen den Zutritt zur Stadt: Juba hatte, als er gegen das römische Volk einen Krieg unternahm, in Zama Holzmassen angehäuft und mitten auf dem Forum einen riesengroßen Scheiterhaufen errichten lassen, damit er im Fall einer Niederlage allen Besitz dort aufhäufen, sodann alle Bürger ermorden und eben darauf werfen lassen, Feuer daran legen lassen, dann schließlich sich selbst oben darauf töten und zusammen mit den Kindern[191], Frauen, Bürgern und dem gesamten königlichen Schatz verbrennen lassen könnte. (3) Juba unterredete sich vor den Stadttoren lange und viel mit den Einwohnern von Zama zuerst unter Drohungen kraft seines Herrscheramtes. Als er eingesehen hatte, dass er zu wenig ausrichten konnte, bat er inständig, ihm doch Zutritt zu seinem Haus[192] zu gewähren; als er erkannte, dass sie bei ihrer Meinung verharrten und weder durch seine Drohungen noch durch seine Bitten dazu bewegt werden konnten, ihn in die Stadt aufzunehmen, bat er sie zum dritten Mal, ihm Frauen und Kinder zurückzugeben, damit er sie mitnehmen könne. (4) Nachdem er erkannt hatte, dass die Stadtbewohner ihm überhaupt keine Antwort erteilten, zog er, ohne etwas erreicht zu haben, von Zama ab und begab sich mit Marcus Petreius und einigen wenigen Reitern auf eines seiner Landgüter.

92 (1) Zamenses interim legatos de his rebus ad Caesarem Uticam mittunt petuntque ab eo, uti, antequam rex manum colligeret seseque oppugnaret, sibi auxilium mitteret: se tamen paratos esse, sibi quoad vita suppeteret, oppidum seque ei reservare. (2) Legatos conlaudatos Caesar domum iubet antecedere ac suum adventum praenuntiare. Ipse postero die Utica egressus cum equitatu in regnum ire contendit. (3) Interim in itinere ex regiis copiis duces complures ad Caesarem veniunt orantque, ut sibi ignoscat. (4) Quibus supplicibus venia data Zamam perveniunt. Rumore interim perlato de eius lenitate clementiaque propemodum omnes regni equites Zamam perveniunt ad Caesarem ab eoque sunt metu periculoque liberati.

93 (1) Dum haec utrobique geruntur, Considius, qui Thysdrae cum familia sua, gladiatoria manu Gaetulisque praeerat, cognita caede suorum Domitiique et legionum adventu perterritus desperata salute oppidum deserit seque clam cum paucis barbaris pecunia onustus subducit atque in regnum fugere contendit. (2) Quem Gaetuli, sui comites, in itinere praedae cupidi concidunt seque in quascumque potuere partes conferunt. (3) C. interim Vergilius, postquam terra marique clausus se nihil proficere intellexit suosque interfectos aut fugatos, M. Catonem Uticae sibi ipsum manus attulisse, regem vagum ab suisque desertum ab omnibus aspernari, Saburram eiusque copias ab Sittio esse deletas, Uticae Caesarem

92 (1) Die Einwohner der Stadt Zama schickten inzwischen wegen dieser Angelegenheiten Gesandte zu Caesar nach Utica und baten ihn, ihnen Hilfe zu senden, bevor der König ein Korps sammeln und sie bekämpfen könne; dennoch seien sie bereit, solange ihnen das Leben noch ausreiche, ihre Stadt und sich selbst für ihn zu erhalten. (2) Caesar sprach den Gesandten großes Lob aus und befahl ihnen, schon mal vorab in ihre Heimat zurückzukehren und seine Ankunft im Voraus anzukündigen. Er selbst verließ tags darauf Utica mit der Reiterei und beeilte sich, in Jubas Königreich zu gelangen. (3) Inzwischen kamen unterwegs mehrere Offiziere der königlichen Truppen zu Caesar mit der Bitte, ihnen zu verzeihen. (4) Nachdem er ihnen auf ihr demütiges Bitten hin Verzeihung gewährt hatte, gelangten sie nach Zama. Inzwischen hatte sich die Kunde von Caesars Sanftheit und Milde verbreitet; daher kamen fast alle Reiter des Königreichs nach Zama zu Caesar und wurden von ihm von Furcht und Gefahr befreit.

93 (1) Während dieser Vorkommnisse auf beiden Seiten[193] erfuhr Considius, der in Thysdra zusammen mit seinem Gesinde, seiner Gladiatorenschar und den Gaetulern das Kommando hatte, von dem Gemetzel unter seinen Leuten; erschreckt durch den Anmarsch des Domitius und der Legionen[194] ließ er die Stadt im Stich, da er die Hoffnung auf Rettung schon aufgegeben hatte; mit Geld beladen machte er sich heimlich mit einigen wenigen Barbaren davon und beeilte sich, in das Königreich zu fliehen. (2) Die Gaetuler, seine eigenen Begleiter, machten ihn unterwegs aus Gier nach Beute nieder und machten sich in alle möglichen Richtungen davon. (3) Unterdessen hatte Gaius Vergilius eingesehen, dass er, zu Land und zu Wasser eingeschlossen, nichts ausrichten konnte; seine eigenen Leute waren getötet oder in die Flucht geschlagen, Marcus Cato hatte in Utica Hand an sich gelegt, der König irrte umher, verlassen von seinen eigenen Leuten, und wurde von allen zurückgewiesen, Saburra und seine Truppen[195] waren von Sittius aufgerieben worden, in Utica war Caesar unverzüglich in Empfang genom-

sine mora receptum, de tanto exercitu reliquias esse nullas, ipse sibi suisque liberis a C. Caninio proconsule, qui eum obsidebat, fide accepta seque et sua omnia et oppidum proconsuli tradit.

94 Rex interim ab omnibus civitatibus exclusus, desperata salute, cum iam ⟨omnia⟩ conatus esset, cum Petreio, ut cum virtute interfecti esse viderentur, ferro inter se depugnant, atque firmior imbecilliorem Iubam Petreius facile ferro consumpsit. Deinde ipse sibi cum conaretur gladio traicere pectus nec posset, precibus a servo suo impetravit, ut se interficeret, idque obtinuit.

95 (1) P. Sittius interim pulso exercitu Saburrae, praefecti Iubae, ipsoque interfecto cum iter cum paucis [per Mauretaniam] ad Caesarem faceret, forte incidit in Faustum Afraniumque, qui eam manum habebant, qua Uticam diripuerant, iterque in Hispaniam intendebant et erant numero circiter mille. (2) Itaque celeriter nocturno tempore insidiis dispositis eos prima luce adortus praeter paucos equites, qui ex primo agmine fugerant, reliquos aut interfecit aut in deditionem accepit, Afranium et Faustum cum coniuge et liberis vivos capit. (3) Paucis post diebus dissensione in exercitu orta Faustus et Afranius interficiuntur; Pompeiae cum Fausti liberis Caesar incolumitatem suaque omnia concessit.

96 (1) Scipio interim cum Damasippo et Torquato et Plaetorio Rustiano navibus longis diu multumque iactati, cum Hispaniam peterent, ad Hipponem Regium deferuntur, ubi classis P. Sitti ad id

men worden, von dem gewaltigen Heer waren keine Reste mehr vorhanden; daher nahm er für sich und seine Kinder das Versprechen des Schutzes seitens des Prokonsuls Gaius Caninius an, der ihn belagerte, und lieferte sich und all sein Hab und Gut sowie die Stadt dem Prokonsul aus.

94 König Juba, dem alle Städte den Zutritt verwehrten, gab inzwischen jegliche Hoffnung auf Rettung auf; als er schon alles versucht hatte, fochten er und Petreius einen Schwertkampf auf Leben und Tod aus, damit es den Anschein habe, sie seien mit Tapferkeit gestorben. Dabei stach der stärkere Petreius leicht den schwächeren Juba mit dem Schwert nieder.[196] Als er dann versuchte, sich selbst den Brustkorb mit dem Schwert zu durchbohren, es aber nicht schaffte[197], erreichte er durch Bitten von seinem Sklaven, ihn zu töten, und somit sein Ziel.

95 (1) Nachdem Publius Sittius[198] das Heer Saburras, des Oberbefehlshabers der Streitkräfte von König Juba, geschlagen hatte und Saburra selbst dabei getötet worden war, stieß er inzwischen, als er mit nur wenigen Begleitern zu Caesar marschierte, zufällig auf Faustus und Afranius[199], welche das Korps bei sich hatten, mit dem sie Utica geplündert hatten; sie schlugen gerade den Weg nach Spanien ein, ihre Truppenstärke betrug etwa 1000. (2) Deshalb legte Sittius während der Nacht schnell einen Hinterhalt und griff sie bei Tagesanbruch an; außer wenigen Reitern, die aus der Vorhut geflohen waren, ließ er die übrigen entweder töten oder nahm ihre Unterwerfung an; Afranius und Faustus nahm er lebend mit Gattin und Kindern gefangen. (3) Als wenige Tage später im Heer Caesars ein Aufruhr losbrach,[200] wurden Faustus und Afranius dabei getötet[201]; Pompeia und den Kindern des Faustus gewährte Caesar Schonung und all ihr Hab und Gut.[202]

96 (1) Unterdessen wurden Scipio, Damasippus[203], Torquatus und Plaetorius Rustianus[204], die auf Kriegsschiffen Spanien erreichen wollten, lange und sehr von Sturm und Wellen hin und her geworfen und dabei nach Hippo Regius verschlagen, wo sich zu

tempus erat. (2) A qua pauciora ab amplioribus circumventa navigia deprimuntur, ibique Scipio cum quos paulo ante nominavi interiit.

97 (1) Caesar interim Zamae auctione regia facta bonisque eorum venditis, qui cives Romani contra populum Romanum arma tulerant, praemiisque Zamensibus, qui de rege excludendo consilium ceperant, tributis vectigalibusque regiis irrogatis ex regnoque provincia facta atque ibique Sallustio pro consule cum imperio relicto ipse Zama egressus Uticam se recepit. (2) Ibi bonis venditis eorum, qui sub Iuba Petreioque ordines duxerant, [itemque] Thapsitanis HS XX, conventui eorum HS XXX, ⟨itemque⟩ Hadrumetinis HS XXX, conventui eorum HS L multae nomine imponit; civitates bonaque eorum ab omni iniuria rapinisque defendit. (3) Leptitanos, quorum superioribus annis bona Iuba diripuerat, et ad senatum questi per legatos atque arbitris a senatu datis sua receperant, XXX centenis milibus pondo olei in annos singulos multat, ideo quod initio per dissensionem principum societatem cum Iuba inierant eumque armis, militibus, pecunia iuverant. (4) Thysdritanos propter humilitatem civitatis certo numero frumenti multat.

98 (1) His rebus gestis Idibus Iun. Uticae classem conscendit et post diem tertium Caralis in Sardiniam pervenit. (2) Ibi Sulcitanos,

dieser Zeit die Flotte des Sittius befand. (2) Ihre wenigen Schiffe wurden von den zahlreicheren der Flotte des Sittius umzingelt und versenkt; dabei kam Scipio mit den eben genannten Personen ums Leben.[205]

97 (1) In der Zwischenzeit hatte Caesar in Zama die Krongüter des Königs und derjenigen versteigern lassen, welche als römische Bürger die Waffen gegen das römische Volk erhoben hatten; denjenigen Einwohnern von Zama, die den Beschluss gefasst hatten, dem König den Zutritt zur Stadt zu verwehren, hatte er Belohnungen gewährt; die bislang an den König entrichteten Abgaben wurden abgeschafft, aus dem Königreich wurde eine römische Provinz[206] gemacht und dort Sallustius[207] als Prokonsul mit dem militärischen Oberbefehl zurückgelassen. Caesar selbst verließ Zama und zog sich nach Utica zurück. (2) Dort ließ er die Güter derjenigen versteigern, die unter Juba und Petreius als Zenturionen gedient hatten. Den Bewohnern von Thapsus legte er zwei Millionen Sesterzen als Strafe auf, der gesamten Bürgergemeinde drei Millionen Sesterzen, ebenso den Bewohnern von Hadrumetum drei Millionen Sesterzen und der gesamten Bürgergemeinde von Hadrumetum fünf Millionen Sesterzen; die Stadtgemeinden und ihre Güter schützte er vor Unrecht und Räubereien. (3) Die Bewohner von Leptis (minor), deren Güter in den vorhergehenden Jahren Juba geplündert hatte und die sich beim römischen Senat durch Gesandte darüber beklagt und durch vom Senat bestellte Schiedsrichter ihre Güter zurückerhalten hatten, bestrafte Caesar mit drei Millionen Pfund Öl[208] jährlich, und zwar deshalb, weil sie zum Beginn[209] einer Zwistigkeit unter ihren führenden Bürgern ein Bündnis mit König Juba eingegangen waren und ihn mit Waffen, Soldaten und Geld unterstützt hatten. (4) Die Bewohner von Thysdra bestrafte er wegen der geringen Bedeutung dieser Stadt nur mit einer bestimmten Menge Getreide.

98 (1) Nach diesen Maßnahmen[210] ging Caesar an den Iden des Juni[211] in Utica an Bord der Flotte und gelangte am dritten Tag

quod Nasidium eiusque classem receperant copiisque iuverant, HS C multat et pro decumis octavas pendere iubet bonaque paucorum vendit et ante diem IIII Kal. Quintil. naves conscendit et a Caralibus secundum terram provectus duodetricensimo die, ideo quod tempestatibus in portibus cohibebatur, ad urbem Romam venit.

nach Caralis auf Sardinien. (2) Dort bestrafte er die Einwohner von Sulci mit zehn Millionen Sesterzen, weil sie Nasidius und seine Flotte aufgenommen und mit Vorräten unterstützt hatten. Ferner befahl er, dass sie statt des Zehnten[212] den Achten (d. h. 12,5% statt 10% Steuern) zu leisten hätten, und versteigerte die Güter einiger weniger Personen. Am vierten Tag vor den Kalenden des Quintilis[213] ging er wieder an Bord der Schiffe[214] und segelte von Caralis die Küste entlang. Erst am 28. Tag[215] kam er nach Rom, weil er von Stürmen mehrfach in den Häfen zurückgehalten wurde.

BELLUM HISPANIENSE

1 (1) Pharnace superato, Africa recepta, qui ex his proeliis cum adulescente Cn. Pompeio profugissent, cum et ulterioris Hispaniae potitus esset, dum Caesar muneribus dandis in Italia detinetur, quo facilius praesidia contra compararet, Pompeius in fidem uniuscuiusque civitatis confugere coepit. (2) Ita partim precibus partim vi bene magna comparata manu provinciam vastare. (3) Quibus in rebus nonnullae civitates sua sponte auxilia mittebant, item nonnullae portas contra claudebant. (4) Ex quibus si qua oppida vi ceperat, cum aliquis ex ea civitate optime de Cn. Pompeio meritus civis esset, propter pecuniae magnitudinem aliqua ei inferebatur causa, ut eo de medio sublato ex eius pecunia latronum largitio fieret. Ita paucis commoda ⟨ab⟩ hoste orta; eo maiores augebantur copiae. (5) Hoc crebris nuntiis in Italiam missis civitates contrariae Pompeio auxilia sibi depostulabant.

DER SPANISCHE KRIEG
(46–45 V. CHR.)

1 Vorgeschichte des Krieges in Spanien

1 (1) Nachdem Pharnakes[1] besiegt und Afrika wieder gewonnen war, und nachdem (zuerst) der junge Gnaeus Pompeius[2] und (dann) noch andere Pompejaner geflohen waren, und als es dann Pompeius gelungen war, (nicht nur zu fliehen, sondern) auch sich im jenseitigen Spanien festzusetzen, während Caesar durch die Veranstaltung von Spielen in Italien zurückgehalten wurde, begann Pompeius sich auf einer Reise von Stadt zu Stadt um Treuverhältnisse zu bemühen, um so dem (durch die Spenden in Rom stetig wachsenden) Einfluss Caesars in Spanien die Waage halten zu können.[3] (2) So brachte er teils durch Bitten, teils mit Gewalt ein recht großes Korps zusammen und verwüstete damit die Provinz[4]. (3) Unter diesen Umständen stellten einige Städte von sich aus Hilfskontingente, ebenso aber verschlossen einige ihm die Tore. (4) Wenn Gnaeus Pompeius irgendwelche Städte gewaltsam eingenommen hatte, wurde gegen irgendeinen Bürger aus dieser Stadt, auch wenn er sich um Gnaeus Pompeius[5] höchst verdient gemacht hatte, wegen der großen Menge des bei ihm vorhandenen Geldes irgendeine Anschuldigung vorgebracht, um ihn aus dem Weg zu räumen und sein Geld den Räubern[6] zu schenken. So wurden einigen wenigen Personen Vorteile durch den Feind zuteil; dadurch wurden die Ressourcen verstärkt. (5) Die Städte, die Pompeius feindlich gesinnt waren, schickten diesbezüglich mehrfach Boten nach Italien und forderten dringend Hilfe für sich an.

2 (1) C. Caesar dictator tertio, designatus dictator quarto multis iter ante rebus confectis, cum celeri festinatione ⟨ad⟩ bellum conficiendum in Hispaniam cum venisset legatique Cordubenses, qui a Cn. Pompeio discessissent, Caesari obviam venissent, a quibus nuntiabatur nocturno tempore oppidum Cordubam capi posse, quod necopinantibus adversariis eius provinciae potitus esset simulque quod tabellariis, qui a Cn. Pompeio dispositi omnibus locis essent, qui certiorem Cn. Pompeium de Caesaris adventu facerent, multa praeterea veri similia proponebant. (2) Quibus rebus adductus, quos legatos ante exercitui praefecerat Q. Pedium et Q. Fabium Maximum de suo adventu facit certiores, utque sibi equitatus, qui ex provincia fuisset, praesidio esset. (3) Ad quos celerius, quam ipsi opinati sunt, appropinquavit neque, ut ipse voluit, equitatum sibi praesidio habuit.

3 (1) Erat idem temporis Sex. Pompeius frater, qui cum praesidio Cordubam tenebat, quod eius provinciae caput esse existimabatur. Ipse autem Cn. Pompeius adulescens Uliam oppidum oppugnabat et fere iam aliquot mensibus ibi detinebatur. (2) Quo ex oppido cognito Caesaris adventu legati clam praesidia Cn. Pompei Caesarem cum adissent, petere coeperunt, uti sibi primo quoque tempore subsidium mitteret. (3) Caesar eam civitatem omni tem-

2 *Caesars Eintreffen in Spanien (Ende Dezember 46 v. Chr.)*

2 (1) Gaius Caesar war zum dritten Mal Diktator und zum vierten Mal designierter Diktator[7]. Vor seiner Reise[8] (nach Spanien) hatte er viele Dinge geregelt, als er in großer Eile nach Spanien kam. Als ihm Gesandte der Einwohner von Corduba entgegenkamen, die von Gnaeus Pompeius abgefallen waren, meldeten sie ihm, dass Corduba zur Nachtzeit eingenommen werden könne, weil Pompeius wider Vermuten der Gegner sich der betreffenden Provinz bemächtigt habe, zugleich weil die Briefboten, die Gnaeus Pompeius an allen möglichen Stellen verteilt hatte und die ihn von Caesars Anmarsch in Kenntnis setzen sollten, ...[9] Überdies brachten sie vieles andere vor, das durchaus wahrscheinlich klang. (2) Dadurch veranlasst setzte Caesar seine Legaten Quintus Pedius[10] und Quintus Fabius Maximus, denen er vorher das Kommando über das Heer übertragen hatte, von seinem Anmarsch in Kenntnis und befahl, dass die Reiterei, die aus der Provinz stammte, ihn schützen solle. (3) Er näherte sich ihnen allerdings schneller, als sie selbst vermuteten, hatte aber nicht die Reiterei zum Schutz, was er eigentlich selbst wollte.

3–5 *Verstärkung für Ulia und Unternehmungen gegen Corduba*

3 (1) Zur gleichen Zeit hielt Sextus Pompeius, der Bruder des Gnaeus Pompeius, mit einer Garnison Corduba, das als Hauptstadt dieser Provinz[11] galt. Der junge Gnaeus Pompeius selbst aber bestürmte die Stadt Ulia und wurde dadurch schon fast einige Monate lang dort festgehalten. (2) Als aus dieser Stadt, da man von der Ankunft Caesars erfahren hatte, Gesandte unbemerkt von den Posten des Gnaeus Pompeius Caesar aufgesucht hatten, baten sie ihn alsbald, ihnen möglichst bald Verstärkung zu schicken. (3) Da Caesar im Gedächtnis behalten hatte, dass diese Stadt sich zu jeder Zeit

pore optime de populo Romano ⟨memoria cum teneret⟩ meritam esse, celeriter sex cohortes secunda vigilia iubet proficisci, pari equites numero. (4) Quibus praefecit hominem eius provinciae notum et non parum scientem, L. Vibium Paciaecum. (5) Qui cum ad Cn. Pompei praesidia venisset, incidit id temporis, ut tempestate adversa vehementique vento adflictaretur, ⟨mi⟩litumque ⟨visus⟩ vis tempestatis ita obscurabat, ut vix proximum agnoscere posset. (6) Cuius incommodum summam utilitatem ipsis praebebat. Ita cum ad eum ⟨locum⟩ venerunt, iubet binos equites conscendere, et recta per adversariorum praesidia ad oppidum contendunt. (7) Mediisque eorum praesidiis cum essent, cum quaereretur, qui essent, unus ex nostris respondit, ut sileat verbum facere; nam id temporis conari ad murum accedere, ut oppidum capiant. Et partim tempestate impediti vigiles non poterant diligentiam praestare, partim illo responso deterrebantur. (8) Cum ad portam appropinquassent, signo dato ab oppidanis sunt recepti. Et pedites [equites clamore facto] dispositis partim ibi remanserunt, equites clamore facto eruptionem in adversariorum castra fecerunt. (9) Sic in illo facto, cum inscientibus accidisset, existimant [prope] magna pars hominum, qui in his castris fuissent, se prope captos esse.

4 (1) Hoc misso ad Uliam praesidio Caesar, ut Pompeium ab ea oppugnatione deduceret, ad Cordubam contendit exque itinere loricatos viros fortis cum equitatu ante praemisit. (2) Qui simul in

höchste Verdienste um das römische Volk erworben hatte, befahl er, dass schnell sechs Kohorten[12] zur zweiten Nachtwache aufbrechen sollten, dazu die gleiche Anzahl Reiter[13]. (4) Das Kommando übertrug er Lucius Vibius Paciaecus, einem ziemlich kenntnisreichen Mann, der mit dieser Provinz vertraut war. (5) Als er bei den Posten des Gnaeus Pompeius angekommen war, ereignete es sich genau zu diesem Zeitpunkt, dass er von einem bösen Unwetter und einem heftigen Wind bedrängt wurde; die Gewalt des Unwetters verdunkelte das Sehvermögen der Soldaten so sehr, dass man kaum den Nebenmann erkennen konnte. (6) Diese Beeinträchtigung durch das Unwetter war allerdings für Paciaecus' Truppe von höchstem Nutzen. Als sie unter diesen Umständen zu diesem Ort[14] kamen, ließ Paciaecus je zwei Reiter aufsitzen[15], und sie eilten schnurstracks durch die gegnerischen Posten hindurch zur Stadt. (7) Als sie sich mitten unter den gegnerischen Posten befanden, antwortete einer unserer Leute auf die Frage, wer sie denn seien, er solle ja kein Wort sprechen; denn sie würden eben jetzt versuchen, sich der Mauer zu nähern, um die Stadt einzunehmen. Teils wurden die Wachposten durch das Unwetter behindert und konnten daher nicht die nötige Sorgfalt walten lassen, teils wurden sie durch jene Antwort abgeschreckt. (8) Als unsere Leute sich dem Stadttor genähert hatten, wurden sie auf ein Zeichen hin von den Stadtbewohnern eingelassen. Die Infanteristen blieben dort, indem ein Teil sogleich verteilt wurde[16], die Reiter hingegen erhoben ein Geschrei und unternahmen einen Ausfall zum gegnerischen Lager hin[17]. (9) Da dies den Pompejanern bei jenem Ereignis widerfuhr, ohne dass sie eine Ahnung von dem Geschehen hatten, glaubte ein Großteil der Menschen[18], die sich in diesem Lager aufhielten, dass sie fast gefangen seien.

4 (1) Nachdem Caesar diese Truppe nach Ulia geschickt hatte, um Pompeius von dieser Bestürmung abzubringen, eilte er nach Corduba und schickte unmittelbar vom Anmarsch aus tapfere, mit einem Panzerhemd[19] versehene Soldaten samt Reiterei voraus.[20]

conspectum oppidi se dederunt, cum equis recipiuntur, hoc a Cordubensibus nequaquam poterat animadverti. Appropinquantibus ex oppido bene magna multitudo ad equitatum concidendum cum exissent, loricati, ut supra scripsimus, ex equis descenderunt et magnum proelium fecerunt, sic uti ex infinita hominum multitudine pauci in oppidum se reciperent. (3) Hoc timore adductus Sex. Pompeius litteras fratri misit, ut celeriter sibi subsidio veniret, ne prius Caesar Cordubam caperet quam ipse illo venisset. (4) Itaque Cn. Pompeius Ulia prope capta litteris fratris excitus cum copiis ad Cordubam iter facere coepit.

5 (1) Caesar, cum ad flumen Baetim venisset neque propter altitudinem fluminis transire posset, lapidibus plenos corbes demisit; [ita] insuper ⟨posuit trabes. Ita⟩ ponte facto copias ad castra tripertito transduxit. (2) Tenebat adversum oppidum e regione pon⟨tis⟩ [trabes], ut supra scripsimus, tripertito. Hoc cum Pompeius cum suis copiis venisset, ex adverso pari ratione castra ponit. (3) Caesar, ut eum ab oppido commeatuque excluderet, brachium ad pontem ducere coepit; pari item condicione Pompeius. (4) Hic inter duces duos fit contentio, uter prius pontem occuparet. Ex qua contentione cotidiana minuta proelia fiebant, ut modo hi, nonnumquam illi superiores discederent. (5) Quae res cum ad maiorem contentionem venisset, ab utrisque comminus pugna inita, dum cupidius locum student tenere, propter pontem coagulabant, fluminis

(2) Sobald diese in Sichtweite der Stadt kamen, schwangen sie sich auf ihre Pferde; dies konnte aber von den Einwohnern von Corduba keineswegs bemerkt werden. Als bei ihrem Herannahen eine recht große Menge aus der Stadt ausrückte[21], um Caesars Reiterei aufzureiben, saßen die gepanzerten Infanteristen, die, wie berichtet, auf Pferden ritten, ab und lieferten ein großes Gefecht, sodass aus der unermesslichen Menschenmenge nur wenige sich in die Stadt zurückzogen. (3) Sextus Pompeius fuhr der Schrecken so in die Glieder, dass er seinem Bruder ein Schreiben schickte mit der Bitte, ihm schnell zu Hilfe zu kommen, damit Caesar nicht Corduba einnehme, bevor er selbst dorthin käme. (4) Obwohl Ulia fast schon erobert war, kam Gnaeus Pompeius der im Schreiben seines Bruders gemachten Aufforderung nach und marschierte mit seinen Streitkräften nach Corduba.

5 (1) Als Caesar zum Fluss Baetis gekommen war und ihn wegen der Tiefe des Flusses[22] nicht überschreiten konnte, ließ er mit Steinen gefüllte Körbe versenken; oben darüber legte er Balken. So fertigte er eine Brücke an und führte seine Streitkräfte in drei Abteilungen hinüber zum Lager. (2) Dieses Lager hielt er gegen die Stadt hin gerade gegenüber der Brücke und es bestand, wie oben beschrieben, aus drei Abteilungen. Als Pompeius mit seinen Truppen hierher[23] gekommen war, schlug er gegenüber auf gleiche Art und Weise sein Lager auf. (3) Um ihn von der Stadt und dem Nachschub abzuschneiden, begann Caesar, eine Befestigungslinie hin zur Brücke ziehen zu lassen. Ebenso verfuhr Pompeius in gleicher Weise. (4) Bei dieser Gelegenheit kam es zwischen den beiden Feldherren zu einem Wettstreit, wer von beiden zuerst die Brücke besetze. Aus diesem Wettstreit entwickelten sich täglich kleinere Gefechte, sodass bald die eine Seite, bald die andere Seite die Oberhand behielt. (5) Als darüber ein heftiger Wettkampf entstand, gingen beide Parteien zum Nahkampf über; während die Kämpfenden ziemlich hitzig bestrebt waren, die Stellung zu halten, verknäulten[24] sie sich dabei immer mehr in der Nähe der Brücke, und diejenigen, die sich

ripas appropinquantes coangustati praecipitabantur. (6) Hic alternis non solum morti mortem aggerabant, sed tumulos tumulis exaequabant. (7) Ita diebus compluribus cupiebat Caesar, si qua condicione posset, adversarios in aequum locum deducere et primo quoque tempore de bello decernere.

6 (1) Id cum animadverteret adversarios minime velle, quos, quoniam ab Ulia retraxerat, ut in aequum deduceret, copiis flumine traductis noctu iubet ignes fieri magnos. Ita firmissimum eius praesidium Ateguam proficiscitur. (2) Id cum Pompeius ex perfugis rescisset, qua die facultatem ⟨est nactus, per montes⟩ et angustias carra complura mulosque onustos retraxit et ad Cordubam se recepit. (3) Caesar munitionibus Ateguam oppugnare et brachia circumducere coepit. Cuius re Pompeio cum nuntius esset allatus, eo die proficiscitur. Cuius in adventum praesidii causa Caesar ⟨cum⟩ complura castella occupasset, partim ubi equitatus, partim ubi pedestres copiae in statione[s], in excubitu castris praesidio esse possent, hic in adventu Pompei incidit, ut matutino tempore nebula esset crassissima. (4) Ita illa obscuratione cum aliquot cohortibus et equitum turmis circumcludunt Caesaris equites et concidunt, sic ut vix in ea caede pauci effugerent.

7 (1) Insequenti nocte castra sua incendit Pompeius et trans flumen Salsum per convalles castra inter duo oppida Ateguam et

den Flussufern näherten, stürzten dicht zusammengedrängt in den Fluss. (6) Hierbei häuften sie abwechselnd nicht nur Tod auf Tod[25], sondern sie machten die Leichenberge sogar den (umliegenden) Hügeln gleich. (7) Nach mehreren derartig verbrachten Tagen hegte Caesar den Wunsch, wenn es irgendwie möglich wäre, die Gegner auf günstiges Gelände zu ziehen und sobald als möglich den Krieg durch ein entscheidendes Treffen zu beenden.[26]

6–19 Belagerung von Ategua

6 (1) Als Caesar bemerkte, dass die Gegner keineswegs darauf eingehen wollten, führte er seine Truppen über den Fluss und ließ in der Nacht große Feuer entfachen, um sie auf ebenes Terrain zu locken, wie er sie ja von Ulia abgezogen hatte. So brach er nach Ategua auf, die stärkste Festung des Pompeius. (2) Als Pompeius durch Überläufer davon erfahren hatte, zog er an dem Tag, an dem sich ihm die Möglichkeit bot, mehrere Wagen und beladene Maulesel durch die Berge und Engpässe[27] zurück und zog sich nach Corduba zurück. (3) Caesar begann die Bestürmung von Ategua mit der Anlage von Befestigungsanlagen und ließ verschanzte Linien um Ategua herumführen. Als Pompeius davon[28] Kunde erhalten hatte, brach er an diesem Tag auf. Im Hinblick auf seinen Anmarsch hatte Caesar zum Schutz mehrere Kastelle besetzt[29], in denen teils Reiter, teils Infanteristen zum Schutz des Lagers Posten zum Zweck der Bewachung beziehen konnten. Hier nun ereignete es sich bei Pompeius' Ankunft, dass zur Morgenzeit dichtester Nebel herrschte. (4) Mit Hilfe jener schlechten Sicht schlossen sie so mit einigen Kohorten und Reiterschwadronen Caesars Reiter ein und machten sie nieder, sodass kaum einige wenige bei diesem Blutbad entkamen.

7 (1) In der folgenden Nacht zündete Pompeius sein Lager an und errichtete[30] jenseits des Flusses Salsum nach einem Marsch durch die Talkessel ein Lager auf einem Berg[31] zwischen den zwei

Ucubim in monte constituit. (2) Caesar in munitionibus ceterisque, quae ad oppidum opus fuerunt, aggerem vineasque agere instituit. (3) Haec loca sunt montuosa et natura edita ad rem militarem; quae planitie dividuntur Salso flumine, proxime tamen Ateguam ut flumen sit. Circiter passus duo milia ex ea regione oppidi in montibus castra habuit posita Pompeius in conspectu utrorumque oppidorum neque suis ausus est subsidio venire. (4) Aquilas et signa habuit XIII legionum. Sed ex quibus aliquid firmamenti se existimabat habere duae fuerunt, vernacula e⟨t secunda⟩, quae a Trebonio transfugerant, una facta ex colonis qui fuerunt in his regionibus, quarta fuit Afraniana, ex Africa quam secum adduxerat. (5) Reliquae ex fugitivis auxiliaribusque consistebant. Nam de levi armatura et equitatu longe et virtute et numero nostri erant superiores.

8 (1) Accedebat hoc, ut longius duceret bellum Pompeius, quod loca sunt edita et ad castrorum munitiones non parum idonea. (2) Nam fere totius ulterioris Hispaniae regio propter terrae fecunditatem inopem difficilemque habet oppugnationem et non nimis copiosam aquationem. (3) Hic etiam propter barbarorum crebras excursiones omnia loca, quae sunt ab oppidis remota, turribus et munitionibus retinentur, sicut in Africa; rudere, non tegulis teguntur. Simulque in his habent speculas et propter altitudinem late longeque prospiciunt. (4) Item oppidorum magna pars eius provin-

Städten Ategua und Ucubis. (2) Zwischen den Befestigungen und den übrigen Maßnahmen, die vor der Stadt nötig waren, begann Caesar einen Belagerungsdamm aufschütten zu lassen und »Weinlauben«[32] (d. h. Sturmlauben bzw. Schutzdächer) näher an die Stadt zu rücken[33]. (3) Diese Gegend ist bergig und von Natur aus hochgelegen zur Kriegsführung; sie wird in der Ebene durch den Fluss Salsum durchschnitten, so jedoch, dass der Fluss sehr nahe an Ategua liegt. Ungefähr zwei Meilen von dem betreffenden Abschnitt der Stadt entfernt hatte Pompeius in den Bergen sein Lager in Sichtweite beider Städte aufgeschlagen, wagte es aber nicht, seinen Leuten zu Hilfe zu kommen. (4) Er hatte Adler und Feldzeichen von dreizehn Legionen. Aber darunter waren zwei, die ihm seiner Meinung nach eine echte Stütze boten, die aus Einheimischen bestehende Legion[34] und die zweite Legion, die beide von Trebonius zu Pompeius übergelaufen waren; eine weitere bestand aus Siedlern, die in dieser Gegend ansässig waren, die vierte Legion war die des Afranius, die Pompeius[35] aus Afrika mitgebracht hatte. (5) Die übrigen Legionen bestanden aus entlaufenen Sklaven und Hilfsvölkern. Denn was die Leichtbewaffneten und die Reiterei betraf, waren unsere Leute[36] sowohl an Tapferkeit als auch an Zahl bei Weitem überlegen.

8 (1) Dazu kam, dass Pompeius den Krieg weiter in die Länge zog, weil die Gegend hochgelegen und für Lagerverschanzungen nicht schlecht geeignet ist. (2) Denn die Gegend fast des gesamten jenseitigen Spaniens erfordert wegen der Fruchtbarkeit des Bodens[37] und wegen des nicht gerade reichlichen Wasservorkommens eine mühevolle und schwierige Belagerung. (3) Auch werden hier wegen der zahlreichen Streifzüge der Barbaren[38] alle von den Städten entfernt gelegenen Plätze, wie in Afrika, durch Türme und Befestigungsanlagen behauptet, jedoch sind diese mit Steinschutt[39], nicht mit Dachziegeln bedeckt. Zugleich haben die Einwohner in diesen Anlagen Beobachtungsstellen und haben wegen der Höhe weit und breit eine gute Fernsicht. (4) Ebenso ist ein Großteil der Städte

ciae montibus fere munita et natura excellentibus locis est constituta, ut simul aditus ascensusque habeat difficiles. (5) Ita ab oppugnationibus natura loci distinentur, ut civitates Hispaniae non facile ab hoste capiantur. Id quod in hoc contigit bello. (6) Nam cum inter Ateguam et Ucubim, quae oppida supra sunt scripta, Pompeius ut habuit castra constituta in conspectu duorum oppidorum, ab suis castris circiter milia passuum IIII grumus est excellens natura, qui appellatur Castra Postumiana. Ibi praesidii causa castellum Caesar habuit constitutum.

9 (1) Quod Pompeius, quod eodem iugo tegebatur loci natura et remotum erat a castris Caesaris, animadvertebat loci difficultatem et, quia flumine Salso intercludebatur, non esse commissurum Caesarem, ut in tanta loci difficultate ad subsidium [com] mittendum se ⟨de⟩mitteret. Ita fretus opinione tertia vigilia profectus castellum oppugnare coepit [ut laborantibus succurreret nostri]. (2) Cum appropinquassent, clamore repentino telorumque multitudine iactus facere coeperunt, uti magnam partem hominum vulneribus adficerent. (3) Quo facto cum ex castello repugnare coepissent maioribusque castris Caesaris nuntius esset allatus, cum III legionibus est profectus, ⟨ut laborantibus succurreret nostris⟩. Et cum ad eos adpropinquasset, fuga perterriti multi sunt interfecti, complures capti, in quibus duo ⟨centuriones⟩. Multi praeterea armis exuti fugerunt, quorum scuta sunt relata LXXX.

dieser Provinz[40] durch die Lage auf Bergen so gut wie vollständig geschützt und wurde auf Plätzen gegründet, die durch ihre natürliche Lage andere überragen, sodass der Zugang und der Anstieg zu ihnen gleichermaßen beschwerlich sind. (5) So werden sie durch die natürliche Gegebenheit des Ortes vor Erstürmungen gesichert, sodass spanische Städte nicht leicht von einem Feind erobert werden. Dies traf auch in diesem Krieg zu. (6) Denn sobald Pompeius zwischen den oben erwähnten[41] Städten Ategua und Ucubis in Sichtweite beider Städte sein Lager errichtet hatte, befand sich ungefähr vier Meilen von seinem Lager entfernt ein von Natur aus in die Höhe ragender Erdhügel[42], der Castra Postumiana genannt wird. Dort hatte Caesar zu seinem Schutz ein Kastell[43] errichten lassen.

9 (1) Weil dieses Kastell in demselben Höhenzug[44] durch die natürliche Lage verdeckt wurde und von Caesars Lager weit entfernt lag, bemerkte Pompeius die Terrainschwierigkeit und glaubte, dass Caesar, weil er durch den Fluss Salsum abgeschnitten wurde, es nicht dahin kommen lassen würde, angesichts eines solch schwierigen Geländes ins Tal herabzusteigen, um seinen Leuten Verstärkung zu schicken. So brach er im festen Vertrauen auf seine Meinung um die dritte Nachtwache auf und begann mit dem Angriff auf das Kastell. (2) Als die Soldaten des Pompeius sich genähert hatten, begannen sie, Caesars Leute mit plötzlich erhobenem Geschrei anzugreifen und eine Menge von Geschossen zu schleudern[45], sodass sie einen Großteil der Männer verwundeten. (3) Als man daraufhin aus dem Kastell sich zur Gegenwehr setzte und Caesars größerem Lager dieser Vorfall gemeldet wurde, brach Caesar mit drei Legionen auf, um unseren bedrängten Soldaten zu Hilfe zu eilen. Und als er sich ihnen genähert hatte, wurden viele infolge der auf der Flucht herrschenden Verwirrung erschreckt und dabei getötet, mehrere wurden gefangen genommen, darunter zwei Zenturionen[46]. Überdies flohen viele, denen die Waffen abgejagt wurden; 80 ihrer Schilde wurden eingesammelt.

10 (1) Insequenti luce Arguetius ex Italia cum equitatu venit. Is signa Saguntinorum rettulit quinque, quae ab oppidanis cepit. (2) Suo loco praeteritum est, quod equites ex Italia cum Asprenate ad Caesarem venissent. Ea nocte Pompeius castra sua incendit et ad Cordubam versus iter facere coepit. (3) Rex nomine Indo, qui cum equitatu suas copias adduxerat, dum cupidius agmen adversariorum insequitur, a vernaculis legionariis exceptus est et interfectus.

11 (1) Postero die equites nostri longius ad Cordubam versus prosecuti sunt eos, qui commeatus ad castra Pompei ex oppido portabant. Ex his capti L cum iumentis ad nostra adducti sunt castra. (2) Eo die Q. Marcius, tribunus militum qui fuisset Pompei, ad nos transfugit; et noctis tertia vigilia in oppido acerrime pugnatum est, ignemque multum miserunt, sic ut omne genus ⟨telorum consumeretur⟩ quibus ignis per iactus solitus est mitti. (3) Hoc praeterito tempore C. Fundanius eques Romanus ex castris adversariorum ad nos transfugit.

12 (1) Postero die ex legione vernacula milites sunt capti ab equitibus nostris duo, qui dixerunt se servos esse. (2) Cum venirent, cogniti sunt a militibus, qui antea cum Fabio et Pedio fuerant .... et ⟨a⟩ Trebonio transfugerant. Eis ad ignoscendum nulla facultas est data et a militibus nostris interfecti sunt. (3) Idem temporis capti tabellarii, qui a Corduba ad Pompeium missi erant perperamque ad nostra castra pervenerant, praecisis manibus missi sunt facti. (4) Pari

10 (1) Am folgenden Tag kam Arguetius[47] mit Reiterei aus Italien[48]. Er brachte fünf Feldzeichen der Saguntiner mit, die er von den Städtern erbeutet hatte. (2) An der zutreffenden Stelle blieb unerwähnt[49], dass Reiter aus Italien zusammen mit Asprenas zu Caesar gekommen waren.[50] In dieser Nacht zündete Pompeius sein Lager an und begann, in Richtung Corduba zu marschieren.[51] (3) Ein König namens Indo, der mit der Reiterei (des Arguetius) eigene Truppen mitgebracht hatte, wurde von einheimischen Legionssoldaten aufgegriffen und getötet, während er den gegnerischen Heereszug zu hitzig verfolgte.

11 (1) Tags darauf verfolgten unsere[52] Reiter diejenigen, die dem Lager des Pompeius Nachschub aus Corduba zuführten, ziemlich weit in Richtung dieser Stadt. Von diesen wurden 50 Mann gefangen genommen und samt ihren Saumtieren zu unserem Lager gebracht. (2) An diesem Tag lief auch Quintus Marcius, der Militärtribun des Pompeius war, zu uns über; um die dritte Nachtwache wurde bei der Stadt Ategua sehr heftig gekämpft, und die Stadtbewohner schleuderten viele Feuergeschosse[53], sodass jede Art von Wurfgeschossen aufgebraucht wurde, mittels derer man gewöhnlich Feuergeschosse schleudert. (3) Nach einiger Zeit lief der römische Ritter Gaius Fundanius aus dem gegnerischen Lager zu uns über.

12 (1) Tags darauf wurden von unseren[54] Reitern zwei Soldaten aus der Einheimischenlegion[55] gefangen genommen, die angaben, sie seien Sklaven. (2) Als sie ankamen, wurden sie von Soldaten wiedererkannt, die vorher unter Fabius und Pedius[56] gedient hatten ...[57] und die von Trebonius übergelaufen waren. Ihnen wurde keine Gelegenheit gewährt, Verzeihung zu erlangen, und sie wurden von unseren Soldaten getötet. (3) Zur gleichen Zeit wurden Briefboten gefangen genommen, die von Corduba zu Pompeius geschickt worden und versehentlich in die Nähe unseres Lagers gelangt waren; man ließ sie laufen, nachdem man ihnen die Hände abgehackt hatte.[58] (4) Nach gleicher Gewohnheit verbrachten die Feinde um

consuetudine vigilia secunda ex oppido ignem multum telorumque multitudinem iactando bene magnum tempus consumpserunt compluresque vulneribus adfecerunt. (5) Praeterito noctis tempore eruptionem ad legionem VI fecerunt, cum in opere nostri distenti essent, acriterque pugnare coeperunt. Quorum vis repressa a nostris, etsi oppidani superiore loco defendebantur. (6) Hi cum eruptionem facere coepissent, tamen virtute militum nostrorum, qui etsi inferiore loco premebantur, tamen repulsi adversarii bene multis vulneribus adfecti in oppidum se contulerunt.

13 (1) Postero die Pompeius ex castris suis brachium coepit ad flumen Salsum; et cum nostri equites pauci in statione fuissent a pluribus reperti, de statione sunt deiecti et occisi tres. (2) Eo die A. Valgius, senatoris filius, cuius frater in castris Pompei fuisset, omnibus suis rebus relictis equum conscendit et fugit. (3) Speculator de legione II Pompeiana captus a militibus et interfectus. Idemque temporis glans missa est inscripta: quo die ad oppidum capiundum accederent, se scutum esse positurum. (4) Qua spe nonnulli, dum sine periculo murum ascendere et oppido potiri posse se sperant, postero die ad murum opus facere coeperunt, et bene magna prioris muri parte deiecta ⟨in oppidum intraverunt⟩. (5) Quo facto ab oppidanis, acsi suarum partium essent, conservati ..... missos facere

die zweite Nachtwache eine recht lange Zeit damit, aus der Stadt heraus viele Feuergeschosse und eine Menge Geschosse zu schleudern, und verwundeten dabei mehrere von Caesars Soldaten. (5) Als die Nacht vorüber war, unternahmen sie einen Ausfall auf die sechste Legion, während die Unsrigen mit Schanzarbeit sehr in Anspruch genommen waren, und sie begannen energisch zu kämpfen. Ihr Angriff wurde von unseren Soldaten zum Stehen gebracht, auch wenn die Stadtbewohner von einem höher gelegenen Ort aus verteidigt wurden. (6) Als die Feinde begonnen hatten, den Ausfall zu unternehmen, wurden sie dennoch durch die Tapferkeit unserer Soldaten zurückgeschlagen; auch wenn diese durch ihre tiefer gelegene Stellung in Bedrängnis gerieten, wurden die Gegner dennoch zurückgeschlagen, trugen recht viele Wunden davon und zogen sich in die Stadt zurück.

13 (1) Tags darauf begann Pompeius, eine Befestigungslinie[59] von seinem Lager zum Fluss Salsum zu ziehen; und da nur wenige von unseren[60] Reitern auf Posten waren, auf die eine feindliche Übermacht stieß, wurden sie von ihrem Posten vertrieben, drei wurden getötet. (2) An diesem Tag ließ Aulus Valgius, der Sohn eines Senators, dessen Bruder im Lager des Pompeius war, alle seine Habseligkeiten zurück, bestieg ein Pferd und floh. (3) Ein Kundschafter aus Pompeius' zweiter Legion wurde von den Soldaten gefangen genommen und umgebracht. Zur nämlichen Zeit wurde eine Bleikugel aus der Stadt geschleudert mit der Aufschrift[61], an dem Tag, an dem sie zur Einnahme der Stadt heranrückten, werde man den eigenen Schild niederlegen[62]. (4) In dieser Hoffnung begannen tags darauf einige, während sie hofften, die Mauer gefahrlos erklimmen und sich der Stadt bemächtigen zu können, die Belagerungsarbeit an der Mauer vorzunehmen[63], und nachdem ein recht großer Teil der vorderen Mauer[64] zum Einsturz gebracht worden war, drangen sie in die Stadt ein. (5) Danach wurden sie von den Stadtbewohnern begnadigt, als ob sie auf ihrer Seite stünden ...[65] Sie baten, sie sollten die gepanzerten Soldaten, denen Pompeius zum

loricatos, qui praesidii causa praepositi oppido a Pompeio essent, orabant. Quibus respondit Caesar se condiciones dare, non accipere consuevisse. (6) Qui cum in oppidum revertissent, relato responso clamore sublato, omni genere telorum emisso pugnare pro muro toto coeperunt. Propter quod fere magna pars hominum, qui in castris nostris essent, non dubitarunt, quin eruptionem eo die essent facturi. (7) Ita corona circumdata pugnatum est aliquamdiu vehementissime, simulque balista missa a nostris turrem deiecit, qua adversariorum, qui in ea turre fuerant, quinque deiecti sunt et puer, qui balistam solitus erat observare.

14 (1) Eius praeteriti temporis Pompeius trans flumen Salsum castellum constituit neque a nostris prohibitus falsaque illa opinione gloriatus est, quod prope in nostris partibus locum tenuisset. (2) Item insequenti die eadem consuetudine dum longius prosequitur, quo loco equites nostri stationem habuerant, aliquot turmae cum levi armatura impetu facto loco sunt deiecti et propter paucitatem nostrorum equitum simul cum levi armatura inter turmas adversariorum protiti. (3) Hoc in conspectu utrorumque castrorum gerebatur, et maiore Pompeiani exultabant gloria longius quod[ve] nostris cedentibus prosequi coepissent. (4) Qui cum aequo loco a nostris recepti essent, ut consuessent, ex simili virtute clamore facto, aversati sunt proelium facere.

Schutz der Stadt den Oberbefehl über diese Stadt übertragen hatte, freilassen. Ihnen antwortete Caesar, er sei es gewohnt, Bedingungen zu stellen, nicht anzunehmen.[66] (6) Als diese in die Stadt zurückgekehrt waren und die Antwort überbrachten, erhoben die Belagerten ein Geschrei und begannen, zum Schutz der ganzen Mauer durch Abschleudern aller möglichen Geschosse zu kämpfen. Deswegen zweifelte fast ein Großteil der Männer[67], die in Caesars Lager waren, nicht daran, dass die Belagerten noch an diesem Tag einen Ausfall unternehmen würden. (7) So wurde ein Truppenkranz rings um die Stadt aufgestellt und es wurde eine Zeit lang sehr heftig gekämpft; zugleich brachte ein von unseren Leuten geschleudertes Ballistengeschoss[68] einen Turm[69] zum Einsturz; durch dieses Geschoss wurden fünf der Gegner, die auf diesem Turm waren, sowie der Sklave, der das Geschütz gewöhnlich im Auge hatte, hinuntergeworfen[70].

14 (1) Nach einiger Zeit[71] legte Pompeius jenseits des Flusses Salsum[72] ein Kastell an; da er von unseren[73] Soldaten nicht daran gehindert wurde, rühmte er sich der unbegründeten Ansicht, fast auf unserem Terrain Fuß gefasst zu haben. (2) Desgleichen nahm er am folgenden Tag gemäß derselben Gewohnheit weiter die Verfolgung auf bis zu der Stelle, an der unsere Reiter stationiert waren; nachdem die Pompejaner einen Angriff unternommen hatten, wurden einige Schwadronen samt Leichtbewaffneten aus der Stellung geworfen und wegen der geringen Anzahl unserer Reiter gleichzeitig mit den Leichtbewaffneten zwischen den gegnerischen Schwadronen aufgerieben. (3) Dieser Vorfall ereignete sich in Sichtweite beider Lager und die Pompejaner jauchzten vor noch größerem Stolz, weil sie beim Zurückweichen unserer Soldaten begonnen hätten, noch weiter die Verfolgung aufzunehmen. (4) Als sie hingegen von unseren Soldaten auf günstigem Terrain abgefangen wurden, indem sie, wie es üblich war, mit derselben Tapferkeit ein Geschrei erhoben, wichen die Pompejaner einem Gefecht aus.

15 (1) Fere apud exercitus haec est equestris proelii consuetudo: cum eques ad dimicandum dimisso equo cum pedite congreditur, nequaquam par habetur. Id quod accidit in hoc proelio. (2) Cum pedites levi armatura electi ad pugnam equitibus nostris necopinantibus venissent, idque in proelio animadversum esset, complures ex equis descenderunt. (3) Ita exiguo tempore eques pedestre, pedes equestre proelium facere coepit, usque eo ut caedem proxime a vallo fecerint. (4) In quo proelio adversariorum ceciderunt CXXIII, compluresque armis exuti, multi vulneribus adfecti in castra sunt redacti. (5) Nostri ceciderunt III, saucii XII pedites et equites V. (6) Eius diei insequenti tempore pristina consuetudine pro muro pugnari coeptum est. Cum bene magnam multitudinem telorum ignemque nostris defendentibus iniecissent, nefandum crudelissimumque facinus sunt adgressi in conspectuque nostro hospites, qui in oppido erant, iugulare et de muro praecipites mittere coeperunt, sicuti apud barbaros; quod post hominum memoriam numquam est factum.

16 (1) Huius diei extremo tempore a Pompeianis clam [ad] nostros tabellarius est missus, ut ea nocte turres aggeremque incenderent et tertia vigilia eruptionem facerent. (2) Ita igne telorumque multitudine iacta cum bene magnam partem muni⟨tionum⟩ consumpsissent, portam, quae e regione et in conspectu Pompei castrorum fuerat, aperuerunt copiaeque totae eruptionem fecerunt secum-

15 (1) In den Heeren kann man etwa folgendes gewohnheitsmäßige Bild eines Reitergefechts feststellen: Hat ein Reiter für einen Nahkampf abgesessen und kämpft mit einem Infanteristen, zeigt er sich diesem in keiner Weise gewachsen. Das zeigte sich auch bei diesem Gefecht.[74] (2) Als leichtbewaffnete, auserlesene Infanteristen, ohne dass unsere[75] Reiter es ahnten, zum Kampf erschienen waren und man dies wahrgenommen hatte, als das Gefecht bereits im Gange war, stiegen mehrere von ihren Pferden ab. (3) So stand nach kurzer Zeit der Reiter in einem Gefecht zu Fuß, der Infanterist aber in einem Reitergefecht, und zwar so sehr, dass das Morden sich ganz nahe am Lagerwall abspielte. (4) Bei diesem Gefecht fielen von den Gegnern 123 Mann, mehreren wurden die Waffen abgejagt[76], viele wurden verwundet ins Lager zurückgetrieben. (5) Auf unserer Seite fielen drei Mann; zwölf Infanteristen und fünf Reiter wurden verwundet. (6) Im weiteren Verlauf des Tages begann man nach alter Gewohnheit damit, an der Mauer zu kämpfen. Als die Feinde eine recht große Menge Geschosse und Brandfackeln auf unsere Soldaten, die sich dagegen zur Wehr setzten, geschleudert hatten, schritten sie zu einer unsagbaren und höchst grausamen Untat und begannen, vor den Augen unserer Soldaten ihre Gastgeber, die in der Stadt waren[77], abzuschlachten und sie von der Mauer kopfüber hinabzuwerfen, wie es bei Barbaren zu geschehen pflegt; dies ist seit Menschengedenken niemals geschehen.

16 (1) Am Ende dieses Tages schickten die Pompejaner, hinter dem Rücken unserer[78] Soldaten, einen Briefboten mit der Aufforderung, in dieser Nacht die Türme und den Belagerungsdamm[79] in Brand zu stecken und um die dritte Nachtwache einen Ausfall zu unternehmen. (2) Als die Belagerten Brandfackeln und eine Vielzahl Geschosse geschleudert und einen recht großen Teil der Befestigungsanlagen zerstört hatten, öffneten sie das Tor[80], das sich gerade gegenüber und in Sichtweite von Pompeius' Lager befand; alle Truppen unternahmen einen Ausfall und nahmen Gesträuch und Flechtwerk, um damit die Gräben aufzufüllen, und Hakenstan-

que extulerunt virgulta, crates ad fossas complendas et harpagones ad casas, quae stramenticiae ab nostris hibernorum causa aedificatae erant, diruendas et incendendas, praeterea argentum, vestimenta, ut, dum nostri in praeda detinentur, illi caede facta ad praesidia Pompei se reciperent. Nam quod existimabat eos posse conata efficere, nocte tota ultra stabat flumen Salsum in acie. (3) Quod factum licet necopinantibus nostris esset gestum, tamen virtute freti repulsos multisque vulneribus adfectos oppido represserunt, praedam armaque eorum sunt potiti vivosque aliquos ceperunt; qui postero die sunt interfecti. (4) Eodemque tempore transfuga nuntiavit ex oppido Iunium, qui in cuniculo fuisset, iugulatione oppidanorum facta clamasse facinus se nefandum et scelus fecisse; nam eos nihil meruisse, quare tali poena adficerentur, qui eos ad aras et focos suos recepissent, eosque hospitium scelere contaminasse; multa praeterea dixisse. (5) Qua oratione deterritos amplius iugulationem non fecisse.

17 (1) Ita postero die Tullius legatus cum Catone Lusitano venit et apud Caesarem verba fecit: "Utinam quidem dii immortales fecissent, ut tuus potius miles quam Cn. Pompei factus essem et hanc virtutis constantiam in tua victoria, non in illius calamitate praestarem! (2) Cuius funestae laudes quoniam ad hanc fortunam reciderunt, ut cives Romani indigentes praesidii, et propter patriae luctuosam perniciem ducimur hostium numero, qui neque in illius

gen[81] mit, um damit die strohgedeckten Hütten, die unsere Soldaten für das Winterlager erbaut hatten, einzureißen und in Brand zu stecken; außerdem hatten sie Silbergeschirr[82] und Kleidungsstücke bei sich, um unsere Soldaten, während diese mit der Beute beschäftigt wären, niederzumetzeln und sich zu Pompeius' Stützpunkt zurückzuziehen. Denn weil Pompeius glaubte, dass sie ihre Unternehmungen ausführen könnten, stand er die ganze Nacht über jenseits des Flusses Salsum in Schlachtordnung.[83] (3) Wenngleich dieser Ausfall sich ereignete, ohne dass unsere Soldaten davon eine Ahnung hatten, trieben sie die Feinde dennoch im Vertrauen auf ihre Tapferkeit zurück, fügten ihnen viele Verwundungen zu und drängten sie in die Stadt zurück; sie bemächtigten sich der Beute und der gegnerischen Waffen und nahmen einige lebend gefangen, die am nächsten Tag getötet wurden. (4) Zur gleichen Zeit meldete ein Überläufer aus der Stadt, dass Iunius, der sich in einem unterirdischen Gang aufgehalten hatte, beim Abschlachten der Stadtbewohner gerufen habe, sie hätten eine ruchlose Untat und ein Verbrechen begangen; denn die Gastgeber hätten es in keiner Weise verdient, eine solche Strafe zu erleiden; denn sie hätten die Soldaten des Pompeius an ihrem Altar und Herd aufgenommen, Pompeius' Soldaten hingegen hätten die Gastfreundschaft mit einem Verbrechen entehrt; noch vieles andere habe er gesagt. (5) Diese Rede habe die Pompejaner abgeschreckt und sie hätten das Morden nicht fortgesetzt.

17 (1) Sodann kam tags darauf ein Gesandter, Tullius, mit einem Lusitanier, Cato[84], und brachte vor Caesar Folgendes vor: »O hätten mich doch die unsterblichen Götter lieber zu deinem Soldaten als zum Soldaten des Pompeius gemacht und könnte ich doch diese Standhaftigkeit meiner Tapferkeit in deinem Sieg statt bei dessen unheilvollen Treiben unter Beweis stellen! (2) Sein trauervolles Ansehen ist so weit herabgesunken, dass wir – römische Bürger! – des Schutzes bedürfen,[85] und wegen des jammervollen Untergangs des Vaterlandes werden wir zu den Staatsfeinden gerechnet, wir, die wir weder, solange Pompeius glücklich kämpfte, in den Besitz des Sieges

prospera acie primam fortunam neque in adversa secundam obtinuimus, vix tuarum legionum tot impetus sustentantes, nocturnis diurnisque operibus gladiorum ictus telorumque missus exceptantes, relicti et deserti a Pompeio, tua virtute superati salutem a tua clementia deposcimus petimusque, ut ⟨vitam nobis concedas." (3) Quibus Caesar respondit:⟩ "Qualem gentibus me praestiti, similem in civium deditione praestabo."

18 (1) Remissis legatis, cum ad portam venissent, ⟨constitit⟩ Tib. Tullius, et cum introeuntem Catonem insecutus non esset, revertit ad portam et hominem apprehendit. (2) Quod Tiberius cum fieri animadvertit, simul pugionem eduxit et manum eius incidit. Ita refugerunt ad Caesarem. (3) Eodemque tempore signifer de legione prima transfugit et innotuit, quo die equestre proelium factum esset, suo signo perisse homines XXXV neque licere castris Cn. Pompei nuntiare neque dicere perisse quemquam. (4) Servos, cuius dominus in Caesaris castris fuisset – uxorem et filium in oppido reliquerat –, dominum iugulavit et ita clam a Caesaris praesidiis in Pompei castra discessit ..... et indicium glande scriptum misit, per quod certior fieret Caesar, quae in oppido ad defendendum compararentur. (5) Ita litteris acceptis, cum in oppidum revertisset, qui mittere glandem inscriptam solebat ... (6) Insequenti tempore duo Lusitani fratres transfugae nuntiarunt[que] Pompeium contionem habuisse: quoniam oppido subsidio non posset venire, noctu ex

kamen noch bei einer Niederlage in den Besitz eines ehrenvollen Unterliegens, wir, die wir nur mühsam so vielen Angriffen deiner Legionen standhielten, die wir bei täglichen und nächtlichen Anstrengungen Schwerthiebe und den Wurf von Geschossen abwehrten; wir sind von Pompeius im Stich gelassen[86] und verlassen; von deiner Tapferkeit überwunden, fordern wir nun von deiner Milde unser Heil und bitten dich, dass du uns das Leben schenkst.« (3) Ihnen antworte Caesar: »Wie ich mich fremden Völkern gegenüber gezeigt habe, so will ich mich auch bei der Kapitulation römischer Bürger zeigen.«

18 (1) Die Gesandten wurden zurückgeschickt, und als sie zum Tor kamen, blieb Tiberius Tullius stehen; und als er dem eintretenden Cato nicht auf dem Fuß nachfolgte, kehrte Cato zum Tor zurück und packte den Kerl. (2) Als Tiberius merkte, was da vor sich ging, zog er sogleich einen Dolch heraus und fügte ihm eine Schnittwunde an der Hand zu. So flohen beide zu Caesar zurück. (3) Zur gleichen Zeit lief ein Fahnenträger von der ersten Legion über, und es wurde bekannt, dass am Tag des Reitergefechts 35 Infanteristen bei seinem Manipel[87] umgekommen waren, dass es im Lager des Pompeius nicht erlaubt sei, darüber Meldung zu machen oder zu sagen, dass irgendjemand gefallen sei. (4) Ein Sklave[88], dessen Herr sich in Caesars Lager aufhielt – Ehefrau und Sohn hatte dieser in der Stadt zurückgelassen –, erstach seinen Herrn und entwich sodann heimlich aus Caesars Verschanzungen in das Lager des Pompeius .....[89] und er schickte eine Nachricht, die auf einer Bleikugel geschrieben stand, wodurch Caesar davon in Kenntnis gesetzt wurde, welche Vorbereitungen in der Stadt zu deren Verteidigung getroffen wurden. (5) Als Caesar das Schreiben erhalten hatte und der Mann, der die mit einer Schrift versehene Bleikugel zu schleudern pflegte, in die Stadt zurückgekehrt war ...[90] (6) In der Folgezeit meldeten zwei lusitanische[91] Brüder, die übergelaufen waren, dass Pompeius eine Versammlung abgehalten habe; da er ja der Stadt nicht zu Hilfe kommen könne, sollten sie sich in der Nacht aus dem

adversariorum conspectu se deducerent ad mare versum; unum respondisse, ut potius ad dimicandum descenderet quam signum fugae ostenderet; eum, qui ita locutus esset, iugulatum. (7) Eodem tempore tabellarii eius deprehensi, qui ad oppidum veniebant. Quorum litteras Caesar oppidanis obiecit et, qui vitam sibi peteret, iussit turrem ligneam oppidanorum incendere; id si fecisset, ei se promisit omnia concessurum. Quod difficile erat factu, ut eam turrem sine periculo quis incenderet. (8) Ita fune crur⟨a deligatus⟩ cum propius accessisset, ab oppidanis est occisus. (9) Eadem nocte transfuga nuntiavit Pompeium et Labienum de iugulatione oppidanorum indignatos esse.

19 (1) Vigilia secunda propter multitudinem telorum turris lignea, quae nostra fuisset, ab imo vitium fecit usque ad tabulatum secundum et tertium. (2) Eodem tempore pro muro pugnarunt acerrime et turrim nostram ut superiorem incenderunt, idcirco quod ventum oppidani secundum habuerunt. (3) Insequenti luce mater familias de muro se deiecit et ad nos transiliit dixitque se cum familia constitutum habuisse, ut una transfugerent ad Caesarem; illam oppressam et iugulatam. (4) Hoc praeterito tempore tabellae de muro sunt deiectae, in quibus scriptum est inventum: "L. Munatius Caesari. Si mihi vitam tribues, quoniam ab Cn. Pompeio sum desertus, qualem me illi praestiti, tali virtute et constantia futurum me in te esse praestabo." (5) Eodem tempore oppidani legati, qui antea exierant, Caesarem adierunt: si sibi vitam concederet, sese

Blickfeld der Gegner zum Meer[92] hin davonmachen; einer habe geantwortet, Pompeius solle sich lieber zum Kampf entschließen als das Zeichen zur Flucht zu geben; dieser Redner sei ermordet worden. (7) Zur gleichen Zeit wurden Briefboten des Pompeius aufgegriffen, die auf dem Weg zur Stadt waren. Ihr Schreiben hielt Caesar den Stadtbewohnern vor Augen und befahl, wer (von ihnen) für sich das Leben erbitten wolle, solle den hölzernen Turm der Stadtbewohner in Brand stecken; falls er dies bewerkstellige, versprach Caesar ihm alles zu bewilligen. Es war allerdings ein schwieriges Unterfangen, diesen Turm gefahrlos in Brand zu stecken. (8) Sobald einer näher an den Turm herankam, wurde er mit einem Strick um die Beine festgebunden und von den Stadtbewohnern getötet. (9) In derselben Nacht meldete ein Überläufer, dass Pompeius und Labienus über die Ermordung der Stadtbewohner empört gewesen seien.

19 (1) Um die zweite Nachtwache wurde einer von unseren[93] Holztürmen durch die Vielzahl der (gegnerischen) Geschosse von unten bis zum zweiten und dritten Stockwerk beschädigt. (2) Zur gleichen Zeit kämpften die Stadtbewohner äußerst heftig um die Mauer und steckten einen anderen unserer Türme wie den vorigen in Brand, weil sie günstigen Wind hatten. (3) Am folgenden Morgen sprang die Herrin eines Hausstands von der Mauer herab, lief zu uns über und sagte, sie habe mit ihrer Familie verabredet, gemeinsam zu Caesar überzulaufen; diese Familie aber sei ergriffen und umgebracht worden. (4) Danach wurden Schreiben von der Mauer herab geworfen, in denen Folgendes geschrieben stand: »Lucius Munatius an Caesar. Wenn du mir das Leben schenkst, will ich, da ich ja von Gnaeus Pompeius im Stich gelassen worden bin, mich dir gegenüber mit solcher Tapferkeit und Standhaftigkeit zeigen, als welch einen ich mich jenem gezeigt habe.« (5) Zur gleichen Zeit suchten Caesar aus der Stadt stammende Gesandte auf, die schon vorher aus der Stadt gekommen waren: Wenn er ihnen das Leben schenke[94], würden sie am folgenden Morgen die Stadt

insequenti luce oppidum esse dedituros. (6) Quibus respondit se Caesarem esse fidemque praestaturum. Ita ante diem XI Kal. Mart. oppido potitus imperator est appellatus.

20 (1) Quod Pompeius ex perfugis cum deditionem oppidi factam esse scisset, castra movit Ucubim versus et circum ea loca castella disposuit et munitionibus se continere coepit. Caesar movit et propius castra castris contulit. (2) Eodem tempore mane loricatus unus ex legione vernacula ad nos transfugit et nuntiavit Pompeium oppidanos Ucubenses convocasse eisque ita imperavisse, ut diligentia adhibita perquirerent, qui essent suarum partium itemque adversariorum victoriae fautores. (3) Hoc praeterito tempore in oppido, quod fuit captum, servus est prensus in cuniculo, quem supra demonstravimus dominum iugulasse; is vivus est combustus. (4) Idemque temporis centuriones loricati VIII ad Caesarem transfugerunt ex legione vernacula, et equites nostri cum adversariorum equitibus congressi sunt, et saucii aliquot occiderunt levi armatura. (5) Ea nocte speculatores prensi servi III et unus ex legione vernacula. Servi sunt in crucem sublati, militi cervices abscisae.

21 (1) Postero die equites cum levi armatura ex adversariorum castris ad nos transfugerunt. (2) Et eo tempore circiter XL equites ad aquatores nostros excucurrerunt, nonnullos interfecerunt, item alios vivos abduxerunt; e quibus capti sunt equites VIII. (3) Insequenti die Pompeius securi percussit homines LXXIIII, qui diceban-

übergeben. (6) Ihnen erwiderte er, er sei Caesar und werde sein Wort halten. So bemächtigte er sich am elften Tag vor den Kalenden des März[95] der Stadt und wurde zum Imperator ausgerufen.

20–26 Kampfhandlungen nahe Ucubis

20 (1) Als Pompeius durch Überläufer von der erfolgten Übergabe der Stadt erfahren hatte, brach er in Richtung Ucubis auf, errichtete in dessen Umgebung an verschiedenen Punkten Kastelle und begann, innerhalb der Verschanzungen zu bleiben. Caesar brach ebenfalls auf und lagerte gegenüber Pompeius' Lager. (2) Zur gleichen Zeit lief frühmorgens ein gepanzerter Soldat aus der Einheimischenlegion[96] zu Caesar über und meldete, Pompeius habe die Einwohner von Ucubis zusammengerufen und ihnen befohlen, umsichtig vorzugehen und sich genau zu erkundigen, wer auf seiner Seite stehe und ebenso wer Anhänger des Sieges seiner Gegner sei. (3) Danach wurde in der eingenommenen Stadt in einem unterirdischen Gang der Sklave ergriffen, der – wie oben berichtet – seinen Herrn umgebracht hatte; er wurde lebendig verbrannt. (4) Zur gleichen Zeit liefen acht gepanzerte Zenturionen aus der Einheimischenlegion zu Caesar über, und unsere[97] Reiter stießen mit gegnerischen Reitern zusammen; einige verwundete Leichtbewaffnete fielen im Kampf. (5) In dieser Nacht wurden Spione dingfest gemacht, drei Sklaven und ein Soldat aus der Einheimischenlegion. Die Sklaven wurden gekreuzigt, der Soldat wurde geköpft.

21 (1) Tags darauf liefen Reiter und Leichtbewaffnete aus dem gegnerischen Lager zu uns[98] über. (2) Und zu dieser Zeit machten ungefähr 40 Reiter einen Vorstoß gegen unsere Wasserträger, töteten einige, andere führten sie lebend weg; acht dieser Reiter wurden gefangen genommen. (3) Am folgenden Tag ließ Pompeius 74 Menschen mit dem Beil hinrichten, von denen man sagte, sie seien An-

tur esse fautores Caesaris victoriae, reliquos versum oppidum iussit deduci. Ex quibus effugerunt CXX et ad Caesarem venerunt.

22 (1) Hoc praeterito tempore qui in oppido Ategua Bursavonenses capti sunt, legati profecti sunt cum nostris, uti rem gestam Bursavonensibus referrent; quid sperarent de Cn. Pompeio, cum viderent hospites iugulari; praeterea multa scelera ab iis fieri, qui praesidii causa ab iis reciperentur. (2) Qui ad oppidum ⟨cum⟩ venissent, nostri, qui fuissent equites Romani et senatores, non sunt ausi introire in oppidum, praeterquam qui eius civitatis fuissent. (3) Quorum responsis ultro citroque acceptis et redditis, cum ad nostros se reciperent, qui extra oppidum fuissent, illi praesidio insecuti ex aversione legatos iugularunt. Duo reliqui ⟨ex⟩ eis fugerunt et Caesari rem gestam detulerunt .... et speculatores ad oppidum Ateguam miserunt. (4) Qui cum certum comperissent legatorum responsa ita esse gesta, quemadmodum illi rettulissent, ab oppidanis concursu facto, eum, qui legatos iugulasset, lapidare et ei manus intentare coeperunt: illius opera se perisse. (5) Ita vix periculo liberatus petiit ab oppidanis, ut ei liceret legatum ad Caesarem proficisci: illi se satisfacturum. (6) Potestate data cum inde esset profectus, praesidio comparato, cum bene magnam manum fecisset et nocturno tempore per fallaciam in oppidum esset receptus, iugulationem magnam facit principibusque, qui sibi contrarii fuissent, interfectis oppidum in suam potestatem recepit. (7) Hoc praeterito tempore servi transfugae nuntiaverunt oppidanorum

hänger von Caesars Sieg; die übrigen ließ er in Richtung der Stadt wegführen. Von diesen entflohen 120 und kamen zu Caesar.

22 (1) Danach brachen Gesandte aus Bursavo[99], die in der Stadt Ategua gefangen genommen worden waren, mit unseren[100] Leuten auf, um den Einwohnern von Bursavo von dem Geschehenen zu berichten, was von Gnaeus Pompeius zu erwarten sei, wenn sie sähen, dass Gastgeber umgebracht würden; außerdem würden viele Verbrechen von denen verübt, die sie zwecks Schutzes aufgenommen hätten. (2) Als diese zu der Stadt (Bursavo) gekommen waren, wagten es unsere Leute – römische Ritter und Senatoren – nicht, die Stadt zu betreten, abgesehen von denen, die zu der Bürgerschaft gehörten. (3) Als sie sich nach dem beiderseitigen Austausch von Botschaften zu unseren Leuten zurückzogen, die außerhalb der Stadt geblieben waren, verfolgten jene[101] die Gesandten mit einer Truppe und ermordeten sie hinterrücks. Nur zwei von ihnen entkamen und überbrachten Caesar die Nachricht von diesem Vorfall ....[102] und die Einwohner von Bursavo schickten Spione nach der Stadt Ategua. (4) Als die Bewohner von Bursavo mit Gewissheit erfahren hatten, dass die Antworten der Gesandten die geschilderten Vorfälle wahrheitsgemäß wiedergaben[103], kam es zu einem Auflauf der Stadtbewohner und sie begannen, denjenigen, der die Gesandten ermorden ließ, zu steinigen und Hand an ihn zu legen: durch seine Schuld seien sie zugrunde gerichtet worden. (5) Kaum war er der drohenden Gefahr entronnen, erbat er von den Stadtbewohnern die Erlaubnis, als Gesandter zu Caesar aufbrechen zu dürfen, um sich bei ihm zu rechtfertigen. (6) Man gab ihm die Erlaubnis; er brach von dort auf, stellte eine Truppe zusammen und wurde, als er eine recht große Mannschaft gebildet hatte, zu nächtlicher Zeit durch eine Täuschung in die Stadt aufgenommen; er richtete ein großes Massaker an, tötete die führenden Bürger, die ihm feindlich gesinnt waren, und brachte die Stadt in seine Gewalt.[104] (7) Danach meldeten übergelaufene Sklaven, dass Pompeius Hab und Gut der Stadtbewohner versteigern wolle und angeordnet ha-

bona vendere ⟨edictumque⟩, ne cui extra vallum liceret exire nisi discinctum, idcirco quod, ex quo die oppidum Ategua esset captum, metu conterritos complures profugere Baeturiam; neque sibi ullam spem victoriae propositam habere, et, si qui ex nostris transfugerent, in levem armaturam conici eumque non amplius · x · vii accipere.

23 (1) Insequenti tempore Caesar castris castra contulit et brachium ad flumen Salsum ducere coepit. (2) Hic dum in opere nostri distenti essent, complures ex superiori loco adversariorum decucurrerunt nec detinentibus nostros multis telis iniectis complures vulneribus adfecere. (3) Hic tum, ut ait Ennius, nostri "cessere parumper". Itaque praeter consuetudinem cum a nostris animadversum esset cedere, centuriones ex legione v flumen transgressi duo restituerunt aciem, acriterque eximia virtute plures cum agerent, ex superiore loco multitudine telorum alter eorum concidit. (4) Ita cum eius compar proelium facere coepisset, cum undique se circumveniri animum advertisset, in ⟨re⟩gressu[s] pedem offendit. (5) Huius concidentis comparis ad viri fortis insignia cum complures adversariorum concursum facerent, equites nostri transgressi inferiori loco adversarios ad vallum agere coeperunt. (6) Ita cupidius dum intra praesidia illorum student caedem facere, a turmis et levi armatura sunt interclusi. (7) Quorum nisi summa virtus fuisset, vivi capti essent. Nam et munitione praesidii ita coangustabantur,

be, dass es nur erlaubt sei, den Wall ohne Gürtel[105] zu verlassen, weil seit dem Tag der Einnahme von Ategua mehrere, die die Furcht ergriffen habe, nach Baeturien[106] geflohen seien; sie sagten auch, dass für sie keine Aussicht mehr auf einen Sieg bestünde[107]; wenn jemand von unseren Leuten überlaufe, werde er unter die Leichtbewaffneten gesteckt und erhalte nicht mehr als 17 Denare monatlich[108].

23 (1) In der Folgezeit rückte Caesar sein Lager näher an das gegnerische Lager heran und begann, einen Seitendamm hin zum Fluss Salsum zu ziehen[109]. (2) Während unsere[110] Soldaten mit der Schanzarbeit beschäftigt waren, stürmten mehrere gegnerische Soldaten von einer Anhöhe herab, schleuderten zahlreiche Wurfgeschosse und verwundeten mehrere unserer Leute, ohne dass die Pompejaner ihre Arbeit unterbrachen. (3) Hier nun »wichen«, wie Ennius sagt, unsere Soldaten »nur für eine kurze Zeit«[111]. Als daher unsere Leute bemerkten, dass man entgegen der Gewohnheit zurückwich, überschritten zwei Zenturionen der fünften Legion den Fluss und ordneten die Kampflinie wieder; als sich mehr Soldaten schneidig und mit ganz besonderer Tapferkeit am Kampf beteiligten, brach der eine der beiden Zenturionen unter der Vielzahl der von der Anhöhe geschleuderten Geschosse tot zusammen. (4) Als dann sein Kamerad[112] begann, den Kampf fortzusetzen, und bemerkte, dass er von allen Seiten umstellt wurde, strauchelte er beim Zurückweichen.[113] (5) Gerade als mehrere der Gegner sich über die Abzeichen[114] dieses zusammenbrechenden tapferen Mannes[115] hermachten, kamen unsere Reiter herüber und begannen, die Gegner von unten her gegen den Wall zu treiben. (6) Während sie so im Bereich der gegnerischen Verschanzungen allzu hitzig ein Blutbad anrichten wollten, schnitten ihnen Schwadronen und Leichtbewaffnete des Pompeius den Weg ab. (7) Hätten Caesars Soldaten nicht höchste Tapferkeit besessen, wären sie lebend gefangen genommen worden. Denn auch durch die Befestigung der Verschanzung wurden sie so zusammengedrängt, dass sich

ut eques spatio intercluso vix se defendere posset. (8) Ex utroque genere pugnae complures sunt vulneribus adfecti, in quis etiam Clodius Arquitius. Inter quos ita comminus est pugnatum, ut ex nostris praeter duos centuriones sit nemo desideratus gloria se efferentes.

24 (1) Postero die ad Soricariam utrorumque convenere copiae. Nostri brachia ducere coeperunt. (2) Pompeius cum animadverteret castello se excludi Aspavia, quod est ab Ucubi milia passuum V, haec res necessario devocabat, ut ad dimicandum descenderet. Neque tamen aequo loco sui potestatem faciebat, sed ex grumo excelsum tumulum capiebant, usque eo ut necessario cogeretur iniquum locum subire. (3) Quo de facto cum utrorumque copiae tumulum excellentem petissent, prohibiti a nostris sunt deiecti planitie. Quae res secundum nostris efficiebat proelium. (4) Undique cedentibus adversariis, non parum magna in caede versabantur. Quibus mons, non virtus, saluti fuit. (5) Quo subsidio ⟨subnisi⟩, nisi advesperasset, a paucioribus nostris omni auxilio privati essent. (6) Nam ceciderunt ex levi armatura CCCXXIIII, ex legionariis CXXXVIII, praeterquam quorum arma et spolia sunt ablata. Ita pridie duorum centurionum interitio hac adversariorum poena est litata.

25 (1) Insequenti die pari consuetudine cum ad eundem locum eius praesidium venisset, pristino illo suo utebantur instituto; nam praeter equites nullo loco aequo se committere audebant. (2) Cum

ein Reiter bei dem versperrten Raum kaum hätte verteidigen können. (8) Infolge beider Kampfarten[116] wurden mehrere Personen verwundet, darunter auch Clodius Arquitius. Zwischen diesen gab es einen solchen Nahkampf, dass von unseren Soldaten außer den zwei Zenturionen, die in ihrer Ruhmbegierde übermütig geworden waren, niemand vermisst wurde.

24 (1) Tags darauf[117] trafen die Streitkräfte beider Seiten bei Soricaria aufeinander. Unsere[118] Leute begannen damit, Befestigungsarme aufzubauen. (2) Als Pompeius bemerkte, dass er vom Kastell Aspavia abgeschnitten wurde, das von Ucubis fünf Meilen entfernt liegt, verleitete ihn dieser Umstand, sich zum Kampf zu entschließen. Doch er ließ sich nicht in einen Kampf auf ebenem Terrain ein, sondern die Pompejaner versuchten, von einem Erdhügel[119] aus eine aufragende Anhöhe einzunehmen, und zwar bis zu einer Höhe, dass Caesar notwendigerweise dazu gezwungen wurde, einen ungünstigen Ort zu betreten. (3) Als wegen dieser Tatsache die Streitkräfte beider Seiten die aufragende Anhöhe einzunehmen versuchten, wurden sie von unseren Leuten daran gehindert und auf die Ebene hinabgetrieben. Dieser Umstand bewirkte eine für unsere Soldaten günstige Schlacht. (4) Als die Gegner an allen Fronten zurückwichen, richteten Caesars Soldaten ein ziemlich großes Blutbad an. Ihre Rettung war ein Berg, nicht ihre Tapferkeit. (5) Auch wenn sie sich auf diese Unterstützung verließen[120], wären sie, wenn es nicht Abend geworden wäre, von der geringeren Anzahl unserer Soldaten jeglicher Hilfe beraubt worden. (6) Denn es fielen von den Leichtbewaffneten 324 Mann, von den Legionssoldaten 138, abgesehen von denen, denen Waffen und Rüstung abgenommen wurden. So wurde der Tod der beiden Zenturionen vom Vortag durch diese Bestrafung der Gegner gesühnt.

25 (1) Nachdem am folgenden Tag seine Schutztruppe aus gleicher Gewohnheit zu demselben Ort gekommen war, befolgten die Pompejaner ihre alten Maßregeln; denn außer den Reitern wagten sie es nicht, sich einem ebenen Terrain auszusetzen. (2) Wäh-

nostri in opere essent, equitum copiae concursus facere coeperunt, simulque vociferantibus legionariis, cum locum efflagitarent ex consuetudine insequendi, existimare posses paratissimos esse ad dimicandum. Nostri ex humili convalle bene longe sunt egressi et planitie in aequiori loco constiterunt. (3) Illi tamen procul dubio ad congrediendum in aequum locum non sunt ausi descendere praeter unum Antistium Turpionem, qui fidens viribus ex adversariis sibi parem esse neminem agitare coepit. (4) Hic, ut fertur Achillis Memnonisque congressus, Q. Pompeius Niger eques Romanus Italicensis ex acie nostra ad congrediendum progressus est. (5) Quoniam ferocitas Antistii omnium mentes converterat ab opere ad spectandum, acies sunt dispositae. Nam inter bellatores principesque dubia erat posita victoria, ut prope videretur finem bellandi duorum dirimere pugna. (6) Ita avidi cupidique suarum quisque [ex] partium virorum fautorumque voluntate habebatur. (7) Quorum virtute alacri, cum ad dimicandum in planitiem se contulissent, scutorumque, laudis insignia, praefulgens opus caelatum .... quorum ⟨certamine⟩ pugna esset prope profecto dirempta, nisi propter equitum concursum, ut supra demonstravimus .... levem armaturam praesidii causa non longe ab opere [castra] constituit. (8) Ut, nostri equites in receptu dum ad castra redeunt, adversarii cupidius sunt insecuti, universi clamore facto impetum dederunt. (9) Ita metu perterriti, cum in fuga essent, multis amissis in castra se recipiunt.

rend unsere[121] Leute bei der Schanzarbeit waren, begannen Reitertruppen, Angriffe zu unternehmen. Als nun zugleich die laut rufenden Legionssoldaten gemäß ihrer Gewohnheit, nachzusetzen, deren Platz für sich beanspruchten, hätte man glauben können, die Legionssoldaten des Pompeius seien in höchster Kampfbereitschaft. Unsere Soldaten hingegen rückten recht weit aus einem niedrigen Talkessel hervor und machten in der Ebene auf etwas günstigerem Gelände Halt. (3) Dennoch wagten jene[122] ganz ohne Zweifel nicht, zum Kampf in die Ebene herabzumarschieren, mit Ausnahme eines einzigen, Antistius Turpio, der im Vertrauen auf seine Kräfte zu reden begann, von den Gegnern sei ihm niemand gewachsen. (4) Da trat, wie es vom Kampf zwischen Achilles und Memnon[123] berichtet wird, Quintus Pompeius Niger, ein römischer Ritter aus Italica, aus unserer Schlachtreihe hervor, um sich zum Kampf zu stellen. (5) Weil nun das trotzige Auftreten des Antistius die Aufmerksamkeit aller von der Schanzarbeit ab- und auf dieses Schauspiel hingelenkt hatte, traten die beiden Heere geordnet einander gegenüber an. Denn es war ungewiss, welcher der beiden Spitzenkrieger den Sieg erlangen würde, sodass es fast schien, als ob der Kampf der beiden das Ende des Krieges bedeuten würde[124]. (6) So wurde jeder äußerst begierig festgehalten durch die Neigung zu den Männern und Förderern seiner Partei. (7) Durch ihre[125] Tapferkeit angefeuert,⟨...⟩, nachdem sie sich zum Kampf in die Ebene begeben hatten, das hervorglänzende Ziselierwerk ihrer Schilde, Auszeichnungen ihres Ruhmes. Durch ihr Duell wäre die Schlacht tatsächlich fast beendet worden, wenn nicht wegen des Angriffs der Reiter, wie oben gezeigt ....[126], die Leichtbewaffneten stellte er zur Unterstützung nicht weit von der Verschanzung auf. (8) Während unsere Reiter beim Zurückweichen in die Nähe des Lagers zurückkamen, setzten ihnen die Gegner zu energisch nach; da erhoben alle[127] ein Geschrei und unternahmen einen Angriff. (9) In großer Furcht und Bestürzung flohen die Pompejaner und zogen sich unter großen Verlusten in das Lager zurück.

26 (1) Caesar ob virtutem turmae Cassianae donavit milia · X · III et praefecto torques aureos V et levi armaturae milia · X · II. (2) Hoc die A. Baebius et C. Flavius et A. Trebellius, equites Romani Hastenses argento prope tecti [equites] ad Caesarem transfugerunt. Qui nuntiaverunt equites Romanos coniurasse omnis qui in castris Pompei essent, ut transitionem facerent; servi indicio omnes in custodiam esse coniectos; e quibus occasione capta se transfugisse. (3) Item hoc die litterae sunt deprensae, quas mittebat Ursaonem Cn. Pompeius: "S. V. G. E. V. Etsi, prout nostra felicitas, ex sententia adversarios adhuc propulsos ...., qui si aequo loco sui potestatem facerent, celerius, quam vestra opinio fert, bellum confecissem. (4) Sed exercitum tironem non audent in campum deducere nostrisque adhuc freti praesidiis bellum ducunt. Nam singulas civitates circumsederunt; inde sibi commeatus capiunt. (5) Quare et civitates nostrarum partium conservabo et bellum primo quoque tempore conficiam. (6) Cohortes .... ⟨in⟩ animo habeo ad vos mittere. Profecto nostro commeatu privati necessario ad dimicandum descendent."

27 (1) Insequenti tempore cum nostri in opere distenti essent, equites in oliveto, dum lignantur, interfecti sunt aliquot. (2) Servi

26 (1) Caesar schenkte der Schwadron des Cassius wegen ihrer Tapferkeit 3000 Denare[128] und ihrem Befehlshaber fünf goldene Halsketten; den Leichtbewaffneten schenkte er 2000 Denare[129]. (2) An diesem Tag liefen Aulus Baebius, Gaius Flavius und Aulus Trebellius, römische Ritter aus Asta, beinahe vollständig mit Silber bedeckt zu Caesar über und meldeten, alle im Lager des Pompeius sich befindenden römischen Ritter hätten sich verschworen, um zu Caesar überzulaufen; auf die Anzeige eines Sklaven hin seien alle[130] in Gewahrsam genommen worden; sie allein hätten von den genannten eine Gelegenheit ergriffen und seien zu Caesar übergelaufen. (3) Ebenso fing man an diesem Tag einen Brief ab[131], den Gnaeus Pompeius nach Ursao schickte: »Wenn es Euch gut geht, freue ich mich, ich befinde mich wohl[132]. Wenn wir auch, je nachdem wie es unser Glück wollte, bislang die Gegner wunschgemäß in die Flucht getrieben haben ....[133] ich hätte den Krieg schneller beendet, als ihr glauben würdet, wenn sie sich in der Ebene zum Kampf stellen würden. (4) Doch sie wagen es nicht, ihr Rekrutenheer[134] auf flaches Gelände herabzuführen, sondern sie ziehen den Krieg in die Länge und stützen sich dabei auf die bisher uns[135] gehörenden festen Plätze. Denn einzelne Städte umlagerten sie; von dort beziehen sie ihren Nachschub.[136] (5) Deshalb werde ich die Städte, die auf unserer Seite stehen, retten und den Krieg bei nächster Gelegenheit beenden. (6) Ich beabsichtige, Euch ...[137] Kohorten zu schicken. Und in der Tat, wenn die Gegner der Vorräte beraubt sind, die wir gesammelt haben, werden sie sich notgedrungen zum Kampf entschließen.«

27–31 Kampfhandlungen nahe Munda

27 (1) Während in der Folgezeit unsere[138] Soldaten mit Schanzarbeit beschäftigt waren, wurden einige Reiter beim Holzholen in einem Olivenhain[139] getötet. (2) Es liefen Sklaven über, die berichte-

transfugerunt, qui nuntiaverunt a. d. III Non. Mart. proelium ad Soricariam quod factum est, ex eo tempore metum esse magnum et Attium Varum circum castella praeesse. (3) Eo die Pompeius castra movit et contra Spalim in oliveto constituit. Caesar priusquam eodem est profectus, luna hora circiter sexta visa est. (4) Ita castris motis Ucubim Pompeius praesidium, quod reliquit, iussit incendere, ut deusto oppido in castra maiora se reciperent. (5) Insequenti tempore Ventiponem oppidum cum oppugnare coepisset, deditione facta iter fecit in Carrucam, contra Pompeium castra posuit. (6) Pompeius oppidum, quod contra sua praesidia portas clausisset, incendit. Milesque, qui fratrem suum in castris iugulasset, interceptus est a nostris et fusti percussus. Hinc itinere facto in campum Mundensem cum esset ventum, castra contra Pompeium constituit.

28 (1) Sequentique die cum iter facere Caesar cum copiis vellet, renuntiatum est a speculatoribus Pompeium de tertia vigilia in acie stetisse. (2) Hoc nuntio allato vexillum proposuit. Idcirco enim copias eduxerat, quod Ursaonensium civitati, ⟨qui sui⟩ fuissent fautores, antea litteras miserat Caesarem nolle in convallem descendere, quod maiorem partem exercitus tironem haberet. (3) Hae litterae vehementer confirmabant mentes oppidanorum. Ita hac opinione

ten, dass seit dem dritten Tag vor den Nonen des März[140], dem Tag des Gefechts bei Soricaria[141], große Furcht herrsche und dass Attius Varus in der Umgebung der Kastelle den Oberbefehl habe. (3) An diesem Tag brach Pompeius sein Lager ab und errichtete ein weiteres in einem Olivenhain gegenüber Spalis[142]. Bevor Caesar genau dorthin aufbrach, war um die sechste Stunde der Mond zu sehen. (4) Pompeius erteilte, als er das Lager abbrach, der Besatzung, die er zurückließ, den Befehl, Ucubis in Brand zu stecken und sich nach dem Niederbrennen der Stadt[143] in das Hauptlager zurückzuziehen. (5) Nachdem Caesar in der Folgezeit die Bestürmung der Stadt Ventipo begonnen hatte, marschierte er nach deren erfolgter Unterwerfung nach Carruca und schlug sein Lager gegenüber Pompeius auf. (6) Pompeius ließ die Stadt (Carruca) anzünden, weil sie ihre Tore vor seinen Truppen verschlossen habe. Ein Soldat, der seinen Bruder im Lager erstochen hatte, wurde von unseren Leuten ergriffen und mit Knütteln totgeschlagen[144]. Nachdem man von hier abmarschiert und in die Ebene von Munda gekommen war, schlug Caesar sein Lager gegenüber Pompeius auf.

28–31 Die Entscheidungsschlacht bei Munda

28 (1) Als Caesar am darauffolgenden Tag mit seinen Truppen weiterziehen wollte, erstatteten ihm Kundschafter Meldung, Pompeius sei seit der dritten Nachtwache in Schlachtordnung aufgestellt. (2) Auf diese Nachricht hin ließ er das rote Fähnchen (als Zeichen zum Angriff) aufziehen[145]. Pompeius hatte seine Truppen nämlich deshalb aus dem Lager herausgeführt, weil er der Bürgerschaft von Ursao, die seine Anhänger waren, vorher ein Schreiben mit der Mitteilung geschickt hatte, Caesar wolle nicht in den Talkessel hinabsteigen[146], weil er ein Heer habe, das zum größeren Teil aus Rekruten bestehe. (3) Dieses Schreiben ermutigte die Bewohner der Stadt stark. Im Vertrauen auf diese Ansicht glaubte Pompeius,

fretus tuto se facere posse existimabat. Etenim et natura loci defendebantur et ipsius oppidi munitione, ubi castra habuit constituta. (4) Namque, ut superius demonstravimus, loca excellentia tumulis contineri, interim nonnulla planitie dividi. Id quod eo incidit tempore.

29 (1) Planities inter utraque castra intercedebat circiter milia passuum V, ut auxilia Pompei duabus deferenderentur rebus, oppido et excelsi loci natura. (2) Hinc dirigens proxima planities aequabatur. Cuius decursum antecedebat rivus, qui ad eorum accessum summam efficiebat loci iniquitatem. Nam palustri et voraginoso solo currens erat ad dextrum. (3) Id quod Caesar cum aciem derectam vidisset, non habuit dubium, quin mediae planitie in aequum ad dimicandum adversarii procederent. Hoc erat in omnium conspectu. (4) Hoc accedebat, ut locus illa planitie aequitate ornaretur, et diei solisque serenitate[m] ut mirificum, ut optandum tempus prope ab diis immortalibus illud tributum esset ad proelium committendum. (5) Nostri laetari, nonnulli etiam timere, quod in eum locum res fortunaeque omnium deducerentur, ut, quidquid post horam casus tribuisset, in dubio poneretur. (6) Itaque nostri ad dimicandum procedunt, id quod adversarios existimabamus esse facturos. Qui tamen a munitione oppidi longius non audebant procedere, in quo sibi prope murum adversarii constituebant. Itaque nostri procedunt. (7) Interdum aequitas loci adversarios efflagitabat, ut tali contenderent condicione ad victoriam. Neque tamen illi a sua consuetudine discedebant, ut aut ab excelso loco aut oppido

gefahrlos vorgehen zu können. Denn die Pompejaner wurden sowohl durch die natürliche Lage des Ortes[147] als auch durch die Festungsanlage der Stadt selbst geschützt, wo Pompeius sein Lager errichtet hatte. (4) Denn wie weiter oben[148] dargelegt, wurden die hochgelegenen Gegenden von Hügeln eingefasst, zwischen denen sich eine Ebene hinzieht. Gerade so war es auch damals.

29 (1) Zwischen beiden Lagern dehnte sich eine Ebene von etwa fünf Meilen aus, sodass die Hilfstruppen des Pompeius durch zwei Dinge geschützt wurden, durch die Stadt und durch die Lage des Ortes auf einer Anhöhe. (2) Von hier aus verlief die Ebene gleichmäßig weiter. An ihrer Abdachung floss vorn ein Bach entlang, der für die Annäherung an die Feinde ein höchst ungünstiges Terrain bot, denn zur Rechten rann der Boden in sumpfigem und morastigem Boden. (3) Nachdem Caesar dies[149] und die gerade aufgestellte gegnerische Schlachtreihe erblickt hatte, zweifelte er nicht, dass die Gegner auf günstiges Gelände mitten in der Ebene zum Kampf vorrücken würden. Dieses Terrain lag vor aller Augen. (4) Es kam noch hinzu, dass das Gelände in jener Ebene sich durch Ebenmäßigkeit auszeichnete und dass durch die Heiterkeit des Tages und des Sonnenscheins jener Zeitpunkt als wunderbar, als erstrebenswert beinahe von den unsterblichen Göttern für eine Schlacht gegeben war. (5) Unsere[150] Leute frohlockten, einige fürchteten sich auch, weil die Sache und das Schicksal aller auf dem Punkt standen, sodass noch zweifelhaft blieb, was auch immer der Zufall nach einer Stunde bringen würde. (6) Und so rückten unsere Leute zum Kampf vor, wovon wir glaubten, dass es die Gegner ebenfalls tun würden. Diese jedoch wagten nicht, von der Befestigungsanlage der Stadt weiter vorzurücken, vielmehr blieben die Gegner in der Stadt in der Nähe der Stadtmauer stehen. Und so rückten unsere Leute vor. (7) Bisweilen forderte die ebene Beschaffenheit des Geländes die Gegner nachgerade dazu auf, unter einer solchen Bedingung dem Sieg entgegenzueilen. Und dennoch gaben Caesars Gegner ihre gewohnte Taktik nicht auf, um sich entweder von der Anhöhe

discederent. (8) Nostri pede presso propius rivum cum appropinquassent, adversarii patrocinari loco iniquo non desinunt.

30 (1) Erat acies XIII aquilis constituta, quae lateribus equitatu tegebatur, cum levi armatura milibus sex; praeterea auxiliares accedebant prope alterum tantum. Nostra praesidia LXXX cohortibus, octo milibus equitum. (2) Ita cum in extrema planitie iniquum in locum nostri appropinquassent, paratus hostis erat superior, ut transeundum superius iter vehementer esset periculosum. (3) Quod cum a Caesare esset animadversum, ne quid temere culpa secus admitteretur, eum locum definire coepit. (4) Quod cum hominum auribus esset obiectum, moleste et acerbe accipiebant se impediri, quominus proelium conficere possent. (5) Haec mora adversarios alacriores efficiebat: Caesaris copias timore impediri ad committendum proelium. (6) Ita se efferentes iniquo loco sui potestatem faciebant, ut magno tamen periculo accessus eorum haberetur. (7) Hic decumani suum locum, cornum dextrum, tenebant; sinistrum III et V, itemque et cetera [auxilia equitatus].

31 (1) Proelium clamore facto committitur. Hic etsi virtute nostri antecedebant, adversarii loco superiore ⟨se⟩ defendebant acerrime, et vehemens fiebat ab utrisque clamor telorumque missu concursus, sic ut nostri prope diffiderent victoriae. (2) Congressus enim et clamor, quibus rebus maxime hostis conterretur, in collatu pari erat condicione. (3) Ita ex utroque genere cum parem virtutem ad

oder der Stadt zu entfernen. (8) Als sich unsere Leute langsamen Schrittes dem Bach genähert hatten, ließen die Gegner immer noch nicht davon ab, den Vorteil des (für den Feind) ungünstigen Terrains zu wahren[151].

30 (1) Die Gegner hatten eine Kampffront aus dreizehn Legionen gebildet, die auf den Flanken durch Reiterei zusammen mit 6000 Leichtbewaffneten gedeckt wurde; außerdem kamen an Hilfstruppen fast noch einmal soviel hinzu. Unsere[152] Streitmacht bestand aus 80 Kohorten[153] und 8000 Reitern. (2) Als unsere Soldaten am äußersten Rand der Ebene, indem sie sich dem Gegner näherten, auf ungünstiges[154] Gelände gekommen waren, stand der Feind weiter oben kampfbereit, sodass der Weg, der bergauf hätte zurückgelegt werden müssen, sehr gefährlich war. (3) Als Caesar dies wahrgenommen hatte, begann er, das Gelände abzustecken[155], damit kein Missgriff unbesonnen durch ein Verschulden begangen werde. (4) Als dies den Männern zu Ohren gekommen war, fassten sie es mit Unwillen und schmerzlich auf, dass sie daran gehindert würden, den Kampf ausfechten zu können. (5) Diese Verzögerung steigerte nur noch die Kampflust der Gegner; sie glaubten, Furcht hindere Caesars Truppen, ein Gefecht zu liefern. (6) Übermütig ließen sie sich auf ungünstigem Gelände auf einen Kampf ein, sodass dennoch eine Annäherung an sie als sehr gefährlich galt. (7) Hier hielten die Soldaten der zehnten Legion ihre Stellung, nämlich den rechten Heeresflügel; den linken Heeresflügel hielten die dritte und die fünfte Legion, und ebenso der Rest.

31 (1) Der Kampf wurde mit Kriegsgeschrei eröffnet. Auch wenn unsere[156] Truppen an Tapferkeit überlegen waren, verteidigten sich die Gegner mit größter Verbissenheit von der Anhöhe herab; auf beiden Seiten erhob sich ein solch heftiges Kriegsgeschrei und so gewaltig war der Angriff unter dem Hagel der Geschosse, dass unsere Leute fast am Sieg verzweifelten. (2) Der Ansturm und das Geschrei, wodurch der Feind am meisten eingeschüchtert werden soll, waren – wenn man sie verglich[157] – fast gleich stark. (3) Nachdem

bellandum contulissent, pilorum missu fixa cumulatur et concidit adversariorum multitudo. (4) Dextrum ut demonstravimus decumanos cornum tenuisse. Qui etsi erant pauci, tamen propter virtutem magno adversarios timore eorum opera adficiebant, quod a suo loco hostes vehementer premere coeperunt, ut ad subsidium, ne ab latere nostri occuparent, legio adversariorum traduci coepta sit ad dextrum. (5) Quae simul est mota, equitatus Caesaris sinistrum cornum premere coepit, ita uti eximia virtute proelium facere possent, ut locus in aciem ad subsidium veniundi non daretur. (6) Ita cum clamor esset intermixtus gemitu gladiorumque crepitus auribus oblatus, imperitorum mentes timore praepediebat. (7) Hic, ut ait Ennius, pes pede premitur, armis teruntur arma, adversariosque vehementissime pugnantes nostri agere coeperunt. Quibus oppidum fuit subsidio. (8) Ita ipsis Liberalibus fusi fugatique non superfuissent, nisi in eum locum confugissent, ex quo erant egressi. (9) In quo proelio ceciderunt milia hominum circiter XXX et si quid amplius, praeterea Labienus, Attius Varus, quibus occisis utrisque funus est factum, itemque equites Romani partim ex urbe, partim ex provincia ad milia III. (10) Nostri desiderati ad hominum mille partim equitum, partim peditum; saucii ad D. (11) Adversariorum aquilae sunt ablatae XIII et signa ... et fasces ... praeterea ...; hos habuit ⟨hostium numero ....

aber beide Truppengattungen, Infanterie und Kavallerie, die gleiche Tapferkeit beim Kampf bewiesen, wurde doch eine große Anzahl der Gegner vom Wurf der Geschosse durchbohrt und fiel haufenweise. (4) Wie schon dargelegt, hatten die Soldaten der zehnten Legion den rechten Heeresflügel inne. Auch wenn sie zahlenmäßig schwach waren, erfüllte ihre Anstrengung dennoch die Gegner wegen ihrer Tapferkeit mit großer Furcht, weil sie die Feinde heftig aus ihrer Stellung zu verdrängen begannen, sodass eine gegnerische Legion zur Unterstützung nach rechts verlegt werden musste, damit unsere Soldaten nicht von der Flanke her zuvorkämen. (5) Sobald sich diese Legion in Bewegung gesetzt hatte, begann Caesars Reiterei, den linken feindlichen Heeresflügel zu bedrängen, sodass die Soldaten der zehnten Legion sich mit ausgezeichneter Tapferkeit schlagen konnten, sodass (für die Feinde) keine Möglichkeit bestand, zur Unterstützung in den Kampf einzugreifen. (6) Als so das Geschrei, vermischt mit Stöhnen, und das Klappern der Schwerter zu den Ohren drang, ließen sie die Gemüter der Unerfahrenen[158] durch Furcht erstarren. (7) Hier »drängte sich«, wie Ennius sagt, »Fuß an Fuß, rieben sich Waffen an Waffen«[159], und unsere Leute begannen, die verbissen kämpfenden Gegner zurückzutreiben. Ihnen bot nur die Stadt (Munda) Schutz. (8) So hätte am Tag des Bacchus-Festes[160] selbst von den Geschlagenen und in die Flucht Gejagten niemand überlebt, wenn sie nicht an den Ort[161] geflohen wären, von wo sie ausgezogen waren. (9) In dieser Schlacht fielen[162] ungefähr 30.000 Mann – und vielleicht noch mehr –, außerdem Labienus und Attius Varus – den beiden Toten wurde ein ehrenvolles Begräbnis zuteil – nebst etwa 3000 römischen Rittern, die teils aus der Stadt Rom, teils aus der Provinz stammten. (10) Auf unserer Seite wurden etwa 1000 Mann[163] vermisst, teils Reiter, teils Infanteristen; an die 500 waren verwundet. (11) Dreizehn gegnerische Legionsadler[164] und Feldzeichen … und Rutenbündel wurden erbeutet … außerdem …[165] diese stufte er als Staatsfeinde ein[166] …

32 (1) ..... evaserunt⟩ ex fuga hac, qui oppidum Mundam sibi constituissent praesidium, nostrique cogebantur necessario eos circumvallare. (2) Ex hostium armis ..... pro caespite cadavera collocabantur, scuta et pila pro vallo. Insuper occisorum in gladiorum mucronibus capita hominum ordinata ad oppidum conversa. † Universa † hostium timorem .... virtutisque insignia proposita viderent, et vallo circumcluderentur adversarii. (3) Ita [Galli] tragulis iaculisque oppidum ⟨quod vallo facto⟩ ex hostium cadaveribus sunt circumplexi, oppugnare coeperunt. (4) Ex hoc proelio Valerius adulescens Cordubam cum paucis equitibus fugit, Sex. Pompeio, qui Cordubae fuisset, rem gestam refert. (5) Cognito hoc negotio, quos equites secum habuit, quod pecuniae secum habuit eis distribuit et oppidanis dixit se de pace ad Caesarem proficisci et secunda vigilia ab oppido discessit. (6) Cn. Pompeius cum equitibus paucis nonnullisque peditibus ad navale praesidium Carteiam contendit, quod oppidum abest ab Corduba milia passuum CLXX. (7) Quo cum ad octavum miliarium venisset, P. Caucilius, qui castris antea Pompei praepositus esset, eius verbis nuntium mittit eum minus belle habere, ut mitterent lecticam, qua in oppidum deferri posset. (8) Litteris missis Pompeius Carteiam defertur. Qui

32–41 Folgen der Schlacht und Ende des Krieges

32 (1) ..... es entkamen⟩ bei dieser Flucht diejenigen, die in der Stadt Munda Schutz gesucht hatten; unsere[167] Leute wurden notgedrungen dazu gezwungen, sie mit einem Wall ringsum einzuschließen. (2) Von den Waffen der Feinde ..... wurden Leichen anstelle von Rasenstücken[168], Schilde und Wurfspeere anstelle des Walles aufgehäuft. Obendrein wurden die Köpfe der getöteten Menschen auf den Spitzen der Schwerter geordnet und zur Stadt hin ausgerichtet. † Alles zusammen †[169] die Furcht der Feinde .... damit sie[170] die öffentlich zur Schau gestellten Abzeichen ihrer Tapferkeit sähen und zugleich die Gegner durch einen Wall ringsum eingeschlossen würden. (3) So begannen sie[171], die Stadt, die sie nach Errichtung eines Walles[172] aus den Leichen der Feinde umschlossen hatten, mit gallischen, mit Schwungriemen versehenen Lanzen und Wurfspießen anzugreifen. (4) Aus diesem Gefecht floh der junge Valerius mit einigen wenigen Reitern nach Corduba und erstattete Sextus Pompeius, der sich in Corduba aufhielt, Meldung von dem Geschehenen. (5) Als dieser von dem Unternehmen erfuhr, verteilte er das Geld, das er bei sich hatte, an die Reiter, die er um sich hatte, teilte den Einwohnern der Stadt mit, er wolle zwecks eines Friedensschlusses zu Caesar aufbrechen, und verließ um die zweite Nachtwache die Stadt. (6) Gnaeus Pompeius eilte mit wenigen Reitern und einigen Infanteristen zu seinem Flottenstützpunkt Carteia; diese Stadt liegt von Corduba 170 Meilen entfernt. (7) Als er sich dorthin bis zum achten Meilenstein genähert hatte, schickte Publius Caucilius, der vorher den Oberbefehl über das Lager des Pompeius gehabt hatte, im Namen des Pompeius eine Botschaft (in die Stadt mit der Nachricht), dass Pompeius sich nicht ganz wohl befinde, mit der Bitte, eine Sänfte zu schicken, worin Pompeius in die Stadt getragen werden könnte.[173] (8) Als die schriftliche Botschaft abgeschickt war (und Erfolg gehabt hatte), wurde Pompeius nach Carteia getragen. Die Anhänger seiner Partei

illarum partium fautores essent, conveniunt in domum, quo erat delatus; qui arbitrati sunt clanculum venisse, ut ab eo, quae vellent, de bello requirerent. Cum frequentia convenisset, de lectica Pompeius in eorum fidem confugit.

33 (1) Caesar ex proelio ⟨Munda⟩ munitione circumdata Cordubam venit. Qui ex caede eo refugerunt, pontem occuparunt. (2) Cum eo ventum esset, conviciare coeperunt nos ex proelio paucos superesse; quo fugeremus? Ita pugnare coeperunt de ponte. Caesar flumen traiecit et castra posuit. (3) Scapula, totius seditionis [familiae ac libertinorum] caput, ex proelio Cordubam cum venisset, familiam et libertos convocavit, pyram sibi exstruxit, cenam adferri quam optimam imperavit, item optimis insternendum vestimentis; pecuniam et argentum in praesentia familiae donavit. (4) Ipse de tempore cenare, resinam et nardum identidem sibi infundit. Ita novissimo tempore servum iussit et libertum, qui fuisset eius concubinus, alterum se iugulare, alterum pyram incendere.

34 (1) Oppidani autem, simul Caesar castra contra ad oppidum posuit, discordare coeperunt, usque eo ut clamor in castra nostra perveniret fere, inter Caesarianos et inter Pompeianos. (2) Erant hic legiones, quae ex perfugis conscriptae, partim oppidanorum servi, qui erant a Pompeio Sexto manumissi. Qui in Caesaris adventum descendere coeperunt. (3) Legio XIII oppidum defendere coepit;

kamen in dem Haus zusammen, in das er gebracht worden war – sie glaubten nämlich, Pompeius sei in aller Heimlichkeit angekommen –, um sich bei ihm nach dem Stand des Krieges zu erkundigen. Als eine große Menge zusammengekommen war, flüchtete Pompeius aus der Sänfte und stellte sich unter den Schutz der Einwohner von Carteia.

33 (1) Caesar umgab unmittelbar nach der Schlacht Munda mit einer Befestigungsanlage und kam dann nach Corduba. Diejenigen, die dem Blutbad entronnen waren, besetzten die Brücke (über den Baetis). (2) Als man dorthin[174] kam, begannen die Anwesenden zu lästern: So wenige von ihnen hätten die Schlacht überlebt, wohin sollten sie nun fliehen? Und so begannen die Einwohner von Corduba von der Brücke herab zu kämpfen. Caesar setzte über den Fluss und schlug sein Lager auf[175]. (3) Als (Quinctius) Scapula, das Haupt des ganzen Aufruhrs, unmittelbar nach dem Kampf nach Corduba gekommen war, rief er die Mitglieder seines Hausstandes und seine Freigelassenen zusammen, ließ einen Scheiterhaufen[176] für sich aufschichten und befahl, eine sehr köstliche Mahlzeit aufzutragen, ebenso die besten Decken aufzulegen; Geld und Silbergerät schenkte er mit sofortiger Wirkung den Mitgliedern seiner Hausgemeinschaft. (4) Er selbst speiste zur üblichen Zeit und parfümierte sich mehrfach mit Harz und Nardenöl. Zuallerletzt befahl er einen Sklaven und einen Freigelassenen zu sich, der sein Liebhaber war; dem einen befahl er, ihn zu ermorden, dem anderen, den Scheiterhaufen anzuzünden.

34 (1) Sobald Caesar sein Lager der Stadt gegenüber aufgeschlagen hatte, brach unter den Einwohnern eine derartige Zwietracht aus, dass das Geschrei zwischen den Anhängern Caesars und des Pompeius fast bis in unser[177] Lager vordrang. (2) Es standen hier Legionen, die aus Überläufern ausgehoben worden waren, teils auch Sklaven von Einwohnern, die von Sextus Pompeius freigelassen worden waren. Sie begannen, zu Caesars Ankunft herunterzumarschieren. (3) Die dreizehnte Legion begann, die Stadt zu verteidigen;

nostri, cum iam depugnarent, turres ex parte et murum occuparunt. (4) Denuo legatos ad Caesarem mittunt, ut sibi legiones subsidio intromitteret. Hoc cum animadverterent homines fugitivi, oppidum incendere coeperunt. (5) Qui superati a nostris sunt interfecti hominum milia XXII, praeterquam extra murum qui perierunt. (6) Ita Caesar oppido potitus. Dum hic detinetur, ex proelio quos circummunitos superius demonstravimus, eruptionem fecerunt et bene multis interfectis in oppidum sunt redacti.

35 (1) Caesar Hispali⟨m⟩ cum contendisset, legati deprecatum venerunt. Ita cum ad oppidum esset ventum, Caninium cum praesidio legatum intromittit, ipse castra ad oppidum ponit. (2) Erat bene magna manus intra Pompeianarum partium, quae praesidium receptum indignaretur clam quendam Philonem illum, qui Pompeianarum partium fuisset defensor acerrimus. Is tota Lusitania notissimus erat. (3) Hic clam praesidia Lusitaniam proficiscitur et Caecilium Nigrum, hominem barbarum, ad Lennium convenit, qui bene magnam manum Lusitanorum haberet. (4) Rursus Hispalim oppidum denuo noctu per murum recipitur. Praesidium, vigiles iugulant, portas praecludunt, de integro pugnare coeperunt.

36 (1) Dum haec geruntur, legati Carteienses renuntiaverunt, quod Pompeium in potestatem haberent. Quod ante Caesari portas praeclusissent, illo beneficio suum maleficium existimabant se lucri facere. Lusitani Hispali pugnare nullo tempore desistebant. (2) Quod

während unsere Soldaten schon hart kämpften, besetzten die Pompejaner zum Teil die Türme und die Mauer. (4) Die Anhänger Caesars schickten von Neuem Gesandte zu Caesar mit der Bitte, ihnen Legionen zur Unterstützung in die Stadt hineinzuschicken. Als die flüchtigen Menschen[178] dies bemerkten, begannen sie, die Stadt in Brand zu stecken. (5) Sie wurden jedoch von unseren Soldaten überwältigt und 22.000 Menschen wurden getötet, abgesehen von denen, die außerhalb der Stadtmauer umkamen.[179] (6) So bemächtigte sich Caesar der Stadt. Während er hier aufgehalten wurde, unternahmen diejenigen, die – wie dargelegt – unmittelbar nach der Schlacht eingeschlossen worden waren, einen Ausfall, wurden aber unter recht großen Verlusten in die Stadt zurückgetrieben.

35 (1) Als Caesar eilig nach Hispalis aufgebrochen war, kamen ihm Gesandte entgegen, um um Schonung und Gnade zu bitten. Als man also bei der Stadt angekommen war, schickte Caesar Caninius mit einer Schutztruppe als Gesandten hinein; er selbst schlug sein Lager in der Nähe der Stadt auf. (2) Drinnen befand sich eine recht große Schar von Parteigängern des Pompeius, die sich darüber entrüstete, dass die Schutztruppe ohne das Wissen eines gewissen Philo aufgenommen worden war, der der leidenschaftlichste Verfechter der Partei des Pompeius war. Dieser war in ganz Lusitanien sehr bekannt. (3) Dieser brach ohne Wissen der Schutztruppen Caesars nach Lusitanien auf und kam mit Caecilius Niger, einem Barbaren, der eine recht große Schar von Lusitaniern bei sich hatte, bei Lennium zusammen. (4) Philo wurde, als er wieder in Hispalis war, von Neuem des Nachts über die Mauer in die Stadt aufgenommen. Sie ermordeten die Besatzung und die Wachen, verschlossen die Tore und begannen von Neuem den Kampf.

36 (1) Während dieser Vorgänge erstatteten Gesandte aus Carteia Meldung, dass sie Pompeius in ihre Gewalt gebracht hätten. Weil sie früher die Tore vor Caesar verschlossen hatten, glaubten sie, durch diese Gefälligkeit ihre einstige Übeltat wiedergutzumachen. In Hispalis hörten die Lusitanier zu keinem Zeitpunkt auf zu

Caesar cum animadverteret, si oppidum capere contenderet, timuit, ne homines perditi incenderent et moenia delerent. Ita consilio habito noctu patitur Lusitanos eruptionem facere; id quod consulto non existimabant fieri. (3) Ita erumpendo navis, quae ad Baetim flumen fuissent, incendunt. Nostri dum incendio detinentur, illi profugiunt et ab equitibus conciduntur. (4) Quo facto oppido recuperato Hastam iter facere coepit. Ex qua civitate legati ad deditionem venerunt. Mundenses, qui ex proelio in oppidum confugerant, cum diutius circumsederentur, bene multi deditionem faciunt et, cum essent in legionem distributi, coniurant inter sese, ut noctu signo dato qui in oppido fuissent eruptionem facerent, illi caedem in castris administrarent. (5) Hac re cognita insequenti nocte vigilia tertia tessera data extra vallum omnes sunt concisi.

37 (1) Carteienses, dum Caesar in itinere reliqua oppida oppugnat, propter Pompeium dissentire coeperunt. Pars erat, quae legatos ad Caesarem miserat, pars erat, quae Pompeianarum partium fautores essent. (2) Seditione concitata portas occupant. Caedes fit magna; saucius Pompeius naves XX occupat longas et profugit. Didius, qui ⟨ad⟩ Gadis classi praefuisset .... ad quem simul nuntius allatus est, confestim sequi coepit. Partim pedites et equitatus ad persequendum celeriter iter faciebant, item confestim consequentes. (3) Quarto die navigationis, quod imparati a Carteia profecti

kämpfen. (2) Als Caesar dies bemerkte, befürchtete er, dass dieses Gesindel die Stadt in Brand stecken und die Mauern zerstören würde, falls er einen Versuch unternähme, die Stadt einzunehmen. Er hielt einen Kriegsrat ab und ließ zu, dass die Lusitanier des Nachts einen Ausfall unternahmen; diese glaubten nicht, dass dies mit einer bestimmten Absicht geschehe. (3) So unternahmen sie einen Ausfall und setzten die Schiffe in Brand, die am Ufer des Baetis lagen. Während unsere[180] Soldaten durch den Brand aufgehalten wurden, flohen jene und wurden von den Reitern niedergemacht. (4) Nachdem Caesar dadurch die Stadt wieder in seine Gewalt gebracht hatte, machte er sich auf den Weg nach Asta. Aus dieser Stadt kamen Gesandte zwecks Übergabe zu ihm. Die Einwohner von Munda, die unmittelbar nach der Schlacht in die Stadt geflüchtet waren, unterwarfen sich recht zahlreich, als sich ihre Belagerung länger hinzog. Als sie der Legion zugewiesen worden waren, verschworen sie sich dahingehend untereinander, dass diejenigen, die in der Stadt lagen, auf ein Zeichen hin des Nachts einen Ausfall unternehmen sollten, sie selbst im Lager aber ein Blutbad anrichten sollten. (5) Das Vorhaben wurde bekannt, und in der folgenden Nacht um die dritte Nachtwache wurden nach Ausgabe der Parole alle außerhalb des Walles niedergemacht.

37 (1) Während Caesar auf seinem Marsch die übrigen Städte angriff, wurden die Einwohner von Carteia uneins bezüglich (des weiteren Umgangs mit) Pompeius. Der eine Teil der Einwohner hatte ja Gesandte zu Caesar geschickt[181], der andere Teil bestand aus Anhängern der Partei des Pompeius. (2) Ein Aufruhr entstand, die Tore wurden besetzt. Es kam zu einem großen Blutvergießen; Pompeius wurde verwundet, konnte aber 20 Kriegsschiffe in seine Gewalt bringen und floh. Sobald Didius[182], der Befehlshaber der Flotte bei Gades, ...[183] diese Nachricht überbracht wurde, nahm er unverzüglich die Verfolgung auf. Teilweise setzten ihm auch Infanteristen und Reiterei nach, die sich schnell auf den Weg machten und unverzüglich an der Verfolgung teilnahmen.[184] (3) Am vierten Tag

sine aqua fuissent, ad terram applicant. Dum aquantur, Didius classe accurrit, naves incendit, nonnullas capit.

38 (1) Pompeius cum paucis profugit et locum quendam munitum natura occupat. Equites et cohortes, quae ad persequendum missi essent, speculatoribus ante missis certiores fiunt; diem et noctem iter faciunt. (2) Pompeius umero et sinistro crure vehementer erat saucius. Hoc accedebat, ut etiam talum intorsisset; quae res maxime impediebat. (3) Ita lectica ad turrem quan⟨dam cum⟩ esset ablatus, in ea ferebatur Lusitanis more militari. Cum Caesaris praesidio fuisset conspectus, celeriter equitatu cohortibusque circumcluditur. Erat accessus loci difficultas. (4) Nam idcirco [propter suo praesidio fuisset conspectus celeriter ad] munitum locum natura ceperat sibi Pompeius, quamvis magna multitudine adduct⟨a ut pauc⟩i homines ex superiore loco defendere possent. Subeunt in adventu nostri depelluntur que telis. (5) Quibus cedentibus cupidius insequebantur adversarii et confestim tardabant ab accessu. Hoc saepius facto animum advertebatur nostro magno id fieri periculo. (6) Opere circummunire instituit. Pari autem ex celeri festinatione circumm⟨un⟩itiones iugo dirigunt, ut aequo pede cum adversariis congredi possent. A quibus cum animadversum esset, fuga sibi praesidium capiunt.

39 (1) Pompeius, ut supra demonstravimus, saucius et intorto talo idcirco tardabatur ad fugiendum itemque propter loci difficul-

der Seefahrt gingen die Insassen der Schiffe an Land, weil sie unvorbereitet von Carteia aufgebrochen waren und kein Wasser hatten. Während sie Wasser holten, näherte sich Didius mit seiner Flotte, steckte die Schiffe in Brand, einige erbeutete er.

38 (1) Pompeius floh mit einigen wenigen Personen und besetzte einen von Natur aus geschützten Platz. Die Reiter und Kohorten, die zu seiner Verfolgung ausgesandt worden waren, wurden darüber von vorausgesandten Kundschaftern benachrichtigt; sie marschierten Tag und Nacht. (2) Pompeius war an der Schulter und am linken Unterschenkel schwer verwundet. Dazu kam noch, dass er sich auch noch das Sprunggelenk verdreht[185] hatte; dieser Umstand behinderte ihn am meisten. (3) Als er so auf einer Tragbahre zu einem Turm weggetragen wurde, wurde diese nach militärischem Brauch von Lusitaniern[186] getragen. Als er von Caesars Schutztruppe erspäht worden war, wurde er schnell von Reiterei und Kohorten umstellt. Der Zugang zu dem Ort war schwierig. (4) Denn Pompeius hatte deshalb den von Natur aus geschützten Platz gewählt, damit einige wenige Personen von einem höher gelegenen Punkt aus ihn selbst bei Heranführung einer großen Menschenmenge verteidigen konnten. Unsere[187] Soldaten rückten gleich bei der Ankunft zu dem Ort hinauf, wurden aber durch Geschosse vertrieben. (5) Sie wichen zurück, und die Gegner setzten ihnen ziemlich hartnäckig nach und hemmten eilends einen Anmarsch von Caesars Leuten. Als dies wiederholt geschah, bemerkte man, dass ein solcher Anmarsch für unsere Seite nur unter großer Gefahr möglich war. (6) Didius[188] begann, rundherum Schanzen zu errichten. Mit gleicher und großer Schnelligkeit aber richteten sie auf dem Kamm des Höhenzuges Umschanzungen ein, um mit den Gegnern ebenen Fußes[189] kämpfen zu können. Als die Gegner dies bemerkten, suchten sie sich durch Flucht zu retten.

39 (1) Wie oben[190] dargelegt, war Pompeius verwundet und wegen der Verdrehung seines Sprunggelenks bei der Flucht behindert; ebenso konnte er sich wegen des schwierigen Geländes weder zu

tatem neque equo neque vehiculo saluti suae praesidium parare poterat. Caedes a nostris undique administrabatur. (2) Exclus⟨us⟩ a munitione amissisque auxiliis ad convallem exesumque locum in speluncam Pompeius se occultare coepit, ut a nostris non facile inveniretur nisi captivorum indicio. Ita ibi interficitur. (3) Cum Caesar Gadibus fuisset, Hispalim prid. Id. April. caput allatum et populo datum est in conspectum.

40 (1) Interfecto Cn. Pompeio adulescente Didius, quem supra demonstravimus, illa adfectus laetitia proximo se recepit castello nonnullasque naves ad reficiendum subduxit et quodvis essent .... brachium ex utrisque partibus ⟨ad mare ducere coepit⟩. (2) Lusitani, qui ex pugna superfuerunt, ad signum se receperunt et bene magna manu comparata ad Didium se reportant. (3) Huic etsi non aberat diligentia ad naves tuendas, tamen nonnumquam ex castello propter eorum crebras excursiones eliciebatur et prope cotidianis pugnis ... insidias ponunt et tripertito signa distribuunt. (4) Erant parati, qui naves incenderent, incensisque qui subsidium repellerent; hi sic dispositi erant, ut a nullo ⟨conspici possent. Reliqui in⟩ conspectu omnium ad pugnam contendunt. (5) Ita cum ex castello Didius ad propellendum processisset cum copiis, signum a Lusitanis tollitur, naves incenduntur, simulque qui in castello ad pugnam processerant, eodem signo fugientes latrones dum persequuntur, a tergo insidiae clamore sublato circumveniunt. (6) Didius magna cum virtute cum compluribus interficitur. Nonnullique ea pugna scaphas, quae ad litus fuerant, occupant, item com-

Pferd noch in einem Gefährt Rettung verschaffen. Unsere[191] Soldaten richteten allenthalben ein Blutbad an. (2) Aus der Verschanzung ausgeschlossen, begann Pompeius, jeglicher Hilfe verlustig geworden, sich in einer Höhle bei einem Talkassel und einem zerklüfteten Gelände zu verstecken, sodass er von unseren Soldaten nicht leicht gefunden werden konnte, es sei denn durch den Hinweis von Gefangenen. So wurde er dort getötet. (3) Als Caesar in Gades[192] war, wurde sein Haupt am Tag vor den Iden des April[193] nach Hispalis gebracht und dem Volk zur Schau gestellt.

40 (1) Nach der Tötung des jungen Gnaeus Pompeius zog sich der oben[194] erwähnte Didius voll Freude darüber in das nächste Kastell zurück und ließ einige Schiffe an Land ziehen [195].............. begann er auf beiden Seiten Befestigungslinien bis ans Meer zu ziehen. (2) Diejenigen Lusitanier, die nach dem Kampf noch am Leben waren, zogen sich zu ihrer Einheit zurück; nachdem eine recht große Schar zusammengekommen war, rückten sie wieder gegen Didius vor. (3) Auch wenn ihm beim Schutz der Schiffe die erforderliche Sorgfalt nicht abging, ließ er sich dennoch manchmal durch deren häufige Streifzüge aus seinem Kastell herauslocken, und in fast täglichen Kämpfen ......[196] legten sie einen Hinterhalt und teilten sich in drei Abteilungen auf. (4) Einige machten sich bereit, die Schiffe in Brand zu stecken, andere sollten die Verstärkung zurücktreiben, wenn die Schiffe in Flammen stünden; sie waren so verteilt, dass sie von niemandem gesehen werden konnten. Die übrigen eilten vor aller Augen in den Kampf. (5) Als daher Didius zur Abwehr der Feinde mit seinen Truppen aus dem Kastell ausrückte, gaben die Lusitanier ein Zeichen, und die Schiffe wurden in Brand gesteckt. Während zugleich diejenigen, die zum Kampf beim Kastell vorgerückt waren, die auf dasselbe Zeichen hin flüchtenden Banditen verfolgten, erhoben die im Hinterhalt liegenden Truppen ein Geschrei und umzingelten diese von hinten. (6) Obwohl Didius mit Bravour kämpfte, fand er mit mehreren den Tod. Einige wurden bei diesem Kampf der Boote habhaft, die am Ufer lagen; eben-

plures nando ad naves, quae in salo fuerunt, se recipiunt, ancoris sublatis pelagus remis petere coeperunt. Quae res eorum vitae fuit subsidio. Lusitani praeda potiuntur. (7) Caesar Gadibus rursus ad Hispalim recurrit.

41 (1) Fabius Maximus, quem ad Mundam praesidium oppugnandum reliquerat, operibus assiduis ⟨nocturnis⟩ et diurnis circumsedit. Interclusi inter se decernere; facta caede bene magna .... faciunt. (2) Nostri ad oppidum recuperandum occasionem non praetermittunt et reliquos vivos capiunt, XIIII milia. (3) Ursaonem proficiscuntur. Quod oppidum magna munitione continebatur sic, ut ipse locus non solum opere, sed etiam natura adiutus ad oppugnandum hostem impediret. (4) Hoc accedebat, ut aqua praeterquam in ipso oppido una circumcirca nusquam reperiretur propius milia passuum VIII. Quae res magno erat adiumento oppidanis. (5) Tum praeterea accedebat, ut aggerem .... materiesque, unde solitae sunt turres agi, propius milia passuum VI non reperiebatur. Hoc Pompeius ut oppidi oppugnationem tutiorem efficeret, omnem materiem circum oppidum succisam intro congessit. (6) Ita necessario deducebantur nostri, ut a Munda, quod proxime ceperant, materiem illo deportarent.

42 (1) Dum haec ad Mundam geruntur et Ursaonem, Caesar ad Hispalim cum Gadibus se recepisset, insequenti die contione advocata: initio quaesturae suae eam provinciam ex omnibus provinciis

so zogen sich mehrere schwimmend zu den Schiffen zurück, die auf der Reede lagen; sie lichteten die Anker und suchten das offene Meer mit Rudern zu erreichen. Dieser Umstand kam ihrem Leben zustatten. Die Lusitanier bemächtigten sich der Beute. (7) Caesar eilte von Gades wieder nach Hispalis zurück.[197]

41 (1) [198] Fabius Maximus, den Caesar bei Munda zurückgelassen hatte, um die dortige Garnison (der Pompeianer) zu bekämpfen, beschäftigte sich bei Nacht und bei Tag mit der Umlagerung der Stadt. Die Eingeschlossenen bekämpften sich gegenseitig; es kam zu einem recht großen Blutvergießen; ....[199]. (2) Unsere[200] Soldaten ließen sich die Gelegenheit, die Stadt zurückzuerobern, nicht entgehen und nahmen die ganze übrige Bevölkerung, 14.000 Menschen, lebend gefangen. (3) Danach brachen sie nach Ursao auf. Diese Stadt wurde von einer großen Festungsanlage umschlossen, sodass der Ort selbst nicht nur aufgrund seiner Verschanzung, sondern aufgrund seiner von Natur aus geschützten Lage die Angreifenden von einem Sturm auf den Feind abhielt. (4) Dazu kam noch, dass außer der einzigen Quelle unmittelbar in der Stadt ringsumher nirgends näher als acht Meilen Wasser gefunden wurde. Dieser Umstand bedeutete für die Einwohner der Stadt eine große Hilfe. (5) Dann kam außerdem hinzu, dass einen Damm ....[201] und Bauholz, von wo aus gewöhnlich Türme vorgeschoben werden, fand sich nicht näher als in sechs Meilen Entfernung. Darum hatte Pompeius, um die Stadt für den Fall einer Bestürmung sicherer zu machen, alles Bauholz im Umkreis der Stadt schlagen und in die Stadt hineinschaffen lassen. (6) So sahen sich unsere Soldaten genötigt, das Bauholz von der erst kurz zuvor eingenommenen Stadt Munda dorthin bringen zu lassen.

42 (1) Während dieser Ereignisse bei Munda und Ursao berief Caesar, nachdem er sich aus Gades nach Hispalis zurückgezogen hatte, tags darauf eine Volksversammlung ein und brachte dabei Folgendes vor[202]: Gleich zu Beginn seiner Quästur[203] habe er sein besonderes Augenmerk vor allen Provinzen auf diese Provinz ge-

peculiarem sibi constituisse et, quae potuisset eo tempore, beneficia largitum esse. (2) Insequente praetura ampliato honore vectigalia, quae Metellus imposuisset, a senatu petisse et eius pecuniae provinciam liberasse simulque patrocinio suscepto multis legationibus ab se in senatum inductis simul publicis privatisque causis multorum inimicitiis susceptis defendisse. (3) Suo item consulatu absentem, quae potuisset, commoda provinciae tribuisse. Eorum omnium commodorum et immemores et ingratos in se et in populum Romanum hoc bello et praeterito tempore cognosse. (4) "Vos iure gentium et civiumque Romanorum institutis cognitis, more barbarorum, populi Romani magistratibus sacrosanctis manus semel et saepius attulistis et luce clara Cassium in medio foro nefarie interficere voluistis. (5) Vos ita pacem semper odistis, ut nullo tempore legiones desitae populi Romani in hac provincia haberi. Apud vos beneficia pro maleficiis, maleficia pro beneficiis habentur. Ita neque in otio concordiam neque in bello virtutem ullo tempore retinere potuistis. (6) Privatus ex fuga Cn. Pompeius adulescens a vobis receptus fasces, imperium sibi arripuit, multis interfectis civibus auxilia contra populum Romanum comparavit, agros provinciamque vestro impulsu depopulavit. (7) In quo vos victores exstabatis? An me deleto non animum advertebatis decem habere legiones populum Romanum, quae non solum vobis obsistere, sed etiam caelum diruere possent? Quarum laudibus et virtute ...

richtet und er habe ihr in dieser Zeit alle möglichen Wohltaten angedeihen lassen. (2) Als er in der darauf folgenden Prätur ein höheres Ehrenamt bekleidet habe, sei er beim Senat wegen der von Metellus[204] auferlegten Steuern vorstellig geworden und habe die Provinz von der Zahlung dieser Steuern befreit. Zugleich habe er das Patronat[205] (über diese Provinz) übernommen und viele Gesandtschaften in den Senat eingeführt; zugleich habe er sie in öffentlichen und privaten Rechtssachen verteidigt und sich dabei die Feindschaft vieler Personen zugezogen. (3) Ebenso habe er in seinem Konsulat[206], obwohl er persönlich nicht anwesend war, der Provinz alle möglichen Vorteile zukommen lassen. Jedoch habe er in diesem Krieg und in der Vergangenheit erkannt, dass sie all diese Vorteile vergessen hätten und undankbar gegenüber ihm und dem römischen Volk seien. (4) »Obwohl ihr das Völkerrecht[207] und die Einrichtungen der römischen Bürger kanntet, habt ihr nach Art von Barbaren einmal und öfter Hand an die unverletzlichen Beamten des römischen Volkes gelegt und wolltet am helllichten Tag Cassius mitten auf dem Forum hinterrücks ermorden.[208] (5) Ihr habt den Frieden schon immer so gehasst[209], dass zu keiner Zeit unterlassen werden konnte, Legionen des römischen Volkes in dieser Provinz zu stationieren. Bei euch gelten Wohltaten als Übeltaten, Übeltaten als Wohltaten. So konntet ihr weder jemals im Frieden Eintracht bewahren noch im Krieg Tapferkeit beweisen. (6) Als Privatmann wurde der junge Gnaeus Pompeius auf seiner Flucht von euch aufgenommen und eignete sich widerrechtlich Rutenbündel und Befehlsgewalt an; nachdem er viele Bürger getötet hatte, hat er Truppen gegen das römische Volk ausgehoben und ganze Landstriche, ja die ganze Provinz auf euer Betreiben hin verwüstet. (7) Auf welchem Punkt wolltet ihr als Sieger stehen? Habt ihr denn nicht bedacht, dass nach meiner Vernichtung das römische Volk zehn Legionen haben würde, die nicht nur euch widerstehen, sondern sogar das Himmelsgewölbe zum Einsturz bringen könnten?[210] Durch ihren Ruhm und ihre Tapferkeit ...[211]

ANHANG

ZUM LATEINISCHEN TEXT

Der lateinische Text des *Bellum Alexandrinum* und des *Bellum Africum* folgt bis auf wenige Stellen, die im Folgenden aufgelistet werden, der Ausgabe von Alfred Klotz, Bibliotheca Teubneriana (Nr. 1126), Leipzig ^{1}1927 bzw. Stuttgart 1966 (unveränderter Nachdruck). Vergleichend wurden herangezogen die Ausgaben von Carl Nipperdey, Leipzig 1847, von René du Pontet, Oxford Classical Texts, Oxford 1901, von Bernhard Kübler, Bibliotheca Teubneriana, Leipzig 1897 bzw. 1915, und von A. G. Way, Loeb Classical Library Bd. 402, Cambridge (Mass.)/London 1955, für das *Bellum Alexandrinum* die Ausgaben von Rudolf Schneider, Berlin 1888, von Jean Andrieu, Société d'édition »Les Belles Lettres«, Paris 1954, die Ausgabe von Raphael Giomini, Collana di Testi critici latini, Rom 1956, und von Gavin Townend (für die Kapitel 1–33), Bristol/Wauconda (Illinois), 1988; für das *Bellum Africum* die Ausgaben von Rudolf Schneider, Berlin 1905, ^{2}1962, und von Alphonse Bouvet, Société d'édition »Les Belles Lettres«, Paris 1949.

Änderungen von Zeichensetzungen (Kommata, Strichpunkt statt Komma u. dgl.) sowie geringfügige Änderungen der Einteilung der Paragraphen werden nicht angezeigt.

	Klotz	*diese Ausgabe*
Bell. Alex. 16,1	[pulsis] ... victis	pulsis ... [victis][1]
Bell. Alex. 31,4	flumine	flumini[2]
Bell. Alex. 48,2	sestertios c	sestertios ⟨centenos⟩
Bell. Alex. 48,2	sestertiis c	sestertiis centenis
Bell. Alex. 52,1	sestertios ⟨C⟩	sestertios centenos
Bell. Alex. 59,2	IIII m. p.	IIII milia passuum
Bell. Alex. 65,1	re publicae	rei publicae
Bell. Alex. 66,4	intermissio[3]	intermisso

1 Gemäß Klotz liegt bei *pulsis* und *victis* zusammengenommen die Doppelung einer Aussage vor; eines der beiden Wörter müsse gestrichen werden; Klotz bevorzugt *victis*, die vorliegende Ausgabe *pulsis*.

2 So auch in der Ausgabe von Nipperdey.

3 Es handelt sich offenbar um einen Druckfehler, den Klotz übersehen hat, da er auch in der Liste der »Corrigenda« nicht erscheint. Das Substantiv *intermissio* ist an dieser Stelle deplatziert.

Bell. Alex. 73,3	hoc	huc
Bell. Afr. 2,2	m. p. x	milia passuum x
Bell. Afr. 6,7	pollicere	polliceri
Bell. Afr. 9,2	hoc	huc
Bell. Afr. 18,5	cum iam hoste … mittente	hoste iam … mittente
Bell. Afr. 19,4	prid.	pridie
Bell. Afr. 22,2	urbemque Romanum	urbemque Romanam
Bell. Afr. 24,3	quoque versus	quoquo versus[4]
Bell. Afr. 27,1	condoce facere	condocefacere
Bell. Afr. 34,4	∞	mille
Bell. Afr. 35,4	numquae	num quae
Bell. Afr. 36,2	aput	apud[5]
Bell. Afr. 38,3	∞	mille
Bell. Afr. 40,5	pretio pollicitationibus	pretio pollicitationibusque[6]
Bell. Afr. 44,1	Alienus	Allienus
Bell. Afr. 44,2	in quo	in qua
Bell. Afr. 47,6	deiectisque	disiectisque
Bell. Afr. 48,1	exercitu	exercitui
Bell. Afr. 49,1	sibi	ibi
Bell. Afr. 51,3	fiere	fieri
Bell. Afr. 51,3	siqui	si qui
Bell. Afr. 60,2	Ipsum autem dextrum cornu * * * * in secunda autem acie veteranarum	Ipso autem dextro cornu [secundam autem aciem] veteranarum …[7]

4 So in allen anderen Ausgaben; Klotz begründet nicht, wie er auf *quoque* kommt.

5 So auch in der Ausgabe von Nipperdey.

6 So auch Nipperdey und weitere ältere Ausgaben; vgl. Bell. Afr. 35, 2 *praemiis pollicitationibusque.*

7 Die meisten Handschriften bieten folgenden Text: *Ipsum dextrum cornu secundam autem aciem fere in earum* (Oudendorp: *veteranarum*) *legionum parte*; Nipperdey schlug folgende Konjektur vor: *In suo autem dextro cornu e secunda acie veteranarum legionum partem cohortium*; Klotz kam zwar gleichfalls zu der Schlussfolgerung, dass der Text an dieser Stelle verderbt ist, nahm aber an der Konjektur Nipperdeys, insbesondere an *suo*, Anstoß und setzte daher eine nicht zu klärende Lücke an (*Ipsum autem dextrum cornu * * * * in secunda autem acie veteranarum legionum partem*); du Pontet stellte wie folgt Textverderbnis fest: † *Fere ipsum dextrum cornu secundam autem aciem fere in earum legionum parte* †; Schneider lehnte Oudendorps Konjektur *veteranarum* ab; Bouvet nahm

Bell. Afr. 61,2	Itemque	Iamque[8]
Bell. Afr. 63,1	parvolum	parvulum
Bell Afr. 74,2	per id tempus † deorum	per id tempus deorum
Bell. Afr. 77,3	sagittariique ∞	sagittariique mille
Bell. Afr. 77,4	∞ ∞ passuum	II milibus passuum
Bell. Afr. 78,1	∞ ∞ numero	II milium numero
Bell. Afr. 80,1	amplius ∞ et	amplius mille et
Bell. Afr. 85,9	inspectante ipse Caesare	inspectante ipso[9] Caesare
Bell. Afr. 95,1	circiter ∞	circiter mille

Der lateinische Text des *Bellum Hispaniense* folgt der Ausgabe von Giovanni Pascucci, Felice Le Monnier, Florenz 1965. Gleichwohl wurde vor allem die bereits genannte Ausgabe von Alfred Klotz, aber auch die Ausgabe von Nicole Diouron, Société d'édition »Les Belles Lettres«, Paris 2002, zum Vergleich herangezogen.[10]

	Pascucci	*diese Ausgabe*
Bell. Hisp. 1, 4	pacis commoda hoste †hortato†	paucis[11] commoda ⟨ab⟩ hoste orta[12]
Bell. Hisp. 2, 1	simulque [quod]	simulque quod[13]

folgende Konjektur vor, die Way übernahm: *Ipso autem dextro cornu [secundam autem aciem] veteranarum legionum partem cohortium*; die vorliegende Ausgabe übernimmt die Textgestaltung von Bouvet und Way.

8 So bereits bei Nipperdey; es besteht keine Veranlassung zu einer Konjektur.

9 So bei Nipperdey.

10 Die Ausgabe von Pascucci wurde einerseits deswegen gewählt, weil sie auf einem neueren wissenschaftlichen Stand beruht; andererseits wurden Diskrepanzen zwischen der Teubner-Ausgabe von Klotz und seinem separaten Kommentar zum *Bellum Hispaniense* entdeckt, z. B. Bell. Hisp. 3,6 *ad eum locum* (Teubner-Ausgabe) vs. *ad eum ⟨locum⟩* (Klotz [1927, 46]). Auch sind minimale Fehler in der Ausgabe von Klotz festzustellen, z. B. *Caesar is* statt *Caesaris* (Bell. Hisp. 1,1) und *nocta tota* statt *nocte tota* (Bell. Hisp. 16,2).

11 So in der Ausgabe von Klotz.

12 Das überlieferte *hortato* ist verderbt; ⟨*ab*⟩ ... *orta*: *eo* ist eine Konjektur von Fleischer, die Way übernahm und der sich auch die vorliegende Ausgabe anschließt.

13 So auch in den Ausgaben von Nipperdey, Klotz und Way.

Bell. Hisp. 3,7	cum essent, unus ex nostris	cum essent, cum quaereretur, qui essent[14], unus ex nostris
Bell. Hisp. 5,1	traduxit	transduxit
Bell. Hisp. 6,2	multosque lanistas	mulosque onustos[15]
Bell. Hisp. 7,2	ad oppidum ⟨oppugnandum⟩	ad oppidum
Bell. Hisp. 11,2	genus ... quibus	genus ⟨telorum consumeretur⟩ quibus[16]
Bell. Hisp. 13,4	deiecta ...	deiecta ⟨in oppidum intraverunt⟩.[17]
Bell. Hisp. 14,1	† Eius praeteriti temporis †	Eius praeteriti temporis[18]
Bell. Hisp. 17, 2/3	ut ⟨vitam nobis concedas⟩« .... »qualem	ut ⟨vitam nobis concedas.« Quibus Caesar respondit:⟩ »Qualem[19]
Bell. Hisp. 18,1	Ti. Tullius	Tib. Tullius[20]
Bell. Hisp. 18,8	Ita † fune crure de ligno †	ita fune crur⟨a deligatus⟩[21]

14 Der Zusatz *cum quaeretur, qui essent* findet sich nicht in allen Handschriften. Kübler und Way nahmen ihn in ihre jeweilige Textgestaltung auf, Klotz hielt ihn für überflüssig (Klotz [1927, 47]); Pascucci und Diouron schlossen sich der Meinung von Klotz an.

15 Konjektur von Nipperdey, die Klotz übernahm.

16 Nipperdey stellte zwischen *genus* und *ignis* bzw. zwischen *genus quibus* und *ignis* eine Lücke fest; H. I. Müller platzierte diese Lücke richtig und ergänzte sie mit *telorum consumeretur* in Anlehnung an Caes. civ. 1,46,1 *consumptis omnibus telis*. Die Ausgaben von Klotz und Diouron übernahmen diese Konjektur.

17 Bereits Oudendorp stellte nach *deiecta* eine Lücke fest, die Klotz mit der Ergänzung ⟨*in oppidum intraverunt*⟩ ansatzweise zu schließen glaubte; wahrscheinlich sei noch mehr Text ausgefallen.

18 So in der Ausgabe von Klotz.

19 Nipperdey stellte eine Lücke zwischen *qualem* und *gentibus* fest; Klotz präzisierte die Lage dieser Lücke zwischen *ut* und *qualem* und versuchte, sie mit den Worten ⟨*vitam nobis concedas.« Quibus Caesar respondit:*⟩ zu schließen; dieser Lösungsansatz wurde zwar nicht von Pascucci, jedoch von Diouron übernommen.

20 So in der Ausgabe von Klotz.

21 Bereits Nipperdey stellte fest, dass bei der handschriftlichen Überlieferung † *fune crure de ligno* † Textverderbnis vorliegt. Seitdem wurden verschiedene Konjekturen vorgeschlagen, u. a.: *noctu turrem ligneam* (Fleischer), *turri ligneae* (Davies), *fune ex turre deligato* (Schulten), *fine* ⟨*diei*⟩ *turrem ligneam* (Klotz), *fune turri*

Bell. Hisp. 22,1	iugulari ? praeterea	iugulari; praeterea[22]
Bell. Hisp. 22,3	ex Bursavone	ex aversione[23]
Bell. Hisp. 25,7	† quorum pugna	quorum ⟨certamine⟩[24] pugna
Bell. Hisp. 25,7	equitum concessum	equitum concursum[25]
Bell. Hisp. 28,4	† interim nulla planitie dividit †	interim nonnulla planitie dividi[26]
Bell. Hisp. 29,6	[adversariis]	adversarii[27]

religato (Diouron). Am meisten überzeugten Flemmig die Konjekturen Schneiders (*fune crure deligato*) und Warmingtons, die Way übernahm: *fune crura deligatus*; *crura* wäre demnach ein accusativus Graecus. Flemmig entschied sich für die Konjektur Warmingtons.

22 So in den Ausgaben von Nipperdey (*iugulari, praeterea*), Klotz und Diouron.

23 Die handschriftliche Überlieferung ist *adversione*. Aldus Manutius konjizierte *aversione* (*ex aversione* »hinterrücks«); diese Konjektur wurde auch von Nipperdey und Diouron in ihren Ausgaben übernommen. Madvig konjizierte *Ursaone*, Klotz *Bursavone*, hielt aber auch *aversione* für möglich, welches gut passen würde. Flemmig übernimmt die einstige Konjektur von Aldus Manutius.

24 Die handschriftliche Überlieferung – nach dieser von Dinter bzw. Nipperdey festgestellten Lücke – lautet (auch in der Textfassung von Nipperdey): *quorum pugna esset prope profecto dirempta*. Klotz' Konjektur *quorum ⟨certamine⟩ pugna esset [prope] profecto dirempta* versuchte die Textverderbnis zu lösen. Pascucci beließ es bei der Kenntlichmachung der Textverderbnis *† quorum pugna esset prope profecto dirempta*, während Diouron eine Ergänzung an anderer Stelle vornahm: *quorum pugna ⟨non⟩ esset prope profecto dirempta*. Die vorliegende Ausgabe folgt der Textgestaltung von Way. (*Pugna esset* ...) *dirempta* bedeutet im Übrigen mehr als »(Der Kampf wäre ...) unterbrochen worden« (Marvin Müller [1921, 215]), sondern »wäre beendet worden«. Die diesbezüglichen Ausführungen von Müller (1921, 215, Anm. 107) überzeugen nicht.

25 So in der Ausgabe von Diouron.

26 Die handschriftliche Überlieferung ist diffus und verderbt: *interim nulla planitia edividit* ↔ *nulla planitiae dividit* ↔ *nullam planitie dividi*. Nipperdey entschied sich für die Konjektur *intervallo planitie dividi*, Kübler für die Kenntlichmachung der Textverderbnis *contineri interim † nulla planitia*, Klotz für die Konjektur *interim media planitie dividi*, Pascucci für die Kenntlichmachung der Textverderbnis *contineri † interim nulla planitie dividit †*, Diouron für die Konjektur *contineri, interim nonnulla planitie dividi*. Die vorliegende Ausgabe folgt der Textgestaltung von Diouron.

27 Von Klotz in seiner Ausgabe übernommene Konjektur von Fleischer (1878).

Bell. Hisp. 32,3	oppidum ... ex hostium	oppidum ⟨quod vallo facto⟩[28] ex hostium
Bell. Hisp. 36,4	legiones	legionem[29]
Bell. Hisp. 37,2	pedibus et equitatus	pedites et equitatus[30]
Bell. Hisp. 42,7	animadvertebatis	animum advertebatis[31]

28 Von Klotz vorgenommene und von Diouron übernommene Ergänzung.
29 So in den Ausgaben von Klotz und Diouron.
30 So Fleischer (1895) und in der Ausgabe von Diouron.
31 So in den Ausgaben von Klotz und Diouron.

ERLÄUTERUNGEN

Bellum Alexandrinum / Der Alexandrinische Krieg

1 Siehe Kapitel »Militärisches«.

2 Siehe Kapitel »Militärisches«.

3 Siehe Kapitel »Militärisches«.

4 Siehe Kapitel »Militärisches«.

5 Damit ist vermutlich der Mareotis-See gemeint.

6 In *vallum* liegt ein Akk. Sing. zu *vallus* vor (vgl. Preuss [1884/1964, 211]).

7 Zu Maßangaben vgl. das Kapitel »Maße«.

8 Der Text ist an dieser Stelle verderbt.

9 Vgl. hierzu die Einleitung S. 20.

10 Caes. civ. 3,112,10.

11 Cassius Dio (42,35,5) berichtet, dass Arsinoë und der jüngere Sohn von Ptolemaios XII., Ptolemaios XIV.), mit der Insel Zypern belehnt worden seien.

12 Z. B. Schistosomiasis (Bilharziose).

13 Diese ägyptische Wasserversorgung unterscheidet sich sehr von der römischen. Die römischen Aquädukte leiteten reines Wasser über viele Kilometer in geschlossenen, gelüfteten Leitungen, in die Senkkästen und Sinkstellen eingebaut sind, mit einem Gefälle von etwa 40 cm auf 100 m in die Wasserschlösser der Städte. Bei Wassermangel versiegten zuerst die privaten Ableitungen, dann die öffentlichen Bäder, zuletzt die Straßenbrunnen. Die Wasserversorgung war in den Mittelmeerländern zusammen mit einer Kanalisation die Voraussetzung für größere stadtähnliche Siedlungen, die zu Trägern der antiken Zivilisation wurden.

14 Auch Plutarch (Caes. 49) berichtet, dass die erste Gefahr, die Caesar in Alexandria bedrohte, der Mangel an Trinkwasser war, da die Feinde alle Kanäle und Wasserleitungen verstopften.

15 Möglicherweise ein Vorort Alexandrias.

16 Vermutlich Pharos.

17 Damit wird der Küstenstreifen westlich von Alexandria bezeichnet.

18 Auch wenn eine *navis actuaria* (vgl. die Definition von Isidor von Sevilla [orig. 19,1,24]: *Actuariae naves sunt, quae velis simul et remis aguntur.*) über Ruder verfügte, belässt es die vorliegende Übersetzung bei der herkömmlichen Wiedergabe mit »Schnellsegler«.

19 Zur Zeitbestimmung bei den Römern vgl. das Kapitel »Zeiteinteilung«.

20 D. h. der rhodischen Schiffsmannschaft.

21 An dieser Stelle besteht im überlieferten Text eine Lücke von offenbar größerem Umfang.

22 Während Herodot, der das Nildelta als angeschwemmtes Land erkannte, noch sieben Nilmündungsarme – fünf natürliche (2,10) und zwei künstliche (2,17) – zählte, sind es heute nur noch zwei.

23 Der Text ist an dieser Stelle lückenhaft.

24 Es handelt sich hier um die Provinz *Asia*; zu dieser gehörten nicht Pontus, Bithynien, Kilikien und Kappadokien.

25 Der Text ist an dieser Stelle lückenhaft. Möglicherweise waren es elf (*XI*) Fünfruderer.

26 Als Grenze zwischen Asien und Afrika galt bei den antiken Geographen bald die Landzunge von Suez, bald der Nil. Für Pomponius Mela (1,8) bildet der Nil die Grenze zwischen Afrika und Asien: *Quod terrarum iacet a freto ad ea flumina (sc. Nilum / Tanain), ab altero latere Africam vocamus, ab altero Europen: ad Nilum Africam, ad Tanain Europen. Ultra quicquid est, Asia est.* (»Was an Landmassen von der Meerenge [von Gibraltar] an bis zu diesen Flüssen reicht, nennen wir auf der einen Seite Afrika, auf der anderen Europa: bis zum Nil Afrika, bis zum Tanais [Don] Europa. Alles, was jenseits davon liegt, ist Asien« [Übersetzung von Kai Brodersen]). Diese Auffassung liegt auch dem vorliegenden Text zugrunde. Manche gingen noch weiter nach Westen und rechneten ganz Ägypten zu Asien, z. B. Sall. Iug. 19, 3 *ad Catabathmon, qui locus Aegyptum ab Africa dividit*.

27 Diese Seeschlacht fand im Eunostos-Hafen statt, die seichten Stellen und Durchfahrten sind noch heute vorhanden.

28 Genannt Heptastadion; es teilt den Hafen Alexandrias in den Westhafen bzw. Eunostos-Hafen und den Osthafen bzw. Großen Hafen.

29 Mit *illa* sind die Insel und der zu ihr führende Damm gemeint.

30 D. h. sowohl auf der Insel als auch in der Stadt.

31 D. h. die schmale Fahrrinne.

32 Schneider stellte an dieser Stelle eine Lücke fest.

33 Caes. civ. 3,112,2 ist die Länge des Heptastadions auf 800 Schritte berechnet (*in longitudinem passuum DCCC in mare iactis molibus*).

34 Durch das Heptastadion gingen zwei Öffnungen, die überbrückt waren, die eine bei Pharos, die andere bei Alexandria.

35 D. h. der Damm, das Heptastadion, der Pharos mit dem Festland verband.

36 Die Alexandriner behinderten den Bau der Verschanzung noch rechtzeitig, vgl. 20, 5 *munitionem in ponte institutam*.

37 Vgl. § 6 *ex area, quae erat adversus pontem.*

38 Die römischen Schiffe standen auf der östlichen Seite des Heptastadions, im Großen Hafen (vgl. Bell. Alex. 19, 3), teilweise dicht an der Mole (*a terra* Bell. Alex. 20,4); auf der westlichen Seite, im Eunostos-Hafen, befanden sich die im Folgenden erwähnten Schiffe der Alexandriner.

39 Die Alexandriner waren weiter hinausgefahren, nach Pharos zu (*ultra eum locum*), sie kamen somit diesen Soldaten, welche ihre Front dem Eunostos-Hafen zugekehrt hatten, in die rechte Flanke.

40 Um sich vor Geschossen zu schützen.

41 Nach Sueton (Iul. 64) musste Caesar 200 Schritte weit schwimmen. Dabei soll er mit der linken Hand Papiere über Wasser gehalten und seinen Feldherrenmantel mit den Zähnen geschleppt haben. Nach Cassius Dio (42,40,5) fischten die Alexandriner Caesars Kleid auf und hängten es an das Siegeszeichen.

42 Der lateinische Text ist bei *manum ... comprehendi multum operibus ...* lückenhaft und daher unvollständig; die Lücken wurden von Stephan festgestellt.

43 Gemeint ist die Herrschaft der Arsinoë; vgl. Kap. 4.

44 Caesar legte nach civ. 3,109,6 großen Wert darauf, dass der Krieg gegen ihn ohne den Willen des Königs geführt werde. Vermutlich hoffte Cäsar durch die Freilassung des Königs Unfrieden zwischen Arsinoë und Ptolemaios zu stiften und die Alexandriner zu spalten gemäß dem Motto: *Divide et impera.*

45 Ptolemaios XIII. Philopator Philadelphos (»der Vater- und Schwesterliebende«) (geb. 61 v. Chr.) war damals ungefähr 13 Jahre alt (vgl. App. civ. 2,84,354), mithin acht Jahre jünger als Kleopatra, aber bereits mündig und seit 51 v. Chr. Mitregent seiner Schwestergattin Kleopatra VII.

46 Vergleich mit einem Rennpferd.

47 Der lateinische Text ist an dieser Stelle nicht eindeutig.

48 Vater des späteren Kaisers Tiberius.

49 Den Verlauf des Gefechtes und der ganzen Unternehmung verfolgt der Verfasser nicht weiter. Nach Cassius Dio (42,40,6) siegte Tiberius und Sueton (Tib. 4) sagt sogar: *Pater Tiberi Nero, quaestor C. Caesaris Alexandrino bello classi praepositus, plurimum ad victoriam contulit* (»Tiberius' Vater Nero, der unter Gaius Julius Caesar Quästor und Befehlshaber der Flotte war, hat viel zum Sieg beigetragen«).

50 Der jüdische Schriftsteller Flavius Josephus schrieb das Hauptverdienst an diesem Erfolg Antipater (ca. 100–43 v. Chr.), dem Vater von Herodes dem Großen und römischen Verwalter in Judäa, zu (vgl. Begleittext Nr. 9).

51 Delta hieß erstens das ganze Zwischenland, zweitens der Landstrich an der Spitze, drittens das Dorf an der Gabelung.

52 Der Nil teilt sich in zwei Arme, welche allmählich einen immer größeren Zwi-

schenraum zwischen sich lassen, bis der Fluss mit bedeutendem Abstand der Mündungen sich ins Meer ergießt.

53 D. h. auf dem kanopischen Nil.

54 Vgl. Bell. Alex. 14,5.

55 D. h. ein Seitenkanal, der den Mareotis-See mit dem kanopischen Nil verband.

56 Unter den Truppen, die Caesar selbst mit nach Alexandria führte, befanden sich 800 Reiter (civ. 3,106,1).

57 Vgl. Bell. Alex. 28,3; die vierte, offene, Seite ist dort nicht ausdrücklich genannt.

58 Florus (2,13,60: *regis ipsius corpus obrutum limo repertum est in aurae loricae honore*) und Orosius (6,16,2: *Rex ipse adulescens scapha exceptus, ut fugeret, multis insilientibus mersus necatusque est; corpus eius ad litus devolutum indicio loricae aureae cognitum fuit.*) berichten, man habe den Leichnam des Königs an dem goldenen Panzer erkannt. Auf der (einzigen syrischen) Insel Arados (heute Arwad) tauchte später ein Mann auf, der sich für den verschwundenen König ausgab, Antonius ließ ihn an Kleopatra ausliefern (vgl. Appian civ. 5, 9).

59 Zu Einzelheiten einer solchen *deditio in fidem* vgl. Flurl (1969).

60 Der Inhalt des Testaments ist Caes. civ. 3,108,4 angegeben: *In testamento Ptolemaei patris heredes erant scripti ex duobus filiis maior et ex duabus* ⟨*filiabus*⟩ *ea, quae aetate antecedebat.* (»Im Testament des Vaters Ptolemaios waren von zwei Söhnen der ältere und von zwei Töchtern die ältere als Erben eingesetzt.«) (Die anderen beiden Kinder waren der spätere König Ptolemaios XIV. und die Prinzessin Arsinoë.).

61 In Wirklichkeit wurde Kleopatra Alleinherrscherin, da ihr Bruder und nunmehriger Gemahl Ptolemaios XIV. noch ein unmündiges Kind war; als er ihr später dennoch gefährlich zu werden schien, ließ sie ihn beseitigen. Die glänzenden Feste, durch welche die Königin den Sieger möglichst lange in Ägypten festzuhalten suchte, und die Liaison zwischen Kleopatra und Caesar bleiben unerwähnt.

62 Arsinoë wurde bei dem großen Triumph im Jahr 46 v. Chr. vorgeführt und ging dann nach Ephesus, um im Tempel der Diana Schutz zu suchen. Antonius ließ sie im Jahr 41 v. Chr. auf Wunsch der Kleopatra töten.

63 Die zurückgelassenen drei Legionen sind die 37., die aus Achaia geschickte (civ. 3,106,1) und die auf dem Landweg heranmarschierende des Domitius. An die Spitze der Truppen stellte Caesar einen wegen seiner niederen Geburt ungefährlichen Mann, vgl. Suet. Iul. 76,3: *Trium legionum, quas Alexandriae relinquebat, curam et imperium Rufioni liberti sui filio, exsoleto suo, demandavit* (»Das Kommando über drei Legionen, die er in Alexandria zurückließ, übertrag er dem Sohn seines Freigelassenen, seinem Liebhaber Rufio«).

64 König Deiotarus war Herrscher von Galatien (vgl. Bell. Alex. 68–70).

65 D. h. Vorderasien bis an die Landschaft der Galater, Bithynien, Paphlagonien, Pontus und Kilikien.

66 Er war der Sohn von Mithridates VI. und glaubte, in den Wirren des römischen Bürgerkriegs die Expansionspolitik seines Vaters wiederaufnehmen zu können.

67 Zur Geschichte Kappadokiens vgl. Veh (1980).

68 Domitius hielt sich vermutlich in Ephesus auf; er war wohl der Vertraute Caesars, an den Deiotarus seine Zahlungen ablieferte.

69 Gleich bei den ersten Unruhen in Alexandria hatte Caesar Domitius diesen Auftrag erteilt (Caes. civ. 3,107,1).

70 Es ist unbekannt, welche Legion dies war; die andere, die 37., ist Bell. Alex. 9,3 genannt.

71 51 v. Chr. stellte Deiotarus dem Prokonsul Cicero seine ganze Streitmacht zur Verfügung, deren Bestand Cicero angibt (Cic. Att. 6,1,14: 30 Kohorten zu 400 Mann, die römische Waffen tragen, und 2000 Reiter).

72 Nicht zu verwechseln mit dem Pompeianer Plaetorius Rustianus (Bell. Afr. 96,1).

73 Hier und in Kapitel 35 ist Komana in Pontus (Comana Pontica) gemeint (ca. 10 km nordöstlich der türkischen Stadt Tokat), das von Komana im Süden von Kappadokien, nahe der Grenze zu Kilikien, zu unterscheiden ist (Bell. Alex. 66,3).

74 Der Gebirgszug, der sich von Komana bis Nikopolis hinzieht, liegt erheblich nördlicher als die Grenze zwischen Klein-Armenien und Kappadokien.

75 Pharnakes verspricht sich davon eine Lockerung der Sicherungsmaßnahmen des Domitius.

76 Ohne ausgesprochene Kriegserklärung besteht beiderseits Misstrauen und bei Pharnakes eine feindliche Gesinnung.

77 Sie liefen von der Mauer aus gerade auf den Feind zu und deckten somit die beiden Flanken der dazwischen aufgestellten Truppen gegen Seitenangriffe.

78 Die übrigen Kohorten, welche bei der schmalen Front vorn keinen Platz finden konnten, wurden zur Unterstützung verwendet. Die 34,5 erwähnten Hilfstruppen aus Kilikien waren offenbar von geringer Bedeutung und werden deshalb gar nicht erwähnt.

79 Der lateinische Text ist an dieser Stelle verderbt. Weder Klotz noch Andrieu noch Giomini gelang eine Konjektur. Eine Auflistung bislang denkbarer Konjekturen findet sich bei Preuss (1884/1964, 7 (§§ 8–9).

80 Die Aufgabe dieser Legion war es, den Seitengraben im Rücken der Feinde zu überschreiten und dann den Gegner von hinten anzugreifen. Da aber die

Rekruten nicht sofort entschlossen vorgingen, fanden die Feinde Zeit, den Übergang über den Graben zu hindern und damit das römische Heer ganz auseinander zu sprengen. Domitius hatte dieser pontischen Legion vermutlich zu viel zugemutet; den Legionen des Deiotarus traute er, wie aus der Aufstellung hervorgeht, von vornherein weniger zu: Ihre Flucht hätte vermutlich den Sieg nicht gehindert, wenn nur die pontische Legion rechtzeitig den Graben eingenommen hätte, was jedoch nicht geschah.

81 Caesar bewahrte Domitius auch nach dieser Niederlage sein volles Vertrauen: Er beließ ihm die Statthalterschaft in Asia und bestimmte ihn für das Jahr 43 v. Chr. als *magister equitum*.

82 Der Westteil von Pontos war unter Pompeius 63 v. Chr. als Provinz Bithynia dem Römischen Reich eingegliedert worden. Die restlichen Teile waren an verschiedene Vasallenfürsten gefallen (Archelaos, Deiotarus). Pharnakes versuchte, sein angestammtes väterliches Reich zurückzugewinnen. Daraus erklärt sich auch sein Motiv, gegen die Römer zu kämpfen.

83 Vgl. Bell. Alex. 70, 6: Pharnakes ließ sie kastrieren.

84 Caesar leitete seit 58 v. Chr. die Provinzen Gallien und Illyrien. Er war wohl der erste, der Illyrien einem Unterstatthalter als Provinz übergab.

85 Cornificius wurde so Militärgouverneur von Illyricum. Später wurde er fiel 42 v. Chr. als Statthalter von Africa (vetus) bei Utica gegen Titus Sextius, den Feldherrn der Triumvirn.

86 Octavius hatte im Bürgerkrieg erfolgreich die Schiffe der Pompejaner gegen Publius Cornelius Dolabella geführt. Nach der Schlacht bei Pharsalos drohte er den Anhängern Caesars ganz Dalmatien abzunehmen. Er hatte im Jahr 49 v. Chr. Gaius Antonius, den Bruder des Triumvirn, samt 15 Kohorten auf der Insel Curicta (heute Krk) gefangen genommen (Caes. civ. 3,10,5); nach der Niederlage bei Salona (civ. 3,9,2) hatte er sich nach Dyrrachium zurückziehen müssen (civ. 3,9,8). Er wurde aber schließlich durch Publius Vatinius nach Afrika vertrieben.

87 Mit *in illum sinum* – Schneiders Konjektur *in Illyricum sinum* ist nach Menge und Klotz nicht akzeptabel, da es auch 47,5 *ex illo toto sinu* heißt – ist die Inselwelt vor der Küste Kroatiens (auch Montenegros und Albaniens) gemeint, die eine Länge von ca. 2000 km aufweist; inklusive der Küste aller Inseln beträgt sie etwa 6000 km. Die zahllosen (inkl. kleinste Inseln, Riffe und Schollen fast 1250) Inseln – 67 größere sind zumeist besiedelt – sind geologisch gesehen im Grunde genommen Ausläufer und Überreste des Dinarischen Gebirges; die Täler wurden zu Wasserstraßen (»Kanälen«), in denen aber das Manövrieren größerer Schiffe wegen der Untiefen schwierig ist. Diese geographische Gegebenheit macht sich Octavius zunutze, um sich inmitten dieser Inselwelt ver-

steckt halten zu können (vgl. Verg. Aen. 1,243 *Illyricos penetrare sinus*; Antenor, der Schwager des Priamos, errichtete in Illyrien, wo die Liburner hausten, ein neues Reich).

88 Bei Pharsalos im südöstlichen Thessalien fand am 9. August 48 v. Chr. die Entscheidungsschlacht zwischen Caesar und Pompeius Magnus statt.

89 Gabinius war wegen seiner Erpressungen in Syrien in die Verbannung geschickt und zu Beginn des Bürgerkriegs von Caesar zurückgerufen worden, dessen Partei er sich seitdem anschloss. Wegen seiner früheren Beziehungen zu Pompeius hatte ihn Caesar bislang im Krieg noch nicht eingesetzt.

90 Gabinius hatte aus Furcht vor der pompejanischen Flotte mit 15 Kohorten und 3000 Reitern den Landweg eingeschlagen und musste schon auf dem Hinmarsch hart mit Hunger und Kälte kämpfen. Als Prokonsul in Syrien führte Gabinius Kriege gegen die Parther und Araber, in Judäa und Ägypten, die ihm den Titel Imperator einbrachten. Selbst Flavius Josephus erkennt ihm den Ruhm eines tüchtigen Heerführers zu.

91 Der Überfall geschah in einer engen und waldigen Bergschlucht bei der schon prähistorischen dalmatinischen Stadt Synodion, die auf dem Gebiet des heutigen Umljanović in der Gemeinde Ružić in der Gespanschaft Šibenik-Knin, an der Straße von Drniš nach Sinj, lag. 34 v. Chr. eroberte Octavian Synodion.

92 Publius Vatinius hatte Brundisium tapfer gegen die Angriffe des Decimus Laelius verteidigt (Caes. civ. 3,100).

93 Der Autor des *Bellum Alexandrinum* wählt absichtlich den der Sakralsprache entnommenen Ausdruck *foedus percutere* »ein Bündnis unter Tötung eines Opfertieres besiegeln«, um die Komplizenschaft des Octavius mit der nichtrömischen Bevölkerung Illyriens zu brandmarken.

94 Quintus Fufius Calenus war von Cäsar während der Blockade bei Dyrrachium nach Achaia geschickt worden (Caes. civ. 3,56,2).

95 Vgl. die Anmerkung zu Bell. Alex. 9,4.

96 Am Bug des Schiffes zur Abwehr und zum Durchbohren feindlicher Schiffe angebracht.

97 Vgl. die Anmerkung zu Bell. Alex. 9,4.

98 Während heutige Seeleute die Segel bei allzu starkem Wind am Oberrand reffen, taten es die Griechen und Römer am unteren Rand; dabei wurde die Rahe, der Segelkürzung entsprechend, auf halbem Mast herabgelassen. Zum Kampf wurden Segel nicht gebraucht und die Masten meist niedergelegt.

99 D. h., der Schnabel am Schiff des Octavius wurde zerbrochen und das Schiff am Holz, in welches der feindliche Sporn eingedrungen war, festgehalten.

100 Im lateinischen Text steht die Form *secuntur* für *sequuntur*.

101 In Afrika fand Octavius keine Gelegenheit sich auszuzeichnen. In der See-

schlacht bei Actium (31 v. Chr.) befehligte er mit Marcus Insteius das Zentrum der Flotte des Marcus Antonius.

102 Quintus Cornificius wurde nachher Statthalter in Syrien, dann in Afrika, wo er im Kampf gegen die Triumvirn fiel.

103 Siehe Anmerkung zu Bell. Alex. 42,3.

104 Vatinius erhielt zum Lohn für diesen Dienst das Konsulat für den Rest des Jahres 47 v. Chr.

105 Vgl. Caes. civ. 3,49 ff.

106 Caesar nennt den Ort der Schlacht nicht, sondern sagt nur civ. 3,100,3 *proelium in Thessalia factum*; ebenso civ. 3,101,7 *proelio facto in Thessalia*. Bell. Alex. 42,3 heißt es *Pharsalici proelii*. Palaepharsalus wird in Verbindung mit der Schlacht genannt: Frontin strat. 2,3,22 *Cn. Pompeius adversus C. Caesarem Palaepharsali triplicem instruxit aciem*; Orosius 6, 15,27 *Hic exitus pugnae ad Palaepharsalum fuit.*

107 Mit »jenseitig« ist *Hispania ulterior* gemeint. Vielleicht war Caesar selbst im Zweifel, ob die Besetzung dieser Stelle mit Cassius Longinus der Weisheit letzter Schluss war, und ahnte eine verhängnisvolle Entwicklung der Dinge, aber Cassius war einer seiner treuesten Anhänger, auf den er sich verlassen konnte.

108 Cassius weilte 54–50 v. Chr. als Quästor des Pompeius in Spanien. Im Jahr 49 v. Chr. legte er zusammen mit Marcus Antonius sein Veto gegen die an Caesar ergangene Aufforderung ein, er solle sein Heer entlassen (Caes. civ. 1,2,7), und machte den Feldzug gegen Afranius und Petreius mit; daraufhin wurde er als Proprätor an die Spitze der jenseitigen, d. h. südlichen spanischen Provinz (*Hispania ulterior*) gestellt.

109 Das Winterquartier befand sich in Lusitanien (Bell. Alex. 51,3).

110 Jeder Römer führte für alle Ausgaben und Einnahmen sein Hausbuch (*codex* oder *tabulae expensi et accepti*) mit den beiden Rubriken *expensa* und *accepta*. In dieses Kassenbuch wurden alle Ausgaben und Einnahmen in chronologischer Ordnung eingetragen; somit gab das Buch jederzeit, wenn man die beiden Reihen summierte und dann miteinander verglich (Bilanz), den Kassenstand genau an. Cassius Longinus zog von den Begüterten Geldsummen bei (*imperabantur*) und duldete nicht nur, dass sie diese als »ausgezahlt (auf seinen Namen)« in ihre Rechnungsbücher eintrügen, sondern nötigte sie sogar dazu.

111 D. h. die durch eine Kaution gegebene Versicherung, vor Gericht zu erscheinen.

112 *Acceptum referre*: als empfangen in das Rechnungsbuch eintragen, d. h. sich zueignen; *acceptum referebant*: Sie schrieben das Schuldkapital als empfangen (unter *accepta*) ein, d. h., sie bestätigten, dass die Gläubiger ihnen das Darlehen

ausgezahlt hätten. Die Freunde des Cassius verfuhren wie folgt: Was sie erfolgreich den Spaniern wegnahmen, trugen sie in ihre Rechnungsbücher als empfangen ein, d. h., sie nahmen es für sich. Wo es ihnen aber nicht gelungen war, Geld zu erhalten, sei es, dass einfach nichts gegeben wurde und so die Zahlung ausfiel (*interciderat*), oder dass man Einspruch gegen die Forderung erhoben hatte (*erat interpellatum*), das wiesen sie dem Cassius zu.

113 Caesar hatte Cassius Longinus vier Legionen zugewiesen (civ. 2,21,4 *Provinciae Q. Cassium praefecit; huic IIII legiones adtribuit* [sc. *Caesar*].): die Einheimischenlegion, die zweite Legion, die 21. und die 30. Legion (die beiden letztgenannten wurden aus Italien entsandt). Ob es sich bei der im Text genannten 5. Legion um dieselbe Legion handelt, die im *Bellum Africum* und *Bellum Hispaniense* genannt wird, ist nicht eindeutig zu klären.

114 Juba hatte Pompeius selber keine Truppen, aber den Pompejanern in Utica 600 numidische Reiter und 400 Infanteristen geschickt (vgl. Caes. civ. 2,25,3).

115 Die Schiffe wurden in Hispalis (Sevilla) gebaut (vgl. Bell. Alex. 56,6).

116 Unter dem lateinischen Wort *pugio* ist ein Stilett zu verstehen; es leitet sich von dem Verb *pungere* ab, was durch Sextus Pompeius Festus (*De verborum significatione*, s. v. *pugio*: *Pugio dictus, quod eo punctim pugnatur*) und Isidor von Sevilla (orig. 18,6,6: *pugio a pungendo et transfigendo vocatus*) bestätigt wird.

117 Nach der Schlacht bei Munda hielt Caesar den Spaniern ihr schnödes Betragen mit harten Worten vor (vgl. Bell. Hisp. 42,4).

118 Siehe Kapitel »Militärisches«.

119 In den Bürgerkriegen hatte man begonnen, nicht nur römische Bürger, sondern auch Provinzialen zu den Legionen einzuziehen. Es gab in Spanien nur eine *legio vernacula* (Caes. civ. 2,20,4 *altera ex duabus legionibus ⟨sc. Varronis⟩ quae vernacula appellabatur* (vgl. Bell. Hisp. 12,1; 20,2). Sie bestand aus Provinzialen, wurde nach Varros Kapitulation mit der zweiten Legion, die schon lange in Spanien stand, von Caesar dem neuen Statthalter Cassius übergeben (Caes. civ. 2,21,4; Bell. Alex. 53,5). Von diesem übernahm sie Gaius Trebonius, den Caesar als Nachfolger für Cassius entsandt hatte (Bell. Alex. 64). Im Jahr 46 v. Chr. meuterten beide Legionen und gingen zu Gnaeus Pompeius über.

120 Die zweite Legion stand seit 54 v. Chr. in Spanien. Die hier genannten vier Legionen sind dieselben, von denen Cäsar civ. 2,21,4 spricht.

121 Vgl. die Anmerkung zu Bell. Alex. 53,4.

122 Die Wendung *deicere de gradu* ist der Fechtersprache entnommen und bedeutet wörtlich »aus der Stellung zum Wanken bringen«.

123 Die Schreibung *HS LX* geht auf eine Konjektur Glandorps zurück und könnte *sexaginta milia sestertium* (oder *sexaginta sestertia*) gelesen werden, was 60.000 Sesterzen bedeuten würde; analog dazu würde *HS L* 50.000 Sester-

zen (*quinquaginta milia sestertium* bzw. *quinquaginta sestertia*) bedeuten. Klotz hat zwar dieser Stelle einen Aufsatz gewidmet (1925), ihm geht es aber um die Richtigkeit der dort genannten Namen, nicht um den monetären Aspekt. Manche Herausgeber lesen nämlich – gerade unter Verweis auf Val. Max. 9,4,2 (*⟨Q. Cassius⟩ in Hispania Silium et Calpurnium, occidendi sui gratia cum pugionibus deprehensos, quinquagies sestertium ab illo, ab hoc sexagies pactus dimisit*), wo unter offensichtlicher Bezugnahme auf Bell. Alex. 55,5 von *quinquagies sestertium* bzw. *sexagies* die Rede ist (allerdings ist dort nur der Name Calpurnius genannt; der zweite Name, Silius, findet sich nicht in Bell. Alex. 55) – *HS* $\overline{LX}$ bzw. *HS* $\overline{L}$, was *sexagie(n)s sestertium* oder *sexagie(n)s centena milia sestertiorum* und *quinquagie(n)s sestertium* oder *quinquagie(n)s centena milia sestertiorum* zu lesen wäre und 6 Millionen Sesterzen bzw. 5 Millionen Sesterzen bedeuten würde. Die beiden letztgenannten Geldsummen sind allerdings nur unter Bezugnahme auf Val. Max. 9,4,2 gerechtfertigt. Way (1955) und Giomini (1956) gehen in ihren Ausgaben von den eingangs genannten Geldbeträgen aus. Flemmig schließt sich ihnen an.

124 Gemeint sind Calpurnius und Squillus.

125 Die Botschaft vom Sieg bei Pharsalus (9. August 48 v. Chr.) könnte nach 20–25 Tagen bei Cassius eingetroffen sein.

126 Zum Ausdruck *expensas pecunias referre* vgl. die Anmerkung zu Bell. Alex. 49,2. Die Begüterten müssen die 49,2 genannten Summen als von Cassius Longinus wiederempfangen eintragen (*acceptas eas iubet referri*).

127 *Colonis* ist *coloniis* zu lesen.

128 Einzelheiten siehe Kapitel »Militär«; offenbar gehörte die aus Einheimischen formierte Legion (*legio vernacula*) auch zum *totus exercitus*.

129 Und zwar mit der 21. Legion (vgl. 57,2–3).

130 Siehe Anmerkung zu Bell. Hisp. 53,4.

131 Vermutlich auf der Straße, die über Ulia nach Malaca führte.

132 Die Strecke von Hispalis bis Naeva beträgt etwa 27 km und konnte in einem Nachtmarsch bequem zurückgelegt werden. Von Naeva aus ließ sich Carmo (ca. 35 km nordöstlich von Hispalis) in einem Tag (bei einer durchschnittlichen Tagesmarschleistung von 30 km) gut erreichen.

133 Vgl. zu den Vorgängen Cassius Dio 42,15,1–3; Caesar verbannte Marcellus wegen seines zweideutigen Verhaltens, begnadigte ihn aber nachher.

134 Es handelt sich nicht um Segovia nördlich von Madrid.

135 Gemeint sind die zweite und die Einheimischenlegion (vgl. Bell. Alex. 57, 3), außerdem die vier dort erwähnten Kohorten der fünften Legion.

136 Sowohl die Einheimischenlegion als auch die zweite Legion hatten unter Terentius Varro gedient.

137 *Fatebantur* ist eine Steigerung zu *prae se ferebat*; Torius machte kein Hehl aus seiner Haltung, die Soldaten erklärten es frei heraus.

138 Die *Praetexta* war ein mit Purpur verbrämtes Oberkleid, welches außer den höheren Staatsbeamten auch die frei geborenen Kinder bis zum 17. Lebensjahr trugen.

139 Diese Vorgehensweise wird auch durch Cassius Dio (42,15,5) bestätigt.

140 Vom Standpunkt des Cassius aus gesehen, der sich auf dem linken Ufer befand.

141 Die Einheimischenlegion, die zweite Legion und die vier Kohorten von Obucula (vgl. Bell. Alex. 57,3).

142 Landgraf stellte (1886) an dieser Stelle eine Lücke fest.

143 D. h. Cassius Longinus und Marcus Marcellus.

144 D. h. zu Bogus und zu Marcellus.

145 Vgl. Bell. Alex. 62,1.

146 Cassius konnte sein Schiff weder rückwärts wenden, weil ihn die Strömung des Flusses nach vorn trieb, noch in der Richtung aufs Meer festhalten, weil die einströmenden Meeresfluten ihn zurückwarfen.

147 Der Tod des Cassius machte den Wirren noch lange kein Ende. Caesar musste sich im zweiten spanischen Krieg (s. *Bellum Hispaniense*) Vorhaltungen für das Verhalten seines einstigen Statthalters machen lassen.

148 Die Hauptgründe für die Unruhen waren ökonomischer Art. Insbesondere gingen Caesars Maßnahmen zum Schuldenerlass für die extremen seiner Parteigänger wie Caelius und später Dolabella nicht weit genug.

149 Vor allem solche der Römer, sodass es auch auf diesem Weg zu einer schleichenden Romanisierung kommt; daher schwingt in dem Ausdruck *iura legesque accipere* die Bedeutung »der römischen Herrschaft einverleibt werden« mit.

150 Bithynien und Pontos bildeten seit dem Jahr 62 v. Chr. *eine* Provinz.

151 Vgl. Bell. Alex. 40 u. 41.

152 Gemeint ist offensichtlich Syrien.

153 Caesar segelte vermutlich Anfang Juli 47 v. Chr. von Seleukia, dem Hafen des Antiochos, nach Tarsos.

154 Gemeint ist Komana in Kappadokien, heute das Dorf Şar im Tal des Göksu bei Tufanbeyli östlich von Kayseri.

155 Nipperdey hat anstelle der Lücke *venit* ergänzt, doch Klotz vertritt die Ansicht, dass etwas mehr Wörter ausgefallen sein müssen, und setzt daher eine größere Lücke an.

156 Ariobarzanes III. regierte Kappadokien von 51 bis 43 v. Chr., sein Bruder Ariarathes X. von 43 bis 34 v. Chr.; dann wurde er von Marcus Antonius vertrieben.

Vorläufig erhielt er, wie Nipperdey mit seiner Konjektur annimmt, den Teil von Klein-Armenien, den Caesar dem König Deiotarus wegnahm.

157 Der Text ist verderbt. Bereits Nipperdey nahm eine umfangreiche Konjektur vor (vgl. die Ausgabe von Nipperdey, S. 200) und schloss die von ihm ausgemachte Lücke zwischen *terreret* und *Ariobarzani* mit der von ihm vorgenommenen Konjektur ⟨*Ariobarzanen, partem Armeniae minoris concessit eumque*⟩, die Klotz für seine Ausgabe übernahm und die auch die vorliegende Ausgabe benutzt.

158 Ein Tetrarch (»Vierfürst«) war ein Fürst, der ein Viertel eines Landes beherrschte. Deiotarus, der als Tetrarch ursprünglich nur über ein Viertel von Galatien gebot, hatte 73 v. Chr. Galatien in seinem Sinn geeint und als Bundesgenosse der Römer von Pompeius den Königstitel erhalten. Vgl. die Einrichtung einer Tetrarchie (»Viererherrschaft«: zwei *Augusti* – zwei *Caesares*) durch Diokletian und ihre Darstellung am Markusdom von Venedig.

159 Vgl. Cic. Phil 2,94 ⟨*Caesar Deiotaro*⟩ *Armeniam abstulerat a senatu datam* und Cic. div. 2,79 *cui* ⟨*Caesar*⟩ *detraxisset Armeniam a senatu datam*.

160 Das Erbe des Deiotarus war die Tetrarchie der Tolistobogier bzw. Tolostobogier, einer der drei Hauptstämme der Galater; er hatte sich widerrechtlich auch die Tetrarchie der Trokmer (Trogmer), eines weiteren der drei Hauptstämme der Galater im östlichen Teil Galatiens am Fluss Halys (Kızılırmak), angeeignet (vgl. Cic. div. 2,79). Die Namen »Tetrarches« und »Tetrarchie« waren geblieben, obwohl das keltische Teilfürstentum von Pompeius beseitigt worden war.

161 Caesar hatte als Konsul die Anordnungen des Pompeius in Asien bestätigen lassen.

162 Im Jahr 48 v. Chr. waren Caesar und Publius Servilius Vatia Isauricus Konsuln (vgl. Caes. civ. 3,1,1).

163 So beruft sich Lentulus Spinther (Caes. civ. 1,22,3) geradezu auf die Wohltaten, die ihm Caesar früher erwiesen hatte, um ihn für sich milde zu stimmen.

164 Für Domitius hatte Deiotarus zwei Legionen (Bell. Alex. 34, 4) gestellt; es ist daher möglich, dass er im Kampf gegen Pharnakes die Hälfte seiner Leute verlor (vgl. Bell. Alex. 40,4). Der König zog selbst mit seinen Truppen aus und nahm an der Schlacht bei Zela teil (Cic. Deiot. 14 *ille corpus suum periculo obiecit tecumque in acie contra Pharnacem fuit*).

165 Der Sammelpunkt der Streitkräfte Caesars, wo sich alsbald auch die Gesandten des Pharnakes (§ 2) einfanden, lag nur 200 Stadien (App. civ. 2,91,382) von der feindlichen Stellung entfernt.

166 Vgl. Bell. Alex. 68,2.

167 Die beiden römischen Legionen sind Bell. Alex. 34,3 und 34,5 genannt; die des Deiotarus blieb seitdem bestehen und wurde im Jahr 25 v. Chr. von Augustus

ins römische Heer als *legio XXII Deiotariana* aufgenommen, rekrutierte sich aber wie bisher aus Galatern.

168 Vgl. Bell. Alex. 40.

169 D. h., da er diese Vorfälle nicht ungeschehen machen konnte.

170 Nach Appian (civ. 2,91,381) versklavte Pharnakes II. die römerfreundliche Stadt Amisos am Schwarzen Meer und ließ die gesamte männliche Bevölkerung kastrieren. Diese Strafmaßnahme charakterisiert einerseits Pharnakes II. als grausamen Tyrannen, andererseits ist die Kastration für die Römer nicht nur als physische Folter aufzufassen, sondern die Strafe ist auch als Angriff auf die kulturelle Identität der Bestraften zu werten.

171 Die Unterbeamten der Zollpächter waren in der Regel Freigelassene und Sklaven.

172 Nach Appian (civ. 2,91,382) bot Pharnakes Caesar sogar seine Tochter als Frau an.

173 Nimmt Bezug auf Bell. Alex. 70,7.

174 Die Lage der Stadt wird ähnlich beschrieben wie Bell. Alex. 36,3 die Lage von Nikopolis. Zela war zuerst nur ein Kastell mit berühmten Tempeln persischer Gottheiten; Pompeius erhob es zur Stadt.

175 Mithridates VI. hatte Gaius Valerius Triarius, den Legaten des Lucullus, 67 v. Chr. geschlagen. Caesar fand das Siegeszeichen des Mithridates noch stehen und ließ es aus Scheu vor den einheimischen Göttern unangetastet.

176 Caesars Lager befand sich südlich von Zela.

177 Vgl. Bell. Alex. 72, 2.

178 Vgl. dazu Caes. civ. 2,26,3.

179 Zum Geschehen vgl. Cassius Dio 42,47,5.

180 Es bleibt unklar, wie die Sichelwagen ihren Angriff ausführen konnten. Sichelwagen, d. h. mit scharfen Klingen an den Rädern versehene Streitwagen, fanden erstmals Verwendung im Heer Artaxerxes II. und griffen in die Schlacht bei Kunaxa (401 v. Chr.) ein. Die disziplinierte Infanterie der Armee Alexanders des Großen hatte jedoch wirksame Strategien gegen diese Sichelwagen, so dass diese in der Schlacht von Gaugamela (1.10.331 v. Chr.) wirkungslos waren. Die Römer trafen bei ihren Kämpfen im Osten erstmals im Krieg gegen Antiochus III. in der Schlacht bei Magnesia (190 v. Chr.) auf Sichelwagen. Livius fand sie unpraktisch und bezeichnete ihren Einsatz als *inane ludibrium* (37,41,12) Auch im Krieg gegen die Römer setzte Mithridates VI. Sichelwagen ein (App. Mithr. 18; Frontin strat. 2,3,17; Gran. Lic. p. 24,9). Die vorliegende Stelle ist das letzte Zeugnis für das Auftreten dieser Waffengattung. Vgl. Till (1944, 244–250 zu »Sichelwagen«).

181 Appian berichtet (Mithr. 120), Pharnakes sei mit 1000 Reitern nach Sinope entkommen und habe sich dort dem nachsetzenden Domitius ergeben müs-

sen. Hierauf hätte er, von Domitius freigelassen, die Pferde getötet und die Reiter eingeschifft.

182 Nur mit den Worten *Veni, vidi vici* (»Ich kam, sah und siegte«; Suet. Iul. 37,2) meldete Caesar in lakonischer Kürze (vgl. Plut. Caes. 50; App. civ. 2,91,384) einem Freund diesen Sieg bei Zela nach Rom, der nach der glaubwürdigen Darstellung des Verfassers des *Bellum Alexandrinum* nicht gerade ein Kinderspiel war, wie ihn z. B. Cassius Dio 42,48 darstellt. Deshalb beziehen manche Caesars Worte auf den ganzen Krieg, der in fünf Tagen (Suet. Iul. 35) ausgekämpft wurde.

183 Die Truppen standen in Trapezus (heute Trabzon) an der Südküste des Schwarzen Meeres im östlichen Pontos.

184 Vgl. Bell. Alex. 26–28.

185 Das Bosporanische Reich erstreckte sich rings um die Maeotis, das heutige Asowsche Meer; Einzelheiten siehe »Kartographisches Material« am Ende des Literaturverzeichnisses. Pharnakes hatte bald nach seiner Niederlage bei Zela Thron und Leben im Kampf gegen seinen Schwiegersohn Asander, den Ehemann seiner Tochter Dynamis, verloren (vgl. Dio Cass. 42,47,5); diesem wollte Mithridates von Pergamon das Bosporanische Reich entreißen, fiel aber im Kampf. Asander beherrschte das Land als Archont, dann als König bis zum Jahr 17/16 v. Chr., als er es an Dynamis vererbte.

186 D. h. das Gebiet eines Tetrarchen; vgl. die Anmerkung zu Kap. 67, 1; Mithridates erhielt die Tetrarchie der Trokmer (Trogmeri), die sich Deiotarus eigenmächtig genommen hatte (vgl. Dio Cass. 42,48,4).

187 Deiotarus musste außerdem noch einen Teil von Klein-Armenien an Ariobarzanes abtreten (vgl. Dio Cass. 41,63,3 und 42,48,3). Aus Verdruss über diese Schädigungen soll Deiotarus den Mordversuch gegen Caesar unternommen haben, dessen er im Jahr 45 v. Chr. von seinen eigenen Verwandten angeklagt wurde; in dem darauffolgenden Prozess wurde er von Cicero verteidigt.

188 Caesar schiffte sich in Bithynien ein und landete nach kurzem Aufenthalt in Athen am 30. Juli 47 v. Chr. in Tarent.

Bellum Africum / Der Afrikanische Krieg

1 Der normale Tagesmarsch einer römischen Legion dauerte etwa fünf Stunden und umfasste eine Strecke von mindestens zwanzig Kilometern.

2 Siehe Kapitel »Zeiteinteilung«.

3 Appian (civ. 2,404) schätzt das Heer der Gegners Caesars auf 80.000 Mann. Im weiteren Verlauf des Berichts ist von 60 Elefanten die Rede (Bell. Afr. 48,5;

86,1; nach der Teilung der Heere: 30 Elefanten bei Juba 48,1; 30 bei Scipio 25,5; 30,2).

4 Diese Legion hatte unter dem Befehl des Quintus Cassius Longinus in Spanien gestanden (vgl. Bell. Alex. 52). Im Afrikanischen Krieg zeichnete sie sich besonders im Kampf gegen die Elefanten sehr aus (vgl. Appian civ. 2,402).

5 Caesar hatte außer der 5. Legion folgende Rekrutenlegionen: die 25., die 26., die 28., die 29. und die 30. Legion.

6 D. h. am 25. Dezember (47 v. Chr.); siehe Kapitel »Zeiteinteilung«.

7 Zu diesen Orten gehört auch Pupput, das heutige Hammamet.

8 Gaius Considius Longus hielt die Stadt mit zwei Legionen und 700 Reitern besetzt (vgl.Bell. Afr. 33,3).

9 Versiegelte Schreiben wurden seinerzeit oft zur Geheimhaltung eines militärischen Auftrags praktiziert; vgl. hierzu Begleittext Nr. 2.

10 Der Text ist offenbar verderbt. Überliefert ist *immo*, das bereits Caspar von Barth zu *imperatore* emendierte, um die Reaktion des Considius verständlich erscheinen zu lassen; dieser Emendation schließt sich auch Nipperdey in seiner Ausgabe (S. 667) an. Klotz hingegen hält am handschriftlich überlieferten *immo* fest und nimmt eine größere Textverderbnis und eine Lücke an. Der Soldat habe nicht den geringsten Anlass gehabt, das für ihn selbstverständliche *imperatore* zu betonen (vgl. Klotz [1913, 250]). Seiner Ansicht nach müssen nach *Tum captivus* eine Antwort des Gefangenen und eine darauffolgende Frage des Considius folgenden Inhalts ausgefallen sein: *Tum captivus:* ⟨*«Ab imperatore.« Tum Considius: »A Scipione?« Tum captivus:*⟩ *»Immo a Caesare« usw.* Wider Erwarten antwortet der Gefangene mit *»Immo a Caesare«*. Diese Antwortet versetzt Considius in Rage. Die vorliegende Ausgabe übernimmt die Textgestaltung von Klotz. Vgl. dazu die Bell. Afr. 45 geschilderte Episode.

11 Nach Bell. Afr. 6,5 waren auch einige Veteranenkohorten dabei.

12 Das feindliche Hauptquartier befand sich in Utica. Da Caesar diesen gut befestigten Platz nicht einnehmen konnte, gedachte er, sich zunächst in Hadrumetum festzusetzen, um zu Lande und zu Wasser freien Raum zu haben. Das Wagnis gelang jedoch nur halb: Hadrumetum blieb ihm verschlossen, aber die Überfahrt glückte wenigstens ziemlich.

13 Die von Juba zu Hilfe geschickten Reiter wurden von Scipio besoldet (Bell. Afr.8,5 *regium enim equitatum Scipio ex provincia Africa alebat*).

14 D. h. am Tag vor den Kalenden des Januar = am 29. Dezember; siehe Kapitel »Zeiteinteilung«.

15 Durch diesen Zuwachs stiegen Caesars Streitkräfte gemäß Bell. Afr. 9,1 und 10,1 auf 23 Kohorten an.

16 Der Text ist an dieser Stelle verderbt; bereits Nipperdey (S. 203) hat nach *de-*

pugnent eine bis zum Ende von Kapitel 7 reichende Lücke festgestellt, in der – so Klotz – vermutlich die numidische Kampfesweise näher beschrieben wurde; deshalb fügte Klotz noch ⟨*sed* …⟩ ein.

17 An dieser Stelle ist eine Lücke in der Textüberlieferung.

18 D. h. am 2. Januar (46 v. Chr.); siehe Kapitel »Zeiteinteilung«.

19 Vgl. Bell. Afr. 9,1.

20 Vatinius hatte seine Schiffe mit den Rekonvaleszenten in Brundisium bemannt (vgl. Bell. Alex. 44,4).

21 Oudendorp emendierte *et* zum Zahlzeichen *CL*, was »150 Bogenschützen« bedeuten würde. Diese Lösung übernahmen auch Nipperdey und weitere Herausgeber, während Klotz in seiner Textgestaltung die Textverderbnis kenntlich macht.

22 Die Anreden *miles tiro* und *iste* (~ *Caesar*) sind abwertend gemeint und mussten auf Caesars altgediente Soldaten als ungeheure Provokation wirken. Labienus spricht mit dem vermeintlichen Rekruten wie mit einem Kind.

23 Caesars Veteranenlegionen waren wegen ihrer außerordentlichen Tapferkeit und ihrer bedingungslosen Ergebenheit ihm gegenüber gefürchtet; die zehnte Legion war die von ihm am höchsten geschätzte.

24 Der Metallhelm (Sturmhaube; *cassis, cassidis f.*) ist nicht zu verwechseln mit dem Lederhelm (*galea f.* [urverwandt mit gr. γαλέη »Wiesel, Marder« > »Sturmhaube aus Wieselfell«; vgl. E. Struck [1972, 59] mit Eisenbeschlag), den Caesar seine Soldaten aufsetzen lässt (Bell. Afr. 12,3 *milites in campo iubet galeari*) (vgl. Isid. orig. 18,14,1 *Cassis de lammina est, galea de coreo.*).

25 Als am Gallischen Krieg teilnehmender Offizier Caesars kannte Labienus die Soldaten der zehnten Legion, die neun Jahre lang seine Kriegsgefährten gewesen waren, wenigstens zum Teil persönlich.

26 D. h., jede zweite Kohorte (vom rechten Flügel aus gezählt: Nr. 2, 4, 6 … 30) sollte eine Kehrtwendung machen.

27 Afranius und Petreius hatten sich nach ihrer Kapitulation bei Ilerda erneut in das Lager der Caesargegner begeben und hielten sich nun in Afrika auf; vgl. auch Bell. Afr. 94 (Tod des Petreius) und Bell. Afr. 95 (Tod des Afranius).

28 D. h. ohne irgendwelche Deckung.

29 Klotz konstatiert eine Lücke nach *hominum*; er schlägt als Ergänzung z. B. ⟨*in castra venerunt*⟩ vor.

30 Die Nennung von Gaius Scribonius Curio spielt auf die Episode Caes. civ. 2,40–43 an; vgl. auch Begleittext Nr. 4.

31 Alle Handschriften überliefern *Iubam*. Schon frühe Herausgeber, denen z. B. auch Nipperdey, du Pontet, Way und Bouvet folgten, hielten es für unmöglich, dass ein ausländischer König vor der Versammlung eines römischen

Heeres eine Rede gehalten habe, und emendierten daher *Iubam* zu *Labienum*. Klotz hingegen, dem die vorliegende Ausgabe folgt, zweifelt die handschriftliche Überlieferung nicht an; seiner Ansicht passt die Aussage *tantam se multitudinem ... subministraturum* eher zu Juba (vgl. Klotz [1913, 252–253]), möglicherweise auch zu Metellus Scipio, nicht aber zu Labienus.

32 Der Text ist an dieser Stelle verderbt und folgt den Ausgaben von Nipperdey und Klotz. Letzterer vermochte nicht zu erraten, was zu *quippe qui in illorum* zu ergänzen sei (vgl. Klotz [1913, 254]); daher wird *illorum* im vorliegenden Text nicht übersetzt.

33 Alle Handschriften überliefern *Brundisio*. Fröhlich (1872) emendierte zu *Buthroto* (vgl. Caes. civ. 3,16,1 *ad Buthrotum oppidum oppositum Corcyrae*). Buthrotum ist ein Hafen an der Küste von Epiros, der Insel Corcyra (Korfu) gegenüber gelegen, das heutige Butrinti in Albanien. Für Klotz ist *a Brundisio* sachlich falsch, da Brundisium (Brindisi) in den Händen der Caesarianer war (vgl. Klotz [1913, 253]). Labienus sei nach der Schlacht bei Pharsalus zunächst nach Dyrrhachium gekommen (Cic. div. 1,68) und von dort nach Korfu gefahren. Daher sei *Buthrotum* aus sachlichen Gründen unbrauchbar. Eigentlich müsse man daher *a Dyrrhachio* schreiben. Der Irrtum der Überlieferung beruhe somit auf einem Denkfehler, indem ein Schreiber statt des einen Endpunktes der üblichen Überfahrtsstelle von Italien nach Griechenland den anderen einsetzte.

34 Der ThLL definiert *hybrida* (*hibrida*) wie folgt: *homines imparibus parentibus (sc. Romanis et exteris vel liberis et servis) nati*; vgl. Hor. sat. 1,7,2 *hybrida ... Persius* (»als Sohn eines Römers und einer Ausländerin«).

35 Handschriftlich überliefert ist *condidicerat* bzw. *condocuerat* (so bei du Pontet und Way); Oudendorp emendierte in Anlehnung an Bell. Afr. 71,1 zu *condocefecerat*; diese Konjektur übernahm auch der ThLL.

36 D. h. am 4. Januar (46 v. Chr.); siehe Kapitel »Zeiteinteilung«.

37 D. h. zur Stadt Ruspina.

38 D. h. am 6. Januar (46 v. Chr.).

39 Siehe Kapitel »Militärisches«.

40 Bei dem Adjektiv *importaticius* liegt ein Hapax legomenon vor.

41 Der junge Gnaeus Pompeius war 46 v. Chr. schon über 30 Jahre alt.

42 D. h. Mauretania Tingitana, westlich vom Fluss Muluchath; König Bogus oder Bogud herrschte über diesen westlichen Teil Mauretaniens.

43 Gemeint sind Caesars Truppen.

44 Gemeint sind Caesars Gegner.

45 Hoffmann stellte hier eine Lücke fest, die er mit ⟨*iam nunc gerere*⟩ (»und jetzt schon den Krieg mit seinen Gegnern zu führen«) zu schließen gedachte, während Wölfflin ⟨*hieme gerere*⟩ (»im Winter Krieg ... führen«) ergänzen wollte.

46 Von *catascopus* (gr. κατάσκοπος [sc. ναῦς]) gibt es gemäß ThLL maximal drei Belege, davon einen bei Isidor von Sevilla (orig. 19,1,18): *Scapha, qui et κατάσκοπος navigium, quod Latine speculatorium dicitur; σκοπός enim Latine intendere dicitur.*

47 Auch wenn eine *navis actuaria* (vgl. die Definition von Isidor von Sevilla [orig. 19,1,24]: *Actuariae naves sunt, quae velis simul et remis aguntur.*) über Ruderer verfügte, belässt es die vorliegende Übersetzung bei der herkömmlichen Wiedergabe mit »Schnellsegler«.

48 Die Brüder Titius sind die Söhne des Bell. Alex. 57,1 genannten Lucius Titius.

49 Die fünfte Legion war schon früher nach Afrika gekommen (Bell. Afr. 2,1).

50 Die in Messina stehenden Truppen Caesars hatten sich geweigert, nach Afrika überzusetzen.

51 Ein Skorpion ist eine Wurfmaschine für Pfeilgeschosse, ein Pfeilkatapult; gewöhnlich bezeichnet *scorpio* die Wurfmaschine, ursprünglich aber das mit einer vergifteten Spitze versehene Geschoss (Bell. Afr. 31,7), das diese Maschine abschleudert (Veget. 4,22; Liv. 29,7,6; vgl. Isid. orig. 18,8,3: *Scorpio est sagitta venenata arcu vel tormentis excussa, quae, dum ad hominem venerit, virus, quo figit, infundit; unde et scorpio nomen accepit.*); vgl. Hor. carm. 1,22,3 *venenatis ... sagittis.*

52 Das handschriftlich überlieferte Wort *ecum* ist *equum* zu lesen.

53 In *vallum* liegt ein Akk. Sing. zu *vallus* vor (vgl. Preuss [1884/1964, 427]).

54 Sie waren vorn mit einem Eisenhaken versehen und dienten als eine Art Fußangeln.

55 Wurfmaschine bzw. Schleudergeschütz zum Abschleudern von Balken, Steinen, Lanzen, großen Pfeilen u. ä.

56 Marius hatte als Oberbefehlshaber im Krieg gegen König Jugurtha von Numidien (111–105 v. Chr.) Gelegenheit gehabt, sich die Gaetuler zu verpflichten. Im auf den Krieg folgenden Friedensvertrag waren die Gaetuler als freie Bundesgenossen der Römer anerkannt worden.

57 Vgl. Bell. Afr. 8,3.

58 Vgl. Caes. civ. 3,110,3 *huc accedebant collecti ex praedonibus latronibusque* (Einreihung von Gesindel in die Kriegsscharen).

59 Vgl. Bell. Afr. 25.

60 D. h. am 25. Januar (vorjulianisch) 46 v. Chr., da der Januar bis zu Caesars Kalenderreform 29 Tage hatte; siehe Kapitel »Zeiteinteilung«.

61 Es waren im Ganzen acht Legionen, von denen aber die Besatzungen abzuziehen sind, die in Leptis (Bell. Afr. 9,1 sechs Kohorten), in Ruspina (Bell. Afr. 10,1 zehn Kohorten) und in Acylla standen.

62 D. h. nach altrömischem Ritus, bei dem der Augur nach Süden blickt und den Osten zur Linken hat: östlich.

63 Die Hügel im Osten von Uzitta steigen bis auf 69 m, weiter südlich bis auf 191 m an; die westlichen sind niedriger; bei den Griechen schmiegte sich der hufeisenförmige Zuschauerraum (*cavea*) oft an einen Hügel.

64 Vgl. Bell. Afr. 37,4–5.

65 Eine Übersicht der an dieser Stelle vorgenommenen Konjekturen bietet Preuss (1884/1964, 242–243 s. v. *castellum*).

66 Vgl. Bell. Afr. 37,5.

67 Isidor von Sevilla definiert den Begriff *bracchium* im militärischen Bereich wie folgt (orig. 11,1,63): *Brachia a fortitudine nominata: βαρὺ enim Graece grave et forte significatur. In brachiis enim tori lacertorum sunt, et insigne musculorum robur existit. Hi sunt tori, id est musculi: et dicti tori, quod illic viscera torta videantur.* Vgl. Struck (1972, 39).

68 Spanische Reiter verwendete Cäsar auch im Gallischen Krieg (vgl. Gall. 5,26,3; vgl. auch civ. 3,22,3); König Juba hatte sie als Leibwache um sich (vgl. Caes. civ. 2,40,1).

69 Scipio stellte gewöhnlich (vgl. Bell. Afr. 30,2) die Elefanten vor die Front, und dass diese durch Reiter gedeckt wurden, zeigt Bell. Afr. 83,4.

70 Vgl. Bell. Afr. 41,1.

71 Der Text ist anscheinend verderbt. Nipperdey (S. 687) stellte an dieser Stelle eine Lücke fest. Klotz, dem die vorliegende Ausgabe folgt, möchte diese Lücke – unter Verweis auf Bell. Afr. 33,3 – mit *profectus erat* schließen; andernfalls müsse man *cum* statt *et (VIII cohortibus)* schreiben.

72 Der zweite Transport brachte die 13. und 14. Legion (vgl. Bell. Afr. 34,4).

73 Vgl. die Anmerkung zu Bell. Afr. 28,1.

74 Gemeint ist Caesar.

75 Vgl. zu diesem Vorgang die bei Valerius Maximus (3,8,7) genannte Episode: *Titius ... pro Caesaris partibus excubans, Scipionis praesidio interceptus, cum uno modo salus ab eo daretur, si se futurum Cn. Pompei generi ilius militem adfirmasset, ita respondere non dubitavit: »Tibi quidem, Scipio, gratias ego, sed mihi uti ista condicione vitae non est opus.«* (»Titius ..., der sich für Caesars Partei einsetzte, wurde von Soldaten Scipios gefangen genommen. Als ihm unter der einen Bedingung, nämlich dass er verspräche, künftig für Gnaeus Pompeius, Scipios Schwiegersohn, Soldat zu sein, das Leben geschenkt werden sollte, antwortete er, ohne zu zögern: »Ich danke dir zwar, Scipio, aber mir liegt nichts daran, unter dieser Bedingung am Leben zu bleiben.« [Übersetzung von Ursula Blank-Sangmeister]).

76 Scipio war von seinen Truppen zum Imperator ausgerufen worden (vgl. Bell. Afr. 4,4).

77 Ein auf zwischenstaatlichen Vereinbarungen beruhendes schriftlich fixiertes Kriegsrecht gab es in der Antike nicht. Erst die Haager Landkriegsordnung (HLKO) von 1899 bzw. 1907 führte die unbedingte Verschonung sich ergebender Gegner und die angemessene Behandlung von Kriegsgefangenen als grundlegende Regeln in das humanitäre Völkerrecht ein. Die zum Teil veraltete HLKO wurde durch die Genfer Konventionen vom 22.7.1929 und 12.8.1949 ergänzt.

78 Da es höchst unwahrscheinlich ist, dass jemand so lange im römischen Heer diente, wird an dieser Stelle Textverderbnis festgestellt.

79 Die Caesarianer werden mit wilden Tieren verglichen, die sich mit Menschenfleisch ihren Bauch füllen. Der Ausdruck *saginatos* gewinnt an Kraft, wenn man *caede* (»Gemetzel, Morden«) mit »Blut« wiedergibt, worauf die Stelle Cic. Sest. 78 (*qui ... rei publicae sanguine saginantur*) hinweist.

80 Unehrenhaft, d. h. ohne jegliche Abfindung nach dem bisher geleisteten Militärdienst.

81 Das Siebengestirn (die Plejaden) werden am Beginn des Sommers sichtbar; mit ihrem Untergang im November beginnt die Zeit der Stürme, d. h., der Winter hatte bereits begonnen.

82 *Oppido* ist hier ein aus einem isolierten Ablativ gebildetes Adverb mit der Grundbedeutung *funditus, plane* (ThLL IX,2 [1981], 754).

83 Eine elektrische Erscheinung, auch unter dem Begriff »Elmsfeuer« bekannt; es handelt sich dabei um eine Büschel- oder Glimmentladung, die sich bei Gewitterlage an Kanten und Spitzen von Blitzableitern, Masten und Türmen oder, wie im vorliegenden Fall, an den Eisenspitzen der Pilen zeigt. Sie wurde in der Antike des Öfteren beschrieben und galt als günstiges Omen.

84 Vgl. dazu die Darstellung bei Sueton (Iul. 66): »Hatte aber seine Soldaten ein Gerücht von der Stärke der feindlichen Streitkräfte erschreckt, so pflegte er (d. h. Caesar; *Anm. von Flemmig*) ihnen nicht dadurch Mut zuzusprechen, dass er diese in Abrede stellte oder verringerte, sondern vielmehr dadurch, dass sie noch übertrieb und dazu log. So ließ er z. B., als der erwartete Anmarsch Jubas Schrecken erregte, die Soldaten antreten und hielt folgende Ansprache: »Lasst Euch sagen, in den allernächsten Tagen wird der König mit zehn Legionen, dreißigtausend Reitern, hunderttausend Leichtbewaffneten und dreihundert Elefanten hier sein. Darum mögen gewisse Leute aufhören, sich mit Nachforschern und Vermutungen darüber weiter den Kopf zu zerbrechen, vielmehr mir, der ich die Sache genau weiß, Glauben schenken, oder ich werde sie sonst auf das älteste Schiff bringen und dahin fahren lassen, wohin sie Wind

und Wellen treiben!«« (Übersetzung von Max Heinemann, Stuttgart 1957) (*Fama vero hostilium copiarum perterritos non negando minuendove, sed insuper amplificando ementiendoque confirmabat. Itaque cum expectatio adventus Iubae terribilis esset, convocatis ad contionem militibus: »Scitote,« inquit, »paucissimis his diebus regem adfuturum cum decem legionibus, equitum triginta, levis armaturae centum milibus, elephantis trecentis. Proinde desinant quidam quaerere ultra aut opinari mihique, qui compertum habeo, credant; aut quidem vetustissima nave impositos quocumque vento in quascumque terras iubebo vehi.«*)

85 Eine interessante Reihung: der römische Oberbefehlshaber (Scipio) wird erst nach dem ausländischen König genannt.

86 *Prospectu ~ prospectui.*

87 Im Herbst 47 v. Chr. hatten Soldaten der 10. und der 12. Legion auf ihrem Zug nach Rom zwei ehemalige Prätoren erschlagen (Plut. Caes. 51) und Caesar befürchtete eine Plünderung der Stadt Rom.

88 Ursprüngl. nicht-röm. Gemeinden in Italien, deren Bewohner das volle oder eingeschränkte röm. Bürgerrecht erhielten und dafür verpflichtet waren, Truppen für das röm. Heer zu stellen. Nach dem Bundesgenossenkrieg (90–88 v. Chr.) erhielten alle *municipia* in Italien das volle Bürgerrecht. Seit Caesar bekamen auch Gemeinden außerhalb Italiens den Status eines *municipium*.

89 D. h. ohne jegliche Abfindung nach dem bisher geleisteten Militärdienst.

90 Der Umstand, dass im lateinischen Satz zweimal *te* begegnet (kein Druckfehler!), ist bislang noch keinem Bearbeiter des *Bellum Africum* näher aufgefallen.

91 Damit werden zwei wesentliche Tugenden der pflichtvergessenen Soldaten bezeichnet.

92 Vgl. Bell Afr. 32,4.

93 Juba führte Krieg gegen Caesar, Sittius und die Gaetuler.

94 Vgl. Bell. Afr. 48,1.

95 Die *ballista* (gr. βάλλειν »werfen«) war eine bogenartige, mit Stricken und Sehnen gespannte Kriegsmaschine zum Schleudern von Steinmassen und anderen Geschossen. Sie war ein Torsionsgeschütz. Die Beschleunigung entsteht durch ein Drehmoment: Zwei Seile oder Faserbündel werden durch einen dazwischen liegenden Stock stark verdreht (Torsion). Diese Verdrehung erzeugt eine starke Vorspannung (statische Energie). Wird der Stock nun plötzlich gelöst und entlastet, entsteht ein starkes Drehmoment (dynamische Energie), das am Stock eine schnelle Bewegung auslöst. Diese Bewegung wird, auf das Geschoss übertragen, als Wurfbewegung genutzt.

96 Skorpione waren Pfeilkatapulte; vgl. die Anmerkung zu Bell. Afr. 29,3.

97 Das bisherige Lager (Bell. Afr. 51,1–2 *maxima castra*) befand sich am Rande der Hügelkette im Osten von Uzitta, war also höher gelegen als die neue Ver-

schanzung in der Ebene (Bell. Afr. 51,5 *locus depressus*) – deswegen auch *de-ducit* –, sodass in *superiora castra* beide Bedeutungen zum Tragen kommen.

98 Nach Cassius Dio (43,5,1–2) gewann Caesar viele von den Gegnern durch Gespräche und Flugblätter, die den Einheimischen Gut und Leben, den Römern außerdem den vollen Beuteanteil zusicherten.

99 Die Auslieferung des Jugurtha (106 v. Chr.) lag bereits zwei Generationen zurück.

100 Nach Jugurthas Tod kam der Thron von Numidien an seinen älteren Bruder Gauda, der ihn (vor 82 v. Chr.) an seinen Sohn Hiempsal II. vererbte. Gegen diesen erhob sich Hiarbas und vertrieb ihn 82 v. Chr. mit Hilfe des Marius-Anhängers Gnaeus Domitius Ahenobarbus aus seinem Reich. Aber im folgenden Jahr besiegte Gnaeus Pompeius Magnus die Anhänger des Marius und setzte Hiempsal, den Vater des jetzigen Königs Juba I., wieder ein, weswegen dieser Pompeius jetzt Unterstützung leistete. Bei dieser Gelegenheit wurden die bis dahin freien Gaetuler zu Untertanen des Hiempsal gemacht, vermutlich zur Strafe, weil sie sich Sullas Gegner Marius verpflichtet gefühlt und für ihn gekämpft hatten.

101 Marcus Aquinius trat als *homo novus* in die Politik ein und wurde später Legat der Pompejaner.

102 Klotz nimmt an dieser Stelle eine nicht zu klärende Textverderbnis an.

103 *Viatores* waren öffentliche Beamte im Dienst der römischen Magistrate, die als Boten abgeschickt wurden, um die in ihren Häusern bzw. auf ihren Besitzungen weilenden Senatoren zusammenzurufen, das Volk zu den Comitien zu berufen und die vor Gericht Geforderten dahin zu führen. Namentlich waren sie denjenigen Magistratspersonen beigegeben, denen zwar das *ius prensionis* (Straf- und Zwangsgewalt gegen eine Person) zustand, jedoch keine Liktoren hatten, wie den Volkstribunen und den Zensoren (vgl. Meyer [^{4}1975, 144]). Hier ist dieser Name auf den Amtsboten – eine Art Feldgendarm – des Juba übertragen, der in seinem Hochmut auch gegen römische Senatoren die Rechte eines Oberfeldherrn beanspruchte.

104 Es waren nach Varro (Gell. 3,18,5) Ritter, die von den Zensoren in den Senat eingereiht wurden, ohne ein Amt bekleidet zu haben.

105 Das Purpurgewand ist das Abzeichen eines römischen Feldherrn und eines (ausländischen) Königs.

106 Nach Cassius Dio (43,4,6) sicherte Scipio Juba im Falle eines Sieges sogar den Besitz von ganz Afrika zu, soweit es den Römern gehörte.

107 Da diese Truppe von den *legiones Iubae* ausdrücklich unterschieden wird, waren sie vermutlich anders bewaffnet und – möglicherweise auch – strukturiert.

108 Und daher nicht tief genug.

109 Den in eckigen Klammern gesetzten Text hat Nipperdey getilgt.

110 D. h. Caesar und Scipio.

111 Vgl. Bell. Afr. 59,5.

112 Stadt und Hafen waren in den Händen der Pompejaner.

113 Zwischen Leptis minor und Hadrumetum springt die Halbinsel von Ruspina ins Meer.

114 »Kothon« ist ein phönizisches Wort (ThLL *vocabulum semiticum*) und bedeutet »der kleine«. Damit bezeichnete man ursprünglich den inneren Hafen von Karthago, später aber alle künstlich angelegten Häfen (Fest. p. 33: *cothones appellantur portus in mari interiores arte et manu facti*).

115 Die Entfernung zwischen Leptis minor und dem Vorgebirge von Ruspina beträgt in der Luftlinie etwa 6 Meilen.

116 Die Anhänger des Pompeius Magnus bei der Schlacht von Ilerda heißen auch Afraniani (Caes. civ. 1,78,1); zum Sachverhalt vgl. Plut. Caes. 36.

117 Nach der Schlacht bei Ilerda.

118 Möglicherweise handelt es sich um Lösegeld, bis zu dessen Zahlung Vestrius in Haft bleiben musste.

119 Wann Vestrius in die Hände des Nasidius fiel, lässt sich nicht ermitteln; fest steht nur, dass Nasidius schon 47 v. Chr. Flottenführer in Afrika war.

120 Varus unterschied sich offensichtlich darin von den meisten Pompejanern – namentlich von Metellus Scipio –, dass er durch Milde und Versprechungen die Gegner auf seine Seite zu ziehen suchte.

121 15 km Ostsüdost von Caesars Lager und ca. 15 km südlich von Ruspina (bei Monastir) liegt das fruchtbare Land um die heutige Stadt Moknine (im dortigen Museum Saal mit Funden aus der römischen Epoche). Die Anbaufläche für Weizen, Gemüse usw. beträgt immer noch ca. 70% der Gemeindefläche. Im Süden der Stadt befindet sich der Salzsee (80,1 *stagnum salinarum*; Sebkha de Moknine). Er dehnte sich von Norden nach Süden etwa 10 km aus, seine Breite betrug 5–6 km; zum Geschehen vgl. Plut. Caes. 53.

122 Über den Höhenzug östlich von Uzitta, auf dem Caesars Hauptlager stand.

123 Vgl. Kapitel »Militärisches«.

124 D. h. *in castra ⟨maxima⟩* (Bell. Afr. 51,2).

125 Der eine ... der andere: Aquila ... Cispius.

126 Damit der Feind nicht in ein bezugsfertiges Lager einziehen konnte.

127 Offenbar, weil das Heer auf der rechten Seite einem Angriff ausgesetzt war.

128 Gerade Weizen (*triticum ⟨frumentum⟩ [terere]* eigtl. »Dreschgetreide«, da man Roggen in Italien nicht anbaute) war die Grundlage für das Brotgetreide der Soldaten.

129 Vgl. Plut. Caes. 53

130 Zeta, das Stoffel an der Stelle des heutigen Dorfes Bourdjine lokalisierte, lag in jedem Fall näher an Scipios als an Caesars Lager.

131 Die handschriftliche Überlieferung (*capto C. † biocio Regino* oder auch *† inocio Regino*) ist an dieser Stelle verderbt. Nipperdey schlug als Konjektur *Minucio Regino* vor, die von du Pontet und Way übernommen wurde; Schiller schlug *Plotio Regino* vor. Die vorliegende Ausgabe folgt der Textgestaltung von Klotz und Bouvet.

132 Es ist nicht mit Sicherheit festzustellen, ob es sich um Dromedare oder Kamele handelt. Den Griechen war seit dem 6. Jh. v. Chr. die Verwendung des Kamels bei Medern und Persern geläufig. Antiochos III. verwendete 190 v. Chr. in der Schlacht bei Magnesia arabische Bogenschützen auf Kamelen gegen die Römer (vgl. Liv. 37,40,12: *Ante hunc equitatum falcatae quadrigae* [vgl. hierzu die Anm. zu Bell. Alex. 75,2] *et cameli, quos appellant dromadas* [δρομάδας]. *His insidebant Arabes sagittarii* ...). Der Erfolg der Parther bei Carrhae gegen Crassus 53 v. Chr. beruhte wesentlich auf dem Einsatz von Lastkamelen zur Pfeilversorgung der berittenen Bogenschützen. In Rom wurden Kamele in der späten Republik eingeführt, galten aber als exotische Tiere, die besonders der Volksbelustigung (im Circus) dienten. Vom Vorderen Orient aus breitete sich das Kamel über den nordafrikanischen Raum aus, seine Verwendung war aber im Jahr 46 v. Chr. im Gebiet des heutigen Tunesien noch nicht der Regelfall. Seine Verwendung im Heer Jubas soll den Reichtum des Königs hervorheben.

133 Bei *duum* liegt ein Genitiv vor (~ *duorum*).

134 Livius (21,55,11) bezeichnet die Schwanzwurzel als die verwundbarste Stelle bei Elefanten (*sub caudis, qua maxime molli cute volnera accipiunt*).

135 Die *pila* war eine Kugel aus Kork oder aus mit Haaren gefülltem Leder, die an der Spitze der Waffe befestigt wurde, ähnlich beim Üben mit Bajonetten; aus der Diminutivform *pilula* ging das Fremdwort »Pille« hervor.

136 Von den fünf Veteranenlegionen (V, VIIII, X, XIII und XIV), die am Afrikanischen Krieg teilnahmen, wird die fünfte im *Bellum Gallicum* nicht genannt.

137 Die Gallier werden im Allgemeinen als tapfer und kriegstüchtig hingestellt, besonders in Gallia Belgica. Sie sind voreilig in ihren Entschlüssen (Caes. Gall. 3,8,3: *sunt Gallorum subita et repentina consilia*), schnell zum Krieg bereit, können aber nicht durchhalten (Gall. 3,19,6: *minime resistens ad calamitates ferendas mens eorum est*), sie sind wankelmütig (Gall. 4,51: *sunt in consiliis capiendis mobiles*) und dadurch unzuverlässig und treffen Entscheidungen oft auf Grund von Gerüchten (Gall. 4,5,3: *cum incertis rumoribus serviant*).

138 Numider und Karthager galten als treulos, betrügerisch und hinterlistig; die punische *perfidia* war sprichwörtlich (vgl. dazu Waldherr [2000]). Ein Muster numidischer Verschlagenheit war – jedenfalls gemäß der Darstellung in Sallusts *Bellum Iugurthinum* – König Jugurtha (um 160–104 v. Chr.), dem es

gelang, die Römer jahrelang auszutricksen und in einem sechsjährigen Krieg (111–105 v. Chr.) hinzuhalten, bevor er von den Römern gefasst und 104 v. Chr. in Rom hingerichtet wurde. An ihn erinnert der Tafelberg *Table de Jugurtha* (»Tisch des Jugurtha«; 1271 m) im tunesischen Grenzgebiet zu Algerien.

139 Vgl. Bell. Afr. 68,2.

140 D. h. am 21. März (46 v. Chr.); siehe Kapitel »Zeiteinteilung«.

141 Einzelheiten siehe Kapitel »Militärisches«.

142 Bei *duum* liegt ein Genitiv vor (~ *duorum*).

143 Sie waren Caesar gefolgt.

144 Einzelheiten siehe Kapitel »Militärisches«.

145 Caesars Heer setzte in vier Transportzügen nach Afrika über. Der erste brachte Caesar selbst und sechs Legionen (Bell. Afr. 2,1), der zweite zwei Legionen (Bell. Afr. 34,4 *legionem XIII et XIV*), der dritte zwei Legionen (Bell. Afr. 53 *legiones duae X et VIIII*), der vierte (Bell. Afr. 77,3) die Kranken und Beurlaubten der bereits abgeschickten Legionen. Der zweite Transport wird wiederholt als *secundus commeatus* bezeichnet (Bell. Afr. 8,1; 34,4; 37,1; 44,1).

146 Vgl. Bell. Afr., 75,4.

147 Als Reiterführer trägt Pacideius den Metallhelm (*cassis, cassidis*) eines Reiters (vgl. Caes. Gall. 7,45,2).

148 D. h. am 4. April (46 v. Chr.); vgl. Kapitel »Zeiteinteilung«.

149 Damit war der Ort der kommenden Entscheidungsschlacht erreicht.

150 Jubas Lager war von dem römischen getrennt (vgl. Bell. Afr. 85,4 *in regia castra fugere contendunt*).

151 Der Salzsee von Moknine (Sebkha de Moknine) dehnt sich von Norden nach Süden etwa 10 km aus, seine Breite beträgt 5–6 km.

152 Die eigentümliche Lage von Thapsus ist sehr anschaulich bei Cassius Dio (43,7,2: »[Die Stadt] liegt gewissermaßen auf einer Halbinsel, da sie auf einer Seite vom Meer, auf der anderen von einem See begrenzt ist. Die Landenge ist schmal und so sumpfig, dass man nur auf zwei sehr engen Wegen oben und unten am Sumpf, am Gestade hin, nach derselben gelangen kann« [Übersetzung von Leonhard Tafel bzw. Lenelotte Möller, Wiesbaden 2012]) beschrieben.

153 Gemäß ThLL hat *lunatus* die Bedeutung *forma lunae crescentis praeditus*.

154 Appian bezeugt (civ. 2,96,402), dass diese zehn Kohorten, die gegen die Elefanten kämpfen sollten, sämtlich zur 5. Legion gehörten, die seit jenem Tag einen Elefanten in ihren Feldzeichen trug.

155 Die Reihung *trepidare et concursare* findet sich auch Caes. Gall. 5,33,1.

156 Der Ausdruck *eruptione pugnare* findet sich bei Caesar noch Gall. 7,76,6 und Gall. 7,86,2 bei der Belagerung von Alesia sowie civ. 2,14,5. Einzelheiten bei Langhammer (1907).

157 Hierzu stimmt die Angabe des Florus (epit. 2,13,66): *ante imperium ducis sua sponte signa cecinerunt.*

158 Nach Plutarch (Caes. 53) sei Caesar durch einen epileptischen Anfall daran gehindert worden, an der Schlacht teilnehmen zu können. Letztlich bringen die gegnerischen Elefanten eine unerwartete Wende zugunsten Caesars: Durch den gezielten Einsatz von Bogenschützen und Schleuderern irritiert, machen sie kehrt und trampeln die Fußtruppen der eigenen Partei nieder.

159 D. h. insbesondere die Schilde.

160 D. h., sie begrüßten die Caesarianer als Freunde.

161 Kübler konstatierte zwischen *auctores* und *appellabant* eine kurze Lücke und vertrat die Ansicht, es müsse etwa ⟨*belli*⟩ zu ergänzen sein. Diese Erkenntnis übernimmt auch Klotz, setzt sie jedoch in seiner Ausgabe nicht um.

162 Orosius spricht von 60 Elefanten (6,16,3 *sexaginta elephanti capti*).

163 Das Donativum bestand aus dem Beuteanteil, der gewöhnlich in Geld gleich nach der Schlacht oder erst beim Triumph ausbezahlt wurde. Weitere Gaben erwähnt Caesar civ. 3,53,5.

164 Die Auszeichnungen, die neben den Geldgeschenken zur Verteilung kamen, waren in der Regel für die Soldaten bis zum Zenturio hinauf: *armillae* (Armspangen), *phalerae* (Brustschmuck), *torques* (Halsketten); für die Offiziere: *coronae* (Kränze), *hastae purae* (Lanzen ohne eiserne Spitze [*als Auszeichnung für Tapferkeit*], *vexilla* (Standarten).

165 Vgl. Plut. Cato min. 62; nach Bell. Afr. 95,1 betrug ihre Zahl etwa 1500.

166 Es ist unklar, um welche Vergünstigungen für Utica es sich hierbei handelt. Möglicherweise handelt es sich um die *lex Iulia municipalis* aus dem Jahr 45 v. Chr.; durch dieses Gesetz Caesars wurde die Freiheit der »freien Städte« in den Provinzen gesichert (keine Tributpflicht). Schon Caes. civ. 2,36,1 wird von Wohltaten Caesars gegenüber den Einwohnern von Utica berichtet. Aber auch die *lex Iulia de provinciis* aus dem Jahr 46 v. Chr. käme in Betracht: *ne praetoriae provinciae plus quam annum neve plus quam biennium consulares obtinerentur* (»dass die Provinzen eines Prätors nicht länger als ein, die Provinzen eines Konsuls nicht länger als zwei Jahre in derselben Hand bleiben sollten«; Cic. Phil. 1,19; ausführliche Beschreibung dieses Gesetzes durch Girardet → Literaturverzeichnis).

167 Vgl. Plut. Cat. min. 58.

168 Ebenfalls erwähnt Caes. civ. 2,25,1: *ad portam, quae appellatur Bēlica* (»Tor des Baal/Bel«). Utica war eine Gründung der Phönizier. Deren Hauptgott Bel oder Baal gab der Porta Belica den Namen (vgl. Beelzebub < [hebr.] Ba'al Zebhubh »Herr der Fliegen [~ der bösen Geister]« ~ »[oberster] Teufel«).

169 Die Nachricht gelangte nach Utica am späten Abend des dritten Tages nach der Schlacht (Plut. Cato min. 58).

170 Nach Plut. Cato min. 63 erklärten die Reiter sich bereit, Utica mitzuverteidigen, wenn zuvor die Einwohner vertrieben oder getötet würden, denen sie nicht trauten.

171 Das gleiche Donativum versprach Q. Cassius Longinus seinen Soldaten (Bell. Alex. 48,3).

172 *ab Utica*: weil die Reiter draußen vor der Stadt lagerten.

173 Nach Plutarch (Cato min. 59) berief Cato die 300 Männer, die seinen Rat ausmachten, und andere angesehene römische Bürger am vierten Tag nach der Schlacht in den Jupiter-Tempel ein.

174 Plutarch (Cato min. 60) berichtet genauer, dass Cato es ablehnte, den von einem der Anwesenden gestellten Antrag, die Sklaven zwecks Einsatzes im Krieg freizulassen, als allgemeinen Befehl zu erlassen, die Freilassung der Sklaven vielmehr den jeweiligen Besitzern anheim stellte, jedoch sich einem solchen Wunsch nicht verweigerte.

175 Vgl. Appian civ. 2,98, 406–414.

176 Lucius Caesar war zuvor nicht Quästor gewesen, sondern von Cato nur mit diesen Amtsgeschäften betraut worden.

177 Genauer wird diese Szene bei Plutarch Cato min. 70 und Cassius Dio 43,11,4 beschrieben. Sie wird sowohl auf einem Gemälde (Genua, Palazzo Rosso) des italienischen Künstlers Guercino (1591–1666) aus dem Jahr 1641 als auch auf einem Stich aus dem 19. Jahrhundert (Mailand, Civica Raccolta della Stampe Bertarelli) dargestellt (Orlandi [1970, 66–67]).

178 Der Stoß war angeblich geschwächt worden, weil Catos rechte Hand verbunden war; denn sie war angeschwollen von der Ohrfeige, die er kurz zuvor einem Sklaven verabreicht hatte (Plutarch Cato min. 70).

179 Es war der Freigelassene Kleanthes (Plutarch Cato min. 70).

180 Vgl. dazu die Darstellung bei Plutarch (Cato min. 70): »Der Arzt aber trat hinzu und suchte die Eingeweide, die unverletzt geblieben waren, wieder an ihren Ort zu bringen und die Wunde zuzunähen. Darüber erholte sich Cato wieder, und als er zur Besinnung kam, stieß er den Arzt von sich, öffnete mit seinen Händen die Wunde, zerriss die Eingeweide und starb.« (Übersetzung von Johann Friedrich Kaltwasser, 1799–1806, in der Bearbeitung von Hanns Floerke, 1913. – München o. J.). »Im Angesicht des Todes zeigt der Cato des *Bell. Afr.* alle Zeichen stoischer Apatheia: Er handelt nicht überstürzt ..., seine Mimik und seine Redeweise zeugen von gelungener Affektkontrolle und selbst im Sterben bringt er noch die Willensstärke auf, seine Entscheidung zum Tod

durch das Aufreißen der Wunde gegen allen wohlmeinenden Widerstand eigenhändig durchzusetzen ...« (Marvin Müller [2021, 183]).

181 Vgl. Plutarch Cato min. 71; Cassius Dio 43,11,5. Die Einwohner von Utica hatten allen Grund, Cato dankbar zu sein, denn er allein wagte es, Metellus Scipio und Juba zu widersprechen, als diese die waffenfähigen Männer von Utica umbringen und die caesarfreundliche Stadt zerstören wollten (Plutarch Cato min. 58; Cassius Dio 42,57,4; Begleittext Nr. 7).

182 Bereits Michel de Vascosan schlug die Konjektur *Uzittam* (s. Bell. Afr. 54,2, 51,2; 53,1; 56,3; 58,4; 59,4) vor, die letztlich Kübler und Bouvet für ihre Ausgaben übernahmen, zumal Usseta ansonsten unbekannt ist. Klotz zeigte zwar Verständnis für diese Konjektur, zögerte aber, sie für seine Ausgabe zu übernehmen, da in allen Handschriften *ussetam* überliefert ist.

183 *se ad genua proiecit*: Dem deutschen und dem lateinischen Ausdruck liegen verschiedene Gesten zugrunde. Nach antikem Brauch umfasste der auf die Knie gesunkene Bittsteller die Knie des Angeflehten.

184 Handschriftlich überliefert ist *cellae*. Ein Name *Cella* begegnet erst bei Ammianus Marcellinus (16,11,6–7 u. 19,11,16). Cichorius (1922, 253–254) gelang der Nachweis, dass mit *Cella* Lucius Livius Ocella gemeint ist. Diese Erkenntnis brachte Klotz in seine Ausgabe ein; die vorliegende Ausgabe folgt Klotz.

185 Caesar schenkte ihm nicht nur das Leben, sondern beließ ihm auch seinen väterlichen, sehr bedeutenden, Besitz. Cato fiel in der Schlacht bei Philippi 42 v. Chr.

186 Plural deshalb, weil die Kapitalgeber zweimal Zahlungen geleistet hatten.

187 *inducturum*: *inducere* bedeutet »(Geschriebenes [auf den Wachstafeln] mit umgedrehtem Griffel überstreichen, d. h. durchstreichen, ausstreichen, [eine Verordnung]) kassieren, aufheben, rückgängig machen«.

188 *relaturum*: sc. *in tabulas* (»in das Hausbuch eintragen«).

189 Auch Appian (civ. 2,100,416) erwähnt die Begnadigung der Einwohner von Utica durch Caesar, fügt aber hinzu, dass von den erwähnten 300 Männern alle, soweit Caesar sie vorfand, getötet wurden.

190 D. h. ohne das königliche Gefolge.

191 Unter diesen Kindern war vermutlich auch Jubas gleichnamiger Sohn (Juba II.).

192 Die Penaten (»die im Inneren des Hauses Waltenden«) waren nicht näher bestimmte latinische Götter, die die Vorratskammer (*penus*) des Hauses verwalteten und schützten, deren Bilder zusammen mit den Laren, die von den Penaten beschützt wurden, im Inneren des Hauses, im *tablinum*, welches hinter dem *atrium* lag, aufbewahrt wurden und denen im Innern des Hauses [im *impluvium*] ein Altar errichtet war. Man hielt sie für die Schöpfer und Spender des ganzen Wohlstandes und der Glücksgüter einer Familie oder einer ganzen Gemeinde.

193 D. h. bei Caesar und der Gegenpartei.

194 Vgl. Bell. Afr. 86,3.

195 Vgl. Bell. Afr. 48,1.

196 Die handschriftliche Überlieferung lautet *iuba petreium*; jedoch stimmt dieser Text nicht mit der in Liv. perioch. 114 (siehe Begleittext Nr. 8) enthaltenen Aussage *Petreius Iubam seque interfecit* überein, weshalb bereits Philip Rubens Subjekt und Objekt vertauschte: *Iubam Petreius*. Klotz und Bouvet übernahmen die Konjektur von Rubens für ihre Ausgaben.

197 Weil er selbst auch verwundet war.

198 Er befand sich nach Bell. Afr. 36,4 in Reich von König Juba.

199 Er wird Bell. Afr. 87,8 nicht erwähnt.

200 Caesars Soldaten forderten ultimativ die Bestrafung der aus ihrer Sicht wortbrüchigen Feinde; Caesar musste sie gewähren lassen; vgl. Suet. Iul. 75,3 (*ne hos quidem voluntate ipsius* [~ *Caesaris*] *interemptos putant*).

201 Anders die Darstellung bei Cassius Dio (43,12,2: »Afranius und Faustus aber konnten sich zur Unterwerfung ⟨unter Caesar⟩ nicht entschließen, da sie einem gewissen Tod entgegensahen, sondern flohen nach Mauretanien und wurden von Sittius gefangen genommen. Sie ließ Caesar, ungehört, als Kriegsgefangene hinrichten« [in der Übersetzung von Leonhard Tafel, bearbeitet von Lenelotte Müller]). Liv. perioch. 114 (siehe Begleittext Nr. 8) vermeldet lakonisch: *Faustus et Afranius occisi.*

202 Vgl. dazu ergänzend die Darstellung bei Appian (App. civ. 2,100,416): »⟨Caesar⟩ schickte sogar die Tochter des Pompeius ⟨Pompeia⟩, die zu Utica samt ihren zwei Kindern in seine Hände gefallen waren, ohne ihnen ein Leid anzutun, dem jüngeren ⟨Gnaeus⟩ Pompeius zu« (Übersetzung von Otto Veh).

203 Vgl. Bell. Afr. 89,5.

204 Nicht zu verwechseln mit dem Bell. Alex. 34,5 erwähnten C. Plaetorius, der ein Parteigänger Caesars war.

205 Liv. perioch. 114 gestaltet den Vorgang dramatischer (siehe Begleittext Nr. 8).

206 Vgl. App. civ. 2,100,415: »Iubas Reich machte Caesar den Römern tributpflichtig und bestellte Sallustius Crispus zum Statthalter darüber« (Übersetzung von Otto Veh). Numidien bildete jedoch keine neue Provinz, sondern wurde als *Africa nova* der bisherigen Provinz *Africa* angegliedert. Nur ein Teil des numidischen Reiches kam zur Provinz, denn König Bocchus von Mauretanien erhielt die Landschaft von Sitifis, König Bogud die Landschaft von Tingis und andere Gebiete, Sittius die Stadt Cirta und den umliegenden Landstrich, um seine Leute dort anzusiedeln.

207 Wegen seiner Amtsführung wurde Sallust 45 v. Chr. angeklagt, jedoch freigesprochen; vgl. Cassius Dio (43,9,2–3): »⟨Caesar⟩ machte Numidien zur römi-

schen Provinz und übergab sie an Sallustius dem Schein nach zur Verwaltung, in der Tat zur Ausplünderung. Denn vieles gewann er durch Bestechlichkeit und nicht Weniges durch Raub. Am Ende wurde er öffentlich angeklagt und zog sich die höchste Verachtung zu, weil er, der solche Schriften geschrieben und die Aussauger der Provinzen so bitter getadelt hatte, seine Worte durch die eigene Tat Lügen strafte. Mochte er auch von Caesar freigesprochen werden, er hatte sich in seinen Schriften selbst eine Schandsäule gesetzt« (in der Übersetzung von Leonhard Tafel, bearbeitet von Lenelotte Müller).

208 Vgl. Plutarch Caes. 55. Die ersten 3 Millionen Pfund (etwa 10.000 Hektoliter) Öl aus Leptis reichten so ziemlich für das Congiarium (Gegenstück zum Donativum, jedoch an Zivilpersonen [Suet. Nero 7,2: *populo congiarium, militi donativum proposuit*], d. h. Spende an das Volk), das beim Triumph an 320.000 Menschen ausgeteilt wurde (vgl. Suet. Iul. 38). Der Anbau des Ölbaums gedieh in Afrika erst später zu voller Blüte. Im 4. Jh. lieferte Afrika das meiste Öl unter allen Provinzen, das allerdings wegen der mangelhaften Bereitung hinter dem italischen und spanischen zurückstand.

209 48 v. Chr.

210 Cassius Dio (43,14,1) erwähnt noch, dass Caesar die ausgedienten Soldaten vor der Überfahrt nach Italien entlassen habe.

211 D. h. am 13. Juni (46 v. Chr.); vgl. Kapitel »Zeiteinteilung«.

212 Der Zehnt[e] (*decuma* [*pars*]) war eine Abgabe des zehnten Teils, d. h. 10% des Ertrags (Getreide, Vieh usw.); Caesars Erhöhung auf den eher seltenen Achten, d. h. eine Abgabe des achten Teils des Ertrags, bedeutet eine Erhöhung des Steuersatzes auf 12,5%. Der Achte war ein ungewöhnlicher Steuersatz; er findet sich z. B. Cod. Iust. 4,61,7. Mancherorts (z. B. in Iphofen oder in Aigen am Inn) findet man einstige Zehntgebäude – sie entsprachen in ihrer Funktion in etwa den heutigen Finanzämtern.

213 D. h. am 27. Juni (46 v. Chr.). Der Juni hatte bis zur Kalenderreform 29 Tage. Der Quin(c)tilis wurde nach Caesars Ermordung auf Antrag des Marcus Antonius zu Ehren Caesars in Juli umbenannt (vgl. Cens. 22,16).

214 Nach Cassius Dio (43,14,2) war Caesar mit der gesamten Flotte nach Sardinien gekommen, aber nach Rom fuhr er allein zurück.

215 D. h. am 25. Juli (46 v. Chr.)

Bellum Hispaniense / Der Spanische Krieg

1 Bell. Alex. 76.

2 D. h. der ältere von zwei Söhnen des Gnaeus Pompeius Magnus. Er verließ Afrika vor der Schlacht bei Thapsus (Bell. Afr. 23,3: *Cn. Pompeius filius ... classem ... ad insulas Baleares versus convertit.*).

3 Übersetzung auf der Grundlage von O. Seel, Hirtius, 1935, 107.

4 Gemeint ist die Provinz *Hispania ulterior*, das »jenseitige Spanien«.

5 Vermutlich ist sein Vater Gnaeus Pompeius Magnus gemeint, der im Krieg gegen Sertorius und später als Prokonsul in Spanien weilte.

6 Mit »Räuber (*latrones*)« sind abschätzig die pompejanischen Truppen gemeint.

7 Auch Cassius Dio (43,1,1) rechnet für das Jahr 46 v. Chr. Caesars dritte Diktatur (vgl. Suet. Iul. 76,2). Caesar traf also vor Ende des Jahres 46 v. Chr. in Spanien ein.

8 Gemäß Klotz ist *iter ante* wie *ante iter* zu lesen.

9 An dieser Stelle ist der Text verderbt. Die Ergänzung ⟨*interceptis*⟩ von Klotz ist nicht überzeugend.

10 Die Pedii waren eine angesehene Familie und mit Caesar verwandt. Schon bei Ausbruch des Bürgerkrieges war Quintus Pedius Caesars Vertreter in Kampanien. 47 v. Chr. erhielt er die Statthalterschaft in *Hispania citerior*.

11 Gemeint ist die Provinz *Hispania ulterior*, das »jenseitige Spanien«.

12 D. h. etwa 2400 Mann.

13 Sie ist nötig, um das in § 6 beschriebene Unternehmen durchführen zu können.

14 D. h. in die Nähe von Ulia.

15 Paciaecus lässt je zwei Reiter aufsitzen, also zu jedem Reiter einen Infanteristen, um möglichst schnell durch die feindlichen Linien zu kommen; deshalb die paritätische Zahl von Infanteristen und Reitern (§ 3).

16 Als Mauer- oder Torbesatzung, während die übrigen ins Quartier gingen.

17 D. h., die Reiter durchritten zum zweiten Mal die pompejanischen Linien und kehrten zu Caesar zurück.

18 Bei *existimant pars hominum* liegt eine *constructio ad sensum* vor.

19 *Lorum* »Riemen« > *lōrīca* »Riemenpanzer, Erzpanzer« (E. Struck, Bedeutungslehre, 1972, 59).

20 Dies berichtet auch Cassius Dio (43,32,3).

21 *Multitudo ... cum exissent*: erneut eine *constructio ad sensum*.

22 Der 657 km lange Río Guadalquivir ist oberhalb von Sevilla meist 1½ m tief, von seiner 3 km breiten Mündung bis Sevilla, wo sich die Gezeiten noch bemerkbar machen, sogar für Hochseeschiffe befahrbar.

23 *hoc* entspricht *huc*.

24 *coagulum*: die geronnene Milch im Labmagen der Wiederkäuer, das Lab ⟨mit dem man die Milch zum Gerinnen bringt⟩; *coagulare*: gerinnen machen (*bei der Käsebereitung*), gerinnen lassen (ThLL III 1379,61).

25 D. h. eine Leiche auf die andere. Möglicherweise liegt *hic ... exaequabant* ein Ennius-Zitat zugrunde; vgl. die Anmerkungen zu Bell. Hisp. 23,3 und 31,7 sowie Wölfflin (1898).

26 Caesars Unternehmen gegen Corduba schlug fehl (vgl. Dio Cass. 43,33), weil es nicht gelang, Pompeius von Corduba zu trennen.

27 Gemeint sind die Engen des Guadajoz-Tales, in dem Caesar marschiert. Die umliegenden Höhen sind ca. 100 m über dem Tal.

28 *re* ist als Genitiv *rei* zu verstehen.

29 Zusammenziehung zweier Aussagen: Caesar besetzte zum Schutz gegen das Anrücken des Pompeius mehrere Hügel und legte dort Kastelle an.

30 *per convalles castra constituit*: Zusammenziehung zweier Aussagen: *per convalles iter fecit et castra constituit*

31 Auf dem Cerro de la Ventosilla.

32 Siehe Kapitel »Militärisches«.

33 Ähnlich formuliert Caesar civ. 2,1,1: *aggerem, vineas turresque ad oppidum agere instituit*.

34 In den Bürgerkriegen hatte man begonnen, nicht nur römische Bürger, sondern auch Provinzialen zu den Legionen einzuziehen. Es gab in Spanien nur eine *legio vernacula* (Caes. civ. 2,20,4 *altera ex duabus legionibus ⟨sc. Varronis⟩ quae vernacula appellabatur* (vgl. Bell. Hisp. 12,1; 20,2). Sie bestand aus Provinzialen, wurde nach Varros Kapitulation mit der zweiten Legion, die schon lange in Spanien stand, von Caesar dem neuen Statthalter Q. Cassius übergeben (civ. 2,21,4; Bell. Alex. 53,5). Von diesem übernahm sie Gaius Trebonius, der früher Legat Caesars und Prätor in Rom gewesen war und den Caesar als Nachfolger für Quintus Cassius Longinus entsandt hatte (Bell. Alex. 64; vgl. Caes. civ. 1,36 u. 3,20). Im Jahr 46 v. Chr. meuterten beide Legionen und gingen zu Gnaeus Pompeius über.

35 Afranius war nach seiner Festnahme nach der Schlacht bei Thapsus (6. April 46 v. Chr.) bei einem Tumult im Lager ums Leben gekommen (Bell. Afr. 95,3). Daher kann davon ausgegangen werden, dass der junge Gnaeus Pompeius dessen Soldaten nach Spanien transportieren ließ.

36 D. h. Caesars Soldaten.

37 Weil es wenig Baumaterial gibt und die Bewässerung der Anbaufläche den Bächen und Flüssen Wasser entzieht, sodass die die Wasserversorgung eines Heeres schwieriger ist.

38 Gemeint sind die Lusitanier, die häufig aus ihrem Gebiet in das fruchtbare Andalusien vorstoßen.

39 Vgl. Bell. Alex. 1,3: *tecta sunt ⟨aedificia⟩ rudere aut pavimentis*; in Afrika hat man Ziegeldächer.

40 Gemeint ist *Hispania ulterior*, das jenseitige Spanien.

41 Bell. Hisp. 7,1 u. 7,3.

42 *grumus* ist ein seltenes Substantiv und mit dt. »Krume« urverwandt; es gibt dafür gemäß ThLL (VI, 2, Sp. 2338, ZZ. 19–46) keine 20 Belegstellen; Festus (Paul. Fest. 86) definiert es wie folgt: *grumus est terrae collectio, minor tumulo.*

43 Es bedrohte die Verbindung des Pompeius mit Corduba.

44 D. h. von den Höhen am südlichen Guadajoz-Ufer.

45 *clamore repentino telorumque multitudine iactus facere*: auch im vorliegenden Fall Zusammenziehung von zwei Aussagen: *clamore repentino ⟨nostros aggredi⟩ telorumque multitudine iactus facere.*

46 Die Zenturionen sind schwerer zu ersetzen als gemeine Soldaten, deswegen werden sie hervorgehoben.

47 Es besteht keine Veranlassung, den ansonsten unbekannten Arguetius mit Clodius Arquitius (Bell. Hisp. 23,8) gleichzusetzen, wie es Kohl (1924, 38–42) getan hat, um Arguetius als Autor des *Bellum Hispaniense* zu beweisen. Kohl verstieg sich sogar zu der These, es sei *ex Italica* statt *ex Italia* zu lesen.

48 Dort rüstete Caesar für den Feldzug gegen die Daker und Parther, zu dem er am 18. März 44 v. Chr. aufbrechen wollte (vgl. Literaturverzeichnis → Malitz).

49 D. h., es wurde vergessen, an geeigneter Stelle darauf hinzuweisen.

50 Vgl. Bell. Afr. 80.

51 Da es Pompeius nicht gelungen war, Caesars Belagerungsring vor Castra Postumiana zu sprengen und dadurch die Verbindung mit seiner Verpflegungsbasis Corduba (Bell. Hisp. 11,1) zu sichern, verlegte er sein Lager weiter nach Corduba zu, d. h. westlich des Hügels von Harinilla.

52 D. h. Caesars.

53 Sie wollten Caesars aus Holz erbaute Belagerungswerke treffen und in Brand stecken.

54 D. h. Caesars.

55 vgl. die Anmerkung zu Bell. Hisp. 7,4.

56 D. h., diese Soldaten hatten schon vor Caesars Ankunft in Spanien gestanden; vgl. Bell. Hisp. 2,2.

57 Kübler stellte an dieser Stelle eine Lücke fest; nach Klotz gehört in diese Lücke etwa folgende Aussage: »Sie gehörten Soldaten der Legionen, die Cassius befehligt hatte und die dann ⟨*a*⟩ *Trebonio transfugerant.*

58 Damit sie nicht mehr kämpfen konnten; dass eine solche Maßnahme nichts

Ungewöhnliches war, beweist Caesars Maßnahme gegenüber den Aufständischen in der Stadt Uxellodunum: *omnibus qui arma tulerant manus praecidit vitamque concessit, quo testatior esset poena improborum* (Hirt. Gall. 8,44,1).

59 Sie soll die Wasserversorgung der Pompejaner gewährleisten.

60 D. h. Caesars.

61 D. h. mit einem beschriebenen Zettel als Anhang.

62 D. h. den Widerstand aufgeben.

63 D. h. den sog. Widder in Bewegung zu setzen.

64 Gemeint ist die vordere Steinschicht der Mauer, da Ategua wohl schwerlich doppelte Mauern hatte.

65 Nipperdey stellte an dieser Stelle eine Lücke fest; nach Klotz (Kommentar zum *Bellum Hispaniense*, 1927, 66) muss in dieser Lücke sinngemäß gestanden haben: Die Städter schickten die eingedrungenen Caesarianer zurück mit einem Schreiben an Caesar, zu dessen Inhalt gehört: *missos facere ... orabant.*

66 Ähnlich Caes. Gall. 5,41,7.

67 *magna pars hominum ... non dubitarunt*: constructio ad sensum.

68 Solche Geschosse konnten bis zu 5 kg schwer sein und hatten eine Reichweite von bis zu 200 m.

69 Die Nottürme der Belagerten sind aus Holz.

70 Das Verb *deicere* hat an dieser Stelle die Bedeutung *depellere (de loco superiore)* (ThLL V, 1, Sp. 397, Z. 78); die Konnotation »töten«, die in manchen Übersetzungen zu finden ist, liegt gemäß ThLL nicht vor.

71 Bei *eius praeteriti temporis* liegt nach Klotz (Kommentar zum *Bellum Hispaniense*, 1927, 68) ein Gräzismus in Gestalt eines Genitivus absolutus vor; *eius praeteriti temporis* würde somit dem Ablativus absolutus *hoc praeterito tempore* (Bell. Hisp. 11,3) entsprechen.

72 D. h. auf dem Nordufer des Río Guadajoz. Pompeius suchte dort festen Fuß zu fassen, um von hier aus Caesars Unternehmungen gegen Ategua zu stören und seine Verbindungen zu bedrohen, sowie um die eigenen Verbindungen mit Corduba zu sichern.

73 D. h. Caesars.

74 Nämlich dass abgesessene Reiter gegen Infanteristen kämpften.

75 D. h. Caesars.

76 Und sie damit zu hastiger Flucht genötigt.

77 D. h. diejenigen Einwohner von Ategua, die pompejanische Besatzung bei sich aufgenommen hatten.

78 D. h. Caesars.

79 Da der Damm auch aus Flechtwerk und Balken besteht.

80 Auf der Flussseite im Süden.

81 Stangen mit sichelförmigem Haken zum Einreißen von Mauern (gr. ἁρπαγή »Haken«).
82 Unter dessen Preisgabe sie sich zu Pompeius durchschlagen wollten.
83 Pompeius hatte nichts zum Entsatz von Ategua unternommen; vgl. Cassius Dio 43,33,3: »Pompeius, auf die Stärke des Platzes vertrauend und in der Meinung, Caesar werde sich im Winter nicht lange vor der Stadt ⟨Ategua⟩ halten können, zumal er auch seine Leute nicht der Strenge der Jahreszeit aussetzen wollte, ließ es anfangs geschehen und kam nicht zu Hilfe« (in der Übersetzung von Leonhard Tafel, bearbeitet von Lenelotte Müller).
84 Es handelt sich um Abgesandte der pompejanischen Besatzung von Ategua.
85 Für einen Römer ein unwürdiger Zustand.
86 Weil Pompeius sie nicht entsetzte.
87 Bei einem Sollbestand von 200 ist ein Verlust von 35 Mann beträchtlich. Pompeius versuchte die Nachricht von der Niederlage zu vertuschen.
88 *servōs* entspricht *servus*, nicht *servōs*.
89 Klotz stellte an dieser Stelle eine Lücke fest.
90 An dieser Stelle stellte schon Nipperdey eine Lücke fest.
91 Lusitanier bilden offensichtlich die Besatzung von Ategua (vgl. Bell. Hisp. 17,1 Cato Lusitanus).
92 Die Flotte des Pompeius liegt vor Carteia, wohin Pompeius nach der Schlacht von Munda (32,6) flüchtet. Damit gibt er Ategua preis.
93 D. h. einer der Holztürme in Caesars Heer.
94 D. h. keine bedingungslose Übergabe, sondern eine *deditio in fidem* (vgl. Flurl, 1969); daher *fidem praestaturum* in Caesars Antwort: der Feldherr gewährt die Schonung.
95 D. h. am 19. Februar (45 v. Chr.).
96 Vgl. die Anmerkung zu Bell. Hisp. 7,4.
97 D. h. Caesars.
98 D. h. zu Caesar.
99 Chacon konjizierte *Ursaonenses*, Glandorp und Nipperdey *Ursavonenses*. Klotz vermutet eine der Stadt *Bursao* in *Hispania citerior* (Plin. nat. 3,24 [heute Borja, ca. 65 km nordwestlich von Saragossa]) gleichnamige Stadt in der *provincia Baetica* von unbekannter Lage. An Ursao sei nicht zu denken, weil es zu sehr abseits liege. Dass nach Ateguas Fall Städte der Gegend zu Caesar übertraten, berichtet Cassius Dio 43,35,1 (»Nach dem Fall dieser Stadt ⟨Ategua⟩ widerstanden auch die übrigen nicht länger, sondern boten entweder durch Gesandte ihre Unterwerfung an oder nahmen ihn und seine Unterfeldherren in ihre Mauern auf« [in der Übersetzung von Leonhard Tafel, bearbeitet von Lenelotte Müller]). Damit besserte sich auch Caesars schwierige Verpflegungslage.

100 D. h. Caesars.

101 D. h. die Stadtbewohner.

102 Nipperdey stellte an dieser Stelle eine Lücke fest, deren Sinn etwa wäre: Die Anhänger Caesars bestimmten sie, sich erst zu überzeugen, ob der Bericht der Gesandten der Wahrheit entspräche.

103 *legatorum responsa ita esse gesta quemadmodum illi rettulissent*: Zusammenziehung von zwei Aussagen: *legatorum respona vera rettulisse* und *res ita esse gestas quemadmodum illi rettullissent.*

104 Vermischung zweier Ausdrücke: *in suam potestatem redigere* und *recipere.*

105 Um keine Waffen im Gewand verstecken zu können.

106 In diesem Bergland konnten sich die Flüchtigen leicht der Verfolgung entziehen (*profugere* bezeichnet Präsens der Dauer).

107 Vermischung zweier Ausdrücke: *sibi propositam esse* und *propositum habere.*

108 Der Text ist an dieser Stelle verderbt. Ein monatlicher Sold von 17 Denaren ist jedoch wahrscheinlicher als ein Tagessold von 17 As. Mommsen errechnete als Jahreslöhnung des Legionärs 120 Denare; unter Augustus erhielt ein Legionär einen Jahressold von 225 Denaren.

109 Um die *aquatio* sicherzustellen.

110 D. h. Caesars.

111 Ein solches Zitat findet sich bei Ennius nicht. Vgl. jedoch Bell. Afr. 52,2 *pulsi parumper cesserunt.*

112 D. h. der andere Zenturio.

113 Handschriftlich überliefert ist *ingressus*, das noch Nipperdey benutzte, während zuvor Lipsius *regressus* konjizierte, das Way für seine Ausgabe übernahm. Fleischer konjizierte *in ⟨re⟩gressu* (genauer: *in ⟨re⟩gressu[s]*; so bei Pascucci); diese Lösung wurde auch von Pascucci und Diouron übernommen. Klotz' Konjektur *in⟨teger re⟩gressus* konnte sich bislang nicht weiter durchsetzen.

114 Vornehmlich *phalerae* (Brustschmuck) und *torques* (Halsketten).

115 Der Text ist an dieser Stelle verderbt. Handschriftlich überliefert ist am Satzanfang *huius concidentis temporis aquari fortis insignia*, was sich als nicht schlüssig erweist. Nipperdey bietet in seiner Ausgabe die Konjektur ⟨*In*⟩ *huius concidentis, centurionis ac viri fortis*, Fleischer konjizierte zunächst (1885) *incidentis* (statt *concidentis*), dann (1895) *ad viri* (statt *aquari*). Koch emendierte *comparis* (statt *temporis*). Die Sequenz *Huius concidentis comparis ad viri* übernahmen Pascucci und Diouron für ihre Ausgaben, während es Klotz bei der Kenntlichmachung der Textverderbnis † *huius concidentis temporis* belässt, jedoch *ad viri* in seine Ausgabe aufnimmt.

116 Reiter gegen Reiter und Reiter gegen Leichtbewaffnete.

117 D. h. am 5. März 45 v. Chr. (vgl. Bell. Hisp. 27,2).

118 D. h. Caesars.

119 Zu *grumus* vgl. die Anmerkung zu Bell. Hisp. 8,6.

120 *subnisi* ist eine Konjektur von Dinter (handschriftliche Überlieferung: *quo subsidio ut nisi*).

121 D. h. Caesars.

122 D. h. die Truppen des Pompeius.

123 Memnon, Sohn des Thitonus und der Aurora, Verbündeter der Trojaner, erlag schließlich der Tapferkeit des Achilles.

124 Vermischung zweier Ausdrücke: *finem bellandi* ⟨*adducere*⟩ und ⟨*bellum*⟩ *dirimere*.

125 »Ihre« (*quorum*) verweist auf das Kämpferpaar Antistius und Pompeius Niger, nicht auf das Subjekt des vorausgehenden Satzes, d. h. die Zuschauer.

126 Schon ältere Herausgeber haben an dieser Stelle eine Lücke festgestellt. Nach Klotz (Klotz [1927, 87 f.]) muss in der Lücke sinngemäß Folgendes zum Ausdruck gekommen sein: »Caesar stellt die Leichtbewaffneten so auf, dass sie die weichenden Reiter stützen können. Diese weichen, und die nachdringenden feindlichen Reiter stoßen auf die Leichtbewaffneten.«

127 D. h. Caesars Leichtbewaffnete.

128 *milia X III* ist wie folgt zu lesen: *milia denarium tria*.

129 *milia X II* ist wie folgt zu lesen: *milia denarium duo*.

130 Nach Bell. Hisp. 31,9 fielen in der Schlacht von Munda 3000 römische Ritter.

131 Obgleich der Brief abgefangen wurde, hatten die Einwohner von Ursao Kenntnis von ihm (Bell. Hisp. 28,2–3). Wichtige Meldungen wurden offensichtlich durch mehrere Boten befördert.

132 S. V. G. E. V. = s⟨i⟩ v⟨aletis⟩ g⟨audeo⟩ e⟨go⟩ v⟨aleo⟩.

133 Eine schon von älteren Herausgebern festgestellte Lücke.

134 Caesar verfügte über vier Veteranenlegionen (III. V. VI. X.) und vier junge Legionen.

135 D. h. den Pompejanern.

136 In Ategua hatte Caesar Proviantmagazine erbeutet.

137 Kübler stellte an dieser Stelle eine Lücke fest – anscheinend fehlt die Anzahl der Kohorten – und ergänzte ⟨*in*⟩ *animo*.

138 D. h. Caesars.

139 Jene Gegend ist auch heute noch von Olivenhainen geprägt. In der Provinz Jaén z. B. erstrecken sich endlos Olivenhaine über die sanft gewellten Hügel.

140 D. h. seit dem 5. März (46 v. Chr.).

141 Vgl. Bell. Hisp. 24.

142 Unbekannter Ort in der Ebene von Munda; kaum gleichzusetzen mit dem 120 km westlich von Soricaria und über 60 km von Ursao entfernten Hispalis.

143 Pompeius ließ die geräumte Stadt in Brand stecken, um Caesar keine Unterkunftsmöglichkeit zu gewähren und die Vorräte zu vernichten (Strategie der verbrannten Erde).

144 Das *fustuarium* war eine Strafe für schwere militärische Vergehen (vgl. W. Fischer [1914, 142]). Selten kam einer lebend davon.

145 »Für den Aufbruch zur Schlacht wird das Zeichen durch Hissen der roten Feldherrnfahne [...] gegeben. [...] Damit war der Befehl zum Anlegen der Waffen und Fertigmachen von Mannschaften und Pferden gegeben.« (W. Fischer [1914, 103]). Durch das zeitige Ausrücken kann Pompeius das Schlachtfeld bestimmen.

146 D. h., Caesar lagerte auf dem Höhenrand der Ebene von Vanda.

147 Pompeius stand am Rand des oberen Abhangs.

148 Bell. Hisp. 7 und 8.

149 Zusammenziehen zweier Aussagen: *id quod Caesar sensit* und *cum Caesar ... vidisset.*

150 D. h. Caesars.

151 Wörtlich: »sich zum Patron (d. h. Beschützer) für das (für den Feind) ungünstige Terrain aufzuwerfen« (möglicherweise ironisch gemeint).

152 D. h. Caesars.

153 80 Kohorten ~ 8 Legionen, bestehend aus Infanteristen.

154 D. h. ansteigendes.

155 Als Vorbereitung für das Aufschlagen des Lagers.

156 D. h. Caesars.

157 Gemäß ThLL hat *collatus* (*-ūs*) hier die Bedeutung von *collatio* (*-onis*) (»Vergleichen, Vergleich«).

158 D. h. der Rekruten.

159 Ein solches Zitat findet sich in den Fragmenten des Ennius nicht; vgl. jedoch Sil. Pun. 4,353 *pesque pedem premit* und 9,325 *pes pede virque viro teritur.*

160 Das Fest des altitalischen Gottes der Befruchtung, *Liber pater*, der später mit dem griechischen Gott Bacchus gleichgesetzt und als Weingott (»der von Sorgen und Mühen befreiende Gott des Weines«) aufgefasst wurde, fand alljährlich am 17. März statt.

161 D. h. die Stadt Munda; vgl. Bell. Hisp. 31,7 *quibus oppidum fuit subsidio.*

162 Zum Folgenden vgl. Laarmann (2015, 83–95, bes. 86–87).

163 Caesars Verluste sind verhältnismäßig klein, weil die Verluste an Toten bei der Flucht eintraten.

164 D. h. die Legionsadler aller gegnerischen Legionen; vgl. Bel. Hisp. 31,1.

165 Klotz stellte diese drei Lücken fest und versuchte sie auszufüllen: *praeterea* ⟨*capti...*⟩ (diese Ergänzung wurde nicht von Pascucci und Diouron übernommen) und *hos habuit* ⟨*hostium numero* ... (d. h. mit offenem Ende). Nur ein

Teil der Handschriften bietet noch folgenden Text: *praeterea duces belli* XVII *capti sunt. Hos habuit res exitus.* (»Siebzehn Anführer wurden gefangen. Dies war der Ausgang der Sache.«).

166 Vor allem solche Soldaten, die einst unter Afranius und Petreius gestanden und nach der Kapitulation bei Ilerda (49 v. Chr.) von Caesar begnadigt und die Heimat entlassen worden waren, danach aber im Heer der Pompeius-Söhne erneut gegen Caesar kämpften; für sie und für Überläufer von Caesar zur Gegenseite gab es keinen Pardon.

167 D. h. Caesars.

168 Die zum Bau von Wällen verwendet wurden.

169 An dieser Stelle ist der Text verderbt. Klotz fasst *universa* als Neutrum Plural auf.

170 Vermutlich die Soldaten Caesars.

171 Der Text ist an dieser Stelle verderbt.

172 Pascucci und frühere Bearbeiter stellten zwischen *oppidum* und *ex* eine Lücke fest. Klotz schloss diese Lücke mit der Ergänzung ⟨*quod vallo facto*⟩, welche Diouron übernahm.

173 Gnaeus Pompeius war an der Schulter und am linken Schenkel verwundet (Bell. Hisp. 38,2).

174 D. h. nach Corduba.

175 Wie Bell. Hisp. 5,1 auf dem Nordufer des Baetis.

176 Zu *pyra* (πυρά) in der Bedeutung »Scheiterhaufen« vgl. Bell. Afr. 91,2.

177 D. h. Caesars.

178 Überläufer und entlaufene Sklaven.

179 Cassius Dio (43,39,2) berichtet Folgendes: »Caesar ließ alle, die er unter Waffen fand, niedermachen und die anderen als Sklaven verkaufen. Das Gleiche tat er auch zu Hispalis (das spätere Sevilla), wo man anfangs freiwillig eine Besatzung von ihm aufnahm, nachher sie aber niedermachte und die Waffen wider ihn ergriff« (in der Übersetzung von Leonhard Tafel, bearbeitet von Lenelotte Müller).

180 D. h. Caesars.

181 Vgl. Bell. Hisp. 36,1.

182 Gaius Didius war mit Caesars Flotte von Sardinien aus zur Verfolgung des Gnaeus Pompeius nach Spanien geschickt worden (vgl. Cassius Dio 43,14,2) und hatte dessen Flotte bei Carteia geschlagen (vgl. Cassius Dio 43,31,3 u. Florus 2,13,75).

183 Klotz stellte an dieser Stelle eine Lücke fest und schlug als Ergänzung etwa vor: ⟨*naves paratas habebat*⟩ (»und der einsatzbereite Schiffe hatte«); diese Ergänzung wurde jedoch weder von Pascucci noch von Diouron übernommen.

184 *quarto die navigatione* wurde von Nipperdey als verderbt und falsch platziert erkannt und in der richtigen Form *quarto die navigationis* an den Beginn von (3) verlegt.

185 Es liegt vermutlich eine Verdrehung/Verrenkung (Torsion) des Sprunggelenks vor; eine völlige Ausrenkung des Gelenks (Luxation) ist nahezu ausgeschlossen; bei einer solchen Verletzung hätte Pompeius die beschriebene Strecke nicht mehr zurücklegen können.

186 *Lusitanis* (dat. auct.) ~ *a Lusitanis.*

187 D. h. Caesars.

188 Nach Bell. Hisp. 40,1 war er bei der Aktion anwesend.

189 D. h. auf gleicher Höhe.

190 Bell. Hisp. 38,2.

191 D. h. Caesars.

192 Caesar weilte bereits als Quästor 68 v. Chr. in Gades; vgl. dazu Begleittext Nr. 1 (Sueton).

193 D. h. am 12. April (45 v. Chr.); vgl. Kapitel »Zeiteinteilung«.

194 Bell. Hisp. 37,2–3.

195 Der überlieferte Text ist an dieser Stelle verderbt und nicht übersetzbar.

196 Nipperdey stellte an dieser Stelle eine Lücke fest, die Klotz wie folgt ergänzte: ⟨*cum Lusitanis confligebat. Tum illi*⟩ (»kämpfte er mit den Lusitaniern. Daraufhin jene«). Pascucci und Diouron übernahmen diese Konjektur nicht, sondern beließen es bei der Angabe der Lücke.

197 Am 30. April 45 v. Chr. war Caesar in Hispalis.

198 Setzt Bell. Hisp. 32,3 fort.

199 Verschiedene Herausgeber (aber nicht Nipperdey) stellten an dieser Stelle eine Lücke fest. Klotz und Pascucci schlagen als Ergänzung vor: ⟨*qui superfuerunt* (Pascucci: *superfuerant*), *deditionem*⟩ *faciunt* (»Die Überlebenden ergaben sich.«). Kübler hatte 1897 als Ergänzung vorgeschlagen: *facta caede bene magna* ⟨*ei qui victores restiterunt, deditionem*⟩ *faciunt* (»… diejenigen, die siegreich Widerstand leisteten, ergaben sich.«).

200 D. h. Caesars.

201 Nipperdey stellte an dieser Stelle eine Lücke fest; Klotz schlug als Ergänzung vor: ⟨*longius petere necesse esset*⟩ (»Dann kam außerdem hinzu, dass es nötig war, einen Damm etwas weiter weg anzulegen«); der verderbte Text ist nur bedingt übersetzbar.

202 Nur ein kleiner Teil der Handschriften überliefert an dieser Stelle *commemorat*; das von Nipperdey und du Pontet in ihre jeweilige Textausgabe aufgenommen wurde, da ansonsten in dem Satz ein Prädikat fehlt. Doch wie aus dem von Rice Holmes in der Einleitung genannten Zitat hervorgeht, folgt die

Sprache des Verfassers oft nicht grammatischen Regeln, wie es auch hier der Fall ist.

203 Caesar hatte in Hispania ulterior als Quästor im Jahr 68 v. Chr. und als Proprätor in den Jahren 61 und 60 v. Chr. amtiert (vgl. hierzu Begleittext Nr. 1 und Suet. Iul. 18: *Ex praetura ulteriorem sortitus Hispaniam* [»Nach Ablauf seiner Prätur fiel Caesar durch das Los das südliche Spanien als Provinz zu«] (vgl. Plut. Caes. 5).

204 Quintus Caecilius Metellus Pius hatte als Prokonsul zusammen mit Gnaeus Pompeius Magnus den Aufstand des Sertorius in Spanien (79–71 v. Chr.) niedergeschlagen. Die von Metellus eingeführten Strafsteuern konnten nach Beendigung des Krieges gegen Sertorius 62 v. Chr. abgeschafft werden.

205 Die Beschützung dieser Provinz, deren Interessen ein Patron zu vertreten hatte; damit verbunden deren Verteidigung vor Gericht.

206 59 v. Chr.

207 Ein Völkerrecht im Sinne eines Systems, das die zwischenstaatlichen Beziehungen regelt, gab es in der Antike nicht. Doch finden sich sowohl in Griechenland als auch in Rom Ansätze, die auf die Regelung gewisser »internationaler« Fragen abzielten, z. B. allgemeine Friedenspflicht während panhellenischer Feste (z. B. Olympische Spiele), Feste, Staatsverträge und die Unverletzlichkeit der Gesandten. Der religiöse Charakter derartiger völkerrechtlicher Grundsätze kam zum Ausdruck z. B. in der Anwendung sakraler Mittel (Eide usw.) oder gewisser Riten, die von den damit befassten Priestern z. B. bei Kriegserklärungen und Friedensschlüssen ausgeführt werden mussten. Unter *ius gentium* ist demzufolge ein allgemeines Recht zu verstehen, wobei das allgemeine das bei allen Völkern zu findende Recht war. Im praktischen Rechtsgebrauch bezeichnete *ius gentium* mit der Zeit vor allem das Vertragsrecht und verkörperte vermutlich die Regeln, die allgemein von den Völkern des Mittelmeerraums bei ihren Handelsgeschäften beachtet wurden. Das »Recht der Völker« war ein von den Römern entwickeltes Zivilrecht für Rechtsverhältnisse zwischen Römern und Nichtrömern oder zwischen Nichtrömern untereinander.

208 Vgl. Bell. Alex. 52.

209 *odisse* kann unter Umständen auch die Bedeutung eines Perfekts haben; vgl. die Perfektbildung *odivit* Cic. Phil. 13,42 und die mittelalterliche Inschrift am Sarkophag mit dem Leichnam von Papst Gregor VII. († 25. Mai 1085) im Dom von Salerno: *Dilexi iustitiam et odivi iniquitatem, propterea morior in exsilio.* (»Ich habe die Gerechtigkeit geliebt und das Unrecht gehasst, deshalb sterbe ich in der Verbannung.«).

210 So wie es die Titanen versuchten.

211 Sowohl Klotz als auch Pascucci vermuten, dass nach diesem abrupten Ende nicht allzu viel Text ausgefallen ist.

NAMHAFTE CAESARFORSCHER

Im Folgenden werden die für die Textbearbeitung des *Bellum Alexandrinum*, *Bellum Africum* und *Bellum Hispaniense* relevanten klassischen Philologen, deren Namen in den Anmerkungen des Öfteren begegnen, in alphabetischer Reihenfolge genannt und kurz vorgestellt.

Caspar von **Barth** (1587–1658), latinisiert Barthius, Philologe und Privatgelehrter, zuletzt im Leipziger Paulinum; philologische Editionen zu klassischen Texten von hohem wissenschaftlichem Niveau; 1624 *Adversariorum commentariorum libi LX*

Alfonso **Chacón** (1530–1599), latinisiert Alphonsus **Ciacconius**, spanischer Dominikaner, Altertumsforscher (Antiquar), Kirchenhistoriker und Zeichner, Pionier der christlichen Archäologie

Bernhard **Dinter** (1825–1900), klassischer Philologe an der Königlichen Landesschule St. Afra zu Meißen und an der Königlichen Landesschule in Grimma; *Quaestiones Caesarianae* (Grimma 1876); *C. Iuli Caesaris Commentarii cum A. Hirti aliorumque supplementis*; *C. Iuli Caesaris belli Gallici libri cum A. Hirti libro octavo; C. Iuli Caesaris Commentarii de bello civili* (= *C. Iuli Caesaris Belli Civilis libri III*) (1886/1887)

Johann Friedrich **Dübner** (1802–1867), klassischer Philologe, ab etwa 1832 in Paris bei den Buchhändlern, Typographen und Schriftstellern Firmin und Pierre Didot wirkend. Als Herausgeber mit Ulco Cats Bussemaker und Johann Heinrich Emil Heitz Erstellung einer Gesamtausgabe des Aristoteles (5 Bde., Didot, Paris 1848–1869). Von Napoleon III. wurde Dübner mit einer Caesar-Ausgabe beauftragt und erhielt dafür das Kreuz der Ehrenlegion; *Commentarii de bellis Gallico et civili: Aliorum de bellis Alexandrino, Africano et Hispaniensi.* 2 Bde. (1867).

Curt **Fleischer** (die genauen Lebensdaten sind nicht feststellbar): klassischer Philologe und Gymnasiallehrer am St. Afra-Gymnasium Meißen; *Observationes criticae de bello Hispaniensi*, Progr. Meißen 1876; *Kritisches und Exegetisches zum Bellum Gallicum und Bellum Hispaniense*, Progr. Meißen 1879; *Kritische und exegetische Bemerkungen zum Bellum Hispaniense*, Progr. Meißen 1895 (Weiteres s. Literaturverzeichnis)

Peter Wilhelm **Forchhammer** (1801–1894), klassischer Philologe, Archäologe, liberaler Politiker; nach 1829 Privatdozent, 1836 außerordentlicher, 1842 ordentlicher Professor an der Universität Kiel; *Quaestiones criticae de vera commentarios de bellis civili, Alexandrino, Africano, Hispaniensi emendandi ratione* (Kopenhagen 1852)

Johann **Glandorp** (1501–1564), latinisiert Ioannes Glandorpius, Humanist, Pädagoge, Dichter, ev. Theologe und Reformator, Schüler Melanchthons; *Ioannis Glandorpii Monasteriensis annotationes doctiss. in C. Iulii Caes. et Hircii* [sic!] *vel Oppij* [sic!] *de bello Gallico, civili, Alexandrino, Africano et Hispaniensi Commentariorum ac Derelictorum libros editae studio et opera Reineri Reineccii Steinhemii* (Leipzig 1574)

Wolfgang **Hering** (1928–1986), Professor für Urgeschichte und Altertumswissenschaften an der Sektion Geschichte der Universität Rostock. Fachmann für die Schriften Caesars; 1963 *Die Recensio der Caesarhandschriften* (Habilitationsschrift 1960); 1987 Teubner-Ausgabe (Leipzig) von *C. Iulii Caesaris commentarii rerum gestarum Vol. I: Bellum Gallicum*.

Thomas Rice **Holmes** (1855–1933), britischer Gelehrter und Historiker, grundlegende Arbeit zu Julius Caesar und seinen *commentarii de bello Gallico*

Alfred **Klotz** (1874–1956), klassischer Philologe, 1905–1911 Privatdozent an der Universität Straßburg (Strasbourg), 1911–1920 Ordinarius an der Deutschen Karl-Universität Prag, ab 1920 Ordinarius an der Universität Erlangen; 1927 Teubner-Ausgabe von *C. Iuli Caesaris commentarii. Vol. 1: commentarii belli Gallici* (Weiteres s. Literaturverzeichnis).

Bernhard **Kübler** (1859–1940), klassischer Philologe und Rechtshistoriker, ab 1912 Professor für römisches und bürgerliches Recht an der Universität Erlangen; *C. Iulii Caesaris Commentarii cum A. Hirtii aliorumque supplementis*, 3 Bde.: vol. I: *Commentarii de bello Gallico*; vol. II: *Commentarii de bello civili*; vol. III,1: *Commentarius de bello Alexandrino* (zusammen mit *Commentarius de bello Africo*, rec. Ed. Wölfflin); vol. III,2: *Commentarius de bello Hispaniensi. C. Iulii Caesaris et A. Hirtii fragmenta* (Leipzig 1893–1897; s. auch Literaturverzeichnis)

Gustav **Landgraf** (1857–1932), Pädagoge und (klassischer) Philologe; 1881 Studienlehrer in Schweinfurt, ab 1886 am Wilhelmsgymnasium München (seit 1894 Gymnasialprofessor), 1905–1906 Rektor des Humanistischen Gymnasiums in Schweinfurt, 1906–1913 Rektor des Gymnasiums in Bayreuth, 1913–1934 Rektor des Maximilians-

gymnasiums München; 1911 Oberstudienrat, 1923 Geheimer Oberstudienrat (s. Literaturverzeichnis)

Joest Lips, latinisiert Justus **Lipsius** (1547–1606), flämischer Philosoph, Humanist und klassischer Philologe, Professor für Geschichte und Latein an den Universitäten Jena (1572–1573), Löwen (1576–1578), Leiden (1578–1590) und nochmals Löwen (1592–1606). Neben Erasmus von Rotterdam der bedeutendste Epistolograph des Humanismus. Erste kritische Tacitus-Werkausgabe (1574); Editionen von Livius (1579), Caesar (*C. Iulii Caesaris Commentarii de bello Gallico et civili. Eiusdem librorum, qui desiderantur, fragmenta, Antwerpen* 1586; *C. Iulii Caesaris omnia quae exstant opera et iudicio CL. V. Iustii Lipsii emendata et edita*, Douai 1620) und Velleius Paterculus (1591) sowie der philosophischen Werke Senecas (1605)

Johan Nicolai **Madvig** (1804–1886), dänischer klassischer Philologe und Politiker, 1828 Promotion in Klassischer Philologie und Lektorat an der Universität Kopenhagen, 1829–1879 Professor ebd.; klassischer Sprachgelehrter von europäischem Format, vor allem auf dem Gebiet der Textkritik; 1867–1886 Präsident der Dänischen Akademie der Wissenschaften; 1848–1851 dänischer Kultusminister; 1852–1853 Präsident der zweiten Parlamentskammer; 1848–1879 Inspektor des Höheren Schulwesens; *Adversaria critica ad scriptores Graecos et Latinos. 3 Bände. 1871–1884. Vol. II: Emendationes Latinae* (Kopenhagen 1873)

Aldus **Manutius** (1449–1515), venezianischer Buchdrucker (zu seiner Zeit bedeutendster Drucker griechischer Texte) und Verleger, treibende Kraft bei der Wiederentdeckung der antiken Literatur in der Renaissance, lieferte dem europäischen Humanismus kritisch durchgesehene und hervorragend gedruckte Texte; ab 1495 erste Drucke der Welt in griechischen Lettern; Erfinder der Antiqua; 1501 erste Verwendung der Kursivschrift im Buchdruck; preisgünstige »Taschenbuch«-Ausgaben (Aldinen); *Hoc volumine continentur haec: Commentariorum de Bello Gallico libri VIII. De Bello Civili Pompeiano Libri IIII* [sic!] (Venedig 1513)

Carl **Nipperdey** (1821–1875), klassischer Philologe; 1846 *De supplementis commentariorum C. Julii Caesaris* (Diss. Berlin); 1850 Habilitation in Leipzig; danach Privatdozent; 1852 außerordentlicher Professor für Klassische Philologie an der Universität Jena, 1854 ordentlicher Professor; 1867 Professor der Beredsamkeit; 1847 *C. Julii Caesaris Commentarii cum supplementis A. Hirtii et aliorum. Caesaris Hirtiique fragmenta* (grundlegende und bahnbrechende Ausgabe)

Robert **Novák** (1853–1915), klassischer Philologe, 1877 Gymnasiallehrer für Latein und Griechisch, 1878 Promotion, 1875–1889 im Mittelschuldienst in Prag, 1882 Privatdozent an der Tschechischen Universität Prag, 1889 außerordentlicher Professor, 1896 ordentlicher Professor; Schwerpunkt: textkritische Studien zu den römischen Prosaikern; zahlreiche Konjekturen, jedoch auch übermäßige Vorliebe für Athetesen und geringe Berücksichtigung der paläographischen Wahrscheinlichkeit

Franz van **Oudendorp** (1696–1761), latinisiert Oudendorpius, niederländischer klassischer Philologe, 1724 Rektor der Lateinschule in Nijmegen, 1726 Rektor der Lateinschule in Haarlem, 1740 Professor der Geschichte und Rhetorik an der Leidener Hochschule (25.10.1740 Einführungsrede *De Caji Julii Caesaris studiis*); 1737 *C. Julii Caesaris de Bellis Gallico et Civili Pompeiano nec non A. Hirtii, aliorumque de Bellis Alexandrino, Africano, et Hispaniensi commentarii.* 2 Bde (Leiden/Rotterdam 1737)

Anton **Polaschek** (1855–1912), Gymnasiallehrer für klassische Philologie in Brünn, Czernowitz und Wien und zuletzt Erster Direktor des Gymnasiums in Wien-Floridsdorf. Er beteiligte sich am Thesaurus Linguae Latinae; 1893 *Cäsars Bürgerkrieg, das bell. Alexandrinum und bell. Africum und der codex Vindobonensis 95 (Hist. prof. 594), Endl. LXV*; 1902 *Studien zur grammatischen Topik im corpus Caesarianum*; 1896 *Caesariana* (in: Serta Harteliana, Wien 1896, 224–226); 1906 *Caesariana*; 1911 mit Ignaz Prammer *Prammers Schulwörterbuch zu Cäsars Bellum Gallicum*

Johannes Müller, aus Rellikon (heute Riedikon, Ortsteils von Uster, Kanton Zürich, Schweiz), daher latinisiert Johannes **Rhellicanus** (ca. 1478/1488 – 1542), Schweizer Reformator, klassischer Philologe, Philosoph, Botaniker; Professor für Griechisch und Philosophie an der neuen Hochschule in Bern, 1538 Lehrer an der Lateinschule in Zürich, 1541 Pastor in Biel

Philip **Rubens** (1574–1611), latinisiert Philippus **Rubenius**, flämischer Philologe und älterer Bruder des Malers Peter Paul Rubens, Schüler von Justus Lipsius; 1608 *Electorum libri II*

Rudolf **Schneider** (1852–1911), Gymnasiallehrer für klassische Philologie und Deutsch in Berlin; Forschungsschwerpunkt: antike Militärgeschichte; er beschäftigte sich mit den Schriften des *Corpus Caesarianum* und unterstützte Heinrich Meusel bei der Edition von Caesars Schrift *De bello Gallico* (1894); *Bellum Alexandrinum* (1888, ^{2}1962); *Bellum Africanum* (1905, ^{2}1962); RE-Artikel »Geschütze« (RE VII,1 [1910], 1297–1322 (Weiteres s. Literaturverzeichnis)

Adolf **Schulten** (1870–1960), Althistoriker und Archäologe, 1907 außerordentlicher Professor, 1909 ordentlicher Professor für Alte Geschichte an der Universität Erlangen; grundlegende Forschungen auf dem Gebiet der spanischen Archäologie (u. a. Munda); 1897 *Die lex Manciana, eine afrikanische Domänenordnung. Abhandlungen der Kgl. Gesellschaft der Wissenschaften zu Göttingen, Phil.-hist. Classe, N. F. Band 2 № 3*; 1922–1950 *Iberische Landeskunde* (Weiteres s. Literaturverzeichnis)

Otto **Seel** (1907–1975), klassischer Philologe, 1929 Promotion an der Universität Erlangen (Sallust: von den Briefen *ad Caesarem* zur *Coniuratio Catilinae*, Leipzig 1930 [Teubner]), 1935 Habilitation an der Universität Erlangen (Hirtius. Untersuchungen über die pseudocaesarischen Bella und den Balbusbrief), 1936 Dozentur für Klassische Philologie an der Universität Erlangen, 1940 außerordentlicher Professor, 1943 Ordinarius; 1961 Teubner-Ausgabe (Leipzig) von *C. Iulii Caesaris commentarii rerum gestarum Vol. I: Bellum Gallicum* (dem Andenken an Bernhard Kübler und Alfred Klotz gewidmet); 1967 *Caesar-Studien* (Weiteres s. Literaturverzeichnis)

Eugène **Stoffel** (1823–1907), französischer Offizier (zuletzt im Rang eines Obersts) und Militärschriftsteller; *Histoire de Jules César: Guerre Civile*, 2 Bde. (Paris 1887)

Hans Jürgen **Tschiedel** (geb. 1941), klassischer Philologe und Germanist, 1969 Promotion an der Universität Erlangen; *Untersuchungen zu Caesars Anticato und kritische Neuausgabe des Bellum Alexandrinum* (1976, Habilitationsschrift, Erlangen); 1982–2007 ordentlicher Professor für Klassische Philologie an der Katholischen Universität Eichstätt; *Caesar, Bellum Gallicum. Vollständige Ausgabe. Mit einer Einleitung von Hans Jürgen Tschiedel und Sacherklärungen und ausgewähltem Bildmaterial von Gerhard Ramming. – Paderborn 1978* (Weiteres s. Literaturverzeichnis)

Michel de **Vascosan** (1500–1576), latinisiert Vascosanius, französischer Buchhändler und Buchdrucker; *C. Iulii Caesaris rerum ab se gestarum commentarii* (Paris 1543)

Brian Herbert **Warmington** (1924–2013), britischer klassischer Philologe und Historiker, Dozent für Alte Geschichte an der Universität Bristol

Eduard (von) **Wölfflin** (1831–1908), Schweizer klassischer Philologe, 1854 Promotion (*De Lucii Ampelii libro memoriali quaestiones criticae et historicae*), danach Gymnasiallehrer (seit 1861 Gymnasialprofessor) in Winterthur, ab 1856 zusätzlich Privatdozent an der Universität Zürich, dort 1869 außerordentlicher Professor, 1871 ordentlicher Professor für Klassische Philologie und Literaturgeschichte, 1875–1880 an der Universität Erlangen, 1880–1905 Ludwig-Maximilians-Universität München;

Spiritus Rector des *Thesaurus Linguae Latinae*; Dozent und Professor in Zürich (1856–1875), Erlangen (1875–1880) und München; *C. Asinius Pollio de bello Africo*. Sitzungsberichte der Bayerischen Akademie der Wissenschaften (1889); *C. Iulii Caesaris commentarii cum A. Hirtii aliorumque supplementis*; vol. III, 1: *Commentarius de bello Africo* (zusammen mit *Commentarius de bello Alexandrino*, rec. B. Kübler (1896) (zuvor Leipzig 1889 *C. Asini Polionis De bello Africo commentarius*); 1891 (Leipzig) Festschrift zu seinem 60. Geburtstag *Commentationes Woelfflinianae* [*Eduardo Woelfflino natalicia sexagesima gratulantur qui colligendo Thesauro Linguae Latinae eo auctore per VII annos operam dederunt*]

ZEITTAFEL NEBST QUELLEN

(Vgl. insbesondere Wolfgang Will, Julius Caesar. Eine Bilanz. – Stuttgart/Berlin/Köln 1992, 189–191.)

Datum	*Ereignis*	*Quellen*
2. August 49 v. Chr.	Kapitulation von Afranius und Petreius bei Ilerda in Spanien	Caes. civ. 1,84–86 App. civ. 2,172–174 Dio 41,22,4
9. August 48 v. Chr.	Schlacht bei Pharsalos; Sieg Caesars	Caes. civ. 3,81–84 App. civ. 2,272–324 Dio 41,55–57
28. September 48 v. Chr.	Ermordung von Gnaeus Pompeius Magnus nach seiner Ankunft bei Pelusium nahe Alexandria	Caes. civ. 3,104 Dio 42,3–5 Plut. Pomp. 79–80
4. Oktober 48 v. Chr.	Ankunft Caesars in Alexandria mit 3200 Legionssoldaten	Caes. civ. 3,106 Dio 42,7 f. Plut. Caes. 48
7. Oktober 48 v. Chr.	Einmischung in den Thronfolgestreit zwischen Kleopatra und Ptolemaios XIII.	Caes. civ. 3,107 f. Dio 42,9,35 f.
Oktober 48 v. Chr. – März 47 v. Chr.	Kriegshandlungen in und um Alexandria	
Anfang November 48 v. Chr.	Caesar verschanzt sich im Königspalast und bringt Ptolemaios in seine Gewalt.	Caes. civ. 3,109 Bell. Alex. 1–4 Dio 42,37,3
9. –11. November 48 v. Chr.	Achillas besetzt Alexandria und greift den Königspalast an. Caesar verbrennt die gegnerische Flotte und die Bibliothek von Alexandria.	Caes. civ. 3,111 Plut. Caes. 49,3 Dio 42,38,1 f. Oros. 6,15,31

17. November 48 v. Chr.	Hinrichtung des Potheinos[32] durch Caesar	Caes. civ. 3,112,11 Dio 42,39,2 Plut. Caes. 49
Anfang Dezember 48 v. Chr.	Arsinoë lässt Achillas ermorden und übergibt Ganymedes den Oberbefehl über die alexandrinischen Truppen	Bell. Alex. 4 Dio 42,40,1
Mitte Dezember 48 v. Chr.	Ankunft der 37. Legion in Alexandria	Bell. Alex. 9–11
Ende Dezember 48 v. Chr.	Gabinius trifft zur Verstärkung des Quintus Cornificius in Illyrien ein	Bell. Alex. 42
28. Dezember 48 v. Chr.	Niederlage des Domitius Calvinus gegen Pharnakes II. bei Nikopolis	Bell. Alex. 40 Dio 42,46,1 f.
Anfang – Mitte 47 Chr. Januar 47 v. Chr.	siegreiches Seegefecht Caesars am Eingang des Hafens von Eunostos, Einnahme der Insel Pharos, Niederlage am Heptastadion; Caesar lässt Ptolemaios frei; Niederlage und Tod des Gabinius bei Salona in Illyrien	Bell. Alex. 12–24 Dio 42,40,3–6 Dio 42,42–43,1 Bell. Alex. 43 Plut. Caes. 49
Februar 47 v. Chr.	Seeschlacht bei Kanopos (Tod des Euphranor) Vatinius kommt von Brundisium Cornificius zu Hilfe und zwingt Octavius zur Aufgabe der Belagerung von Epidauros (Cavtat) Tod des Cassius Longinus in Spanien	Bell. Alex. 25 Bell. Alex. 44 Bell. Alex. 64

32 Eunuch, Erzieher und Vormund des minderjährigen Königs Ptolemaios XIII., Sohnes des Ptolemaios XII. und nach dessen Tod 51 v. Chr. tatsächlicher Regent Ägyptens, vertrieb einige Zeit vor der Schlacht bei Pharsalos Kleopatra, die Schwester und Mitregentin seines Mündels, aus Alexandria und veranlasste nach der Ankunft des besiegten Pompeius Magnus dessen Ermordung. Nach Caesars Ankunft rief er das unter Achillas bei Pelusium stehende ägyptische Heer nach Alexandria und verwickelte die schwachen Truppen Caesars in gefährliche Kämpfe, während deren Caesar ihn hinrichten ließ. Vgl. Caes. civ. 3,108.

März 47 v. Chr.	Ankunft des Mithridates von Pergamon in Ägypten, Einnahme von Pelusium durch Mithridates Sieg des Vatinius über Octavius bei der Insel Tauris (Šćedro)	Bell. Alex. 26.28 Dio 42,41 Bell. Alex. 45–47
27. März 47 v. Chr.	Schlacht am Nil und Einnahme Alexandrias durch Caesar; Kapitulation von Alexandria Tod von Ptolemaios XIII. im Nil	Bell. Alex. 29–33 Dio 42,43,4–44
Ende Juni 47 v. Chr.	Aufbruch Caesars von Alexandria nach Syrien	Bell. Alex. 33,5 u. 65,1
Juli 47 v. Chr.	Caesar in Syrien, Kilikien Kappadokien; Deiotarus entschuldigt sich bei Caesar demütig für seine Unterstützung des Pompeius	Bell. Alex. 65–68
29. Juli 47 Chr.	Caesar betritt den Boden des Königreiches Pontos.	
2. August 47 v. Chr.	Sieg Caesars über Pharnakes II. bei Zela (Zile)	Bell. Alex. 72–77 Plut. Caes. 50 Dio 42,47 f.
Anfang September 47 v. Chr.	Abreise Caesars nach Rom	Bell. Alex. 78
17. Dezember 47 v. Chr.	Caesar erreicht mit seiner Flotte Lilybaeum in Sizilien.	Bell. Afr. 1
25. Dezember 47 v. Chr.	Einschiffung nach Afrika mit 6 Legionen (davon 5 aus Rekruten bestehend) und 2000 Reitern Besatzung der Schiffe: 7 Kohorten	Bell. Afr. 2–3,1 Dio 42,56–58
28. Dezember 47 v. Chr.	Caesar landet bei Hadrumetum (Sousse) in Afrika mit 3000 Infanteristen und 150 Reitern	
ab 29. Dezember 47 v. Chr.	Abzug von Hadrumetum und Lager bei Ruspina (Monastir)	Bell. Afr. 6–10
3. od. 4. Januar 46 v. Chr.	Die bei der Überfahrt vermissten Schiffe kommen bei Caesar an.	Bell. Afr. 11

4. Januar 46 v. Chr.	Caesar unternimmt Requisitionszug mit 30 Kohorten, 400 Reitern und 150 Bogenschützen; dabei Gefecht mit der Reiterei des Labienus	Bell. Afr. 12–19 Dio 43,2
5.–25. Januar 46 v. Chr.	Stellungskrieg bei Ruspina. Caesar bekommt mittels Sallust Getreide aus Cercina (Kerkenna-Inseln) sowie zwei Veteranenlegionen, 800 gallische Reiter und 1000 Schützen und Schleuderer aus Lilybaeum.	Bell. Afr. 20–36 Dio 43,3–4,4
25.–26. Januar 46 v. Chr.	Caesar verlässt sein Lager bei Ruspina und zieht in Richtung Uzitta, Reitergefecht.	Bell. Afr. 37–40 Dio 43,4
27. Januar – 4. April 46 v. Chr.	Stellungskrieg bei Uzitta und Aggar Juba verstärkt Scipio mit drei Legionen, 30 Elefanten und viel Reiterei; Caesar erhält Zuzug von den beiden letzten Legionen.	Bell. Afr. 41–78 Dio 43,4,5 f.
4. April 46 v. Chr.	Caesar beginnt die Belagerung von Thapsus.	Bell. Afr. 79 Dio 43,7
6. April 46 v. Chr.	Sieg Caesars in der Schlacht bei Thapsus (10.000 getötete Feinde)	Bell. Afr. 80–85 App. 2,403–405 Dio 43,8 f.
7.–8. April 46 v. Chr.	Caesars Abmarsch von Thapsus;. Besetzung Uzittas und Hadrumetums	Bell. Afr. 89
Mitte April 46 v. Chr.	Selbstmord Catos in Utica (»Cato Uticensis«), Caesar in Utica	Bell. Afr. 88; 90 App. civ. 2,406–414 Dio 43,10–12,1 Plut. Cato min. 70
	Tod Jubas, des Petreius und Afranius, des Faustus Sulla, Scipios und des Gaius Considius	Bell. Afr. 98
13. Juni 46 v. Chr.	Abfahrt Caesars von Utica nach Sardinien mit dem Ziel Rom	Bell. Afr. 94–96

27. Juni 46 v. Chr. 25. Juli 46 v. Chr.	Abreise Caesars von Sardinien Ankunft Caesars in Rom	Liv. per. 115 Plut. Caes. 55 App. civ. 2,418–425 Dio 43,14–27
November 46 v. Chr.	Caesar begibt sich von Rom auf den spanischen Kriegsschauplatz.	
Dezember 46 v. Chr.	Ankunft Caesars in Hispania ulterior	Bell. Hisp. 2
Dezember 46 v. Chr. – Januar 45 v. Chr.	Caesar schickt der von Gnaeus Pompeius (Sohn) belagerten Stadt Ulia (Montemayor) Hilfe und beginnt die Belagerung Cordubas.	Bell. Hisp. 3–5 Dio 43,32
1. Januar 45 v. Chr.	Einführung des Julianischen Kalenders	
11. Januar – 19. Februar 45 v. Chr.	Belagerung, Kapitulation und Übergabe der Stadt Ategua	Bell. Hisp. 6–19 Dio 43,33 f.
5. März 45 v. Chr.	Gefecht bei Soricaria und Sieg Caesars	Bell. Hisp. 24
17. März 45 v. Chr.	Schlacht bei Munda und Sieg Caesars	Bell. Hisp. 28–31 Dio 43,36,4–38 Plut. Caes. 56
ca. 20. März 45 v. Chr.	Eroberung Mundas, Einnahme Cordubas durch Caesar	Bell. Hisp. 32–34 u. 41,2 Flor. 2,13,85 Dio 43,39,1 f.
2. Märzhälfte – Anfang April 45 v. Chr.	Flucht und Tod des Gnaeus Pompeius (Sohn)	Bell. Hisp. 32; 37 f. Dio 43,40
12. bzw. 30. April 45 v. Chr.	Caesar in Gades (Cádiz) und Hispalis (Sevilla)	Bell. Hisp. 40,7 u. 42,1
12. April 45 v. Chr.	Das Haupt von Gnaeus Pompeius (Sohn) wird in Hispalis (Sevilla) öffentlich zur Schau gestellt.	Bell. Hisp. 39,3
September 45 v. Chr.	Rückkehr Caesars nach Rom	

BEGLEITTEXTE

Nr.	Quelle	passend zu
1	Suet. Iul. 7,1 Caesar vor dem Alexanderbildnis in Gades	zu Bell. Hisp. 37–42
2	Frontin. strat. 1,1,2	zu Bell. Afr. 3,4 (*tabellas signatas*)
3	Frontin. strat. 1,1,5	zu Bell. Alex. 1–33 u. Caes. civ. 3,106–112
4	Frontin. strat. 2,5,40	zu Caes. civ. 2,40–42 u. Bell. Afr. 48; 93–95
5	Frontin. strat. 3,14,1	zu Bell. Hisp. 17–19
6	Liv. perioch. CXII	zu Caes. civ. 3,102–112 zu Bell. Alex. 1–33 u. 40–41
7	Liv. perioch. CXIII	zur Vorgeschichte von Bell. Afr. zur Vorgeschichte von Bell. Hisp. zu Bell. Alex. 72–76
8	Liv. perioch. CXIV	zu Bell. Afr. 80–97
9	Ios. ant. Iud. 14,8,1–2	zu Bell. Alex. 26–28

Caesar vor dem Alexanderbildnis in Gades (Sueton, Iulius [Caesar] 7,1)

Gaius Suetonius Tranquillus (ca. 70–140 n. Chr.), unter Hadrian zeitweise Leiter der kaiserlichen Kanzlei, beschrieb in seinem Werk *De vita Caesarum* das Leben der zwölf römischen »Caesaren« (»Kaiser«) von Caesar bis Domitian († 96 n. Chr.). Aus Caesars früher politischer Laufbahn berichtet er bezüglich des Jahres 68 v. Chr., als Caesar als Quästor in *Hispania ulterior* (~ Andalusien) weilte, Folgendes:

(sc. Caesari) quaestori ulterior Hispania obvenit; ubi cum cum mandatu praetoris iure dicendo conventus circumiret Gadesque venisset, animadversa apud Herculis templum Magni Alexandri imagine ingemuit et quasi pertaesus ignaviam suam, quod nihildum a se memorabile actum esset in aetate, qua iam Alexander orbem terrarum subegisset, missionem continuo efflagitavit ad captandas quam primum maiorum rerum occasiones in urbe.

Als Quästor fiel Caesar durch das Los als Provinz das südliche Spanien zu. Während er hier im Auftrage des Prätors die Kreistage bereiste, um Recht zu sprechen, bemerkte er bei seiner Ankunft in Gades vor dem Tempel des Herkules eine Statue Alexanders des Großen. Bei ihrem Anblick seufzte er laut auf. Voll Verdruss über seine eigene Tatenlosigkeit, da er in einem Alter, in dem Alexander die Welt bereits erobert habe, noch nichts von Bedeutung vollbracht hätte, forderte er sofort seine Entlassung, um in Rom sobald wie möglich eine günstige Gelegenheit zu größeren Unternehmungen erhaschen zu können.

Übersetzung von Max Heinemann; entnommen aus: Sueton: Cäsarenleben. Herausgegeben und erläutert von Max Heinemann. Mit einer Einleitung von Rudolf Till. – Stuttgart 1957, 5.

Frontinus, Strategemata 1,1,2

Himilco dux Poenorum, ut in Siciliam inopinatus appelleret classem, non pronuntiavit, quo proficisceretur, sed tabellas, in quibus scriptum erat, quam partem peti vellet, universis gubernatoribus dedit signatas praecepitque, ne quis legeret nisi vi tempestatis a cursu praetoriae navis abductus.

Himilko, der Feldherr der Punier, kündigte, um mit der Flotte unerwartet nach Sizilien zu kommen, das Ziel nicht an, sondern gab jedem Steuermann eine versiegelte Schreibtafel mit der Angabe, wohin sie fahren sollten, und ordnete an, die Tafeln dürften nur dann gelesen werden, wenn jemand vom Sturm aus dem Kurs des Flaggschiffes verschlagen würde.

Himilko eroberte 406/405 v. Chr. den Karthagern die griechischen Städte Akragas (Agrigentum) und Gela in Sizilien, musste aber nach Ausbruch einer Seuche in seinem Heer einen Vergleich mit Dionysios I. von Syrakus schließen. 397/396 v. Chr.

landete er erneut auf der Insel, scheiterte aber bei der Belagerung von Syrakus und beging im selben Jahr Selbstmord. Sein wiederum durch eine Seuche geschwächtes Heer wurde 396 v. Chr. von Dionysios vernichtet. – Die *tabellae* waren mit Wachs überzogene, hölzerne Schreibtäfelchen, die zu zweien oder mehreren zusammengefügt und versiegelt werden konnten.

Quelle: Frontin: Kriegslisten. Lateinisch und deutsch von Gerhard Bendz. (Schriften und Quellen der Alten Welt [SQAW], Bd. 10). – Berlin 1963, ²1978, 20–21 u. 198–199.

Frontinus, Strategemata 1,1,5

C. Caesar, quod suspectam habebat Aegyptiorum fidem, per speciem securitatis inspectioni urbis atque operum ac simul licentioribus conviviis deditus, videri voluit captum se gratiā locorum ad mores Alexandrinos vitamque deficere[t]: atque inter eam dissimulationem praeparatis subsidiis occupavit Aegyptum.

Da Gaius Caesar die Treue der Ägypter für verdächtig hielt, gab er sich den Anschein, als ob er sich in voller Sorglosigkeit der Besichtigung der Stadt und ihrer Prachtbauten und Kunstwerke sowie den ausgelassenen Gastmählern widmete und als ob er, vom Reiz der Gegend gefangen, den alexandrinischen Sitten verfiele. Während dieser Verstellung stellte er Besatzungstruppen bereit und besetzte Ägypten.

Caesars neunmonatiger Aufenthalt in Alexandria 48–47 v. Chr., wo er sich in die schöne ägyptische Königin Kleopatra verliebte und mit ihr einen Sohn zeugte, wird nur hier als Kriegslist ausgelegt. Die endgültige Eroberung Ägyptens erfolgte erst im Jahre 30 v. Chr. durch Oktavian (Augustus), der aus dem reichen Land nicht eine Provinz, sondern einen kaiserlichen Privatbesitz machte. – Vgl. Caes. civ. 3,106ff.

Quelle: Frontin: Kriegslisten. Lateinisch und deutsch von Gerhard Bendz. (Schriften und Quellen der Alten Welt [SQAW], Bd. 10). – Berlin 1963, ²1978, 20–21 u. 199.

Frontinus, Strategemata 2,5,40

Iuba rex in Africa bello civili Curionis animum simulato regressu impulit in vanam alacritatem: cuius spei vanitate deceptus Curio, dum tamquam fugientem Sabboram regium praefectum persequitur, devenit in patentes campos, ubi Numidarum circumventus equitatu, perdito exercitu, cecidit.

König Juba verleitete in Afrika während des Bürgerkrieges Curio durch einen vorgetäuschten Rückzug zu vorschnellem Leichtsinn. Als Curio sich von seiner unbegründeten Hoffnung verleiten ließ, den anscheinend fliehenden Feldherrn des Königs, Sabbora, zu verfolgen, geriet er in flaches Land, wo er von der numidischen Reiterei umringt wurde, sein Heer verlor und selbst fiel.

König Juba von Numidien schloss sich im Bürgerkrieg dem Pompeius an und kämpfte 49 v. Chr. siegreich gegen den Caesarianer C. Scribonius Curio. 46 v. Chr. tötete sich Juba selbst, nachdem er bei Thapsos von Caesar besiegt worden war. – Vgl. Caesar civ. 2,40–42; Appian civ. 2,45; Cassius Dio 41,42.

Quelle: Frontin: Kriegslisten. Lateinisch und deutsch von Gerhard Bendz. (Schriften und Quellen der Alten Welt [SQAW], Bd. 10) – Berlin 1963, ^{2}1978, 104–105 u. 222.

Frontinus, Strategemata 3,14,1

Bello civili, cum Ategua urbs in Hispania Pompeianarum partium obsideretur, Maurus inter noc(tem) tamquam Caesarianus tribuni cornicularius vigiles quosdam excitavit: ex quibus (cum tesseram accepisset), ali[qu]os excitans constantia fallaciae suae per medias Caesaris copias praesidium Pompei transduxit.

Als im Bürgerkrieg die Stadt Ategua in Spanien, die zur pompejanischen Partei hielt, belagert wurde, rief ein Maure in der Nacht einige Posten an und gab vor, er sei der Adjutant eines caesariani-

schen Kriegstribuns. Als er von ihnen die Parole erhalten hatte, rief er andere an und durch diese beharrlich durchgeführte Täuschung gelang es ihm, mitten durch Caesars Truppen die Verstärkung des Pompeius hindurchzuführen.

Ategua wurde kurz vor der Schlacht bei Munda 45 v. Chr. erobert. – »ein Maure«: Nach Cassius Dio (43,33,4) ein Römer namens Munatius Flaccus. – »die Verstärkung des Pompeius«: Cassius Dio spricht nur von einem Mann, der angeblich gesandt wurde, weil die Belagerten keinen Befehlshaber hatten. Bei dem genannten Pompeius handelt es sich um den Sohn von Pompeius Magnus. – Vgl. noch Bell. Hisp. 19,4 und Val. Max. 9,2,4.

Quelle: Frontin: Kriegslisten. Lateinisch und deutsch von Gerhard Bendz. (Schriften und Quellen der Alten Welt [SQAW], Bd. 10). – Berlin 1963, ²1978, 154–155 u. 232–233.

T. Livi periochae omnium librorum ab urbe condita

Ex libro CXII qui est civilis belli quartus

Trepidatio victarum partium in diversas orbis terrarum partes et fuga refertur. Cn. Pompeius cum Aegyptum petisset, iussu Ptolemaei regis, pupilli sui, auctore Theodoto praeceptore, cuius magna apud regem auctoritas erat, et Pothino occisus est ab Achilla, cui id facinus erat delegatum, in navicula, antequam in terram exiret. Cornelia uxor et Sex. Pompei⟨us⟩ filius Cypron refugerunt. Caesar post tertium diem insecutus, cum ei Theodotus caput Pompeii et anulum obtulisset, infensus est et inlacrimavit; sine periculo Alexandriam tumultuantem intravit. Caesar dictator creatus Cleopatram in regnum Aegypti reduxit et inferentem bellum Ptolemaeum isdem auctoribus, quibus Pompeium interfecerat, cum magno suo discrimine evicit. Ptolemaeus dum fugit, in Nilo navicula subsedit. Praeterea laboriosum M. Catonis in Africa per deserta cum legionibus iter et bellum ⟨a⟩ Cn. Domitio adversus Pharnacen parum prospere gestum continet.

Berichtet wird über die Panik und die Flucht der besiegten Partei in verschiedene Richtungen des Erdkreises. Als Gnaeus Pompeius Magnus Ägypten angesteuert hatte, wurde er auf Befehl des Königs Ptolemaios (XIII.), seines Mündels, auf Veranlassung des Lehrers Theodotos, dessen Ansehen beim König groß war, und des Potheinos von Achillas, dem die Ausführung dieser Untat übertragen worden war, in einem Boot getötet, bevor er (= Pompeius) an Land gehen konnte. Seine Gemahlin Cornelia und sein Sohn Sextus Pompeius flohen zurück nach Zypern. Am dritten Tag danach folgte Caesar, und als ihm Theodotos das Haupt und den Ring des Pompeius überreicht hatte, war er entrüstet und begann zu weinen. Obwohl sich Alexandria im Aufruhr befand, betrat er die Stadt gefahrlos. Nach seiner Wahl zum Diktator setzte Caesar Kleopatra in ihre Königsherrschaft über Ägypten wieder ein und besiegte Ptolemaios (XIII.), der auf Veranlassung derselben Personen, mit deren Hilfe er Pompeius hatte umbringen lassen, einen Angriffskrieg gegen Caesar führte, völlig, wobei er sich selbst in große Gefahr begab. Während Ptolemaios (XIII.) flüchtete, versank sein Boot im Nil. Außerdem enthält Buch 112 Catos strapaziösen Marsch mit seinen Legionen durch die Wüsten in Afrika und den von Gnaeus Domitius gegen Pharnakes (II.) erfolglos geführten Krieg.

Übersetzung von Gerd Flemmig

Ex libro CXIII qui est civilis belli quintus

Confirmatis in Africa Pompeianis partibus imperium earum P. Scipioni delatum est, Catone, cui ex aequo deferebatur imperium, cedente. Et cum de diruenda urbe Utica propter favorem civitatis eius in Caesarem deliberaretur, idque ne fieret, M. Cato tenuisset, Iuba suadente, ut dirueretur, tutela eius et custodia mandata est Catoni. Cn. Pompei⟨us⟩, Magni filius, in Hispania contractis viribus, quarum ducatum nec Afranius nec Petreius excipere volebant,

bellum adversus Caesarem renovavit. Pharnaces, Mithridatis filius, ⟨r⟩ex Ponti, sine ulla belli mora victus est. Cum seditiones Romae a P. Dolabella, tribuno plebis, legem ferente de novis tabulis excitatae essent et ex ea causa plebs tumultuaretur, inductis a M. Antonio, magistro equitum, in urbem militibus octingenti e plebe caesi sunt. Caesar veteranis cum seditione missionem postulantibus dedit, et cum in Africam traiecisset, adversus copias Iubae regis cum discrimine magno pugnavit.

Nachdem sich die Partei der Pompejaner in Afrika konsolidiert hatte, wurde der Oberbefehl über sie Publius Scipio übertragen, da Cato, dem der Oberbefehl zu gleichen Teilen angeboten wurde, zurücksteckte. Und als die Zerstörung der Stadt Utica wegen der Parteinahme der Bürgerschaft für Caesar erwogen wurde und Marcus Cato sich dafür eingesetzt hatte, dass dies nicht geschehe, während Juba den Rat gab, die Stadt zu zerstören, wurde der Schutz und die Bewachung der Stadt Cato übertragen. Nachdem Gnaeus Pompeius, der Sohn des Pompeius Magnus, in Spanien Streitkräfte zusammengezogen hatte, deren Kommando weder Afranius noch Petreius übernehmen wollten, nahm er den Krieg gegen Caesar wieder auf. Pharnakes (II.), der Sohn des Mithridates und König von Pontos, wurde ohne irgendeine Verzögerung des Krieges besiegt. Als in Rom Unruhen vom Volkstribunen Publius Dolabella, der ein Gesetz zur Schuldentigung einbrachte, entfacht worden waren und aus diesem Grund das Volk sich lärmend empörte, wurden 800 Angehörige des Volkes getötet, nachdem Marcus Antonius, der Reiteroberst (und Stellvertreter des Diktators), Soldaten in die Stadt Rom hineingeführt hatte. Caesar gab den altgedienten Soldaten, die mit dem Aufstand ihre Entlassung forderten, nach, und als er nach Afrika übergesetzt hatte, kämpfte er gegen die Truppen des Königs Juba unter großer Gefahr.

Übersetzung von Gerd Flemmig

Ex libro CXIV qui est civilis belli sextus

[...] Caesar Scipionem praetorem Iubamque vicit ad Thapsum castris eorum expugnatis. Cato audita re cum se percussisset Uticae et interveniente filio curaretur, inter ipsam curationem rescisso vulnere exspiravit anno aetatis XLVIII. Petreius Iubam seque interfecit. P. Scipio in nave circumventus honestae morti vocem quoque adiecit. Quaerentibus enim imperatorem hostibus dixit: »Imperator se bene habet.« Faustus et Afranius occisi. Catonis filio venia data. Brutus legatus Caesaris in Gallia Bellovacos rebellantes proelio vicit.

[...] Caesar besiegte den Prätor Scipio und Juba bei Thapsus, nachdem er deren Lager erstürmt hatte. Als Cato auf diese Nachricht hin sich in Utica eine schwere Stichwunde zugefügt hatte und infolge des Hinzukommens seines Sohnes behandelt wurde, riss er mitten während der Behandlung die Wunde wieder auf und verstarb im 48. Lebensjahr. Petreius tötete Juba und sich selbst. Publius Scipio, der in seinem Schiff umstellt wurde, fügte einem ehrenhaften Tod auch eine Äußerung hinzu. Als nämlich die Feinde nach dem Feldherrn suchten, sprach er: »Dem Feldherrn geht es gut.« Faustus und Afranius wurden getötet. Catos Sohn wurde begnadigt. Brutus, Caesars Legat in Gallien, besiegte die rebellierenden Bellovaker in einem Kampf.

Übersetzung von Gerd Flemmig

Flavius Josephus, Antiquitates Iudaicae 14,8,1–2

1. Nach der Niederwerfung und dem Tode des Pompeius überzog Caesar Ägypten mit Krieg und wurde hierbei von Antipater, der Judäa (...) verwaltete, in mancher Beziehung unterstützt. Als nämlich Caesar dem pergamenischen Könige Mithradates Hilfstruppen zuführen wollte und, weil er den Weg über Pelusium nicht erzwingen

konnte, bei Askalon Halt machen musste, stieß Antipater mit dreitausend jüdischen Fußsoldaten zu ihm und bewirkte, dass nicht nur die Araberfürsten, sondern auch alle Syrer, die sich in der Diensteifrigkeit gegen Caesar von niemand wollten übertreffen lassen, ferner der Alleinherrscher Jamblichus und dessen Sohn Ptolemaeus, die auf dem Libanon wohnten, und fast alle Städte dem Caesar ihr Entgegenkommen bewiesen. Nun brach Mithradates aus Syrien nach Pelusium auf, und da dessen Einwohner ihn nicht aufnehmen wollten, belagerte er die Stadt. Hierbei benahm sich Antipater höchst heldenhaft, legte zuerst Bresche in die Mauer und bahnte den übrigen einen Weg in die Stadt. So fiel Pelusium. Als aber nun Antipater und Mithradates sich zu Caesar begeben wollten, hinderten die ägyptischen Juden, welche in dem nach Onias benannten Landstriche wohnten, sie daran. Antipater indessen beredete sie, ihre Landsleute nachzuahmen, indem er ihnen einen Brief des Hohepriesters Hyrkanus vorzeigte, worin dieser sie ermahnte, gegen Caesar sich freundlich zu benehmen und das Heer mit allem Notwendigen zu versehen. Als sie nun sahen, dass Antipater und der Hohepriester eines Sinnes waren, gehorchten sie und veranlassten dadurch auch die Bewohner von Memphis, den Mithradates einzuladen, der denn auch alsbald dorthin zog und deren Unterwerfung annahm.

2. Mithradates war schon um das Delta herumgezogen, als er bei dem sogenannten Judenlager auf die Feinde stieß. Den rechten Flügel befehligte Mithradates, den linken Antipater. Als es zur Schlacht kam, wich des Mithradates Flügel zurück und wäre in die größte Not geraten, wenn Antipater, der die ihm gegenüberstehende feindliche Abteilung schon geschlagen hatte, nicht mit den Seinigen am Flussufer entlang geeilt wäre, ihn befreit und die siegreichen Ägypter in die Flucht geschlagen hätte. Bei der weiteren Verfolgung bemächtigte er sich dann auch des feindlichen Lagers und rief den Mithradates zurück, der schon weit geflohen war. Von dem Flügel

des Mithradates waren gegen achthundert, von dem des Antipater aber nur vierzig gefallen. Mithradates schrieb nun sogleich an Caesar und bezeichnete Antipater als den Urheber des Sieges und seiner Rettung, sodass Caesar diesen mit Lobeserhebungen bedachte und in den schwierigsten Fällen des ganzen Krieges sich seiner Hilfe bediente, bis eines Tages Antipater im Treffen verwundet wurde.

Quelle: Des Flavius Josephus Jüdische Altertümer. Übersetzt und mit Einleitung und Anmerkungen versehen von Dr. Heinrich Clementz. 2. Band: Buch XI bis XX nebst Namenregister. – Halle a. d. S. 1899, 228–229 (das Zitat folgt der reformierten Rechtschreibung).

MAẞE

Längenmaße / Längenangaben

pes	1 Fuß(länge)	29,6 cm
gradus	1 Schritt	= 2,5 *pedes*
passus	1 Doppelschritt	= 5 *pedes*, 1,48 m
CXXV passus	125 Doppelschritte, d. h. 1 *stadium* (Stadion)	ca. 185 m
mille passus	1000 Doppelschritte, d. h. 1 (röm.) Meile	= 5000 *pedes*, 1480 m
duo milia passuum	2000 Doppelschritte, d. h. 2 (röm.) Meilen	ca. 3 km
decem milia passuum	10.000 Doppelschritte, d. h. 10 (röm.) Meilen	ca. 15 km
mil(l)iarium		Meilenstein

Raummaße

modius	1 Scheffel	8,733 l

Flächenmaße

iugerum[33]	1 Morgen (240 × 120 Fuß)	ca. ¼ ha = 2523,34 m^2

Gewichte

1 pondo bzw. libra	1 (röm.) Pfund	⅓ kg (327,45 g)

33 Ursprünglich die Fläche, die mit einem Gespann (*iumentum* < *iungere*) an einem Arbeitstag umgepflügt werden konnte.

ZEITEINTEILUNG

Der einzelne Tag erstreckte sich vom *ortus* bis zum *occasus solis* und war, unabhängig von jahreszeitlich bedingten Differenzen, in 12 Stunden (*horae*) eingeteilt (*prima hora* usw.; *meridies*; *vesper*). Im Gegensatz zur heutigen Stunde von 60 Minuten gab es bei den Römern keine feste Stundenlänge. Die *sexta* ⟨*hora*⟩, vom Sonnenaufgang an gerechnet, wurde um 12 Uhr mittags vollendet. In südeuropäischen Ländern tritt heute gerne um diese Zeit die im Italienischen »Siesta« genannte Mittagsruhe ein.

Die sich anschließende Nacht (*nox*) umfasste vier *vigiliae* (»Nachtwachen«) von jeweils etwa 3 Stunden (zwei *vigiliae* bis zur *media nox*, zwei danach bis zum *mane*). Die Angabe von Nachtstunden (vgl. Bell. Afr. 70,5) ist zwar nicht unmöglich, jedoch eher selten; vgl. Cens. 23,6: *In* ⟨*h*⟩*oras* XII *diem divisum esse noctemque in totidem vulgo notum est.*

Horae und *vigiliae* waren somit keine absoluten, sondern relative Größen, deren Länge durch die jeweilige Jahreszeit bedingt war. Nur am Tag des Beginns von Frühjahr und Herbst (Tag- und Nachtgleiche) umfasste eine *hora* genau 60 Minuten und eine *vigilia* genau 180 Minuten. Ansonsten waren *horae* und *vigiliae* verschieden lang. Da eine Tagesstunde der zwölfte Teil der Zeit zwischen Sonnenauf- und -untergang war, dauerte z. B. am 25. Dezember der Tag nur 8 Stunden und 54 Minuten. Da an diesem Tag eine *hora* 44 4/9 Minuten betrug – eine Nachtstunde dauerte hingegen 75 5/9 Minuten –, fiel z. B. die fünfte *hora* auf die Zeit etwa von 10:30 bis 11:15 Uhr; im Sommer hingegen dauerte sie von etwa 9:30 bis 10:45 Uhr. Die *tertia vigilia* (Zeit der dritten Nachtwache) war zwar stets im dritten Viertel der Nacht, fiel aber nur am Tag der Tag- und Nachtgleiche exakt auf die Zeit zwischen 0 und 3 Uhr; im Sommer endete sie bald nach 2 Uhr, während sie im Winter weit über 3 Uhr hinausging.

Der römische Monat kannte drei feste Tage, mit deren Hilfe man das Datum angab. Der erste Tag eines Monats hieß *Kalendae* (Gen. *Kalendarum*; »Kalenden«). An ihm rief ein Pontifex (Oberpriester) aus, ob in dem beginnenden Monat der zweite Fixpunkt, die *Nonae* (Gen. *Nonarum*; »Nonen), auf den 5. oder den 7. Tag fielen. Der dritte Fixpunkt waren die *Idus* (Gen. *Iduum*, Dat./Abl. *Idibus*; »Iden«). In den Monaten März, Mai, Juli und Oktober (Merkwort »MILMO«) fielen sie auf den 15. Tag, in den übrigen Monaten auf den 13. Tag. Demzufolge fielen die Nonen in den Monaten März, Mai, Juli und Oktober auf den 7., in den übrigen Monaten auf den 5. Tag des jeweiligen Monats. Wenn man ein Datum angeben wollte, zählte man die Tage bis zu den nächsten Kalenden, Nonen oder Iden, wobei der augenblickliche Tag und der Fixtag mitgerechnet wurden. Zur Verdeutlichung einige Beispiele:

- *ante diem* XI *(= undecimum) Kalendas Martias*: am elften Tag vor den Kalenden des März = am 19. Februar (Bell. Hisp. 19,6);
- *a. d.* III *Non. Mart.*, zu lesen *ante diem tertium Nonas Martias*: am dritten Tag vor den Nonen des März = am 5. März (Bell. Hisp. 27,2);
- *ante diem quartum decimum Kalendas Ianuarias*: am vierzehnten Tag vor den Kalenden des Januar = (normalerweise) am 19. Dezember; im vorliegenden Fall (Bell. Afr. 1,1) jedoch am 17. Dezember, da es sich um das Jahr 47 v. Chr. handelt, in dem der julianische Kalender noch nicht galt; der Dezember hatte bis zu Caesars Kalenderreform 29 Tage;

der Tag unmittelbar vor einem festen Tag hieß *pridie*, z. B.:

- *pridie Idus Apriles*: am Tag vor den Iden des April = am 12. April (Bell. Hisp. 39,3);
- II *Non. Apr.*, zu lesen *pridie Nonas Apriles*: am Tag vor den Nonen des April = am 4. April (Bell. Afr. 79,1).

Der im Wesentlichen von dem ägyptischen Gelehrten Sosigenes im Auftrag Caesars nach dem Sonnenjahr ausgerichtete »julianische« Kalender trat auf Anordnung Caesars am 1. Januar 45 v. Chr. in Kraft. Mithin besitzt er nahezu für das gesamte *Bellum Hispaniense* Relevanz, nicht jedoch für das *Bellum Alexandrinum* und das *Bellum Africum*. Zu Einzelheiten vgl. die Arbeiten von Karl Bayer (→ Literaturverzeichnis).

MILITÄRISCHES

Zur Zeit Caesars bestand eine **Legion**, die die Hauptkampftruppe des römischen Heeres war, aus etwa 4000 bis 6000 schwerbewaffneten Fußsoldaten (Infanteristen) = 10 **Kohorten** (»Bataillone«) = 30 **Manipeln** (»Kompanien«) = 60 **Zenturien** (»Züge«) (*In legione sunt centuriae sexaginta, manipuli triginta, cohortes decem* [L. Cincius bei Gell. 16,4,6]). Jeder Manipel hatte sein eigenes Feldzeichen, der Legionsadler (***aquila***) war seit Marius das Hauptfeldzeichen einer römischen Legion und stand unter der Obhut des ältesten Zenturio der ersten Kohorte, der als Abzeichen ein Bärenfell trug. Für die Legionen Caesars wurde eine Durchschnittsstärke von etwa 5000 Mann errechnet, denen 80 Offiziere zuzuzählen sind. Die Größe einer Legion liegt nach heutigen Verhältnissen zwischen Division, Brigade und Regiment.

Etwa seit der Zeit Caesars führten vom Feldherrn ernannte **Legaten** die Legionen. Zum Offizierskorps gehörten die Präfekten und in jeder Legion sechs **Militärtribunen** (*tribuni militum*), die im Allgemeinen kein Kommando führten, sondern dem Stab zugeteilt waren. Die Zenturien, Manipel und Kohorten wurden von (60) **Zenturionen** verschiedener Rangordnung geführt. Der Zenturio entsprach in etwa einem Kompaniechef im Rang eines Hauptmanns. Höchster Rang eines Zenturionen innerhalb einer Legion war der *centurio primi pili* oder *primipilus* (»Hauptfeldwebel«), d. h. der Zenturio, der den ersten Manipel der dritten Schlachtreihe führte; der Rangniedrigste war der zweite Zenturio des dritten Manipels der zehnten Kohorte: *decimus hastatus posterior* (»Unteroffizier«). Feldzeichen der gesamten Legion war die silberne oder versilberte ***aquila***, der Adler mit ausgebreiteten, zum Aufflug erhobenen Flügeln, befestigt auf einer silberbeschlagenen Stange mit spitzem Metallschuh. Ihn trug in der ersten Kohorte der *aquilifer*. Der Verlust des Adlers galt als Schande für die Legion.

Aus den Provinzen kam in dieser Zeit neben anderen Hilfstruppen auch die Reiterei des römischen Heeres. Ihre einzelnen Abteilungen wurden von Reiterpräfekten kommandiert.

levis armatura: »Leichtbewaffnete«, Soldaten zu Fuß, die meist nur mit Speeren, Pfeil und Bogen oder Schleuder ausgerüstet waren. Sie hatten die Aufgabe, durch schnelle Angriffe den Feind zu beunruhigen und sich dann wieder zurückzuziehen. Leichtbewaffnete wurden auch zur Bekämpfung feindlicher Kriegselefanten eingesetzt.

Evokaten (***evocati***, *evocatorum*): »Wiedereinberufene«; sie hatten die vorgeschriebene Dienstzeit im Heer abgeleistet und meldeten sich freiwillig, jedoch zu

günstigeren Bedingungen, wieder zum Dienst. Sie standen mit den Zenturionen auf einer Rangstufe und erhielten daher wie Zenturionen doppelt soviel Sold wie gemeine Soldaten. Diese freiwilligen Veteranen, die in gefährlichen Situationen wiederum aufgeboten wurden, waren von den Schanzarbeiten und dem Wachdienst befreit und auf dem Marsch beritten. Sie wurden oft zu Diensten verwendet, die sonst Offiziere zu verrichten pflegten. Die *evocati* wurden auch zur Leibwache verwendet (Bell. Alex. 53,1).

Allen römischen Marschlagern (***castra***) liegt das gleiche Schema zugrunde: ein Rechteck mit zwei sich kreuzenden Geraden. Das Rechteck wurde von Wall (***vallum***) und Graben (***fossa***) gebildet. In der Frontmitte war die gegen den Feind gerichtete *porta praetoria*, gegenüber die *porta decumana* (wo die zehnte Kohorte – daher der Name – der Legion lag), auf den Seiten befanden sich die *portae principales*, verbunden durch die entsprechenden Hauptstraßen. Die *via praetoria* führte zum *praetorium* (Sitz des Feldherrn) und wurde davor von der *via principalis* gekreuzt. Durch eine zweite, schmalere Querstraße (*via quintana*) wurde der hintere Teil des Lagers noch einmal unterteilt.

lustratio: Die *lustratio* war hauptsächlich ein feierlicher Gottesdienst, der am Anfang eines Feldzugs oder an dessen Schluss oder auch vor einer nahenden Entscheidungsschlacht abgehalten wurde. Das Heer musste dabei zum Appell antreten; unter dem Begriff *lustrare* ist ein mit Umgang und Lichtprozession (*lustrum* < * *lucstrum* < * *louqstrum* »Beleuchtung« [E. Struck, Bedeutungslehre, 1972, 20]) verbundenes Reinigungs-Sühneopfer zu verstehen; mit dem Lustralopfer war eine Heeresmusterung (*lustratio*) verbunden.

Reiter

Reiterei (*equitatus*): aus Nichtrömern gebildet. Einteilung in Schwadronen (*turmae*) und Geschwader (*alae*). Kommandeure von Geschwadern waren meist römische Ritter mit dem Titel *praefectus equitum* (Reiterpräfekt). Reiter waren meist mit (schwerem Eisen-)Helm, Panzer (Leder- oder Kettenpanzer), leichtem Schild und langem Schwert oder Wurf- bzw. Stoßlanze bewaffnet. Beim Wurf bediente man sich des Wurfriemens (80 m Reichweite der Lanze). Sättel, Steigbügel und Hufeisen waren zu Caesars Zeit unbekannt; möglicherweise hatte man Pferdedecken und Sporen.

ala (< *acsla »Drehpunkt«): Achsel, Flügel (als Teil des Heeres), die ursprünglich auf den Flügeln stehende Reiterabteilung (300 Mann); früher eine Abteilung der römischen Reiterei, später eine Abteilung der Bundesgenossen, besonders die Reiterei, die meist die Flanken der römischen Legionen decken sollte. *Ala* ist die Bezeichnung für die oberste Einheit der Auxiliarkavallerie. Eine *ala* zählte nominell 500

Mann, meist waren es jedoch weniger. Vgl. die Definition von Isidor von Sevilla (orig. 9,3,62): *Alae autem equites ob hoc dicti, quia tegunt pedites alarum vice.* Vgl. auch die Definition von Cincius (fr. 15 H. 4 Br), überliefert bei Gellius (16,4,6): *Alae dictae exercitus equitum ordines, quod circum legiones dextra sinistraque tamquam alae in avium corporibus locabantur.*

Eine ***turma*** (< *turbma »Schwarm, Verwirrung, Lärm«) war eine Reiterabteilung, der zehnte Teil einer *ala*, d. h. 30 Mann; sie war in drei Dekurien (*decuriae*) zu je 10 Pferden gegliedert; an deren Spitze stand je ein *decurio*. Vgl. die Definition von Isidor von Sevilla (orig. 9,3,51): *Turma triginta equites sunt. Romani enim equites in una tribu trecenti fuerunt. De singulis enim centuriis decem dabantur et fiebant turma.* Oft wird *turma* mit »Schwadron« übersetzt, auch wenn eine Schwadron bis zu 150 Reiter umfasst.

Waffen

galea: ein mit Backen- und Nackenschutz versehener, eisenbeschlagener Lederhelm

iaculum: im Gegensatz zum langen Wurfspeer der kurze Wurfspieß

pilum (< *pic-lum): Wurfspieß, Wurfspeer (eine schwere, 6 Fuß lange Waffe der römischen Infanterie, an dessen 1½ m langem Schaft sich vorn eine ebenso lange eiserne Spitze befand; diese war zur Hälfte in das Holz des Schaftes eingelassen, sodass die Gesamtlänge der Waffe 2¼ m betrug; das Eisen bog sich leicht, wenn es in einen Schild oder Panzer eindrang, und da es nur schwer herausgezogen werden konnte, hinderte es die weiteren Bewegungen des Feindes).

scutum: schwerer, mannshoher Schild (1,2 m x 0,8 m) aus Holz und Leder hergestellt und mit Eisenbändern beschlagen.

Belagerungstechnik

Die Eroberung einer Stadt, die sich auf eine Belagerung eingerichtet hatte, konnte nur auf einem der vier folgenden Wege versucht werden:

- Bestechung von Bürgern der belagerten Stadt, die dann dem Feind zu einer abgemachten Stunde ein Tor öffneten;
- Aushungerung der belagerten Stadt;
- Schlagen einer Bresche in die Stadtmauer, durch welche für die Sturmtruppen ein Zugang in die belagerte Stadt eröffnet wurde;

- Erreichen der Mauerkrone oder gar einer Turmplattform ohne vorherige Zerstörung der Mauer mit Hilfe von Leitern, fahrbaren Türmen und Hebemaschinen (vgl. hierzu Lendle, 1981, 336–337).

Die beiden letzten Verfahren setzten zwingend den Einsatz von Kriegsmaschinen voraus.

Es gehörte zur Belagerungstechnik, Ausfälle der Eingeschlossenen durch *circumvallatio* (d. h. durch Wälle und Gräben, die notfalls um die ganze Stadt gezogen wurden) zu vereiteln oder zu erschweren (Bell. Hisp. 32,1 *eos* [~ *adversarios*] *circumvallare*).

Es handelt sich bei einem Damm (***agger***) nicht um eine Erdaufschüttung, sondern um eine breite Rampe aus starken Holzbalken mit Erd- und Steinverfüllung – auch mit Flechtwerk (*crates*; Bell. Alex. 18,1; Bell. Afr. 20,3; Bell. Hisp. 16,2) –, deren glatte und stabile Oberfläche sich wie eine schnurgerade Straße auf die für den Angriff ausgewählte Stelle der Stadtmauer zuschob, um die Unebenheiten des Bodens auszugleichen. So wurde für die Belagerungstürme und für den Sturmangriff auf die Stadt eine sanft ansteigende Fläche geschaffen.

aries: Sturmbock/Rammbock zum Erschüttern und Durchstoßen von Mauern, der bei der Belagerung von Städten eingesetzt wurde; ein entweder im untersten Stockwerk eines Holzturmes (Veg. mil. 4,14) oder unter einem (auf Rädern stehenden; Vitr. 10,13,4) Schutzdach an Seilen Streben waagrecht aufgehängter starker Balken (Baumstamm) mit einer massiven Eisenspitze (Widderkopf; Amm. Marc. 20,11,15), der durch Seile von bis zu 100 Soldaten (Vitr. 10,15,7) mit möglichster Wucht gegen die Mauern der feindlichen Stadt gestoßen wurde (Amm. Marc. 23,4,8), um die Steine zu lockern und herauszubrechen. Die Belagerten konnten versuchen, den *aries* mit Schlingen oder eisernen Zangen von der Mauer wegzulenken bzw. Schutzdach oder Sturmbock zu zerbrechen oder diesen mit Stricken hochzuziehen. (Bell. Alex. 1,2; Bell. Afr. 20,3)

Das Mäuschen (***musculus***) war ein besonders massiver Holzbau, in den die Maschinen eingebaut waren, mit denen man eine Bresche in die feindliche Stadtmauer zu schlagen suchte. Die Konstruktion diente dazu, um Mauerbrechwerkzeuge unbeschädigt an die Stadtmauer heranzubringen. (Bell. Alex. 1,2)

Eine Schildkröte (***testudo***) war eine bewegliche Holzkonstruktion mit abgeschrägtem, tief heruntergezogenem Vordach, in deren Schutz die Soldaten Planierarbeiten ausführten, mithin ein fahrbares oder tragbares und aus Schilden gebildetes oder aus Brettern gebautes Schutzdach gegen Wurfgeschosse. Unter einer *testudo*, die feuerfest sein musste, wurden auch mauerbrechende Waffen herangeführt. Die *testudo* war eine Schutzhütte für den *aries* (*testudo arietaria*); der Name *testudo* wurde gewählt nach dem Vorstrecken und Zurückziehen des Kopfes der Schildkröte, das mit

der Bewegung des Rammbalkens verglichen wurde (Veg. mil. 4,14). Ihre Balken und Bohlen wurden durch feuchte Felle und Decken gegen Brandgeschosse geschützt. (Bell. Alex. 1,2)

Die antiken Geschütze sind technische Fortbildungen der Schleuder und des Bogens. Der Sammelbegriff ist ***tormenta*** (»Winden«, < torquēre »drehen«). In einem massiven Holzgerüst wurde durch Drehung und Spannung von starken Strängen aus Tiersehnen, Frauen- oder Pferdehaaren eine erstaunlich große Triebkraft erzeugt. Man unterscheidet ein- und zweiarmige Geschütze. Das zweiarmige erscheint in zwei Ausführungen, entweder als leichtes für Pfeile und Speer (*catapulta* Bell. Afr. 31,7; Caes. civ. 2,9,4; *scorpio* Bell. Afr. 56,1; 31,7; Caes. Gall. 7,25) oder auch als schweres (*ballista*; Bell. Afr. 56, 1; Bell. Hisp. 13,7; Caes. civ. 2,2,2) für Steinbrocken und Balken. Die Reichweite lag bei 300 bis 400 m. *Scorpio* bezeichnet gewöhnlich die Wurfmaschine, ursprünglich aber das Geschoss, das diese Maschine abschleudert (Bell. Afr. 29,3; Veget. 4,22; Liv. 29,7,6; Amm. 23,4,4; vgl. Isid. orig. 18, 8, 3: *Scorpio est sagitta venenata arcu vel tormentis excussa, quae, dum ad hominem venerit, virus, quo figit, infundit; unde et scorpio nomen accepit.*). In der Bedienung der Geschütze wurden alle Legionssoldaten ausgebildet; eine selbstständige Artillerie gab es nicht.

Türme (***turres***) waren Holzkonstruktionen mit mehreren Stockwerken und wurden auf Walzen fortbewegt. Von den unteren Stockwerken aus wurden Brechmaschinen gegen die feindliche Stadtmauer eingesetzt, während sich in den oberen Stockwerken Geschütze und wahrscheinlich auch Wurfbrücken zum Übergang auf die feindliche Mauer befanden.

vinea: Weinlaube/Sturmlaube, bewegliche Deckungen zum Schutz der Annäherung an feindliche Befestigungen; leichte Schutzhütte (vgl. Plin. nat. 14,1,3) aus Pfählen und Stangen, bei der Belagerung von Festungen eingesetzt; Maße z. B. Breite 2,37 m, Höhe 2,07 m, Länge 4,74 m, mit frischen Fellen oder nassen Decken und (darunter) Flechtwerk überdacht und gegen Brand- und Wurfgeschosse abgeschirmt, von Soldaten entweder bis zur feindlichen Mauer getragen und dort eingerammt oder auf Rädern vorwärts gerollt. Mehrere *vineae* konnten zu einem Laufgang vereinigt werden. Laufgänge waren Schutzdächer aus Holz, die, aneinander geschoben, einen geschützten Gang bildeten. Unmittelbar an der Mauer wurde eine starke, niedrige Hütte, *musculus* (Veg. mil. 4,16; oft mit *aries* [»Widder, Sturmbock«]), beim Unterminieren eingesetzt.

Für weitere Einzelheiten des römischen Heeres und der römischen Flotte sei auf folgende Werke verwiesen:

Heinrich Krefeld (Hg.): Res Romanae. Begleitbuch für die lateinische Lektüre. Ausgabe 2008. – Berlin 2008, bes. 57–66 (auch die Benutzung älterer Auflagen ist zu empfehlen).

Caesar: Bellum Gallicum. Vollständige Ausgabe. Mit einer Einleitung von Hans Jürgen Tschiedel und Sacherklärungen und ausgewähltem Bildmaterial von Gerhard Ramming. Paderborn 1978, bes. 208–229.

LITERATURVERZEICHNIS

Wissenschaftliche Ausgaben

C. Iulii Caesaris commentarii cum supplementis A. Hirtii et aliorum. Caesaris Hirtiique fragmenta. Carolus Nipperdeius [Carl Nipperdey] recensuit, optimorum codicum auctoritates annotavit, quaestiones criticas praemisit. Leipzig 1847

Bellum Alexandrinum, Bellum Africum, Bellum Hispaniense:

C. Iuli Caesaris commentariorum pars posterior qua continetur libri III de bello civili cum libris incertorum auctorum de bello Alexandrino, Africo, Hispaniensi. Recensuit brevique adnotatione critica instruxit Renatus du Pontet e collegio sanctae et individuae Trinitatis apud Oxonienses. (Oxford Classical Texts). Oxford 1901 ([7]1989)

C. Iulii Caesaris commentarii cum A. Hirtii aliorumque supplementis ex recensione Bernardi Kübleri. Vol. III, pars 1: Commentarius de bello Alexandrino. Rec. B. Kübler. Commentarius de bello Africo: Rec. Ed. Wölfflin. Editio minor. Leipzig 1915

C. Iulii Caesaris commentarii cum A. Hirtii aliorumque supplementis ex recensione Bernardi Kübleri. Vol. III, pars 2: Commentarius de bello Hispaniensi. C. Iulii Caesaris et A. Hirtii fragmenta. Leipzig 1897 (rezensiert von R. Schneider [s. u.])

C. Iuli Caesaris commentarii. Edidit Alfredus Klotz. Vol. III: Commentarii belli Alexandrini – belli Africi – belli Hispaniensis. Accedunt C. Iuli Caesaris et A. Hirti fragmenta. Editio stereotypa editionis primae (MCMXXVII). Stuttgart 1966

Bellum Alexandrinum

Bellum Alexandrinum. Erklärt von Rudolf Schneider. Berlin 1888 (rezensiert von Rudolf Menge in: Neue Philologische Rundschau 1889, Nr. 8, 120–127)

Bellum Alexandrinum. Edidit et commentario instruxit Raphael Giomini. (Collana di testi critici latini diretta da Ettore Paratore, Bd. 2). Roma 1956

Caesar's War in Alexandria. Bellum Civile III. 102–112 & Bellum Alexandrinum 1–33. Edited with Introduction, Notes and Vocabulary by Gavin Townend. Bristol / Wauconda (Illinois) 1988

Bellum Africum

Bellum Africanum. Herausgegeben und erklärt von Rudolf Schneider. Mit zwei Karten. Berlin 1905, ²1962 (= unveränderter Nachdruck der 1. Auflage)

Bellum Hispaniense

C. Iulii Caesaris Bellum Hispaniense. Introduzione, testo critico e commento a cura di Giovanni Pascucci. (Testi Greci e Latini con commento filologico; collana diretta da Alessandro Ronconi e Giovanni Pugliese Carratelli V). Firenze 1965

Bellum civile

C. Iuli Caesaris commentarii. Edidit Alfredus Klotz. Vol. II: Commentarii belli civilis. Editio stereotypa correctior editionis alterius. Addenda et corrigenda collegit et adiecit W. Trillitzsch. Leipzig 1969

Bellum Gallicum

C. Iuli Caesaris commentarii belli Gallici. Edidit Alfredus Klotz. Editio minor. Adiecta est tabula geographica. Leipzig 1940

C. Iulii Caesaris commentarii rerum gestarum. Edidit Otto Seel. Vol. I: Bellum Gallicum. Editio stereotypa editionis primae. Leipzig 1968

C. Iulii Caesaris commentarii rerum gestarum. Vol. I: Bellum Gallicum. Edidit Wolfgang Hering. Leipzig 1987

Wissenschaftliche Ausgaben anderer Autoren

Sexti Pompei Festi de verborum significatu quae supersunt cum Pauli epitome. Thewrewkianis copiis usus edidit Wallace M. Lindsay. Leipzig 1913 (reprografischer Nachdruck Hildesheim 1965)

Isidori Hispalensis Episcopi Etymologiarum sive originum libri XX. Recognovit brevique adnotatione critica instruxit W. M. Lindsay. 2 Bde. (Oxford Classical Texts). Oxford 1911, ND 1989

T. Livi ab urbe condita libri. Pars IV: Libri XLI–XLV. Ediderunt W. Weißenborn – M. Müller. Periochae omnium librorum. Fragmenta Oxyrhynchi reperta. Iulii Obsequentis prodigiorum liber. Edidit Otto Rossbach. Editio stereotypa. Stuttgart 1973

C. Suetoni Tranquilli de vita Caesarum libros VIII et de grammaticis et rhetoribus

librum recognovit brevique adnotatione critica instruxit Robert A. Kaster. Oxford 2016

C. Vellei Paterculi ex historiae Romanae libris duobus quae supersunt post C. Halmium iterum edidit C. Stegmann de Pritzwald. Editio stereotypa editionis secundae (1933). Addenda adiecit H.-D. Blume. Stuttgart 1968

Zweisprachige Ausgaben

Caesar: Alexandrian War, African War, Spanish War. With an English translation by A. G. Way. (Loeb Classical Library, Bd. 402). Cambridge, Massachusetts / London 1955

Caesar, Gaius Iulius: Kriege in Alexandrien, Afrika und Spanien. Lateinisch und deutsch. Nach der Übersetzung von Anton Baumstark überarbeitet und mit Anmerkungen versehen von Carolin Jahn. (Edition Antike). Darmstadt 2004

Bellum Alexandrinum

César: Guerre d'Alexandrie. Texte établi et traduit par Jean Andrieu. Paris 1954

Bellum Africum

César: Guerre d'Afrique. Texte établi et traduit par A. Bouvet. Paris 1949

Bellum Hispaniense

Pseudo-César: Guerre d'Espagne. Texte établi et traduit par Nicole Diouron. Deuxième tirage. Paris 2002

Bellum civile

Caesar, C. Iulius: Der Bürgerkrieg. Lateinisch-deutsch ed. Otto Schönberger. (Sammlung Tusculum). München/Zürich 1984

Caesar, Gaius Iulius: De bello civili / Der Bürgerkrieg. Lateinisch / Deutsch. Übersetzung und Anmerkungen von Marieluise Deißmann. Nachwort von Jörg Fündling. Stuttgart 2014

Bellum Gallicum

Caesar, Gaius Iulius: De bello Gallico / Der Gallische Krieg. Lateinisch/Deutsch. Übersetzt und herausgegeben von Marieluise Deißmann. Stuttgart 1981

Caesar, C. Iulius: Der Gallische Krieg / De bello Gallico. Lateinisch-deutsch. Herausgegeben und übersetzt von Otto Schönberger. (Tusculum Studienausgaben). Düsseldorf/Zürich 1998

Weitere Autoren

Florus: Römische Geschichte. Lateinisch und deutsch. Eingeleitet, übersetzt und kommentiert von Günter Laser. (Edition Antike). Darmstadt 2005

Frontin: Kriegslisten. Lateinisch und deutsch von Gerhard Bendz. (Schriften und Quellen der Alten Welt [SQAW], Bd. 10). Berlin 1963, ^{2}1978

Die Lex Irnitana. Ein römisches Stadtrecht aus Spanien. Lateinisch und deutsch. Herausgegeben, eingeleitet und übersetzt von Joseph Georg Wolf. (Texte zur Forschung, Bd. 101). Darmstadt 2011

Livy. With an English translation in fourteen volumes. Vol. XIV: Summaries, fragments, and Obsequens. Translated by Alfred C. Schlesinger. With a general index to Livy by Russel M. Geer. (Loeb Classical Library). London/Cambridge (Mass.) 1959

Pomponius Mela: Kreuzfahrt durch die Alte Welt (De chorographia libri tres). Zweisprachige Ausgabe von Kai Brodersen. Darmstadt 1994

Valerius Maximus: Facta et dicta memorabilia / Denkwürdige Taten und Worte. Lateinisch/Deutsch. Übersetzt und herausgegeben von Ursula Blank-Sangmeister. Stuttgart 1991

Velleius Paterculus, C.: Historia Romana / Römische Geschichte. Lateinisch/Deutsch. Übersetzt und herausgegeben von Marion Giebel. – Stuttgart 1989

Übersetzungen

Sämtliche Werke Caesars (d. h. *Corpus Caesarianum*)

Caesar, Gaius Julius: Sämtliche Werke. Der Gallische Krieg. Nach der Übersetzung und mit den Kommentaren von Karl Blümel. Der Bürgerkrieg mit den Berichten vom Alexandrinischen, Afrikanischen und Spanischen Krieg. Fragmente. Übersetzt und kommentiert von Wolfgang Stammler. Essen/Stuttgart ^{1}1983, ^{2}1984

Bellum civile, Bellum Alexandrinum, Bellum Africum, Bellum Hispaniense

Caesar, Gajus Julius: Der Bürgerkrieg mit den Berichten über den Alexandrinischen, Afrikanischen und Spanischen Krieg. Übersetzt von Helmut Simon mit einer Einleitung von Christian Meier und einem Vorwort von Hermann Strasburger. Berlin/Darmstadt/Wien 1965

Bellum civile

Caesar, Gaius Iulius: Der Bürgerkrieg. Ins Deutsche übertragen und erläutert von Georg Dorminger. München 1964

Caesar, Gaius Julius: Der Bürgerkrieg. Übersetzung, Anmerkungen und Nachwort von Marieluise Deißmann-Merten. Stuttgart 1975

Weitere Autoren

Appian von Alexandria: Römische Geschichte. Zweiter Teil: Die Bürgerkriege. Übersetzt von Otto Veh. Durchgesehen, eingeleitet und erläutert von Wolfgang Will. Stuttgart ^{2}2019

Cassius Dio: Römische Geschichte. In der Übersetzung von Leonhard Tafel. Bearbeitet von Lenelotte Müller. Neu gesetzt und behutsam revidiert nach der Ausgabe Stuttgart 1831–1844. Wiesbaden 2012

Flavius Josephus: Jüdische Altertümer. Übersetzt und mit Einleitung und Anmerkung versehen von Dr. Heinrich Clementz. 2. Band: Buch 11–20 nebst Namenregister. Halle 1899

Sueton: Cäsarenleben. Herausgegeben und erläutert von Max Heinemann. Mit einer Einleitung von Rudolf Till. Stuttgart 1957

Suetonius Tranquillus, Gaius: Leben der Caesaren. Übersetzt und mit Anmerkungen, Register sowie einem Essay »Zum Verständnis des Werkes« herausgegeben von André Lambert. Reinbek bei Hamburg 1966

Lexika und Standardwerke

Albrecht, Michael von: Geschichte der römischen Literatur. 2 Bde. (unveränderter photomechanischer Nachdruck der 1994 erschienenen zweiten, verbesserten und erweiterten Auflage). München 1994

Brodersen, Kai (Hg.): Antike Stätten am Mittelmeer. Darmstadt 1999

Brodersen, Kai / Zimmermann, Bernhard (Hg.): Metzler Lexikon Antike. Stuttgart/Weimar 2000

Eichert, Otto: Vollständiges Wörterbuch zu den Schriftwerken des Gaius Iulius Caesar und seiner Fortsetzer. Hannover [3]1869

Fuhrmann, Manfred: Geschichte der römischen Literatur. Bibliographisch ergänzte Ausgabe 2019. Stuttgart 2021

Hiltbrunner, Otto: Kleines Lexikon der Antike. Unter Mitarbeit von Marion Lausberg. 6., völlig neubearbeitete und erweiterte Auflage. Tübingen/Basel 1995

Irmscher, Johannes (Hg.): Lexikon der Antike. Leipzig [5]1982

Der Kleine Pauly, Lexikon der Antike, hg. von K. Ziegler und W. Sontheimer. 5 Bde. München 1979

Krefeld, Heinrich (Hg.): Res Romanae. Begleitbuch für die lateinische Lektüre. Berlin 2008

Kroh, Paul: Lexikon der antiken Autoren. Stuttgart 1972

Kytzler, Bernhard: Reclams Lexikon der griechischen und römischen Autoren. Überarbeitete und aktualisierte Neuausgabe. Stuttgart 2007

Menge, Rudolf / Preuss, Siegmund: Lexicon Caesarianum. Leipzig 1890, ND Hildesheim 1972

Merguet, Hugo: Lexikon zu den Schriften Cäsars. 2 Bde. (Bd. 1: A–L; Bd. 2: M–V). Jena 1886, ND Hildesheim 1966

Der Neue Pauly. Enzyklopädie der Antike. Herausgegeben von Hubert Cancik und Helmuth Schneider (Bd. 1–12; Bd. 13–15 in Verbindung mit Hubert Cancik und Helmuth Schneider herausgegeben von Manfred Landfester). Bd. 1–12: Altertum. 1996–2002; Bd. 13–15: Rezeptions- und Wissenschaftsgeschichte. A–Z (Bd. 15 in drei Teilbänden). 1999–2003; Bd. 16 (herausgegeben von Brigitte Egger und Jochen Derlien): Register. Listen. Tabellen. 2003; Supplementbände 1–14. 2004–2023

Nickel, Rainer: Lexikon der antiken Literatur. Darmstadt 1999

Preuss, Siegmund: Vollständiges Lexikon zu den pseudo-cäsarianischen Schriftwerken. – Erlangen 1884, ND Hildesheim 1964

RE: Paulys Realencyclopädie der classischen Altertumswissenschaft. Neue Bearbeitung, begonnen von G. Wissowa, fortgeführt von W. Kroll und K. Mittelhaus, hg. von K. Ziegler und W. John, Stuttgart, 1. Reihe (A–Q), 1, 1 (1893) – 24,1 (1963); 2. Reihe (P–Z), 1 A ff. (1914 ff.); 15 Supplementbände, Stuttgart 1903–1978

Schümann, Bernd F.: Caesars Wortschatz. Vollständiges Lexikon zu den Schriften bellum Gallicum, bellum civile, bellum Africanum, bellum Alexandrinum, bellum Hispaniense sowie den Fragmenten. Hamburg [7]1987

ThLL: Thesaurus Linguae Latinae editus auctoritate et consilio Academiarum quinque Germanicarum Berolinensis Gottingensis Lipsiensis Monacensis Vindobo-

nensis (später: ed. iussu Academiis Societatibusque diversarum nationum electi). Leipzig, 1900 ff.

Weiterführende Literatur

Albert, Sigrid: Bellum iustum. Die Theorie des »gerechten Krieges« und ihre praktische Bedeutung für die auswärtigen Auseinandersetzungen Roms in republikanischer Zeit. (Frankfurter Althistorische Studien, Heft 10). Kallmünz 1980

Aubert, Hans-Joachim: Tunesien. Kunst- und Reiseführer mit Landeskunde. Stuttgart u. a. 1986

Baltrusch, Ernst: Caesar und Pompeius. (Geschichte kompakt). Darmstadt ^{3}2011

Barwick, Karl: Caesars Commentarii und das Corpus Caesarianum (Philologus, Supplementband 31, Heft 2). Leipzig 1938

Baumann, Uwe: Kleopatra. Reinbek bei Hamburg 2003

Bayer, Karl: Caesar, De astris. In: Anregung 42, 1996, 218–234

Bayer, Karl: Caesars Kalenderreform. In: Dialog Schule & Wissenschaft. Klassische Sprachen und Literaturen. Herausgegeben von Ltd. MR Peter Neukam. Bd. 31. München 1997, 32–58

Becher, Ilse: Das Bild der Kleopatra in der griechischen und lateinischen Literatur. (Deutsche Akademie der Wissenschaften zu Berlin, Schriften der Sektion für Altertumswissenschaft, Bd. 51). Berlin 1966

Botermann, Helga: Die Generalabrechnung mit dem Tyrannen. Ciceros Rede für den König Deiotarus. In: Gymnasium 99, 1992, 320–344

Busch, Bernhard: De M. Porcio Catone Uticensi quid antiqui scriptores aequales et posteriores censuerint. Diss. Münster (Westfalen) 1911

Canfora, Luciano: Cesare continuato. In: Belfagor 25, 1970, 419–429

Canfora, Luciano: Die verlorene Bibliothek. Berlin 1988

Canfora, Luciano: Caesar. Der demokratische Diktator. Eine Biographie. Aus dem Italienischen ins Deutsche übertragen von Rita Seuß. München 2004

Cichorius, Conrad: Römische Studien. Historisches, Epigraphisches, Literaturgeschichtliches aus vier Jahrhunderten Roms. – Leipzig/Berlin 1922

Clauss, Manfred: Kleopatra. München 1995

Commentationes Woelfflinianae. Eduardo Woelfflino natalicia sexagesima gratulantur qui colligendo Thesauro linguae Latinae eo auctore per VII annos operam dederunt. Leipzig 1891

Corbett, P. B.: On two Items of Colloquial Usage in the Bellum Hispaniense. In: Klio 60, 1962, 74–79

Cornelissen, J. J.: Adversaria critica. In: Mnemosyne, N. F. 17, 1889, 44–55

Dessau, Hermann: Cirta. In: RE 3, 1899, 2586–2588

Dessau, Hermann: Hadrumetum. In: RE 7,2 = 14 (^{2}1912), 2178–2180

Domaszewsky, Alfred von: Die Fahnen im römischen Heere (Abhandlungen des Archäologisch-Epigraphischen Seminars der Universität Wien, Heft 5). Wien 1885

Drexler, Hans: Parerga Caesariana. In: Hermes 70, 1935, 203–234 (208–227 Zum *bellum Hispaniense*)

Fehrle, Rudolf: Cato Uticensis (Impulse der Forschung, Bd. 43). Darmstadt 1983

Fischer, Ed.: Das achte Buch vom Gallischen Kriege und das Bellum Alexandrinum. Eine Studie. Progr. der K. Studienanstalt Passau 1880

Fischer, Wolfgang: Das römische Lager insbesondere nach Livius. Leipzig/Berlin 1914

Fleischer, Curt: Zu Caesar und seinen Fortsetzern. In: Jahrbücher für classische Philologie 24, 1878, 273–282

Flurl, Wolfgang: Deditio in fidem. Untersuchungen zu Livius und Polybios. Diss. München 1969

Fraschetti, Augusto: Caesar. Eine Biographie. Stuttgart 2015

Freber, Philipp-Stephan G.: Der hellenistische Osten und das Illyricum unter Caesar. (Palingenesia, Bd. 42). Stuttgart 1993

Freis, Helmut: Das römische Nordafrika – ein unterentwickeltes Land? In: Chiron 10 (1980), 357–390

Fröhlich, Franz: Das Bellum Africanum sprachlich und historisch behandelt. Mit kurzer Einleitung über Titel und Verfasser, sowie die Fortsetzungen zu Cäsar überhaupt. Brugg 1872 (= Diss. Zürich)

Gaertner, Jan Felix / Hausburg, Bianca C.: Caesar and the Bellum Alexandrinum. An Analysis of Style, Narrative Technique, and the Reception of Greek Historiography. Göttingen 2013

Gelzer, Matthias: Das erste Konsulat des Pompeius und die Übertragung der großen Imperien. (Abhandlungen der Preußischen Akademie der Wissenschaften, Jg. 1943, Philosophisch-historische Klasse, Nr. 1). Berlin 1943

Gelzer, Matthias: Der Antrag des Cato Uticensis, Caesar den Germanen auszuliefern. In: Kaufmann, Ekkehard (Hg.): Festgabe zur Paul Kirn zum 70. Geburtstag. Berlin 1961, 46–53

Gelzer, Matthias: Cato Uticensis. Abgedruckt in: Kleine Schriften Band II. Wiesbaden 1963, 257–285

Gelzer, Matthias: Caesar, der Politiker und Staatsmann (unveränderter Nachdruck der 6., neu bearbeiteten und erweiterten Auflage 1960). Wiesbaden 1983

Gelzer, Matthias: Pompeius. Lebensbild eines Römers. (Nachdruck der auf der 2. überarbeiteten Auflage von 1959 basierenden Paperback-Ausgabe von 1973 ergänzt um den Nachlass von Matthias Gelzer; durchgesehen und mit einer Bibliographie ausgestattet von Elisabeth Herrmann-Otto). Wiesbaden/Stuttgart 1984

Gesche, Helga: Caesar (Erträge der Forschung, Bd. 51). Darmstadt 1976

Giesche, Maria: De casibus Cleopatrae et Mariae Stuardiae reginarum illustrium fataliumque. In: Vox Latina 31, 1995, Fasc. 121, 330–341

Girardet, Klaus M.: Die *lex Iulia de provinciis* (46 v. Chr.). Vorgeschichte – Inhalt – Wirkungen. In: Rheinisches Museum für Philologie N. F. 130, 1987, 291–329

Göttlicher, Arvid: Die Schiffe der Antike. Eine Einführung in die Archäologie der Wasserfahrzeuge. Darmstadt 1985

Groebe, P.: Cäsars Legionen im gallischen Kriege. In: Festschrift zu Otto Hirschfelds 60. Geburtstage. Berlin 1903, 452–460

Gundel, Hans Georg: C. Vergilius. In: RE 8 A 1 = 15 A, 1955, 1016–1018

Haley, Evan W.: Baetica Felix. People and Prosperity in Southern Spain from Caesar to Septimius Severus. Austin 2003

Hartel, W. v.: Die Cäsarausgabe des Hirtius. In: Commentationes Woelfflinianae. Leipzig 1891, 113–123

Heinen, Heinz: Rom und Ägypten von 51 bis 47 v. Chr. Untersuchungen zur Regierungszeit der 7. Kleopatra und des 13. Ptolemäers. Diss. Tübingen 1966

Heinen, Heinz: Mithradates von Pergamon und Caesars bosporanische Pläne. Zur Interpretation von Bellum Alexandrinum 78. In: Rosmarie Günther / Stefan Rebenich (Hg.): E fontibus haurire – Beiträge zur römischen Geschichte und zu ihren Hilfswissenschaften. Paderborn u. a. 1994, 63–79

Heraeus, Wilhelm: Die römische Soldatensprache. In: Archiv für lateinische Lexikographie und Grammatik 12, 1902, 255–280

Hering, Wolfgang: Die Recensio der Caesarhandschriften. Berlin 1963

Hering, Wolfgang: Rezension von: [C. Iulii Caesaris] Bellum Hispaniense. Introd., test crit. e comm. a cura di Giovanni Pascucci. Firenze: Le Monnier 1965. 413 S. (Testi greci e latini con commento filologico. 5.). In: Gnomon 43, 1971, 687–692

Holmes, Thomas Rice: The Roman Republic and the Founder of the Empire. Vol. III: 50–44 B.C. Oxford 1923

Hooff, Anton J. L. van: The Caesar of the *Bellum Hispaniense*. In: Mnemosyne, Series 4, 27, 1974, 123–138

Hülsen, Christian: Aponiana insula. In: RE 2,1, 1895, 172

Jax, Karl: Die Stellung der Handschriften *S* und *L* in der Cäsarüberlieferung. In: Wiener Studien 52, 1934, 95–105

Jehne, Martin: Caesar. München 1997

Kirsten, Ernst: Nordafrikanische Stadtbilder. Antike und Mittelalter in Libyen und Tunesien. Heidelberg 1961, ²1966

Klebs, Luise: Bocchus Nr. 2. In: RE 3, 1899, 578–579

Klebs, Luise: Bogudes Nr. 2. In: RE 3, 1899, 608–609

Kleiner, Diana E. E.: Cleopatra and Rome. Cambridge (Mass.) / London 2005

Klingner, Friedrich: C. Iulius Caesar. in: Römische Geisteswelt. Essays zur lateinischen Literatur. Mit einem Nachwort herausgegeben von Karl Büchner. Stuttgart 1979, 90–109

Klotz, Alfred: Die Caesarüberlieferung. In: Rheinisches Museum N. F. 64, 1909, 224–234

Klotz, Alfred: Die Schlacht von Munda (17. März 45 v. Chr.). In: Neue Jahrbücher für das Klassische Altertum, Geschichte und deutsche Literatur 12, 1909, 560–573

Klotz, Alfred: Cäsarstudien: nebst einer Analyse der Strabonischen Beschreibung von Gallien und Britannien. Leipzig/Berlin 1910

Klotz, Alfred: Randbemerkungen. In: Wiener Studien 35, 1913, 234–257

Klotz, Alfred: Zu Bell. Alex. 55,5 und Val. Max. IX 4,2. In: Rheinisches Museum für Philologie, Neue Folge, 74, 1925, 234

Klotz, Alfred: Kommentar zum Bellum Hispaniense. Leipzig/Berlin 1927

Klotz, Alfred: Die literarische Überlieferung über Caesars letzten Feldzug. In: Festschrift Swoboda. Reichenberg 1927, 123–132 (nicht einsehbar)

Klotz, Alfred: Rezension von Heinz Pötter: Untersuchungen zum Bellum Alexandrinum und Bellum Africanum. Diss. Münster 1931 / Borna/Leipzig 1932. In: Philologische Wochenschrift 53, 1933, 1139–1148

Kohl, Johannes: Der Verfasser des Kriegstagebuchs vom Bellum hispaniense. In: Bayerische Blätter für das Gymnasial-Schulwesen 60, 1924, 38–42

Köhler, Albrecht: De auctorum belli Africani et belli Hispaniensis latinitate. – Diss. Erlangen 1877

Köhler, Albrecht: Rezension von: Gustav Landgraf: Untersuchungen zu Caesar und seinen Fortsetzern, insbesondere über Autorschaft und Komposition des Bellum Alexandrinum und Africanum. Erlangen 1888. In: Blätter für das Bayerische Gymnasialschulwesen 25, 1889, 516–528

Koestermann, Erich: L. Munatius Plancus und das Bellum Africum. In: Historia 22, 1973, 48–63

Kroymann, Jürgen: Caesar und das Corpus Caesarianum in der neueren Forschung: Gesamtbibliographie 1945–1970. In: Aufstieg und Niedergang der römischen Welt (ANRW) I,3, 1973, 457–487

Kurfess, Alfons: Zum Balbusbrief des Hirtius. In: Philologische Wochenschrift 61, 1941, 128

Laarmann, Matthias: Texte über Caesars Kriegsbrutalität – auch ein Einstieg in die Caesar-Lektüre (u. a. zu *Bellum Hispaniense* 31,9–32,3). In: Forum Classicum 2/2015, 83–95

Landgraf, Gustav: Untersuchungen zu Caesar und seinen Fortsetzern, insbesondere über Autorschaft und Komposition des Bellum Alexandrinum und Africanum. Erlangen 1888 (rezensiert von Rudolf Menge in: Neue Philologische Rundschau

1889, Heft 10, 147–154 und von Albrecht Köhler in: Blätter für das Bayerische Gymnasialschulwesen 25, 1889, 516–528)

Landgraf, Gustav: Der Bericht des C. Asinius Pollio über die spanischen Unruhen des Jahres 48 v. Chr. (Bellum Alexandrinum 48–64) auf Grund des codex Asburnhamensis [sic!]. – Erlangen/Leipzig 1890

Landgraf, Gustav: Das Bellum Alexandrinum und der Codex Ashburnhamensis. In: Festgruß an die 41. Versammlung Deutscher Philologen und Schulmänner von dem Lehrerkollegium des Kgl. Wilhelmsgymnasiums in München. – München 1891 (zu: Bell. Alex. 24–47 u. 65–78), 1–23

Landgraf, Gustav: Zum Bellum Alexandrinum. In: Commentationes Woelfflinianae. Leipzig 1891, 15–21 (zu Bell. Alex. 1–19)

Langhammer, A.: Zum Bellum Africanum (Bell. Afric. 82,3). In: Berliner Philologische Wochenschrift 27, 1907, 1278–1279 und 28, 1908, 1548–1552

Langhammer, A.: Die Schlacht bei Thapsus. In: Klio 17, Heft 1, 1920, 102–104

Lendle, Otto: Antike Kriegsmaschinen. In: Gymnasium 88, 1981, 330–356

Löfstedt, Einar: Spätlateinische Studien. Uppsala/Leipzig 1908

Löfstedt, Einar: Sprachliche und epigraphische Miscellen. In: Glotta 4, 1913, 254

Löfstedt, Einar: Vermischte Studien zur lateinischen Sprachkunde und Syntax. Lund u. a. 1936

Malitz, Jürgen: Caesars Partherkrieg. In: Historia 33, 1984, 21–59

Malitz, Jürgen: Die Kanzlei Caesars – Herrschaftsorganisation zwischen Republik und Prinzipat. In: Historia 36, 1987, 51–72

Marasco, Gabriele: Appiano e il proconsolato di P. Vatinio in Illiria (45–43 a. C.). In: Chiron 25, 1995, 283–297

Marek, Christian: Pontus et Bithynia. Die römischen Provinzen im Norden Kleinasiens. Mainz 2003

Marek, Christian: Geschichte Kleinasiens in der Antike. Unter Mitarbeit von Peter Frei. München 2010

Menge, Rudolf: Rezension von: Bellum Alexandrinum. Erklärt von Rudolf Schneider. Berlin 1888. In: Neue Philologische Rundschau 1889, Heft 8, 120–127

Menge, Rudolf: Rezension von: Gustav Landgraf: Untersuchungen zu Caesar und seinen Fortsetzern, insbesondere über Autorschaft und Komposition des Bellum Alexandrinum und Africanum, Erlangen 1888. In: Neue Philologische Rundschau 1889, Heft 10, 147–154

Meyer, Ernst: Römischer Staat und Staatsgedanke. Zürich/München [4]1975

Morrison, John S. / Coates, John F.: Die athenische Triere. Geschichte und Rekonstruktion eines Kriegsschiffs der griechischen Antike. (Originaltitel: The Athenian trireme). Übersetzt von W. Felten. (Kulturgeschichte der antiken Welt, Bd. 44). Mainz am Rhein 1990

Müller, Markus: Das *Bellum Africum*: Ein historisch-philologischer Kommentar der Kapitel 1–47. Diss. Trier 2001

Müller, Marvin: Der andere Blick auf Caesars Kriege. Eine narratologische Analyse der vier Supplemente im *Corpus Caesarianum* (Philologus, Supplemente, Band 15). Berlin/Boston 2021

Münzer, Friedrich: Q. Caecilius Metellus Baliaricus. In: RE 3, 1899, 1207 f.

Münzer, Friedrich: C. Claudius Marcellus. In: RE 3, 1899, 2736 f.

Münzer, Friedrich: Claudius Nr. 229 (M. Claudius Marcellus). In: RE 3, 1899, 2760–2764

Münzer, Friedrich: M. Claudius Marcellus Aeserninus. In: RE 3, 1899, 2770 f.

Münzer, Friedrich: Tullius Rufus. In: RE 7,2 A = RE 14 A (1948), 1318

Nap, Jacobus M.: Lex Iulia municipalis. In: RE 12/1 (1924), 2368–2389

Nipperdey, Carl: De supplementis commentariorum C. Iuli Caesaris. Diss. Berlin 1846

Oppermann, Hans: Julius Caesar in Selbstzeugnissen und Bilddokumenten. Reinbek bei Hamburg 1968

Oppermann, Hans: Caesar. Wegbereiter Europas. (Persönlichkeit und Geschichte, Bd. 10). Göttingen/Zürich/Frankfurt ^{3}1977

Orlandi, Enzo (Hg.): Caesar und seine Zeit. Text von Giancarlo Buzzi. Die Übertragung aus dem Italienischen besorgte Julia Schlechta. Wiesbaden 1967

Panzram, Sabine: Stadtbild und Elite. Tarraco, Corduba und Augusta Emerita zwischen Republik und Spätantike (Historia Einzelschriften, Bd. 161). Stuttgart 2002

Patzer, Andreas: Aulus Hirtius als Redaktor des *Corpus Caesarianum*. Eine grammatisch-historische Analyse der *epistula ad Balbum*. In: Würzburger Jahrbücher für die Altertumswissenschaft N. F. 19, 1993, 111–130

Pecchiura, Piero: La figura di Catone Uticense nella letteratura latina. Torino 1965

Pötter, Heinz: Untersuchungen zum Bellum Alexandrinum und Bellum Africanum. Stil und Verfasserfrage. (Diss. Münster i. W. 1931) Borna/Leipzig 1932 (rezensiert von A. Klotz in: Philologische Wochenschrift 53, 1933, 1139–1148 und von O. Seel in: Gnomon 9, 1933, 594–600)

Rasmussen, Detlef: Caesars Commentarii. Stil und Stilwandel am Beispiel der direkten Rede. Göttingen 1963

Rasmussen, Detlef (Hg.): Caesar. (Wege der Forschung, Bd. 43). Darmstadt ^{3}1980

Rice Holmes → Holmes

Richter, Will: Caesar als Darsteller seiner Taten. Eine Einführung. Heidelberg 1977

Rüpke, Jörg: Wer las Caesars *bella* als *commentarii*? In: Gymnasium 99, 1992, 201–226

Rüpke, Jörg: Römische Geschichtsschreibung. Eine Einführung in das historische Erzählen und seine Veröffentlichungsformen im antiken Rom. Marburg 2015

Schiller, Heinrich: Zu Bell. Afr. 1,4 u. a.; Bell. Alex. 27,1 u. a. In: Jahrbücher für klassische Philologie 119, 1879, 869 ff.

Schiller, Heinrich: Vom Ursprung des »Bellum Alexandrinum«. In: Blätter für das Bayerische Gymnasialschulwesen 26, 1890, 242–251.393–400.511–523

Schiller, Heinrich: Zu Cäsar und seinen Fortsetzern. In: Commentationes Woelfflinianae. Leipzig 1891, 49–56

Schmidt, Johannes: Aigimuros. In: RE 1,1, 1893, 964

Schneider, Rudolf: Rezension von C. Iulii Caesaris commentarii ex recensione Bernardi Kübleri. Vol. III pars 2: De bello Hispaniensi. Fragmenta. Leipzig 1897. In: Berliner Philologische Wochenschrift 18, 1898, 775–777

Schneider, Rudolf: Vom römischen Wachdienst. In: Berliner Philologische Wochenschrift 24, 1904, 797–799

Schneider, Rudolf: Antike Geschütze in Tätigkeit. In: Berliner Philologische Wochenschrift 24, 1904, 892–894

Schneider, Rudolf: Der Tod Jubas I. In: Berliner Philologische Wochenschrift 24, 1904, 1083–1086

Schneider, Rudolf: Anfang und Ende der Torsionsgeschütze. In: Neue Jahrbücher für das klassische Altertum, Geschichte und dt. Literatur 12, 1909, 133–146

Schulten, Adolf: Das römische Afrika. Leipzig 1899

Schulten, Adolf: Der Ursprung des Pilums. In: Rheinisches Museum für Philologie N. F. 66, 1911, 573–584

Schulten, Adolf: Die Schlacht bei Munda. Eine archäologische Frühlingsreise in Andalusien (mit Karte). Barcelona 1923

Schulten, Adolf: Die Schlacht von Munda (Mit Karte). In: Rheinisches Museum für Philologie, N. F. 84, 1935, 391–400

Schulten, Adolf: Ucubis. In: RE 8 A, 1955, 552 f.

Schulz, Meinhard-Wilhelm: Caesar und Labienus. Geschichte einer tödlichen Kameradschaft. Caesars Karriere als Feldherr im Spiegel der Kommentarien sowie bei Cassius Dio, Appianus und Lucanus (Spudasmata, Bd. 131). Hildesheim 2010

Seel, Otto: Rezension von Heinz Pötter, Untersuchungen zum Bellum Alexandrinum und Bellum Africanum. (Diss. Münster 1931) Borna/Leipzig 1932. In: Gnomon 9, 1933, 594–600

Seel, Otto: Hirtius. Untersuchungen über die pseudocaesarischen Bella und den Balbusbrief (Klio, Beiheft 35 = Neue Folge, Heft 22). Leipzig 1935

Sethe, Kurt: Chersonesos Nr. 23. In: RE 3, 1899, 2269

Sijpesteijn, P. J.: Mithridates' March from Pergamum to Alexandria in 48 B. C. In: Latomus 24, 1965, 122–127

Stadler, O.: Zum bellum Africanum (Bell. Afr. 85,7; 1,4; 71,2; 66,2). In: Gymnasium 24, 1906, 437–438

Stadler, O.: Zu lateinischen Schriftstellern (Bell. Afr.; Bell. Alex.; Tac. dial.; Stat. silv.). In: Berliner Philologische Wochenschrift 27, 1907, 1119

Stangl, Th.: Die bibliothek [sic!] Ashburnham. In: Philologus 45, 1886, 201–236

Steinwender, Theodor: Ruspina. (*Bellum Africanum* 12–18). In: Klio 17, Heft 2, 1921, 204–220

Stoffel, Eugène: Histoire de Jules César. Guerre civile. 2 Bde. Bd. 2, 258–261

Storch, R. H.: The Author of the *De Bello Hispaniensi*: A Cavalry Officer? In: Acta Classica 20, 1977, 201–204

Struck, Erdmann: Bedeutungslehre. Grundzüge einer lateinischen und griechischen Semasiologie mit deutschen, französischen und englischen Parallelen. Darmstadt 1972 (unveränderter reprografischer Nachdruck der 2. erweiterten Auflage, Stuttgart 1954)

Teutsch, Leo: Das römische Städtewesen in Nordafrika. In der Zeit von C. Gracchus bis zum Tode des Kaisers Augustus. Berlin 1962

Till, Rudolf: Britannische Streitwagen. In: Klio 36, 1944, 238–250 (244 ff. zu »Sichelwagen«)

Tovar, Antonio / Blázquez Martínez, José M.: Forschungsbericht zur Geschichte des römischen Hispanien. In: ANRW II.3, 1975, 428–451

Trauth, Michael: Caesar incertus auctor. Ein quantifizierendes Wort zur Kritik von Verfasserfragen in lateinischen Texten. In: Röllwagenbüchlein. Festschrift für Walter Röll zum 65. Geburtstag. Hg. von Jürgen Jaehrling, Uwe Meves und Erika Timm. Tübingen 2002, 313–334

Trevelyan, George Otto: The Life and Letters of Lord Macaulay. Popular Edition. London/New York 1893

Tschiedel, Hans Jürgen: Caesar und der berauschte Cato. In: Würzburger Jahrbücher für die Altertumswissenschaft – Neue Folge, 3, 1977, 105–113

Tschiedel, Hans Jürgen: Caesars »Anticato«. Eine Untersuchung der Testimonien und Fragmente (Impulse der Forschung, Bd. 37). Darmstadt 1981

Tschiedel, Hans Jürgen: Zu Caesars literarischer Aktualität. In: Dialog Schule & Wissenschaft. Klassische Sprachen und Literaturen. Herausgegeben von MR Peter Neukam. Bd. 14. München 1981, 78–103

Tschiedel, Hans Jürgen: Lucan und die Tränen Caesars. (Eichstätter Hochschulreden Nr. 46). München 1985

Tschiedel, Hans Jürgen: Rezension von: Pseudo-César, Guerre d'Espagne. Texte établi et traduit par Nicole Diouron. Paris: Les Belles Lettres 1999. CXI, 196 z.T. Doppels. 4 Ktn. (Collection des universités de France). In: Gnomon 82, 2010, 596–602

Tschiedel, Hans Jürgen: Caesar im *Bellum Hispaniense*. In: Andreas Hartmann / Gregor Weber (Hg.): Zwischen Antike und Moderne. Festschrift für Jürgen Malitz zum 65. Geburtstag. Speyer 2012, 37–51

Uttschenko (Utčenko), Sergej L'vovič: Caesar. Berlin 1982

Veh, Paul-Gerhard: Der Grenzverlauf der römischen Provinz Cappadocia unter Kaiser Trajan und ihrer Nachfolgeprovinzen bis Theodosius I. Diss. Erlangen 1980

Ville, Georges: Utica. In: RE Suppl. 9, 1962, 1869–1894

Waldherr, Gerhard H.: »Punica fides« – Das Bild der Karthager in Rom. In: Gymnasium 107, 2000, 193–222

Walter, Fritz: Zum Corpus Caesarianum und zu Nepos. In: Philologische Wochenschrift 62, 1942, 287–288

Will, Wolfgang: Julius Caesar. Eine Bilanz. Stuttgart/Berlin/Köln 1992

Will, Wolfgang: Veni, vidi, vici. Caesar und die Kunst der Selbstdarstellung. Darmstadt 2008

Wölfflin, Eduard: Ennius und das *Bellum Hispaniense*. In: Archiv für lateinische Lexikographie und Grammatik 8, 1893, 596–597

Wölfflin, Eduard: Sprachliches zum Bellum Hispaniense. In: Archiv für lateinische Lexikographie und Grammatik (ALL) 12, 1902, 159–171

Zingerle, Josef: Zur Frage nach der Autorschaft des bellum Alexandrinum und dessen Stellung im Corpus Caesarianum. In: Wiener Studien 14, 1892, 75–119

Kartographisches Material

Auf den Abdruck von Karten wurde verzichtet. Es wird jedoch auf folgendes Werk hingewiesen:

Anne-Maria Wittke, Eckart Olshausen, Richard Szydlak: Historischer Atlas der antiken Welt. Unter Mitarbeit von Vera Sauer und weiteren Fachwissenschaftlern. Stuttgart/Weimar 2012. Ungekürzte Sonderausgabe des 2007 als Bd. 3 der Reihe »Der Neue Pauly. Supplemente« erschienenen Werks

S. 112	Alexandreia
S. 120–121	Ägypten vom 4. bis zum 1. Jh. v. Chr.
S. 126–127	Das Bosporanische Reich
S. 128–129	Die hellenistische Staatenwelt im 2. Jh. v. Chr.
S. 130–131	Syrien und Palästina im 2. und 1. Jh. v. Chr.
S. 144–145	Die Entwicklung der Provinzen auf der Iberischen Halbinsel (2. Jh. v. Chr. bis 5. Jh. n. Chr.)

S. 148–149 Roms Kriege im Westen (206–101 v. Chr.)
[gut geeignet zur Nachverfolgung der Schauplätze der Kampfhandlungen im *Bellum Hispaniense*]

S. 146–147 Die Entwicklung der römischen Provinzen in Nordafrika (146 v. Chr. bis 395 n. Chr.)

S. 158–159 Die drei Kriege der Römer gegen Mithridates VI. (89–85, 83/82, 74–63 v. Chr.)
[gut geeignet zur Nachverfolgung der Schauplätze bezüglich der im *Bellum Alexandrinum* geschilderten Kampfhandlungen gegen Pharnakes II.]

S. 160–161 Die Neuordnung des Vorderen Orients durch Pompeius (67–59 v. Chr.)

S. 168–169 Das Römische Reich im Bürgerkrieg 49 bis 45 v. Chr.

S. 170–171 Das Römische Reich im Bürgerkrieg 44–30 v. Chr.

GLOSSAR DER EIGENNAMEN

Verwendete Abkürzungen bzw. Zeichen:

A.	Aulus	L.	Lucius	Ser.	Servius
Ap.	Appius	M.	Marcus	T.	Titus
C.	Gaius	P.	Publius	Ti./Tib.	Tiberius
Cn.	Gnaeus	Q.	Quintus		
D.	Decimus	S.	Sextus		

→ siehe unter (dieser Querverweis entfällt bei Caesar)
~ entspricht

CIL *Corpus Inscriptionum Latinarum, consilio et auctoritate Academiae Litterarum (Regiae) Borussiae editum*. Leipzig/Berlin 1862 ff.
RE *Paulys Realencyclopädie der classischen Altertumswissenschaft*. Neue Bearbeitung, begonnen von G. Wissowa, fortgeführt von W. Kroll und K. Mittelhaus, hg. von K. Ziegler und W. John, Stuttgart
ThLL *Thesaurus Linguae latinae, editus iussu auctoritate et consilio Academiarum quinque Germanicarum Berolinensis Gottingensis Lipsiensis Monacensis Vindobonensis*. Leipzig 1900 ff.

Die Abkürzungen der zitierten antiken Autorinnen und Autoren und ihrer Werke entsprechen den im ThLL gebräuchlichen Abkürzungen.

Die lateinischen Bezeichnungen geographischer Begriffe sind in der Regel kursiv gedruckt.

Achaia: urspr. Landschaft am Nordrand der Peloponnes. Nach dem Sieg Roms über → Makedonien bei Pydna (168 v. Chr.) mussten 1000 vornehme Achäer als Geiseln nach Rom gehen, darunter Polybios. Nur 300 erlebten nach 17 Jahren die Heimkehr und schürten nun den Römerhass. 146 v. Chr. wurde das Land Teil der röm. Provinz *Macedonia* unter dem Namen *Achaia*. Seit 27 v. Chr. bildete Achaia eine eigene (senator.) Provinz mit der röm. Kolonie Korinth als Sitz des Prokonsuls. (Bell. Alex. 44)

Achillas: Minister und General der königl. Truppen von → Ptolemaios XIII., veranlasste die Ermordung des Pompeius Magnus, bekämpfte Caesar in Alexandria, auf Befehl von → Arsinoë IV. hingerichtet (Caes. civ. 3, 104–112; Bell. Alex. 4; 26; Lucan. 10,521–523)

Achilles: Sohn des thessal. Königs Peleus und der Meeresgöttin Thetis, größter Held der Griechen vor Troja (Bell. Hisp. 25)

Acylla (Achilla, Achulla): Stadtgründung der Karthager in der späteren röm. Provinz → *Africa Byzacena* am Meer, nordöstl. von Sfax und ca. 30 km südl. von Thapsus; auf Münzen aus augusteischer Zeit lautet der Name Achulla; unterwarf sich 46 v. Chr. Caesar, von Messius gegen die vergebliche Belagerung durch → Considius gehalten; heute Ras Botria (Bou-Tria, Henchir Botria) in Tunesien, 45 km nordöstl. von Sfax (Bell. Afr. 33; 43; 67)

Acyllitani, Acyllitanorum: Bewohner von → *Acylla* (Bell. Afr. 33)

Aegimurus: Plin. nat. 5,42 *duae Aegimoeroe* (Αιγίμουροι), heute Djezîret Djamour El-Kebir (Zembra) und Djezîret Djamour Es-Seghir (Zembretta), von gefährlichen Felsbänken und Klippen umgebene Inseln am östl. Ausgang des Golfs von Tunis, etwa 50 km von Karthago entfernt (vgl. Liv. 30,24,9) (Bell. Afr. 44)

Aegyptus, Aegypti *f.*: Land und Königreich Ägypten, von Alexander d. Gr. 332 v. Chr. erobert, nach dessen Tod von seinem General Ptolemaios und dessen Nachkommen, den Ptolemäern, beherrscht. Ihre Residenz war das 331 v. Chr. gegründete → Alexandria. Nach der Schlacht von Actium (31 v. Chr.) und dem Tod → Kleopatras VII. wurde Ägypten römisch, war jedoch keine »Provinz« im üblichen Sinne, sondern unterstand seit 30 v. Chr. dem Kaiser direkt, der seine Interessen durch einen von ihm persönlich eingesetzten *praefectus Aegypti* (stets ein Ritter), versehen mit zwei Legionen, wahrnehmen ließ. Ägypten hatte somit auf Grund einer Regelung mit dem Senat als kaiserl. Hausgut eine Sonderstellung neben allen anderen sowohl kaiserl. wie senator. Provinzen. Selbst Angehörigen des Kaiserhauses war der Zutritt nur mit ausdrücklicher Genehmigung des Kaisers gestattet. 640 eroberten die Araber Ägypten. (Bell. Alex. 2; 3; 26; 33–34; 65; 78)

M. Aemilius Lepidus: ca. 90–12 v. Chr.; verdankte seinen Aufstieg Caesar; ca. 53 v. Chr. (kurulischer?) Ädil; 52 v. Chr. Interrex; im Bürgerkrieg auf Seiten Cae-

sars; 49 v. Chr. Prätor; als solcher ließ er Caesar zum Diktator ernennen (Caes. civ. 2,21,5); 48/47 v. Chr. prokonsularischer Statthalter von → *Hispania citerior*; 47 v. Chr. Imperatortitel und Triumph; 46 v. Chr. Mitkonsul Caesars; leitete 46–44 v. Chr. als *magister equitum* (Stellvertreter des Diktators [Caesar], vor allem in dessen Abwesenheit) in Rom die Geschäfte. Caesar war bei ihm am Abend des 14. März 44 v. Chr. zu Gast. Bei der Ermordung Caesars war er nicht anwesend. Nach dessen Tod ließ ihn Marcus Antonius zum Pontifex Maximus (bis 12 v. Chr.; danach Augustus) wählen. In der Folgezeit veranlasste er eine Annäherung von Marcus Antonius und Octavian, der das Erbe Caesars beanspruchte, und schloss mit diesen im November 43 v. Chr. das zweite Triumvirat. 42 v. Chr. Konsul. Als Provinzen erhielt er → *Gallia Narbonensis* und → *Hispania ulterior*. Nach der Schlacht bei Philippi (42 v. Chr.) musste er diese Gebiete gegen → *Africa* eintauschen, das er 40 v. Chr. in Besitz nahm. Wegen erfolgloser Unternehmungen gegen → Sextus Pompeius wurde er von seinen beiden Partnern politisch kaltgestellt. 36 v. Chr. setzte ihn Octavian als Triumvir ab und internierte ihn in Circei, wo er 12 v. Chr. starb. Er war mit Iunia, der Schwester des Caesarmörders Marcus Iunius Brutus, verheiratet. (Bell. Alex. 59; 63–64)

L. Afranius: Anhänger des → Pompeius Magnus. Als dessen Legat kämpfte er 75–72 v. Chr. in Spanien gegen Sertorius und 66–63 v. Chr. gegen → Mithridates. 60 v. Chr. mit Unterstützung des Pompeius Konsul. Zusammen mit M. → Petreius 55 v. Chr. nach → *Hispania citerior* geschickt, um das Land im Auftrag des Pompeius zu verwalten. Nach der Schlacht von Ilerda (am 2.8.49 v. Chr.) musste er sich Caesar ergeben (Caes. civ. 1,37 ff.). Im Bürgerkrieg einer der bedeutendsten Heerführer der Pompejaner; floh zusammen mit Labienus nach der Schlacht bei Pharsalos nach Dyrrachium und dann nach Afrika; 46 v. Chr. nach der Schlacht bei Thapsus von P. → Sittius gefangengenommen und getötet. (Bell. Afr. 69; 95).

Afraniani, Afraniorum: die Anhänger des → Afranius bzw. des → Pompeius

Afranianus, a, um: des → Afranius (Bell. Afr. 64; Bell. Hisp. 7)

Afri, Afrorum: die Einwohner Afrikas (Bell. Afr. 36)

Africa: meist gebraucht für das nördl. Küstengebiet: Nordafrika ohne Ägypten, mithin Mauretanien, Numidien und Tripolitanien, benannt nach dem Volk der *Afri*, die im Gebiet um Karthago lebten; speziell die Provinz *Africa proconsularis*, die ab 146 v. Chr. das ehemalige Karthagerreich umfasste. Von den Griechen wurde die nordafrikan. Küstenregion Libyen genannt; sie zählte im frühen Altertum halb zu Europa, halb zu Asien; auch als Afrika als selbstständiger Erdteil erkannt war, behielt Ägypten noch lange eine Mittelstellung. Die afrikan. Mittelmeerküste wurde früh von Phöniziern besiedelt; ihre wichtigste Kolonie Karthago war vor 800 v. Chr. gegründet worden. Wichtigste Kolonie der Griechen wurde Kyrene. *Africa* im engeren Sinn hieß die röm. Provinz; sie grenzte

im Westen an Numidien, im Osten an das Gebiet von Kyrene. 46 v. Chr., nach der Schlacht von Thapsus, wurde das Königreich → *Numidia*, dessen König → Juba 1. mit den Pompejanern verbündet gewesen war, von Caesar mit dem heutigen Küstenland Libyens bis etwa *Arae Philaenorum* annektiert und als *Africa nova* von der bisherigen Provinz *Africa vetus* unterschieden; 27 v. Chr. vereinigte Augustus die beiden Provinzen zur Provinz *Africa proconsularis*, deren Statthalter ehemalige Konsuln (*proconsules*) waren, weitgehend das Gebiet des heutigen Tunesien und Tripolitanien; unter Diokletian Aufspaltung in drei Einheiten: *Africa proconsularis* oder *Zeugitana* mit Karthago, *(Africa) Byzacena* mit → *Hadrumetum* und die *(Africa) Tripolitana* mit → *Leptis Magna*. Die blühende röm. Kultur dieser Länder hatte ihren Höhepunkt im 3./4. Jh. n. Chr. Die Städte wurden zu »Schmelztiegeln der Romanisierung«. Die einheimische berberische Bevölkerung suchte sich sehr rasch anzupassen, da sich dadurch für viele die Möglichkeit eines sozialen Aufstiegs bot. Das Christentum fasste sehr rasch Fuß; die Kirchenväter Tertullian und Augustinus stammten aus Nordafrika. Der rapide Niedergang begann ab 429 mit der schrittweisen Eroberung durch die Vandalen; 533–670 Teil des byzantin. Reiches; anschließend arab. Invasion. (Bell. Alex. 9; 14; 28; 47; 51; 56; Bell. Afr. 2; 3; 8; 10; 19–26; 34; 47; 54; 64–65; 77; Bell. Hisp. 1; 7–8)

Aggar: Stadt in → *Africa proconsularis*, 4 km südl. von → *Leptis minor* im Landesinnern, zwischen → *Thapsus* und → *Utica* gelegen; Ruinen beim heutigen Henchir Sidi Amara; dort traten sich Caesar und → Caecilius Metellus Scipio entgegen. (Bell. Afr. 67; 76; 79)

Alexandria, Alexandriae: 331 v. Chr. von Alexander d. Gr. an der Westspitze des → Nildeltas gegenüber → Pharos auf einer Nehrung zwischen Mittelmeer und Mareotissee, der durch einen Kanal mit dem westl. Seehafen Eunostos verbunden war, gegründet; zweitgrößte Stadt Ägyptens; bedeutend unter der Herrschaft von Alexanders General Ptolemaios und dessen Nachkommen (Ptolemäer). Alexandria war eine moderne Stadt mit einem rechtwinklig angelegten Straßensystem (»Schachbrettmuster«) und ca. 500.000 Einwohnern im 1. Jh. v. Chr. und bestand hauptsächlich aus gr. Kolonisten, Ägyptern und Juden. Alexandria gliederte sich in fünf Stadtteile und war von einer Ringmauer umschlossen. Im Osten lag das Königsviertel, das fast ein Drittel der ganzen Stadt einnahm und außer den Palastanlagen und Gärten fast alle wichtigen Bauwerke umfasste: Verwaltungsgebäude, Kasernen der Leibgarden, das Museion, das Dionysos-Theater sowie die Begräbnisstätten Alexanders und der Ptolemäerkönige. Durch die wissenschaftl. Forschung des Museion (Musenheiligtum) mit seiner Bibliothek wurde es der geistige Mittelpunkt der hellenist. Zeit. Die Ptolemäer zogen die größten Dichter und Gelehrten an ihren Hof. Die alexandrin. Dich-

tung zeichnete sich aus durch sorgfältige feine Form in Sprache und Versbau. Mit der Eroberung Alexandrias durch Caesar (Brand des Museion; die Verbrennung der Bibliothek zu diesem Zeitpunkt wird jedoch von L. Canfora in seinem Buch »Die verschwundene Bibliothek« angezweifelt) war die erste Blüte der Stadt vorbei. Die Pläne von Marcus Antonius und → Kleopatra, Alexandria zum Mittelpunkt des Weltreichs zu machen, wurden in der Schlacht bei Actium (31 v. Chr.) zerschlagen. Alexandria war in ptolemäischer wie in röm. Zeit stets eine selbstständige Polis und gehörte rechtlich nicht zu → Ägypten, jedoch konnten die Ägypter mit dem alexandrin. Bürgerrecht das röm. Bürgerrecht erwerben. Im 1. Jh. n. Chr. war Alexandria die zweitgrößte Stadt des Römischen Reiches. Von jeher war in Alexandria eine starke jüd. Kolonie ansässig, für die im 3. Jh. v. Chr. angeblich von 72 Übersetzern – daher (abgerundet) »Septuaginta« genannt – in 72 Tagen eine gr. Übersetzung des ursprünglich hebräischen Textes des Alten Testaments angefertigt wurde. Diese Übersetzung bot die Voraussetzung, dass die frühen Christen diesen Text übernehmen konnten und das Christentum in Alexandria frühzeitig Fuß fassen konnte. Vom antiken Alexandria ist in der modernen Großstadt fast nichts mehr erhalten. 618 eroberten die Sassaniden die Stadt, 642 die Araber. (Bell. Alex. 1; 5; 9; 11; 13–15; 18; 26–27; 32–33; 38; 48; 69)

Alexandrini, Alexandrinorum: Einwohner von → Alexandria, Alexandriner (Bell. Alex. 2, 5–31)

A. Allienus: mit Cicero befreundet, 60 v. Chr. Legat von dessen Bruder Quintus in der Provinz → *Asia,* 55 v. Chr. möglicherweise Volkstribun, 49 v. Chr. Prätor, 48–46 v. Chr. Proprätor von Sizilien, von wo aus er Caesar durch die Übersendung von Truppennachschub unterstützte; weil ihm das *imperium consulare* zuerteilt war, führte er neben dem normalen Amtstitel auf einer Münze auch den Titel eines Prokonsuls; nach Caesars Ermordung auf der Seite der Senatspartei und Legat des Mitverschwörers C. → Trebonius in der Provinz → *Asia*; von dem Caesarmörder C. Cassius Longinus 43 v. Chr. zur Kapitulation in Palästina und zur Übergabe von vier für Dolabella bestimmten, aus Ägypten herangeführten Legionen gezwungen; danach wird er nicht mehr erwähnt. (Bell. Afr. 2; 26; 34; 44)

Anas: Fluss in Spanien (heute Río Guadi-ana [arab. guadi »Fluss«], 745 km lang) (Caes. civ. 1,38,1)

Annius Scapula: Teilnehmer an der Verschwörung gegen Q. → Cassius Longinus (Bell. Alex. 55)

Antistius Turpio: ein Pompejaner (Bell. Hisp. 25)

Aponiana: heute Favignana, die größte der Ägadischen Inseln vor der Westküste → Siziliens (17 km von Trapani und 13 km von Marsala entfernt), in deren Nähe 242 v. Chr. die Flotte der Karthager von den Römern vernichtend geschlagen wurde (Bell. Afr. 2)

Q. Aquila: Flottenführer bei Caesar, Unterbefehlshaber im Afrikan. Krieg, nach → *Hadrumetum* entsandt (Bell. Afr. 62–63; 67)

M. Aquinius: röm. Senator; ansonsten nicht näher bekannt; *homo novus parvusque senator*; Legat der Pompejaner im Afrikan. Krieg, von Juba hochmütig behandelt, von Caesar nach der Schlacht bei → *Thapsus* begnadigt (Bell. Afr. 57; 89)

Arguetius: brachte Caesar Reiterei aus Italien (Bell. Hisp. 10)

Ariarathes: Ariarathes X., Bruder von → Ariobarzanes III.; 47 v. Chr. wurde ihm offenbar von Caesar die Thronfolge in Kappadokien (→ *Cappadocia*) zuerkannt, zugleich unter der Oberhoheit seines Bruders ein Stück Klein-Armeniens (→ *Armenia minor*); kam 45 v. Chr. nach Rom, um von Caesar ein Königreich zu erbitten. Nach der Beseitigung des Ariobarzanes um 42 v. Chr. bestieg er den Thron, fand aber im Land keine allgemeine Anerkennung; vermutlich nach der Schlacht von Philippi von Antonius 41 v. Chr. beseitigt. (Bell. Alex. 66)

Ariobarzanes: Ariobarzanes III., seit 51 v. Chr. König von Kappadokien (→ *Cappadocia*), unterstützte → Pompeius Magnus im Bürgerkrieg, wurde von Caesar begnadigt und in seiner Position belassen; Caesar erweiterte sein Reich um → *Armenia minor*; als er sich 43 v. Chr. weigerte, den Mördern Caesars zu Hilfe zu kommen, wurde er 42 v. Chr. vom Caesarmörder C. Cassius Longinus wegen angeblicher Nachstellungen ergriffen und getötet. (Caes. civ. 3,4,3; Bell. Alex. 34; 66)

Armenia: Hochland am Oberlauf von Euphrat und Tigris und weiter östl. am Araxes (heute Aras). Es bildete den Übergang von Kleinasien nach Vorderasien. Nach Alexander d. Gr. Teil des Seleukidenreiches.

Armenia minor: Klein-Armenien; 66 v. Chr. im 3. Mithridat. Krieg unterlag König Tigranes II. den röm. Eroberern; Pompeius und nach ihm Augustus bestimmten den Euphrat als Ostgrenze des Reiches; das Land war Deiotarus mit dem Königstitel vom Senat zugesprochen worden (Bell. Alex. 67,1 u. Cic. Phil. 2, 94); der Teil Armeniens westl. des Euphrat blieb als Klein-Armenien röm. Provinz, die bald zu Kappadokien, bald zu Galatien oder Pontos geschlagen wurde. Demgegenüber war Groß-Armenien (*Armenia maior*), d. h. Armenien östl. des Euphrats, ein jahrhundertelang umkämpfter Pufferstaat. Seit Vespasian war *Armenia minor* endgültig im Verband Kappadokiens (→ *Cappadocia*); *Armenia maior*, östl. des Euphrats, blieb demgegenüber ein Klientelstaat, der bald von Rom, bald vom Partherreich abhing; 114 eroberte Trajan Groß-Armenien, doch musste Hadrian die neue Provinz wieder aufgeben. (Bell. Alex. 34–36; 66–67)

Arquitius → Clodius

Arsinoë, Arsinoës *f.*: Arsinoë IV. (ca. 65–41 v. Chr., jüngste Tochter → Ptolemaios' XII., Schwester und Rivalin von → Kleopatra VII. Caesar sprach 47 v. Chr. ihr und ihrem Bruder Ptolemaios XIV. die Herrschaft über Zypern zu. Von den

Ägyptern zur Gegenkönigin erhoben, kämpfte Arsinoë gegen Caesar; 46 v. Chr. im Triumphzug Caesars, danach freigelassen und Exil im Tempel der Artemis in Ephesos; 41 v. Chr. auf Wunsch Kleopatras und Befehl des Marcus Antonius getötet. (Bell. Alex. 4; 33)

Ascurum: auch *Rusucurum* (Ρουσουκκόρου), heute Rusuccuru im Norden Algeriens, Stadt in → *Mauretania Tingitana*; ansonsten nicht näher bekannt, 46 v. Chr. → Bogud untertan (Bell. Afr. 23)

Asia: Asien; ursprünglich der Name für die Westküste Kleinasiens, der sich allmählich auf den ganzen Erdteil ausdehnte, soweit er im Altertum bekannt war; im engeren Sinn die Westhälfte Kleinasiens mit den gr. Städten, das pergamen. Reich des Königs Attalos III. von → Pergamon, das dieser 133 v. Chr. testamentarisch den Römern vermachte. Seit 129 v. Chr. röm. Provinz; Hauptstadt: Ephesos. (Bell. Alex. 13; 34; 40; 65; 78)

C. Asinius Pollio: 76 v. Chr. – 4 n. Chr.; röm. Politiker, Redner und Schriftsteller; kämpfte im Bürgerkrieg auf Caesars Seite, schloss sich nach dessen Tod Marcus Antonius an; Teilnahme an den Schlachten bei Pharsalos (48 v. Chr.), → *Thapsus* (46 v. Chr.) und → *Munda* (45 v. Chr.); 49–48 v. Chr. *tribunus militum* oder *legatus*, 47 v. Chr. Volkstribun, 46–45 v. Chr. *legatus* in → *Africa* und Spanien, 45 v. Chr. Prätor, 44–43 v. Chr. Prokonsul in → *Hispania ulterior*; 41/40 v. Chr. führte er als Statthalter von *Gallia Transpadana* die Landverteilung durch und verschaffte dabei dem jungen Vergil wieder ein Landgut; 40 v. Chr. Konsul mit → Domitius Calvinus, 39/38 v. Chr. Prokonsul in → *Macedonia*, Triumph am 25. Oktober 39 v. Chr. Er zog sich noch vor dem Sieg des Augustus in der Schlacht von Actium (31 v. Chr.) aus der Politik zurück, verfasste ein Geschichtswerk (*historiae* in 17 Büchern, 60–42 v. Chr.) über den Bürgerkrieg und gründete die erste öffentl. Bibliothek Roms im *Atrium Libertatis*. Förderer der Künste und Wissenschaften. Als erster Römer veranstaltete er in seinem Haus öffentliche Dichterlesungen. Horaz widmete ihm die 1. Ode des 2. Buches.

Asowsches Meer (gr. *Maiotis limne*, lat. *Maeotis palus*): flaches nördl. Seitenbecken des Schwarzen Meeres, an dessen Ostende der Don (Tanais), der nach antiker Anschauung die Grenze zwischen Europa und Asien bildete, ins Meer mündet. Die Halbinsel Krim, die zusammen mit dem Asowschen Meer das Kerngebiet des → Bosporan. Reiches bildete, beschränkte den Zugang zum Schwarzen Meer.

Aspavia: befestigter Ort am Río Guadajoz in → *Hispania Baetica*, 7–8 km östl. von → *Ucubis* entfernt; Lage unbekannt; wahrscheinlich 45 v. Chr. zerstört; heute vermutlich ein von der Burg der Herzöge von Osuna (→ *Ursao*) dominierter Weinbauort unweit von Espejo (Bell. Hisp. 24)

Asprenas → Nonius

Asta → Hasta

Ategua: in → *Hispania Baetica* am nördl. Ufer des *flumen* → *Salsum* (Rio Guadajoz), gegenüber von → *Ucubis* am südl. Ufer; Ateguas Lage entspricht vermutlich den Gehöften von Teba la Vieja bei Castro del Río. (Bell. Hisp. 6–8; 22)

C. Ateius: Anhänger des Pompeius, von Caesar begnadigt (Bell. Afr. 89)

P. Atrius: röm. Ritter, *de conventu Uticensi*; im Bürgerkrieg 47 v. Chr. auf Seiten der Pompejaner in Afrika kämpfend, von Caesar nach der Gefangennahme bei → *Zeta* begnadigt (Bell. Afr. 68; 89)

P. Attius Varus: Prätor um 53 v. Chr., dann Proprätor in → *Africa*. Er hatte sich dieser Provinz 49 v. Chr. bemächtigt, um gegen Caesar zu rüsten (vgl. Caes. civ. 1,31,2). Zu Beginn des Bürgerkriegs Anhänger des Pompeius; nach der Schlacht bei Pharsalos übernahm → Caecilius Metellus Scipio die Provinz, Varus den Oberbefehl über die Flotte; nach der Schlacht bei → *Thapsus* flüchtete er mit → Labienus und Sextus → Pompeius nach Spanien (Dio 43,30,4), von → Didius in einer Seeschlacht an der spanischen Küste bei → *Carteia* geschlagen (Dio 43,31,3), nahm am Landkrieg teil und fiel in der Schlacht bei → *Munda*; sein Haupt wurde Caesar überbracht. (Bell. Afr. 44; 62–64; 90; Bell. Hisp. 27; 31)

C. Avienus: *tribunus militum decimae legionis*, wegen Meuterei von Caesar unehrenhaft aus dem Heer entlassen (Bell. Afr. 54)

A. Baebius: röm. Ritter aus → *Hasta*, kämpfte auf Seiten der Pompejaner in Spanien 45 v. Chr. und ging zu Caesar über (Bell. Hisp. 26)

Baetica: röm. Provinz (~ Andalusien); unter Augustus gebildet aus einem Teil der früheren Provinz → *Hispania ulterior*; sie umschloss das Tal des → *Baetis* (Río Guadalquivir) und die Südküste der Iber. Halbinsel, das reichste Gebiet Spaniens mit mehr als 200 Städten; Hauptstadt: Corduba.

Baetis: heute Río Guadalquivir ([arab. guadi »Fluss«] »der große Fluss«), 657 km lang, bedeutendster Fluss Südspaniens, in der Antike bis → Corduba schiffbar; die Zahl der Mündungsarme hat sich seit der Antike von vier auf einen reduziert. (Bell. Alex. 59, 60; Bell. Hisp. 5; 36)

Baeturia: (*Nebenformen* Beturia *und* Turdetania) der nordwestliche Teil der Provinz → *Hispania Baetica*, zwischen dem Oberlauf des Río Guadiana und dem Río Guadalquivir, heute der südl. Teil der Landschaft Extremadura (zwischen Portugal und Neu-Kastilien, am Tajo und Guadiana) (Bell. Hisp. 22)

Baleares insulae: die Balearen bzw. Balearischen Inseln vor der Ostküste Spaniens, bestehend aus der *insula maior* (heute Mallorca) und der *insula minor* (heute Menorca). Seit dem 6. Jh. v. Chr. Teil des pun. Kulturkreises; 122 v. Chr. von Q. Caecilius Metellus (Konsul 123 v. Chr.) nach zweijährigem Kampf für Rom erobert (Liv. perioch. 60); nach seiner Rückkehr erhielt er 121 v. Chr. einen Triumph und den Beinamen *Baliaricus*; 120 v. Chr. war er Zensor; die Bewohner waren

als Schleuderer in den Heeren berühmt. 47 v. Chr. besetzte Gnaeus → Pompeius die Inseln. Seit Augustus gehörten die Balearen zur Provinz → *Hispania Tarraconensis*. (Bell. Afr. 23)

Belica porta: Stadttor von → *Utica* (»Tor des Baal«) (Caes. civ. 2,25,1; Bell. Afr. 87)

Bellona: altröm. Kriegsgöttin, Schwester und Begleiterin des Mars, mit Tempel unweit des Marsfeldes in Rom, vor dem die *fetiales* mit einem Lanzenwurf rituell den Krieg ausriefen, außerhalb des Pomeriums; dort fanden die Senatssitzungen statt, in denen fremde Gesandte und Feldherren, die den Triumph beanspruchten, gehört wurden; *hier*: Gleichsetzung mit der kappadokischen Gottheit Ma. (Bell. Alex. 66)

Berones, Beronum (Βήρωνες): prähistor., eisenzeitl. Volksstamm in → *Hispania citerior* (= *Hispania Tarraconensis*), der im Rahmen der kelt. Migration im 3. und 2. Jh. v. Chr. in den Norden der Iber. Halbinsel einwanderte und am Oberlauf des Ebro siedelte; *hier:* Leute aus dieser Völkerschaft (*etwa* eine beronische Leibwache) (Bell. Alex. 53)

Bithynia: Königreich im nordwestl. Kleinasien, am Bosporus mit Küstenstreifen am Marmarameer und am Schwarzen Meer gelegen; Nikomedes IV. vererbte es 74 v. Chr. an Rom, seitdem röm. Provinz, seit 63 v. Chr. Doppelprovinz *Pontus et Bithynia*. Plinius d. J. war dort 111/112 *legatus Augusti consulari potestate* (Briefwechsel mit Kaiser Trajan u. a. bezüglich der Behandlung der Christen). (Bell. Alex. 65; 78)

Bocchus: Bocchus II., König von → *Mauretania* (50–33 v. Chr.), zunächst zusammen mit seinem Bruder → Bogud, den er jedoch nach Caesars Ermordung vertrieb; Anhänger Caesars, half → Sittius beim Angriff auf → Juba. (Bell. Afr. 25)

Bogud(es), Gen. Bogudis, oder Bogus: Bogud, König von → *Mauretania* (um 50 bis 44 v. Chr.), zunächst zusammen mit seinem Bruder → Bocchus, wobei er den westl. Teil des Reiches beherrschte. 49 v. Chr. anerkannte Caesar die Könige. Bogud blieb weiterhin Anhänger Caesars. Sein Eingreifen verhalf Caesar zum Sieg bei → *Munda* (45 v. Chr.); nach Caesars Ermordung schlug er sich auf die Seite des Marcus Antonius; durch einen unglücklichen Angriff auf Spanien wurde er von Bocchus II. (Anhänger Octavians) vertrieben; 31 v. Chr. war er Offizier des Antonius, bei der Eroberung von Methone durch Agrippa wurde er gefangen genommen und hingerichtet. (Bell. Alex. 59; 62; Bell. Afr. 23)

Bosporanisches Reich: Gebiet an der Nordküste des Schwarzen Meeres; es entstand um 580/570 v. Chr. durch die Vereinigung der gr. Städte westl. und östl. des Kimmerischen Bosporus, der heutigen Meerenge von Kertsch, des antiken Pantikapaion, das Hauptort des Reiches war. Seit 107 v. Chr. war das Bosporanische Reich Teil des Königreichs → Pontos und dessen Könige → Mithridates VI. und → Pharnakes II. Mit dem Sieg der Römer über Mithridates (63 v. Chr.) geriet das

Bosporan. Reich in Abhängigkeit von Rom. Ende des 3. Jh. wurde das Bosporan. Reich von den Goten überrannt, im 4. Jh. fielen die Hunnen ein.

Bosphorus (»Rinderfurt«) (Cimmerius): der Kimmerische Bosporus, die Meerenge von Kertsch zwischen dem → Asowschen und dem Schwarzen Meer; er war für den Handel mit den milesischen Niederlassungen am Asowschen Meer wichtig; → Bosporanisches Reich (Bell. Alex. 78)

Brundisium: Hafenstadt in Kalabrien an der Adria, heute Brindisi; seit 244 v. Chr. röm. *colonia* mit latin. Bürgerrecht und Flottenstützpunkt, ab 89 v. Chr. *municipium*. Der östl. Endpunkt der *Via Appia* (vgl. Horaz, *iter Brundisinum*) war der wichtigste Hafen für den Verkehr von Italien nach Griechenland und → Ägypten und spielte gerade im Bürgerkrieg 49 v. Chr. eine große Rolle (Caes. civ. 1,24 ff.). Caesar eroberte sie 49 v. Chr. Im Frieden bzw. Abkommen von Brundisium 40 v. Chr. erneuerten Octavian und Antonius ihr Bündnis. Hier starb Vergil bei seiner Rückkehr aus Griechenland. (Bell. Alex. 44; 47; Bell. Afr. 19)

Bursavonenses, Bursavonensium: die Bewohner von Bursavo (Bell. Hisp. 22)

Buthrotum (Βουθρωτόν): Stadt in Epirus, heute alban. Butrinti, gegenüber von Korfu; bereits vorgeschichtlich besiedelt, nach Vergil (Aen. 3,293 ff.) angeblich vom trojanischen Seher Helenos als neues Troja gegründet und von ihm nach der Heirat von Andromache als König regiert (Verg. Aen. 3,293 ff.); unter Caesar und Augustus röm. Flottenbasis und Veteranenkolonie und bis in die Neuzeit bedeutend. (Bell. Afr. 19)

Q. Caecilius Metellus Pius (»der die Sohnespflicht treu erfüllende«): Er war Sullas (→ Cornelius Sulla) wertvollster Helfer und Freund. Sulla heiratete 88 v. Chr. seine Kusine Metella, um sich mit der vornehmen Familie auch verwandtschaftlich zu verbinden. Konsul 80 v. Chr. (mit Sulla), bekämpfte als Prokonsul Sertorius in Spanien, legte den Einwohnern Steuern auf (79–71 v. Chr.). (Bell. Hisp. 42)

Q. Caecilius Metellus Pius Scipio: 70 v. Chr. einer der Verteidiger des Verres; warnte Cicero vor dem bevorstehenden Attentat der Catilinarier; 59 v. Chr. Volkstribun; 57 v. Chr. Ädil mit → Fabius Maximus; 55 v. Chr. Prätor; 53 v. Chr. Interrex; 52 v. Chr. Konsul (für die letzten 5 Monate des Jahres); seit 52 v. Chr. Schwiegervater des → Pompeius Magnus (nach dem Tod Julias, der Tochter Caesars); spielte Anfang 49 v. Chr. im Senat eine entscheidende Rolle gegen Caesar (Caes. civ. 1,1,4.4,3 u. ö.); Prokonsul von Syrien (49–48 v. Chr.); marschierte 48 v. Chr. nach Thessalien mit zwei Legionen, kommandierte bei Pharsalos das Zentrum und floh dann über Korfu nach → *Africa*, wo er den Oberbefehl über die Pompejaner erhielt (Spannungen mit → Porcius Cato und → Labienus). Bei → *Thapsus* wurde er geschlagen, entkam nach → *Hippo Regius*, wo er von den Schiffen des P. → Sittius

umzingelt wurde; als er keine Rettung mehr sah und die Feinde nach ihm suchten, durchbohrte er sich mit den Worten: »Imperator se bene habet.« (Livius perioch. 114; Begleittext Nr. 8). Scipio agierte mit beispielloser Härte gegen Anhänger Caesars. (Bell. Afr. 1; 4; 8; 20; 24–32; 35–52; 57; 61; 67–70; 75–81; 85–90; 96)

Caecilius Niger: aus → *Lusitania* (Bell. Hisp. 35)

A. Caecina: Sohn des Aulus Caecina, den Cicero 69 v. Chr. in einem Erbschaftsprozess erfolgreich verteidigte; im Bürgerkrieg Anhänger des → Pompeius; schrieb eine Schmähschrift gegen Caesar (Suet. Iul. 75,5), weswegen er 47 v. Chr. in die Verbannung gehen musste; 46 v. Chr. von Caesar begnadigt. (Bell. Afr. 89)

Caesar → Iulius

Caesariani, Caesarianorum: Caesars Truppen (Bell. Alex. 59; Bell. Afr. 7; 13–14; 24; 52; 66) bzw. Anhänger (Bell. Hisp. 34)

Caesarianus, a, um: von Caesar (Bell. Afr. 28; 53)

Q. Calenus → Fufius

Cn. Calpurnius Piso: überzeugter Republikaner; 49 v. Chr. Proquästor des → Pompeius Magnus in → *Hispania ulterior*; 46 v. Chr. *legatus* oder *praefectus equitum* in → *Africa* (Bell. Afr. 3; 18)

Calpurnius Salvianus: aus Italica, beteiligte sich 48 v. Chr. an der Verschwörung gegen den Proprätor Q. → Cassius Longinus und erkaufte sich von ihm nach deren Aufdeckung sein Leben für eine sehr hohe Summe (Bell. Alex. 53; 55; Val. Max. 9,4,2)

Calvinus → Domitius

C. Caninius Rebilus: 52 v. Chr. Caesars Legat im Gall. Krieg und im Span. Krieg; 49 v. Chr. versuchte Caesar durch ihn eine Versöhnung mit → Pompeius Magnus (Caes. civ. 1,26,3); 46 v. Chr. belagerte er → *Thapsus* bis zur Übergabe; im spanischen Feldzug Kommandant von → *Hispalis*; 45 v. Chr. einige Stunden des letzten Tages im Dezember Caesars Mitkonsul. (Bell. Afr. 86; 93; Bell. Hisp. 35)

Canopus: Kanopos (altägyptisch *Kah-nub* »Goldener Boden«; Anspielung auf den immensen Reichtum, den die Kaufleute hier im Hafen erwarben); noch um 500 v. Chr. eine kleine unbewohnte Inseel vor der Mündung des westlichsten (»kanopischen«) → Nilarms, wurde daraus eine Halbinsel und Siedlungsstätte einer wichtigen Stadt. Kanopos lag etwa 25 km östl. des Zentrums von Alexandria, das Kanopos als Hafenstadt in den Schatten stellte. In röm. Zeit verband ein Kanal Kanopos mit Alexandria, auf dem sich die Alexandriner zu beliebten Vergnügungen nach Kanopos begaben, um dort ihrer *luxuria* (Juvenal, 6. und 15. Satire) zu frönen. Diesen Kanal ließ Hadrian in seiner Villa in Tibur (Tivoli) nachbilden; *Canopus* ist dort ein von einer mächtigen Halbkuppel überwölbtes Bankettperistyl (nach dem genannten Serapis-Heiligtum in Alexandria *Serapeum* genannt). Der Sage nach ist Kanopos benannt nach Kanobos, dem Steuermann des Mene-

laos, der angeblich durch einen Schlangenbiss ums Leben kam und hier begraben wurde. Nach Einführung des Christentums verfiel die Stadt; heute Ruinenstätte westl. von Abukir (1.8.1798 Seeschlacht zwischen Briten und Franzosen). (Bell. Alex. 25)

Cappadoces, Cappadocum: Bewohner von Kappadokien (Bell. Alex. 66)

Cappadocia: Kappadokien, Landschaft im Osten Kleinasiens zwischen den Flüssen Halys (heure Kızılımak) und Euphrat, zerfiel in das pontische Kappadokien (→ Pontos) an der Schwarzmeerküste und das binnenländische Kappadokien; um 100 v. Chr. von Mithridates VI. besetzt; 17 n. Chr. von Tiberius als Provinz eingerichtet. (Bell. Alex. 34–35; 40; 66)

Caralis / Carales, Caralium: im 8. Jh. v. Chr. von den Phöniziern als Krly gegründet, 238 v. Chr. von den Römern erobert und Caralis genannt, seit 227 v. Chr. Hauptstadt der *provincia Sardinia et Corsica*; wichtigster Flotten- und Militärstützpunkt auf der Insel; 27 v. Chr. *municipium Italicum*; heute Cagliari, die bedeutendste Stadt und Hauptstadt von → Sardinien (Bell. Afr. 98)

(D.) Carfulenus: Legat Caesars im Alexandrin. Krieg 47 v. Chr.; schloss sich nach dessen Ermordung Octavian an, wurde am 28. November 44 v. Chr. aus dem Senat ausgewiesen, weil er als Volkstribun gegen die Absicht des Marcus Antonius, Octavian zum Staatsfeind zu erklären, sein Veto hätte einlegen können; im April 43 v. Chr. fiel er zusammen mit dem Konsul Pansa bei *Mutina* (Modena) im Kampf gegen Marcus Antonius (*bellum Mutinense*). (Bell. Alex. 31)

Carmo, Carmonis: heute Carmona in Andalusien, ca. 35 km nordöstl. von Sevilla; am stärksten befestigte Stadt Spaniens in der Zeit Caesars (Bell. Alex. 57; 64; Caes. civ. 2,19,4)

Carruca: befestigte Ortschaft in → *Hispania Baetica* in der Nähe von → *Ventipo* (Bell. Hisp. 27)

Carteia: Küstenstadt in → *Hispania Baetica* (Carteya [Ruinen bei El Rocadillo, südwestl. von San Roque bei Algeciras]), möglicherweise eine ursprünglich phöniz. Siedlung (phöniz. *Qart* „Stadt“), die 206 v. Chr. erstmals erwähnt wird (Liv. 28,30,3.6); die Stadt wurde 171 v. Chr. für die mehr als 4000 Söhne aus den Verbindungen röm. Soldaten mit einheimischen Frauen gegründet (Liv. 43,3,1 ff.). (Bell. Hisp. 32; 37)

Carteienses, Carteiensium: die Bewohner von → *Carteia* (Bell. Hisp. 36; 37)

Q. Cassius Longinus: möglicherweise Vetter des Caesarmörders C. Cassius Longinus; ca. 57–47 v. Chr. Augur, um 57 v. Chr. Münzmeister; ca. 52 v. Chr. Quästor unter → Pompeius Magnus in Spanien; er war verhasst durch seine Härte und Raubsucht und wurde Ziel eines Attentats; 49 v. Chr. Volkstribun, auf Seiten Caesars, flüchtete am 7. Januar 49 v. Chr. nach erfolglosem Eintreten für Caesar in einer Senatssitzung zusammen mit dem Volkstribun Marcus Antonius aus

Rom zu Caesar nach *Ariminum* (Rimini); 49–47 v. Chr. Proprätor in Spanien; Opfer eines Attentats, das er überlebte; 47 v. Chr. Tod durch Schiffbruch aufgrund eines Sturms in der Mündung des Ebro (→ *Hiberus*). (Bell. Alex. 48–64; Bell. Hisp. 42)

Q. Cassius: Legat des → Cassius Longinus (Bell. Alex. 52; 58)

Castra Postumiana: Ort in → *Hispania Baetica* zwischen → *Ategua* und → *Ucubis*; möglicherweise der Hügel von Harinilla, etwa 5 km südwestl. von *Ategua*; möglicherweise geht der Name zurück auf L. Postumius Albinus, Prokonsul 180–179 v. Chr. (Bell. Hisp. 8)

Cato → Porcius

Cato Lusitanus: aus → *Lusitania* (Bell. Hisp. 17–18)

P. Caucilius: Lagerpräfekt des → Pompeius (Bell. Hisp. 32)

Cercina: die Kerkenna-Inseln im Golf von Gabès, ca. 20 km östl. der Stadt Sfax gelegen. *Cercina* wurde nach dem Fall Karthagos *urbs libera* (Plin. nat. 5,41), kam in die Einflusszone der Könige → Numidiens und wurde erst unter Caesar römisch. Unter Augustus war Cercina Verbannungsort (Tac. 1,53 u. 4,13): Die große Insel Chergui ist mit der kleineren Insel Gharbi durch eine etwa 1000 m lange Brücke verbunden, der auf röm. Fundamenten ruht; Hannibal lebte nach der Schlacht bei Zama eine Zeitlang hier inkognito. (Bell. Afr. 8; 34)

Cercinitani, Cercinitanorum: Bewohner von → *Cercina* (Bell. Afr. 34)

Chersonensus: Möglicherweise ein ca. 12 km westlich von → Alexandria gelegenes Vorgebirge (Bell. Alex. 10)

Cilicia: Kilikien: Küstenlandschaft im äußersten Südosten Kleinasiens gegenüber Zypern; berüchtigtes Seeräuberversteck; ab 101 v. Chr. röm. Militärbezirk *Cilicia*; 67 v. Chr. von → Pompeius Magnus neu organisiert; Cicero wirkte dort 51/50 v. Chr. als Prokonsul. (Bell. Alex. 1; 25–26; 34; 65; 66)

Cirta: phönizisch QRT (*Qart* »Stadt«; vgl. Karthago [phön. Quarthadashat]), Stadt in → Numidien, ca. 80 km von der Mittelmeerküste und 435 km östl. von Algier; von Micipsa (→ Numidien) gegründet und zur Hauptstadt der Könige von Numidien erhoben; auf steilem Plateau an einem östl. Nebenfluss des Ampsaga gelegen; Caesar setzte → Sittius über das Gebiet von *Cirta* ein und machte die Stadt zur *colonia Latina* (App. civ. 4,54). Octavian machte *Cirta* zur röm. Kolonie: *colonia Iulia Iuvenalis Honoris et Virtutis Cirta*; seit ihrer Wiederherstellung durch Kaiser Konstantin d. Gr. *Civitas Constantina Cirtensium* (arab. Ksantina), heute Constantine genannt; seit 256 Bischofssitz. 430–533 im Besitz der Vandalen; danach bis 697 byzantinisch; danach von berber., arab. und (seit 1529) osman. Machthabern beherrscht; 1837 von frz. Truppen erobert. (Bell. Afr. 25)

L. Cispius: Flottenbefehlshaber Caesars im Bellum Africum; möglicherweise Cispius Laevus, Legat des → Munatius Plancus 43 v. Chr. in Gallien (Bell. Afr. 62; 67)

C. Claudius Marcellus: Ädil vermutlich 56 v. Chr., Prätor um 53 v. Chr., Konsul 49 v. Chr. mit → Cornelius Lentulus Crus (beim Ausbruch des Bürgerkriegs), Gegner Caesars, verließ im Januar 49 v. Chr. Rom, im März desselben Jahres Italien, wird für 48 v. Chr. noch als Flottenbefehlshaber des → Pompeius Magnus genannt (Caes. civ. 3,5,3), möglicherweise vor der Schlacht bei Pharsalos verstorben. (Bell. Alex. 68)

M. Claudius Marcellus (Aeserninus): 48 v. Chr. Quästor des → Cassius Longinus in → *Hispania ulterior*; wurde von Cassius beim Ausbruch des Soldatenaufstandes nach Corduba geschickt. Hier stellte er sich aber selbst an die Spitze der Meuterer und blieb ihr Anführer, bis der Streit von M. → Aemilius Lepidus geschlichtet wurde. Seine zweideutige Haltung zog ihm Caesars Ungnade zu; er wurde verbannt, kehrte aber später zurück und gelangte wieder zu Ehre und Ansehen (vgl. Dio 42,15,2–16,2). (Bell. Alex. 57–64)

Tiberius ⟨Claudius⟩ Nero: geb. um 85 v. Chr., † um 33 v. Chr.; im Alexandrin. Feldzug 48/47 v. Chr. Quästor und Flottenbefehlshaber Caesars; 46/45 v. Chr. zur Ansiedlung von Veteranen nach Gallien geschickt; ca. 46–33 v. Chr. Pontifex; 42 v. Chr. Prätor und von seiner 16-jährigen Gattin Livia Vater des späteren Kaisers Tiberius; unterstützte die Caesarmörder Brutus und Cassius; nach deren Niederlage bei Philippi (42 v. Chr.) schloss er sich der Partei des Marcus Antonius an; 41 v. Chr. unterstützte er dessen Bruder Lucius Antonius im Perusinischen Krieg (41–40 v. Chr.); er floh mit seiner Frau und dem zweijährigen Sohn zu Sextus → Pompeius nach Sizilien, dann zu Marcus Antonius nach → *Achaia*; 39 v. Chr. nach dem Vertrag von Misenum kehrte er nach Rom zurück und wurde amnestiert; 38 v. Chr. ließ er sich auf Drängen Octavians, der Livia heiraten wollte, scheiden, noch vor der Geburt des zweiten Sohnes Drusus; in seinem Testament bestimmte er Octavian zum Vormund seiner beiden Söhne, deren älterer – der spätere Kaiser Tiberius – die Grabrede auf seinen Vater hielt. (Bell. Alex. 25)

Cleopatra: Kleopatra (»die durch den Vater Berühmte«) VII. (69–30 v. Chr.), letzte Ptolemäerin in Ägypten. Sie regierte das Land seit dem Tod ihres Vaters → Ptolemaios XII. (51 v. Chr.), wurde jedoch von ihrem Brudergemahl → Ptolemaios XIII., mit dem sie das Land gemeinsam regieren sollte, von der Macht vertrieben. 48 v. Chr. erlangte sie die Unterstützung Caesars, der in der Verfolgung des → Pompeius nach Ägypten gekommen war, und wurde nach Niederschlagung des Alexandrin. Aufstands von diesem zusammen mit → Ptolemaios XIV. als Königin wieder eingesetzt. Sie erhielt die Herrschaft über Zypern und begleitete 46 v. Chr. Caesar mit ihrem gemeinsamen Sohn, Kaisarion (Ptolemaios XV.) nach Rom. Nach der Ermordung Caesars 44 v. Chr. kehrte sie nach Ägypten zurück und gewann 41 v. Chr. die Gunst des M. Antonius, der nach der Nieder-

lage der Caesarmörder bei Philippi (42 v. Chr.) die Herrschaft über den Ostteil des Römischen Reiches übernommen hatte. 37 v. Chr. heiratete sie ihn und erwarb Teile des röm. Machtbereichs als Herrschaftsgebiete für Kaisarion und ihre gemeinsamen Kinder mit M. Antonius. Dieser proklamierte sie 34 v. Chr. zur »Königin der Könige« und verfolgte den Plan, mit ihr gemeinsam eine Art röm.-hellenist. Weltreich zu gründen. Antonius bedachte sie in seinem Testament mit Schenkungen röm. Gebiete. Kriegserklärung des Octavian an Kleopatra und Antonius, die 31 v. Chr. in der Seeschlacht von Actium geschlagen wurden und sich in Alexandria den Tod gaben. Musikalisches Drama »Cesare e Cleopatra« (1742) vom Hofkapellmeister Carl Heinrich Graun (1701–1759), uraufgeführt zur Eröffnung des Opernhauses in Berlin; im Protagonisten der Oper, Caesar, wurde der preußische König (Friedrich II.) verherrlicht. Tragödie »Antony and Cleopatra« (1608) von William Shakespeare und Schauspiel »Caesar and Cleopatra« (1901) von George Bernard Shaw. (Bell. Alex. 33)

Clodius Arquitius: ein beim Río Guadajoz verwundeter Offizier (Bell. Hisp. 23)

Clupeae, Clupearum (Clupea): Hafenstadt in → *Africa proconsularis*, heute Kelibia in Tunesien im Nordosten der Halbinsel Kap Bon, 57 km nördlich von Nabeul (→ *Neapolis*) und ca. 80 km östlich von Tunis (Bell. Afr. 2–3)

C. Clusinas: Zenturio, wegen Meuterei bestraft (Bell. Afr. 54)

(M.) Coelius Vinicianus: Quästor um 56 v. Chr., Volkstribun 53 v. Chr.; im Bürgerkrieg auf Seiten Caesars; Prätor (um) 48 v. Chr., prokonsularisches Imperium wahrscheinlich in → Bithynien und → Pontos 47 v. Chr. (Bell. Alex. 77)

Comana, Comanorum *n. pl.* ⟨Pontica⟩: τὰ Κόμανα/Komana; Stadt in Pontos am Yeşilırmak, vom kappadokischen Komana aus gegründet, 34 n. Chr. der Provinz *Pontus* einverleibt, Ruinen beim heutigen Gümenek, 10 km nordöstl. der Provinzhauptstadt Tokat in der Türkei. (Bell. Alex. 34–35)

Comana, Comanorum *n. pl.*: τὰ Κόμανα/Komana (Stadt in Kappadokien [→ *Cappadocia*]), heute das Dorf Şar im Tal des Göksu bei Tufanbeyli östlich von Kayseri. (Bell. Alex. 66)

Q. Cominius: röm. Ritter, wurde als Anhänger Caesars 47 v. Chr. gefangen und vor der Schlacht bei → *Thapsus* hingerichtet (Bell. Afr. 44; 46)

C. Considius Longus: Prätor etwa 58 oder 52 v. Chr., anschließend Proprätor in → *Africa* (bis 50 v. Chr.), bewarb sich 50 v. Chr. erfolglos um das Konsulat, ging 49 v. Chr. als Anhänger des Pompeius nach → *Africa*, wo er als *legatus pro praetore* u. a. gegen → Scribonius Curio kämpfte (Caes. civ. 2,23,4), sich 46 v. Chr. als pompejanischer Kommandant in → *Hadrumetum*, → *Acylla* und in → *Thysdra* hielt, aber nach der Schlacht von → *Thapsus* von seinen → gaetulischen Begleitern auf der Flucht erschlagen wurde (Bell. Afr. 3–5; 33; 43; 76; 86; 93); sein Sohn, sonst unbekannt (Bell. Afr. 89)

Corduba: spanische Stadt am Guadalquivir, heute Córdoba, ca. 141 km östl. von Sevilla (→ *Hispalis*); 152 v. Chr. in den Kriegen gegen die Keltiberer von Marcus Claudius Marcellus als röm. Stadt auf vorröm. Siedlungen gegründet. In der Bürgerkriegszeit 49–45 v. Chr. wechselte Corduba die Fronten zwischen Caesar und → Pompeius; Corduba wurde Hauptstadt der Provinz → *Hispania Baetica* am Mittellauf des damals bis Corduba schiffbaren Guadalquivir (→ *Baetis*); nach der Schlacht von → *Munda* bestätigte Caesar Cordubas Rechte, und Augustus siedelte Veteranen der Legionen v Alauda und x Gemina in ihr an; seit 27 v. Chr. *colonia Patricia*; kulturell am höchsten stehende Stadt Spaniens; Geburtsort der beiden Seneca und Lukans. (Bell. Alex. 49; 52; 54; 57–59; 64; Bell. Hisp. 2–4; 6; 10–12; 32–33)

Cordubenses, Cordubensium: Bewohner von → *Corduba* (Bell. Alex. 57; 59–61; Bell. Hisp. 2; 4)

L. Cornelius Lentulus Crus: diente wohl schon unter → Pompeius Magnus in Spanien, trat 58 v. Chr. als Prätor für Cicero ein, Konsul 49 v. Chr. zusammen mit Gaius → Claudius Marcellus (beim Ausbruch des Bürgerkrieges), scharfer Gegner Caesars, verließ im Januar 49 v. Chr. Rom, ging im März 49 v. Chr. nach Epirus, rekrutierte zwei Legionen in → *Asia*; bei Pharsalos 48 v. Chr. war er wohl Truppenführer, floh dann über → Rhodos und Zypern nach → Ägypten, wo er festgenommen und getötet wurde. (Caes. civ. 3,104,3; Bell. Alex. 68)

L. Cornelius Sulla Felix: 138–78 v. Chr.; Konsul 88 und 80 v. Chr. Nahm im Jugurthin. Krieg als Quästor Jugurtha gefangen, kämpfte dann im Bundesgenossenkrieg (90–88 v. Chr.) als Legat, besetzte, nachdem sein Rivale → Marius mit dem Oberbefehl gegen → Mithridates VI. von → Pontos betraut worden war, als erster röm. Feldherr mit militär. Mitteln Rom. Ächtung seiner Gegner (Proskriptionen); ca. 10.000 Tote. Er übernahm den Oberbefehl im Krieg gegen Mithridates, den er siegreich beendete. 83 v. Chr. Rückkehr nach Italien; Bürgerkrieg zwischen ihm und den Anhängern des mittlerweile verstorbenen Marius (vor allem Cinna [seit 84 v. Chr. Schwiegervater Caesars]). Sulla ließ sich 82 v. Chr. zum Diktator (*dictator legibus scribundis et rei publicae constituendae*) ernennen; Neuordnung des Staates mit Stärkung der Vormachtstellung des Senats (Erweiterung von 300 auf 600 Mitglieder), in dem seine Anhänger saßen. Gründung von Veteranenkolonien. 79 v. Chr. freiwilliger Rücktritt von der Diktatur und Rückzug auf sein Landgut, wo er 78. v. Chr. starb. (Bell. Afr. 56)

L. Cornelius Sulla Faustus: Sohn des Diktators Sulla, pompejanischer Offizier, Schwiegersohn des → Pompeius Magnus (Bell. Afr. 87; 95)

P. Cornelius: Evokat Scipios, Befehlshaber in → *Sassura* (Bell. Afr. 76)

Q. Cornificius: Politiker, Redner und Dichter; während des Bürgerkrieges auf Seiten Caesars; 48 v. Chr. Quästor (auf Anordnung Caesars bis 47 v. Chr. mit proprä-

tor. Imperium in → Illyrien); 46 v. Chr. in Kilikien (→ *Cilicia*), möglicherweise 45 v. Chr. Prätor; nach dem Tod Caesars 44–42 v. Chr. Prokonsul in → *Africa vetus*, wo er als Anhänger der Caesarmörder 42 v. Chr. bei → *Utica* im Kampf gegen Titus Sextius, den Feldherrn der Triumvirn, den Tod fand. (Bell. Alex. 42–44; 47)

Creta: die größte gr. Insel Kreta; 69–67 v. Chr. von Q. Caecilius Metellus Creticus unterworfen, seit 64 v. Chr. röm. Provinz, unter Augustus mit Kyrene zu einer Provinz vereinigt (Bell. Alex. 1)

Curioniani, Curionianorum: die Anhänger/Soldaten des C. → Scribonius Curio (Bell. Afr. 52)

Damasippus → Licinius

C. Decimius: ehemaliger Quästor, pompejanischer Befehlshaber auf → *Cercina* (Bell. Afr. 34)

Deiotarus (Δηιόταρος): ca. Ende 2. Jh. – 40 v. Chr.; er entkam 86 v. Chr. einem Anschlag des → Mithridates VI. und unterstützte die Römer in den Kriegen gegen diesen; dafür 63 v. Chr. von → Pompeius als Tetrarch der Tolistoagier in Galatien (→ *Gallograecia*) anerkannt; erhielt von ihm auch den Königstitel (auch über einige pontische Gebiete); die Zuweisung wurde 59 v. Chr. durch Caesar und 58 v. Chr. durch Clodius bestätigt. Um 52 v. Chr. sprach der Senat Deiotarus die Tetrarchie der Trokmer und → *Armenia minor* zu. Deiotarus stellte 51 v. Chr. dem Prokonsul Cicero in Kilikien sein Heer zur Verfügung. In der Schlacht bei Pharsalos 48 v. Chr. unterstützte Deiotarus Pompeius mit 600 Reitern (Caes. civ. 3,4,3). Auf der Flucht nach der Schlacht fuhr er mit Pompeius auf demselben Schiff nach Kleinasien, wo er mit dem Auftrag entlassen wurde, die Völker Asiens aufzubieten (Lucan. 8,210 ff.); er ging jedoch unter Auflage von Geldleistungen zu Caesar über (Cic. Deiot. 9 ff.). Nachdem Deiotarus Caesars Legaten → Domitius Calvinus im Kampf gegen → Pharnakes II. unterstützt hatte, entschuldigte er 47 v. Chr. beim Eintreffen Caesars in Kleinasien demütig sein Eintreten für Pompeius. Caesar beließ ihm die Königswürde (44–40 v. Chr.), gab aber trotz der Fürsprache des Brutus die Tetrarchie der Trokmer dem → Mithridates von Pergamon. Um sie nach dessen Tod wieder zu erhalten, schickte Deiotarus 45 v. Chr. zu Caesar nach Tarraco, wurde aber in Rom von seinem Enkel Kastor wegen der Freundschaft mit Pompeius und Anschlägen auf Caesar von diesem angeklagt und von Cicero (*Pro rege Deiotaro*) verteidigt. Der Prozess wurde nach Caesars Tod nicht mehr entschieden. Deiotarus besetzte das Trokmergebiet. Marcus Antonius bestätigte die Eroberung. Deiotarus eignete sich dann die Tetrarchie der Tolistoagier an und beherrschte ganz Galatien. Im Bürgerkrieg unterstützte Deiotarus zunächst die Caesarmörder, ging nach der Schlacht von

Philippi (42 v. Chr.) zu den Triumvirn über, behielt sein Königtum und starb 40 v. Chr. (Bell. Alex. 34; 39–40; 67–70; 77–78)

Delta *n. indekl.*: das (beim alten Memphis beginnende) → Nildelta (ein dem griech. Buchstaben Delta [Δ] vergleichbar dreieckiges Land zwischen den Mündungsarmen); auch ein Ort an der Stelle der Gabelung hieß so. Herodot (2,10) erkannte das Delta als angeschwemmtes Land. (Bell. Alex. 27)

C. Didius: war 46 und 45 v. Chr. als *legatus* Caesars Flottenkommandant zu → *Gades*, schlug 46 v. Chr. die Pompejaner bei → *Carteia* in Südspanien, verfolgte nach der Schlacht bei → *Munda* (17.3.45 v. Chr.) den Gnaeus → Pompeius und rieb dessen Flotte auf (wobei dieser ums Leben kam). Während einer Instandsetzungspause für seine Schiffe geriet er in eine Falle und wurde von Lusitanern und Pompejanern getötet. (Bell. Hisp. 37; 40)

Cn. Domitius Calvinus: Gegner, später Anhänger Caesars; 62 v. Chr. *legatus*; 59 v. Chr. Volkstribun; 56 v. Chr. Prätor; nach dem Interregnum von Anfang 53 v. Chr. wurde er für die 2. Hälfte des Jahres 53 v. Chr. Konsul. Er ging dann zu Caesar über und kommandierte 48 v. Chr. in Makedonien, führte bei Pharsalos die Mitte des caesar. Heeres, ging dann nach Kleinasien (*legatus* oder Prokonsul, 48–46 v. Chr.), wo er bei → *Nikopolis* von → Pharnakes II. besiegt wurde, sich aber in der Provinz → *Asia* hielt. Nach Caesars Sieg bei → *Zela* 47 v. Chr. zwang Domitius den Pharnakes in Sinope zur Kapitulation. 46 v. Chr. war Domitius in Caesars Umgebung in Afrika. Er wurde von Caesar beauftragt, → *Thysdra* einzunehmen. 45 v. Chr. trat er in Rom als Entlastungszeuge für → Deiotarus auf, wurde etwa 45 v. Chr. Pontifex und empfing in dieser Funktion wohl am Morgen des 15. März 44 v. Chr. in seinem Haus Caesar und Spurinna. Für 43 v. Chr. war er zum *magister equitum* von Caesar bestimmt. 42 v. Chr. sollte er von → *Brundisium* aus Verstärkungen zu Antonius und Octavian bringen, wurde aber geschlagen. 40 v. Chr. war er zum zweiten Mal Konsul, zusammen mit → Asinius Pollio. Als Statthalter in Spanien 39–36 v. Chr. kämpfte er gegen Pyrenäenstämme, siegte bei Osca, nahm den Imperatortitel an und feierte am 17. Juli 36 v. Chr. einen Triumph. Dann ließ er die abgebrannte Regia auf dem Forum prächtig wiederaufbauen. Gestorben um 20 v. Chr. (Bell. Alex. 9; 34–40; 65; 69; 74; Bell. Afr. 86; 93)

Dyrrachium: Hafenstadt an der Küste Illyriens, heute Durrës in Albanien; um 626/625 v. Chr. als Epidamnos von Korinth und Kerkyra (Korfu) aus gegründet; 229 v. Chr. fiel die Stadt an Rom; östl. Gegenstück zu → *Brundisium*; Ausgangspunkt der *Via Egnatia*, die nach Thessalonike und weiter nach Byzanz führte (»Balkanroute«). 48 v. Chr. Stützpunkt des → Pompeius Magnus, von Caesar vergeblich belagert. Durch Antonius oder Augustus röm. Kolonie mit *ius Italicum*. Unter Augustus als *Colonia Iulia Augusta Dyrrachinorum* Veteranenko-

lonie. Seit dem zerstörenden Erdbeben von 1273 verfiel die Stadt. 1501 von den Türken erobert. 1912 kurzfristig Hauptstadt Albaniens. (Bell. Alex. 48)

Q. Ennius: 239–169 v. Chr., Epiker und Dramatiker aus Rudiae in Kalabrien; er beherrschte drei Sprachen: Griechisch, Oskisch und Lateinisch; Cato d. Ä. brachte ihn als Quästor um 204 v. Chr. von Sardinien, wo er wahrscheinlich im röm. Heer diente, nach Rom; Verfasser von Lehrgedichten, Epigrammen, Satiren, 24 Dramen und des Epos *Annales* (erstmalige Verwendung des Hexameters in Rom) in 18 Büchern (Geschichte Roms von Aeneas bis zu den Pun. Kriegn), das bis zur Zeit des Tiberius Schullektüre war, weshalb es dem Verfasser des *Bellum Hispaniense* wohl bekannt war; Werk nur fragmentarisch erhalten. Er wurde der eigentliche Begründer der röm. Literatur und blieb das Vorbild bis zur augusteischen Dichtung. (Bell. Hisp. 23; 31)

Epidaurus (Epidaurum): ursprünglich gr. Siedlung auf einer Halbinsel, die in einen Golf vorspringt, heute die kroat. Stadt Cavtat (aus lat. *civitas*) an der süddalmatin. Küste; Bell. Alex. 44 ist die erste Belegstelle; 10 n. Chr. röm. Kolonie; Mitte des 7. Jh. von den Awaren zerstört; die Einwohner flüchteten nach dem in nördl. Richtung 20 km entfernten Ragusa, das heutige Dubrovnik. (Bell. Alex. 44)

M. Eppius: 51 v. Chr. Senator, trat 49 v. Chr. zu → Pompeius Magnus über. 46 v. Chr. stand er als *legatus* in → *Africa*, wurde nach der Schlacht bei → *Thapsus* von Caesar begnadigt und war 44 v. Chr. *legatus* unter Sextus → Pompeius in Spanien. (Bell. Afr. 89)

Euphranor: 48 v. Chr. war er Befehlshaber der von → Rhodos gestellten Schiffe in der Flotte Caesars vor → Alexandria, besiegte die ägypt. Schiffe, fiel aber in einem Gefecht bei Kanopos (→ *Canopus*) im Februar 47 v. Chr. (Bell. Alex. 15; 25)

Eurus: Euros; antike Bezeichnung für den Südostwind, zugleich Bezeichnung für die östl. Himmelsrichtung (Bell. Alex. 9)

Q. Fabius Maximus: 57 v. Chr. kurulischer Ädil mit → Caecilius Metellus Scipio; Prätor um 48/47 v. Chr.; Legat Caesars in Spanien, nahm → *Munda* ein; schließlich 45 v. Chr. *consul suffectus* (1. Oktober bis 31. Dezember), wobei er einen Triumph feierte, aber am letzten Amtstag starb. Für ihn rückte → Caninius Rebilus nach. (Bell. Hisp. 2; 12; 41)

Faustus → Cornelius

Flaccus → Munatius

C. Flavius: röm. Ritter aus → *Hasta*, der zu Caesar überlief (Bell. Hisp. 26)

A. Fonteius: *tribunus militum*, wegen Meuterei bestraft (Bell. Afr. 54)

Q. Fufius Calenus: rettete 61 v. Chr. als Volkstribun den P. Clodius vor der Verurteilung wegen Religionsfrevels. Als Anhänger Caesars Prätor 59 v. Chr.; 51–49

v. Chr. Legat Caesars in Gallien (Hirt. Gall. 8,39,4). Im Bürgerkrieg kämpfte er auf Seiten Caesars; 49 v. Chr. Legat Caesars in Spanien (Caes. civ. 1,87,4); brachte 48 v. Chr. Caesar Verstärkungen nach Epirus und ging dann als *legatus pro praetore* (48–47 v. Chr.) nach Griechenland; in den letzten Monaten des Jahres 47 v. Chr. zusammen mit → Vatinius Konsul; nach Caesars Ermordung wichtigster Gefolgsmann des Marcus Antonius im Senat; rettete den auf der Proskriptionsliste stehenden → Terentius Varro; als Prokonsul oder *legatus pro praetore* (42–40 v. Chr.) kommandierte er zwei Legionen für Antonius in Italien; 41 v. Chr. Statthalter der → *Galliae Narbonensis* und *Cisalpina*; 40 v. Chr. plötzlich verstorben; sein Sohn übergab Octavian elf Legionen, die dem Calenus unterstanden; ebenso übernahm Octavian das von Calenus verwaltete Gallien. (Bell. Alex. 44)

C. Fundanius: röm. Ritter auf Seiten des → Pompeius, der 45 v. Chr. in Spanien zu Caesar überlief (Bell. Hisp. 11)

A. Gabinius: setzte als Volkstribun 67 v. Chr. das Gesetz (*lex Gabinia*) durch, mit dem → Pompeius Magnus den unumschränkten Oberbefehl im Seeräuberkrieg erhielt. Als Legat des Pompeius (65–63 v. Chr.) unterstützte er diesen bei der polit. Neuordnung des östl. Mittelmeerraums. Ca. 61 v. Chr. Prätor. Als Konsul 58 v. Chr. unterstützte er Clodius bei der Verbannung Ciceros. Als Prokonsul von → Syrien (57–54 v. Chr.; korrekte Verwaltung der Provinz, die er 55 v. Chr. seinem Nachfolger Crassus übergab) führte er → Ptolemaios XII. nach Ägypten zurück und ließ einen Teil seiner Truppen zum Schutz des Königs zurück (vgl. Caes. civ. 3,4,4; 3,103,5); seitdem befand sich röm. Militär in Alexandria. Gabinius wurde deswegen 54 v. Chr. in einem Repetundenprozess angeklagt und trotz Verteidigung durch Cicero (*pro A. Gabinio*; nicht erhalten) verurteilt. Wegen vermeintl. Erpressung ins Exil geschickt, kehrte er 49 v. Chr. nach einer Amnestie Caesars zurück; 48/47 v. Chr. war er dessen Legat in → Illyrien (die *via Gabinia* bei → *Salona*[*e*] trägt seinen Namen) und starb dort Anfang 47 v. Chr. (Bell. Alex. 3, 42–43)

Gades, Gadium: Stadt in → *Hispania Baetica* an der Südwestküste, heute Cádiz; um 1100 v. Chr. von Phöniziern als Gadir (»Burg, Festung«) auf der damals noch nicht mit dem Festland verbundenen Insel S. Sebastian gegründet; heute liegt die Altstadt von Cádiz auf einem aus dem Meer emporragenden Felsen am Ende einer 9 km langen Landzunge, die sich in die Bucht von Cádiz am Atlantischen Ozean erstreckt; seit dem 7. Jh. karthag. Handelsplatz, seit 206 v. Chr. römisch (Liv. 28,37,10), behielt aber ihre städt. Autonomie; nach 206 v. Chr. *civitas foederata*; Caesar verlieh den Bewohnern das röm. Bürgerrecht; in röm. Zeit *Iulia Augusta Gaditana*. Gades ist Heimat von Columella (1. Jh. n. Chr.). 18 km südlich von Cádiz bauten die Karthager auf der heutigen Insel Sancti Petri einen Tempel für ihren Gott Melkart, der später mit Herakles gleichgesetzt wurde, der angeb-

lich dort die Rinder des Geryones stehlen wollte; Caesar suchte den Tempel als Quästor auf (→ Begleittext Nr. 1). (Caes. civ. 2,18–21; Bell. Hisp. 37; 39–40; 42)

Gaetuli, Gaetulorum: Gaetuler; berberischer Volksstamm in Nordafrika am Nordwestrand der Sahara und im Atlas-Gebirge, südl. von Numidien und Mauretanien, der schon Jugurtha Heeresfolge leistete; 5/6 n. Chr. von Gaius Cornelius Lentulus unterworfen. (Bell. Afr. 25; 32; 35; 43; 55–56; 61–62; 67; 93)

Gallia: Gallien: nach 200 v. Chr. *Gallia cisalpina* (südl. des Po *Gallia cispadana*, nördl. des Po *Gallia transpadana*); 49 v. Chr. erhielten die dortigen Gallier alle durch Caesar das röm. Bürgerrecht. 118 v. Chr. *Gallia transalpina* (*Narbonensis*) mit der Hauptstadt Narbo. Nordgallien ist die *Gallia comata* (da die Bewohner langes Haar trugen), die Caesar 58–51 v. Chr. eroberte. 27 v. Chr. teilte Augustus die von Caesar eroberten neue Gebiete in drei kaiserl. Provinzen ein (*Lugdunensis, Belgica, Aquitania*), die *Narbonensis* blieb Senatsprovinz. Claudius gewährte den *tres Galliae* das *ius honorum*. (Tac. ann. 11,25). (Bell. Afr. 40; 73)

Gallus, a, um: gallisch (Bell. Alex. 17; Bell. Afr. 6; 19–20; 29; 34; 40)

Gallograeci, Gallograecorum: die Bewohner von → *Gallograecia* (Vermischung von Galatern und Griechen → Liv. 37,8,4); es handelt sich um Gallierstämme, die 278/277 v. Chr. von dem → bithyn. König Nikomedes als Hilfstruppen nach Kleinasien gerufen wurden und sich im Osten von Großphrygien, dem späteren Galatien, sesshaft machten. Drei Stämme: Trokmer, Tolistoagier, Tektosagen; → Pompeius Magnus unterstellte 63 v. Chr. jeden Stamm einem Tetrarchen. (Bell. Alex. 78)

Gallograecia: Galatien; Landschaft im steppenartigen zentralen Hochland (von Anatolien) Kleinasiens, gehörte ursprünglich zu Phrygien und Kappadokien (→ *Cappadocia*). Das fast rechteckige, ca. 350 km lange und 160 km breite Gebiet grenzte nördl. an → Bithynien und Paphlagonien, östl. an → Pontos, südl. an Kappadokien und Lykaonien, westl. an Phrygien. Zu Caesars Zeit war → Deiotarus König von Galatien. Ihm folgte sein Enkel Kastor und 36 v. Chr. Amyntas, Staatsschreiber des Deiotarus, seit 39 v. Chr. bereits König von Pisidien. Nach seinem Tod 25 v. Chr. wandelte Augustus den galatischen Klientelstaat in eine röm. Provinz um. Der Apostel Paulus adressierte einen seiner Briefe an die Galater. (Bell. Alex. 67; 78)

Ganymedes: Eunuch, Kämmerer der jüngeren Schwester Kleopatras, der → Arsinoë IV.; als diese von Caesar im Palast von Alexandria festgehalten wurde, verhalf ihr Ganymedes zur Flucht, ließ den General der gegen Caesar und Kleopatra revoltierenden Ägypter, → Achillas, töten und brachte als deren Anführer die Römer in Schwierigkeiten. Er war ein fähiger und ernst zu nehmender Gegner Caesars. Nach dem Sieg Caesars endete Ganymedes auf der Flucht. (Bell. Alex. 4–5; 12; 23; 33; Lucan. 10, 519–521; Flor. epit. 2,13,60)

Germani, Germanorum: die Germanen (Bell. Afr. 29; 40)
Germanus, a, um: germanisch (Bell. Alex. 29; Bell. Afr. 19)
Graeci, Graecorum: die Griechen (Bell. Alex. 15)
Graecia: Griechenland (Bell. Alex. 44; 47)

Hadrumetum: Hafenstadt und drittgrößte Stadt Tunesiens an dessen Ostküste, 150 km südl. von Tunis gelegen; von den Phöniziern im 9. Jh. v. Chr. gegründet (Sall. Iug. 19,1), im 6. Jh. v. Chr. dem Reich Karthagos eingegliedert; 203/202 v. Chr. Hauptquartier Hannibals; im 3. Pun. Krieg auf Seiten Roms und daher nicht zerstört; obwohl seit 146 v. Chr. römisch, garantierten die Römer seinen Besitzstand als *populus liber*; im Bürgerkrieg auf Seiten des → Pompeius Magnus, daher verlor die Stadt unter Caesar ihre Freiheit, erhielt sie aber 36 v. Chr. zurück (Plin. nat. 5,25); Teil der Provinz → *Africa proconsularis* und noch im 2. Jh. Sitz des *legatus proconsulis Africae* und des *procurator regionis Hadrumetinae*; Trajan gründete die *Colonia Concordia Ulpia Traiana Augusta Frugifera Hadrumetina* (CIL VI 1687); Geburtsort des Juristen Salvius Julianus; Blütezeit unter den Severer-Kaisern; Fundort des berühmten Vergil-Mosaiks (heute im Bardo-Museum in Tunis); unter Diokletian Hauptstadt der neuen *provincia Valeria Byzacena* (→ *Africa*); unter den Vandalen (439–534) bestand die Stadt als Hunericopolis weiter; von Justinian neu befestigt und Σώζουσα, arabisch Sûza, frz. Sousse genannt; 647 von den Arabern erobert. (Bell. Afr. 3; 21; 24; 33; 43; 62–63; 67; 89)
Hadrumetini, Hadrumetinorum: die Bewohner von → *Hadrumetum* (Bell. Afr. 97)
Hasta: röm. Koloniestadt (*Hasta Regia*) an der Straße von Sevilla nach Cádiz in → *Hispania Baetica*, heute Mesas de Asta in der Provinz Cádiz in Andalusien, ca. 30 km nordnordöstl. von Cádiz (→ *Gades*); zwischen Jerez de la Frontera und Trebujena; 187 v. Chr. von Gaius Atinius erobert (Liv. 39,21). (Bell. Hisp. 36)
Hastenses, Hastensium: die Bewohner von → *Hasta* (*Asta*) (Bell. Hisp. 26)
Heptastadion → Pharus
Herminius mons: Gebirge im östl. Portugal, heute Serra da Estrela (Bell. Alex. 48)
Hiberus: der Ebro; der Fluss bildete die Nordgrenze des karthag. Territoriums auf der Iber. Halbinsel. Der 226/225 v. Chr. zwischen Hasdrubal und Rom geschlossene Ebro-Vertrag, den Polybios überliefert und dessen Historizität jüngst angezweifelt wurde, wurde zu einem der Kriegsgründe des 2. Pun. Krieges, als Hannibal 218 v. Chr. die Demarkationslinie überschritt. (Bell. Alex. 64)
Hiempsal: Hiempsal II., König von Numidien, Vater von → Juba, nahm 88 v. Chr. den flüchtigen jüngeren → Marius auf; er vergrößerte seinen Machtbereich durch → Gaetulien und andere angrenzende Gebiete und schrieb eine Landesgeschichte in punischer Sprache, die → Sallust benutzte. (Bell. Afr. 56)

Hippo: Es gab zwei phöniz. Kolonien dieses Namens an der Nordküste Afrikas:
a) westl. von Karthago bzw. nordwestl. von → *Utica*: Hippo Diarrhytus, heute Bizerte
b) noch weiter westl. → Hippo Regius, 2 km vom heutigen Bône im östl. Algerien entfernt.

Hippo Regius: phöniz. Handelsplatz aus dem 12. Jh. v. Chr., nahe der Mündung des Flusses Seybouse; 201–149 v. Chr. zweite Residenz der numid. Könige, daher der Beiname *Regius*; nach Caesars Sieg bei → *Thapsus* (46 v. Chr.) kam die Stadt zur Provinz → *Africa nova* (ab 25 v. Chr. *Africa proconsularis*); zunächst *municipium Augustum Hipponensium Regiorum*, unter den Antoninen zur *colonia* erhoben; seit 259 Bischofssitz (u. a. Augustinus 395–430); 431 Eroberung und Plünderung durch die Vandalen (Geiserich); 533 Rückeroberung durch Byzanz (Belisar); 698 von muslim. Arabern zerstört; 11. Jh. Gründung der nahegelegenen (arab.) Stadt Annaba; frz. Ausgrabungen und Namensgebung Bône (< Hippona); Ruinen (Reste profaner und christl. Bauten) südl. von Annaba. (Bell. Afr. 96)

A. Hirtius: Gefolgsmann und nächster Vertrauter Caesars, den er auf seinen Feldzügen in Gallien begleitete. Im Dezember 50 v. Chr. ging er in Caesars Auftrag nach Rom, zog 49 v. Chr. mit Caesar nach Spanien (→ *Ilerda*) und war mit ihm 47 v. Chr. in Antiochia, nahm aber nicht am ägypt. und afrikan. Feldzug teil. 46 v. Chr. Prätor. 45 v. Proprätor von → *Gallia Narbonensis* und *comata*; Imperatortitel. 44 v. Chr. designierte ihn Caesar zum Konsul für das Jahr 43 v. Chr. zusammen mit Gaius Vibius Pansa. Er nahm den Auftrag des Senats, dem in *Mutina* (Modena) von Antonius eingeschlossenen Caesarmörder Brutus Hilfe zu bringen, an und errang zwar einen Sieg, erlag aber am 21. April den in der Schlacht erlittenen Verwundungen (Pansa starb am 23. April). Sein Tod machte für Antonius den Weg frei, um gemeinsam mit Octavian die Macht zu ergreifen. Hirtius fügte Caesars *Bellum Gallicum* ein 8. Buch hinzu und war auch in die Entstehung des *Corpus Caesarianum* zumindest involviert. Auch mit Cicero war er befreundet.

Hispalis: heute Sevilla (größte Stadt [knapp 700.000 Einwohner] und polit. Zentrum Andalusiens); zuerst genannt als Stützpunkt Caesars in seinen span. Feldzügen (Caes. civ. 2,18,2; 2,20,4; wahrscheinlich reichen seine Anfänge bis ins 2. Jh. v. Chr. zurück, als sich Iberer im unteren Tal des Río Guadalquivir (→ *Baetis*) niederließen und vermutlich auf Inseln im Fluss Pfahlbauten errichteten (Isid. orig. 15,1,71: *Hispalim Caesar Iulius condidit ... Hispalis autem a situ cognominata est, eo quod in solo palustri suffixis in profundo palis locata sit.*); Stadt in der *Hispania* → *Baetica* am letzten Übergang (87 km vor dessen Mündung) über den Río Guadalquivir (→ *Baetis*); von Caesar 45 v. Chr. erobert, mit Befestigungsmauern umgeben, mit Veteranen besiedelt und zur *Colonia Romulensis* bzw. *Colonia Iu-*

lia Romula erhoben, später von Kaiser Otho durch neue Ansiedlungen verstärkt (Tac. hist. 1,78,1); 411 Hauptstadt des Vandalenreiches, 428 von ihnen zerstört; etwa 567 von den Westgoten erobert; Erzbischof Isidor Hispalensis (555–636 = Isidor von Sevilla [Verfasser der *Etymologiae* bzw. *Origines*]) bekämpfte von hier aus den Arianismus; 712–1248 als Ichbilija (»die ausgedehnte Stadt«) unter arab.-maur. Herrschaft. (Bell. Alex. 56–57; Bell. Hisp. 35–36; 39–40; 42)

Hispani, Hispanorum: die Spanier (Bell. Alex. 62; Bell. Afr. 39)

Hispanus, a, um: spanisch (Bell. Afr. 28)

Hispania: Spanien (phöniz. *ī-schephannīm* »Küste der Kaninchen«), d. h. die ganze Iber. Halbinsel; neben Iberern wohnten auch Kelten und Ligurer dort; die Herkunft und ethn. Zugehörigkeit der Basken (*Vascones*) ist ungeklärt. Seit 500 v. Chr. größtenteils unter der Herrschaft Karthagos. 237–218 v. Chr. eroberten die Karthager die ganze Ost- und Südküste und das Hochland bis zum Tajo. Mit der Überschreitung der Ebro-Grenze (→ *Hiberus*) und der Zerstörung der mit Rom verbündeten Stadt Sagunt (218 v. Chr.) eröffnete Hannibal den 2. Pun. Krieg. Scipio Africanus d. Ä. vertrieb die karthag. Truppen bis 206 v. Chr. aus Spanien (→ *Ilipa*). 197 v. Chr. Einrichtung der Provinzen *Hispania citerior* (südl. der Pyrenäen) um *Tarraco* (Tarragona) und *Hispania ulterior* (Süden und Ostküste) um → *Corduba*. Schrittweise Eroberung des Landesinneren. 133 v. Chr. Zerstörung von *Numantia* durch Scipio Africanus d. J. im Tal des Duero (heute Kastilien). Während des 1. Jh. v. Chr. Schauplatz der röm. Bürgerkriege; zunächst für den Anhänger des → Marius, Q. Sertorius (81–72 v. Chr.), dann im Kampf Pompeius vs. Caesar (Schlacht von → *Ilerda* 49 v. Chr. und von → *Munda* 45 v. Chr.). Im Auftrag des Pompeius verwalteten → Petreius und → Terentius Varro die Provinz *Hispania ulterior*, → Afranius *Hispania citerior*. Unter Augustus wurden die Asturer und Kantabrer im Norden unterworfen (25–19 v. Chr.). Danach (2 v. Chr.) Neueinteilung in drei Provinzen: *Hispania citerior* = *Tarraconensis* (Hauptstadt: *Tarraco*) und *Lusitania* (~ südl. Portugal; Hauptstadt: *Augusta Emerita* [Mérida]) als kaiserl. Provinzen, die Osthälfte der früheren Provinz *Hispania ulterior*, *Baetica* (~ Andalusien) (Hauptstadt: *Corduba*) als senator. Provinz. Aus Spanien stammten die beiden Seneca, Lukan, Silius Italicus, Martial, Columella, Pomponius Mela, Quintilian sowie die Kaiser Trajan, Hadrian und Theodosius 1., ferner die christl. Schriftsteller Prudentius, Iuvencus, Orosius, Priscillianus und Isidor von Sevilla (→ *Hispalis*). 74 n. Chr. erhielten die Städte das latin. Bürgerrecht. Ihr Stadtrecht ist durch die *lex Irnitana* (aus flavischer Zeit; s. Literaturverzeichnis) fast vollständig bekannt geworden. Caracalla verselbstständigte Asturien und Galizien zu einer eigenen Provinz *Callaecia* (*Gallaecia*); Diokletian gliederte *Hispania citerior* in zwei Provinzen auf – in die *Tarraconensis* im Nordosten und die *Carthaginiensis* südlich davon, schlug die

nordafrikan. Provinz → *Mauretania Tingitana* zur Iber. Halbinsel und fasste die sechs Provinzen zu einer Diözese zusammen. 409 drangen Alanen, Sueben und Vandalen über die Pyrenäen ein, um 415 gefolgt von den Westgoten, die nach 418 in Aquitanien um Toulouse das »Tolosanische Reich« errichteten. Dieses umfaste 466–488 fast die ganze Iber. Halbinsel bis auf das erst 585 unterworfene Suebenreich in Galizien. Nach dem Untergang des Tolosan. Reiches (507) bestand auf der Iber. Halbinsel noch ein Westgotenreich mit der Hauptstadt Toledo. Die Übernahme des kath. Bekenntnisses durch die arian. Westgoten nach 585 förderte die Integration mit der roman. Bevölkerung. Rückzug der Westgoten in das Bergland von Asturien. Ab 711 Herrschaft der Araber bis 1492 (Eroberung von Granada). (Bell. Alex. 48; 52; 62; Bell. Afr. 64; 95–96; Bell. Hisp. H 2; 8)

Hispania = Hispania / provincia citerior (Bell. Alex. 59; 63)

Hispania = Hispania / provincia ulterior (Bell. Alex. 48–50; 53; 56–58; 64; Bell. Hisp. 1–3; 8; 31; 42)

Hispanus, a, um: spanisch (Bell. Alex. 62; Bell. Afr. 28; 39)

Iadestini, Iadestinorum (= Iadertini, Iadertinorum): die Bewohner von *Iader* (die heutige kroat. Stadt Zadar an der norddalmatin. Küste, nach 59 v. Chr. *municipium,* seit 33 v. Chr. *colonia* (CIL III 2907) (Bell. Alex. 42)

Ilerda: alte Ibererstadt in Spanien (heute span. Lérida / amtl. [katalanisch] Lleida) am *Sicoris* (heute Segre), wo Caesar 49 v. Chr. das pompejanische Heer zur Kapitulation zwang (vgl. Caes. civ. 1,41–42). Von Augustus wurde sie zum *municipium* erhoben.

Ilipa: heute Alcalá del Río (»Festung des Flusses«) 14 km nördl. von Sevilla, am rechten Ufer des unteren Río Guadalquivir (→ *Baetis*); 206 v. Chr. schlug dort Scipio Africanus d. Ä. ein u. a. von Hannibals Bruder Mago angeführtes karthag. Heer (Liv. 28,12 ff.); dieser Sieg beendete faktisch die karthag. Vorherrschaft auf der Iber. Halbinsel (→ *Hispania*). (Bell. Alex. 57)

Illyricum: Illyrien; Küstenlandschaft an der Ostküste der Adria; dann umfassend für den gesamten Nordwesten der Balkanhalbinsel von der Adriaküste bis zum serbischen Fluss Morava und von Epirus bis zur mittleren Donau gebraucht. Die Illyrer an der Küste von Dalmatien waren gefürchtete Seeräuber. In zwei Kriegen (229/228 und 219 v. Chr.) wurden die Einwohner von den Römern unterworfen. Die röm. Provinz *Illyricum* (seit 168 v. Chr.) umfasste zunächst nur den Küstenstreifen. Seit → Cornelius Sulla wurde *Illyricum* bald mit → *Gallia cisalpina*, bald mit → Makedonien vereinigt und selbstständige Provinz erst unter Caesar. Das Binnenland wurde von Octavian 35–33 v. Chr. erobert und entsprach dem Territorium der heutigen Staaten Kroatien, Bosnien-Herzegowina, Montenegro und Albanien, z. T. auch Slowenien und Serbien. 14–12 v. Chr. wurde durch M.

Vinicius und Agrippa das Gebiet von der Save bis zum Donauknie bei *Aquincum* (heute: Budapest) hinzugewonnen. Die Provinz *Illyricum* bestand zunächst aus zwei Teilen: Dalmatien, das Küstengebiet, und Pannonien, das nördliche, östl. von *Noricum* anschließende Gebiet (heute: Ungarn), das von der Donau begrenzt wird. Nach dem pannonisch-dalmatischen Aufstand 6–9 n. Chr. wurden beide Teile getrennt: *provincia Illyricum inferior* (Pannonien; Provinz seit 10 n. Chr.) und *provincia Illyricum superior* (Dalmatien). Die Illyrer wurden Kerntruppen des röm. Heeres, und aus diesen stiegen mehrere Kaiser empor, darunter Diokletian. Einzelne Spuren leben im Albanischen fort. (Bell. Alex. 42–44)

Indo: ein König in → *Hispania*, Verbündeter Caesars (Bell. Hisp. 10)

Issa: von Illyrern bewohnte westlichste Insel vor der dalmatin. Küste; 392 v. Chr. von Syrakus aus kolonisiert; heute kroat. Vis, ca. 20 km südwestl. der Insel Hvar; die Insel war von M. Octavius für die Pompejaner gewonnen worden (Caes. civ. 3,9,1); im 2. Weltkrieg befand sich dort eine Zeitlang das Hauptquartier des Partisanen-Marschalls und späteren jugoslawischen Staatspräsidenten Josip Broz Tito. (Bell. Alex. 47)

Italia: Italien (Bell. Alex. 53; 68; 77–78; Bell. Afr. 22; 54; 72; Bell. Hisp. 1; 10)

Italica: röm. Kolonie in Südspanien (am nördl. Stadtrand von Santiponce nordwestl. von Sevilla), 206 v. Chr. von Scipio Africanus d. Ä. anlässlich der Schlacht von → *Ilipa* als »Lazarettstadt« für röm. Soldaten und älteste röm. Ansiedlung in der späteren *Hispania* → *Baetica* auf dem rechten Ufer des Río Guadalquivir (→ *Baetis*) gegründet und mit Veteranen besiedelt. Zur Zeit Caesars war Italica ein *municipium*, seit Hadrian *colonia*; Italica ist die Heimat der Kaiser Trajan und Hadrian. In westgot. Zeit spielte Italica 584 als Festung, später als Bischofssitz eine Rolle; nach 711 einsetzender Verfall. Heute bedeutende Ausgrabungsstätte.

Italicenses, Italicensium: Bewohner von → *Italica* (Bell. Alex. 52; Bell. Hisp. 25)

Italicensis, Italicense: aus → *Italica* (Bell. Alex. 52; 57; Bell. Hisp. 25)

Italicus, a, um: italisch, aus Italien (Bell. Afr. 36)

Ityraei, Ityraeorum (= Ituraei, Ituraeorum): die Ituräer, ein ursprünglich arab. Nomadenvolk, das zeitweise im Ostjordanland lebte, im 2. Jh. v. Chr. im nördl. Palästina eindrang und dort am südwestl. Abhang des Hermon-Gebirges, am Oberlauf des Jordan, einen eigenen Staat bildete. Berüchtigt als Räuber. Ihr Gebiet wurde nach und nach der Provinz → Syrien eingegliedert. Sie galten als gute Bogenschützen.

Ityraeus, a, um: ituräisch (Bell. Afr. 20)

Iuba:

Juba I., König von Numidien seit etwa 50 v. Chr., Sohn von → Hiempsal II. Ein grausamer, machtgieriger und Caesar persönlich verhasster Verbündeter der Pompejaner, vernichtete Juba das Heer des → Scribonius Curio, der in

Caesars Auftrag → *Africa* den Pompejanern entreißen sollte (49 v. Chr.). Folglich von Caesar als *hostis* des röm. Volkes ausgerufen. Nach Caesars Sieg bei → *Thapsus* (46 v. Chr.) floh Juba nach → *Zama*; von den Bürgern abgewiesen, suchte er gemeinsam mit dem Pompejaner → Petreius den Tod. Jubas Reich wurde, soweit es nicht an → Sittius und an → Mauretanien kam, röm. Provinz *Africa nova*; erster Statthalter war der Historiker → Sallust. (Bell. Alex. 51; Bell. Afr. 6; 25; [30;] 36; 43; 48; 52; 55; 57–59; 66; 74; 77; 91–97)

Juba II.: Der ca. 50 v. Chr. geborene Sohn → Jubas I. wurde nach der Schlacht bei → *Thapsus* in Caesars vierfachem Triumph mit aufgeführt (46 v. Chr.; vgl. Appian civ. 2,101,418) und in Italien in hellenist. Geist erzogen. Augustus, in dessen Umgebung er war, gab ihm das Bürgerrecht und → Mauretanien (Gebiete des → Bocchus, → Bogud und Teile von → Gaetulien). Als röm. Bundesgenosse, seit ca. 20 v. Chr. verheiratet mit Kleopatra Selene, Tochter der → Kleopatra und des Antonius, residierte er 25 v. Chr. bis 24 n. Chr. in Iol (heute Cherchel, ca. 100 km westl. von Algier), das er zu Ehren des röm. Kaisers in Caesarea umbenannte. Er entfaltete wie sein Großvater → Hiempsal II. eine umfangreiche Schriftstellerei, besonders über Völkerkunde und Geographie, und machte sich um die Ausbreitung der gr. Kultur in Nordafrika sehr verdient. Er starb ca. 23/24 n. Chr.

Iulia lex: Möglicherweise handelt es sich um die *lex Iulia municipalis* (45 v. Chr.) oder um die *lex Iulia de provinciis* (46 v. Chr.; → Literaturverzeichnis: Girardet). (Bell. Afr. 87)

Iuliani, Iulianorum: Caesars Truppen (Bell. Afr. 15; 40–41; 69; 78; 85)

C. Iulius Caesar: Feldherr, Politiker und Schriftsteller; 13.7.100 – 15.3.44 v. Chr.; die Schwester seines Vaters, Julia, war seit 115 v. Chr. mit → Marius verheiratet. 84 v. Chr. *flamen Dialis*. Caesar leistete 81–79 v. Chr. Kriegsdienst in Bithynien und Kilikien, nach dem Tod von → Cornelius Sulla Rückkehr nach Rom. 78 v. Chr. Gerichtsredner. Er studierte 75–73 v. Chr. in → Rhodos beim Rhetor Molon (wie Cicero); 73 v. Chr. *tribunus militum* und Pontifex, bald darauf *tribunus militum*; 68 v. Chr. Quästor in → *Hispania ulterior* (vgl. Begleittext Nr. 1), 65 v. Chr. Ädil, 63 v. Chr. Pontifex Maximus, sprach sich gegen die Hinrichtung der Catilinarier aus, 62 v. Chr. *praetor urbanus*, 62/61 v. Chr. Proprätor in → *Hispania ulterior*. 60 v. Chr. verbündete sich der populare Politiker mit → Pompeius Magnus und Crassus zum Triumvirat. 59 v. Chr. Konsul, dann aufgrund eines Volksbeschlusses (→ Vatinius) Statthalter von → *Gallia Cisalpina*, *Gallia Transalpina (= Narbonensis)* und → *Illyricum* auf zweimal 5 Jahre. 58–51 v. Chr. Eroberung von ganz Gallien (vgl. Caesars *Commentarii de bello Gallico*), organisierte Gallien als Provinz. Entfremdung von Pompeius nach dem Tod seiner Tochter Julia, der Gemahlin des Pompeius, 54 v. Chr., und des Crassus

53 v. Chr. bei Carrhae. Wachsende Gegnerschaft zum Senat. Die Weigerung, sein Kommando gemäß Aufforderung des Senats vom 7. Januar 49 v. Chr. niederzulegen, wenn er nicht als *hostis* gelten wolle, führte zum Ausbruch des Bürgerkriegs gegen Pompeius und dessen Anhänger. In der Nacht des 10. Januar 49 v. Chr. überschritt Caesar mit seinen Truppen den Rubikon (bei Rimini), der die Grenze zwischen Gallien und Italien bildete, und eroberte in zwei Monaten Italien. 48 v. Chr. Konsul. Am 9. August 48 v. Chr. Sieg über Pompeius und die Senatspartei bei Pharsalos. Caesar führte 47 v. Chr. siegreich Krieg in → Alexandria und gegen Pharnakes II. bei → *Zela* und besiegte seine Gegner in Afrika (46 v. Chr. Sieg bei → *Thapsus*) und bei → *Munda* in Spanien 45 v. Chr. Rückkehr nach Rom als unumschränkter Alleinherrscher; der Senat übertrug ihm den Imperator-Titel, die Diktatur (seit 44 v. Chr. auf Lebenszeit) und den Titel *pater patriae*; den Titel *rex* lehnte Caesar ab, erhielt aber die ständigen Rechte eines Volkstribunen. Reformerische (»julianischer Kalender«) und organisatorische Maßnahmen, Planung eines Feldzugs gegen die Daker und Parther, zu dem Caesar am 18. März 44 v. Chr. aufbrechen wollte. Wachsende Entfremdung der Römer. An den Iden des März (15. März) 44 v. Chr. Ermordung durch von Brutus und Cassius angeführte Verschwörer. (passim)

L. Iulius Caesar: Anhänger des Pompeius, Legat 49 v. Chr., *praefectus classis* 49–48 v. Chr. (Caes. civ. 2,23,3), Proquästor in → *Africa* 47 v. Chr., wo er mit Cato → *Utica* verteidigte und übergab; anschließend von Caesar begnadigt, doch bald darauf in Afrika ermordet (vgl. Suet. Iul. 75). (Bell. Afr. 88–89)

Sex. Iulius Caesar: Enkel eines Onkels von Caesar, diente 49 v. Chr. als *tribunus militum* unter Caesar in Spanien (Caes. civ. 2,20,7), war 48 v. Chr. Quästor, 47–46 v. Chr. Proquästor in Syrien und wurde dort ermordet. (Bell. Alex. 66)

Iunius: ein Einwohner von → *Ategua* (Bell. Hisp. 16)

L. Iuventius Laterensis (»zur Seite Stehender, Bewacher«): Er wurde 48 v. Chr. im Zusammenhang mit einem Attentat auf Q. → Cassius Longinus in Spanien von den Soldaten zum Prätor ausgerufen, dann aber von Cassius getötet. (Bell. Alex. 53–55)

Labieniani, Labienianorum: die Soldaten des → Labienus (Bell. Afr. 29)

T. Labienus: um 99–45 v. Chr.; röm. Ritter etrusk. Herkunft; klagte 63 v. Chr. als Volkstribun und Anhänger Caesars Gaius Rabirius (→ Rabirius Postumus) an und setzte eine Gesetzesvorlage durch, die Caesar die Wahl zum Pontifex Maximus ermöglichte. Im Gall. Krieg diente er 58–50 v. Chr. Caesar als *legatus pro praetore* und wurde einer von dessen engsten Vertrauten, entschied wiederholt den Sieg für Caesar. Mehrfach hat er Caesar vertreten, zuletzt 50 v. Chr. in der *Gallia togata* (d. h. der romanisierte Teil von → *Gallia cisalpina* südl. des Po).

Anfang 49 v. Chr. ging Labienus im Bürgerkrieg zu Pompeius über, womit er Caesar zutiefst traf. Nach der Schlacht bei Pharsalos (48 v. Chr.) floh er nach Nordafrika, wo er den Widerstand fortsetzte. Er kämpfte mehrfach erfolgreich, besonders bei → *Ruspina*, aber nicht siegreich gegen Caesar, unterlag jedoch gemeinsam mit → Caecilius Metellus Scipio in der Schlacht bei → *Thapsus* (46 v. Chr.). Von Caesar gnadenlos verfolgt, schlug sich Labienus nach Spanien durch, wo er mit Cn. → Pompeius, dem ältesten Sohn des Pompeius Magnus, noch einmal ein Heer aufstellte. Dort fiel er am 17. März 45 v. Chr. in der Schlacht bei → *Munda* in milit. führender Stellung. Er war ein persönlich tapferer und kühner sowie taktisch und strategisch begabter Offizier, zuletzt der unterlegenen Partei. (Bell. Afr. 13; 15–16; 19–21; 24; 29; 33; 38–40; 49–52; 61; 65–66; 69–70; 75; 78; Bell. Hisp. 18; 31)

Laterensis → Iuventius

Lennium: Ort in → *Lusitania*, ansonsten unbekannt (Bell. Hisp. 35)

Lentulus → Cornelius

Lepidus → Aemilius

Leptis: Es gab zwei phöniz. Kolonien dieses Namens, Leptis Minor in → *Africa proconsularis* zwischen dem nordwestl. gelegenen → *Hadrumetum* und dem südöstl. gelegenen → *Thapsus*; es war lange den Karthagern tributpflichtig; im 3. Pun. Krieg auf der Seite der Römer; *libera civitas et immunis*; 46 v. Chr. im Bürgerkrieg sofort auf Caesars Seite; daher auch in der Kaiserzeit unter den *oppida libera* (Plin. nat. 5,25); heute Lamta, 12 km südl. von → *Ruspina* (Bell. Afr. 7; 9–10; 29; 61–63; 67); zweitens Leptis Magna (pun.: Lbqy) ca. 120 km östl. von Tripolis gelegen, an der Mündung des Wadi Lebdah, seit 110 röm. Kolonie, Geburtsort des Kaisers Septimius Severus.

Leptitani, Leptitanorum: Bewohner der afrikan. Küstenstadt → *Leptis Minor* (Bell. Afr. 97)

Liberalia, Liberalium *n.*: das Fest des Liber (~ Dionysos) und der Libera (~ Proserpina ~ Kore) am 17. März, an dem Frauen Opferkuchen anboten und die jungen Männer die *toga virilis* erhielten (Bell. Hisp. 31)

Licinius Damasippus: röm. Senator, Anhänger des → Pompeius Magnus; er ertrank im Meer vor → *Hippo Regius*; seine Kinder wurden begnadigt. (Caes. civ. 2,44,3; Bell. Afr. 89; 96)

L. Licinius Squillus: Er beteiligte sich 48 v. Chr. an einem Attentatsversuch auf den Prätor → Cassius Longinus in → *Hispania ulterior*. (Bell. Alex. 52; 55)

P. Ligarius: Anhänger des Pompeius, 46 v. Chr. bei → *Hadrumetum* von Caesar erneut gefangen genommen und wegen Wortbruchs hingerichtet. (Bell. Afr. 64)

Q. Ligarius: Er kam im Jahr 50 v. Chr. als Legat des Proprätors → Considius Longus nach Afrika, verwaltete dann bis zur Ankunft des neuen Statthalters → Attius

Varus die Provinz und diente von da an wieder als Legat in Afrika, ohne besonders hervorzutreten. Im Auftrag des Varus untersagte er dem vom Senat ernannten Statthalter Q. Aelius Tubero die Landung. 46 v. Chr. wurde er von Caesar gefangen, aber trotz Fürsprache Ciceros nicht begnadigt. Erst als Ligarius von Tubero wegen *perduellio* im Jahr 49 v. Chr. angeklagt und von Cicero in der erhaltenen Rede *Pro Quinto Ligario* (46 v. Chr.) verteidigt worden war, gestattete ihm Caesar 46 v. Chr. die Rückkehr nach Rom. 44 v. Chr.beteiligte er sich an der Verschwörung gegen Caesar (App. civ. 2,474; Plut. Brut. 11). Bei der Proskription 43 v. Chr. wurde er – wie Cicero – geächtet und ermordet (App. civ. 4,87–89). (Bell. Afr. 89)

Lilybaeum: Λιλύβαιον (»das nach Libyen hin« schauende), Vorgebirge und wohlhabende Siedlung an der Westspitze Siziliens, von den Karthagern an Stelle des 397 v. Chr. zerstörten Motya gegründet; seitdem stark befestigter Handels- und Militärstützpunkt; von Afrika 140 km entfernt; *Lilybaeum* wurde nie von den Römern erobert; erst durch den Frieden zwischen Karthago und Rom 241 v. Chr. wurde es als *civitas decumana* Teil der röm. Provinz → *Sicilia* und war Sitz eines der beiden Quästoren; als solcher residierte Cicero hier 75 v. Chr. in einer der reichsten Städte Siziliens (Cic. Verr. act. II,5,10 *splendidissima civitas Lilybaetanorum*). Unter Augustus wurde Lilybaeum *municipium*, 193 *Colonia Helvia Augusta* latin. Rechts. Der Name erhielt sich im Namen Capo Lilibeo oder Capo Boeo; die von den Arabern 827 neu gegründete Stadt heißt Marsala (»oberer Hafen«). (Bell. Afr. 1–2; 34; 37)

L. Livineius Regulus: Anhänger Caesars, 46 v. Chr. in → *Africa* Präfekt (Bell. Afr. 89)

Longinus → Cassius

Lusitani, Lusitanorum: Bewohner von → *Lusitania* (Bell. Hisp. 18; 35–36; 38; 40)

Lusitania: Landschaft und röm. Provinz im Südwesten der Iber. Halbinsel (auf dem Gebiet des heutigen Portugal), ursprünglich das Land zwischen dem *Durius* (span. Duero / portug. Douro) und dem *Tagus* (span. Tajo / portug. Tejo), seit 2 v. Chr. als röm. Provinz das Land vom Duero bis zum Río Guadiana sowie Teile des westl. Spaniens, insbesondere die Extremadura und die heutige Provinz Salamanca (bis Toledo). Caesar gründete dort *Colonia Norbensis Caesarina*, *Scallabis Praesidium Iulium* und die latin. Kolonie *Ebora Liberalitas Iulia*. 27 v. Chr. wurde *Lusitania* endgültig kaiserl. Provinz und 15 v. Chr. von der ursprünglichen Provinz → *Hispania ulterior* abgetrennt; sie unterstand einem *legatus Augusti*. Zur Zeit der Reconquista entstand um 1095 die Grafschaft Portucalia (~ Nordportugal), die sich bis etwa 1250 bis zur Größe des heutigen Staates ausdehnte. (Bell. Alex. 48; 51; Bell. Hisp. 35)

Lusitanus → Cato

Lycomedes: vornehmer Bithynier, von Caesar als Priester der → Bellona ernannt (Bell. Alex. 66)

Macedonia: Makedonien; Landschaft im Norden Griechenlands am Golf von Therme; Heimat Alexanders d. Gr.; seit 148 v. Chr. zusammen mit Epirus röm. Provinz *Macedonia* (Bell. Alex. 42)

Malaca: die von Phöniziern gegründete, später karthag., seit 205 v. Chr. mit Rom verbündete bzw. seit 201 v. Chr. röm., 555–570 byzantin., 571 westgot., 711–1487 maur. Stadt Málaga an der Südküste Spaniens (Bell. Alex. 64)

Malchus: Mal(i)chos I., König der arab. → Nabatäer (um 57–30 v. Chr.); 55 v. Chr. von A. → Gabinius bekriegt; unterstützte Caesar 47 v. Chr. während des Alexandrin. Aufstands mit Kamelreitern; 36 v. Chr. musste er auf Befehl des Marcus Antonius der ägypt. Königin Kleopatra Tributzahlungen leisten, nach deren Ausbleiben Marcus Antonius Herodes d. Gr. zum Krieg gegen Malchos (32–31 v. Chr.) ermunterte, den Letzterer nahe Philadelphia (dem heutigen Amman) verlor; 30 v. Chr. wechselte Malchos auf die Seite Octavians, doch ließ ihn Herodes nach einer weiteren Verschwörung hinrichten. (Bell. Alex. 1)

Manilius Tusculus: wurde 48 v. Chr. bei einem Attentatsversuch auf → Cassius Longinus in Spanien verhaftet (Bell. Alex. 53)

L. Manlius Torquatus: von Cicero als achtenswerter, begabter junger Mann und Epikureer geschildet; ihm gilt wohl Catulls Hochzeitsgedicht carm. 61; Prätor 49 v. Chr., Anhänger des → Pompeius Magnus, kämpfte 48 v. Chr. bei → *Dyrracchium* gegen Caesar und sank mit Scipio vor Hippo Regius. (Bell. Afr. 96)

Marcellus → Claudius

Q. Marcius: ging 45 v. Chr. als *tribunus militum* des jüngeren Pompeius zu Caesar über (Bell. Hisp. 11)

Q. Marcius Crispus: Anhänger Caesars, 57–55 v. Chr. Legat in → Makedonien, 46 v. Chr. bei → *Thapsus*; 46 v. Chr. Prätor, 45 v. Chr. Proprätor in Bithynien, 44 v. Chr. im Südosten Kleinasiens, übergab 43 v. Chr. seine Truppen an den Caesarmörder Gaius Cassius, von dem er unbehelligt entlassen wurde. (Bell. Afr. 77)

C. Marius: 156–86 v. Chr., bei Arpinum als Sohn eines Ritters geboren; *homo novus*, seit 115 v. Chr. verheiratet mit Julia, der Schwester von Caesars Vater. Er begann seine milit. Laufbahn unter dem jüngeren Scipio Africanus in Spanien; er fiel als Bewerber um die Ädilität zweimal durch; 115 v. Chr. Prätor, 109 v. Chr. Legat des Konsuls Q. Caecilius Metellus in Afrika. Diesen löste er 107 v. Chr. als Konsul ab und beendete mit Hilfe Sullas 105 den Jugurthinischen Krieg. Darauf wurde ihm der Oberbefehl gegen die Kimbern und Teutonen übertragen; Konsul 104–100 v. Chr.; 102 v. Chr. besiegte er die Teutonen bei *Aquae Sextiae* (Aix-en-Provence), 101 v. Chr. die Kimbern bei *Vercellae* (Vercelli). Durch diese Siege und die Um-

wandlung des röm. Milizheers in eine Armee von Berufssoldaten – er nahm Besitzlose als Freiwillige in sein Heer auf – verschaffte er sich als Anführer der Popularen eine einzigartige polit. Machtstellung. Sein polit. Aufstieg war verbunden mit innenpolit. Unruhen und führte schließlich (ab 88 v. Chr.) zum Bürgerkrieg zwischen ihm und → Cornelius Sulla (Konsul 88 v. Chr.), dem er den Oberbefehl im Krieg gegen → Mithridates aberkennen und auf sich selber übertragen ließ. Sulla trat das Kommando nicht ab, rückte in Rom ein und initiierte eine grausame Verfolgung der polit. Gegner, wobei er Marius auf den ersten Platz der Proskriptionsliste setzte. Marius floh 87 v. Chr. zu seinen Veteranen nach Afrika, wurde von Cinna während der Abwesenheit Sullas zurückgerufen; seine Sklavenhorden nahmen an den Gegnern blutige Rache. 86 v. Chr. trat er sein siebtes Konsulat an, starb jedoch bereits am 13. Januar an einer Rippenfellentzündung. Er war Patron der → Gaetuler. (Bell. Afr. 32; 35; 56)

Mauretania: Mauretanien (»Land der Mohren«), das westlichste Land der Nordküste Afrikas (Westalgerien und Marokko); Königreich; von Numidien zuerst durch den Ampsaga (Qued-el-kebir), später durch den Mulucchafluss (heute Muluya) getrennt; es reichte bis zum Atlantik. König Bocchus I. lieferte seinen Schwiegersohn, den numid. König Jugurtha, an Rom aus (105 v. Chr.). Dafür erhielt Bocchus ein Gebiet östl. des Muluccha als Lohn. Im 1. Jh. v. Chr. Königreiche von Bocchus II. im Osten und des Bogud im Westen; beide waren Verbündete Caesars, während → Juba I. → Pompeius unterstützte. Augustus bildete 25 v. Chr. ein großes von Nordmarokko bis zur Grenze von Tunesien reichendes Königreich *Mauretania Caesariensis*. Unter dem röm. Klientelkönig → Juba II. (25 v. Chr. – 24 n. Chr.) zunehmend hellenist. Einflüsse. Caligula ließ seinen Sohn, den letzten König, Ptolemaios, einen Enkel des Antonius und der Kleopatra sowie treuen Vasallen Roms, 40 in Rom ermorden. Auf Betreiben des Claudius eroberte Suetonius Paulinus 41/42 das Land, das 44 in die Provinzen *Mauretania Caesariensis* (Westalgerien; Hauptstadt: *Caesarea* [Cherchel]) und *Mauretania Tingitana* (Marokko; Hauptstadt: *Tingis* [Tanger]) eingeteilt wurde und jeweils einem *procurator Augusti* unsterstand. 427 Einfall der Vandalen, 541 Rückeroberung durch Byzanz, 708/711 im Besitz der Araber. (Bell. Alex. 51–52; 59; Bell. Afr. 22–23; [95])

Mauri, Maurorum: die Bewohner → Mauretaniens, die Mauren, Stammverwandte der Numider (Bell. Afr. 3; 6–7; 83)

Mazaca: Mazaka, seit der Einverleibung von → *Cappadocia* als *Caesarea ad Argaeum* (heute Erdjiâs) Hauptstadt von Kappadokien, heute Kayseri; von hier aus begann zu Beginn des 3. Jh. die Christianisierung → Armeniens. (Bell. Alex. 66)

Medobriga: (»Burg des Medus«) Stadt in → *Lusitania*, 48 v. Chr. von Q. → Cassius Longinus erobert mit dem → *Herminius mons*, auf den sich die Bewohner ge-

flüchtet hatten; heute die südportugiesische Stadt Marvão, 10 km von der Grenze zu Spanien entfernt. (Bell. Alex. 48)

Medobrigenses, Medobrigensium: die Bewohner von → *Medobriga* (Bell. Alex. 48)

Memnon: König in Äthiopien, Sohn des Tithonos und der Aurora (Eos), vor Troja von Achilles getötet, als er in einer von Hephaistos geschmiedeten Rüstung für seinen Onkel Priamos kämpfte (Bell. Hisp. 25)

L. Mercello: einer der Verschwörer gegen Cassius Longinus (Bell. Alex. 52; 55)

Messala → Valerius

Messana: heute Messina, 730 v. Chr. gegründete chalkid. Kolonie an der Nordspitze Siziliens, an der strategisch wichtigen Meerenge zwischen Italien und Sizilien gelegen; seit 264 v. Chr. stand Messana unter röm. Herrschaft und hatte den Status einer *civitas foederata*. (Bell. Afr. 28)

C. Messius: Volkstribun 57 v. Chr., beantragte die Rückberufung Ciceros, 55 v. Chr. kurul. Ädil, 46 v. Chr. Legat Caesars in → *Africa*, wobei er die Stadt → *Acylla* erfolgreich verteidigte (Bell. Afr. 33; 43)

C. Minucius Reginus: röm. Ritter, enger Freund Scipios, Kommandant von → *Zeta* (Bell. Afr. 68)

Minucius Silo: führte 48 v. Chr. das Attentat auf Q. → Cassius Longinus durch, wurde hingerichtet (Bell. Alex. 52–53; 55)

Mithridates (authentische Namensform auf Inschriften und Münzen *Mithradates* »von Mithras geschenkt«): Mithridates VI. Eupator (ca. 132–63 v. Chr.), seit 121 v. Chr. König von → Pontos an der Nordküste Kleinasiens bis zum Ostufer des Schwarzen Meeres, wurde 112 v. Chr. Alleinherrscher, gewann 107 v. Chr. die Kontrolle über das → Bosporan. Reich, die Kaukasusgebiete und Galatien (→ *Gallograecia*). Mit → Armenien verbündet, nutzte er die Schwäche Roms während des Kimberneinfalls (→ Marius) und geriet durch seine Übergriffe auf Kappadokien (→ *Cappadocia*) (gemeinsam mit seinem Schwiegersohn Tigranes von Armenien) sowie auf Paphlagonien und → Bithynien seit 95 v. Chr. in Konflikt mit Rom; in den drei Mithridat. Kriegen (89–84 v. Chr.; 83–81 v. Chr.; 74–63 v. Chr.) Roms stärkster Gegner im östl. Mittelmeerraum. Im 1. Krieg eroberte er in kürzester Zeit den größten Teil Kleinasiens, einschließlich der röm. Provinz → *Asia*. Er verfügte die Ermordung aller in Kleinasien lebenden Römer und Italiker (angeblich 80.000 Menschen). Er wurde nach großen Erfolgen von → Cornelius Sulla, Lucullus (74/73 v. Chr. bei Kyzikos) und entscheidend von → Pompeius 66 v. Chr. am Lykosfluss (Großer Zab) geschlagen. Mithridates floh zur Halbinsel Krim und ließ sich nach dem Abfall seines Sohnes → Pharnakes II. von einem Leibwächter töten. (Bell. Alex. 72–73; 78)

Mithridates (Mithradates) Pergamenus: Mithridates (»von Mithras geschenkt«) von Pergamon: Er galt als illegitimer Sohn von → Mithridates VI., an dessen Hof er

aufwuchs. 59 v. Chr. trat er als Zeuge in Rom auf (Cicero *Pro L. Valerio Flacco* 41); er erlangte von Caesar Privilegien für Pergamon und rekrutierte auf Befehl Caesars ein bedeutendes Ersatzheer in Syrien und Kleinasien, zu dem auch 3000 Juden unter Antipater, dem Vater Herodes' des Großen, gehörten (Begleittext Nr. 9). Nach der Schlacht bei → *Zela* (47 v. Chr.) von Caesar wegen seiner Verdienste und Loyalität zum König des Bosporan. Reiches ernannt; gestorben wahrscheinlich 46 v. Chr. im Kampf gegen den Usurpator Asandros. (Bell. Alex. 26–28, 78)

Munatius Flaccus: aus → *Italica*, war 48 v. Chr. am Attentatsversuch auf den Prätor in → *Hispania ulterior* Q. → Cassius Longinus beteiligt, erschlug einen der Liktoren des Prätors und verwundete Cassius, tötete ihn aber nicht; möglicherweise mit dem folgenden L. Munatius Flaccus identisch. (Bell. Alex. 52)

L. Munatius Flaccus: Legat des Pompeius, Kommandant von → *Ategua*, das er 46/45 v. Chr. für Cn. → Pompeius verteidigte; er wurde trotz Verhandlngen von Caesar nicht begnadigt (Dio 43,33,4–34,5). (Bell. Hisp. 19)

L. Munatius Plancus: ca. 90/85–15 v. Chr., wahrscheinlich 55 v. Chr. Quästor, diente seit 54 v. Chr. unter Caesar als Legat in Gallien (Caes. Gall. 5,24,3 u. 5,25,4) und im Bürgerkrieg vor → *Ilerda* (civ. 1,40,5). 47 v. Chr. wollte er mit → Considius in → *Hadrumetum* verhandeln. Im November 46 v. Chr. war Munatius einer der acht Stadtpräfekten, die unter → Aemilius Lepidus die Geschäfte in Rom zu führen hatten. Prätor 45 v. Chr. Nach der Ermordung Caesars stimmte er am 17. März 44 v. Chr. für die Amnestie von dessen Mördern. Vom Frühjahr 44 v. Chr. bis Sommer 43 v. Chr. war Munatius Statthalter der Provinz → *Gallia comata*; er gründete die *Colonia* (später: *Augusta*) *Raurica* (Augst, bei Basel) und die Kolonie *Lugdunum* (Lyon). Im September 43 v. Chr. schloss er sich Marcus Antonius an. Konsul mit Aemilius Lepidus 42 v. Chr. Munatius erhielt u. a. die Provinzen → *Asia* (40 v. Chr.) und → Syrien (35/34 v. Chr.). Horaz widmete ihm die Ode 1,7. Im Mai 32 v. Chr. wechselte er auf die Seite Octavians, zu dessen Ratgebern er in den nächsten Jahren gehörte. Am 16. Januar 27 v. Chr. beantragte Munatius im Senat die Verleihung des Titels *Augustus* an Octavian (Suet. Aug. 7,2); 22 v. Chr. wurde er Zensor. Er dürfte nach 15 v. Chr. gestorben sein. Sein monumentales Rundgrab auf dem Gipfel des Monte Orlando bei Gaëta ist gut erhalten. (Bell. Afr. 4)

Munda: Stadt in → *Hispania Baetica* in der Nähe des heutigen Córdoba, von Schulten als das heutige Montilla gedeutet, ca. 45 km südl. von Córdoba. Bekannt wurde *Munda* als Schauplatz zweier Schlachten: Hier besiegte Cn. Cornelius Scipio 214 v. Chr. die Karthager, und am 17. März 45 v. Chr. schlug Caesar das unter dem Kommando des T. → Labienus und Cn. → Pompeius stehende Heer der Pompejaner und sicherte sich damit seine Alleinherrschaft. Möglicherweise

ist das *Munda* von Caesars Schlacht auch 10 km westl. von Osuna (→ *Ursao*) zu lokalisieren (s. Einleitung). (Bell. Hisp. 32–33; 41–42)

Mundenses, Mundensium: Bewohner von → *Munda* (Bell. Hisp. 36)

Mundensis, Mundense: von → *Munda* (Bell. Hisp. 27)

Nabataei, Nabataeorum *m.*: die Nabatäer, mächtiger nordwestarab. Volksstamm, zog um 550 v. Chr. in das Ostjordanland und das Gebiet um ihre 1812 von J. Burckhardt wiederentdeckte Hauptstadt Petra (in einem Talkessel des Wadi Musa im heutigen Jordanien). Diese lag an der Kreuzung wichtiger Karawanenstraßen zwischen dem Roten und dem Toten Meer. Ursprünglich Nomaden und Karawanenführer, wurden sie durch die Kontrolle der Handelswege von Südarabien nach dem Mittelmeergebiet allmählich auch politisch bedeutsam. Die Nabatäer beherrschten den gesamten nördl. arab. Karawanenhandel von Ägypten bis Mesopotamien. Ihr Königreich Nabataea, in dem arab., assyr., hellenist. und ägypt. Kulturgut verschmolzen, erstreckte sich von der Sinai-Halbinsel nach Nordarabien; um 85 v. Chr. eroberten sie kurzzeitig sogar Damaskus (vgl. 2Kor 11,32). Unter → Pompeius Magnus wurden sie röm. Vasallen (63 v. Chr.), konnten ihre Unabhängigkeit jedoch bis in die Zeit Trajans bewahren. Dieser ließ 106 n. Chr. den nördl. Teil ihres Staates besetzen und machte ihn zur Provinz *Arabia Petraea* (Hauptstadt: *Bosra*), welcher der röm. Kaiser Philippus Arabs (244–249) entstammte. (Bell. Alex. 1)

Naeva: heute Cantillana, am rechten Ufer des Río Guadalquivir (→ *Baetis*), flussaufwärts von Sevilla (Bell. Alex. 57)

L. Nasidius: Flottenkommandant des → Pompeius Magnus, fuhr 49 v. Chr. mit einer Flotte von → *Dyrrhachium* nach *Massilia* und stärkte den Abwehrwillen der Einwohner dieser Stadt, entwich während eines Seegefechtes gegen D. Brutus mit seinen Schiffen nach Spanien (Caes. civ. 2,3–4); von den Einwohnern von → *Sulci* auf → Sardinien aufgenommen; 47 v. Chr. operierte er im Raum Sizilien und fand wohl 46 v. Chr. den Tod. (Bell. Afr. 64; 98)

Neapolis (»Neustadt«): Stadt der → *Africa proconsularis*, an der Südseite der Halbinsel Cap Bon, ca. 65 km südöstl. von Tunis, heute Nabeul; von gr. Kolonisten im 5. Jh. v. Chr. gegründet, später karthagisch; 148 v. Chr. von den Römern erobert, *civitas libera* (Plin. nat, 5,3), danach *colonia Iulia Neapolis*, wenn nicht von Caesar, so doch spätestens von Augustus gegründet. (Bell Afr. 2)

Nero → Claudius

Nicopolis, Akk. Nicopolin: Nikopolis (»Stadt des Sieges«); Stadt in Klein-Armenien am Fluss Lykos (beim heutigen Yešilyayla), von → Pompeius Magnus an der Stelle seines Sieges über Mithridates VI. 66 v. Chr. gegründete Kolonie aus Veteranen, Verwundeten und Eingeborenen; bei Nikopolis wurde 47 v. Chr.

Caesars Legat → Domitius Calvinus durch → Pharnakes II. geschlagen; 499 von einem schweren Erdbeben getroffen, unter Justinian großenteils wiederaufgebaut. (Bell. Alex. 36–37)

Nilus: der Nil, größter Strom (6671 km) und Hauptverkehrsader Ägyptens und einer der längsten Flüsse der Welt. In den Weltvorstellungen der Antike galt der Nil teilweise als Grenze zwischen den Erdteilen Asien und Afrika. Der gut schiffbare Fluss trug mit seinen jährl. Überschwemmungen erheblich zur Fruchtbarkeit des Landes bei. Das wegen seiner dreieckigen Form nach dem griech. Buchstaben → *Delta* (Δ) genannte Mündungsgebiet begann unterhalb der alten Hauptstadt Memphis und endete in einer breiten Mündung zwischen → *Pelusium* (vgl. Lucan. 10,53 *iam Pelusiaco veniens a gurgite Nili*) im Osten und Kanopos (→ *Canopus*) im Westen. Es wurden zumeist sieben Mündungsarme unterschieden (Ov. met. 1,422 u. 15,753 *septemfluus* / met. 5,187 *septemplex*; Verg. georg. 4,292 ⟨*Nilus*⟩ *diversa ruens septem discurrit in ora*). Heute existieren nur zwei Mündungsarme. (Bell. Alex. 5; 13; 27–30)

L. Nonius Asprenas, Asprenatis: 47 v. Chr. Prätor, 46 v. Chr. Prokonsul unter Caesar in → *Africa*, 45 v. Chr. *legatus* oder *praefectus equitum*, 36 v. Chr. *consul suffectus*; er brachte Caesar Reiterei aus Italien. (Bell. Afr. 80; Bell. Hisp. 10)

Numidia: Numidien (»Nomadenland«), das Gebiet von Tunis und Ost-Algerien, das Land westl. und südl. von Karthago bis zum Aurèsgebirge, benannt nach den nomadisierenden Berberstämmen, deren einheimischen Namen die Römer mit *Numidae*, die Griechen mit *Nomádes* wiedergaben. Das Königreich grenzte im Westen an → Mauretanien und im Osten an die röm. Provinz → *Africa*. Herrscher: Massinissa (ca. 249–148 v. Chr.; er vereinigte die Stämme zu einem Staat und machte sie sesshaft); Micipsa (148–118 v. Chr.); Adherbal (118–112 v. Chr.); Jugurtha, Großneffe von Massinissa (118–105 v. Chr. [von Gaius → Marius nach langem Krieg 111–105 v. Chr. besiegt, im Triumphzug mitgeführt und 104 v. Chr. hingerichtet]); → Hiempsal II. (106–60 v. Chr.); Caesar besiegte den mit den Pompejanern verbündeten König → Juba I. (60–46 v. Chr.) und teilte Numidien nach der Schlacht von → *Thapsus* und dem anschließenden Tod Jubas auf: Der Westen kam zu Mauretanien, der Osten zur röm. Provinz *Africa nova*, deren erster Statthalter → Sallust war und die von Augustus 25 v. Chr. mit *Africa vetus* zur Provinz *Africa proconsularis* vereinigt wurde. Septimius Severus machte Numidien 198 wieder zu einer eigenen Provinz. Hauptstadt war von 320 bis zum Einfall der Vandalen (429) das zu Ehren Konstantins d. Gr. in *Constantina* umbenannte frühere → *Cirta*. (Bell. Alex. 51; Bell. Afr. 22; 36)

Numidae, Numidarum: Numider, die Bewohner von → Numidien (urspr. Berberstämme); sie zeichneten sich im Krieg insbesondere als Reiter aus (Bell. Afr. 6; 13–15; 18–19; 32; 35; 38–40; 42–43; 48; 52; 59; 61; 66; 69–70; 75; 78)

Obucula: Stadt in → *Hispania Baetica*, heute La Monclova und zur Gemeinde Fuentes de Andalucía gehörend, zwischen Carmona und Écija (röm. *Astigi*) (Bell. Alex. 57)

L. Ocella (»kleinäugig«): Vater und Sohn, Parteigänger des → Pompeius (Bell. Afr. 89)

M. Octavius: 50 v. Chr. kurul. Ädil; im Bürgerkrieg 49–48 v. Chr. unter → Pompeius Kommandant von Flotteneinheiten; Octavius belagerte erfolglos → *Salona*(*e*). Nach der Niederlage bei Pharsalos sammelte er in Dalmatien flüchtige Pompejaner und hielt sich gegen → Cornificius und → Gabinius, wurde jedoch von → Vatinius geschlagen; verwundet rettete er sich nach → *Africa* und wirkte auch dort 47–46 v. Chr. als Flottenführer der Pompejaner; wahrscheinlich kam er um 46 v. Chr. ums Leben. (Bell. Alex. 42–47; Bell. Afr. 44)

Oppius: Caesars Legat (Bell. Afr. 68)

Paciaecus → Vibius

Pacideius: zwei Brüder, Labienus untergeordnet, pompejanische Reiterführer (Bell. Afr. 13; 78)

Palaepharsalus: Alt-Pharsalos (Stadt in Thessalien, in der Nähe von *Pharsalos* [heute Farsala, ca. 45 km südl. von Larisa], heute Farsa [Liv. 44, 1, 5; Eutr. 6, 16]) (Bell. Alex. 48)

Parada: Stadt in → *Africa proconsularis*, offenbar zwischen → *Thapsus* und → *Utica*; genaue Lage unbekannt (Bell. Afr. 87)

Paratonium: Lage unbekannt, vermutlich westl. von → *Alexandria*; das von Strabo erwähnte Παραιτόνιον, die heutige ägypt. Hafenstadt Marsa Matrûh (ca. 250–300 km westl. von Alexandria; eine Grenzfestung Ramses' II. gegen die Libyer – noch heute zweigt hier die einzige 300 km lange Straße zur Oase Siwa durch die Wüste ab, die schon Alexander d. Große benutzte; unter Diokletian Hauptstadt der Provinz *Libya inferior*), ist wohl eher nicht gemeint. (Bell. Alex. 8)

Quintus Patisius: von → Domitius nach → Kilikien zwecks Truppen entsandt (Bell. Allex. 34)

Q. Pedius: ca. 88–43 v. Chr.; Legat Caesars in Gallien 58–55 v. Chr., Prätor 48 v. Chr, Legat in Spanien 46–45 v. Chr., Triumph 45 v. Chr., *consul suffectus* mit Octavian 43 v. Chr., plötzlicher Tod im November 43 v. Chr.; *lex Pedia* (Pedisches Gesetz zur gerichtlichen Verfolgung bzw. Ächtung der Caesarmörder im August 43 v. Chr.) (Bell. Hisp. 2; 12)

Pelusium: Πηλούσιον: altägypt. Hafenstadt (Ruinen bei Tell-el-Faramâ) am östl. Mündungsarm des → Nils, 35 km südöstl. von Port Said, im Alten Testament »Sin, die Festung Ägyptens« (Grenzfestung gegen Palästina) genannt (Ez. 30,15), koptisch *Peremun* (»Tempel des Amun« nach dem dort verehrten Hauptgott, heute Sitz einer Diözese der orthodoxen Kirche). Die Ptolemäer bauten sie als

wichtige Zollstation zur Festung aus, die im späten 11. Jh. v. Chr. versandete. Bei *Pelusium* wurde → Pompeius Magnus nach seiner Landung ermordet. *Pelusium* war berühmt durch seine Hülsenfrüchte (*Pelusiaca lens* [Verg. georg. 1, 228]) und seinen Flachsanbau (*linteum Pelusium* [Phaedr. 2,5,12]). In röm. Zeit war *Pelusium* eine wichtige Straßenstation auf dem Weg zum Roten Meer. Erst nach der Zerstörung durch die Kreuzfahrer 1118 verfiel die Stadt. (Caes. civ. 3,103,1; 3,108,2; Bell. Alex. 26)

Pergamum: Pergamon, bedeutendste Stadt Mysiens, heute türkisch Bergama, Stadt und Festung im Nordwesten Kleinasiens, ca. 25 km vom Meer entfernt. Attalos III. vermachte sein Reich testamentarisch dem röm. Volk (133 v. Chr.); ab 129 v. Chr. war Pergamon Hauptstadt der röm. Provinz → *Asia*. 1334 kam es zum Reich der Osmanen. (Bell. Alex. 78)

Petreianus, a, um: des → Petreius (Bell. Afr. 19)

M. Petreius: ca. 110–46 v. Chr.; Prätor ca. 64 v. Chr.; bewährter Feldherr; siegte im Januar 62 v. Chr. bei *Pistoria* über Catilina (Sall. Cat. 59–60); 55 v. Chr. ging er im Auftrag des → Pompeius Magnus nach Spanien, wo er als Legat bis 49 v. Chr. wirkte; zur Abwehr gegen Caesar vereinigte er seine Truppen 49 v. Chr. mit denen des → Afranius bei → *Ilerda*, wo sie am 2. August 49 v. Chr. kapitulierten (Caes. civ. 1,38–85). Petreius begab sich anschließend zu → Pompeius nach Griechenland; 48 v. Chr. (nach der Schlacht bei Pharsalos) floh er mit → Porcius Cato nach → *Africa*, wo er 46 v. Chr. zusammen mit → Labienus noch erfolgreich war (→ *Ruspina*), aber dann mit den Pompejanern bei → *Thapsus* geschlagen wurde und zusammen mit → Juba I. aus dem Leben schied. Sein ansonsten unbekannter Sohn wurde gefangen und hingerichtet. (Bell. Afr. 18–20; 24; 91; 94; 97)

Piso → Calpurnius

Pharitae, Pharitarum: Bewohner der Insel → *Pharus* (Bell. Alex. 17; 19)

Pharnaces: Pharnakes II., Sohn → Mithridates' VI., 63–47 v. Chr. König von Pontos; er erhob sich 63 v. Chr. gegen seinen Vater, der von → Pompeius Magnus aus → Pontos vertrieben worden war, und zwang diesen in Pantikapaion (Kertsch) zum Selbstmord. Nach der Auslieferung seiner Leiche an Pompeius wurde er als befreundeter und verbündeter König des → Bosporan. Reiches anerkannt. Er beherrschte die väterl. Gebiete am → Asowschen Meer. Im Zuge der Wirren des röm. Bürgerkriegs zwischen Caesar und den Pompejanern besetzte er 48 v. Chr. bei dem Versuch, sein angestammtes väterl. Königreich Pontos zurückzugewinnen, Kolchis, Klein-Armenien, Teile → Kappadokiens und schlug → Domitius Calvinus bei → Nikopolis, unterlag aber am 2. August 47 v. Chr. gegen Caesar in der Schlacht bei → *Zela*. Er konnte zwar flüchten, fiel aber bald darauf auf der Halbinsel Krim im Kampf gegen Asandros. (Bell. Alex. 34–41; 65; 69–78; Bell. Hisp. 1)

Pharsalicum proelium: Schlacht bei Pharsalos in Thessalien im Bürgerkrieg zwischen → Pompeius und dem siegreichen Caesar (Bell. Alex. 42)

Pharus, Akk. Pharon *f.*: Pharos; ehemals kleine, schon von Homer (Od. 4,354 f.) erwähnte Insel (benannt nach Menelaos' Steuermann Pharos, der hier begraben sein soll) an der Hafeneinfahrt von → Alexandria, von Alexander d. Gr. durch einen 1200 m langen Damm (Heptastadion) mit dem Festland verbunden. Bekannt wurde die Insel durch ihr Wahrzeichen, den an der Ostspitze stehenden gleichnamigen Signalturm (> frz. *le phare* »Leuchtturm«), dessen von Ptolemaios II. Philadelphos veranlasster Bau 279 v. Chr. vom Architekten Sostratos von Knidos vollendet wurde (Plin. nat. 36,83). Der Turm zählte zu den Sieben Weltwundern der Antike und war etwa 110 m hoch. Auf einem rechteckigen Unterbau erhob sich ein polygonaler Aufsatz; auf der obersten Plattform brannte nachts ein mit Holz und Pech gespeistes Feuer, das mit Hilfe von Spiegeln ausgestrahlt wurde. Der Turm wurde erst im 14. Jh. (1303 und 1326) durch zwei Erdbeben zerstört. Die Überreste des Leuchtturms sind im heutigen Fort Kaît Bey verbaut. Da sich die Küste gesenkt hat, liegen die Hafendämme von Pharos heute unter Wasser. (Caes. civ. 3,112; Bell. Alex 14; 19; 26)

Philo, Philonis: ein Pompejaner (Bell. Hisp. 35)

C. Plaetorius: Quästor des → Domitius Calvinus, wurde 47 v. Chr. mit einer neu aufgestellten Legion gegen → Pharnakes II. geschickt (Bell. Alex. 34)

Plaetorius Rustianus: Freund des → Caecilius Metellus Scipio, zusammen mit diesem vor → *Hippo Regius* ertrunken (Bell. Afr. 96)

Pompeia: Tochter des Cn. → Pompeius Magnus, vermählt mit L. → Cornelius Sulla Faustus, mit dessen Kindern von Caesar begnadigt; nach dessen Tod mit Caesars Schwager L. Cornelius Cinna vermählt, den sie überlebte. 54 v. Chr. dachte Caesar an eine Heirat mit ihr. (Bell. Afr. 95)

Pompeiani, Pompeianorum: Truppen bzw. Anhänger des → Pompeius (Bell. Alex. 59; Bell. Afr. 23; Bell. Hisp. 14; 16; 34)

Pompeianus, a, um: des → Pompeius (Bell. Alex. 9; Bell. Afr. 19; Bell. Hisp. 13; 35; 37)

Cn. Pompeius Magnus: (osk. *pompe* ~ lat. *quinque*, daher *Pompeius* ~ lat. *Quinctius*) 106–48 v. Chr.; Konsul 70 (mit Crassus), 55, 52 v. Chr.; er begann seine milit. Laufbahn im Bundesgenossenkrieg (90–88 v. Chr.) unter seinem Vater Cn. Pompeius Strabo (Konsul 89 v. Chr.). Er griff 83 v. Chr. mit drei auf eigene Kosten ausgehobenen Legionen auf Seiten von → Cornelius Sulla gegen die Anhänger des → Marius ein und wurde von Sulla mit dem erblichen Beinamen *Magnus* ausgezeichnet. Trotz seiner Jugend und obwohl er dem Ritterstand angehörte, wurde er von Sulla als Imperator begrüßt und durfte 81 v. Chr. einen Triumph feiern, obwohl er weder Konsul noch Prätor war. 76–72 v. Chr. besiegte er Sertorius und seine Anhänger in Spanien und vernichtete 71 v. Chr. – bei seiner Rück-

kehr nach Italien – die Reste des Sklavenaufstandes unter Spartacus. Als Konsul vereinnahmte er die Popularen durch Revision der sullanischen Verfassung. Durch das Gesetz des → Gabinius erhielt Pompeius 67 v. Chr. – gegen den Widerstand der Optimaten – vom Volk unumschränkte Vollmachten zum Kampf gegen die Seeräuber im östl. Mittelmeer. Auf Antrag des Manilius wurde er 66 v. Chr. mit der Beendigung des Krieges gegen → Mithridates VI. beauftragt, den er 63 v. Chr. sowie dessen Schwiegersohn Tigranes von Armenien (64 v. Chr.) besiegte. Er machte → Pontos und Syrien (nach Beseitigung des Seleukidenreiches) zu röm. Provinzen, besuchte den Tempel in Jerusalem und sicherte die neu errichteten Provinzen durch einen Gürtel von Klientelstaaten. Als er nach der Rückkehr loyal seine Truppen entlassen hatte, erhielt er zwar den Triumph (61 v. Chr.), doch verweigerte ihm der Senat die Bestätigung seiner Maßnahmen im Osten und die Versorgung der Veteranen seines Heeres. Die großen Erfolge und die Machtstellung des Pompeius erweckten Misstrauen. Pompeius schloss daher 60 v. Chr. ein Bündnis mit Caesar und Crassus (1. Triumvirat), eine informelle Übereinkunft zur gegenseitigen Unterstützung. Caesar ließ als Konsul 59 v. Chr. die für Pompeius nötigen Gesetze durch das Volk genehmigen. Die Erneuerung dieses Abkommens (56 v. Chr. in Luca) sicherte Pompeius sein zweites Konsulat und die Verwaltung Spaniens auf fünf Jahre, die er jedoch seinen Legaten überließ, während er selbst in Italien blieb. Nach dem Tod seiner vierten Gattin, Caesars Tochter Julia (54 v. Chr.), und dem Ende des Crassus bei Carrhae (53 v. Chr.) verschlechterte sich sein Verhältnis zu Caesar. Besonders seit seinem dritten Konsulat 52 v. Chr. (als *consul sine collega* sollte er der wachsenden Anarchie entgegensteuern), als er zunächst alleiniger Konsul war, näherte sich Pompeius den Optimaten, die hofften, mit seiner Hilfe Caesar entmachten zu können. Als der Senat Anfang 49 v. Chr. Caesar sämtl. Ämter enthob, woraufhin dieser mit dem Einmarsch in Italien den Bürgerkrieg eröffnete, und Pompeius mit der Verteidigung der Republik gegen Caesar beauftragte, verfolgte Pompeius die Strategie, nach Griechenland auszuweichen und Caesar unter Aufgabe Italiens in einer Zangenbewegung von Spanien und dem östl. Mittelmeer aus niederzuringen. Dieser Plan scheiterte indes am raschen Vorstoß Caesars nach Spanien (Schlacht bei → *Ilerda* 49 v. Chr.) und an dessen Invasion in Griechenland. Nachdem es Pompeius gelang, Caesar bei → *Dyrrachium* eine empfindliche Schlappe beizubringen, unterlag er in der Entscheidungsschlacht bei Pharsalos (48 v. Chr.). Er floh nach Ägypten, wo er im Auftrag von den Regenten des Königs → Ptolemaios XIII. noch im gleichen Jahr nahe → *Pelusium* arglistig ermordet wurde. Pompeius besaß ein überragendes Organisationstalent und dachte möglicherweise als erster in den Dimensionen eines röm. Weltreiches. Er war ein tüchtiger General, aber ein weniger starker Politiker. Seine Schwäche lag darin, nicht immer alle

polit. Möglichkeiten ausgeschöpft zu haben. Er suchte in den Sturmzeiten der ausgehenden Republik stets die eigenen ehrgeizigen Pläne mit den Verfassungsnormen zu vereinbaren. Er bediente sich dabei bald der Optimaten (Nobilität), bald der Popularen, auch wenn dies ihm den Vorwurf des Opportunismus einbrachte. In Lukans Epos *Bellum civile* (*Pharsalia*) erscheint er bisweilen als unschlüssig, eher als (vom Schicksal) getriebene denn als treibende Kraft, während Caesars eigentlicher aktiver Gegenspieler M. → Porcius Cato ist. (Bell. Alex. 3; 42; 48; 51; 56; 58–59; 67; 69–70; Bell. Afr. 64; Bell. Hisp. 1)

Cn. Pompeius Magnus: ca. 78–45 v. Chr., älterer Sohn des Cn. → Pompeius Magnus, unterstützte seinen Vater im Bürgerkrieg an der Spitze syr. und alexandrin. Flotteneinheiten. Nach dem Tod seines Vaters (48 v. Chr.), von dem er in Afrika 46 v. Chr. erfuhr, ging er nach Spanien, wo er mit beträchtlichem Erfolg den Widerstand gegen Caesar organisierte, ehe er von diesem in der Schlacht von → *Munda* (17.3.45 v. Chr.) vernichtend geschlagen und auf der Flucht ermordet wurde. Berüchtigt wegen seiner Grausamkeit (Cic. fam. 15,19,4). (Bell. Afr. 22–23; Bell. Hisp. 1–14; 16–22; 24; 26–29; 32; 36–42)

Sex. Pompeius Magnus: ca. 68–35 v. Chr., jüngerer Sohn des Cn. → Pompeius Magnus, konnte sich nach der Schlacht bei → *Munda* (45 v. Chr.) in Südspanien behaupten und erhielt 43 v. Chr. vom Senat das Oberkommando über die Flotte. Nach der Bildung des 2. Triumvirats wurde er Ende 43 v. Chr. proskribiert, konnte sich aber auf Sizilien gegen Octavian erfolgreich behaupten und gestützt auf seine Flotte die Getreideversorgung Italiens erheblich beeinträchtigen. 39 v. Chr. im Vertrag von Misenum durch Octavian im Besitz Siziliens bestätigt, kam es 36 v. Chr. erneut zu Auseinandersetzungen, in deren Verlauf Sex. Pompeius in den Seeschlachten von *Mylae* (heute Milazzo) und *Naulochos* (westl. der Straße von Messina und vermutlich östl. von Spadafora San Martino) – beide an der Nordspitze Siziliens – gegen die Flotte des M. Vipsanius Agrippa unterlag. Er floh nach Kleinasien, wo er sich eine neue Machtbasis gegenüber Antonius schaffen wollte, wurde aber schon bald gefangen genommen und 35 v. Chr. in Milet hingerichtet. (Bell. Hisp. 3–4; 32; 34)

Q. Pompeius Niger: röm. Ritter aus → *Italica* (Bell. Hisp. 25)

Pompeius Rufus: von seinen eigenen Soldaten verwundet, aber von Caesar vom Tod gerettet (Bell. Afr. 85)

Ponticus, a, um: pontisch, aus → *Pontus* (Bell. Alex. 13–14; 39–41)

Pontus: Pontos (gr. »Meer«), die nordöstl. Küstenlandschaft des antiken Kleinasien (Pontisches Kappadokien), 301 v. Chr. von Mithradates I. gegründetes Königreich. Der Feldherr Lucullus brachte aus dieser Gegend den Kirschbaum nach Europa. Im Westen grenzte das Durchgangsgebiet von Anatolien nach → Armenien an → Bithynien, im Süden an Galatien (→ *Gallograecia*) und → Kappado-

kien. Die pontischen Könige vergrößerten stetig ihr Territorium, bis → Mithridates VI. Eupator es bis zur Ost- und Nordküste des Schwarzen Meeres (*Pontos Euxeinos* »gastfreundliches Meer«) ausdehnte. Nach den Mithridat. Kriegen des 1. Jh. v. Chr. löste → Pompeius Magnus 63 v. Chr. die Struktur auf, vereinigte den Westen mit Bithynien zur röm. Provinz *Pontus et Bithynia*, gab den Osten an den lokalen Dynasten → Deiotarus und organisierte den Rest als Provinz in Form eines Bundes aus elf Städten; Gründung von Magnopolis (nach Pompeius Magnus benannt). Pharnakes II., Sohn Mithridates' VI., gewann 48 v. Chr. das Reich des Vaters wieder, verlor es 47 v. Chr. bei → *Zela* an Caesar. Marcus Antonius gab 39 v. Chr. Pontos an Dareios, Enkel Mithridates' VI., als Königreich zurück; der letzte König Polemon wurde 64 n. Chr. abgesetzt; Pontos kam endgültig unter röm. Herrschaft (zuerst mit Galatien, unter Trajan mit Bithynien vereinigt. (Bell. Alex. 34–35; 41; 65; 67; 69–70; 72; 77)

M. Porcius Cato Uticensis: Cato d. J.; 95–46 v. Chr.; Urenkel von Cato d. Ä. (Cato Censorius); integrer Politiker; 72 v. Chr. kämpfte Cato unter Crassus gegen Spartacus; Quästor 64 v. Chr. Als Stoiker trug er eine unbestechliche Sittenstrenge zur Schau und bewirkte durch seine 63 v. Chr. im Senat gehaltene Rede (→ Sallust, *Catilinae coniuratio* 52–53) die Hinrichtung der (vier) gefassten Catilinier. Volkstribun 62 v. Chr.; als überzeugter Republikaner, erfüllt von einer durch die Lehren der stoischen Philosophie vertieften freiheitl. Gesinnung, und Vorkämpfer der Optimaten war Cato ein erbitterter Gegner, ja fanatischer Feind Caesars, gegen den er den Standpunkt der Republik, d. h. der Senatsaristokratie verfocht, stand aber auch den Machtansprüchen des → Pompeius Magnus misstrauisch gegenüber. 58–56 v. Chr. richtete er als *quaestor pro praetore* Zypern als röm. Provinz ein. Prätor 54 v. Chr. (Vorsitz im Prozess des → Gabinius). Er verlangte sogar die Auslieferung Caesars an die Germanen, als dieser die germanischen Usipeter getäuscht und vernichtet hatte (→ Gelzer [Literaturverzeichnis]). Im Bürgerkrieg stand er auf Seiten des Pompeius. Auf die Kunde von der Schlacht bei Pharsalos segelte er zuerst nach Korfu und dann mit einer beträchtlichen Macht (mehr als 10.000 Mann) nach Kyrene in Libyen; von da zog er, zuletzt zu Land, in die Provinz → *Africa* – Lukan beschrieb in seinem Epos *Bellum civile* (*Pharsalia*) Catos Zug durch die Wüste. In → *Utica* war er Befehlshaber. Nach der Schlacht bei → *Thapsus* und dem Sieg Caesars (46 v. Chr.) zog er den Selbstmord (8. April 46 v. Chr.) einer Begnadigung durch Caesar vor (daher der Beiname *Uticensis*). Sein Ende machte ihn zum Märtyrer der Republik. Auf die Lobschriften seines mit seiner Tochter Porcia verheirateten Schwiegersohnes Brutus und Ciceros antwortete Caesar mit einer Gegenschrift (*Anticato*). In Lukans Epos (1,128 *victrix causa deis placuit, sed victa Catoni* »Die siegreiche Sache gefiel den Göttern, die besiegte dem Cato⟨Uticensis⟩«) erscheint er als Verkörperung sto-

ischer Tugendhaftigkeit und als Caesars eigentlicher und höchst entschlossener Widerpart, während Pompeius eher als (vom Schicksal) getriebene denn als treibende Kraft erscheint. Durch seine Haltung und seinen Freitod wurde Cato zum Vorbild für alle Gegner der Alleinherrschaft. Sein Sohn wurde begnadigt und fiel 42 v. Chr. bei Philippi. 1728 Opern-Libretto »Catone in Utica« in drei Akten von Pietro Metastasio (1698–1782); Tragödie »Cato« (1714) von Joseph Addison (1672–1719); Trauerspiel »Sterbender Cato« (1731) von Johann Christoph Gottsched (1700–1766). (Bell. Afr. 89) (Liv. epit. 112) (Bell. Afr. 22, 36, 87–88; 93)

Ptolemaeus:

Ptolemaios XII. Theos Philopator (»vaterliebender Gott«) Philadelphos (»Schwesterliebender«) Neos Dionysos (»der neue Dionysos«), Spottname »Auletes« (»Flötenspieler, Oboebläser«); geb. zwischen 115–107 v. Chr.; König in Ägypten 80–51 v. Chr. Erst 59 v. Chr. als König und *socius atque amicus populi Romani* anerkannt, nachdem er Caesar und andere röm. Politiker bestochen hatte. Ptolemaios, der die Annexion von Zypern 58 v. Chr. durch Rom hinnahm, wurde noch in diesem Jahr von den Alexandrinern vertrieben und floh nach Rom, von wo aus er seine Rückführung betrieb, die erst 55 v. Chr. durch A. → Gabinius erfolgte (2. Regierungsperiode 55–51 v. Chr.). Ptolemaios beseitigte die Tochter Berenike, die inzwischen regiert hatte, und trieb durch C. → Rabirius Postumus rücksichtslos die hohen Bestechungsgelder ein, wodurch das Land fast ruiniert wurde. Sein in Rom und Alexandria hinterlegtes Testament forderte gemeinsame Thronfolge von Ptolemaios XIII. und der → Kleopatra. (Bell. Alex. 4; 33)

Ptolemaios XIII. Philopator Philadelphos (»der Vater- und Schwesterliebende«), ältester Sohn von → Ptolemaios XII., geb. 61 v. Chr, ab 51 v. Chr. Gemahl und Mitregent seiner älteren Schwester → Kleopatra VII. Wegen seiner Minderjährigkeit stand er unter der Vormundschaft des Ministers Potheinos, des obersten Feldherrn Achillas sowie des Rhetors Theodotos von Chios. Da die ehrgeizige Kleopatra Ptolemaios XIII. und seine Vormünder gänzlich von der Regierung verdrängte, wurde sie von diesen nach einem Machtkampf 49 v. Chr. vertrieben und Ptolemaios XIII., der die Ermordung des geflüchteten → Pompeius Magnus duldete, seither in offiziellen Dokumenten als Alleinherrscher genannt. Er wurde von Caesar zur Versöhnung mit Kleopatra gezwungen und nach vorübergehender Gefangennahme durch Caesar freigelassen. Ptolemaios nahm den Kampf gegen Caesar wieder auf, ertrank aber 47 v. Chr. bei einem röm. Angriff auf sein Lager im Nil. (Caes. civ. 3,103–109; Bell. Alex. 23–33)

Ptolemaios XIV. Philopator, jüngerer Sohn von → Ptolemaios XII., geb. um 59 v. Chr., wurde 48 v. Chr. zusammen mit → Arsinoë von Caesars Gnaden König von Zypern; er folgte seinem älteren Bruder Ptolemaios XIII. nach

dessen Tod am 14. Januar 47 v. Chr. als Mitregent (und wahrscheinlich auch Gemahl) seiner älteren Schwester → Kleopatra; 46 v. Chr. *socius et amicus populi Romani*; 44 v. Chr. ließ Kleopatra ihn nach ihrer Rückkehr aus Rom vergiften. (Bell. Alex. 33)

T. Quinctius Scapula: 46 v. Chr. einer der Anführer der Pompejaner in Spanien. Er überlebte die Schlacht bei → *Munda* und beging kurz darauf Selbstmord. (Bell. Hisp. 33)

Quirites, Quiritium: Quiriten; amtliche Bezeichnung für die gesamte Waffen tragende und stimmberechtigte männl. Einwohnerschaft Roms und ehrende Anrede der versammelten röm. Bürger. Nach der röm. Überlieferung waren die Quiriten die Sabiner aus der Stadt Cures, die unter ihrem König Titus Tatius den Quirinal besiedelten. In historischer Zeit bedeutete das Wort »Bürger, Zivilist«, im Gegensatz zu den Soldaten der Legionen. Als 47 v. Chr. Caesars Veteranen kriegsmüde waren und sich weigerten, nach Afrika zu folgen, redete Caesar sie statt des gewohnten *commilitones* (»Waffengefährten, Kameraden«) mit *Quirites* an. Mit diesem einzigen Wort erklärte er sie so für entlassen. Das wirkte derart, dass die Meuterer nun ihrerseits Caesar mit Bitten angingen, er möge sie doch in den Feldzug mitnehmen.

C. Rabirius Postumus: Adoptivsohn seines Onkels C. Rabirius, den Cicero 63 v. Chr. in einem Hochverratsprozess (*perduellio*) erfolgreich verteidigte. Ritter und Großbankier, der vor allem König → Ptolemaios XII. unterstützte. Mit → Gabinius kam er nach → Alexandria und wurde dort Finanzminister von Ptolemaios XII., ohne diese Stellung halten zu können. Nach seiner Flucht wurde er in Rom 54 v. Chr. von C. Memmius wegen Annahme unrechtmäßig erworbener Gelder in Ägypten angeklagt, von Cicero 54/53 v. Chr. in der Rede *Pro C. Rabirio Postumo* verteidigt und freigesprochen. Rabirius wurde damals von Caesar unterstützt, der die Schulden des Ptolemaios übernahm. Als Anhänger Caesars stand Rabirius 46 v. Chr. in → *Africa*; er hatte den Auftrag, den zweiten Truppentransport in Sizilien abzuholen. (Bell. Afr. 8; 26)

L. Racilius: 73–71 v. Chr. unter Verres in Sizilien beschäftigt; Volkstribun 56 v. Chr.; Freund Ciceros; überzeugter Anhänger des Senatsregimes; diente im Bürgerkrieg unter Caesar, wurde jedoch von Q. → Cassius Longinus, dem Statthalter Spaniens, wegen einer gegen diesen gerichteten Verschwörung 48 v. Chr. hingerichtet. (Bell. Alex. 52–53; 55)

Rebilus → Caninius

Rhodii, Rhodiorum: die Bewohner der Insel → Rhodos, Rhodier (Bell. Alex. 11; 15; Bell. Afr. 20)

Rhodius, a, um: aus/von → Rhodos (Bell. Alex. 11; 13–15; 25)

Rhodus: Rhodos, die größte und südlichste Insel vor der Südwestküste Kleinasiens; sie pflegte enge Verbindungen zu → Alexandria, seine Flotte machte es zu einer milit. Größe. Im 4. Jh. v. Chr. fiel Rhodos zunächst unter pers., unter Alexander d. Gr. unter makedon. Herrschaft. Nach dessen Tod (323 v. Chr.) behauptete Rhodos seine Unabhängigkeit. Seit etwa 200 v. Chr. mit Rom verbündet, entwickelte sich Rhodos zu einer Handelsmacht ersten Ranges. Die durch ihre Wendigkeit unübertroffenen Kriegsschiffe von Rhodos leisteten den Römern manchen wertvollen Dienst. Cato d. Ä. vermochte in einer im Jahr 167 v. Chr. gehaltenen Senatsrede *Rhodiensibus* (»Für die Rhodier«) eine Kriegserklärung Roms an Rhodos abzuwenden. Die Philosophen- und Rednerschulen waren Anziehungspunkt für die spätrepublikan. Oberschicht Roms (z. B. Cicero, Caesar); 73 v. Chr. endete die Bildungsreise Caesars nach Rhodos mit der Gefangennahme durch Seeräuber. Zusammen mit Alexandria und → Pergamon gehörte Rhodos zu den kulturellen Zentren des späten Hellenismus. Der »Koloss von Rhodos«, nach 306 v. Chr. errichtet, aber schon 227 v. Chr. durch ein Erdbeben zerstört, zählte wie der Leuchtturm von → *Pharus* zu den Sieben Weltwundern der Antike; die Bruchstücke wurden 653 n. Chr. von den Sarazenen entfernt und zum Einschmelzen verkauft. Seit der Eroberung und Plünderung durch den Caesarmörder Cassius 43 v. Chr. war die Macht der Insel gebrochen. Erst Vespasian verleibte Rhodos dem röm. Reich ein, beließ ihm aber den Status einer freien Stadt. Zahlreiche Kunstwerke (darunter die Laokoongruppe) wurden nach Rom verschleppt. Rhodos bewahrte auch in der Kaiserzeit seine Selbstständigkeit und seinen Wohlstand. Es war Aufenthaltsort des Tiberius 6 v. – 2 n. Chr. Bis zum Ende der röm. Kaiserzeit blieb Rhodos geistiges Zentrum und Studienort vornehmer Römer. Bis 1306 gehörte Rhodos zum Byzantin. Reich, 1309 wurde es Sitz des Johanniterordens, 1522/23 fiel es unter osman. Herrschaft. 1912 wurde es von Italien besetzt, 1947 an Griechenland abgetreten. (Bell. Alex. 1)

Roma: Rom (Bell. Alex. 65; 68; 71; Bell. Afr. 19; 64; 98; Bell. Hisp. 31)

Romanus, a, um: römisch (passim)

Ruspina: Stadt der → *Africa proconsularis*, 165 km südl. von Tunis, zwischen → *Hadrumetum* und → *Leptis Minor*; pun. Gründung *Rus Penna*, von Caesar als *Ruspina* 49–46 v. Chr. zum Hauptquartier im nordafrikan. Feldzug ausgebaut und mit einem dreifachen Mauerring umgeben; in den Hafen (3 km im Süden) legte er die Flotte. Heute *Henchir Tenir* bei Monastir (< gr. *monasterion* »Kloster«). (Bell. Afr. 6; 9–11; 20; 28; 33–37; 53; 67)

Saburra: Befehlshaber (*praefectus*) der Truppen → Jubas 1., am Sieg über Caesars Statthalter → Scribonius Curio beteiligt, 46 v. Chr. von dem Caesarianer → Sit-

tius geschlagen und getötet. Saburra besaß wohl das röm. Bürgerrecht; Lukan (4,722) schreibt der Metrik wegen *Sabbura*. → Begleittext Nr. 4. (Caes. civ. 2,38–42,5; Bell. Afr. 48; 93; 95)

Saguntini, Saguntinorum: die Bewohner von Saguntum, einer Stadt in → *Hispania Tarraconensis*, südwestlich der Ebromündung oder die Bewohner von Saguntia (Plin. nat. 3,15; Ptol. geogr. 2,4,13 Σαγαυντία), heute Baños/Castillo de Gigonza (arab. Xigonza) bei San José del Valle, östl. der von Medina Sidonia nach Arcos de la Frontera führenden Straße in → *Baeturia* (Bell. Hisp. 10)

T. Salienus: Zenturio der 5. Legion, zur See gefangen genommen von → Vergilius (Bell. Afr. 28)

T. Salienus: gleichnamiger Offizier Caesars, von Caesar wegen Disziplinlosigkeit aus dem Heer ausgestoßen (Bell. Afr. 54)

C. Sallustius Crispus: 86–34 v. Chr.; schlug als *homo novus* den *cursus honorum* ein. 54 v. Chr. wurde er Quästor, 52 v. Chr. Volkstribun. Als Gegner der Herrschaft der Nobilität und Anhänger der Popularen und Caesars wurde Sallust 50 v. Chr., angeblich wegen privater Verfehlungen, aber vor allem wohl aus polit. Gründen aus dem Senat ausgestoßen. Im Bürgerkrieg stand er auf Caesars Seite, der ihn rehabilitierte; 48 v. Chr. war er Quästor und wurde damit wieder in den Senat aufgenommen. Im Afrikan. Krieg hatte er die Bell. Afr. 1,5 genannten Legionen nach Sizilien geführt. 46 v. Chr. machte Caesar ihn zum Prätor und Statthalter der neu geschaffenen Provinz *Africa nova*, wobei er sich derart bereicherte, dass er auf dem Pincio in Rom die *Horti Sallustiani* anlegen lassen konnte. Ein Repetundenprozess gegen ihn wurde von Caesar abgewendet. Nach dessen Ermordung zog er sich aus der Politik zurück und widmete sich fortan ganz der Geschichtsschreibung. Sallust wurde der erste namhafte Geschichtsschreiber Roms, von dessen Geschichtswerken jedoch nur die zwei Monographien *Catilinae coniuratio* und das *Bellum Iugurthinum*, nicht jedoch die *Historiae* (5 Bücher über die Zeit von 78 bis 67 v. Chr.) vollständig erhalten sind. Aus der Bürgerkriegszeit stammen die *Epistulae ad Caesarem senem de re publica*, deren Authentizität bzw. Adressatenbezug umstritten sind. Sallusts Thema ist die Frage der Schuld am inneren Verfall Roms, für den er die herrschende Nobilität verantwortlich macht; diese konfrontiert er immer wieder mit dem Idealbild der *virtus*. (Bell. Afr. 8; 34; 97)

Salona bzw. Salonae, Salonarum: heute als Solin nördl. Stadtteil von Split. Ursprünglich kelt.-illyr., dann gr. Siedlung. Diese wurde Mitte des 2. Jh. v. Chr. von den Delmaten und 78/77 v. Chr. von den Römern erobert. Unter Caesar erhielt Salona zwischen 47 und 44 v. Chr. den Rang einer *Colonia Martia Iulia Salona*, Augustus errichtete um 33 v. Chr. außerhalb der gr. Stadt eine neue Stadtanlage, die ebenfalls den *colonia*-Status erhielt. Salona wurde Hauptstadt der röm.

Provinz Dalmatien. 170 n. Chr. lebten dort ca. 60.000 Menschen. Unter Severus Alexander (222–235) war der Historiker Cassius Dio Provinzgouverneur in Salona. Diokletian, der aus Salona stammte, errichtete im 5 km südwestl. entfernten *Spalatum* (Split) seinen Kaiserpalast und verlieh Salona den Beinamen *Valeria*. Seit dem 2./3. Jh. war Salona Bischofssitz. 535 wurde die Stadt von Byzanz erobert. Das Ende kam 613/614, als Awaren und Slawen die Stadt, die bereits von Hunnen und Goten überfallen worden war, stürmten und vollständig zerstörten. Die Einwohner flüchteten auf die Inseln der Umgebung und in den nach dem Muster eines röm. Militärkastells erbauten Palast des Kaisers Diokletian, den dieser Ende des 3. Jh. auf der Halbinsel vor seiner Geburtsstadt direkt am Meer an der Stelle der illyr.-gr. Siedlung Aspalathos angelegt und bis zu seinem Tod 316 bewohnt hatte. Der Aquädukt, der einst die Stadt Salona und den 7 km entfernten Diokletianspalast mit Wasser versorgte, dient seit der Restaurierung von 1878/79 wieder der Wasserversorgung von Split. Seit 1883 brachten die Ausgrabungen viele Überreste der einst blühenden Stadt zum Vorschein. Im Westen liegt ein Amphitheater (2. Jh.; 65 x 47 m) für 15.000 Zuschauer. Innerhalb der Stadtmauer (mit der *Porta Caesarea* und der *Porta Suburbia*) befanden sich ein Theater, ein Tempel und das Forum, die beiden städt. Basiliken und die Thermen. (Bell. Alex. 43)

Salsum flumen: »Salzfluss« in → *Hispania Baetica*, heute der Río Guadajoz; er mündet unterhalb von Córdoba in den Río Guadalquivir. (Bell. Hisp. 7; 9; 13–14; 16; 23)

Salvianus → Calpurnius

Salzsee (*stagnum salinarum*, engl./frz. chott < arab. *šaṭṭ*, dt. Schott): See mit überdurchschnittl. Salzgehalt. Im Maghreb Bezeichnung für abflusslose Salzpfannen und Salztonebenen, die sich zur Regenzeit in Salzsümpfe verwandeln und zur Trockenzeit mit einem Netz von Trockenrissen überzogen sind. Die größten Salzseen sind: Schott el Djerid (*Tritonis lacus* bzw. *Tritonis palus*; 25 m über dem Meeresspiegel, 7700 km^2 Fläche) und Schott el Gharsa (*Pallas lacus*; 17 m unter dem Meeresspiegel) in Tunesien und der Schott ek Melhrir (*Libya palus*; 26 m über dem Meeresspiegel, 2500 km^2 Fläche) in Algerien. Durch die starke Verdunstung bildet sich auf den stark salzhaltigen Seen eine Schlammschicht, die an einigen Stellen fest genug ist, um Lasten zu tragen. Seit Menschengedenken führen Fußpfade über die Salzseen, die nur erfahrenen Führern bekannt sind und bei plötzlichen Regenfällen aufzuweichen drohen. Dem Reisenden, der auf dem Salzsee vom Weg abkam, drohte der Tod im salzigen Schlick. Karl May hat diese Gegebenheit zu einer der ersten Episoden in seinem Buch »Durch die Wüste« verwoben. Nach dem Bau von Dämmen ist heute die Fahrt über die Salzseen kein gefährliches Abenteuer mehr; das Abweichen von der Straße ist jedoch immer noch mit Gefahren verbunden.

Sardinia: die Insel Sardinien; sie wurde seit dem 9. Jh. v. Chr. von Phöniziern, Griechen und möglicherweise Etruskern besiedelt. Ab 500 v. Chr. machten sich die Karthager zu Herren Sardiniens. Nach dem 1. Pun. Krieg (264–241 v. Chr.) annektierten die Römer die Insel 238 v. Chr. und unterstellten sie der Verwaltung eines Prätors, doch wurde die Eroberung Sardiniens erst 177 v. Chr. abgeschlossen. 227 v. Chr. wurde Sardinien mit Korsika vereinigt, das Tyrrhen. Meer war nun römisch. 27 v. Chr. kam Sardinien zuerst unter senator., 6 n. Chr. unter kaiserl. Verwaltung. Es wurde bis 19 n. Chr. durch Truppen gesichert (Tac. ann. 2,85,4). Hauptort der Insel war → *Carales* (heute Cagliari). 455 besetzten Vandalen, 534 Byzanz und 582 kurzfristig die Ostgoten die Insel. Im Mittelalter wechselten die Herrschaften. 1720 kam Sardinien im Tausch gegen → Sizilien an die Herzöge von Savoyen, die den Titel »König von Sardinien« annahmen. Das Königreich Sardinien ging nach der italien. Einigung 1859–61 im neuen Königreich Italien auf. (Bell. Afr. 8; 24; 98)

C. Saserna: vermutlich aus der *gens Hostilia*, Befehlshaber in → *Leptis Minor*; sein Bruder Publius (Bell. Afr. 10) wird bei → *Ruspina* zurückgelassen. (Bell. Afr. 9; 29; 57)

P. Saserna: → C. Saserna

Sassura (Sasura): Ortschaft in → *Africa*, bei Ptol. geogr. 4,3,36 Σάσουρα; etwa eine Tagesreise bzw. 18 km nördl.von → *Thysdra* bzw. ca. 30 km in südwestl. Richtung von → *Thapsus* entfernt, heute an der Stelle von Henchir el Ksour in Tunesien; Caesar griff dort → Caecilius Metellus Scipio und die Numider 46 v. Chr. an und nahm das *oppidum* ein; manche bevorzugen die Namensform »Sarsura«. (Bell. Afr. 75–76)

Scapula (»Schulterblatt«): Cognomen der *gens Cornelia* und der *gens Quinctia* → Annius/Quinctius

Scipio → Caecilius Metellus

C. Scribonius Curio: Volkstribun 50 v. Chr.; er war der geschickteste Verfechter von Caesars Interessen in Rom. 49 v. Chr. schickte ihn Caesar mit drei Legionen nach Sizilien und Afrika. Dort wurde er von König → Juba in einen Hinterhalt gelockt, am Fluss Bagradas (Oued Medjerda; er mündet in den Golf von Tunis) völlig besiegt und fiel in heldenhaftem Kampf gegen die Übermacht des Feindes (→ Begleittext Nr. 4); seine überlebenden Soldaten wurden von Juba begnadigt und in seine Armee eingegliedert. (Bell. Afr. 19; 40)

Segovia: Ortschaft in der → *Hispania Baetica* am Río Genil zwischen Sevilla und Córdoba, vermutlich zwischen *Astigi* (Écija) und Palma del Rio (Bell. Alex. 57)

P. Sestius: von Domitius ausgesandt, um die pontische Legion zu holen (Bell. Alex. 34)

Q. Sestius: Er wurde 48 v. Chr. in Spanien bei dem Attentat auf → Cassius Longinus ergriffen, konnte sich jedoch loskaufen. (Bell. Alex. 55)

Sicilia: Sizilien, die größte Insel im Mittelmeer; seit dem 8. Jh. von den Griechen (besonders entlang der Ost- und Südküste), seit dem 5. Jh. auch von Karthagern besiedelt. Mit dem röm. Sieg 241 v. Chr. verließen die Karthager Sizilien, das mit Ausnahme von Syrakus 227 v. Chr. erste röm. Provinz wurde. Im 2. Pun. Krieg eroberten die Römer 212 v. Chr. das mit Karthago verbündete Syrakus und reorganisierten ganz Sizilien als einheitl. Provinz mit Syrakus als Sitz des Prätors; ihm sind zwei Quästoren beigegeben. Im 3. Pun. Krieg war Sizilien – wie im Falle des *Bellum Africum* – Ausgangspunkt der röm. Militäroperationen (Cic. Verr. act. II,2,3 *maioribus nostris in Africam ex hac provincia gradus imperi factus est*). 73–71 v. Chr. beutete der Proprätor C. Verres die Provinz Sizilien zügellos aus; Cicero vertrat in Rom vor Gericht die Anklage. Im sizilischen Krieg (37–36 v. Chr.) Stützpunkt des Sextus → Pompeius, der dort von Octavian und Agrippa besiegt wurde. Im Mittelalter machen sich nach Germanen (Vandalen, Ostgoten), Byzantinern (536), Sarazenen (827–878) die Normannen zu Besitzern der Insel. Unter dem Staufer Friedrich II. (1212–1250) erlebte Sizilien eine Periode hoher Blüte. In der Folgezeit lösten sich Spanier, Österreicher, Franzosen in der Herrschaft über die Insel ab. 1860 wird sie durch Garibaldi dem Königreich Italien eingegliedert. (Bell. Alex. 47; Bell. Afr. 2; 8; 20; 22; 24; 26; 44; 47; 53–54; 62)

Silo → Minucius

Singiliense flumen = Singilis: heute der Río Genil, Nebenfluss des Río Guadalquivir (Bell. Alex. 57)

P. Sittius: röm. Ritter, Grundbesitzer in Kampanien, mit Cicero und dem König von Mauretanien befreundet. Als Catilinarier warb er im Einvernehmen mit Catilina 63 v. Chr. Truppen in Spanien (Sall. Cat. 21,3) an, mit denen er nach seiner Verbannung als Söldnerführer nach Nordafrika ging; seine ital. Güter ließ er verkaufen. 46 v. Chr. schloss er sich mit → Bocchus von → Mauretanien Caesar an und nahm → *Cirta*, die Residenzstadt des → Numiderkönigs → Juba I. ein. Durch einen Sieg über → Saburra gewann er das ganze Land und machte damit eine Sammlung der bei → *Thapsus* geschlagenen Pompejaner unmöglich. Caesar belohnte ihn mit *Cirta*, das bald röm. Kolonie wurde, und Umgebung, wo seine Soldaten angesiedelt wurden (Plin. nat. 5,22 *colonia Cirta Sittianorum*). Sittius wurde im Frühjahr 44 v. Chr. von dem Numider Arabion, dessen Familie vorher in *Cirta* geherrscht hatte, ermordet. (Bell. Afr. 25, 36, 48, 93, 95–96)

Soricaria: unbekannte Ortschaft in Spanien, die jedoch in der Umgebung von → *Ucubis* und → *Munda* gelegen haben muss, möglicherweise der heutige Ort Castro del Río am Río Guadajoz (Bell. Hisp. 24; 27)

Spalis: unbekannter Ort in Spanien (Bell. Hisp. 27)

stagnum salinarum → Salzsee

Sulcitani, Sulcitanorum: Einwohner der Hafenstadt *Sulci* (Gen. Sulcorum) vor der Südwestküste → Sardiniens, heute die Insel Sant' Antioco (Plin. nat. 3,85); karthag. Gründung (8. Jh. v. Chr.); eine der bedeutendsten sard. Städte; im 1. Pun. Krieg Flottenbasis der Karthager; 47 v. Chr. auf der Seite des Pompeius, wofür sie hart bestraft wurde; im Mittelalter aufgegeben; Neubesiedlung Mitte des 18. Jh.; die Karthager verbanden die Insel durch einen 5 km langen Damm und eine Brücke mit dem Festland; Ruinen beim heutigen Ort Palma di Sole. (Bell. Afr. 98)

Sulla Faustus → Cornelius: Sohn des Diktators Sulla (Bell. Afr. 87; 95)

P. Sulpicius Rufus: kämpfte als Legat Caesars seit 55 v. Chr. in Gallien (Caes. Gall. 4,22,6 u. 7,90,7) und während des Bürgerkriegs zunächst in Spanien, ehe er als Prätor 48 v. Chr. mit einem Teil der caesarian. Flotte den späteren Caesarmörder C. Cassius Longinus von der sizil. Küste vertrieb (Caes. civ. 3,101,1–4). 46 v. Chr. kämpfte er in → *Illyricum* gegen → Octavius und erhielt offenbar den Imperatortitel. 45 v. Chr. Statthalter in → Bithynien und → Pontos. (Bell. Afr. 10)

Syria: Syrien; im weiteren Sinn das Küstengebiet zwischen Ägypten und Kleinasien; nach Alexanders Tod unter der Herrschaft der Seleukiden; der Süden gehörte den Ptolemäern; 64 v. Chr. von → Pompeius Magnus erobert und als röm. Provinz unter einem Prokonsul mit Amtssitz in Antiochia eingerichtet; im Süden von *Iudaea* und *Arabia*, im Westen vom Mittelmeer und Kilikien, im Osten von Mesopotamien begrenzt. Von milit. Bedeutung war Syrien als Operationsbasis gegen die Parther. 636 fiel Syrien an die Araber. (Bell. Alex. 1; 25–26; 33–34; 38; 65–66)

Syrus, a, um (Bell. Afr. 20) und Syrius, a, um (Bell. Alex. 13): syrisch

Tarsus: Tarsos, im Westen der Ebenen Kilikiens; seit dem 8./7. Jh. Zuzug von Siedlern aus dem gr. Mutterland. Alexander badete hier im Kydnos, dem heutigen Tarsus Çayı, worauf ihn ein heftiges Fieber befiel (Curt. 3,5). In hellenist. Zeit unter seleukid. Herrschaft. Auch die jüd. Gemeinde, zu der der hier geborene Apostel Paulus gehörte, war äußerlich griechisch. → Pompeius Magnus errichtete 64 v. Chr. die Provinz Kilikien, Tarsus wurde Amtssitz des röm. Statthalters (u. a. Cicero 51 v. Chr.). Im Bürgerkrieg hielt die Stadt zu Caesar. (Bell. Alex. 66)

Tauris, Tauridis *f.*: kleine Adriainsel, später *Tauricola* (ital. Torcola), heute kroat. Šćedro vor der Südküste Dalmatiens, zwischen den Inseln Hvar u. Korčula gelegen. Im röm. Bürgerkrieg besiegte hier die Flotte Caesars unter → Vatinius die Pompejaner unter M. → Octavius. (Bell. Alex. 45)

Tegea: Stadt in → *Africa proconsularis*, ca. 20 km von → *Thapsus* in südwestl. Richtung bzw. 9 km westnordwestl. von Aggar, heute Sidi Dekril oder Henchir Merbesse in Tunesien im Gouvernorat Sousse (→ *Hadrumetum*); im Krieg Caesars stand *Tegea* gegen die Pompejaner; von → Caecilius Metellus Scipio besetzt. (Bell. Afr. 78)

M. Terentius Varro (Reatinus): 116–27 v. Chr.; Autor von rund 600 Büchern (vollständig erhalten sind nur die Bücher 5–10 eines ursprünglich 25bändigen Werks *De lingua Latina* sowie das drei Bücher umfassende Alterswerk *De re rustica*) und Universalgelehrter aus dem Ritterstand; er durchlief den *cursus honorum* (Volkstribun 70 v. Chr.) bis zur Prätur (vor 67 v. Chr.) und begleitete → Pompeius Magnus auf dessen Feldzügen gegen Sertorius, im Piratenkrieg und gegen → Mithridates. Im Bürgerkrieg kämpfte er auf Seite des Pompeius mit zwei Legionen gegen Caesar in Spanien, wurde jedoch von diesem ziemlich kläglich außer Gefecht gesetzt. Nach der Schlacht von Pharsalus (48 v. Chr.) wurde er von Caesar begnadigt und 47/46 v. Chr. mit der Sammlung der gr. und röm. Literatur als Vorbereitung einer öffentl. Bibliothek nach alexandrin. Muster beauftragt. Bei den im November 43 v. Chr. einsetzenden Proskriptionen des 2. Triumvirats wurde er durch die Intervention des → Fufius Calenus gerettet. 38 v. Chr. wurde er in der ersten röm. öffentl. Bibliothek des → Asinius Pollio (im Tempel der Libertas) mit einem Bildnis geehrt. Der »Reichsbibliothekar« war Wegbereiter der augusteischen Epoche. (Bell. Alex. 58)

Thabena: Stadt in → *Africa proconsularis* an der Küste oder in Küstennähe an der Grenze des von → Juba I. unterworfenen Gebiets; nur im Bell. Afr. erwähnt; im Bürgerkrieg standen ihre Einwohner auf Seiten Caesars; 46 v. Chr. erwürgten sie die Besatzung, die Juba in die Stadt gelegt hatte. Die Lokalisierung von Thabena ist umstritten. (Bell. Afr. 77)

Thabenenses, Thabenensium: Bewohner von → *Thabena* (Bell. Afr. 77)

Thapsitani, Thapsitanorum: Einwohner von → *Thapsus* (Bell. Afr. 79–80; 97)

Thapsus (Θάψος), Akk. auch Thapson: karthag./röm. Hafenstadt im heutigen Tunesien am Kap Ras Dimas, heute Henchir ed-Dimas in der Nähe von Bekalta südlich von → *Ruspina* und ca. 18 km südlich von → *Leptis Minor*, zwischen Cap Africa und *Hadrumetum* (Dio 43,7); ursprünglich ein phöniz. Marktort (phöniz. *tapsah* ~ lat. *transitus*), der nahe des Salzsees von Moknine gegründet wurde; stand im 3. Pun. Krieg auf der Seite Roms und behielt nach der Zerstörung Karthagos als *civitas libera* (vielleicht sogar *immunis*) seine innere Autonomie innerhalb der röm. Provinz → *Africa*; 46 v. Chr. befestigte Stadt, in der ital. Händler einen *conventus* bildeten und Getreidehandel trieben; von → Vergilius besetzt, der ein Schiff Caesars abfing; 46 v. Chr. belagerte Caesar die in *Thapsus* sich befindenden Pompejaner und besiegte diese sowie die Truppen König → Jubas I. am 6. April entscheidend; die Stadt ergab sich (Bell. Afr. 79; Dio 43,7,3 u. 43,9,1; Plutarch Caes. 53); *civitas libera* zur Zeit des Augustus (Plin. nat. 5,25); um 430 Eingliederung in das Königreich der Vandalen. Reste einer 100 m langen röm. Mole, eines Forts, eines Amphitheaters und großer Zisternen. Auch an der Ostküste Siziliens existierte eine gleichnamige ursprünglich phöniz. Kolonie, die

auf einer Halbinsel (heute Magnisi, ca. 15 km nördl. von Syrakus) lag. (Bell. Afr. 28; 44; 46; 53; 62; 67; 79–80; 85–86; 89)

Thysdra (bzw. Thysdrus, Θύσδρος): Stadt in → *Africa Byzacena* ziemlich genau in der Mitte zwischen Sousse (→ *Hadrumetum*) und Sfax im heutigen Tunesien, ca. 50 km südwestl. von → *Ruspina* im Landesinnern im Südwesten von → *Thapsus* und ca. 30 km von → *Acylla* in westl. Richtung entfernt, zur Zeit Caesars kleiner rechteckiger Marktflecken (750 x 500 m), im 2. und 3. Jh. Mittelpunkt eines riesigen Ölbaumgebiets, eines der größten Amphitheater (um 200 n. Chr., 148 x 122 x 36 m, drei Geschosse) in Nordafrika und drittgrößtes im Römischen Reich (Fassungsvermögen: bis zu 60.000 Zuschauer; seit 1979 UNESCO-Weltkulturerbe), 683 von den Arabern erobert, heute die kleine Stadt El Djem 210 km südl. von Tunis im Osten von Mittel-Tunesien. (Bell. Afr. 36; 76; 86; 93)

Thysdritani, Thysdritanorum: Bewohner von → *Thysdra* (Bell. Afr. 97)

L. Ticida: röm. Ritter, der, 47 v. Chr. auf der Fahrt nach Afrika verschlagen, bei → *Thapsus* von dem Pompejaner → Vergilius gefangen und hingerichtet wurde, wie → Cominius (Bell. Afr. 44; 46)

M. Tiro: Zenturio, wegen Disziplinlosigkeit bestraft (Bell. Afr. 54)

Titius: zwei junge span. Brüder, Zenturionen der 5. Legion, die bei der Überfahrt nach Afrika in die Gewalt der Pompejaner gerieten und hingerichtet wurden, da sie sich weigerten, auf die gegnerische Seite überzugehen; Caesar hatte ihren Vater wohl 47 v. Chr. wegen seiner Verdienste (vermutlich wegen des in Bell. Alex. 57,1 geschilderten Beispiels) in den Senat aufgenommen. (Bell. Alex. 57; Bell. Afr. 28)

T. Torius: Einwohner von → *Italica*, von den meuternden Truppen als Anführer auserkoren, war daher 48 v. Chr. vorübergehend Legionsführer gegen die Caesarianer (Bell. Alex. 57–58)

Torquatus → Manlius

A. Trebellius: röm. Ritter aus → *Hasta*, der zu Caesar überlief (Bell. Hisp. 26)

C. Trebonius: * um 90 v. Chr.; 60 v. Chr. Quästor; 55 v. Chr. Volkstribun; setzte in der *lex Trebonia* durch, dass Crassus → Syrien und → Pompeius Magnus Spanien auf je 5 Jahre als Provinzen erhielten und Caesars gall. Statthalterschaft um 5 Jahre verlängert wurde; 54–49 v. Chr. einer der besten Legaten Caesars in Gallien; auch noch im Bürgerkrieg auf dessen Seite; die Belagerung Massilias 49 v. Chr. (Caes. civ. 2,1,1–16,3) war sein größter Ruhm. Massilia kapitulierte erst vor dem aus Spanien (→ *Ilerda*) zurückkehrenden Caesar, der Trebonius 48 v. Chr. zum *praetor urbanus* bestimmte; 47 v. Chr. Statthalter der Provinz → *Hispania ulterior*, die, durch die grausame Herrschaft des → Cassius Longinus und meuternde Legionen beunruhigt, auch Trebonius nicht befrieden konnte; er musste fliehen, kehrte aber 46 v. Chr. mit Caesar zum letzten Kampf gegen die Pompe-

janer zurück. Obwohl *consul suffectus* 45 v. Chr. und zum *proconsul* → *Asiae* für 43 v. Chr. bestimmt, schloss sich Trebonius als überzeugter Republikaner wahrscheinlich schon 46 v. Chr. in Spanien der Opposition gegen den Diktator an. Er war 44 v. Chr. nicht unmittelbar an Caesars Ermordung beteiligt, sondern ihm fiel die Aufgabe zu, M. Antonius, Konsul 44 v. Chr., von der Senatssitzung fernzuhalten; als Prokonsul von *Asia* erhob er 43 v. Chr. Einspruch gegen den Durchmarsch des P. Cornelius Dolabella zu dessen Provinz → Syrien; Trebonius wurde in Smyrna von Dolabella gefangen genommen, gefoltert und grausam ermordet; er unterhielt eine Korrespondenz mit Cicero und publizierte eine Sammlung von dessen Witzen. (Bell. Alex. 64; Bell. Hisp. 7; 12)

Triarius → Valerius

Tullius Rufus: ehemaliger Quästor und Offizier in Caesars Heer, von seinen eigenen Soldaten in der Schlacht von → *Thapsus* am 6. April 46 v. Chr. getötet (Bell. Afr. 85)

Tiberius Tullius: ein Pompejaner (Bell. Hisp. 17–18)

Tusculus → Manilius

Ucubenses, Ucubensium: Bewohner von → *Ucubis* (Bell. Hisp. 20)

Ucubis: Stadt in → *Hispania Baetica*, nahe → *Ategua*, seit Caesar *Claritas Iulia* (Plin. nat. 3,12), heute Espejo (Bell. Hisp. 7–8, 20; 24; 27)

Ulia: röm. *municipium* in der Provinz → *Hispania Baetica*; heute Montemayor, ca. 30 km südl. von Córdoba; Bell. Alex. 61,2 beschreibt die Lage auf beherrschender Höhe; eine der wichtigen Städte in → *Hispania ulterior*, die treu zu Caesar hielten, und die einzige Stadt, die Pompeius noch widerstand, deshalb von Caesar mit dem Beinamen *Colonia Fidentia* geehrt (Plin. nat. 3,10). (Bell. Alex. 61; 63; Bell. Hisp. 3–4; 6)

Ursao, Ursaonis: Urs(a)o; Stadt in → *Hispania Baetica*, maurisch (bis 1239) Oxuna, heute Osuna in Andalusien, zwischen Córdoba und Gibraltar, wichtige Station auf dem Weg zum pompejanischen Flottenstützpunkt → *Carteia*, von Caesar zur *Colonia Genetiva Iulia Urbanorum* erhoben und für proletarische Stadtrömer (*urbani*) bestimmt (Bell. Hisp. 26; 41–42)

Ursa(v)onenses, Ursa(v)onensium: Bewohner von → *Ursao* (Bell. Hisp. 28)

Usseta: Stadt in → *Africa*, unweit von → *Hadrumetum*, Waffenplatz von → Caecilius Metellus Scipio (Bell. Afr. 89)

Utica: wohl älteste phöniz. Kolonie (spätestens 8. Jh. v. Chr.) an der Nordküste Afrikas im heutigen Tunesien, ca. 10 km nordwestl. von (und älter als) Karthago im Mündungsbereich des Bagradas (heute Oued Medjerda), heute Utique bzw. Henchir Bou Chateur in Tunesien, 33 km nördl. von Tunis an der Straße nach Bizerte. Im 2. Pun. Krieg hielt die Stadt zu Karthago und wurde vergeblich

von Scipio Africanus d. Ä. belagert. 149 v. Chr. fiel *Utica* von Karthago ab und verbündete sich mit Massinissa (→ *Numidia*). Nach dem Fall Karthagos (146 v. Chr.) zusammen mit sechs weiteren Städten, darunter → *Hadrumetum*, *civitas libera*, Sitz des *proconsul Africae* und Hauptstadt der röm. Provinz → *Africa* (*proconsularis*) bis zur Gründung des röm. Karthago 44 v. Chr. Unter Augustus 36 v. Chr. *municipium Iulium Uticense* und unter Hadrian *Colonia Iulia Aelia Hadriana Augusta Utica*; *Utica* entwickelte sich zur zweitgrößten Stadt von *Africa*. 256 erste Erwähnung des Christentums mit dem Bischof Aurelius; langsamer Niedergang wegen der Versetzung der Bagradas-Mündung nach Norden und der damit verbundenen Versandung des Hafens am Golf von Tunis (*sinus Uticensis*), deswegen heute 11 km vom Meer entfernt. In *Utica* beging M. → Porcius Cato d. J. (*Uticensis*) Selbstmord. Geringe Reste eines Amphitheaters. (Bell. Afr. 7; 22–24; 36; 62; 86–98)

Uticenses, Uticensium: Bewohner von → *Utica* (Bell. Afr. 68; 87–88; 90)

Uzitta: ca. 10 km südwestl. von → *Thapsus* im Landesinnern, vermutlich im Tal des Oued el Melah südwestlich von → *Ruspina*, an der Stelle des heutigen Henchir Makreeba (Bell. Afr. 41; 51–59)

Vaga: Stadt in → *Africa proconsularis*, südwestl. von → *Utica*, 8 km von → *Zeta* entfernt (vgl. Plin. nat. 5,29); genaue Lokalisierung unsicher; wollte zu Caesar übertreten, wurde aber zuvor von Juba erobert (Bell. Afr. 74)

Valerius: ein Pompejaner (Bell. Hisp. 32)

M. Valerius Messalla Rufus: geb. um 103 v. Chr.; gest. ca. 27/26 v. Chr.; Neffe des Redners Q. Hortensius Hortalus; seit 82/81 v. Chr. lebenslänglich Augur; 62 od. 61 v. Chr. Prätor; 53 v. Chr. Konsul; im Bürgerkrieg bei den Kämpfen in Afrika und Spanien Legat auf Seiten Caesars; nach dessen Ermordung Rückzug aus dem polit. Leben; Werke: *De auspiciis* und *De familiis* (nicht erhalten) (Bell. Afr. 28; 86; 88)

C. Valerius Triarius: rettete als Proprätor 77 v. Chr. die Provinz → Sardinien für die Senatspartei. Er verfolgte → Mithridates, wurde aber 67 v. Chr. bei Gaziura, unweit von → *Zela*, vernichtend geschlagen. (Bell. Alex. 72–73)

Q. Valgius: Sohn eines Senators, lief 45 v. Chr. aus dem Heer Caesars in das des jüngeren Pompeius über, wo sich sein Bruder Valgius befand. (Bell. Hisp. 13)

Varro → Terentius

Varus → Attius Varus

T. Vasius: Bewohner von → *Italica*, Mitverschworener gegen → Cassius Longinus (Bell. Alex. 52)

P. Vatinius: ca. 95–40 v. Chr.; *homo novus* aus Reate (heute Rieti); wichtigster und skrupelloser Anhänger Caesars, dem er seinen polit. Aufstieg verdankte. 63 v. Chr.

Quästor, 59 v. Chr. Volkstribun, Gegner Ciceros. Er brachte zahlreiche Gesetze ein, zumal die Verleihung der Provinzen *Gallia Cisalpina* und *Illyricum* an Caesar als Prokonsul auf 5 Jahre (*lex de imperio Caesaris*) mit drei Legionen und dem Recht auf Ernennung der Legaten. 56 v. Chr. Zeuge in den Prozessen gegen Milo und Sestius (dabei Ciceros Rede *In P. Vatinium*); 55 v. Chr. auf → Pompeius' und Crassus' Druck zum Prätor gewählt und Aussöhnung mit Cicero, der ihn 54 v. Chr. in einem Prozess verteidigte; seit 51 v. Chr. Legat Caesars in Gallien und im Bürgerkrieg (Caes. civ. 3,19,2); 48 v. Chr. Flottenführer und Kommandant von → *Brundisium* zu dessen Verteidigung (Caes. civ. 3,100,2). 47 v. Chr. besiegte er mit einer provisorisch zusammengestellten Flotte die Pompejaner unter Führung von M. → Octavius bei → *Tauris* (Bell. Alex. 44 ff.) und brachte damit die Adria unter die Kontrolle Caesars, der ihn für den Rest des Jahres mit dem Konsulat (zusammen mit → Fufius Calenus) belohnte. 46/45 v. Chr. Prokonsul in → Illyrien; 42 v. Chr. Triumph; evtl. bald darauf gestorben. Er war für Caesar häufig als Verbindungsmann tätig. (Bell. Alex. 43–47; Bell. Afr. 10)

Ventipo, Ventiponis: nach den Inschriften CIL II 1467 u. 1468 Stadt in *Hispania* → *Baetica*, heute García bei Casariche, östl. von Estepa, nach Plin nat. hist, 3,12 im *conventus* von *Astigi* (Écija) (Bell. Hisp. 27)

C. Vergilius: 62 v. Chr. mit Q. Tullius Cicero Prätor, verwaltete 61–58 v. Chr. als Proprätor → Sizilien und verwehrte 58 v. Chr. dem verbannten M. Tullius Cicero den Zutritt zur Insel (Cic. Planc. 95–96), obwohl er mit diesem sehr befreundet war; im Bürgerkrieg auf Seiten des → Pompeius; Vergilius verteidigte als Befehlshaber 46 v. Chr. → *Thapsus* und kapitulierte erst, als Caesar das übrige → *Africa* fest in der Hand hatte. (Bell. Afr. 28; 44; 79; 86; 93)

P. Vestrius: röm. Ritter, von → Nasidius gefangen genommen, ging zu den Pompejanern über (Bell. Afr. 64)

L. Vibius Paciaecus: ein Caesarianer (Bell. Hisp. 3)

Vinicianus → Coelius

Zama: gemeint ist *Zama Regia*, vermutlich Ksar Toual zwischen Siliana und Makthar (*Mactaris*) oder das etwas weiter südlich gelegene Sebaa Biar bei Elles in Tunesien, eine der Residenzstädte des numid. Königreiches und Schauplatz der Schlacht zwischen Hannibal und Scipio 202 v. Chr. In röm. Zeit wurde *Zama Regia* ein *oppidum liberum* (Plin. nat. 5,30) und war wohl auch das Verwaltungszentrum der neuen Provinz → *Africa nova* (später → *Africa proconsularis*). Nach Ausweis einer in Rom gefundenen Inschrift wurde die Stadt unter Hadrian zur *Colonia Aelia Hadriana Augusta Zamensis Regia* (CIL VI 1686) erhoben. (vgl. Brodersen [Hg.], Antike Stätten am Mittelmeer, Darmstadt 1999, 839). (Bell. Afr. 91–92; 97)

Zamenses, Zamensium: die Einwohner von → *Zama* (Bell. Afr. 91–92; 97)

Zela: kleiner Ort und Tempelstadt im Innern des Königreichs → Pontos, heute Zile in der Türkei, etwa 70 km westl. der Provinzhauptstadt Tokat. 67 v. Chr. siegte hier → Mithridates VI. über C. → Valerius Triarius; am 02. August 47 v. Chr. besiegte Caesar hier → Pharnakes II., den König des → Bosporan. Reiches, in einer nur vierstündigen Schlacht und meldete den Sieg in Rom mit den Worten: *veni, vidi, vici*, die sich auch auf dem Stadtsiegel von Zile wiederfinden. (Bell. Alex. 72)

Zeta: Stadt in → *Africa Byzacena*, vermutlich südl. von → *Hadrumetum*; zur Zeit des Krieges Caesars gegen die Pompejaner zuerst von den Truppen des → Caecilius Metellus Scipio besetzt, wurde sie von Caesar eingenommen. Er fing dort zwei röm. Ritter, darunter einen Freund Scipios, P. → Atrius, der dem *conventus civium Romanorum* von → *Utica* angehörte. Er erbeuete ferner 22 Kamele der Armee des Königs → Juba I. Caesar hinterließ in *Zeta* eine Garnison unter einem Legaten → Oppius. Etwa ca. 15 km nordwestl. von → *Tegea*. Eine genaue Lokalisierung ist unsicher. (Bell. Afr. 68, 74)